诗文书论集

范大学文学院◎编

孔孚诗文

孔孚◎著

山东省一流学科山东师范大学文学院
中国语言文学学科**经费资助**

山东友谊出版社

题己（代自序）

出佛出道
亦马亦牛

何须千手千眼
抟虚宇宙

目 录

青岛·烟台·威海

青 州

济南

泰 山

秦 中

黄　山

三峡·庐山·鄱阳湖·扬州

峨 眉

大漠·帕米尔

杂 咏

孔孚旧作 1950—1969

散　文

春拾·大海·崂山

春 雷

声音有些痛苦
但很响

它告诉人们
雨就在路上

春 雨

没有云
也是要落的

仰起脸来
等待着

春 风

蜜蜂似乎嗅到了花的香气
掀动着有些麻木的翅膀

老桑树做着一个染紫孩子牙齿的梦
纸鸢老是觉得它在天上

那脚步声连蛇也听到了
眼里闪过一丝幽光

春　水

1

下面
有什么在吵

2

冰开裂着
割切着

好大的力哟

3

它走来了
一路打扫着败叶腐草

在雪地上

噙一口梨枝上的雪
甜甜的沁人心的凉
蓦地眼前现出一树繁花
耳边传来嘤嗡的喧嚷
心里的蜜似乎要流出来
多想有双亮晶晶的翅膀

在雪地上

清晰的趾印一行
像朵朵蜡梅开放
獾呢？还是银狐？
寻找食物？还是把雪欣赏？
或者有意用它冻红的脚丫
点几个瓣儿装点春光？

在雪地上

一只鸡的冠冕
像燃烧的火焰
春骑在它的身上
摇一条嫩黄的柳鞭

母与子

见到海
眼泪就流出来了

我怕是海的儿子
泪水也咸咸的呀

蝶

学海的样子
翅膀起落着

向大海它献致美丽的金粉
手里拈一朵百合

海　情

大海跳起来和我亲吻
礁岩上我弯着腰

爱也是带点儿疯狂
眉毛胡子都湿了

海　情

用雷的语言
海邀我起舞

我习惯于孤独
禁不住泪眼模糊

一朵小黄花

礁岩上一朵小黄花
羞涩地低下了头

大海把它别在衣襟上
小黄花笑了

风和海

风和海，
是一对弟兄。
一个暴躁，
一个任性。
我倒是爱这缺陷之美，
因为我自己也不安宁。

黄海之滨小立

大海是个蓝毯子
各国朋友坐在周围

来呀
干杯

在碧绿碧绿的波涛下

鱼告诉我
　　潜艇像它一样游
　　导弹大睁着眼睛

　　珊瑚丛中
　　睡一个甲午海战的水兵

雾　号

山东成山角设有雾笛警报，其声宏大苍凉。

一声一声
悲凉而又单调

站在成山角上它喊
嗓子都哑了

它一直在叫
礁——礁——

海上日落

青苍苍的海上
铺条玛瑙路

太阳走了
像喝醉了酒

果然跌倒了
在天之尽头

佛爷礁[①]

放弃莲瓣
他选择浪花

海收了个佛门弟子
给他开《美学》

---

① 佛爷礁，在长山岛南隍城东北的海水中。

将军礁[1]

他是背着身的
似乎压一肩痛苦

和海说说话
也许好些

① 将军礁，在长山列岛之间的海水中。

北隍城夏日某晨印象

东边太阳
西边月亮

冰盘上
两个果子

粘几滴
露

渤海印象

雾散去

风划一个舢板
上边站着太阳

渤海印象

我寻找黄河
连条线也不见

在这里它缩成一个音符
颤动着

渤海印象

天地忽低忽昂
老觉得是在浪上
臂膀成了双桨

在海边

1

多想看一眼
大海盛开的金花！
云，
走开吧！

2

月亮撒一片网，
鱼，都提上来啦！
北斗星，
伸勺子舀。

无　题

即便大声哗笑
也看出有点儿寂寞

海呵

寂寞的海

1

没有风
海寂寞得难受

我要死了
眼睛望着天空

2

有块云打个旗语
鬃毛又在抖动

和海闲话

你只有一点不好
——苦

这不正是我么
皱起额头

无　题

灯塔下有一只撞死的小鸟
我把它投进洪涛

海殓它在琉璃棺里
哭了

网

对着大海
蜘蛛织一张网

在我的手里了
它想

海　声

在风的手指上
月亮的情网里
心的峡谷中

潮

打开闸门
迎它进来

从此心里像擂鼓
再也退不走了

海 边

久久听海声
耳穴都长出水藻来了

常有青鱼来游

海 上

一抹乌云
睡了

枕着海

无　题

1

不见到海
不知道我们这个星球的美丽

2

喧闹是另一回事
它还年轻呵

3

皱纹并不能说明什么
还有白发

4

但寂寞也是真的
万古而幽蓝的寂寞

5

旅途很长很长
谢谢你，红纱灯

崂　山

崂山在海边沉思
回忆他的童年
那时他把大海当竹马骑呢
敲打着太阳这个铜盘

崂 山

晨餐朝霞
夜听潮音
濯足于万顷烟波
肩搭一条白云
有大海这面镜子
沾不得半点灰尘

和海在一起

1

有了水，
山就活了。

和海在一起，
崂山就坐不住了。

2

崂山在那里观潮呢，
血，也沸腾啦！

3

月亮和大海拥抱，
崂山听到，
它们的心跳。

4

风狂暴地按动蓝色琴键，
崂山在欣赏《海恋》。

5

太阳醒啦，
崂山笑它
蓬松着金色的头发。

6

太阳从海水里跳了出来，
一笔抹红了崂山的脸颊。

过松涛涧[①]

起伏涡漩
绿浪拍天

还在七水
就觉得摇撼

远望九水
哪里去找个舢板

① 松涛涧，在崂山外九水的八水。

书卷崮[①]一瞥

像是有人翻阅过一样
一本书掀开在峰顶

有只乌鸦落在上面
夕阳把它染得火红

① 书卷崮，位于崂山九水村之东。

骆驼峰

放它回风沙中去吧
看它眼都望穿了

落日那么大
一定在戈壁上跑呢

眠龙石[①]

龙也有睡的时候？
睡着也不安宁
看它曲动的身子
梦里也有雷鸣

---

① 眠龙石，位于崂山太平宫右上犹龙洞前。

过鹰嘴石[①]

似乎瞅着什么
仿佛在听

一只银燕呼啸而来
闯入它蓝色的梦

也想一起去巡逻吗
李苦禅的鹰

① 鹰嘴石，在崂山蔚竹庵西南。

摸钱洞①

——一个美丽的传说

石头　石头　石头
他摸

蹲着　跪着　爬着
他摸

风　雨　雪
他摸

希望都老了
他摸

圆圆的
一个

一个铜钱
天呀

泪水流出来了
门关不住了

呵　呵
光

---

① 摸钱洞，位于崂山仙鹤洞之侧，舍身台下。相传徐复阳幼年双目失明，元朝元统年间来到崂山拜李灵仙为师。有一天，师父把一枚铜钱丢入山洞，让弟子找回。徐复阳就天天去摸，整整摸了三年，终于把铜钱找了回来，他的眼睛从此也恢复了视觉。这摸钱洞的名字，从此就流传下来。

蟠桃峰[①]

太阳说：熟了
月亮说：还生
海笑着不说话
窃喜它的成功
现在它正镂刻第二个桃子
等待崂山托上碧空

① 蟠桃峰，在崂山太清宫之北。崂山至今仍在上升中。

老 柏

崂山太清宫汉柏，传有两千年历史。树遭雷火，大半枯死。向东一枝犹摇曳吐绿，生意盎然。

两千年风刀霜剑
不知几经雷电

它已经死了
又伸出枝叶一片

为春天加条绿线

上清宫一瞥

四围山色中，
红叶闹成一片。
上清宫浮在赤云里，
我才知神仙也爱火焰。

云 瀑[①]

几次都失败了
倒翻下来
漫溢峡谷

狂怒的云
抓住风的鬃鬣
作最后一次仰冲

快闪开
鹰

① 崂山云瀑多见于峡谷绝壁处。云随风势升腾而上，因受大气压力所阻，不得不翻跌下来，于是形成万丈云瀑。

仙人髻[①]

只雕出一个发髻
山就升起了

看着这件未完成的作品
海老是惋惜

一片云跑来说
看我的

① 仙人髻，在崂山外九水的七水。

东海路上

一边波涛把我吸引
一边青山牵我衣襟
我怎能把心分成两瓣
又忍不得使哪个伤心
唉！你们本该就是一个
山的脊梁，海的灵魂

过二仙山[①]

一玄狐躲在一旁
似乎听得出神
投它一块石子
长长的尾巴拖进黄昏

① 二仙山，在崂山白云洞之东。

过华严寺[①]

废墟
冷雨

如来佛在山谷中游荡
湿了僧衣

① 华严寺，在那罗延山西南麓。三面环山，左襟大海。原有殿宇，其壮丽在崂山宫刹中当居第一，正中大殿塑释迦牟尼像，曾毁于“文革”。

狮峰观日[①]

1

大概已到了日本，
你看那线白光！

2

大海忙着铺上紫色的地毯，
心里不免有些激荡。

3

天空也扎起彩门，
迎接这位光明之神。

4

他来了！
红着脸，

① 狮峰，在崂山东，近太平宫。

像个农民一样。

5

沐浴在海水里，
露着肩膀。
金色的波，
一荡一荡。

6

也许由于洗去了一身征尘，
古铜色的皮肤闪着光芒。

7

临行他摸了一下我的脸颊，
觉得出：
那手指不烫。

8

眼看他一步一步走上天去，
哎呀，
就不敢正视了！

夜宿太平宫[①]

夜半被涛声惊醒，
一声声地动山摇。
海在敲打我心灵的窗子，
要和我关着的洪流拥抱。

---

① 太平宫，崂山最古老的道观，东临大海。

晨　雾

看不见山，
看不见树。
看不见谷，
看不见路。
白茫茫混沌一片，
风的翅膀也被裹住。
但声音还听得见，
大海说：就要日出！

雨　后

1

云
把水拧光了

挂在海边的树上
晾

2

所有的雀鸟，
都扑扇开翅膀，
晒它们湿漉漉的羽毛。

3

风也湿湿的，
飞不多远，
落在太平宫的飞檐上了。

也晒它的翎羽呢！

4

那根笋①，
眼看着长。

① 指玉笋峰。

崂山云海

1

只露一个山尖
在云的上面

美的精灵
它在下潜

2

全潜下去了
只剩下一个太阳

蛙泳着

在云彩里

（崂顶速写）

在云彩里：
松鼠下了窝小崽，
杜鹃喊它的情侣。

在云彩里：
雷达用耳朵听，
山葡萄吐它的须。

在云彩里：
飘来炮锅的油香，
有人喊：“松蘑山鸡！”

在云彩上

（崂顶速写）

我是在天上了，
只有我和太阳。

看得清清楚楚，
他有些忧伤。

怎么安慰他呢？
我的心也很荒凉……

棋盘礁[①]

浪花托一个棋盘，
棋手是风和海。

忽地云乱涛翻，
想是海败北了。

一霎时琉璃一片，
也许风被将了军。

我手有些痒，
跳上一个舢板……

---

① 棋盘礁，在长山岛南隍城岛附近。

仙鹤岩[①]

呆呆地仰着脸儿，
站一只脚……

天风在向你呼唤，
翘首观望为何？

① 仙鹤岩，在崂山玉皇殿之上。

飞凤岩[①]

翅膀张开着，
老是在那里不动。

它想些什么呢？
也许是只受伤的凤？

① 飞凤岩，位于内九水的五水。

过斩云峰[①]

云在哭泣，
看它一脸的愁容！

怎能对着美呢？
蓝色海疆的青锋？

---

① 斩云峰，位于内九水的四水。

石门峡[①]

听说原来关着，
是海把它推开。
不知几亿年了，
海的指痕尚在。
遥望云彩里的美女[②]，
至今仍在门外徘徊……

① 石门峡，在内九水的八水，又称龙门。
② 指美女峰，在巨峰之西北。

挂月峰[①]

1

太阳已爬上东山，
月亮还挂在那里。

崂山可是有意，
让它俩比比？

2

太高了，
谁能摘下来呢？

3

球西半的人呵，
莫急！

---

① 挂月峰位于崂山明道观观日峰之北。

贝 壳

1

美女峰的脚下，
我捡到一个贝壳。

是海丢下的，
斗形的指纹告诉我。

2

看来一眼都没有看，
让它冷受荒寒。

我也有过这样的经历，
海！

迷魂涧[①]

两边峭壁危峰，
涧涧回环相通。
不知东西南北，
不知几折几重。
靠的是山泉引路，
葛藤拉我前行。
岩鹰似在笑我，
大黑蝶忍心把我戏弄。
我有迷魂难归，
至今仍在荆条涧东……

① 迷魂涧，从登窑（今名登瀛）东行，过凉清河，北上，历荆条涧，折而东，即是。

慰

波涛从天边滚来，
我的心也在擂鼓；
我还年青。

看见海那个劲头，
我的血也在涌腾；
我还年青。

对于这粼粼的绿，
我还能吸收；
我还年青。

忍不住地我扑向大海，
翻身飞腾，
抓住银鬃……

母与子（二）

一岭一岭，
波涛向我涌来。
张臂开襟，
我拥抱大海。

清凉的海水，
没到膝盖。
浪花抚摩我的脸颊，
我在享受母爱。

忽地又一个巨浪压来，
昏沉沉我进入混沌世界。
我被打倒了，
但还是抱紧大海。

大海是一部书

大海是一部书，
洒金的蓝色封皮。
第一页漂绿的带，
第二页流银的鱼，
第三页虾回游，
第四页扇贝飞。
掀到底，
是锰的颗粒。
夜光螺点一盏小灯照明，
珊瑚枝作刊头设计。
恼人的是不识字的海风，
往往胡乱地把书页掀起……

大自然色彩的炫耀

银灰色的波浪，
银灰色的翅膀，
银灰色的帆樯。

连云也是银灰色的。
还有天。
还有羽毛后面的太阳。

我怕也是银灰色的了。
因为我心里，
也泛着银光。

大渔岛灯塔

1

夕阳落照中我走近你，
来向你致敬呀！
感谢你多情的眼睛，
劈开暗夜的利剑呵！

2

睡吧，
灯塔。
听说今夜有风呢，
我的人呵，还在海上……

老鹰窝小立

北隍城后山，有一幽僻的海峡，峭岩礁石均鹰状，渔民称“老鹰窝”。

老的，小的
全是鹰。

没有叹息，
没有倦容。

一个力的世界，
我的骨骼在咯咯作响。

学着鹰的样子，
我请大海拍照。

贮月潭[①]

说潭称不起潭，
不过是绿水一湾。
漂半池稀疏的浮萍，
杂几朵雪白的睡莲。
听说水底有不少月亮，
可惜少一根钓竿。

---

① 贮月潭，位于海门涧东岸，先天庵之侧。

流 云

1

才见得羽毛几根，
一霎时烈马成群。
我陷入重围之中了，
急翻身抓住鬃鬣飞奔。

2

脚踢着云，
身披着云。
云钻进我的衣袋，
抽出来变成一条羽巾。
一阵风又把它刮跑了，
可是送给海神？

3

峡谷埋在云里，
路被云截断。
岩雀都被驱赶起来，

树枝也挂着云片。
不知该怎么走才好，
眼看这秋云泛滥。

4

云潜入我心灵的峡谷，
在这里洒下雨点。
顿时觉山泉鸣溅。

5

西边天上，
挂一片孤独的云。
还是去交个朋友吧，
山呀，海呀，或者松林。

6

崂山的云呵，
我想采你一片，
做我诗的封面。

白 雨

崂山站在海边，
看扯天盖地的白雨。

她也蒙在白茫茫的雨幕里了，
隐约露出一个发髻①。

① 指仙人髻。

山　雨

1

调皮的云，
撩一把水珠，
就匆匆跑了。

2

一阵雨吧嗒下来，
找不着云。

头顶上只有一个太阳，
是它吗？

月子口水库

水烟苍茫，
空濛濛又一个海洋！

多少流泉在这里汇合，
都说："我要发光！"

仙人路[①]

缥缥缈渺一线，
若连若续若断。
山风还把云拉来，
有意向人挑战。

这不是更美么？
欢迎再来一点雷电。
路上我缺少音乐，
也需要一把利剑。

① 仙人路，位于遇真宫右侧。峭壁半腰处有径，窄仅可容足，险极。

摘星台[1]

天还没有睡醒，
一路鬼影幢幢。
特意赶了个早，
想去摘颗星星。

就这是那个台么？
一巨岩直插苍穹。
就在那危岩顶上，
我看见三颗小星。

爬呀，爬呀，爬呀，
好不容易才爬到极顶。
可惜一把没有掠住，
远远地飞入太空……

---

① 摘星台，位于玉皇殿西侧。

纱帽崮[1]

空山不见人，
谁留下纱帽一顶？
风呵，把它掀到海里去吧，
多么不协调的风景！

人告诉我说有个知县，
一首诗得罪了严嵩。
因此罢官而去，
留下顶纱帽诉说不平。

故事悲愤而凄怆，
胸膛里有股热血涌腾。
虽然我嫌恶纱帽，
但还是对它有了感情。

---

① 纱帽崮，位于九水村之东。

耐冬花下[①]

折一根草茎，
搔一搔那个精灵。

我等待朱衣人来临，
一直到月斜影横。

也许她不会来了，
露这么重……

① 三清殿西院，有耐冬二株，大者合围，传为《聊斋志异》中的“绛雪”。

雨中眺流清河西山

怎么一下子都活了呢？
那只蛙！那个海豹！那条鲸！

见了点水？
还是受了云的嬉弄？

披件雨衣，
我走近这些精灵……

莲花峰[1]

开了个七八分，
向着蓝天。

我想它应该是红色的，
云却拉上了帷幔。

我是执拗的，
决心等到傍晚。

---

① 莲花峰，位于北九水疗养院之西。

过奇鬼峰[1]有感

一峰峭拔如椎，
椎顶上趴个奇鬼。
美的地方也有狰狞的面目，
我想到太阳脸上的污秽。

① 奇鬼峰，位于外九水的六水。

过锦帆嶂[①]

云来得好快，
一霎时波浪滔天。

崂山是多情的，
迎接我，张一叶帆。

① 锦帆嶂，在内九水的六水。

瑶　池[1]

传说池中有水，
可有裸体的神女么？

太阳羞红了脸，
扯来块云。

① 瑶池，在太清宫北之绝壁上。

八仙墩上[1]

大海发疯似的猛扑，
礁岩像要下沉。

风也张牙舞爪，
还有闪电霹雳。

欺我不是仙么？
你哪里懂得人！

① 八仙墩，又称崂山头，伸入海中。传八仙从这里过海。

登白云洞[①]

一片瓦砾，
在云彩里。
山风打个旋儿，
老银杏轻声叹息。

我问青龙[②]，
青龙不语。
我问白虎[③]，
白虎嘴巴紧闭。

欣见不远的崖畔下，
草丛中竖一支笔[④]。
跃入滚翻的流云，
我向它游去……

① 白云洞，在雕龙嘴村之西。原有寺院，毁于“文革”中。

②③ 青龙、白虎，均象形石，位于白云洞之左右。

④ 指文笔峰。在白云洞之下。

观音岩[①]

凝望大海，
倚着门[②]。

一定是想家了，
南海椰子正肥。

然而一步也走不动了，
都快要急出了泪。

---

① 观音岩，在白云洞之西，状如观音，衣纹皆具。
② 指望海门。位于观音岩之南侧。

致狮子岩[1]

难道你心里是一潭死水?
莫非卧麻了你的神经?
看那茫茫的大海上,
有一万匹狮子扑腾……

---

① 狮子岩:在华岩寺后之山巅。东临大海。

狮 岛[①]

它泅泳着，
朝浮动的旭日。
差一步没有抱住，
可惜……

① 狮岛，在雕龙嘴村东面的大海里。

比高崮[①]

脚翘了又翘，
要和巨峰比高。
海在一旁看着，
禁不住哈哈大笑。

---

① 比高崮，位于巨峰西南。因其特别耸拔，从山下仰望好像比巨峰还高，故名。

一线天[①]

天可是件丝织物？
为什么冥冥中飘一丝蓝线？
我想到了那把梭子，
至今还在天河一边。

① 一线天，从滚龙洞穿窦而出，可见。两巨岩夹持壁立，像有神人在此试剑。

灵旗峰[1]

略有些卷曲，
可以看出有风。
崂山要出发么？
一路绿色的斗篷……

① 灵旗峰，位于巨峰东南，系巨峰周围奇峰之一。

登巨峰

1

登上巨峰之巅，
手可以摸一摸蓝天。
凉凉的有些湿润，
显然天上也有流泉。

2

哪是海？哪是天？
巨峰上难以分辨。
怕是我把天也当成海了，
放眼看，琉璃一片！

3

往下看巉岩绝壑，
一层层云岭鹤峦。
崂山挂一身明珠，
光闪闪泻万道飞泉！

映山红

（崂顶速写）

都爬到崂顶上来了，
烧红了天！

我这才明白：
云为什么急急赶来……

天　泉[1]

掀开七层云帘，
云缝里找到了天泉。
在天上煮一杯清茶，
嗓子眼至今还甜。
只是少了点泥土味儿，
这甜里未免……

---

① 天泉，在崂顶巨峰之西下。

青岛·烟台·威海

夏日青岛印象

1

青岛的风
玻璃似的

人游在街道上
像鱼

2

唇是咸的
心是甜的

贴贴实实
往沙滩上一躺

伸出腿
让太阳着色

3

风栖息在礁岩上
大海发出鼾声

夜
一针一针地缝

蝶

平度天柱山郑文公碑[①]前小立所见。

一只白色蛱蝶
落在风的左翼上
翅膀一合一张

也想拓个字儿么

① 郑文公碑有“风”字。

莱阳绿[1]

——平度大理石厂速写

似有微风吹动
水晶里漂片片荷钱
真想化只青蛙
腿一蹬蹲在上面

① 莱阳绿，平度大理石名贵品种之一。

雪花石

——平度大理石厂速写

1

一只蜜蜂落在上面
翅膀掀动了好久
冻麻了脚吧

2

两袖清风
又飞走了

烟台大雷雨之夜

闪电引路
大雷雨从海上来

完成了它的登陆演习
又退走了

丢下一束激光
于劳动大厦尖顶

时作蓝色悸动

开花石[①]

十万雷殛
那簇古岩开了

一个新的生命
于火光中临盆

向青天
张它的唇

① 开花石，在烟台市东山之北坡。

蓬莱阁

老是有海气
老是悬在空中

真担心
来风

蓬莱阁丹崖小立望海

看它激动的
把颗心都跳出来了

星　石[1]

为了向往的我们这个星球
它走了很远很远

耗尽最后一点力气
它死了

梦里
还眏眼

① 星石，在北长山岛与烧饼岛之间的汪洋大海中。

日　岛[①]

面东而坐
眼睛啜吮着光
闻爆裂之声

鱼皆看我
戴着墨镜

---

① 日岛，在威海市之东的海水中，与刘公岛对峙。

蓬莱阁回风壁当风

燕支鱼烛
调逗海风

把个十八姨气疯了

烟 台

如果只有海，
以及波涛般的绿树楼群，
烟台还是不够美的。

葡萄美酒①轻轻着了一笔，
就富于浪漫色彩了。
这山城本来就是美酒一杯！

① 烟台葡萄酿酒公司的葡萄酒驰名中外，全国八大名酒居其三。三者：金奖白兰地、味美思、玫瑰香红葡萄酒。

绣

——烟台绒绣厂所见

1

胭脂色的海水，白色的浪花，
一针针抽出万缕云霞。
姑娘的心里可是跳动着一轮红日？
她用巧手把祖国描画。

2

迎春花吹着黄铜喇叭，
绒线线拉小草发芽。
姑娘心里一定也有一个春天，
祖国已是冰雪融化。

蓬莱阁苏轼《海市》诗石刻前小立

诗如掣电，
笔走龙蛇。
做了五天太守，
留下一首诗歌。

去了，甩两袖清风，
尚在，丹崖捧着。
大海高声朗读，
天风赶来奏乐。

宾日亭小憩

紫檀雕花圈椅，
我和太阳对坐。
这金面人满脸水珠，
照例在这里小歇。

对于我这个不速之客，
太阳有些惊愕。
我沉浸在幸福之中，
忘了烤得口渴。

我想到了熟透的瓜果，
想到了红花绿叶。
还有一切的生灵，
都离不开这位老哥。

但他究竟有些灼人，
有时候骄焰如火。
这位光明之神，
也不免出现过错。

我真想说说心里话儿，

但又踌躇忐忑。
这时太阳已经飞去，
留下一缕光热。

梦海市[①]

那儿青云穿墙过。
那儿白鸡拉金東。
人在历史中行走，
穿烟织的绮罗。

我挤在那里赶集，
路上和一个行人攀谈。
还摘了个枣子回来，
大得像瓜，眼圈儿有些酸楚。

忽然觉得一些脚步在我脸上行走，
原来是只带盔甲的黑蚁！
多讨嫌的家伙呵，
还我的枣子！

---

① 《梦溪笔谈》谓："登州（今蓬莱）海中，时有云气，如宫室、台观、城堞、人物、车马、冠盖，历历可见……"俗称海市。

古渤海的变迁

远古时期，渤海湾是一个大平原，湖泊密布，黄河、海河、卫河流经其间，注入黄海。长山列岛是这片平原的脊梁，联系山东、辽东两大半岛，地质上称“胶辽地盾”。

主人带我回到一万五千年前，
进入一个远古的画廊。
这里是化石的世界，
使人仿佛漫步在洪荒。

大角鹿慢悠悠向我走来，
安氏鸵鸟扑扇着翅膀。
一个披毛犀仰脸望天，
沼泽边猛犸象三三两两。

海水不知什么时候已经隐去，
一片崭新的平原坦坦荡荡。
原野上蓝色的湖泊密布，
长山耸峙是它的脊梁。

气候湿热，杂花生树，
湖面上有怪鸟飞翔。

几个古人在打制石器，
走起路来踉踉跄跄。

这些沿黄河来的先民，
一路游猎，一路徜徉。
野兽把他们招引到这里，
阳光天籁，倒也欢畅。

大海——平原——大海，
长山岛不知几经沧桑。
几万年几十万年之后，
这里又该是什么模样？

也许海水再次隐去？
也许长山素裹银装？
深海石油井架也许会作为考古发现？
导弹快艇也许被视为文物收藏？

我的额骨也许已经变为化石，
放在发锈的计算机一旁。
后代子孙也许可以看出，
我们这一代人的追求理想。

正像我们不笑话这些粗糙的石器，
我们也会赢得崇敬的目光。
因为我们究竟做了点事儿，
没有让染色的辞藻空空流淌。

一渔人

太阳为他着色，
海风留下刀痕。
眉宇间有痛苦的记忆，
波涛赋予他灵魂。
槲荫下他在安详地补网，
眼里蹦跳着耀眼的银鳞……

威　海

——登环翠楼

半环墨绿的海，
半环墨绿的山。
戴一条翡翠的链，
门前泊浪里帆。

传 说

关于平度天柱山魏碑，我听到不少传说：

传说时常有宝光出现，
传说有人见龙蛇相搏，
传说一位神人常在夜里拓片，
传说见个山精在腿上临摹，
传说连天柱山也活了起来，
蘸着月光在天上写……

山水石

——平度大理石厂速写

黑伯龙[①]笑说："石涛[②]。"
我谓："诗歌。"
画家是太阳第三个儿子,[③]
它的画里"有我"。

① 黑伯龙，著名山水画家。

② 石涛，清初画家，法名元济，又号大涤子。擅山水，作画主张主观意兴压倒一切，"有我之境"较之元人有进一步的发展。

③ 指地球。

青　州

云门山[1]即景

悬崖上的佛们
个个眼噙泪水

一尊在洗脚
一尊怀了孕

蝶飞不起
蚁被缠住了腿

流光有些湿
蛇作龙游

陈抟大梦正浓[2]
鼾声也滴着水

也许想把门开大一些
羽君伸开两臂

---

① 云门山，位于山东青州市区南。
② 万春洞有陈抟枕书长眠石像。

云　门

1

海水穿过
鱼穿过

如今是属于云了

2

风的话难得相信
耳贴近

云 巢

空空如也
云出未归？

岩穴深处
也许有几只云雏吧

张黄口
待哺？

云门山万春洞谒希夷先生

青州云门山万春洞有陈抟石像，枕书侧卧，袒上身。抟号希夷，宋之隐士，以高卧浓睡闻名，人称“睡仙”。

1

他睡得很深
一身的大汗

云自肚脐出
风憩睫林间

闻细声嘤嗡
梦炸开花瓣

2

折根草毛
搔他的鼻孔

看春花漫神州
“先生醒醒”

游仰天山[①]罗汉洞

1

钻进山的肚子里去
五脏六腑转个遍
平生第一次
以山的眼睛看天

2

天不见
空悬一轮冷月

3

壁上佛头着秽
湿光给他洗脸

① 仰天山，在青州市西，有罗汉洞，通山顶，昂首仰望一圆。灵窍洞穿，天光下泻。

青州古城晚眺驼山

驮一轮落日
走入暮色中去了

头颅昂起着
高出群星

山旺山东鸟[①]

1

它从荒古飞来
响着羽翎
落在我的拇指上了

2

手指长成一棵扶桑树
又一缕颜色来也

① 1976 年，山东临朐的山旺首次发现一完整珍奇的鸟化石，填补了我国第三纪中新世鸟化石的空白，专家将其命名为“山旺山东鸟”。

夜宿云门山

1

月黑
听乱石私语

不知说些什么
微微嗅出云气

2

有什么推我
难得入睡

3

似有物入心
想笔

4

指间有水流出
书天

云门云

1

迈出门槛
青州转一圈子

闻得酒香

醉醺醺
回来了

2

云帚扫路
迎接客人

手挽手
“请进”

3

归来三月

指上仍留酒痕

满纸是
青州云

济　南

春日远眺佛慧山[①]

佛头
青了

① 佛慧山，位于济南千佛山之东。

大雷雨中登佛慧山

李鲫[①]为之造型
枫叶织半肩袈裟

每日以烟云洗面
雨中听天雷谈话

议论中似带几分讥诮
颤电的火花

① 李鱓，清画家，扬州八怪之一。尚写意，擅画花卉虫鸟。画佛，没骨，入化。

千佛山①云雨

一张张犁
翻起云泥

佛们坐不住了
个个汗湿肚皮

漫天珍珠撒落
半城新荷可收得起

① 千佛山，在济南城南，古名历山，有“舜耕历山”的传说。

千佛山龙泉洞某佛前即景

他微笑着
看苔爬上脚趾

他微笑着
听苔跃上双膝

他微笑着
任苔侵佛头

一队绿色幽灵
正潜向他的心谷

千佛山巅我捡到一个贝壳

1

山顶上我捡到一个贝壳
把它放近耳边

眼前现出那条鱼①
在流光中一闪

2

佛是个孩子
问他徒然

他哪里知道
老闭着眼

① 《酉阳杂俎》谓千佛山原来在大海里面，山顶上曾发现过鱼化石，二十世纪三十年代还存在的。

3

舜也年轻
只知道象鞭①

想问问太阳
奈何早已下山

4

暮云忽地扑来
山陡然一旋

跨上鲸背
游向荒古水天

---

① 传说舜"象耕于历山"。(即今之千佛山)

黄石崖北魏裸体飞天石刻[①]前小立

她们从六朝飞来
敧斜着向前

拨开流云
乳上亮一滴滴汗

闭目搜索
步入浩渺风烟

① 济南千佛山南之黄石崖，有石窟和北魏摩崖造像。飞天多裸体，具有独特艺术风格。

黄石崖某佛前小立

云老是挡住他的眼睛
耳朵里蜘蛛结了网

只能听到翅膀扑打
不知红尘深到齐胸

泉城山色

绿得有些倦
现一丝忧郁
思念着雨……

飞雪中远眺华不注[①]

它是孤独的
在铅色的穹庐之下

几十亿年
仍是一个骨朵

雪落着
看！它在使劲儿开

① 华不注山，位于济南市区东北，酷似荷花的骨朵。有人认为，“华不注”即“花骨朵”的古代同音异字词，可信。

卧牛山[①]下

1

看着黄河
它出神

想那条江吧

2

春来也

拉两根纤绳
快去犁海

① 卧牛山，在济南市区东北，黄河南岸。

鹊山[①]、黄河意象

1

白了鹊
白了黄河

都睡了

2

春走在河道上
把冰敲打

黄河醒来
一睁眼就吵

3

春也给鹊换了身衣裳
用手指梳它的羽毛

① 鹊山，在济南市北，黄河北岸。

唉
仍然睡着

到老？

九顶塔[1]下

一根茎
吐九个葩
射一阵阵唐香

闻太阳耳语
好肥沃的土呵

---

① 九顶塔，在济南南山齐城峪，建于唐代。塔，自古印度传来，到了中国，有新的创造，出现了各种奇特的造型。北京有五塔寺，这里更发展为九顶，说明中国建筑艺术家有丰富的想象和创造力。

过锦绣川[①]

漂来一涧涧姹紫嫣红
流来一山山浅绛青绿
白羽毛的鹅是不敢下水了
踩着一条金鲫

① 锦绣川，济南南山三川之一。

锦云川[①]

云丢失了条带子
来找

跌落到水里了
尽情地泡

① 锦云川，济南南山三川之一。

过锦阳川[1]

玻璃似的河流
阳光响着

一个小姑娘涉过
腿上阳光亮着

掬一捧阳光咽下
寂寞的心一阵通热

夜里我可以走路了
用不着手提星月

① 锦阳川，济南南山三川之一。

金鸡井[1]（二首）

传 说

有人说是一只金鸡
有人说一色火的羽翎
没有谁真的见过
只听到咯血的长鸣
那微颤着血丝的声音
把整个黎明染红

问 答

1

什么原因
你囚进这幽深的古井
眼前一片漆黑
怎么知道黎明

---

① 金鸡井，在柳埠西南齐城峪灵鹫山下。传说井底有一只金鸡，每当黎明来时，即报晓长鸣。

底下很冷吧
壁上可有毒虫

2

说不清楚
最好去问鹫

我的血还热
喙也还硬

还有一颗心呢
太阳在这里喷红

过藏龙涧[①]

云在深谷里卷曲
风痛苦地翻腾
岩松声声吟啸
游丝荡一条青虫
就知道你没有死
耳边传来雷声隆隆

① 藏龙涧，在济南东南龙洞。传说涧中原有一条龙，遭大禹屠戮。龙是降雨戏水的，因而是洪水的发动者。这逻辑大可值得怀疑，我为这冤魂一辩。

钓鱼台[①]小立

不见那涧绿水
我钓秋风

多想捞起那个冤魂
垂一条思念的绳

① 钓鱼台，在佛峪般若寺之东上，原名“禹登台”。传说大禹在此山头发现了一条龙，击而杀之。洪水与龙无关，龙是无辜的。那位圣人也搞冤案。“禹登台”这名字早被人忘记，不是没有因由。

龙洞独秀峰[①]

滴着泪
望涧中的云

自从脚下少了那弯绿水
她瘦了

春也心疼
给她一枝山桃

① 独秀峰，系石灰岩构造，因而可溶于水。悬崖上多渗出水珠，低垂如泪滴。

龙洞白云峰

老是站在崖畔
思念那条龙

风吹它不走
不知自己已化作岩石

面色苍白
忧郁都长成了树

佛峪栌红

佛觉得脸烧
岩鹰不敢回巢
秋风慌里慌张
隔山借来松涛

秋日佛峪某佛前小立

闭着眼
他在笑

掌上一片红叶
秋蹑手蹑脚

答客问

请教泉有多少
去问济南人的眼睛吧

愿闻济南人的性格
你去问泉水吧

泉　意

走在小巷子里
多少泉喊我

刚走近罗姑①
月牙②就来钩我了

---

① 罗姑泉，在济南市县东巷。
② 月牙泉，在济南市东流水街。

趵突泉[①]边

心似乎要跳出来
泪流满面

又雷声雷气地说话了

① 趵突泉，济南名泉之一，作者写此诗时，正遇久已干涸的泉近又喷涌，声如轰雷。

黑虎泉[①]边听虎啸

还是那野性
还是那颗心

苦艾子的气息
莫名其妙的寒冷

---

① 黑虎泉，济南名泉之一，写此诗时，逢多年干涸，近又闻其声。

珍珠泉[①]边

1

耀眼的珠光宝气
一只蛙跳了下去

2

济南珠熟了

① 珍珠泉，在济南泉城路中段路北。

琵琶泉[1]边

浮萍上坐只青蛙
鱼都凑近过来
老等闭着眼

① 琵琶泉，黑虎泉群名泉之一，在娥姜河内，琵琶桥西。

引木斧访泉

轻一点儿
小心踩出泉水

你看我像猫一样
是新泉敲门

静心泉[1]边

想静一静心
坐在你的身边

哪里想到
跳得更厉害起来

① 静心泉，一新生泉，在济南东流水附近。

柳絮泉边

似乎探得泉的心思
藓苔删去了“柳絮”

泉 香

——答木斧

那要问风
去问杨花

黄莺的舌尖有时告诉我
再就是鹤云[1]的鱼了

① 张鹤云，山东著名画家，善画鱼。

无 题

苦楝子的花都是甜的
楼群皆跃跃然

青杨树的叶子
忘记了自己的语言

泉 边

看你涌到什么时候
枝头一个柳眼

泉　边

冬走在水上
化了冰鞋

泉 边

掬一捧泉水
洗一洗眼睛

心也绿了

湖畔（之一）

佛在水底割珠呢！
湖光耀得老残有些眼花……

湖畔（之二）

明湖居[1]旁，
黄鹂流它的花腔。

一串珠子，
抛入青云中去了……

---

① 明湖居，济南著名大鼓艺人王小玉说书的地方。《老残游记》中的白妞，实为王小玉之艺术形象。

湖畔（之三）

1

一片烟水迷离，
老柳树远望“七桥”①。

2

秋风相思得苦，
芦苇的头发该是白了……

---

① 七桥：济南大明湖有“七桥风月”之胜景，可考知的有水西、芙蓉、湖西、北池、百花、泺源，如果加上鹊华，就正好是“七桥”。

大明湖一瞥

竖一个绿耳
听风听雨

蜻蜓立于圆
蜂醉于蕊

天地一色
济南开了①

① 荷花，济南之市花也！

致九顶松[①]

历史睡去
你却醒着

长那么多的头颅
可是为了思索

---

① 九顶松，位于柳埠四门塔之侧。

“云径禅关坊”[①] 前小立

佛也喜欢云，
铺条小路迎接客人。

遥见他离开莲座，
在向我走近。

① 云径禅关坊，在济南千佛山之山腰。再上，便是兴国禅寺。

问齐烟

还梦到莲花吗[①]？
你可认识那位短命诗人[②]？
愁什么呢？
你也会老吗？

① 济南有“齐烟九点”之美景，乳白色的晨烟中浮半圆九个山头，状若出水芙蓉。近年来受到污染，难得再见那一美景。

② “齐烟九点”语源出自李贺《梦天》“遥望齐州九点烟”句。贺诗中之“齐州”乃中国之总称，非具体指古齐州之济南。不敢武断，故如是问。

杜康泉[①]

没有你，
还算泉城么？

十步天旋李白[②]，
五步地转阿瞒[③]。

木斧[④]三月不醒，
说要醉死济南。

---

① 杜康泉，趵突泉群名泉之一，在花墙子街，传杜康曾以此泉水造酒。

②③ 李白、曹操均为此泉醉倒。

④ 木斧，四川诗人。木斧1986年春来济南，听杜康泉之名，即为之倾倒。木诗人嗜酒，有“酒仙”之雅称。

漱玉泉边[1]

不闻漱玉之声，
它在默默地涌。

泉边我揣摩它的心，
默默地思。

想找女词人聊聊，
朱门深闭……

---

① 漱玉泉，趵突泉群名泉之一，近李清照纪念堂。

访“无忧”[1]

我唤“无忧”，
大街小巷走遍。

一阵阴风起，
有唏嘘之声地下传来……

① 无忧泉，趵突泉群名泉之一。惜已湮没。

济南水彩

半城春水，
绿了一个济南。

吕品①在烟雨中，
打着伞……

① 吕品，当代水彩画家，久居济南。

致琵琶泉

春天是“乳莺出谷”，
夏天是“十面埋伏”。
弦上跳大珠小珠，
最喜你轮指的功夫。

我请吕品为你写照，
三年还没有画出。
为了点染你的声音，
干脆搬到琵琶桥下去住。

李清照像前小立

你又回到家里来了，
颦蹙间流一闪欢欣。
似乎瘦了许多，
衣带请再紧紧。
有新词么，
穿过那段历史烟云？

千佛崖[1]五瞥

1

这尊佛被抠去了右眼
剩下的尚炯炯有神
也许他已经习惯了
用左眼看山看人

2

他的俩手都敲掉了
不知为什么这么狠心
他哪里写过一个字
从南北朝诞生至今

3

砸豁了这位的嘴唇
不知是何原因

---

① 千佛崖，在济南市南七十里的柳埠，位于四门塔之侧。多唐代造像，兼有宋、元、明为数不多的作品。

除了“阿弥陀佛”
他会说什么呢

4

哎呀，干脆连头也割去了
那位雕塑家该多伤心
这山谷里艺术被处死了
当历史睡得昏昏沉沉

5

剩下的崖顶上那尊
脸上流灰白的鸟粪
虽然逃开了人的惩罚
但他并不开心
如果不是那么高
真想递给他块手巾

月夜，卧虎山水库[①]大坝上小立

老远就听到它吼，
冷森森汗毛直抖。

月亮刚逗它跳进水里，
飒飒又起了风……

① 卧虎山水库，在济南南山，近仲宫。

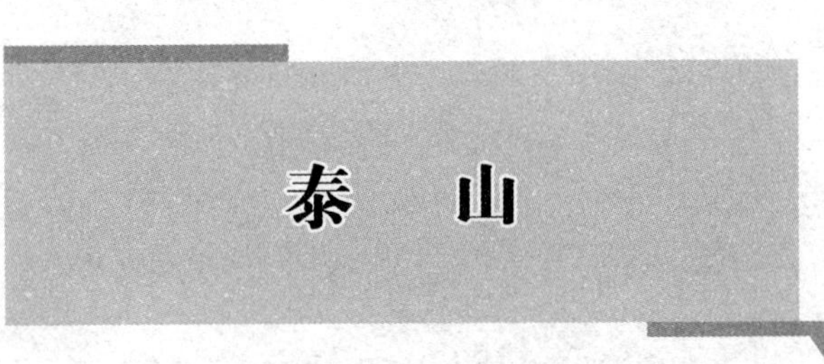

泰　山

汉 柏[①]

秋雨滴沥
老泪纵横

想是又想起了他
看这秋风

① 在岱庙汉柏院内，有五株。传为汉武帝手植。

天贶殿壁画“启跸回銮图”[①] 前小立

挤进神群中去
均木然

蹭了两袖子色彩回来
尾一只蝶

① “启跸回銮图”壁画，在岱庙天贶殿内，传为宋代作品，高3.3米，长62米。东墙为《启跸图》，描绘泰山神出巡的浩大场面；西墙为《回銮图》，写返回之盛况。历来评价甚高。我独不以为然。但色彩是头等的。

斗母宫“寄云楼”小憩

想是走累了
云也来坐一坐

看见匾额中间那个字
它好笑

跳了上去

天胜寨遗址[①]一瞥

漫山遍野
军旗还是营火?

一个泪珠
从红叶上滴落

① 天胜寨遗址，在傲徕峰扇子崖下，昔为赤眉军营地。

百丈崖听瀑

听乌龙吟啸
风也凄冷

傲徕峰头颅低垂
太阳暗淡下来

黑龙潭[1]崖畔小立

潭有多深？
要去问那条乌龙

水都是黑的
凝一层冻雾

投进一朵
百合

---

① 黑龙潭，位于泰山西溪百丈崖下。传说黑龙潭通东海。

中天门远眺扇子崖红叶

霜满天
傲徕峰扇一把红色褶扇

它的心里也许火热

泰山松

撑开巨岩
伸出两片绿叶

吸云的乳
长成龙的样子

于波涛中吟
霹雳中活

过对松山[①]

看那一双双渴念的手
听一声声呼唤

云都要流泪
风也呜呜咽咽

这样的一个家族
怎能分得开呢

大山
走近一点呵

① 对松山，在云步桥之上。飞龙岩、翔凤岭两奇峰对峙，峭壁悬崖，松皆对生。伸出长长的手臂，像是要握的样子。

升仙坊[1]上眺十八盘

多少脚步跨过去
多少信念跨过去

抓住铁缆的
是一个孩子

十八盘上
我看见我们这个民族

① 升仙坊，在对松山之上。再上，就是十八盘了。据说这里是人和神的界限，只有神才可以过得。

雨中登十八盘

一盘雨
　一盘风
　　不知几重天
　　　但见云层层
　　　　听得有人喊
　　　　　日头火样红

摩空阁[1]一瞥

这就是上界了
天门大开

爬上去
觉得很冷

太阳却红着脸
在那里抹汗

① 摩空阁，在南天门之上。

天街[①]印象

1

楼不见顶
街悬在半空

云和人
在一起行走

2

我追一片云
跑进一家商店里去了

躲在墙上一幅泼墨山水的半腰
还动呢

① 南天门至碧霞元君祠一段，称天街。

天街设宴

山风推开了窗子
云也一起进来
还有蜜蜂和蛱蝶
全是不速之客

天街夜色

天结了冰
像冻玉

月亮蒙一层霜
瑟瑟作抖

鸡毛店灯火还亮着
进去避避风

龙潭春烫得很热
摘个匏瓜①佐酒

---

① 匏瓜：星名。

夜宿天街眺极顶

月亮撒一地霜
露很重

那颗头颅仍在沉思
夜给他披件斗篷

天街一瞥

天还没有睡醒
屋脊上就站一只雄鸡
向着东方喊

天街遐想

天河很近
听得见鱼跳

挽挽腿
去摸一条

仙人桥[①]

仙能过得
人岂可觳觫

走过去
不学那条蛇

云
不用扶

① 仙人桥，在岱顶瞻鲁台西侧。两巨崖斩立，隔丈远，三巨石抵撑成桥，下临深渊。

无字碑[1]前小立

我还是看到了太阳的手迹
风的刀痕

一条青虫
在读

---

① 无字碑，在岱顶。过去认为是秦始皇所立，非是。顾炎武断定为汉武帝立，可信。传说汉武帝当时想写一篇气吞山河的铭文，来歌颂他的业绩，找了许多文豪学士来写，但没有一篇称其意。他干脆一字都不用，尽在不言中，让后人揣度。这位皇帝追求的实在是诗歌美学上的“无言之美”，不过走得远了一些。

泰山日出

来得很艰难
终于冲出云围

海水殷红
像血

受了伤么？
还是金矢的凯旋？

天烛峰[1]

像是照路的样子
东岳神擎一支巨烛

天上黑吗?
小心风

① 天烛峰，在后石坞之东，巨石一柱，从谷底拔地而起，直插云霄。峰顶一株劲松，远看很像蜡烛的火苗。

莲花洞[①]

莲瓣倒垂，
大泼墨！

这头颅想是太重了，
只能是泰山手笔！

① 莲花洞，在后石坞。石为黑色花岗岩，瓣倒垂似莲花。

过五大夫松[①]

看着那木牌，
它头发都竖起来！

谁能了解它呢，
两千一百年至今?!

① 《史记》记载：秦始皇嬴政二十八年，始皇帝登泰山，中途遇雨，息于大树之下。松树因护驾有功，获封“五大夫”爵。

笋 城

在后石坞。怪石嶙峋，丛立呈笋状。

听得到拔节的声音……

再过三千万年，①
它们都是泰山。

① 泰山石为二十五亿年前形成的变质岩。后经数次地壳变动，地层发生皱褶，三千万年前才拔地而起。

灵岩寺[①]某罗汉

仿佛要说什么
微微翕动着嘴唇

一颗未死心
无可奈何的眼神

---

① 灵岩寺位于泰山后身，为我国四大名刹之一。初建于东晋，兴于北魏，盛于唐宋。千佛殿内四十尊宋代彩色泥塑罗汉，均神采飞动，有质感，完全摆脱了程式化的造型，具有浓重的现实生活中人的气息，被誉为“海内第一名塑”，是我国稀有的艺术瑰宝。

某罗汉

印度的佛？
还是中国的人？

仿佛要说什么，
微微翕动着嘴唇。

我听到轻轻一声叹息，
想是个寂寞的灵魂。

某罗汉

眉毛眼睛都在飞动
云何六根清净①
他的心里一定跑着野马
看那耸动的额峰
不知这位的名字
相信是个情种

① 佛经谓修行佛法的人以达到眼、耳、鼻、舌、身、意六根于色、声、香、味、触、法六境不染着时，为“六根清净”。

某罗汉

看他鞋底都磨穿了
想是行色匆匆
好像暂时坐下来稍憩
又要走上征程
还是睡一会儿吧
闭上你忧郁的眼睛

某罗汉

仰着脸
你在看什么

一片破了的网
蜘蛛在穿针

某罗汉

你在想什么？
一段朦胧的经文？

你在想什么？
偷偷拨开山门？

苦罗汉

成了佛
也没有摆脱掉那苦

面色是苦的
眼神也是苦的

只有嘴角流一丝微笑
但也苦

到我们这个世界来吧
掸一掸身上的土

灵岩寺钟鼓楼前小立

鼓不知哪里去了
只悬一口哑了的钟

这山谷多么寂寞
空有多情的风

灵岩寺钟

沉默不知多少年了
看见它我就难受

不知是否还活着
轻轻拍它一声

谒诸罗汉

有的紧锁着眉，
有的尚有泪痕。
有的绷着嘴，
有的关着心底风云。
我不知道那位雕塑家的命运怎样，
看它创造出这反叛的一群！

秦　中

秦 风

早就听到你撩拨蒹葭的声音
老念着咸阳树上的那颗心

我从东方来
八百里不够吸

再谒黄陵

有雨丝自远古飘来
觉得出是黄河的风

我把心种在这里
开一朵紫色地丁

轩辕柏[①]

1

以长春绿
写五千年历史

轩辕笔
高捉管

2

青天已铺好
字不妨大一点

让海外游子都能看见
这云锦笺

---

① 轩辕柏，在黄陵轩辕庙内。高58尺，下围31尺，俗说“七搂八拃半，二十四个疙瘩还不算”。外国友人誉其为“世界柏树之父”。传为黄帝手植。

泪柏下小立

黄陵轩辕庙内有古柏数十株，其一枝柯间多孔洞，类眼，柏液流出，凝结成球，似泪滴。

1

什么原因
使你流这么多泪?
血都渗出来了
凝成琥珀?

2

我也是这样的
一个泪人
就让我陪你一起流
到地老天荒

茂陵[1]即景

几棵白草
愁一般高

① 茂陵，汉武帝刘彻陵墓。

茂陵情思

1

人鱼膏的芯子早就灭了。
一片漆黑！

那个露盘，
可以改作火炬。

2

可是擎它的人呢？
有谁知其下落？

眼里可还铅泪如水，
为他相思？

九嵕山下望昭陵①

1

他睡了
梦很高

2

山灵
请保护好他的耳朵

---

① 昭陵，唐太宗李世民之陵墓，在渭河北的九嵕山主峰上。建陵墓改地下为地上，唐太宗开了个头。为了看得远一些，灵魂就得站得高。

兵马俑一号坑即景

1

走了两千一百八十五年
看到了太阳

2

有人在耳语
传来那个人的脚步之声

蛙

——霍去病墓前石雕

轻轻几声线条
一块石头活了

鼓着眼
看西汉的太阳

从八大山人的墨荷上
跳到我的诗里来了

陶罐上的鸟

——半坡遗址速写

几个褐三角
追赶光

画家惊呼“毕加索”
半坡人苦笑

陶盆中的鱼

——半坡遗址速写

终于游到一起
陶盆中的鱼

没有水
活了五千年

一个诗人
敲半坡村的门

香积寺[①]路上

蓦地有天竺之香袭来
白云中游数尾木鱼

① 香积寺，在今西安市长安区南，为净土宗第二代祖师善导的弟子修建。传说“天竺有众香之国，佛名香积”。取名香积寺，意在把善导比作香积佛。

望太白[1]

1

万古积雪哪里去了
太白脸色铁青

2

太阳
还他白发

① 太白山，秦岭山脉之主峰，海拔3767米，常年积雪。近年来由于天气变暖，拔仙台积雪消融。

大雨中过雷神峡[①]

没有路
霹雳只能在峡谷中走

我与雷神同行
拄一根断枝

① 雷神峡，太白山奇峡，近冲天峰。

过分天岭[1]

分天岭上
听白日太息

草丛中一只纺织娘
在纺线

① 分天岭，太白山一奇峰。

黄　山

黄山莲花峰顶小憩

莲瓣上趺坐
吐吸天香

莲花上
又开一朵莲花

登天都峰值大雷雨

什么也看不见
大宇宙被雨占领

抓紧栏杆
免得被风吹走

俯视雷电
有婴儿啼哭

下天都

我下天都
云上天都
蟠龙坡擦肩而过

想告诉它那里风很大
已跌下去了

金鸡[1]叫天门

一只雄鸡
大喊天门

没有谁理会
它成了块石头

有人见它嘴滴着血
当雷火染红羽毛时

① 金鸡，天门坎一象石。

猴子观海[1]

三分像看
七分像听

黄山流云
在学浪声

此狙公可以学诗
收它做个学生

① 猴子观海，象石。北海清凉亭可见。

猴子观海

不云不雨
海已枯

它仍呆在那儿
像块石头

决心收下它
无须击顶三更

过醉石[1]所见

醉石上
一只野猿睡了

另一位
在照镜子……

---

① 醉石，近鸣弦泉。传李白饮酒听泉，曾醉倒在这里。

鸣弦泉①一瞥

石琴上
落只八音鸟②

张口接一滴泉水
清它的嗓子

① 鸣弦泉，在圣泉峰下。泉水由高山流下，冲击着横卧于涧中的一块长三尺、高五尺、中空、状如古琴的象石，出琴声。

② 八音鸟，黄山灵禽，人称“林间音乐师”。

墨 云

眉毛峰[1]上一扫
鲫鱼背[2]上一蹭
跑了

看颜色有些浓
找白云稀释

① 眉毛峰，在黄山温泉景区北侧。
② 鲫鱼背，在天都峰顶。

怒 云

披头散发
撼三十六峰

天阴下来了……

凝 云

1

风吹不动
西海结了冰
琉璃迸散
悬在半空

2

一片云在思想
忘记行雨了

3

佛掌①上的
老僧入定

① 指佛掌峰。

闲　云

常见在一条幽径上散步，
暮色中倦倚一棵孤松。
问他仙乡何处，
说是“云林[1]石缝”。

① 倪云林，元山水画家。画风萧散简远，属于空灵一派。

云谷[①]冻云

云谷的云也僵了
冻住了鹰

① 云谷，黄山东路去北海必经之道。

云 情

友人赠我一幅黄山云
老是不安于壁

架上我的那本小书
一天也流出云气①

趁主人打盹
遛了出去

---

① 拙著《山水清音》多写崂山，是崂山云呵！

云 香

鸡鸣寺吃茶，
忆明珠①老说“云香”。

谢谢黄山猴，
赠我毛峰绿。②

① 忆明珠，当代诗人、散文家。从黄山回来，我们有幸在南京相会。
② 于幽岩上放一些水果，多情的黄山猴会采绝壑峭壁上的黄山茶相赠，也放在原处。

笔 峰[①]

1

看到刘海粟泼墨，
它有些闷。

也想抹几笔，
蘸过路的云。

2

那两个和尚[②]再也不见。
不知云游到哪里去了……

① 笔峰，在黄山北海。
② 指渐江、石涛。画黄山，渐江得其古，石涛得其神。

耕云峰[1]顶小立

1

荒得可怜，
这昊天！

我来扶犁，
套九条龙[2]……

2

观世音[3]，
劳你播种。

① 耕云峰，位于天都峰西侧。
② 指九龙峰。
③ 指观音岩，近耕云峰。

雨中天都

天都发了大水，
我注定时运不济。

岂能白手而归，
摸那条鲫①……

① 天都峰顶有鲫鱼背象石。

雨后天都

1

雨停了，
太阳在擦脸。

很高兴的样子。

2

他从来不照镜子，
虽然天天路过天池……

黄山雪霁

一夜大雪
三十六峰高了许多

面对大自然这晚期作品
太阳冷漠

桃花溪畔小立

胭脂加一点光，
桃花在调色。

不知深浅浓淡，
试几个瓣儿。

情不自禁，
全泼了下去……

雨中过白龙溪

可恨乱石弄鬼，
怪不得山洪暴怒。

我是休想过去了，
横条白龙挡路。

夜宿莲花峰[①]

站在冰蕊上，
看天海[②]洗月。

一边系条小船儿[③]，
惜潮已落……

① 莲花峰，黄山之最高峰。
② 黄山有东、西、南、北、中五海。中海又称天海。
③ 指采莲船象石。

三峡 · 庐山 · 鄱阳湖 · 扬州

下三峡

1

下三峡
不闻猿啼

心还是酸了

2

耳之渊有声寒出
向唐峰长啸

入 U 形谷[①]

没有切断庐山
冰走了

壁上留言：
我还要来

① U 形谷，第四纪冰川之“创造”。由小天池、莲花谷、船洼三个冰窖汇成巨大冰流，切锉而成。

冰桌[①]一瞥

落一只
鸥
冷餐

① 冰桌，即飞来石，在东谷。实冰川搬移之功。

牯岭一瞥

云中桃花开了
牯牛动了

夜宿牯岭

盖三床云
还冷

腻腻地
月亮入我怀中

黄岩瀑布

1

也许这是最长的句子
冰点了个逗点

2

李白站在那里
学它呼喊

定心石[①]小坐

文殊问我
如何

回答
以脚

① 定心石，在文殊峰顶。

庐山印象

雾蓑云笠
挑两湖鱼

被风这个浪荡公子
踢翻了……

远眺香炉峰

1

白云知我
在抹

2

青天作深呼吸
太阳恼火

大林寺遗址花径[1]漫步

云深春老
天雨花落

白司马渺渺
喜见达摩

---

① 花径，亦称“白司马花径”，近牯岭。元和十年（公元815年），白居易被贬为江州（今九江）司马，翌年游庐山，写有《大林寺桃花》一诗。大林寺为晋代名僧昙诜所建，湮没不存。

栗里访陶渊明旧居

诗如水
我是为酒而来

雨后桃花尚有醉意
执手相看

石　耳[①]

你听庐山
我听天

“庐山有些着凉”
“天脉玄”

① 石耳，地衣类，体扁平，面灰白，底黑色，状耳。多生于五老峰悬崖绝壁间。

含鄱口望鄱阳湖

它也喜欢“用无”
老是覆云遮雾

风可不听它的
推开一扇窗户

含鄱口望鄱阳湖默思

是谁种的
这风波

谁来
收割

看它都荒了

无　题

含鄱口上
听风波争论

一个古老的话题
倒是挺起劲儿

鄱阳湖上

鄱阳湖上
风大书“波澜”

没有想到
湿了袖子

鄱阳湖一瞥

鄱阳湖着了火
夕阳在看热闹

泛舟鄱阳湖
我对凤尾鱼说

能吃咸么
还是去海里看看

星　子[1]

投入你的怀抱
不仅是为了波涛

对它们能说些什么呢
任银河系嘲笑

① 星子，一陨落之星石，在鄱阳湖中。

独　石[1]

你还是有一个朋友
风波

① 独石，在鄱阳湖水中。

鞋　山[1]

一条未完成的
鱼

风接过来
刻

① 鞋山，在鄱阳湖中。由第四纪冰川锉凿而成。

石钟山[①]下

1

太阳睡在路上
苍鹭也还在做梦

黎明风却早早醒来
听长江敲钟

2

它哪能
耐得住

① 石钟山，在湖口。鄱阳湖与长江在此汇流。

浪井[1]前默立

说是回到大江中去了
已获得了自由

又远远听得
唐宋诗中呼救[2]

---

① 浪井，位于九江市区靠近长江尾间之间，为西汉名将灌婴所凿。
② 李白有“浪动灌婴井”句。苏辙《浪井》诗有“浪涌时惊发”句。

双阳桥[1]小立闻太阳语

诗人
不要等了

我喜欢
一

---

① 双阳桥，在九江能仁古寺内。相传太阳西斜时，在一定的角度，水中能看到两个太阳。

戊辰暮春与“运河笔会”诸诗友共饮高沟酒厂醉书

诗酒
横流

一条鱼
“回不去了”

醉宝应

戊辰暮春过宝应，书“醉莺”二字赠宝应酒厂，以谢主人。

莺也醉了
鼾于纸

跌倒在路上
维扬的风

扬　州

梦都老了
扬州仍很年轻

无可奈何
是瘦

扬州三瞥

唐宋仰脸望月
八怪破笔煮茶
雪中三个竹叶

扬州印象

无赖的月
放荡的风
没完没了的梦

夜扬州

夜很深了
还在走

只有半弯春月
向我飞眼

后是祖慈
前有明珠

客扬州梦鲥鱼

赠我鳞衣
掉尾江中

忆明珠的声音：
香糟？还是清蒸？

扬州的风

经它一搔
就胡思乱想

想收它在绿格子里
白费心机

外边黄叶在叫
跑了

扬州雨

1

明清
清明

下着玩儿

2

金农把轴达摩
霉了

李鲜的鲫
想淋一淋

扬州的花

瞅着身边几个瓣儿
板桥的石头也痒

东风说
谁想开就开

瘦西湖听鹂馆小坐

鹂老矣
声音也有些黄

莺说
我来

蜀冈平山堂后石涛埋骨处[①]默立

1

也许就在脚下
那支笔

冷得
发抖

2

万人争看
山色有无中

① 石涛，清初有创造性之大画家，曾多次到扬州作画，扬州八怪无不受其惠。石涛晚年定居扬州，死后葬于蜀冈平山堂之后，湮没不存。

大明寺平远楼前琼花下默立

谁能想到呢
他也喜欢雪

可是因这点儿灵性
这个星球分娩一条河？

过扬州

一袖秦
一袖蜀

扬州风月
邮局寄吧

下扬州

走白了头发
才来到扬州

问你西子
可是因我而瘦

谢赠风月
我还得走

瓜洲印象

一个叶儿
卷着河豚

烟雨瓜洲古渡小立

春水
涨了

吴楚的山们
要过江么

峨　眉

峨眉白水普贤寺[①]普贤白象下小立

1

踏四朵莲花
君欲何行？

超现实主义？

2

乜斜着眼

① 白水普贤寺，即万年寺。从观音庵故址下行约七里便是。

白水普贤寺听琴蛙[①]操琴

似乎单调了一些
也生

亦足以添人雅兴了
当此高山流水

还是可以觅得
几声鼓点

① 琴蛙，为万年寺一带山涧特产。形体瘦小，叫声若弄琴筑。

古德林[1]漫步

六万九千七百零七字
都长成参天香楠

一部《法华经》在这里活了
诵莲花的和尚是风

字间染有鸟语……

① 古德林，位于万年寺至清音阁之间，为明僧洪济主持种植。据说洪济每种植一株楠树，便口诵《妙法莲华经》（简称《法华经》）一字。按字计株，共得六万九千七百零七棵。

双桥[①]品音

真的是清
且新

杂一圆杪椤花香
被鱼儿咬走了

① 双桥，位于清音阁之下，黑白二水在这里会合。立此桥上，清音满耳。

大峨、中峰寺途中[1]闻山潮

1

何来水声？
远远的有潮涌

来到了……

2

山坐得难受
和海聊聊？

① 自大峨去中峰寺的中途，有一种奇异的自然现象：每当晴天的下午，可以听到水声，发自上方山峡深处。接着潮声大作，若洪涛怒浪挟狂风暴雨而来，持续可达两分钟，名叫山潮。

大坪净土禅院遗址[1]默立

“空门”不见门
这里真的成了“净土”

长居士[2]迎我
听秋风泣诉……

---

① “大坪”在峨眉山中雄定一尊，三面环峡，峭壁斩立，上下二十五里。清顺治年间由清源、松月禅师倡导修建的“净土禅院”，为山中一大名寺。毁于“文革”。

② “大坪”多花蛇，虽斑斓可畏，却不伤人。僧人称它“长居士”。

过洪椿坪[1]枯株下小立

逍遥游中邂逅
庄周介绍高寿[2]

五十年后重逢
它站着死了

问天问地问啄木鸟
丙丁向我一笑

① 洪椿坪，在一线天之上。明代楚山禅师主持建千佛庵，后扩建成大寺。清康熙年间，寺院失火，山门外两株洪椿，其一被烘烤而死，兀立不朽。

② 《庄子·逍遥游》中所说的“八千岁为春”“八千岁为秋”的“大椿”，就是指的洪椿，传为神树。

过洪椿坪洪椿下小立

先生别来无恙
你可还在迷恋庄周

我倒是想活在你的诗里
一叶足够

洪椿坪大雄宝殿千佛莲灯下小立

一朵莲花
坐五百小佛
读一首《光》

任贝叶
枯黄

九十九道拐

峨眉的一个画折子
丢在这里了

听猴子翻

仙峰寺[①]一瞥

仙峰岩下
睡一头陀

梦里
鹤啄他的脑壳

① 仙峰寺，在九十九道拐之下高入云霄的仙峰岩下。原为道观，后为佛取代。峨眉山原为道家“第七洞天”，至明代开始衰落。到了清初，一些道观被改为寺院，从此神仙无踪影，遍山是菩萨金身。我国名山多佛道之争，且异常激烈。胜利了的佛出于策略，有的寺院仍保留了“仙”字，“仙峰寺”即其一也。

九老洞前

仙人鹤去
狙公鸠领

悬崖上齐天大圣的后裔们正在火并
为了一次偶然越境①

① 据说，峨眉山有四猴群，分布在九老洞、洗象池、牛心岭、茶棚子一带，各自占山为王。

过九岭岗[①]

1

浮上来了
又沉下去

钻天坡上
太阳伸来手臂

2

再见
鲨鱼

① 九岭岗，在万年寺之上。这段路形如鱼脊，两侧下临深渊，望不见底。再上，便是钻天坡了。

过莲花寺遗址[①]

寺荡然无存
这菩萨比莲花命苦

烟霞为之滴绛
比白石大胆

老来转喜冷色
等那轮寒月

① 莲花寺遗址，在九岭岗之上。原山门前莲花巨岩开放如故。

上钻天坡

耳鸣心跳眼花
天路渺冥难爬

风念我两鬓白
往上托

云怜我血压高
伸手拉

左见一玄狐合十
右听得野鸟念佛

凉了一半的心
又泛红了

白云寺①

1

经声远去
佛门被蜘蛛封了

云依然很旺
涨满大壑

2

荡一黄叶
一蚱蜢在撑

① 白云寺，在连望坡之上。这里云多雾重，据二十年来的气象资料统计，平均每年雾日为三百二十三天。

白云寺

老是云锁着门
老是阴森森

金面人破壁而入

被吊在一棵冷杉树上了

白云寺微雨

1

踏冷杉而来
脚步轻轻

未见其面容
浑身已湿透了

2

一绿色的
菇

夜宿洗象池[①]

诗佛一床
我与普贤抵足

话谈不拢
各做各的梦

月亮在外边喊我
“快来洗洗”

① 洗象池，在钻天坡之上。宋代原是一小庵，清康熙三十八年（1699年）扩建为天花禅院。院中有明月池，传普贤的白象曾于池中洗澡。

象池夜月

风寻找它的影子
老猿刮霜

湿光自瓦缝入
木鱼腮动

过雷洞坪[①]

1

铁碑示人“禁声”
我怎能禁得
仰天作龙吟

湿了绿风

2

我非山君
猴儿拜我作甚?

---

① 雷洞坪，白云洞前行即是。万历年间清月和尚铸“禁声”铁碑。此地空气中的水分子达饱和状态，稍有振动，就要落雨。这里真的可以呼风唤雨。

雷洞坪绝壁小立一瞥

云平大壑
漫七十二洞

雷潜于水
老蛇探头

当空一轮红日
被杜鹃烧熟了

过阎王碥与死神攀谈

“你还是回去吧”
“不”

“也许你回不去了”
“好”

“你是位菩萨吧”
“错了”

“请问尊神大名”
“九死大痴”

我听见接引佛说

——接引殿①前小立

火化非我所愿
吾喜欢卧雪

最好再来叶芭蕉
和尚哪里知我

---

① 接引殿，雷洞坪前行三里即是，建于宋代，殿内供接引佛，后坍塌。清顺治十七年（1660年），由河北来一位八十老僧，看见接引佛卧于雪中，心中不忍，便站在雪地里向游人化缘，将之修建一新。后因失火，接引佛被焚毁。

神笔岩[①]下

昨天还是“一山”
今儿看是“第一”

蠕蠕地还在动
“山”在隆起

闻叹息之声
发自岩壁

① 神笔岩，在接引殿东侧。岩壁上隐约有字，大三尺许，呈黄色，细看是一层苔藓。字迹似是而非，随人意而定。有时看是“第一”，有时又是“一山”。据僧人说，如出现“第一山”三字，这年便是好年景。传为“神笔”。

圣钟岩下

七十三寺山钟齐鸣
独它不出一声

风来叩寂
惊起一窝野蜂

峨眉苔

1

绿得使人叫起来
身长五米

上帝也难想到
这线的创造

2

既然离开了“点”
只能走下去

云里雾里
它在默默地长

峨眉珙桐[①]

冰川孑遗
峨眉高士

若有所思
冷眼看云

① 峨眉珙桐，世界稀有植物，生长于海拔两千米左右的山林中，高可达二十多米。据植物学家鉴定，为三百万年以前的冰川孑遗。

云窝一瞥

有青云自洞中出
太阳一把扯住了

安安闲闲地抽丝
结光明网

卧云卧云庵

1

檐跷着腿
卧于云上

学庵的样子
来个高睡

2

一觉醒来
我化作云

只好游到家门时
落几滴泪了

金顶品茗

水难开①
劳太阳吹火

一缕绿光
在涩肠中转

① 金顶空气稀薄，水温最高只能达到八十度。范成大以为山顶之水系“万古冰霜之汁”，因而难沸，曾由山下背水到山顶，传为笑谈。

金顶黄昏喜见飞碟

1

一亮物飞临
殷殷若分娩春雷

万佛顶留下两行戒花
又消失于无垠

2

“此来为大光明山①剃度？”
  流沙河首肯

---

① 佛教称峨眉为“大光明山”。

夜宿金顶

1

普贤的灯灭了
风也死了

唯寂寞独语

2

危岩上立一白狐
竖着耳朵

岩壁上一只佛现鸟[①]

它闭着眼睛
搜索光的消息

一蝮蛇凑近过来
献上花环

① 金顶有鸟，每当佛光大现之前，就要鸣叫，人称“佛现鸟”。

金顶宝光

1

总是要在金顶留下点作品
太阳太偏心峨眉了

看它正画圆呢

2

我立于环中
若光明树

睹光岩[①]一瞥

万仞岩上
太阳眯细着眼

紫云太紫
泼一天光

---

① 睹光岩，在光相寺之东侧，为峨眉最大道岩。

千佛顶夜立望万佛顶

1

沉默得像块石头
想什么呢

那一白茫茫的冰葬①么

2

又起风了

峨眉
你冷么？

① 第四纪地质年代，有世界性的大冰川发生，峨眉也受到袭击。

万佛顶一瞥

火山岩上
站一小草

似乎在听什么
思想什么

云迷万佛顶

1

第六感告诉我
已是走在眉尖上了

下临万丈深渊
怕风又是想风

2

隐隐听得水声
这不可能

我还是读过几句唐诗
休想把我捉弄

万佛顶留影

拉云一起
留一小照

刚刚洗好
风抢走了

峨眉云海

1

似乎更凶一些
更难以捉摸

眼看着
水漫千岛

2

只剩一九节狼
口念“阿弥陀佛”

华严顶小立

1

来了白象
去了青牛

一万年之后又当如何呢
僧帽也许被风吹走

2

它还是它
不开口

只管青它的山
绿它的水

华严顶当风

枫叶乱吵
冷杉聒噪

华严顶拉上被子
蒙头大睡

夜宿息心所①

1

梦逡巡
闻断裂之声

这危岩会崩坍下去么

2

来一山灵
摩我的心

① 息心所，在观心庵之上。小庙危悬，下临深渊。

息心所闻晨钟

闪着湿光
此起彼伏
亦酸亦甜亦苦

有六老人在谈心①
似乎议论一场劫数

① 可是大峨寺、广佛寺、牛心寺、大坪、初殿、长老坪的钟么？

下息心所过观心庵

1

神难宁
心难息

还是不观为好
看看不更难受

2

有清香漫溢……

倒是要瞅一瞅
这维 C①

如何周游
沁心脾

① 观心庵附近有香橙树，果实中含有极为丰富的维生素 C。

峨眉风

吹三千灵窍
善写狂草
摸一下佛头就跑

峨眉的风

它喜欢音乐
吹三千灵窍

还是位书家
善写狂草

似乎又有些孩子气
摸一下佛头就跑

峨眉白风

群峰隐退
让位白风

可染可染
大千指瘦

峨眉月

洗普贤象
逗秋风捞

至今流在李白诗里
不知可是这一半儿

峨眉月

一弯冷月
就把个峨眉漫了

你是因此而瘦的么

峨眉月

蘸着冷雾
为大峨写生

从有
到无

峨眉秋深

风褪了色
水光惨白

往雪中走

峨眉雪晴

两弯白眉
一颗红痣

峨眉雪晴

天公勾线
冷月照明

峨眉雪晴

风被压住了
它太野

腌你一冬

峨眉雪晴

一行草鞋印儿
香到顶

大漠·帕米尔

伊犁河落日

噗喇在锡伯族人的渔网里了
溅黄昏一身胭脂

伊犁河落日

风吹白发
半遮红颜

淡紫色的叹息
你来得太晚

伊犁河落日

还有好多路要走
回眸看桥头那只痴蝶

洁白的羽翼
如今尽血

戈壁落日

很辉煌
又有些悒郁

一颗心
燃尽

大漠落日

两个火人
都老了

笑笑
分手

大漠落日

一颗躁动的灵魂
却也拥抱着波浪

美到
死

大漠落日

天地
将合

沙
夜哭

大漠落日

圆

寂

大漠夜

愈来愈见生气
它在杀青无限

连沙链浪头上一点儿光明
也抹去了

帕米尔

三百万年滴落
前额冷冽如故

心思漠漠
听脚步走过

帕米尔

1

天地间侧卧
等一个消息

2

寂寞扇动翅膀
一匹马咀嚼荒凉

帕米尔

到处是冰的呼吸
冰的语言

海
海

帕米尔即景

山
都在喘

扎着头
上宇宙一课

狮泉河[①]道上

走近太阳
才知它很冷

一步一步
沉入蔚蓝

回头是岸
已不可能

① 狮泉河，属于西藏阿里地区，位于帕米尔高原顶端。

乔格里[①]冰瀑

溯流而上
试试它的力

冻在洪荒中了
摇着尾鳍

① 乔格里峰，属于喀喇昆仑山系，矗立于帕米尔高原上。山顶冰层厚达200米，为世界第二高峰。

札达[①]速写

太阳冻僵了
脸色苍白

一株白杨
在看风景

① 札达，在西藏西部的阿里地区，位于帕米尔高原之顶端。

札达白杨

越过生的界限
它生长

绿得使人心痛
话很少

古格尔王朝遗址[1]一瞥

一小泥佛趺坐
睡着了

天　蓝它的
地　转它的

---

① 古格尔王朝，帕米尔高原上的一个谜。大约一千年前，奇迹般地出现，却又在三百年前突然消失了，直把一座宫殿盖在山峦的头顶上，修进绝壁的眼眶里，与山浑为一体，遗址在离西藏札达县25公里处。

古格尔王朝遗址道上

这一位乜坐
那一个仰卧

灰不溜秋的一些小流浪汉
横七竖八梵国

再也不翻你那劳什子贝叶
一任俺明月风雪去也

高原上一小水月菩萨如是说

梦里
也想

就悄悄
裹我

让我做你的
小情人

听你
海声

高原月

圣湖马法木错漾了
山鬼们鸟兽散了

一头牦牛
反刍着光

高原夜

1

星星也不见
墨气把时间也淹没了

2

寂灭之深渊
宇宙孵卵

别帕米尔

清晨我看到我的心
一副山的颜色

它说我不走了
即跑步入列

杂　咏

赠钱锺书

你随便行走
不在意地撒一路珠子

一玄鸟啄衔一颗
种于太空

有暗香阵阵
透过云层

赠钱锺书

除了风月
我还有什么呢

云怕洇了先生书稿
觅得几条四亿年前的鱼

湿湿的眼睛湿湿的心
默默地对默默地

玄思（六首）

1994 年 5 月 5—9 日，海峡两岸玄学讨论会在无锡太湖之滨召开，余因病未得聆教。着小女德铮专程前往，意在把诸大家的声音带回来，我的一颗心也算是到了。会议期间，余正在打吊瓶，倚枕冥思，得《玄思》六首。

无 题

都赶到太湖来
江南三日无风

无 题

众鸟羽毛皆闪光
树们今后就别想安宁了

致老树

风中
听你的声音

你以你的叶子
抚摩天空

附记：谈玄会后，王树人教授以“老树”为笔名，寄赠《孔孚诗体学步：江南行》9首。附记云：“孔孚的诗，炼句、炼象，在时空上大跨度跳跃，且使人这个小宇宙与大宇宙相通。精炼至极，博大意深至极。岂能学乎？吾不得而知也。”读之不胜惶恐之至。玄思得四句奉复。

致周继旨

太湖
倒悬

听君
搅动波澜

附记：小女德铮归来时，余正在打吊瓶，倚枕听周继旨教授发言录音默成。

听成复旺发言录音

说
不可说

推开
无门之门

致辛冠洁

你和星星们说话
直到天亮

酒杯说无
花香道有

又脱落几根白发
青史知否

悼黑伯龙师（六首）

余师伯龙先生，国画山水大家也。师出石涛，尚简，晚年凌高境。人清石冷，淡泊一生。不幸于一九八九年一月十四日去世，享年七十四岁。画坛星陨，痛摧心肺。泪眼模糊，成悼诗六首。

龙师墓前默立

伴先生
寂寞

《灵音》
化作蛱蝶

师小语 （之一）

有泪
就滴在宣纸上吧

正好还君
《江雪》

师小语 （之二）

这个世界
多的是墨

还想叩向上一关
月下风前

师小语 （之三）

刚刚去看过石涛
大千先生在座
商量去找朱耷
一起谈谈“篱笆”

无 题

一九七三年九月，伯龙先生为余画石，至今立于壁上。

墙上的石头
似乎想说什么

老妻劈柴
生一盆火

断 想

视先生为
知己

那是
白么?

戊辰冬某日梦王维、苏轼

“你的诗还不到家
老是有画”

“前生注定
有什么法子呢”

看不到苏公的脸
只见胡子挓挲

一位书法家与风的对话

什么时候
你能把我们中间那个字刮走呢?

风摇摇头
写“海”以赠

给一个女歌唱家

1

蜡梅开花的季节，
你回来了。

捧一束姹紫嫣红的歌，
你献给故乡。

也许由于喝了济南的水吧，
你的嗓子那么亮！

我看见你的眼睛含着泪光，
今晚七十二泉都为你鼓掌。

2

你的歌像在春天的河流里泡过，
闪耀着粼粼的光。

你的歌像在爱情的醇醪里浸过，
散发着温馨的香。

我觉得乳莺的翅膀在拍打我的心，
随它，我飞在春的原野上。

3

有欢喜，也有忧伤。
有生命的歌本来是这样。

我的湿湿的眼睛告诉我：
你是用心在唱。

孔孚旧作1950—1969

给尼基丁

没有比歌声更能传达感情的了，
尼基丁啊，
你唱的是我们的“二月里来”；
没有比歌声更能传达感情的了，
尼基丁啊，
你唱的是我们的“兰花花”。
我没有先想到你，尼基丁。
我只知道：
我的眼睛已被泪水浸湿了，
如果你不爱我们的国家呀，
你的歌声不会这样的；
如果你的感情不和我们在一起呀，
我的眼睛不会湿湿的！

1952 年 11 月 23 日

菊　波

跑突名泉涌白雪，
白雪楼下红似火。
火映经霞卷菊浪，
波光菊影袅婆娑。
曾闻月光摇锦鳞，
未见菊影弄银波。
宛转菊流拥人流，
滟滟人波共菊波。
菊波人波蜿旋进，
人波菊波两相乐。
乐逢盛世喜气扬，
喜开心花把墨磨。
援笔拟草菊波章，
不意下笔菊成河！

1956年11月6日

雷声已经隐去（二首）

雷声已经隐去

雷声已经隐去，
风也疲倦了，栖憩在浓密的树顶；
太阳拨开云层向人间窥视，
最后一阵急雨化作满天水晶。

偶尔还洒下一两阵绿色的雨滴，
那是来自一片绿色的云层；
像些栖鸟一样，风在睡梦中被惊吓着，
它的湿漉漉的翅膀拍打着老橡的树顶。

也许它又梦见了那夏日的长雷，
还有那闪电，那乌云的山峰。
也许它们刚才又一齐突然向它袭来，
于是又展开了一场搏斗，在它不安的梦中！

然而它马上又睡熟了，
不管林中的雀鸟怎样喧闹，也难以把它唤醒。
它的闪亮着水珠的翅膀很快被太阳熨干了，
这时，千万片小叶都在呼唤着风。

雨

雨，把篱笆上的叶子染绿了。
雨，把井沿上的鸡冠花染红了。
雨，把村头石头桥上的石板染白了。
雨，把老桑树上的葚子染紫了。

发表于 1957 年第 8 期《诗刊》

马刨泉

马刨泉，济南七十二名泉之一，位于旧济南南门外。传宋高宗迁都临安时，河北太守刘豫降金，金封其为齐帝，并组织傀儡政府，以抗宋朝。当时刘豫部下皆俯首听从，唯济南宋将大刀关胜（《水浒传》中英雄）不服。刘劝降时，关不从，刘乃拍案大怒，命左右将关胜推出斩首。关胜亦大怒，无一人敢近，大骂刘豫而出。天明，与刘豫战于城之南郊，因寡不敌众，战死。时关胜的战马怒嘶，刨地出泉，遂有马刨之称。

狂风撕裂着昏暗的大地，
乌云压低万山群峰；
整个民族都在羞耻地哭泣，
一场时代的灾难袭击着人们的心灵。

将军整夜没有入睡，
虎帐里通宵烛火通明；
蜡烛也无声地流着眼泪，
将军的头发一夜白净。

太多的痛苦压着他的双肩，
愤怒咬噬着将军的心胸。
想到白日那个九尺的懦夫，
将军的目眦尽裂爆起火星。

难道可以跪下去，
为了不值一分重的生命？
难道可以把民族的荣誉像棵葱样卖掉，
为了换取肮脏的禄荣？

明天摆在将军面前的是什么，将军没有去想，只听见鞘中的长刀铮铮怒鸣。
天明古城的南郊展开了厮杀；
人单势孤；
忠诚的鲜血化作长虹。

将军的战马仰天长嘶，
愤怒的前蹄刨地，飞身跃入晴空。
从此这里冒出清泉滚滚，
悼念着将军不朽的英灵！

也有人说将军的战马流下了太多的眼泪，
这里才出现了泉水一泓。
这里的泉水确实像泪水一样滚流着，
似乎数说着一个时代的苦痛……

发表于 1962 年《星星》（诗刊）

春 天

春天还在山的那边
湖里的水先绿了

春天还在路上
湖里的水先涨了

缆绳还没解开
春天先到家了

鸥鸟找不到落脚的地方
它怕白雪被融化了

珍珠泉[①]

没有青色的线线
没有红色的线线
是什么把珍珠串连
一串
一串

没有金色的线线
没有银色的线线
是什么把珍珠串连
一串
一串

那是太阳纺的线线
那是月亮纺的线线
那是大地的情丝呀
一串
一串

① 本诗是孔孚二十世纪五六十年代的旧作，原稿丢失，此为孔德平回忆稿。

珍珠泉

水底涌万斛明珠，
池中飘无数丝线。
不见仙女灵巧的手指，
珍珠已把柳丝穿满。
泉水呵，你可是要用这些珠柳，
给济南编一顶柳冠?

1964 年旧作

济南与烟台

济南是个不爱洗脸的孩子
虽然家家都有泉水

烟台在晨曦中就起来梳妆
照着大海这面镜子

散　文

锦绣川水库半月居小记（之一）

近十年来，每年我总要来锦绣川水库一次，时间多是初夏。老想早一点来看梨花，又总是这事那事摆不开。雪之世界，只能是在心中盛开了。

多的是全家来，老伴、儿女们都特别钟情于这地方，一见隔壁的杏枝上冒出骨朵儿，就开始提醒个没完。不来锦绣川水库一趟，就像是一年的日子没法子过似的。这次也都来了。家里人回去，我留下。另一次，大女儿还带了锅子来，在此买鲜鱼，以石垒灶，拾干树枝子煮食。说“食”，并不准确。意在汤。那汤淡淡的，须细品。说像品“君山银针”那般“细”，并不为过。至今舌间有余味。也许鲜活的山风作为佐料加了进来？不知该如何美此汤。只觉得不宜用“香”。

每年来这里玩大半天，回去就觉一切都生意盎然，一连几天。锦绣川水库在我眼里算得济南一大胜景。

龙洞、东佛峪自然也好。讲山之奇、之秀，涧之曲、之幽，加上神秘的岩洞，其美也许不让这里。《灵音》（即图书《山水灵音》）中我说过它们不少好话。但我不得不说：那还不能说是大自然的上乘之作。如果说是“上乘”，那也只能是在“盆景”这一层次上，虽见其挖空心思之精巧，但总嫌“小”。

锦绣川水库就不同了。这里是“大造化”。奇异的是我来这里，东西南北也难辨认。我理解为：大自然之神要我在这里暂时忘掉一切，返回混沌。你只管尽情拥抱就是了，管它东西与南北呢！

然而人之理念非常之顽固。特别是“方向”，尤甚。在这里老天并未能使我“忘向”，不过是来了个颠倒。这就出现了“人”“我”两种不同的方向。

绝大多数时间，我来个不管它，脑子里不装，这就觉得很自在。然而想写东西了，我总是常人，这就必得照顾读者，“随俗”再颠倒过来。很别扭的事。然而别扭的事还少吗？只能徒唤“奈何”！

锦绣川水库在我心目中最突出的印象是：高旷。来此，心不禁为之一爽。

水库大坝很高，呈浅弧状。中间腰处俯栏下视，有眩晕感。水墨绿。大的时候，上连九曲、云河、白云几个村子。大坝下渠道伟长，一直通到八里洼，可以向济南送水。新来不久的看起来很年轻的水库管理处书记傅思祥很喜欢书法，并有情于诗，见他墙上的新作《水坝赞》有“昂首白云村，摆尾济南城”的句子。自然是条巨龙了！够有气势的了！

一般水库在我印象中都是两山夹一谷，地势较低。固然智者可以乐水，但总不免有“闷”的感觉。而锦绣川水库不仅无闷感，反而让人觉得旷爽。这是很奇特的。

如果南北山是近距离，且高峻，则绝不会有此感觉。可你说是“远距离”呢，又觉得近。似近，又远。这也是莫名其妙之处。山层层远去，天因之而大，我想这是心境感到敞亮的原因。

但既然是水库，又何以给人以“高”感，就说不清了。从我居住的水库招待所之下仰视宏伟大坝十孔长桥，人车若行天上。然而这只不过是局部感觉，尚非总体。总体上的“高感”，我怎么也悟不出。

选择这样一个地方建水库，我以为是最理想不过。这里我不能不赞美水库设计家们的心胸。除了适应于地势、水科学一方面的考虑之外，当还有个神魄问题，美学“造境”问题。设计家心中无“高境”，无论如何是出不来此“高境”水库的。

再说说山。这里的山虽见层次，但无一说得上“奇”。不过随意勾勒而已！总的给人以“浑”的印象，一种“渊默”之感。加上晨有岚气，晚有暮烟，遮遮掩掩，使人估摸不透。更不要说烟雨迷蒙，漫天飞雪之捉弄了！晴也好，阴也好，锦绣川水库总是灵气袭人。大朴大拙，加上一种捉摸不定，这才见大自然的真功夫、大手笔。“天大”“水大”，加“人”及其创造之“法大”，不也可以概括为“宇中四大”吗？不是“大造化”吗？

至于空气之清、之新，风之鲜活，环境之静、之幽、之灵动，更不消说了。以我之心觉评，皆“第一流”。

既然是人世，人间烟火自然是不会全无。比如汽车、摩托，甚至是小型拖拉机，都有去来。但我还得说是“第一流”。

不要紧的。有那么一点点人间烟火，浓密的树叶、草叶就把它吸收掉了。绿叶子们也要“吃东西”，为了向人间放氧。只不过是绿叶子们的呼吸恰好和人来了个颠倒。它们吸的是人间废气，呼出的却是与人有益的东西。真乃大慈大悲！“一叶一如来”，从这个意义上说，也是的。

我总觉得水也在起作用。它能否过滤风，我不知道。但听人说过：风掀动水波，撞击岸沿，会放出一种比氧还好的“负氧离子”。如果水大，从大坝十孔长桥涌下，形成瀑布，那就会放出大量的“负氧离子”。还听说：风吹动树叶，相互摩挲，也会放出“负氧离子”。此间空气中的“负氧离子”想会是不少。人皆受其惠，可能并不一定知道。

我来锦绣川水库小住，就想和大自然亲近亲近，安安静静地和大自然谈谈心，通通气，让锦绣川水库之水、之风、之灵气，一洗我心之谷底沉积之污烟浊秽。

很好。来此仅小住半月，就觉得恢复了。心不仅回到原来的样子，且在拍打它的翅膀了！

对　坐

1

我喜欢默默地。默默地做人，默默地写作。

来锦绣川水库，除了散步之外，便是把门敞开，搬把椅子和南山对坐。自然也是默默地。

我不知道它的名字。又何必一定知道呢？只知道它姓“山”，就可以了。

想它也未必知道我是谁人。又何须知道呢？只知道我姓“人”，就可以了。

它姓它的“山”，我姓我的“人”。“山”“人”是可以做朋友的。

一次坐得久了，不知不觉睡去。醒来，见山在笑。你笑什么呢？这有什么可笑的呢？

又一次，恍恍惚惚，觉得我就是那山了。非山来就我。亦非我去就山。

偶尔和傅思祥谈起这事，他很感兴趣。我说有意来此安家落户，做这里的“山民”。他却说：不！是“山人”。

见我摇头，思祥又说：“非文人雅士自拔高逸之谓，君乃之真正山人也！”

思祥可谓知我。在我心目中，思祥是一位文化型的党的干部。

我的本家宗长孔尚任，别号“云亭山人”。说老实话，我并不怎么欣赏这雅号。他之“桃花”，倒是很“别”致的。取“别”号却难免落俗。思祥把山和我化为一起，另出新意，不能不说是高思。

我说好。就刻一“山人”印章，让本“山人”也活在“青田冻”上、丈六宣上。

这样，本人就真的是“山人”了！

2

我并非偏爱山，也还钟情于水。

我不喜欢从大坝长桥上居高临下相对。那样，水会不高兴的。

我总是从南端北侧绕下，坐在一方岩石上和水相对。这样就觉得亲近一些。

水不像山那样，风吹它不动。水太柔和了！一点点微风，它就漾漾不已。

即便没有一丝风，它也不会安宁。就是这么个性儿！所谓“波平如镜”，没那回事！看水中之月，就知道了。水中月永远也不会安分的。况前出一“波”字！酸秀才们不知自己咬了自己的舌头。

水也太善感了！薄薄的一片云，就会使它忧郁起来。

它还很爱说话。不过多的是细声细气。自然也有大发雷霆的时候。

和水对坐，你就别想像和山对坐一样：就别想安静一时一刻。你想“默默地”，可它不喜欢，总是逗你、撩你，使你的心也和它一样波动不已。达摩在这里，我不知如何。“面壁”，他是专家；“面水”，可能使他前功尽弃。我是无论如何也不行。

所以我想写点什么了。

这也因为它洗了我的心。

心就在水里，用不着淘的。

我的心在下沉……试不着底。

这水是很深很深的呢！且静寂。

此时方知水亦“渊默”。不能仅看其表层的。

就这般，我在水边坐上半天，或大半天。水也是我的好友呵！

朦胧中似乎更亲于山。这可是我心中的秘密。风呀可不要乱。

对水时间长了，心就觉得绿。

回得家去，不知夫人还认得我否。

“何来碧眼儿？去！”夫人兴许会下逐客令吧？

锦绣川水库半月居小记（之二）

鸟

1

锦绣川水库附近的鸟，用得上一个“稠”字，仅看其居室，就知道了。有的电线杆子上都筑有它们的宫殿，而且颇为宏伟。想是挤得不行，而出此行。不会是搞窃听，相信它们都是些山野朴民。只不过随意到处大解（我不知鸟民们是否小解）有欠文明。其实我说“随意”“到处”，也是太夸张了！鸟友们请恕我。写诗的人有几个是讲老实话的呢！只不过是我在水库附近散步，常想在清洁的石头上坐坐，而发现有的上面有灰白痕迹，这就引起了我的反感，如是而已！放荡惯了，这怕也是天生的性儿。它们都敢在佛头上不恭，况石乎?

在锦绣川水库的一些日子，我认真关心过鸟居，正如关心自己的窝一样。人之一生一半和睡眠打交道，怎能不呢?

锦绣川水库招待所的周围有很多的毛白杨，还有十几棵入画的老柳树。大坝西下，是一片浓密的柳林。就在这些树上，我看到很多的鸟巢。大巢皆筑于树冠之底层，老干杈桠之间。无疑这是最稳当不过，算得上是“老谋深算”。想是些老家伙们。

多的是再上一层。这也像一些人多愿住在三楼一样，自有其道理。

唯见一小巢，筑于最高枝。且是竖条！也许有横枝儿？因太高，想是也太细，看不到。不知这鸟是怎样把草叉起，联结在那树条上的，风一刮，就摇晃。有一次风大一些，那枝条儿时弓起腰，摇摆幅度几近于180度。不知有雏儿否？

这鸟难道就不知道危险么？还是有意做弄潮儿？还是住得高，看得远？梦亦高？

这鸟令我肃然起敬，但不免为它担心。如果我像公冶长那样通鸟语就好了。我就要劝劝它：过那么几天高日子就行了，还是“下”为好。

但它会听我的吗？它定会是一高境界的鸟。既然出此高念，有此高行，那就是“外生死”了，我还是不要多事。

这样，我就每天看它几眼。一日，狂风、暴雨、闪电、雷鸣突然一起光临，这回我可真的不安了！

一阵天威过去，见鸟巢安然无恙。我心窃喜。对着高枝，我大声喊：“好样的！你！”

2

既然巢多，鸟族之多、鸟之多，就可想而知了。到处是咴咴愣愣，鸟翅不时从你眼前闪过，似乎你在赶鸟集。不过声音可与自由市场上之“市声”有别。虽“稠”，但非常之悦耳。更为重要的是多变化。

早晨，我往往被一种“咕——咕——”的声音唤醒。问当地山民，说是“斑鸠”。斑鸠那么小的鸟，能发出如此音量的啼声吗？好像从谷之深处传来，很远很远。按音量估计，当是牛一般大小。音虽然两顿，但第二顿总是拖长一点，音由高转低，下滑。这声音使我不怎么好受。说是“其声也哀”，那倒也不是。有那么一点儿使人酸楚，似乎是。这样说，还是太简单了。不知该如何状其声，总之，情绪是很复杂的。兴许酸、甜、苦、辣，味味俱全。我真想拜访一下这鸟，探其身世、内心之底蕴。不知是何鸟，姑称之为“无名氏”吧！

其他，还有三音顿的，甩一长串珠子的。后者肯定不会是画眉、百灵。在济南时，早晨于千佛山下散步，常见一些遛鸟的“鸟先生”们肩挑手提，然后把笼子挂在树枝儿上。那些画眉、百灵们也流花腔，但就不是这味儿。如果锦绣川水库的鸟之“白妞”们真是百灵、画眉，那我得说：这是“真音”。一种天然自由之“天音”！我真是希望多名士之济南的“鸟先生”们坐上公共汽车，来此欣赏一下这“真音”。和你们笼子里的“花腔”比一比，请你们自己品评一下，看结果如何。你把它们关在笼子里，它们能好受吗?它们吃得再好，即便是珍珠泉里的珠子，又当如何?谁知道它们说些什么呢?即便是“唱”，充其量也不过是假嗓子。听说一位作家近年来也当起“鸟先生”来了！这使我想得很多很多。也许有其特殊原因吧?但无论如何，一位作家把鸟锁在笼子里，总不是正常现象。这本身也许就是个小说题材。就凭这一心态，我不知道他还能否写出好作品，听说这位作家如今是“听而不作”了。但总觉得是件憾事。如果这位作家来锦绣川水库住上一阵子，听听此间鸟民们的语言，其自由解放之音，我想说不定他会回去放了心爱的笼中之鸟，重新操觚。那，他的笔下不会不流出“真音”。

自然也有吐单音的鸟。比如黑羽客之“呀!”“呀!”，就嫌单调了些。但仔细想想，这也很好。那该是对锦绣川山水之赞叹。它觉得说不好，其美又“不可说”，仅出一惊叹，不也够了吗?!

3

说完鸟声，我想也不该漏掉锦绣川水库鸟民们的服装色彩才是。此间鸟民衣着可以说是集色彩之大成。以其“川之锦绣”形容，显然是不够。大自然似乎有意在这些鸟民身上炫耀一下它造型之外的着色功力。

一次，我顺着弯弯曲曲的小道漫步在南山包上，蓦地惊起一缕火红的颜色。飞不多远，它又落下了。视其冠冕，乃纯黑色。我还见过白色、深褐色、浅绛色、宝蓝色占优势的一些鸟民。大概考取了英国剑桥大学，取得了博士学位。都愿意戴顶黑色帽子，这也是怪事！其腹、其脊背、其翅，色彩多不单一，组合得都很有味道。有的飞起来，仅翅羽就有三种颜色。除“黑”之外，我看鸟民们还多喜欢用白。我看见过一种白翅尖的鸟，飞起来漂亮极了！羽毛还多闪着光亮！油画师们我看是刮抹不出。很现代派！法国现代派服装设计大师未必有此高手。服装设计师们还是来锦绣川水库来汲取一点灵感吧！

耐人寻味的是：它们既是很现代的，又是很古典、很未来的。几千年以前，甚至有可能作为我们的祖先之始祖神（图腾）时，就如此这般了。未来的几千年，想也会是这般如此。自然会有变化，但那会是很慢很慢的，不会是几千年的事。这很值得人想一想。是不是“现代”之中也蕴含有“过去”

“未来”呢？人类社会、文学艺术和鸟自然是两回事。但说到底，又是一回事。宇宙万物都是“通”的。今天的新名词叫作“宇宙全息”。我颇反感生硬乱造新名词，但“宇宙全息”则不。说它“新”，其实就是那个很古老的哲学名词“天人合一”。“宇宙全息”比“天人合一”要精到一些。诗学上我称之为“灵通”。人是一个宇宙，鸟也是。“道在屎溺”，就是这么回子事！

4

再回到锦绣川水库的鸟。

一连三日细雨，夜里听檐滴不见，知道是雨停了。清晨我照例由北向南，过大坝长桥散步。发现一只黑衣白巾喜鹊正站在长桥腰部东侧栏杆上凝神东望。我这才见远山凹处腾一轮旭日。很大，并无光芒。但给人以无限生机之感。那鹊在观日出？我有些犹豫，不敢走近，怕惊了它。看看它那忘情的样子，想来未必发现有人临近。我便轻轻前行。大约有十步之远了，它仍不动！不过四五步了，它仍不动！索性我就走过去。它仍不动！我慢慢地踱到长桥之南端，不断回视，它还是不动！这使我大为惊异。天地间竟有此鹊！实生平第一次见。它可是观察朝暾之变化？抑或“面日”参悟？也许这是一天中最佳时刻，它在吐纳日之精华？不然，就是老眼昏花？感觉迟钝？说不定患有痴呆症，这也是可能的。

可能吗？

立于桥之南端，我不打算往回走。但受一种好奇心驱使，决定返回。

又渐渐走近了它。在它背后，我站住了。它可能感觉到了有人，回头看看我。眼睛很亮的！是一种和善的目光！此时疑云顿释。

一定是它知道我不会伤害它。这时我感动极了！

近前想抚摩它一下。它飞了！

我真后悔！

一生中我做了多少错事呵！这又是一次。

访 遇

来锦绣川水库之后，每天早、中、晚三次，我必来回在坝上走走。慢慢地，无思无虑，看山看水。细雨迷蒙中偶然发现水库东北侧断崖凹处有个人在垂钓。因为太远，看不真。我把那人想象为一披蓑之烟波钓叟。这时雪也来了！人又成为钓雪者之“独”了！奇怪的是从早到晚，那人一直坐在那里！

他不吃不喝么？兴许带有干粮、水壶之类？说不定还有酒呢！嘴对葫芦，来上一口那才惬意！但又使人生疑：暮色已降，他还坐在那里！

一次，我有意等下去。渐至月出东山。月影绰绰，他还在那里！难道钓月么？

我疑得深了！说不定是一象形石？

白天，我碰上一位正在写生的青年女画家并指给她看。那女画家似乎在凝神细审，半晌说：“是人！看，在动!”这时，我似乎也见他在动。想是在甩钩？或得鱼？

但总疑云不散。我不相信有那么一位“独”能“钓夜”。

我决定绕过水库，看个究竟。沿大坝东北羊肠小道打滑下去，穿过峡口，又沿似有若无的乱石鸟道打滑上去，曲折东行大半个小时。估计，到了。

危石悬崖，不敢下视。只好再往东走，直到一浅滩处。沿水面，猿跳于乱石之上，折而西。终于到了那凹处！只见一大石。连形也不似。

这使我大失所望，悔不该来访，若四十二年前去看寒山寺一般心情。写诗时“远距”原则倒是化入神髓，生活中审美却全然丢到脑后，舍远而切近。人可能就是这样一个矛盾体？

然而是一“灵石”无疑。我敢说，它绝对是有生命的！且有灵性。

面对这位石兄，我深深一躬，说声：“再会。”

还得再折回去。又回到了那浅滩处。再折而上。这时突然发现很多很大的卵石。大得已不像卵。来时不记得见，好像刚从地下冒出来似的。

石有的呈波状，光而润。水库建成不到三十年，即便天天七八级大风，也不会冲磨成这样子。当是大海摩挲所致。联系附近山民多用黄或猪肝色板状页岩垒墙，就全然明白了！

四十多年前我原在一个师范学校教地理课，故粗通一点地质学，不必取样检验，便可推知上亿年之前这里原是大海。后来海水退去，又成为古河床。现在又还它一个“海”。我想，这可能就是何以这里老是有一种灵气沁人心脾的原因。

随走随看，我打量每一块卵石。多为白色，间杂有暗赭、墨绿不等。至少有三个各具独立品格的类“孔雀绿”，我非常之喜爱。搬了搬，太沉。带不走，将来也难往回里送，只好多看几眼，怏怏而别。

蓦地一黑色椭圆石入眼。妙在不仅色玄，且有绝妙之白纹！张大千之线的功夫与之相比，可就逊一筹了！这使我不得不承认大自然创造之高妙。谁能够想到这样的异宝，竟然冷漠在这少见人迹的荒滩野坡上！未被爱石成癖的人发现拜走或搞文物的人请到博物馆去，这很好。它可以在这里继续承受日月之光华。其美自在，人见与不见，欣赏与不欣赏，又有何干呢？

我想走近它，抱它一抱，亲它一亲。万想不到，一赤链蛇正盘绕着它！我深信：这蛇是在护卫灵石。

只可以远观，而不可以亲吻焉！

我倒是不为此而感到遗憾。心里反而觉得很快活。

不虚此行。不虚锦绣川水库半月居。仅其一，也就大满足了！

况得以“洗心”乎？

刮大风了！来势很猛！蓝色的闪电从我身边掠过。长雷爆裂为霹雳。天公在大发脾气。刚才还好端端的呢！

三十七年濡我温我的老伴、吃我眼泪长大的儿女们可能在为我担心了。他们深知我不会安于四堵墙之内面壁。

我思念起妻和小儿女们来了。

回吧？

我动了“归”之念头了！

1990 年 5 月 14—15 日于锦绣川水库招待所

（原载《散文选刊》）

一段往事

那是二十世纪五十年代初期的事了。

当时我是《大众日报》的文艺编辑。文艺作为一个小摊摊，隶属于文教部。部主任是已故的宫琦同志。更上一层的领导是位编委。

由于这位编委同志连续发表了"无冲突论"的文章，一次会议上我提出了批评，文艺很快改由副总编辑辛冠洁同志领导。

一天，冠洁同志找我说："老孔，咱们得谈谈。因为你不好领导。你太傲了。"

我说："好。"于是就坐下来谈，由晚饭后直到深夜两点。

冠洁说："咱们来个掏心相见。我先掏。"接着，话匣子打开，谈他，谈我，谈别人，朋友一般，无话不说。有的在我认为已超出了界限，不一定向一个编辑人员讲的。我被打动了！

在这样一位领导面前，我不能有丝毫隐藏。只能是全部交给他，赤裸裸。

我说："就来个以心换心吧！首先说一下我的'傲'。"在此，我谈到新闻部门设置文艺这一摊，而报社领导又一般不太熟悉文艺这一特殊性。之后，说："你们领导不太熟悉文艺，还要管得那么死，编辑稍有不同意见，就是'抗上'，这就是我所谓的'傲'。"

还说到：其实我还是坚决执行领导指示的，只不过有时管不住嘴，说说罢了。

"如果认为这就是'傲'，那么这个'傲'，是该否定，还是应该加以肯定呢？"我向冠洁同志提出这样的问题，并举一些事例以说明。

不知那时胆子为什么那么壮，从社长起，指数报社领导，放言一一做了品评。论及那位编委同志，我说他“不过是靠一本《在延安文艺座谈会上的讲话》领导文艺”。说这位领导如能多读一点东西，那一宣扬“无冲突论”的错误，本来是可以避免的。应该说，那位编委同志对我不薄，但我这个人，只能说真话。又何况冠洁同志向我披肝沥胆呢！

谈话中还涉及“领导艺术”问题。说到：要求新闻部门领导都能像文艺部门那样熟悉文艺，是不现实的，但既然报社设置文艺这一摊摊，主管人就必得尽可能地去熟悉。办法：一是学，二是不妨来个“不耻下问”。

最后我向冠洁同志说：“文艺换你来领导，老实说，我也担心。因为你也傲。”说得冠洁笑了。

这里我还是有点儿虚假，把个冒到喉咙眼的“难免顶撞”，咽下去了。

想不到没有过多久，“顶撞”就真的来了。

那是为一篇题名为《我的房东》的小说。我看还是可以，编讫就送审了。

一个星期之后，宫琦同志把稿子退了回来。上批“不用吧”三字，签署“冠洁”。

考虑再三，我认为这稿子虽不算是“很好”，但属中上，还是可以发的。于是又重申意见，提请冠洁同志再斟酌。

没过几天，冠洁同志下楼来了。手里拿着那篇稿子，站在我的办公桌前说：“这小说，就不用了吧。”

副总编辑亲自跑来，就一篇稿子和编辑商量，这在报社不寻常。

我有些受宠若惊。没说什么，把稿子留下了。

稿子放在桌子上，老是觉得不对劲儿。我是写明“可用”意见的。何以“不用”，你领导也该说个一二三才是。这也是培养干部呵！

我越想越压不住，于是上楼去找冠洁。忽略了中间还隔一层宫琦，这就是报社传说的“孔乎过五关”。没有把中层领导放在心上，这确也反映了我的精神状态。“傲”也是真的。我确有此老毛病。

我向冠洁同志说：“想来想去，我觉得这稿子能用。而你认为不好用。是不是送分局文艺处，转请几位作家看看，听听他们的意见？”

冠洁先是双眉一皱，很快就舒展开了。说：“好。我写封信，你去找毅之同志。”当时冯毅之同志是中共中央山东分局宣传部文艺处处长。

就这样，毅之同志约请了几位作家传阅，还在报社召开了一次小型讨论会，与会作家一致认为“还是不错的”。冠洁同志回避了，最后由我向他汇报。冠洁同志听后，没寒一寒脸，立即说：“发!”于是很快见报。

报社的人谁都知道冠洁同志很自负，而且厉害。这事出人意料。

尔后，他没有给我“小鞋”穿，我倒是被“重用”了。冠洁把任务猛往我身上压，直压得我浑身骨节咯咯作响。冠洁还让我作过一段时间的文艺工作总结，并直言说“好”。我不是党员，甚至还带我参加分局文艺处召开的仅有少数领导人参加的小型会议。我感觉得到：冠洁是“爱”上我了。

但冠洁对我也是严厉的。这是一种“严厉的爱”吧?

后来，冠洁同志因外事被调出国工作。临行之前，他曾写吴芝圃的一段话赠我，还意味深长地说：“你这个人呵，我能理解你。但将来难免遭受挫折。不管遇到什么风浪，希望你能保持住自己的锐气。”

冠洁似乎看到了我是个悲剧性人物，真的被他言中了。很快就来了“肃胡”的被关，“五七”年的划入另册。什么“孔孚脑后有反骨”之类的话，也挂在某些人的嘴巴上了。

后来又接上了“文革”，那帽子就更大了。不仅是“强项”难强，皮肉也开了花。“挫折”一词显然是轻了一些。这是冠洁始料所不及的。命也。奈何！奈何！

在报社几十年，我大抵是未能安分守己。即便是“文革”期间，也还是两次万言小字报上墙，批评报社造反派头头极“左”。这对于一个没有发言权的“右派”来说，其后果如何，我不是想不到。但本性难移，实在是没有法子。

这里也还该提到冠洁的临别赠言。那一“莫丧失锐气”的铮铮之声时响于耳畔，也在鼓励着我。此“锐气”二字，幸好至今未被磨灭。

一个党报的小编辑，为一篇小稿之处理欠当，胆敢提出拿到社会上去讨论，而且竟然被一位自尊心很强的领导人接受，并且他还珍视、怂恿这一小编辑保持“锐气”，该说明什么呢?

听说我的朋友陈华鲁同志正在撰写《大众日报史话》，希望此事能唤起他的感情，于报纸文艺部分就此着一二笔。不是写孔孚如何如何，意在张扬一下“民主作风”。如果“民主”更充分一些，那将该是一种怎样的景观呢？不是可想而知的么？

随着岁月的流逝，一切都似乎被时间漂流得淡了。唯独这件小事在我心中没有褪色。

“民主”二字像两瓣幼芽，早就在我的心中生长。迟早它会长成一棵参天大树。对此我坚信不疑。

1998 年 11 月 26 日

痴于书石

一

我喜欢石。然并非玛瑙、绿松、孔雀、寿山那般名贵品种，而是质地极为一般，经过大自然镂刻，有了生命的一类。那些石头看起来不怎么起眼，似乎有些呆。但仔细端详，你就会发现它们都有些灵性。或雀、或鱼，或浪涌、或山驰；似象非象，耐人寻味。我也从大自然这里学习到创造形象的方法：离而不离，若即若离，恍兮惚兮，似是而非。

星期天或假日，我多半去山里寻石。往往几次无所得。有时则一步一拾，须背负而归。一次，在佛慧山东麓，我捡到一块石头，鹰喙而狮身，极富于力感。一时兴起，“不知手之舞之，足之蹈之”，竟忽略了脚下是一断崖。跌了下去，半个小时爬不起。事后检查，才知肋骨断了一根。但石头不忍丢，好歹还是携了回来。

我把这些捡来的石头置诸案头，休息时便凝神审视，探其隐趣。桌子上放不下，窗台、床底下也满了，便往回送，让它们返回自然。我不能把大自然的作品据为己有，不过暂借一时，玩赏一番而已。

每当往回送时，临别总是不胜依依。那些被我送回去的石头似乎也有情，它们的精魂往往潜入我的诗行，使我的山水小诗添几分灵气。

送走，一步一回头，眼圈儿往往是酸酸的。

难割难舍，又背回来的情况也是有的。但终归还是再背回去。

眼前，只有一石笋立在我的紫泥盆里。盆内有清澈的黑虎泉水，窗外泻进奶油一般的阳光，它似乎在长呢。

二

我更喜欢字。这是从小就爱上的。清代书家桂馥，家在曲阜城北孟庄，离我那个村子不过八里。他的字在我们那里并不稀罕，听说三老爷爷就用桂字糊风门子的。我想是桂馥最初唤起我对于字的兴趣。

儿时我在曲阜城里读小学，孔庙里那方《孔庙碑》着实使我入迷。心随笔意流走，往往是进入字行中去。为看那字，常常迟到，挨没趣。

四十六年前我在泰山脚下读初中，每个星期天都要去爬一次山，一半儿是受经石峪《金刚经》石刻的吸引。前年我又去爬泰山，在那里足足待了三个钟头。在那片流水淙淙的石坪上，我赤脚来回走，迷失于字的峰谷间，耳边似闻金风阵阵。

我去平度爬天柱山，主要是去看魏碑。那里郑道昭的字有三处。《郑文公碑》在山之腰，很容易地就可以爬到。第二碑在秋千口，到那里就难了。第三碑在石室，不冒粉身碎骨之险，就休想到了。当地流传，“要想看遍天柱碑，除非神仙满天飞”，极言攀登之艰。我非神仙，然而非要看遍不可。石室那里，无路可通，只有沿山间裂缝，援悬崖峭壁而上。偶有一葛蔓，就是救命恩人了。有的地方不仅是靠脚、靠手、靠腹，还要靠背，蜥蜴看到也会吃惊。然而为了那字，我没有回头。虽然差一点送了命。但终于到了那里。看到那一百一十五字，方知世上有如此好的艺术。难怪王安石说，“世奇伟瑰怪、非常之观，常在于险远，而人之所罕至”（《游褒禅山记》）之处。这里由于地处险僻，世人少知。偶有知者，亦多不敢攀登而上。故经千数百年，得免拓。且有石檐作护，风雨不得侵蚀，故锋棱宛然，点画之间神完气足。算得“神品”了！听说日本有一位书家，为看天柱碑，十四次来华。但他并没有来到这里，我不免为这位同道惋惜。

碑版都经过镌刻，又加风雨剥蚀，难得保留原书风神，所以我更喜欢真迹。限于条件，不可多见。现代科学有了影印，多少也可以解渴。我时常把册页拆开，钉于墙上，休息时细细玩味。怀素、张旭、孙过庭都是我的壁上客。书亦传神，我似乎看到他们的逸骨，若飘然而下。从他们那里，我也学到了“用简”、含藏。其线的飞动、变化，对我都有启发。即便是颜真卿的楷书，平直之中也见曲折。对我写诗，都不能不产生影响。书法是一种高度抽象的艺术，无形中我在被它牵着走。

我之爱字，仅次于诗吧！

载《散文》

1984 年 6 月

"寂人"，"默默地"

"孔孚诗歌研讨会"在曲阜开过之后，我就到锦绣川水库去了。"默默地"惯了，我还得回到"默默地"。

我一个人在那里住了半个月，默默地散步，默默地和山对坐，同水坐对，竟日如是。晚上就默默地对星对月，以至对露。有些凉了，才回到屋子里去。也不开灯。再默默地坐下去，直到深夜。很深很深。我想是很深很深的。

去南山锦绣川水库，本意是"入静"，故片纸不带。想不到十来天之后，就想写东西了。手痒也是难耐的事。只好向水库管理处借纸借笔，一任情兴流走，两天出四篇散文——《锦绣川水库半月居小记》一个系列。如果说得上是"散文"，这怕是平生第一次写。无意为之而得之是也。凡碰到这种事，我总是很惬意。

游山玩水，我也是独来独往。前几年去峨眉，诗人孙静轩就在乐山等我。静轩是我的至交好友，他太了解我了。峨眉公安局局长唐泽超对我就不太熟悉，他安排一位同志陪我上山，说是"出于安全的考虑"。还说前几天某作家上山，他们就是派了人的。情深意挚，感我良深。只是我难以接受他这番盛情。到嘴边的话不好出口，只好说是"我这个人很喜欢孤独"，谢辞了。及至到九十九道拐，碰上猴群，难以突围，这才后悔不该拒绝唐公厚意。峨眉山的猴子近年来似乎有些忘乎所以。这谁能料到呢！峨眉险甚，有的地方你从脚下看，似乎还平稳；可从下侧看，你就会发现刚才站过的那块岩石悬空，下临万丈深渊，万一稍有松动，你就会一命呜呼。在峨眉七日，有一次，险些我回不来了。

果真是那样，也没有什么。来于自然，回归自然就是了。说不定我会永远长眠于那个山谷。有时觉得这似乎是命中注定之事。我的老伴所担心的就是这一点。可她没有法子。这自然是因为我没有法子。

去崂山三次，我都是只身一人。崂山还有不同于其他名山之处是：从柳树台之上看到崂顶，十一公里皆禁区。行前我和部队打好了交道，可以一任我浪荡无阻。因为阒寂无人，我就可以放肆，浑身上下只勒一个三角裤头，裸得像个“野人”。鞋子自然是不穿的。袜子自然也是不拢的。赤着脚行走，觉得和大自然特别亲近，心里有一种说不出的痛快。脚磨破了，就用衬衫包裹上，再走。尽情地任风吹、日晒、雨淋，一连大半个月。这种幸福，怕是只有在崂山享受得到。因为别的山怕是无此“禁区”。且山愈出名，游人就愈多。而人间又有“文”“野”二字，使你不能不有所顾忌。这也是没有法子。

为什么喜欢“默默地”，喜欢“独自一人”？这个问题我想过的，但说不太清楚。

几乎不用想就可以回答：“习惯了。”就我这个人来说，是这样的。

但不止于此。

是不是还潜个“自由”在呢？我想是有这个问题的。

比如说游山玩水，和人在一起，就觉得不自在。起居行动都必得一律，自由何在呢？想到我每去泰山，都是在“经石峪”逗留大半天。以脚读每一个字，枕着流水听金石声，然后盖上白云大睡一通。这种情况，同人在一起，可得么？所以无论如何，我是不与人同游的。一个人自由自在，愿留就留，想走就走，白天黑夜任你支配，地籁天籁任你品味。你乐意与霹雳同行，那也自便。这该有多好！

除此等之外，我想还有个“专注”问题。同人在一起，就难免相互干扰。我要的是“凝神”，与大宇宙心会。没有个“默默地”，哪行？我的经验是：这种时候，诗最易于受孕。

我确实写过“寂人”一个小方，如《晚春》一文（《大众日报》1990.3.31）作者所云。文章在例举一些事实，确证今日之孔孚倒是有些“热”之后，含情脉脉地问：“现在你还感到‘寂’么？老孔？”

该如何回答呢？我想，还是小方上那两个字，那个我。过去是。现在是。未来亦是。前些时候复王尔碑信中我就写道：“将仍归于寂。”“寂”是我诗之心态。“寂”，我想是超脱于“冷”“热”之外，二者全息，潜蕴着生机之光的一种渊默境界。什么时候这个字离我而去，我想我诗的生命就终结了。昨得尔碑信，内中写道：“也许，这‘寂’中蕴藏着超越和更高的飞翔吧?”

这谁能知道呢?但愿。

桌子上尚有一些信未复。待复完之后，我还想回到水库去，再回到“默默地”。

1990 年 4 月 4 日

编后记

本书收录了孔孚创作的诗歌和散文，较为完整地展现了孔孚的诗文创作成果。为了更为准确地传达孔孚创作原意，编者在反复权衡之后，决定最大限度地保留诗文原貌。

本书中收录的孔孚诗歌，有的加了标点符号，有的没加标点符号，存在不统一的现象。这是因为孔孚早期的诗都是有标点符号的，而随其诗歌创作探索的深入，他发现标点符号和韵律并不是诗的必需要素，而且还束缚了诗的想象空间。因此，在创作后期，他又对自己之前创作的部分诗歌进行了去除标点符号的修改。

孔孚诗的标点符号和空行格式，都是孔孚精心创作的结果，别具深意。为了最大限度地展现孔孚的创作用意，编者决定保留孔孚诗标点符号使用情况的原貌，不作妄自修改。

随着诗歌创作的深入，孔孚对自己已发表的诗歌，曾进行过多次修改，因此，本书收录的部分诗歌，会存在与其他文献中收录的孔孚诗歌不完全一致的情况，这是正常的。

部分诗歌的页下注，为孔孚本人写就，也可算作诗歌的重要组成部分，为了保留孔孚原意，除个别有确定错误的表述外，编者对原文进行了最大限度的保留。

限于学识，本书难免存在错讹之处，欢迎读者批评指正。

图书在版编目(CIP)数据

孔孚诗文书论集. 1，孔孚诗文 / 孔孚著. —济南：山东友谊出版社，2020.3

ISBN 978-7-5516-2074-1

Ⅰ.①孔… Ⅱ.①孔… Ⅲ.①孔孚(1925-1997)—文集②中国文学—当代文学—作品综合集 Ⅳ.①I207.25-53②I217.2

中国版本图书馆 CIP 数据核字(2020)第 032157 号

孔孚诗文书论集·孔孚诗文

KONGFU SHIWENSHULUNJI · KONGFU SHIWEN

孔 孚 著

策划编辑：宋 刚 韩刚立

责任编辑：赵 锐

装帧设计：刘洪强

主管单位：山东出版传媒股份有限公司

出版发行：山东友谊出版社

地　　址：济南市英雄山路 189 号　邮政编码：250002

电　　话：出版管理部（0531）82098756

市场营销部（0531）82098035（传真）

印　　刷：山东华立印务有限公司

版　　次：2020 年 4 月第 1 版

印　　次：2020 年 4 月第 1 次印刷

开　　本：720mm×1020mm　1/16

印　　张：91.75

字　　数：1275 千字

定　　价：398.00 元（全五册）

（如印装质量有问题，请与出版社出版管理部联系调换）

孔孚诗文书论集

山东师范大学文学院◎编

孔孚诗论

孔孚◎著

山东省一流学科山东师范大学文学院
中国语言文学学科经费资助

山东友谊出版社

目 录

溯 观

——读《沧浪诗话校释》札记

关于“别材”

《沧浪诗话·诗辩》之五写：“诗有别材。”

《诗人玉屑》和范晞文《对床夜话》所引，则均作“才”。

“材”“才”相通。

联系下句“非关书也”看，“才”字当作“悟性”解。

诗人是可以而且应该直接从大宇宙那里“悟”到什么的。

沧浪所标举的，是那种有“悟性”的，区别于宋人靠“学问”“博依”出诗的“别样”之“才”。

此一“别才”之标，石破天惊。

关于“书”

1

沧浪标举“别材”的同时，另一只手举起“反书”的旗帜。他明确说：“非关书也。”

此乃针对宋人多依傍古人，“以文字为诗”“以才学为诗”之流弊而发。江西诗派开山人黄庭坚就认为：诗作不出，仅仅是因为“探经术未深，读老杜、李白、韩退之诗不熟”。其论诗帖又云：“诗词高胜，要从学问中来。”他甚至还为抄书创造出一个“理论”：“点铁成金。”

铁自有铁的用场，何劳你先生“点”！你先生倒不如去创造点别的什么，即便不是金也好。所谓“点铁成金”，不过偷得巧一点罢了！

祖师既然这般提倡，门人们自然亦步亦趋。沧浪嗅到这一股子扑面而来的陈腐气，耐不住地当头棒喝。这对于当时病态之诗风以及整个诗坛，都是大贡献。

2

但“非关书”之论，经不起推敲。激愤之言而已。

《诗人玉屑》中后面就有一句：“而古人未尝不读书。”《沧浪诗话》中那句“非关书也”的下面，也还有“然非多读……则不能极其至”一句。《沧浪诗话·诗辩》之一说得就更明白：“先须熟读《楚辞》，朝夕风咏以为之本；及读《古诗十九首》，乐府四篇，李陵苏武汉魏五言皆须熟读。即以李杜二集枕藉观之，如今人之治经。然后博取盛唐名家，酝酿胸中。久之自然悟入。”（尾句着重号系笔者所加）可见沧浪还是主张读书，认为“诗”与“书”是“有关”的。

诗人可以直接从自然、大宇宙那里“悟”到什么，也可以从前人之“悟”那里“悟”到什么。聪明人是不排斥“书”的。

但说“多读书”，则能“极其至”，就又不对。哪能呢？

又只说“悟入”，不讲“悟出”，也不对。应是“大入大出”。

3

我们看到，沧浪还概括地提到读什么格的书的问题。《浪诗沧话·诗辩》之中他就这样写：“入门须正，立志要高。”

换句话说，就是要读正统派的书。要有个高标准。在沧浪眼里，这是二而一的。

“学其上，仅得其中；学其中，斯为下矣”，完全对。学习是要有一个高标准。

但归结到什么“正门”上，就打了自己的嘴巴。沧浪忘记自己是“别门”了。

也许他认为自己所标举的“别”格，就是“正门”。但联系他所列举的一系列范作看，又不像。沧浪多半是一位正统派思想严重，又有些不安分的人。

沧浪的阵脚有些乱。

4

谈到读书，还触及方法问题。在沧浪眼里，似乎古人比今人会读。沧浪反对江西诗派，认为宋人多饾饤獭祭，这自然是死读书所致。

另一方面则说："古人未尝不读书。"那自然是古人读得活了。

未必！

就拿沧浪所尊崇的杜甫来说，他也多依傍古人呢！杜诗"无一字无来处"，黄庭坚就这样认为的。

诗人爱夸张，往往说过头话。黄庭坚此言并不可靠。果如黄所云，杜甫就不过是一位"诗抄公"，不会为那么多的人称颂了。

但是也要看到：黄庭坚多少还是道出了一点儿实情。例如那蛮有味道的诗句"焉得并州快剪刀，剪取吴松半江水"，就是来之于前人。晋朝的索靖看见顾恺之的名画，曾欣喜地说："恨不带并州快剪刀来，剪松江半幅练纹归去。"不是一个模样吗？如果说有什么不同，不过杜言精练，索语啰唆一点而已。索靖说他想剪取的是"练纹"，见层次；而杜甫直以"水"出，味道就不免淡了些。单就此表现而论，诗人的杜甫，还不如书家的索靖呢！读者如果不知道索靖说过那样的话，读杜诗至此，一定会觉得很有意思。如果心中早有，那"意思"多半就难得出了。又《客夜》之"入帘残月影，高枕远江声"，来自初唐张说的《深渡驿》"洞房悬月影，高枕听江流"句，虽然高于张说，但不值得赞赏，因非独创。还有那一名句"朱门酒肉臭，路有冻死骨"，也有瓜葛，《孟子》有"疱有肥肉，厩有肥马，民有饥色，野有饿殍"句，大同而小异。杜诗有不少的句子是换前人几个字，如"主人敬爱客"，系出自曹子建的诗句"公子敬爱客"；"立登要路津"，出自《古诗十九首·今日良宴会》"先据要路津"。一字不异，如"使君自有妇"等，也不是绝无仅有。杜甫确有依傍因袭之病。

就连那位天生不愿受羁勒的李白，也难免。如他的"风动荷花水殿香"，就是来自徐陵的"荷花水殿香"，全用其语。李白用古乐府的地方就更多，如

“三朝见黄牛，三暮行太迟。三朝又三暮，不觉鬓成丝”，来之于“朝见黄牛，暮见黄牛，三朝三暮，黄牛如故”；“郎今欲渡缘何事，如此风波不可行”，来之于“郎今欲渡畏风波”，等等。古人谓李白诗句多出自“乐府”，可信。

沧浪教人熟读《古诗十九首》、“乐府”、汉魏五言诗，认为李杜集应“枕藉观之”，他自己该当是熟，以上一些应看得出。读得不活这种情况，古人亦有之。沧浪何以护短古人呢?

今人就在眼前，一目了然，单看那面色，就可断定其有病无病。古人离得远，缥缥缈缈，只见其美，不认为那些“神仙”也会感冒。这种情况是可能的。

果如此，不过是视力问题。沧浪多半不是这样。病可能在他的脑壳里。

5

沧浪以为熟读古人诗，“酝酿胸中”，诗就会跑来，也不对。

古人诗并非诗之本源。如果说“正”“向上一路”“直截根源”，那应该是大自然。优秀古典诗人的优秀之作，无不是来自这一片土。钟嵘《诗品》就说：“‘思君如流水’，既是即目；‘高台多悲风’，亦唯所见；‘清晨登陇首’，羌无故实；‘明月照积雪’，讵出经史?”

古人诗句固然可以启发后人，但也会如钱锺书先生所说，往往会“变成后世人看事物的有色眼镜，或者竟离间了他们和现实的亲密关系，支配了他们观察的角度，限制了他们感受的范围，使他们的作品刻板、落套、公式化”。钱先生还说那些眼睛只盯着书本，因袭依傍的人，“仿佛挂上了口罩去闻东西，戴上了手套去摸东西。譬如赏月作诗，他们不写自己直接的印象和切身的情事，倒给古代名句佳话牢笼住了，不想到杜甫的鄜州对月或者张生的西厢待月，就想到‘我欲乘风归去，又恐琼楼玉宇，高处不胜寒’，或者‘本是分明夜，翻成黯淡愁’”。又说：“他们的心眼丧失了天真，跟事物接触得不亲切，也就不觉得它们新鲜，只知道把古人的描写来印证和拍合，不是‘乐莫乐兮新相知’，而只是‘他乡遇故知’。”紧跟着，钱先生这样风趣地批评：“六朝以来许多诗歌常使我们怀疑：作者真的领略到诗里所写的情景吗?还是记性好，想起了关于这个情景的成语古典呢?”

以上一些，都是在谈杨万里“活法”时顺便说的。看来沧浪还赶不上从江西诗派窠臼中挣脱出来，讲“万象毕来，献余诗材”的杨万里呢！

我们注意到，《沧浪诗话·诗体》一章中还是提到了“杨诚斋体”，而南宋“中兴四大诗人”的其他三位：尤袤、范成大和陆游，则均没有举。钱锺书先生认为，这是因为杨万里亲近事物，主要是自然界，“创辟了一种新鲜泼辣的写法”，在当时成为“诗歌转变的主要枢纽”，衬得陆和范的风格都“保守”或者“稳健”之故。此说实为高见。因此可以说，沧浪多少还是注意到了“以造化为师”这个问题。可惜的是他没有深入下去，只看到宋诗到杨万里为之一变，而未深究何以如此。

原因在于沧浪过分迷恋书本，未能满怀感情放眼大千世界。他讲“直截根源”，其实并没有真正探到那个源头。

6

不仅是没有探到那个源头，从那个源头分出来的“流”，沧浪也不甚了了。

刻印在书本上的古人诗，只不过是“流”之一。此外也还有音乐、绘画、雕塑等等姊妹艺术。沧浪本应该也向这些姊妹艺术学习，从中受到启发。无奈他一头钻进书里去，难以看到。视野不宽，只知诗内学诗，而不知道诗外也可以学到一些东西，这自然要影响到他的见识。沧浪不能成为历史上一位大批评家，与此不无关系。

7

沧浪反对江西诗派因袭依傍，“以文字为诗”，但他自己的作品却往往粘皮带骨，露出模仿的痕迹。尤其是那些师法李白的七古，更是如此。钱锺书先生对此有所批评，说他“力竭声嘶，使读者想到个嗓子不好的人学唱歌，也许调门没弄错，可是声音又哑又毛，或者想起寓言里那个青蛙，鼓足了气，跟牛比赛大小”。极切。

以上虽然是题外话，但也说明沧浪没有真正品尝到那个源头之水的甜头，反对“以文字为诗”还不彻底。从感情上看，嫌恶得也还不够厉害，自然也是原因。

功力才力，当也是问题。但不是主要的。

“理”和“情”

《沧浪诗话·诗辩》之五涉及“理”和“情”的问题。沧浪说了以下的话：

“非关理也。”

“不涉理路。”

“然非多穷理，则不能极其至。”

“诗者，吟咏情性也。”

第一，“反理”，而又讲“穷理”“极其至”，还是“反书”那一路子。

第二，“非关理也”“不涉理路”，乍看知诗，深究未入。

沧浪不是重情吗？殊不知“情”和“理”难以绝对分开。“情”“理”老是挨肩靠膀的。诗起于情动，那开始的一刹那，暗中就有“理”在拍打它的翅膀了。

再是诗创造之本身，也离不开“理”。不管你自觉不自觉，从始至终，都有一个“理”在那里张罗：就说沧浪所标举的“别趣”，不就是符合“距离”原则的隐秘之趣，属于美学范畴吗？怎能“非关”和“不涉”呢？

第三，郭绍虞先生谓：“沧浪只言‘非关理’，没有说‘不要理’，分寸之间自有区别。”意在为沧浪辩护。其实没有开脱掉。“非关理”和“不要理”，并无分寸不同之区别。认为“诗”与“理”丝毫没有关系，以此理论去指导写作，自然是“不要理”。二者是一码事。

沧浪反对宋人“以议论为诗”，又走入另一极端。同“非关书”一样，都不过是激愤之情引发的过头话。

第四，说到底，沧浪“反理”并不错。过一点头，也没有什么。主张写“情”，实际上就解决了。“情”中自有“理”在，不可能真正反掉的。标举一个“情”字，就得。此一点，沧浪似乎不太清楚。

第五，“穷理”？不对。那是哲学家的事。诗人用不着的。脑壳里逻辑思维多了，诗则难得受孕。也许沧浪觉得“非关理”太严重，会干众怒，有意缓和一下，才出来那一“然非多穷理，则不能极其至”的补充。沧浪高举“反理”旗帜的手，似乎有些颤呢！

缺乏魄力？

还是欠通达？

抑或二者兼有之呢？

关于“别趣”

1

“别趣”之说，当是《沧浪诗话》精髓。

“诗者，吟咏情性也”，说的是内容。

“如空中之音，相中之色，水中之月，镜中之象”，则示隐现。

就是说，要把“情”安排到“象”的深一层次去，如“羚羊挂角”那般不露痕迹。在沧浪看来，“趣”正在这里。

说到底，沧浪所标举的，是一种与宋人爱直露说教有异的“隐趣”。

这并非沧浪创辟。“超以象外”“不着一字，尽得风流”，司空图早就说了。不过司空图讲得抽象，只是淡淡一抹，未能给人留下深刻印象。沧浪则形象化，且迭出，容易入心。特别是敢于面对一个时代风气立异，说“别”道“趣”，就更富有吸引力。这在当时引起的震动是可想而知的。中国诗界历史上公然举起“艺术派”旗帜的，应该说是严沧浪。

2

吴乔《围炉诗话》说沧浪“不知兴比”。郭绍虞先生很同意这一说法，认为沧浪是以“兴趣言诗”，与“兴比言诗”有根本性的区别。我不这样看。沧浪恰恰是重“兴比”的。“空中之音”“相中之色”“水中之月”“镜中之象”，无一不是“兴比”。情的安排，就应该是如此这般，“比”是明摆着的。

“兴”自汉代以来，聚讼纷纭，不大容易说得清楚。让我们回到它的老家《易经》和《诗经》中去看看，就可知道：那起头的都是“象”，不过在《诗经》中被称为“兴”罢了。“象”和“兴”实在是二而一的。故沧浪拈出的四个象喻，可以作“兴”看。

“比”和“兴”二者比较起来，“兴”的成分似乎更大一些。因为四个象喻均是情的隐藏，是暗示的。沧浪艺术上所追求的，实际上是隐“征”（验证）于象外的象征手法：象在此，而意在彼。因为“征”没有露面，是暗示的，所以扑朔迷离。这需要读者走入诗中，启动灵视，寻寻觅觅，方可以得。吴乔斥沧浪“别趣”之说为“玄妙恍惚”，郭绍虞先生也认为“迷离恍惚”，殊不知这正是诗之妙境。“恍惚”恰恰是一种美呢！道家的“道”，就是“恍惚”。“道之为物，惟恍惟惚。惚兮恍兮，其中有象。恍兮惚兮，其中有物。”在于有无之间，似有若无。

诗这样写，确实不大容易把捉。但也绝不是如郭先生所说那样“不可把捉”。黄帝丢失了的“玄珠”，使“知”（知性强的假托人物）、“离朱”（古之明目者）等索之而不得，然而“象罔”却找到了。“象罔”可以说他是“灵目”者。他本身似有若无，所以他能看到似有若无、迷离恍惚的“玄珠”（“道”）。沧浪如果能到道家美学中散散步，我想他会有新的发现，笔头子会更见生力。人们习惯于“实”和《诗经》那种“象”后必跟着“征”的写法，所以对沧浪这种“隐士”看不顺眼。这也是很自然的事，其实，沧浪走得并不怎么远，“恍惚”得我看还不够呢！还可以向前走，让前台的那个“象”也隐藏起来。那才够味！不过那就不是沧浪了。

钱锺书先生认为：《沧浪诗话》的主张，跟19世纪欧洲颇为风行的一派诗论很接近，我想指的是法国象征一派。

钱先生又说“并且跟古印度的一派诗论暗合”，还说“印度的文艺理论没有介绍到中国来过，‘禅’不过沾了印度哲学一点儿边”，认为“这个巧合很耐寻味”。

寻其味，我触到一个“通”字。艺术规律，古今中外，是相通的。中国人、法国人、印度人，不管古人今人，只要他迷恋于某种艺理，猛往深处钻，就有可能走到一起。

当然，沧浪不同于法国的波德莱尔他们。也不完全同于印度的诗论家。他属于中国象征派。

3

从“空中之音”“相中之色”“水中之月”“镜中之象”几个见层次的象喻看，沧浪是悟到了“距离”原则的。

沧浪爱以禅喻诗，当熟悉“内典”，不知他为什么没注意到“不即不离”这四个字。沧浪所引的几个象喻，其实都是这一态势。可惜他没有在这方面深入进去，在美学理论上作些许阐发。

我们也不好要求沧浪太多。他能拈出“别趣”，也就很了不起了。

关于“盛唐诸人唯在兴趣”

《沧浪诗话·诗辩》之五说到“盛唐诸人唯在兴趣，羚羊挂角，无迹可求”。

第一，可以看出，沧浪是想借盛唐诗人之大名，来宣传他“艺术派”的主张。

“兴趣”二字，不大那么容易把捉。联系《沧浪诗话·诗评》之九“本朝人尚理而病于意兴，唐人尚意兴而理在其中”两句中的“意兴”一词看，“兴”当作“象”解。看接下去的象喻“羚羊挂角”，也是指“象”。故“意兴”即“意象”，“兴趣”即“象趣”。

“意象”，也可以说是一种情化了的“象”。于诗中，你只见“象”，那“情”是似见非见，难以把捉的。可以说它融于“象”之中，也可以说它隐于“象”之外。扑朔迷离，趣因之而生。故“兴趣”亦即“意象”之趣。沧浪在这里是借盛唐人手，举他“艺术派”的旗子。

“趣”，不说也是存在的。点一下，主要是为了与宋人之爱说教对立。敢于把这一生活中普遍存在，却又被道学先生们轻视的字眼堂而皇之地标出，很了不起。仅此一字，沧浪也就可以不朽了。

“兴趣派”，也可以说它是“艺术派”。

“人生派”是瞧不起“趣”的。他们不知道这“趣”里就有人生情味在。

第二，“诸”字欠确。盛唐那么多的诗人，都重“兴趣”吗？难以这样说。

盛唐诗人，一般推王维、李白、杜甫为代表，还可以加上早一点的孟浩然。其中的大诗人杜甫就是“人生派”。杜甫写诗的目的，主要是为了“教化”。“再使风俗淳”，说得非常明白。杜甫当然也是重艺术的，我们看到他有不少近于沧浪“别趣”、情意隐深的作品。但更多的，还是“通讽喻”“尽忠孝”“因美刺”“寓劝惩”的作品。由于那颗忧国忧民的心太急太切，他往往顾不得精心隐藏。再者他也极愿看到社会效果，“明朗”则是必要的。总的来看，杜甫作品基本上不属于沧浪的路子。我们看到沧浪不少地方推崇杜甫，这实在是文学史上一个难以解释的现象。

蔡宽夫《诗话》论到宋人学唐的风气，谓：“杜子美最为晚出，三十年来学诗者非子美不道，虽武夫女子皆知尊异之。”郭绍虞先生据此推断：“这个压力相当重，沧浪也不能摆脱这种风气。”似可成立。

旧诗传统以杜甫为正宗，为代表，历史上不过几个人敢公开说“不”字。据李重华《贞一斋诗说》记载，我们知道王渔洋私下里有一个批抹本，对杜甫大不以为然，然而在《传灯纪闻》里，他却对弟子说，杜诗是“究竟归宿处”。用今天的话说，就是“两面派”。看来，渔洋不仅从沧浪那里学到了点艺术，也学了一点儿乖。

为了使自己的艺术宣传少遇到阻力，不去触动像杜甫那样的大诗人也就可以了，没有必要再口不应心地推崇。这种表里不一，无疑会抵消自己的宣传效果。这也是沧浪的艺术主张在历史上没有形成像法国象征派那样大的影响的原因之一。

再说李白。他主要的是神仙思想。亦僧亦道的贺知章说他是“谪仙人”，他也就相信，认为自己真的是神仙。对于神仙来说，是绝对的自由随意，不受一切约束，什么自然界的规律，人世间的礼法，都不存在。所以李白的诗奇思涌溢，神游八极之表，想象力极为丰富。他要说什么，就说什么，一任情性流走。这是李白的特点。从这一点看，李白不同于杜甫。

但从另一方面看，李白自由放荡，像个狂人，于诗一道自然也不甘心情愿受那个艺术规律的束缚。我们知道，沧浪所标举的，是情意的隐藏。既要隐藏，就得做些精心设计。这对李白来说，是不习惯的。用今天的话说，李白属于“浪漫主义”，沧浪则属于“象征主义”。李白个别诗也带有象征意味，但不纯，究竟不同于沧浪所标举的“别趣”。所以沧浪推出李白来作样板，也不尽合适。怕也只是因李白名高，想借个保护伞。

王维倒是和沧浪相近。他是禅宗神会禅师（即禅宗所谓七祖）的弟子，虽然并不怎么笃信一切皆空的禅学（因为他始终在朝做官），但多少得一点隐秘空灵的禅意。杜甫称王维“高人王右丞”，就是针对他诗中少人间烟火味的“逸气”说的。人生活在红尘之中，那烟火气难得滤尽。怎么办呢？隐藏起来就是。王维走的就是这样一条路子。你看他写的是山水，但山水的象外却无不隐藏着诗人自己，甚至折射一个时代。比如他前期的作品《终南山》一诗，那雄伟壮美的终南山象外，就有一个繁荣昌盛的盛唐和积极向上的诗人形象在那里隐现。后期的山水诗，又另是一种情况：往往隐藏着他对黑暗官场的厌恶之情，寄托或者暗示着自己对于现实的态度。“我家南山下，动息自遗身。入鸟不相乱，见兽皆相亲。云霞成伴侣，虚白侍衣巾”，写的是和谐的自然界，实则是对不合理的社会的揶揄。“木末芙蓉花，山中发红萼。涧户寂无人，纷纷开且落”，写的是辛夷花在深山自开自落的自然现象，实则暗示着诗人失意之后的怅惘和不平。其他如“朱实山下开，清香寒更发”写山茱萸的果实越是在寒冷的条件下越散发出清香；“冬中余雪在，墟上春流驶”写虽然在冰雪覆盖的严冬，却看到春光流荡，都寄托着诗人对生活的信念，暗示着对美好事物的追求，隐藏得都很美妙。《酬张少府》诗写张少府问起仕宦穷通的道理，他却以“渔歌入浦深”漫应，以不答答之。禅家问答，就是这样的不着边际，让人去悟。是有点儿神秘，但有味。比明确答复要好。李白的《山中问答》：“问余何意栖碧山，笑而不答心自闲”，也想着不答的。但他勒不住自己的心，结果还是答了。“别有天地非人间”，似有味，但经不起细品，等于没说。幸好前边有个“桃花流水窅然去”的象在那里一现，不然就纯然乏味了。于隐藏一点，李白比不过王维。

虽然王维也免不了说教，有时也在诗里谈佛理，使人生厌，但这种情况不多；其美学趣味总的倾向是“隐”。王维才是沧浪的同道呢！

再说那位孟浩然。他有一句诗写“物情多贵远”，可知其在诗歌美学上是追求“远距离”的。“远”则隐秘，这是一个值得珍视的观念。在《来阇黎新亭作》一诗中又写“弃象玄应悟，忘言理必该”，也谈到隐藏。《周易·系辞上》提出“立象以尽意”。《庄子·外物》则主张“得意而忘言”。晋代王弼的《周易略例·明象》发挥说“言者所以明象，得象而忘言；象者所以存意，得意而忘象”，对于《周易》和《庄子》关于言、象、意的关系作了沟通。所谓“立象尽意”“得意忘象”，都是强调不要拘泥和执着于“具体”“有限”的形象，而应妙悟出象外或言外之“无限”意蕴。在这一点上，与诗歌通过有限的艺术形象，含蓄地隐现丰富深邃的情意颇为相似。孟浩然所写的“弃象悟玄”“忘言理该”，显然是接受了《周易》和《庄子》的观点。在《寄赵正字》诗中，他又写“物情今已见，从此愿忘言”，显然是把“弃象忘言”同“吟咏”和“见物情”联系在一起了。从这里似乎可以看到：孟浩然已认识到《周易》和《庄子》的“立象尽意”“得意忘言”说，同诗家的“文已尽而意有余”“义主文外，秘响傍通”说，有相通之处。以上一些，是今人陶文鹏的见解，我认为是对的。因此可以说，孟浩然是位美学倾向隐秘的诗人。

可惜他的手不太理想，未能达到眼的高度。看以上诗句，即可知道。用诗的尺子去量它们，显然是不够。不过是些借韵以行的诗论罢了。当然，孟浩然有不少的好句子，至今为人称颂。但失之于显露的，也不少。比如，他孤独寂寞，向往山林隐逸，艺术上喜欢“幽”趣，于是诸如“涧竹生幽兴”“莫测幽源里”“幽赏未云遍”“春色满幽山”“惟有幽人自来去”，一个一个的“幽”字就都跑来了。又如，他厌恶人世间的污浊，喜欢“清”，那个“清”字也就拦挡不住，什么“松泉多清响”，什么“风泉满清听”，什么“落景余清晖”“松风清昼吹”“水清心亦闲”“山水思弥清”，都碰断腿地来了。杜甫称道孟浩然“清诗句句尽堪传”，未必就是。沧浪赞孟浩然“一味妙悟”，更是过，其诗论还说得上，诗是欠火候的。但究竟是隐秘一派的路子。

这样看，盛唐有代表性的几家，显然是王、孟与沧浪相近，沧浪本应理直气壮地扬王、孟，拉他们二位来给自己的宣传壮声威才是。遗憾的是，他没有这样做。原因何在呢？

我想，不大可能是识力问题。以沧浪之敏感，不可能看不出。多半得从魄力方面去找。杜甫，那是动不得的。李白也是一样。不如大家都好，皆大欢喜。沧浪是聪明的，不过“小”。

波德莱尔批评过折衷主义者，说他们“不管多么聪明伶俐，究竟是脆弱的人”，还说他们不敢偏袒，“是一只企图随着四方风势同时行驶的船”。沧浪近似。

艺术上允许偏袒。流派有排他性。在象征派眼里，现实主义诗歌乏味，认为诗不可能是“现实主义”的。在现实主义者眼里，象征派则是神秘主义，入魔的玩意儿。这种彼此地瞧不起，甚至唇枪舌剑对阵，做人不可以，艺术上却是正常的。为了自己一派的存在与兴盛，各自必得兢兢业业，不断地往深处走，艺术正是在这种互相竞争中得到发展。杨大年不喜欢杜甫，讥杜甫为“村夫子”，用今天的话说，就是“乡巴佬”，这没有什么可惊怪的。各有各的审美标准，他又有一张嘴巴，怎么不可以说呢？问题在于没有讲出足以服人的道理。王渔洋也不喜欢杜诗，他就不敢出面讲，只是转引杨大年嘲笑杜甫的话以语客，这就难以令人欣赏。历史上不甚喜欢杜诗的人不是三个两个，他们肚子里一定憋不少话，说不定会有一些警辟之见呢！可惜都未能痛痛快快地倒出，让后人一听。王渔洋袖筒里的那个批抹本，可惜也没有流传下来，是一憾事。

批评界常提到“公允”一词，对此二字我颇怀疑。数量固然可以说明问题，但也不尽然。真理有时倒是在少数人手里。要想艺术得到发展，只有让各种花都开，各种意见都摆出来，在长期实践中由人民来判断。在貌似“公允”的文艺法官判决下，不知压煞了多少创辟之见呢！

关于“妙悟”

1

《沧浪诗话·诗辩》之四主要讲“悟”。诗道、禅道于“悟”一点上相通，沧浪敏察，借来一用。

沧浪认为：有“一知半解之悟”，有“透彻之悟”“第一义”之悟。后二者当是一回事。禅家说话，讲究超出两边，避免落在一边。既是不肯着边，那只能设想有一个“大道不称，大辩不言”的境界。这一境界不可言说，禅家叫作“第一义”。这也是诗之境界。沧浪“别趣”，所谓“羚羊挂角，无迹可求”，取其意，可以作为它的象注。这样隐秘的境界，眼看不真，手摸不到，言语难以说得清，只有靠“意会”，也就是所谓的“悟”。悟得深而通，就是“透彻之悟”——“妙悟”了。

“妙悟”这两个字很绝。诗的创作和欣赏，离不开此二字。

2

但诗之“悟”和禅之“悟”并不完全一样。沧浪只见其同，而不知其分，病在混为一谈。禅以“空空”为旨归，一悟之后，万法皆空；诗则执着尘世，一悟之后，万象冥会，二者有根本性的区别。对此，钱锺书先生在《谈艺录》中有所论辩。钱先生不同意沧浪“一味妙悟”的说法，主张把“悟”和“人生”贯通在一起。钱先生还谈到诗之“妙悟”非“一蹴即至”，须具备主客观两个方面的条件：“博采”方有可能“通”，“力索”才得以“入”，从而破除了禅家“讲关捩子，故一悟尽悟，快人一言，快马一鞭，一指头禅可以终身受用不尽”的形而上学观点。均鞭辟入里之见。这才是“透彻之悟”呢！

3

所谓“透彻之悟”，我看应该是认识和掌握了诗的艺术规律，到达真正的自由王国之境。用这个尺码量沧浪，显然是不够。沧浪的“不透彻”之处，比比皆是。

关于“诗禅相通”

《沧浪诗话·诗辩》之四提出“论诗如论禅”，之五又说“借禅以为喻”。在沧浪看来，“诗”“禅”是相通的。

沧浪说得很明白：“大抵禅道惟在妙悟，诗道亦在妙悟。”此“通”之一也。

再是隐秘之趣。“羚羊挂角，无迹可求”，就是从禅那里来的。我们知道，禅家说话，讲究超出两边，避免落在一边，他们把执着一边的话头叫“死话”“粗话”，认为是浅的；不着边际，扑朔迷离，叫人抓摸不住才好。禅家公案都是含义隐晦，无人能确实懂得的事实或话头，师徒之间经常提出谜语式的问题，让对方回答。答案也不是一是一，二是二。日本电视剧《聪明的一休》中的一些问答，并不太符合禅家问答的特点。禅家要的是“羚羊挂角，无迹可求”。这才是他们话头的理想境界。

在沧浪看来，诗也该是如此这般，不应被一眼看穿。迷离恍惚，让人去猜，才有趣。

1980年，山东召开过一次关于朦胧诗的讨论会，会上有人嗤笑朦胧诗像谜语。其实是少见多怪。那位诗人不知道，在我们中国，“诗”“谜”本是同源的。远在原始社会时，就有了“隐语”（谜语）游戏了，到了东周，礼崩乐坏，逐渐在贵族中盛行。后来，又成为宫廷中一种流行的文娱活动。宫廷中的侏儒俳优，甚至妃妾们，经常用“隐语”取悦作乐。宫廷里甚至还设了“隐官”。齐威王时甚至出现了专门研究“隐语”的著作——“隐书”。这类隐书在汉朝仍在流传。隐秘之趣可以说是社会性的，其本身就具有诗的成分。有心人把它摄入诗中，成为一种隐现方法，是很自然的。类谜之诗，早在《诗经》中就已经有了。春秋时卿大夫在外交活动中，时常赋《诗经》中的一章，用来暗示自己的意见，即可说明。所以说源远流长。

有的外国诗，也让人去猜呢！据说法国象征派诗人马拉美写诗只写十分之七，留下三分让读者去猜。也有三分“谜”呢！意思明白无误地道出，会使对方处于被动接受状态，唤不起兴趣。相反，用隐秘的方法诱使对方去猜想，则会由被动转化为主动，使负担转化为一种享受。猜，要用脑子，很有趣的。有什么不好呢？

猜谜，谜底只有一个。诗则不一定是一个；说不定会是多个。这就比谜语丰富得多。又，谜语只限于猜“底”，虽然也有象现，但那是死的，也少情。诗则情象逸飞，必得借助于“灵目”“灵耳”去寻觅捕捉，这就会更有意思。这也就是诗高于“谜”之处。不管它们有怎样的不同，但于“猜”一点却是相通的。沧浪于禅家那里看到和悟到这一点和诗相通，应该说是慧眼灵思。

写到这里，兴犹未足，肚子里还有话在折腾，情不自禁地想做一点引申。索性从中国禅这里往前再迈一步，谈谈印度佛。那荒诞不经之佛，也和诗相通呢!

范文澜在《中国通史简编》中写:“各宗教中说谎技术最高胆最大的无过于佛教”,“任何一家宗教奉为最高之神的不过是天主、上帝之类,佛教说天有三十三,中央最尊的天名忉利天,忉利天主名帝释,只是佛的一个小徒弟,佛出行时,他得在前面开路”。描写佛的神秘,则是:“行则金莲捧足,坐则宝座承躯,出则帝释居前,入则梵王(婆罗门所奉最高之神)在后,左有密迹(力士),右有金刚,声闻菩萨充侍臣,八部万神任翊卫……”真可谓荒诞不经之至!但是你不能不为其想象力,甚至幻想力倾倒,而这是诗不可须臾稍离的。儒家重人事,不谈神怪,所以具有儒家思想的诗人只能在地上走,很难飞得起。然而诗却是长着翅膀的。更重要的是儒家讲“信”,做人要诚实;而诗却往往是弄虚作假的。故禅又在这一点上与诗相通。

所有的远古神话,都不是真实的。我们的先人早已荒诞不经了!屈原在《离骚》中写他驾着白龙,乘着凤凰,命令羲和停住太阳车,折取若木用它拂拭太阳,等等,一大些,都是说谎。

李贺也称得起是一位说谎专家。什么“曾入吴潭斩龙子”“呼龙耕烟种瑶草”啊,什么“羲和敲日玻璃声”啊,什么“秋坟鬼唱鲍家诗”啊,都是侃空。哪有的事?!

还有李白,也是。“白发三千丈”,够厉害的了。《登太白峰》写太白金星和他说话儿,为他把天门打开,都属子虚。我们知道,李白信奉道教思想,在说谎这一点上,道教比佛教不相上下,他之说谎是可以理解的。

使人奇怪的是,杜甫也说。登大雁塔,他写听到了银河水声,看到羲和用鞭子抽打太阳;在《兵车行》中写“新鬼烦冤旧鬼哭,天阴雨湿声啾啾”;《美陂行》中写骊龙吐珠,水神冯夷击鼓,使群龙争趋,等等,都是瞎说。

说奇怪,也不奇怪。儒家思想浓重的杜甫,多少也掺杂一些道教、佛教思想。杜甫就曾师事过一位姓董的道士。看他“余亦师粲可”的诗句,可以判定他还参过禅,因为慧可、僧粲是禅宗的两位祖师。于儒家,杜甫确实有过动摇的。如《醉时歌》写“儒术于我何有哉,孔丘盗跖俱尘埃。不须闻此意惨怆,生前相遇且衔杯”,显然是往道教一方面靠。又云“王侯与蝼蚁,同尽随丘墟。愿闻第一义,回向心地初”,又见禅宗在拉他了。可以肯定,杜甫如果只有一个儒家思想，想象飞不起来，若脑子里只有一个“教”字，切近真实，说老实话，他的诗难有希望争得那么多的读者。但杜甫的诗究竟是实多、理多，这又不能不说是儒家思想起主导作用之故。所以杜甫只合做“诗圣”。

以上说的“荒诞”，只不过是就与“真实”拉开距离而言，取其“意”罢了。这属于美学范畴，非一般伦理道德概念。二十世纪五十年代初，西方出现过一种“荒诞派戏剧”流派，不在诗一方面尝试，而选中戏剧，这是一个奇特现象。更奇怪的是，那些喜欢荒诞的作家，却是排斥诗意的。因此，他们的“荒诞”只能是在地上跳，和我说的“荒诞”不同。我不知道将来西方是否会有个“荒诞诗派”出现，如果他们飞得起来，那会是很有意思的。与荒诞相联系，佛门常用神秘之象，也是诗之所喜。他们以谈“空”说“无”为专业，硬是把大千世界之“有”说成“空”，这自然是唯心之论。但他们实际上并做不到。讲的是“无”“空”，却并不能完全离开“物”“有”。如他们讲佛之神异，“行则金莲捧足”，“说《般若》则地雨花”，就离不开人世间的物象。它们是虚幻的，但给人以美感。这是一种“虚幻美”，一种需要“灵视”去见的“空灵美”。也正是诗之所喜。

一个是“荒诞”，一个是与荒诞相联系的神秘象现，这二者该是对沧浪有所触动。沧浪既然走入与“实”“露”相对立的隐秘之境，就该向前再挪动一步。如能就此着一二笔，他的诗论当会增加一点诱惑力。

关于“以禅论诗”

既然“诗”“禅”相通，则“以禅论诗”可行。

但也存在问题，就是沧浪太泥于“禅”了。这就与他“须参活句”“最忌趁贴”的观点相悖。聪明人知道摄其意，而沧浪则是不管生熟，都往筐子里捡。比如：讲什么“大乘”“小乘”“正”“邪”，就蠢。

看得出，沧浪感兴趣的，是从唐代兴起，与老庄、儒家思想合流，中国化了的适合中国士大夫口味的禅宗。你取禅意，谈你的诗，就得了。“大”“小”与你何干呢？

再是“正”和“邪”，于诗道最好不去说它。你以为你宣传的“别趣”

“妙悟”是“正宗”吗？在别人眼里，那是“野狐外道”呢！加个“别”字，就泄露了你心里并不气壮。自己还偏要往“正”里挤，还捧出汉、魏、晋和盛唐人来，以势压人，把自己打扮成“唯主流论”者，岂不可笑！沧浪就应该是宣传自己的“别趣”“妙悟”，是非任人去评说。

理想的状况是：对于佛，不仅要“入乎其内”，还要“出乎其外”。不深入进去，就不会知道它那里是有和诗相通之处，还是可以给人以启迪。不跳出来，站在高处看，则难概括，抽取其“意”，“秘响傍通”。从“意”的高度来看沧浪“以禅论诗”，显然是不够。不过沾点边儿罢了。于禅境，沧浪本来就进得不深，跳出自然难。泥于禅，就是必然的了。

关于“以禅论诗”各家之论

沧浪以禅论诗，引起不少议论：有的点头，如明僧普荷和李邺嗣；也有的非议，如刘克庄、李重华等。郭绍虞先生认为以上各家之说“与沧浪之诗禅说并不相同”，说沧浪只是“以禅喻诗”，而诸家则是“以禅衡诗”，重在禅义与诗教之异同。我看，不完全是这样。

李重华《贞一斋诗说》谓：“诗教自尼父论定，何缘堕入佛事？”的确扯到内容上去了。可以说，李重华根本不理解沧浪。但刘克庄的批评“舍真实而求虚幻，厌切近而慕阔远”，指的却是艺术隐现。

对于李重华的议论本身，郭先生没有表示态度，我却想说几句话。这位先生把孔子抬了出来，以为论据天经地义，必操左券了。其实他对孔子和《诗经》的关系并没有搞得十分清楚。一、古诗有三千篇，经孔子删存十分之一之说，并不可靠。那三百来首歌词，在孔子之前，就已由宫廷乐师和民间吹鼓手们搜集起来了。孔子不过是做了些修订，以后成了他的教材。二、孔子所竭力强调的“诗三百”的作用，不外乎是“可以兴，可以观，可以群，可以怨”，里面也还有娱乐作用呢！可以看出孔子并没有拘泥于一个“教”字。后世儒者不满足于孔子当年对《诗经》所做的较为平易、近乎情理的评价，才拼命拔高它的政治意义。例如《芣苢》一诗，原词非常简单，只不过说了采芣苢的六个递进的动作，本是采摘野生植物（车前子）的歌谣，却被儒士们牵强附会，强加拔高了。今文学派认为这首诗是一位妇女作的，说她丈夫得了恶疾，但仍忠贞不渝，去采药为丈夫治病。于是，这诗就成了宣扬儒家提倡女子“从一而终”的道德说教了。古文学派则说：这是因周文王推行礼乐教化，政治修明，人民生活富裕，妇女们才都愿意多生孩子，所以她们争先恐后地采车前子吃，希望怀孕。于是，又成为一首歌颂周文王政治成效的诗了。目的自然也是“教化”。后世儒家学派虽然不一，但牵强附会，设法对《诗经》予以拔高，赋予其政治或道德的意义，却是一样的。有些出入，不过程度不同罢了。故“诗教自尼父论定”之说，并不确切。李重华实在是受了后代儒家不实宣传影响，而不自知。

我们看到，惑于这种宣传的，不仅是李重华。连李所批评的沧浪也是。看他从不谈“诗三百”，便可推知。沧浪是艺术派，不喜直实说教，十分可能，他把《诗经》看成是“教化”工具了。其实，《诗经》也有沧浪所喜欢的隐藏呢。《诗经·秦风·蒹葭》就是扑朔迷离，高于象征意味的。《姜斋诗话》谓《诗经·小雅·鹤鸣》“不道破一句”，“全用比体”，也是。《诗经·小雅·采薇》中的句子“昔我往矣，杨柳依依。今我来思，雨雪霏霏”，隐情高妙，亦堪称“不着一字”。沧浪还是可以从中汲取一点东西的，说沧浪于《诗经》缺乏深透研究，同样是上当受骗，大概不会屈他。

再看那位刘克庄。此人是个“近视眼”。他重直实而斥虚幻，喜切近，厌阔远。殊不知他之所非，正是沧浪所是；他之所是，正是沧浪所非。这位先生是既不懂禅心，也不懂诗。看他“诗家以少陵为祖”那句话，就什么也不必说了，这是连起码的文学史常识也没有的。刘克庄是从艺术隐现方面反对沧浪的一个“儒”。

至于赞扬“诗禅”之说，视诗禅有密切关系的明僧普荷，其水平我看还不如反对派呢！他的《诗禅篇》这样写：“太白子美皆俗子，知有神仙佛不齿。千古诗中若无禅，《雅》《颂》无颜《国风》死。惟我创知《风》即禅，今为绝代剖其传……”能有几句站得住呢？似乎没有禅就没有诗了，不可笑吗？

而李邺嗣《慰弘禅师集天竺语诗序》一篇文字，我看是有几分见地。他写：“迦叶见华破颜，此即尊者妙解之文也，而不得耑谓之禅。天竺菩提谓诸门人曰：汝得吾肉，汝得吾髓。此即西来传宗之文也，而不得耑谓之禅。卢行者非树非台，此即曹溪转句之文也，而不得耑谓之禅。试屈从上诸祖作有韵之文，定当为世外绝唱。即如唐人妙诗，若《游明禅师西山兰若》诗，此亦孟襄阳之禅也，而不得耑谓之诗。《白龙窟泛舟寄天台学道者》诗，此亦常征君之禅也，而不得耑谓之诗。《听嘉陵江水声寄深上人》诗，此亦韦苏州之禅也，而不得耑谓之诗。使招诸公而与默契禅宗，岂不能得此中奇妙？且余读诸释老语录，每引唐人诗，单章只句，杂诸杖拂间，俱得参第一义。是则诗之于禅，诚有可投水乳于一盂，奏金石于一室者也。”似乎比沧浪悟得深。此一诗禅相通之说，也是从艺术上着眼，可作沧浪之补充。然其“水乳”之喻，未免欠当。诗禅于隐秘空灵一点固有相通处，但诗究竟不是禅。如李邺嗣列举的禅家言行，那里确有诗，但并不就是诗。诗里见空灵，也不完全等于禅。就诗艺水平看，限于功力和气质，禅家和诗家是有差异的。我们看到：诗坛上通禅的诗家，有一些。而禅家的大诗人，却一个也难以举得出。

关于“脱离现实”“脱离生活”

1

郭绍虞先生《沧浪诗话·诗辩》之一释文说沧浪之误在于“仅知学古”，“无论说得如何天花乱坠，总不能说是‘从顶顊上做来’”。又说：“因为不从深入生活上着眼，那么所谓‘向上一路’，所谓‘直截根源’云云，也就变得全盘落空。”

大体是。沧浪确实没有看到那个“源泉”——自然和社会，而把“流”——古人之诗，当成“源”了。郭先生有不少地方批评沧浪“脱离生活”“脱离现实”，从这个意义上说，是对的。

但不会“全盘落空”。沧浪固然未能“直截根源”，真正品尝到源头之水的甜，但并未与源泉绝缘。那支流里的水，流经不同的岩层、土壤，味道定会有些变，但多少总还会保留一些源头之水的味儿，沧浪不会不受其惠。如司空图之“不着一字，尽得风流”“象外之象”“韵外之致”“味外之旨”，对沧浪就是有影响的。沧浪又影响了王渔洋，“神韵派”因之而生。愚蒙如我，也颇受他们的润泽呢。他们这一艺术支流的水，流经我这块硗瘠的心田，还顶出一叶小小的芽儿呢。这也多少可以说明没有“全盘落空”。强调直接生活，无疑是对的。但不可过。把事情绝对化，也会走向形而上学。

2

沧浪“别趣”之说引起种种非议，总的落脚点是“脱离现实”。

第一，郭绍虞先生《沧浪诗话·诗辩》之五释文谓：沧浪“别趣”之说“含有形象思维之义，总与现实主义距离很远”。原因是“不从反映现实着眼，而只凭主观的体会入手，所以即使理解到形象化的意义与其作用，也就只能凭借主观唯心论者的手法，说得迷离恍惚以自欺欺人”。

第二，冯班《严氏纠谬》说沧浪“不落言筌”“不涉理路”，“止是浮光掠影，如有所见，其实脚跟未曾点地”。

第三，吴乔《围炉诗话》则谓沧浪“不知兴比”，质问：“教人何从悟入?”又说，沧浪故作“玄妙恍惚语，说诗说禅说教俱无本据”。郭绍虞先生认为这几句话“抓到了根本关键”，引申说：“从兴比言诗，而有所悟入，所以孔子称商、赐可与言诗；从兴比评诗，而体贴入微，所以议论道理全是活句，指陈发露仍合诗教。以此言悟，悟原不离现实。若从兴趣言诗，则羚羊挂角，无迹可求，尽管说得头头是道，总不免英雄欺人，因为这种讲法，是教人不可捉摸，无从下手的。”

第四，郭绍虞先生还引朱庭珍《筱园诗话》“近代诗家，宗严说而误者，挟枯寂之胸，求渺冥之悟，流连光景，半吐半吞，自矜高远韵，以为超超玄著矣，不知其言无物，转坠肤廓空滑恶习，终无药可医也”的话，以说明沧浪“别趣”之说在客观上已造成恶果，而得出了“这种脱离现实的妙悟，必然会造成这种的诗风”的结论。

以上批评，概括起来，不外说沧浪所标举的“别趣”“渺冥”，“迷离恍惚”，叫人“不可捉摸”，认为那是“浮光掠影”“脚不点地”的。而古人是重“诗教”的，既然沧浪所追求的艺术手法如此隐秘，自然是“远教化”“脱离现实”，因而是“唯心之论”了。

对此，我有不同看法。读《沧浪诗话》，我意重要的是看他的隐秘“别趣”之说能否成立。举个例子：蓬莱海市如何呢？够迷离恍惚的了，但人们都认为它很美。究其实，那不过是光线经不同密度的空气层，长山列岛在空中的折现、变幻与组合。它并没有离开现实。只要生活在我们这个现实社会里，大概没有谁能够真正逃脱开我们这个现实社会的影响。即便你下决心摆脱，也摆脱不开。象征派也罢，抽象、印象派也罢，都还是与“象”有关联。就说一条曲线，也还是来自大地的弧，水的波，蛇的动，风吹草叶的姿。即便是最高境界的“无象”，也还是以“有”示之，“无”中可以见“有”，并非绝对“空无”。绝对脱离现实是不可能的。又，现实社会影响人之意识，总会顽强地表现出来。沧浪是社会中人，他怎能提着自己的头发，离开大地呢？用不着多说，只看《沧浪诗话》医宋诗之病的用心，就可以清楚了。沧浪的现实感是很强很强的呢！

不错。他是“艺术派”。但究其底，还是“为人生”的。不过方法不同于一般，他讲究的是“隐现”，有些“特别”罢了。各有各的路，各走各的好了。比如登泰山，你莫以为只有从正面或西山公路上接十八盘，可以登上岱顶。路多得很呢！即便没有路，不是还可以新辟吗？根据我爬山的经验，那种幽僻险曲的鸟道，多半会比人们常走的老路美。那种认为“只有自己脚下的路才是路”的人，才“唯心”呢！

关于“诗法”

沧浪论诗专设“诗法”一章，多文不对题。但这总比一、二、三，手把手地教人如何作诗，要好。

也还是有几句靠谱的话，如“不必太着题”“最忌趁贴”“语忌直”“意忌浅”“脉忌露”“味忌短”，等等。

前两句触及“距离”原则。后四忌示“隐藏”，也是“距离”。这就不是具体的“法”，而是规律性的东西——法则。言“诗法”，就该讲这种东西。

艺术规律，也不是唯一的。都在同一条路子上走，诗难免单调。所以，诗不可以有同一的“法”。

即便是同一条路子，也有“远”“近”之别。如沧浪论诗，主张象外隐藏，但前台的那个“象”也还是露的。是不是也可以有些隐藏，迷离恍惚些呢？甚至完全隐藏起来，达到“无象”呢？还是可以往前走的。我个人就在做这方面的探索和实验。如果成功，可望成为另一小小分支。

诗就该是立足于创造、发展，不然就会老死。古人有云："学我者死，叛我者生。"力主创造，值得深思。

严格说，诗不可以言"法"。诗是近于"无法无天"的。沧浪于此悟之不透，故未能入里。

关于"诗评"

1

《沧浪诗话·诗评》第四条写："盛唐人诗，亦有一二滥觞晚唐者；晚唐人诗，亦有一二可入盛唐者，要当论其大概耳。"

这种状况好呢？还是不好呢？没有说。但结合沧浪崇古，以及《沧浪诗话·诗法》第十九条"……试以己诗置之古人诗中，与识者观之而不能辨，则真古人矣"看，抑前扬后是清楚的。我谓：前者固不佳，后者亦不可取。

作为个别现象，是存在的。即便今天的新诗，也有像古人的呢！不是有某小说家写信给某诗人，说某诗人的某些诗，有"唐人风味"吗？这话不知是褒还是贬，某诗人自以为这是某小说家对他的赞扬，我则认为埋藏着讥讽。看后来那位小说家公开批评某诗人，便知。某诗人还借此议论某小说家前恭而后倨呢，殊不知那句"唐人风味"并不是蜜，聪明人应视为药石的。即便某小说家前言真的是赞扬，自己也应该脸红。我们写的是二十世纪的新诗，叫人嗅出"唐人风味"，那不糟吗？

一定的时代，就该是有一定时代的特色。和前人如出一个面孔，都如沧浪所说的"真古人矣"，那会是一个什么世界呢？"大概"相似，也够可怕的了。

2

《沧浪诗话·诗评》第二条写："盛唐人，有似粗而非粗处，有似拙而非拙处。"

第一，盛唐的哪些人，哪些诗，达到了这一状态呢？

全部？不会的。

沧浪喜欢囫囵吞枣。

第二，“似粗而非粗”“似拙而非拙”，质而言之，是一种“自然中见匠心”的境界。“拙”近于“朴”，“粗”合于“自然”。然“拙”“粗”终非理想之诗境。需要进一步升华，才合于诗美。这升华的过程需要付出艰苦的脑力劳动，在这里诗人可以大显身手，就是所谓的“匠心”了。升华了的“第三自然”，就不是原来第一、第二自然那个样子，而是离开又不完全离开真实的艺术品。看起来像是“粗”“拙”，然而却精妙至极。

沧浪评语只是结果。这一结果得来之奥秘，不知沧浪心中是否有数。看出“然”，进一步知其和道出“所以然”，才是理想的批评家。这需要兼有创作实践经验才行。沧浪于写诗一道不怎么高明，这不能不影响他理论的高度。以“似粗非粗，似拙非拙”这一美学标准衡沧浪，沧浪显然不够。他少的是下一半。

3

《沧浪诗话·诗评》第五条写：“唐人与本朝人诗，未论工拙，直是气象不同。”

只言“不同”，未能道出怎样和为什么不同。又是“粗”！“气象”一词，难以把捉。我谓：唐人多借象达情，活泼泼，故有生气；宋人则多走进历史，和古人打交道，所以面色苍白，又道貌岸然，爱一本正经地说教，干巴巴，自然是“死”，而且“板”了。

是这样吗？沧浪？

4

《沧浪诗话·诗评》第八条写：“或问：‘唐诗何以胜我朝？’唐以诗取士，故多专门之学，我朝之诗所以不及也。”

郭绍虞先生引王世贞、胡子厚语作为依据，谓此论“不免稍偏”。我不如是看。

王世贞《艺苑卮言》说：“人谓唐以诗取士，故诗独工，非也。凡省试诗类鲜佳者，如钱起‘湘灵’之诗，亿不得一；李肱‘霓裳’之制，万不得一。”《升庵诗话》引胡子厚语：“诗之盛衰，系于人之才与学，不因上之所取也……唐人所取五言八韵之律，今所传省题诗多不工，今传世者非省题诗也。”（郭绍虞先生误为杨慎语）所云皆符合事实。但由此而得出唐诗之盛与朝廷以诗取士无关之结论，则不免武断。我看不但有关，而且关系极大。

唐以进士科取士，作诗成为取得禄利的正路，当时的文人可以说无一不是诗人。在这样大的量之下，不会不出好诗。为了做官，文人们要学诗，免不了地会投上之所好，去作那种应制诗。但掌握了写诗的技巧，得官之后，就又是一回事。没有人能管得那么死，禁得住不抒写真性情。其中不乏高风亮节之士，自然会有忧国忧民之作。花前月下，涉足山水，挑灯读史，临风赠别，也都可以出诗。罢了官，或被贬谪之后，又是一种情况，那牢骚是会来的。明写有危险，可以暗示，来一点隐藏，使人难以捕捉。这在艺术上也是一种美。根本做不成官，又是一种情况：怀才不遇，抑郁不平，定是要宣泄的。这样的一些诗，如果有艺术保证，不就是可取的吗？清康熙时辑《全唐诗》，存四万八千九百余首，其中大部分属于这一类。这些诗是唐诗的精华。那种缺乏真性情的应制诗和依靠事类堆砌而成的积木诗，难以经受时间的磋磨，大都被淘汰而湮没了，其数量肯定是大得惊人。活下来的好诗虽然不多，但也很可观的了。这不能不说与“唐以诗取士”有密切关系。诗之盛衰固然有其复杂的原因，但政治的影响非常之大，不可忽视。

郭绍虞先生还引钱振锽《谪星说诗》“天生一种诗人，决不为朝廷取士不取士所累”作为论据，也乏说服力。哪有什么“天生”的诗人呢？试看唐朝诗人，不想做官，不涉足官场的，有几人呢？大概一个也没有。连作诗的和尚也难以脱俗，情不自禁地也要走动走动。即便真的有那么一位“谪仙人”，设若唐玄宗给他铐上手，他也只能是干瞪眼，一个是提倡，一个是禁锢，大不一样。

5

《沧浪诗话·诗评》第九条写：“诗有词理意兴。南朝人尚词而病于理，本朝人尚理而病于意兴；唐人尚意兴而理在其中；汉魏之诗，词理意兴，无迹可求。”

爱“囫囵”的沧浪，这里倒“细”起来了。诗者，“意”与“兴”二者而已。言“意兴”，足够了。

“意兴”即“意象”。这种东西在诗中要靠文字成形，“词”是不必说的。那隐藏着的“情”中自有“理”在，“理”也是不消说的。

南朝人尚辞藻，特别讲究“对偶”，符合事实。但他们病的是缺乏真情实感，而不是“理”。“唐人尚意兴而理在其中”，也不尽然。部分诗人的部分诗作，可以这样说。不小的一部分却并非如此。唐人也不是不喜欢“对偶”那一套。特别是唐前期的诗，沿袭南朝，文风浮靡，是很明显的。类书的编辑在唐朝最为发达，传世的大部类书，就有《艺文类聚》一百卷（唐高祖时欧阳询等奉敕编），《北堂书钞》一百六十卷（初唐虞世南撰），《初学记》三十卷（唐玄宗时徐坚等奉敕撰），白氏《六帖》三十卷（又名白氏《经史事类六帖》）。白居易书斋中常置陶瓶数十个，瓶上各题门目，命门人采集事类投瓶中，倒出后抄录成书。这颇类似今天搞研究工作的资料卡片。文人们大都依靠这种类书提供的事类，堆砌成章。这种缺乏真情实感的东西，在唐文学（特别是唐前期文学）中占很大比例。在举世推崇唐诗的情况下，指出这一流弊，是必要的。一般人笼统说好，可以；批评家则不可以。《沧浪诗话·诗辩》之五云“盛唐诸人”，已失之于漫，这里更扩大为整个“唐人”，未免太轻率了。

又，前云“盛唐诸人”“无迹可求”，这里丢掉了“唐”，而独推“汉魏”，似乎汉魏之诗高于唐，也先后不一。

唐以下，推尊汉魏的人不少。汉魏诗见情，朴实、亲切、自然，确有它的好处。但汉魏之诗偏于直实，与沧浪所标举的隐秘“别趣”“无迹可求”并不太合。吕本中、徐俯、朱熹等推崇汉魏，谁也不能说什么，因为可以有各自的看法。沧浪推崇汉魏到这样的高度，就要打问号。

许学夷《诗源辩体》谓沧浪前边的话“言言中窍”，过誉了。不过“本朝人尚理而病于意兴”一句耳。

6

《沧浪诗话·诗评》第十一条写："谢灵运之诗，无一篇不佳。"十三条写："颜不如鲍，鲍不如谢。"对谢灵运可谓推崇备至。沧浪虽也说过谢不如陶和建安的话，但并不降低谢灵运的诗格。批评家完全可以根据自己的思想倾向和美学趣味品评作品。说高道低，或毁或誉，都是允许的。从这一点看，沧浪无可非议。但谢诗与沧浪美学观点并不一致，沧浪如此拜服，使人费解。

谈谢诗，一般都推崇他《登池上楼诗》中"池塘生春草，园柳变鸣禽"的句子。前句系日常现象，人皆能道，并没有什么微妙之处。陈善《扪虱新话》谓此句"韵胜"，我怎么也看不出。后句着一"变"字，则欠通。这诗二十二句，只"飞鸿响远音""卧疴对空林"尚可取。余皆不足道。

谢灵运写山水诗老拖着条枯燥说理的尾巴，又多模山范水，泥于自然之实，明显地与沧浪主情，美学上追求隐秘之趣有异。沧浪自己也说："康乐之诗精工。"所谓"精工"，主要是"工细"，也就是许学夷《诗源辩体》评谢诗时所说的"经纬绵密"，这该是绘画中的工笔一派。别人可以夸谢，隐秘派的沧浪不该的。

沧浪怎么会夸起谢灵运来呢？郭绍虞先生认为是受皎然《诗式》尊崇康乐的影响。皎然在唐代诗僧中有一定名气，沧浪又是以禅论诗，受皎然影响，可能的。我想再加一个杜甫。杜甫《江上值水如海势聊短述》一诗中有"焉得思如陶谢手，令渠述作与同游"语；《夜听许十一诵诗爱而有作》中则谓"陶谢不枝梧，《风》《骚》共推激"，都是很响的。后代诗人大都跟着杜甫说，疑沧浪也是。谢灵运之得名，是出于晋宋人之势利眼。因其出身于"王、谢"名门望族，本身又袭康乐公。一旦成了一个时代的"公论"，那就又多了一个"惰性"。皎然系谢灵运的十世孙，他是孙子吹嘘先人，可以理解。杜甫、沧浪，一个是大诗人，一个是艺术高眼，我就不相信都看不出高低。"势利"倒不一定，"惰性"说不定会是。

7

《沧浪诗话·诗评》第十条评陶渊明诗"质而自然"，认为谢还赶不上陶。这是极高的评价。

沧浪推誉的是“采菊东篱下，悠然见南山”，煞是“自然”。此诗句见于《饮酒》第五首，就全诗而论，也不错。与谢灵运那首《登池上楼诗》相比，是要好得多。不过，我总觉得这还是初级“自然”，只见平淡，看不到多少艺术匠心，经不起细品。严格说，这诗不脱说明的格局，理性也强了些，并不十分高明。诗的“自然”，首先应该是有“匠心”，对“第一自然”和经人改造过的“第二自然”加以升华，感情在前引路，借助于“灵觉”，进行虚实相生的精心设计，达到化境，使人看不出有“技巧”“艺术”在。这也就是所谓“无技巧”“无艺术”的境界。看起来有些“拙”，实际上是“大巧”。看起来一点不费劲儿，其实有过一段呕心沥血。陶诗还没有达到这一高级自然的境界，是应该指出的。

这里还要进一步指出的是“采菊东篱下”的“采”字，这个字在这首诗里显得极为刺眼。东篱之下的菊花好端端在那里自自然然地生长，你陶渊明品着酒兴味盎然地欣赏，不是很好吗？何必一定要“采”呢？这菊花也是生命呵！我看是有损害自然之嫌呢！这就把陶置之于自然的反面去了。这般说，是不是有些苛刻，“吹毛求疵”呢？我想不能这样认为。不要忘了陶是高人，对陶应有一个高要求。前人论陶，从来没有人提及这一点。明明是陶降低自己到一般常人，论者反而大加溢美，妄说什么“自然”，岂不怪哉！既然这句诗破坏了人的情致，后句之“悠然见南山”，也就韵味大减。所以无论如何，我不能说好。

8

《沧浪诗话·诗评》第二十七条写：“李杜数公，如金鸡擘海，香象渡河。下视郊岛辈，直虫吟草间耳。”

其一，“金鸡擘海”，灵视可见。“香象渡河”，是吗？

《维摩经》注释：“香象，青香象也，身出香风。”

胡才甫《沧浪诗话笺注》：“香象渡河，亦喻文字透彻之意。”

《传灯录》：“同在佛所闻说一味之法，然所证有浅深。譬如兔马象三兽渡河，兔渡则浮，马渡及半，象彻底截流。”郭绍虞先生案：“此喻‘气象浑厚'。"

以上一些说法，均与李杜诗无涉。象比起别的动物来，块头是大一些，但并不是怎么了不起。加个"香"字，只不过产生一点扑朔迷离的味道，并不会引起"浑厚"之感。渡河"截流"，视觉上也还是不够壮观，难对"金鸩擘海"。这种比喻，沧浪自己肯定也不会通明。说穿了，不过是跟佛学舌，故弄玄虚。"玄虚"可求，故弄堪笑。

其二，"下视郊岛辈，直虫吟草间耳"，系来自欧阳修《读李白集》"下视区区郊与岛，萤飞露湿吟秋草"句。不知为什么，这位反对用事的批评家，老爱学别人腔调说话？

许印芳、钱振锽批评沧浪门户之见，极是。郭绍虞先生谓"沧浪此语，也只是说就雄壮、浑厚二点言之，郊岛不及李杜罢了，并不是说天地间不应有此体"，为之开脱。其实不必。"虫吟草间"，声音虽不"雄壮""浑厚"，但也还是动听的。有天风海啸，也有秋虫低吟，这才是天之乐章。即便是大海，它也不尽是大嗓门说话。风和日丽，它也会和沙滩耳语。单独的高调子，可能吗？只有高音，缺少低音，形不成音乐。道理是很明显的。

又，苏轼《读孟郊诗》有"何苦将两耳，听此寒虫号"句，也有可能给沧浪以影响。苏轼本意无疑是小视孟郊的，看他前边几句"初如食小鱼，所得不偿劳；又似煮彭蜞，竟日持空螯"，即可知道。但是他写出了"寒虫号"三字，情况就变了，转而为溢美了，无形中翻了前两喻的案。诗如寒虫号，是多么动人的比喻啊！只一"寒"字，就足以使人战栗，不用再说"号"了。出来这个"寒虫号"，苏轼可能觉得不错，殊不知自己咬了自己的舌头。自己咬自己的舌头这种情况，一般诗论家不大会出现，而本身是诗人的批评家，就有可能。因为诗人往往是笔下流出形象，又好绘声绘色，逻辑是不大在意的。这样，笔头一滑，事与愿违的事就出来了。如果我想得不错，沧浪确实受苏轼"寒虫号"的诱惑，那他就只能是跟着别人受苦。

9

《沧浪诗话·诗评》第四十二条写："孟郊之诗憔悴枯槁，其气局促不伸，退之许之如此，何耶？诗道本正大，孟郊自为之艰阻耳。"

这里又一次批评了孟郊，捎带着打了韩愈的手心。韩愈未必心服。那位被楚怀王放逐，踯躅于江潭泽畔的屈原，就是“颜色憔悴”“形容枯槁”，气很不顺的。沧浪，你不动情吗？留在树上，失去了水分的几片枯叶，于西风中哀叹，也有它的美呢！

至于给诗规定道路，认为应该既“正”且“大”，就更欠通达。沧浪脑子里似乎只有一个大道，而不知地上也还有羊肠小径。大有大的好处：闭着眼走路，保险不会跌跤。但小也有小的好处：登山探奥，那绝壁上的鸟道，固然使人胆战心惊，但攀缘而过，也会给人留下无穷的乐趣。美往往是在这崎岖幽僻之处呢！这位先生一方面讲“别趣”，一方面又俨然一副正统派面目，着实可笑。看来他是想变，不过庙后老是竖一根旗杆。

10

《沧浪诗话·诗评》第三十条写：“高岑之诗悲壮，读之使人感慨；孟郊之诗刻苦，读之使人不欢。”

这里对孟郊的批评似有扬意。“刻苦”并非坏事。杜甫形容寻觅佳句，就说捻断髭须的。从另一方面说，诗也少“苦”不得。人世间就有“苦”在，自然该入诗的。“读之使人不欢”，正说明郊诗能袭击读者灵魂，感人至深。《沧浪诗话·诗评》三十四条说真正懂《离骚》的人，读之一定会“涕洟满襟”，不就是不欢之甚吗？

但联系《沧浪诗话·诗评》第二十七、三十条看，沧浪无疑是看不起孟郊的，这里当也是抑。只能作这样的理解：沧浪对于“苦”和“诗”的关系体味还不够深透，致使措辞欠切。叫人看起来，他的笔好像在和他的心打架。

孟郊一生写诗，多为时而发。不少的诗也知道隐情，但藏得总是不够。就说那“月狖叫啸酸”的“酸”字，虽也有味，见层次，但还是有些露。明眼人一眼便可以看出，那是诗人自己的心“酸”，未能“不着一字”。狖叫啸，无所谓“酸”或者“苦”，不过人强加给它的罢了。本乎自然，又能给人以“酸”的感觉，方是高手。总的来看，孟郊不脱直实，与沧浪隐秘要求不尽相合。沧浪如果在隐现方面对孟郊有所批评，倒是未尝不可。可惜他没有说到关键处。

11

《沧浪诗话·诗评》第二十八条写："人言太白仙才，长吉鬼才。不然，太白天仙之词，长吉鬼仙之词耳。"

为李贺一辩。好！"李贺鬼才"，历史上不少的人都这样说。虽然承认李贺有"才"，但总有轻视之意。沧浪出来说话，就比小觑孟郊明智。贺诗确有仙气。所谓仙气，不过是一种恍兮惚兮，难以把捉的灵幻之气。这与沧浪所标举的隐秘"别趣"境界类似，所以他出来辩护。其实也是为自己宣传。

12

《沧浪诗话·诗评》第三十九条写："拟古惟江文通最长，拟渊明似渊明，拟康乐似康乐，拟左思似左思，拟郭璞似郭璞；独拟李都尉一首，不似西汉耳。"

这里沧浪对江淹的模仿才能大加赞许。也指出他还不那么到家，如模仿李陵，就还不很像，大有惋惜之意。此言出自反对"以文字为诗"的沧浪之口，怪！

诗贵创造。唯标新立异，诗才得以丰富发展。江淹模拟之才，不值得称道。连那位极为保守的潘德舆，都批评说："文通一世隽才，何不自抒怀抱，乃为赝古之作，以供后人嗤点！"这话倒是很有见地。

郭绍虞先生对潘德舆的批评持不同看法，认为："昔人拟古，乃古人用功之法，是入门途径，而非最后归宿，与后人学古优孟衣冠者不同。"这就不止是肯定了江淹，也肯定了模拟。似乎不经过模仿阶段，则无以谈创造。

对此一说，我不敢苟同。你模仿前人，前人模仿谁呢？这不就是说，前人无可模仿，就没有创造了吗？这里郭先生忽视了他一向强调的诗歌创造之源——大自然（第一自然）和经人改造过的社会（第二自然）。诗人应该精细观察这两个自然界，用自己的心去拥抱它，用感情去点染它，升华创造出一个全新的艺术"第三自然"。大千世界是千变万化的，就算是一棵树上的叶子，也各自不同。人的脚，不可能两次伸进同一条河流里。这是大自然给予我们的教诲，诗人应该从这里得到启示。为什么偏偏去模仿，求其同呢？

前人之创造，是从那两个自然界来的。它们是“流”，而不是“源”。这里有积累起来的经验，可供后人借鉴，是不可忽视的。但它是第二位的，不能颠倒。

借鉴主要是规律性的东西，并非比着葫芦画瓢。

即便是那两个自然界，也不能“模写”，使之“再现”。古有“师法自然”的一派，比起那般“拟古”派来，无疑是进了一步，但终脱不出被动模仿。然而劳动创造了人，人生来就是要创造的。诗人的艺术使命，就是要发挥主动性，创造艺术的“第三自然”。中国古代唯物主义哲学家自荀子以降，就有“人定胜天”的思想，诗人就应该是比“天”更为高明，成为“第二造物主”的。这就离沧浪更远了。

总的印象

第一，《沧浪诗话》只谈艺术，算得一本奇书。

第二，从沧浪写这本书至今，不管是喜欢还是不喜欢它的人，都说了好多话，争吵不休。可见其分量和生命力。

第三，但它是不熟的，然而却又是闪光的。

第四，就沧浪本人看，他很像诗界一个革命党，但脑勺后头却又耷拉着一条辫子，还像波德莱尔所说的那只借着四方风势同时行驶的船。

第五，美学上他喜欢“远距离”，眼却又有些近视。

第六，舌头有时似乎不属于他自己。

第七，往往是想借根拐棍走路的。

第八，胃也不太好。却喜欢囫囵吞枣。

第九，胆子呢？大，又小，姑谓之“小大胆”吧！

1984.7.20—10.10 于泰山疗养院。

1988.5.30—31 改削。

求　索

——谈我一组崂山诗的写作

我的一组山水诗获1981年山东文学奖，作协来信要我谈谈心得体会，我想就以下几个问题说说自己的看法、想法，就教于诗友们。

一　易位、组合

我写诗，不喜欢对自然模仿。再现自然，我以为不是诗的任务。我要的是创造。泥于实，那就没有诗了。

我的崂山诗，可以说，没有一首是完全真实的。如《过锦帆幛》和《仙人髻》中的“云”，都是我从海上呼唤来的。《过鹰嘴石》中的那只“银燕”，《云瀑》中的“鹰”，《骆驼峰》中的“风沙”和那轮“在戈壁上跑”的“落日”，也都是应我之邀请而来。不然，则无以传神。那“锦帆幛”“鹰嘴石”“骆驼峰”的本身，没有多少好写。只求形似，就不如去照相。不能说它们的本身不美。不美，就唤不起我的感情了。但是也不能说它们很美，赶得上诗。

张继《枫桥夜泊》中所写，我不知道能有多少真实性。我到过苏州那地方，可以说是：乘兴而来，败兴而归。并非诗中那样子。

儿时读这首诗，我还不知道唐朝有位诗僧叫“寒山”。就以为山上那里真的有个什么山，有个什么庙，钟声是从那里传来的。哪想到是取一个和尚名字的破庙！哪有什么山呵！那时我是不满意这位诗人的：他造谣啊！但是心里又不能忘情那诗，那真是太美了。当时我曾想：不该来的，不如在诗里过生活。我的这一想法说明：不管这诗是怎样失真，但我还是承认它的。后来写诗了，才渐渐懂得：诗就是不能太真实。暗自惊叹那位张诗人心灵手巧，那诗中的落月、暗乌啊、霜天啊，江枫、渔火、客船啊，我想多半是他张判官采撷来的。还有那个给人造成错觉，向一个和尚巧借来的“寒山”！在诗中，这叫作易位、组合，艺术上是允许的。

二　变形

再是变形。如崂山北九水骆驼峰那个原型，其视线并非向着西北，是我扭转了它的头颅，要它去看“风沙”。这也是为了传神。对于那个骆驼峰，我想并无损害。

《在云彩里》的那个“雷达”，它本该是搜索着“看”的。我却偏要它去“听”。这也是一种变形，同样是为了传神。因为是在云彩里，它看不见。它的心里一定很着急，没有办法，只好侧耳谛听。再者，那雷达的形象与耳朵也近似，可以听的。我这样安排，还是合乎情理的。当然，就是在云彩里，雷达也可以“看”的。那就太科学了，我不取。

绘画、雕刻中也有变形。像秦俑，就太接近于真实的人了，我不太欣赏。济南无影山出土的那些比例失调、玩百戏的陶俑，我倒是更为喜爱。还有庙底沟彩陶上那些抽象了的鸟和鱼，也使我百看不厌。高度概括、抽象变形，似乎更见性灵。写实主义之病，就在于太实。太实，则难以唤起人的想象，少美感。只要能传神，美，在不违背物理、物性的情况下，变一下形是必要的。这会有助于形象的升华提高，符合艺术规律。

三　邀现代科学入诗

在绘画中，我独喜山水。但看到现代科学闯入山水，却皱眉头。比如，于绝壑云峦中看到插着几根电线杆子，就以为是“破坏”自然美。也还是近两三年来才改变了这一审美观。

既然现实生活山中有水，有水库、发电站，于画中设置一瞥高压电缆，有何不可呢？这正是时代之美。看不顺眼，只能是因袭保守思想作祟。

当然有个精心设计问题。贴标签，无论如何不行。

有了这一转变，随之而来的，便是邀现代科学入诗。《月子口水库》写“有多少流泉在这里汇合/都说：我要发光！”是我第一次尝试。

去年夏天写《过鹰嘴石》时，我有意把喷气式飞机也糅合进来。当然这是联想的结果。因为飞机也是鹰，捍卫祖国的铁鹰。但如果还是过去那种审美观，这喷气式飞机，就无论如何也不会来。

为了避免“鹰”字重复，我拉开了一点儿距离，写“银燕”。论形似，也贴切。这样，我做了如下设计：

似乎瞅着什么
仿佛在听
一只银燕呼啸而来
闯入它蓝色的梦

那一定是很远很远有点儿什么声音，引蔚竹庵南这只“鹰”去听，费力地瞅视。过去的亿万年，它一定是沉睡着的。正是在这时，被风呼雷啸的声音惊醒。原来不速之客是只“银燕”！是它闯入了这“鹰”的蓝色梦境。

这鹰一定是醒了，但它并没有飞动起来。

也许它还不认为这是生活的真实，觉得仍然是在梦里吧？在那天空海洋般梦幻的蓝色的梦里吧？

这时，我忍不住想对它说：这是真的，不是梦，你应该展翅高飞了。

但又想，不能如此低估它。此刻，它的心也许已经动了。所以我改为比较缓和的口气：

也想一起去巡逻么
李苦禅的鹰？

诗就煞到这里。但我的思路并没有断。心想：这只鹰会起飞吗？也许不能。但多半是不会再睡下去了。即便是重新进入蓝色梦乡，梦里也一定会是奋翅高飞的。这一点我非常相信。这些，就不写了。再写，就是蛇足了。不如让读者去想。说不定读者会让它起飞。

还有，在云彩里，眼睛看不见，那个侧耳谛听的“雷达”，也是我邀请来的。其实，这也是一种易位、组合。完成了这样两个设计，我心里很得意。因为我的诗里多了一点时代的东西。

四　象现求隐

诗是隐藏的艺术，不仅情应隐于象之中或象之外，那个象，我想也应该是有点儿隐藏才好。古典诗歌虽然注意了象现的虚实相生，但偏于实者居多。像李贺“羲和敲日玻璃声”、李白“狂风吹我心，西挂咸阳树”那样的虚象设计，实在是凤毛麟角。我特别喜爱李白的这一设计，因为它更为亲切。我想：我的诗里，什么时候也能出现一些那种设计才好。有了这一念头，于是像：

狂怒的云
抓住风的鬃鬣
作最后一次仰冲
（《云瀑》）
云
把水拧光了
挂在海边的树上
晾
（《雨后》一）
风也湿湿的
飞不多远
落在太平宫的飞檐上了
也晒它的翎羽呢
（《雨后》三）

就出来了。这些，怕是只能启动灵视，于想象那一层次上去见。后者，在想象那一层次上，怕也不那么好见。是只可以意会，难以言传的。这些东西，显然没有什么直接的思想意义。但我觉得：它们更富有魅力，挑逗人之美感。

五 连形象也隐藏起来

这是去年冒险做的一点尝试。在这组诗中不太突出，但还是有一些。

比如，《在云彩里》的“有人喊：松蘑山鸡!”，那个人，就是藏着的。也许是林业工人，也许是战士，也许……

还可以肯定：不只是一个人。既然“飘来炮锅的油香”，自然就有那篝火，有那映红脸膛的掌勺人。那松蘑，自然是在云彩里刚采来的；那山鸡，自然是打来或网来的。这里实在是隐藏着众象。

《骆驼峰》也有隐藏。我只不过点了一下：“看它眼都望穿了。”骆驼之象，我并没有勾画。那使它“眼都望穿了”的，显然不止是“风沙”。一定还有在风沙中行进的它的伙伴们，那驼铃……都隐藏着。

《云瀑》中那惊心动魄的云瀑，也没有真正现出。还有《仙人髻》中“老是惋惜”的海的面容，以及那片云“跑来”如何完成了海未完成的作品，都没有写。我都有意地隐藏着，留给读者去创造，分享作者创造的喜悦。

作者把自己心中的设计都摆出来，一目了然，有什么意思呢?

那首《仙人髻》，实际上是在宣传我“诗是隐藏的艺术”的主张。一个逼真的仙人像石，可能很美。但与白云之上隐现一发髻相比，肯定是相形见绌。

钱杜《松壶画忆》谓：“丘壑太实，须间以瀑布。不足，再间以云烟。山水之要，宁空勿实。”讲的就是“留白”。在诗中，我称之为“布虚”。“留白”“布虚”，就是隐藏。

但隐藏，也不可以太过。过分的虚，什么都看不到，那就是失败。讲“神似”，不能完全离开形；总是要有点实的东西点一点，引引路才行。在这方面，我也用了一些心思。一眼就看到的，不多嘴了。

六 “象外之象”与“从情兴出发”

不少青年诗友说，我的诗里，象之外似乎还有点什么。是这样。“象外之象”，确是我之所喜。

但也不完全是。有的，像挂在海边树上“晾”的那片“云”，在太平宫飞檐上“晒它的翎羽”的“风”，象外就没有什么隐藏。那是些“纯美感”的东西。不过是件艺术品（如果可以说是艺术品的话），供人玩赏而已。

像《骆驼峰》和《云瀑》，那就确实是有。但绝对不是先有了什么思想，尔后有意地把它设置于象之外。这个问题有不少读者问及，我想说一说。

我写诗，多半是从情兴出发，很少考虑到诗前立意。先有了主题思想，然后给思想穿诗的衣服，根据我的经验，十之八九写不出好诗。二十多年前，我正是那样写的。回头看看，能够活下来的不多。

诗是言情的文学，贵在以情感人。诗人的任务，不是说教，而是以感情的手指，去挑拨读者感情的那根弦。只要能感，教自然在其中了。

谢榛说过：“宋人必先命意，涉于理路，殊无思致。”他的批评是对的。

他还说：“宋人谓诗贵先立意，李白斗酒诗百篇，岂先立许多意思而后措词哉？”也问得好。这里涉及从什么出发的问题。

这个问题，过去我有过思考，苦恼过。但在过去，却难以付诸实践。只能是在今天，我才有可能按照艺术规律行事。

是不是我反对以理入诗呢？

当然不。这怎么可能呢？

没有理的情，是不存在的。我只不过是反对从理念出发，理胜于情而已。

在审视某一自然物时，我就不仅只是情动。在进入构思时，那政治的、道德的，甚至哲学的理念，都随情一起，渗进我所创生的意象中去。那《骆驼峰》就是。

北九水的那一骆驼峰确实使我动情。但何以使我动情呢？还不是它的那个令人崇敬的性格力量？！这就涉及理念的东西。

对于安逸、享受，我是排斥的。但我还不配做一个骆驼。然而我并不气馁，总是向往能成为一个骆驼。写这诗时，我已是成为那骆驼，远眺“风沙”，在那里“两眼望穿”了。

我还看到我的伙伴们，拉成长队，在风沙中行进。这时我是在苦难中行进，噙着泪的，很自然地想到了我们的人民，作过艰苦卓绝斗争的人民，如今他们又在十分困难的情况下向着“四个现代化”进军……我暗暗对自己说：你可不能掉队呵……

我是一个好流眼泪的人。写到这里，我不得不再一次擦拭一下眼睛。我有不少的诗，都是这样流着泪写成的。很难说成器，但一片痴情，敢说是真的。

情何以痴？必然有“理”在。不过这“理”是后来的，潜于情之中跑来的。那个骆驼峰的象外，就不只是有我，也还有我们的人民。

《云瀑》的第二境界，是赞美顽强的斗争，暗示美产生于斗争。只有遇到阻力，才会有真正的美。没有那个无形的大气压力，就不可能有崂山美奇绝伦的云瀑。

这里有个哲学问题，一切事物无不如此。在那隐现着的美奇壮观的云瀑的象外，或者你还可以看到海浪遇到礁岩激起的浪花；看到在斗争中前进、呈现异彩的我们这个民族。说不定，还可以看到那位行吟泽畔的诗人屈原，发愤写史的太史公。在这首诗里，象外之象是多的，多义的。读者可以根据自己的生活经验、知识面、艺术情趣去见，这正是我所追求的那种“刹那间见终古，微尘中显大千，有限中寓无限”，“小中见大”的诗境。

但是，这“终古”“大千”“无限”，诗前我并没有见。什么我也没有见。我所看到的，吸引我，使我兴奋激动，唤起我感情的，只是崂山北九水的那个“骆驼”；那猛烈冲击我灵魂的“云瀑”。我的心和那骆驼的心在一起跳动；随那云瀑翻卷、奔流，正像那浪尖上的帆。最终，它平静下来，驶进理念的港湾。

不少的诗还带有哲学性。这种东西，它来了，我自然是欢迎。但却不能让它露面。因为我是写诗。我得把它藏起来，隐于象外。这就是古典诗论中所说的“象外之象”，“不着一字，尽得风流”那种境界。不过我与严沧浪、司空表圣的美学标准还有所不同。我追求的是连形象也隐藏起来。那象外之象，实在是“隐象”之外的象。这就多了一个层次，隐得更深。我走得比他们更远一些。所以我说有点儿冒险。

七　关于“李苦禅的鹰”

《过鹰嘴石》尾节写：

也想一起去巡逻么
李苦禅的鹰？

有的读者问："为什么是李苦禅的鹰？"有位画家则说："不如吴作人。"显然，他更喜欢吴作人的鹰。

第一层意思，看来都是清楚的。那是托李苦老之笔来代我传神，把自然物提高到艺术的水准。

除此之外，还有一层意思。那是借"李苦禅"这个名字来点染烘托。"苦"字，我想会有助于体现我笔下的鹰的性格，使它带有一点苦味儿。"禅"字，则赋予它一点儿神秘色彩。所以只能是"李苦禅"。吴作人不行。潘天寿也不行。

不是他们的艺术不行，而是他们的名字不符合我的要求。这第二层意思，一位搞诗歌评论的同志体味到了。他在写一篇文章，可能会提到。正如张继在《枫桥夜泊》那首诗中不写"沙利普明塔院"或"报恩寺"，而取唐代一个和尚"寒山"的名字一样，都是求出一点味儿。在那个庙里住过的，其实不只寒山，也还有寒山的朋友，另一个和尚拾得。为什么张继不写"拾得寺"呢？怕也是考虑不如那个"寒山"出味。如果写成"孤苏城外拾得寺"，那诗意怕是要减掉几分。如果写成"孤苏城外报恩寺"，那就不是减味的问题，必然有损于诗了。

我国古典诗歌中讲究炼字、炼句、炼意，而贵在炼意。炼字有时候可以达到炼意的目的。在这方面，我做得还很不够。不过追求之心尚没有歇。

八　关于"距离"原则

以上所谈，都涉及一个"距离"问题。就是：写诗不能拘泥于实，最好拉开距离，离真实远一点。只要美，能传神，诗人可根据自己的意愿，去变形、易位、组合。所谈："邀现代科学入诗""虚象设计""连形象也隐藏起来""象外之象""李苦禅的鹰"，都存在"距离"问题，都是有意地拉开距离。只有这样，才能出诗，多诗味。距离问题，无疑是诗歌美学十分重要的原则之一。因为意境越远，艺术形象就愈含蕴，欣赏者才能有驰骋想象的余地。比如作画，远山可以无皴，远树可以无枝，远水可以无波，远人可以无目。比起那种“牛毛”“披麻”，每块石头都画上，树从根到梢，片叶无遗，水现涟漪，人必毛发皆具的画来，前一境界无疑更有味儿。

我写山水诗，很重要的是受惠于绘画。大痴、云林、石涛、八大，那些寥寥几笔，简古空灵的写意山水，都给我以启示。还是近两年来，我才接触到一些古典画论，看到了朱光潜教授介绍的布洛学说。此后，运用“距离”这一原则，就更自觉了一些。我已经尝到了它的甜头，愈来愈深地认识到它的力量。只是距离拉开多远，远到一个什么程度最为恰当，尚难以把捉。

在学诗的道路上，现在我可以说是刚刚开始。虽年近六十，但心尚不衰，仍然像一个孩子，感到一切都很新鲜。作为一个诗的艺徒，我在追求着，努力地追求着。

1982.7.8 济南

我与山水诗

一 “泥土”“种子”

我与山水诗似乎结下了不解之缘。这得从童年说起。从小我就生长在农村，与大自然有一种天然的联系。我们村子中间就流条大河，夜晚我常常和邻家的三儿去水里摸月亮。村子的北面不远便是石门山，那是李白和杜甫最后一次见面饮酒赋诗的地方。山不甚高，但灵秀可爱。秋天的黄栌，那是红得耀眼的。家乡的星星似乎很低，清晨的草棵常常是滴着眼泪的。这些，我都觉得特别亲近，似朋友一般。这也许就是法国象征派诗人所认为的那种“相应”“契合”吧？我认为得承认有这种情况。

其次，就得说到我已故的父亲了。他不会种田，但却在我未开发的心田里撒下了诗的种子。几乎是从我记事起，父亲就教我背诵唐诗。这成为我小学时的课外作业。奇怪的是像“三吏”“三别”那种名作，我背起来很吃力。而一些山水绝句，却容易入心。也许这类种子适于在我这种心灵的土壤里生长吧！什么“星垂平野阔，月涌大江流”呀，什么“远上寒山石径斜”“霜叶红于二月花”呀，什么“露似珍珠月似弓”呀，简直一落土就想冒芽儿。归根结底，我想还是因为那个大自然泥土的肥沃。但我也得承认父亲是我的第二位先生。

说父亲是我的第二位先生，其实欠确切。更准确地说，先生应是一些唐代诗人。其后，我还受教于现在看来诗并不怎么好，但理论却非常出色的司空图。他的“不着一字，尽得风流”，中学时代便使我倾倒。还有以后的杨万里的“活法”，严羽的“羚羊挂角，无迹可求”，以及由司空图、严羽那里承袭而来的王士祯的“神韵说”，都使我受益匪浅。至于那位年纪更大的山水诗开山人谢灵运，当然也是先生。但他的诗描摹过于细致，我读来并不怎么动情。谢朓比他高明一些，不过，我没有从他那里得到多少，但他也还是先生。

正像看待“五四”初期白话诗的先驱者们一样，我都怀以崇敬之情。

在谈到师承时，我还必得特别揖出南宗山水画家。这些后来的国画教师，强调个性，艺术上大胆创新，不求表面形似，重在传神，象外之意，我得之于他们的似乎更多。除王维外，其他如宋之米家父子，元之倪瓒、黄公望，都教过我一些东西。

那两位清初画家石涛、朱耷，更是我一见便爱上的。近年来我还见到另外一些画家，如五代后梁之荆浩，宋之郭熙，明末清初之程正揆，清之钱杜。他们的画并不十分出色，但眼却实在是高。他们的贵远、贵简、贵虚之论，给我留下深刻的印象，令我终生受用不尽。

先生很多，但概括起来，不外是大自然那个“源”和从那里引出的一些“流”。前者是“泥土”，后者既是“泥土”，又是“种子”。当温度和雨水适宜的时候，种子就冒芽儿了。

二 从不自觉到比较自觉

有的读者希望知道我从什么时候写起山水诗来。那大约是20世纪50年代中期吧！

过去我长期做报纸副刊编辑工作。业余也写写诗，但多是配合中心任务。一是由于不熟悉工农兵生活，再是片面理解那个“政治第一”，多从概念出发，诗自然是写不好。对济南我倒是非常熟悉，暮色苍茫中常常去寻找中学时代的旧迹。那些石板下汩汩涌流的泉水唤起了我的感情，似乎听到琵琶泉在弹，闻到杜康泉的酒香。月黑风高之夜，那三只“黑虎”凄厉的吼声，也会从远处传来。特别是趵突泉，简直擂鼓一般，叩我的心扉。我不得不敞开心迎接它们。像落了一场春雨一样，我久埋在心底的山水诗种子便顶芽而出。于是我便写开、写开，结果还集成了一个集子：《泉城诗钞》。当时曾发过一点，但很快就天气变冷，我到碱滩上放羊去了。连发表在《星星》上的一组也未得见，因为《星星》同我一样遭到了厄运。

1962年广州会议之后，天气又暖和起来。记得《山东文艺》发过两首。甚至我还把那个集子寄了出去，结果是以“少时代火花”碰壁。那个春天很短，接着就来了十年的“白毛风”。所有的花都枯死了，我的那个集子自然也被吹得无影无踪。整日价雷电交加，那泉声再也没来入梦。

1979 年，由于田仲济教授的邀约，我被调到大学里来，承担一项《现代新诗发展史》的写作任务。这时我必得广泛涉猎，从史的角度对诗歌甚至绘画做纵的考察。在探索发展脉络时，我也注意到了山水诗、画这两个艺术门类。第一首山水诗，我想应是曹操的《观沧海》。刻意写山水的那是谢灵运。此后山水诗大量出现。虽不是源远流长，至少也有一千几百年的历史了。而在欧洲，把大自然大量作为描写对象，却是文艺复兴，甚至 19 世纪以后的事。“准确无误地证明自然对于人类精神有深刻影响的，还是开始于但丁。”在英语诗歌中，第一篇直接描写大自然的作品是 18 世纪的詹姆斯·汤姆森的《四季》。比起我们来，那是“后生”。就艺术而言，我们也算得上堂而皇之，以至撩得那位意象派开山人庞德神魂迷乱，如醉如痴。然而使我吃惊的是：我们的山水诗却似乎从新文化运动起就断了线！这不能不引人深思。

我说“断了线”，并非指根本就没有山水诗出现。还是有的。但只不过是零零星星，而意又似乎并不专在于山水，偏于写山水诗，形成影响的，似乎一个也没有。而山水画，从隋代成为独立的艺术样式起，除“文革”时中断了十年之外，却一直是不歇。这就出现了一个问题：何以山水画能经得起时间折磨，而山水诗却不能呢？何以解释呢？

这个问题使我苦恼。在文学和绘画史的长途跋涉中，我朦胧形成了这样一个印象：绘画似乎少一点“载道”的负担，人们也不太对它苛求，所以它可以伸直腰身，在艺术上攀高。而诗，大概从一开始不久，就有一个“教”的问题，它必得时时在这个字上分心，因而难以轻装前进。从艺术上看，中国诗偏于实，而画却飞了起来，落于“意”，似乎高于诗。这也许是原因所在吧！读到钱锺书先生的《中国诗与中国画》一文，听到他“画品居次的吴道子的画风相当于最高的诗风，而诗品居首的杜甫的诗风相当于次高的画风”这一高论，心就踏实了。我想怕是得从“载道”“诗教”这方面去理。

我们这个民族确实有传统的“载道”风气，这是很老很老的。但过去似乎还不像新文化运动时期那样强烈。古时写山水诗的多半是上层文人，他们一方面受“载道”的约束，另一方面似乎也想挣脱，杜甫就是典型的例子。他既有“三吏”“三别”那样人民性很强的巨制，也有在安史之乱后，写出的“澄江平少岸，幽树晚多花。细雨鱼儿出，微风燕子斜”那样与世情无关，接近“纯美”的诗。那一“天地一沙鸥”，我想不仅只是映现了他超脱仕途之追求，当也折射出了他的求美之趣。难道人民只有血泪，不会欢笑，不喜欢美吗？那样，我们这个民族何以延续至今呢？我想杜甫是对的。

我们的新文化运动是从“反载道”开始的，这确是一大功绩。但不久，就又回到了“载道”。而且气氛似乎越来越浓。后来更强调配合中心任务。作为以美为主要特征的山水诗，自然难以承担这任务。诗人们大都有一颗忧国忧民之心，关心人民疾苦，自然是不乐意“为”的。再说谁也不希望落个“闲情逸致”，脱离人民之名。我想这可能是山水诗之所以衰落，以致中断的一个主要原因。

“闲情逸致”，其实是误解。游山玩水，是的。写山水诗，就不一定了。那必然是渗入作者的全部感情，呕心沥血。那里必然滚沸着作者情痴于祖国的一腔热血。一首好的山水诗，未必不能折射一个时代。山水诗能够唤起读者的美感，热爱祖国之情，这也就是有了爱国主义的思想性了。写山水诗其实也是“为人民”的。大可不必担忧。这与“载道”“诗教”不同。诗的力量，在“感”，而不在“教”。如果说“教”，那也是寓于“美感”之中，一种特殊的“教”——潜移默化。过分地强调“教”，诗往往流于概念，难免滞顿。

山水诗之所以衰落，以致中断，我想还有另外的原因。山水诗本身也应该自省。诗写得不够好，不够美。即便有一点，但如果在人民群众中形不成影响，自然也会逐渐衰萎，慢慢地被人遗忘。我曾经注意到胡适的批评，他十分推崇康白情那首《庐山纪游》，誉其为“中国诗史上一件很伟大的作物”。怀着兴趣去读，觉得那诗与那美誉实在不相称。那诗三十七首，只有个别地方稍有诗味。拉杂而且随便，怕是散文也算不上。那个时代，真正够得上严肃批评的文字实在不多。多的是鼓吹。新诗刚刚出世，需要扶持鼓励，这也是实情，可以理解。但总是有些过分。当然应该以发展的观点看，不好以今天的尺度去量前人。但是这个“前人”前面，也还有“前人”，为什么他们的山水诗能活到今天呢？而且可以肯定地说，将来也还会活下去呢？这就是一个值得研究的问题。

有一个情况我想在这里提出，那就是新诗从一开始，就想走全新的路，未能很好地汲取古典诗歌美学精髓。先驱新诗人如胡适提倡以白话写诗，这确是一场革命，功莫大焉，将名垂青史。但他想把古典文学打倒，视其为“死文学”，就是一个非常错误的判断。对于八股文学，那确是僵死无疑。但古典诗歌的美，就不仅是没有“死”，而且至今仍有强大的生命力。看那位康白情，他就是写了很短一段时间新诗，就又回到了旧诗。沈尹默也是。今天也有写了几十年新诗，看来是写不下去了，又回到旧诗的。我们的一些刊物，也多为旧诗留几页纸。这足可以说明问题。出现这种情况，问题很复杂。但有一点可以肯定，那就是新诗有弱点：不那么出味儿。我这样说，并非有意贬低新诗几十年的成绩。新诗的成绩谁也不能低估。它不仅奠定了坚实的基础，而且在逐步成长，出现了众多的诗人，而且有不少大家。但是也不能不承认：并不太那么如人意。那个“平直浅露”的议论，并非空谷来风。诗集不大好卖，有种种原因，但不少的诗不太受人欢迎，就不能只记在别人的账上。我想新诗开始，如果不对传统文学采取虚无主义态度，注意研究古典诗学之美，摄其精魂到新诗中来，情况大抵会比现在好。那班复古派，反对以白话写诗，自然是逆历史潮流而动。但也有的不尽是如此。如胡适的几位朋友，任叔永、梅光迪等，大概就不是这样。他们对胡适是有过诤言的。除了他们认为白话不能写诗是错误的，不足取之外，他们也还讲到诗应该像诗。那自然是以古典诗歌作为尺度，这一点未必不可一听。无奈胡适当时头脑太热，根本听不进。自以为很“革命”，结果连古典诗歌中的精髓也“革”掉了。“革命”是很富于吸引力的，特别是对于我们这个过去长期停滞不前的民族来说。“打倒”很顺耳，结果只能是另起炉灶。由于新砌的炉子泥太湿，自然难以很快把菜烧熟。特别是山水诗，它主要是以美为特征，少了古典山水诗画之精魂，怎么能走路呢？出现“中断”，是很自然的。

如上所谈，我看到了山水诗“中断”这一特殊现象。追寻其原因，就有了一些粗浅的看法。这不能不影响我今后写诗。

1979 年七八月份我重新拾起笔来写诗时，基本上仍是 20 世纪 50 年代中期的状况。那是一见到海，排天巨浪搅动起我多年沉淀在心底的郁积，自然地喷发。如在大渔岛东边的礁岩上，一天我就写了十一首。那时我痴痴地望着海，心潮随浪涛翻滚。海潮上来，退也退不出。浪花打湿了我的衣服、睫毛、稿纸，我只觉得是母亲和我亲吻。那些诗，多半是和眼泪一起流出来的。有一点艺术的隐藏，也不过是老底的潜化，未遑认真营造。那时一个月零五天，我写出了一百四十多首诗。这是我学写新诗以来的第一个高潮。

这种情况，1980 年秋天又来了一次。一个特殊的机会，我去了灵岩寺一趟，回来两天写了十四首。这是更大的喷发，已近于泛滥。往往是一首诗没写完，就忙着写第二首，写完第二首，回头再完成第一首，艺术上有一点儿新的东西，但变化不大。与 1979 年秋天写的一些摆在一起，小异大同。

1980 年我啃了一年理论和文学、绘画史，发现了那个“中断”，情况就有些不同。加以这时已发表了一些诗，似乎在社会上引起了一点儿反响，很自然地就冒出“接线”念头。此后写诗，才开始比较自觉起来。

1981 年和去年的两个暑假，我又去过崂山和长山岛，中间还爬过一次泰山。又写了一些，自己觉得往前挪动了一步。诗是少了，再也没有前两年那个势头。一则原始性的喷发力总是有限，再是这时我也有意地加以约束。我必得严肃起来，多多在艺术上下功夫。

这里有一事我必得特别提到，那就是给我艺术生命的十一届三中全会。如果没有十一届三中全会，什么不自觉、自觉，都没有用处，根本就不会有这些山水诗出来。即便我一时冲动，冒险写一点也发不出。其实，人们早已对形而上学感到厌恶；对千门万户的艺术之宫被贴了封条感到单调，人们的心灵早已在呼唤着“美”；但是由于“左”的文艺理论干扰，就休想真的能够实现“百花齐放”。现在这一艺术解放思潮，如水之就下，怕是谁也阻挡不住。山水诗正是在这一艺术解放的春风中重新吐芽冒绿。不少刊物都辟了专栏，不少具有新意的佳作也已出现。健康发展下去，将来未必不能成为一个流派。

对于我专意写山水诗，朋友们比较关心。如袁忠岳同志所说，有的老友为我“把缪斯的灵感只用于写山水诗感到惋惜”，建议我“扩大一下题材”，“把注意力由自然转向社会”，多写写“当前的现实生活”。朋友们的关心是正常的，是诚心诚意对我的爱护。对于这个问题，我自己也不是没有矛盾。然而于工农业生活，我并不太熟悉。下去看看，感兴而发，也不是不能写一点。但由于底子薄，难望写出成器的东西。而对于山水，我却有着深沉的爱，“一生好入名山游”，那古典山水的诗和画又一直是在我心里生长，这“泥土”就厚了一些。这也得来一点实事求是才是。袁忠岳同志引《庄子·骈拇》“凫胫虽短，续之则忧；鹤胫虽长，断之则悲”为我做了开脱。这也确是实情。我想今后就写山水诗吧！至于是否接得上线，那就很难说。主要是才疏。只剩下一个“志大”，怕是不行。好在我往前奔的劲头还有。在《求索》一文中我说“虽年近六十”，但“仍然像一个孩子”，“感到一切都很新鲜”。保持这一点，加上努力，我想总会有一点收获。

三　探索新的领域

既然打定主意写山水诗，我必得考虑和我们这个时代合拍才行。思想感情是没有问题的，无论如何我不会同于唐人王维。但也还有一个面的开拓问题。像古人眼睛只盯着“第一自然”，那显然是不行，会被时代拉下的。既然是现代人写山水诗，就得考虑经人改造过的“第二自然”和改造它的现代人，把他们糅进诗中来，这样读者才会感到亲切。在这方面我做了一点探索，认为只要苦心经营，未必不能达到升华了的艺术“第三自然”。《夏日青岛印象》就是我的一次尝试。诗这样写：

1

夏天的太阳/秋天的风/沙滩上裸全世界的肤色/崂山开矿泉水一瓶

2

青岛的风/经过过滤/玻璃似的//人游在街道上/像鱼

3

雪杉拍击绿浪/泅泳着的楼群/没有一条平直的路/到处是海的声音

4

水滴/脚印//隆起的乳房/阳伞/唇是咸的/心是甜的//贴贴实实/往沙滩上

一躺//伸出腿/让太阳着色

5

灯的漩涡/连着银河//风栖息在礁岩上/大海发出鼾声//夜/一针一针地缝//情侣/凝着露珠的爱情

6

毛毯/枕上涛声/摇撼着的梦……

第一章曾得到一位诗人过誉的称许，然而发表时被删去了。我至今心痛。还有那个“隆起的乳房”，大概以为不堪入目，也删了去。编辑并不完全了解我这个人。也未能深入体会作者经营之心。我想编者是出于好意，怕影响不好。其实未必。也许会有人产生肉感，那也无可奈何。但女性之“乳房”，确是神圣的东西。何况又是美呢！你总不能在维纳斯胸前遮块布吧？那样，即便雕塑家不提意见，欣赏者也不会同意。在我来说，那是“曲线”——海和青岛这个城市抽象而又具象化的映现。我是视为一种流动美，作为个“波峰”设计进去的。作为整体，这是不可割断的“象的流”和“情的流”的一部分，怎好割它去呢？这首诗里不仅有“第一自然”的“夏天的太阳”，“经过过滤”的“玻璃似的”青岛的“风”，“拍击着绿浪”的“雪杉”，“沙滩”“礁石”“银河”，海的说话和鼾声；也还有“第二自然”的“游在街道上”“像鱼”的人，“裸全世界的肤色”“毛毯”“阳伞”“灯的漩涡”“泅泳着的楼群”“凝着露珠的爱情”“摇撼着的梦”。我想：如果能把两个自然界像那个“夜”一样，天衣无缝地“缝”在一起，创造出一个“第三自然”，这也该算是山水诗。只是我功力不行，难以达到那一妙境。只不过是一点尝试，未必成功。

四　关于隐现

A　求隐

从古典山水诗画中，我悟出一个“隐”字，认为诗是隐藏的艺术。不仅是情隐、理隐，连那个“象”，也应该是有些隐的。前者即便是在诗的喷发状态中，我也没有忘记。不过有时情不自禁，就难免露出脸来，直抒几句。想到不妙，就赶快躲，藏于“象”后。在《一朵小黄花》中，就只看到它在“礁岩上”“羞涩地低下了头”；当“大海把它别在衣襟上”，它“笑了”。我就是让这朵小黄花出面，代我达情。当时大渔岛东边的礁岩上，我确实看到一棵金针，那黄黄的似乎有些憔悴的颜色引起我的怜爱。面对眼前的大海，很容易地浮现出母亲的形象，感到多年对人民无所贡献而内疚。也联想到多年寂冷，如今已回到人民的怀抱，并得到爱抚，而欣喜若狂。这时似乎看到那小黄花儿也在笑。又见大海一起一伏，似乎想要和这小黄花亲近，于是很快就写出这首诗。正如有的诗评家所看出的，这诗外确有一个“我”在。我的诗里可以说是处处“有我”。我就不相信有什么“无我之境”。

当然也有的诗“象外”不仅有“我”，那首崂山诗《眠龙石》，有位搞民间文学的朋友就看出还隐现我们这个民族。读者完全可以根据自己的生活经验、审美情趣去见象外的含蕴。那一“沉默不知多少年了”的灵岩寺钟，由于我“轻轻拍它一声”，读者也许还会听到什么。山水诗主要是营造“第三自然”“第一境界”之美。往深处走，如果发现还有一个“第二境界”，也许会觉得更加有趣。这一“象外之象”“弦外之音”，我认为应是诗美之一。有了这第二重境界，味儿当会更浓。我颇热衷于这一追求。

还可以再往深处走，连象也隐藏起来。当我进入比较自觉的状态，明确专心致力于山水诗之后，始作这一方面的探索。《莲花峰》我想可以拿来作例子。崂山北九水疗养院西面的那一莲花峰是现着的，而诗中却有不少的隐藏。第一节“开了个七八分”，样子现出，而色彩藏着。时间可能是第一天太阳落山之后，“莲瓣”的颜色将随着黄昏渐渐深沉而有所变化，最终可能成为一朵墨莲。

第二节，时间又有变化，一下子跳到了第二天的早晨。那时太阳还没有出，“莲花”在晨曦之中可能呈现青色。但在我想象的眼睛中，它却是红色的。按我的情思，它本该就是一朵红莲。我的第三只眼睛在审视着太阳为它着色。但是天不作美，“云却拉上了帷幔”。这时我的心情是阴郁的，脸色自然也是。而那被云遮蔽着的太阳，会是什么颜色呢？就不知道了。十之八九它也是阴郁的。说不定还滴着泪水呢！但“我是执拗的”，不看到这红莲出现，决不离开。坚信云会散去，太阳会给它着色，所以一直等到傍晚。有心的读者可能还看到一个如痴如呆的人，于某一个位置站着或坐着，在那里等待。是不是最后看到了那朵红莲，我不想写，还是留给读者去想。十分可能是看到了，那定是非常艳丽。读者也许看到：我为那朵红莲脸颊通红，泪流满面。在这一红莲的隐象之外，读者也许可见我顽强追求期待之情。这追求期待可能是多义的。这里有时间在流动，同一而又不同的意象在流动；而且还有一个写诗的人时现时隐，肯定他的情思也在流。

前者虽然情隐、理隐，藏于象外，但那个象还是现着的。这里就更深了一个层次，那个“象外”实在是“隐象”之外。所以扑朔迷离，具有一种隐秘意味。也许更见飘逸。我个人认为比前者更美。我的这一追求比严沧浪走得似乎更远一些，曾说过有点儿“冒险”。据说法国象征派诗人马拉美主张写诗只说七分，其余的三分由读者去补足，分享创造的喜乐。我有的诗就可能不只是“三七开”，也许是“对开”，或“倒三七”。这就出现一个问题，如此一味地求隐，最后可能什么也看不见，那就不妙。解决这一问题，我采取的方法是“引路”。如《莲花峰》写“开了个七八分，向着蓝天”，就是让它现一现。以后直白的介绍，也是栽个“路标”。不然，游人就可能到此止步。“曲径通幽”，贵在于“通”，如果不通，不管你有意设计出怎样的“幽境”，都没有用。这一点，有些青年诗人也许不以为然，会把这看成是“搭桥儿”。这个“桥”，有时是不必“搭”，神能飞过去就行。但不能一概而论，对于飞起来的那个“神”，有时也得指点一下，不然它也会迷路的。这点我和西方象征派有同，也有不同。各有各的追求，实践一段看吧！

B 求“纯”

这里我在“纯”字上加了引号，说明我并不认为会有真正的“纯”。艺术固然有自己的辩证法，但总脱不开哲学的约束。不过是“特殊”一点而已。但也只能是“一般”中的“特殊”。诗亦然。我就不相信会有什么真正的“纯诗”“纯美”。我说“求纯”，只不过是与“象外之象”相对而言。

如读者看到的，我的一些山水诗多半是“象外有象”。当我静观审视一山、一水、一草、一木时，那些郁积都来了，这就不能不渗入我所凝视的对象中去。为了尊重自然，我不愿强加给它人的东西。这就只好费一点心思，把自己的情和理念设计在“象外”。这里有美，所以我这样地实践着。

但是我也想，作为山水诗，总是少一点“烟火气”为好，所以在追求“象外之象”、邀“第二自然”入诗之余，我也试着写一点所谓的“纯诗”。如我写：“云/把水拧光了//挂在海边的树上/晾”，就是。那一“风也湿湿的/飞不多远/落在太平宫的飞檐上了//也晒它的翎羽呢”，也是。那一“回忆它的童年”“敲打着太阳这个铜盘”“把大海当竹马骑”“在海边沉思”的崂山，也是。在这些诗外，我没有专意藏什么东西，不过作为“纯美”尝试而已。写出这些远距离，可见而又难以见，必得睁开第三只眼睛去见的虚象，我觉得更为得意。

但也还是有人看到了什么。如《雨后》，有位远方技工学校的老师，在一封长信中就说也看到了东西：那是作者大动乱后之情，求美之趣，净化人们心灵之思。这位同志的眼睛真锐，其言大致不差。这在我是不自觉的，旁观者清。

作为人间的山水，而又是社会人来写，那“烟火气”无论如何，怕是难以滤尽。也许我的这一心思要白费。不过我想：总是少一点烟火气为好，这似乎更近于山水诗的品格。作为相对的这种“纯美”，我还想继续追求下去。实践如何，难以预料。问题在于我这个人烟火气太重，即便真的“天地一沙鸥”了，怕是眼睛也还会注视着“红尘”。这可能决定我的山水诗终生也到不了那一“逸格”。

C 求“异”

我写山水诗，还求一种“异趣”。我不愿自己的诗和“怪”联系在一起，希望能通“灵”。应是一种“灵异”。

前边所举《夏日青岛印象》中的一章“青岛的风/经过过滤/玻璃似的//人游在街道上/像鱼”，有人点头，也有人诧异，认为是对人的不敬。

崂山诗中，我还有一首写孤的，至今发不出去，字数不多，不妨抄在下面：

雷没打个招呼
雨就来了
躲进一个岩洞中去
发现一只野狐
它用人的眼睛看我
头上顶块破布
我几乎笑了出来
问它是牝？是牡？

就更离奇了。狐怎能用“人的眼睛”看人呢？而且还“顶块破布”？确是“反常”。为了取得公众的承认，我得宣传几句。

这种东西并非我之独创，前人已是有了的。据沈括《梦溪笔谈》和都穆《寓意编》介绍，我们知道王维画有一幅《卧雪图》，就是把芭蕉安排在雪地里的。这就是“反常”。王士祯把这幅画和王维的诗联系起来，在谈诗之后说：“大抵古人诗画，只取兴会神到。”我看古人画不多，不敢妄评他这个“大抵”是否确切。恐怕是“大抵”不确。如果带有一般性，就不会大惊小怪，引起一些批评家的注意了。但他的下半句“兴会神到”，我却极为欣赏。这正是他所创“神韵说”的精髓。写雪中芭蕉，确是一种“兴会神到”之作，我那个“青岛的风/经过过滤/玻璃似的”，下笔时还经过一番经营设计，抽象又回到具象。而后者“人游在街道上/像鱼”，就没有这种绞脑汁的经营，是一下子就来了的。我自己也不知道怎么会出来这种莫名其妙的意象。实在是心做不了主。它来了，我倒是高兴。那个“人”里也包括我呀！能游在青岛那透明得像玻璃似的风的河流里，我感到无比快活，觉得自己就是一条鱼。加一“像”字，还是照顾了人呢！写到这里，摇头的读者，你也许会原谅我吧？

至于那“狐”，我想也属于“兴会”笔墨。在崂山我听到很多关于狐的传说，那是玄而又玄的。但在一些山民的嘴里，却是真实而又真实，谈起来眼睛里是闪着火星的。我写得还不够玄，“兴”还未得自由流走，“神”也受一点儿约束，而忍心开了它一通玩笑。似乎超脱，有一点儿谐趣，其实可能是破坏了美。写诗也得有一颗“诗胆”“艺术之胆”。遗憾的是我还有些怯懦，怕戴顶“迷信”的帽子。那狐也许会笑我的。这可能是一次失败的尝试。但又舍不得丢进纸篓里去，因为总还有一点儿神秘的余味。说不定它会幻化成婴宁或者小翠。

在我的诗里，“异”还不够多。去年暑假写泰山诗时，狐又出现了一次。这时的“兴”和“神”都生气勃勃，于是出现了：它“手拈连翘/引我入黄花洞中”。

《五灯会元》中有这样的意象：“三面狸奴脚踏月/两头白牯手拿烟/戴冠碧兔立庭柏/脱壳乌龟飞上天”。这就更“玄”了。对于这种东西，我不愿从蕴含什么禅理上去解，像钱锺书先生批评的名画家兼诗人金农解王维的雪中芭蕉那样。我只是看美不美。那前三个意象我就觉得很有意思。诗就是有一种“反常法”。实际上也就是拉开距离。苏东坡讲“诗以奇趣为宗，反常合道为趣”，他是只知其一，不知其二。这个“道”，是可以“合”，也不一定“合”的。如说“诗以奇为宗，反常为趣”，就够味了。

诗确有一种神秘之美。这一点怕是得承认。不能一提“神秘”，就加以白眼。对于这种美，我想完全可以不必费脑子强解。你只是审视其美，觉得有“趣”，就够了。有的诗就是“只可意会，难以言传”。有的诗，硬是诗人自己也说不清楚。至于故弄玄虚，只能说是不成熟的表现。那种东西根本谈不上美，所以也就不必为它大费脑筋。

这种神秘性，我把它看作一种近于“灵”的“异趣”，现在它跑进我的诗里来了。我看它还不错，所以也就不打算把它赶走。既然有了一点儿兴趣，说不定将来会多起来。

D “简”出

以上几节所谈，概括起来是求一种隐秘之美，要达到这一妙境，就只能是略具笔墨，“用简”，“不为繁”。因为“繁皴浓染，刻划形似”，则“生气漓矣”。沈灏谓南宗画“简远高逸”，也是把“简”和“逸”联系起来。中国古典诗歌向来讲究文字节约，那一“不着一字，尽得风流”正是“简”的最高概括。这“简”也是一种美，实为诗家三昧。

当然这是我和与我这一艺术情趣相投的人的看法。也有以“繁”为美的，不然就不会有谢灵运那种描摹细致的山水诗了，也不会有“堆金积粉”的北宗画了。初唐的那位诗人王绩，大概也是喜欢繁的。他的那首《在京思故园见乡人问》，全诗二十四句，用了一百二十个字。但是同内容的题材，王维写来，却只用了四句，二十字。钱锺书先生在《中国诗与中国画》一文中作了对比，谓：“王绩相当于画里的工笔，而王维相当于画里的‘大写’。王绩问得细致周详，可以说是‘每事问’；王维要言不烦，大有‘“伤人乎?”不问马’的派头。王维仿佛把王绩的诗痛加剪裁，削多成一。”虽然钱先生开始也说王绩那首诗“很好”，但看得出来，他还是更为喜欢王维的“减法”。夏日芦苇当然也是一种美，但钻行其中，总不免有窒息之感，似不如“三秋之树”见空灵。说是说，但这“简”之得来却并不容易。我有一些诗就是啰啰唆唆的。如《内九水道上》，就几乎全是再现。类乎自然主义的“每象摄”。虽然煞尾出了一点儿虚：“我也撒下诗歌一把”，稍有补救，但总是乏味。

另一首《迷魂涧》虚出得稍多，看来好一些。但仍偏于实，味儿不够浓。结尾“我有迷魂难归/至今仍在荆条涧东”，倒也还满意。有了这两句，可能引起人的兴味，进一步去审视。在这一曲折回环的山涧象外，读者也许会看到我的精魂，它由于迷恋于祖国山水之美而流连忘返。也许它还在往前走，“山泉引路”，手攀葛藤，去探索新的美。

诗是要注意结尾的，如谢榛所说：“当如撞钟，清音有余。”这是“简”之一法。但只是注意在尾子上“简”，也还是不够。而应该是从头至尾，高度概括、升华。如何才能做到高度概括？这首先得有一个思想的高度。程正揆也说，“意高”才能“笔简”。这个“高”属于思想境界问题，不是一下子就会来的。只有努力学习，慢慢提高。自认为艺术抽象的能力似乎还不是太差，所以更多的时候我是借助于与现实拉远距离这一艺术方法。如前边所谈到的《崂山在海边沉思》，就是把崂山推远到从大海中跃起的太古年代去看。因为太远了，那就不止是山无石、水无波，连那山、那水也不可见，只能是于想象中现出那一“似有”而“毕竟无”的虚象。虽然只有四句，也许比四节、十六句的《内九水道上》更能传达崂山的神韵。

再是取一种高距离。其实这也是一种“远”。我在一首诗中写：“大海是个蓝毯子/各国朋友坐在周围//来呀/干杯”，就只能是在相当高的高度才能见。作者必得飞起来，抟羊角而上，在九万里的高空，然后向下俯视。

另有一首近作《渤海印象》写：“我寻找黄河/连条线也不见//在这里它缩成一个音符/颤动着……”也只能是在高空见。坐在船上是见不到的。

那一“颤动着”的黄河缩成的“音符”，乃心理上拉开距离的产物。这一万里黄河抽象而又具象化了的“颤动着”的音符，只可以用灵耳去听，那定会是使“河伯”也“兴叹”的海之乐章。这里也是简中寓繁的设计。方法同样是拉开距离。所以“距离”之说，实在是美学上最基本的原则之一。据说这是英国心理学家布洛的发现。其实早在宋代，我们的画家就有所察觉，并上升为规律了，郭熙在总结山水画法时，就理出了“高远、深远、平远”三法，就是从纵横两个方面拉开距离。

此外还有一个“留白”，也是“简”之一法。目的是“布虚”，钱杜《松壶画忆》谓：“丘壑太实，须间以瀑布。不足，再间以云烟。山水之要，宁空勿实。”讲的就是“留白”。这“白”的地方，自然就是“虚”了。在那断了的山的半腰，或一方纸仅见一浅岸孤舟的大片空白，往往会引发人的想象，潜入画中去，看看是庙宇，还是枫林；是一片水，还是漫天飞雪。这一空白，多半是画家有意留下的，留给欣赏者去创造。这种“简”，实非一般的“简”“单”，而是简中寓繁，虚空之中藏大千。这也是我的追求。传说有人批评我的诗不过是“一鳞片爪”，在我听来，倒是美誉了。我还到不了这一境界，往往是让那条龙的头也探出来。“神龙见首不见尾”，未必就是。“远龙”，连

“首”也理应是让人看不到的，也理应是无鳞无爪的。那爪，实在说并不怎么美，不如节约了去。功力不到，我正以此为苦。

E 淡出

我读诗看画，还喜欢一个“淡”字。浪漫主义的泼墨，我不怎么感兴趣。诗也是如此，我喜欢那种空灵、飘逸，淡而又淡，淡得几乎不像诗的诗，如说家常话一般。

首先，我这个人就是这样的。给学生偶尔讲课，也是谈心式的。听人讲话，也不喜欢高嗓门。这就决定了我的诗淡出、平出，平平淡淡。这一方面是我这个人的气质决定，另一方面也有情趣的爱好。此外也还有主观的追求。

我写诗追求的是一种“隐秘”“空灵”之美，这种诗境不大容易一眼到底。而我又不愿读者望而却步，总希望他们能进入诗中来。这也必得非“平出”“浅出”不可。只有使人不觉得深奥，而又有一种亲切感，才有可能引读者往深处走，去见作者设计的“幽境”。

平淡，并非平庸加清淡，而应是表面的质朴与深厚内蕴的统一。做到这一点，不容易。梅圣俞就说：“作诗无古今，惟造平淡难。”苏东坡也说：“渐老渐熟，乃造平淡。”皆心血之谈。关于这个“淡”字，我听到两方面的意见：一是批评性的，一是过誉。前者值得我深思，如果只剩下一个“淡”，像白开水一般，那就不行，我还得注意深度。对这种提醒，我表示感谢。另一方面，有从青岛传来“高淡白”的评论。这颇使我惶恐，不免汗颜。因为这是诗之最高格，属于“逸品”的，我哪敢当此！终生努力，怕也难以到达。“然心向往之”，能活一天，总是要往前奔。这没有问题。

以上所说，纯系即兴之言。诗固贵隐贵曲，而人总是要直。不暇斟酌，定多谬误。姑妄言之，希读者正之。

九答

我的几组泰山诗发表后，读者和朋友们深为关切，提出了一些问题。个别也有涉及山水诗题材和诗之大小的批评。都随口随手做了答复，或表明了自己的想法。偶尔和一位搞理论工作的同志谈起来，想不到他能入耳，并建议我整理一下，说是可能引起更多一些读者的兴趣。因此写出下面的九则。

一　关于一首诗的产生

几位诗友对《天街印象》感兴趣，要我谈谈产生的过程。回忆一下，是这样：

对于泰山南天门之上的一段“天街”，我有特殊兴趣。主要是那名字使我神往，引人产生幻想。在泰山沉思的前额上，眉宇之间，我仿佛看到有一抹灵气在飘荡。说看到，其实欠确，不过那么一点感觉而已。

对于这个五岳之长的泰山，我十分熟悉。四十五年前，我曾在它的脚下一个教会学校读初中。那时几乎每个星期天都要去爬一次山，可以说是无处不到。根据我的观察，其特点是雄浑、庄严。有一巨石刻“岩岩”二字，我看是“得其骨”了。但不止于此，如我所感到的，它也有灵性。我想：为泰山写照，就不仅是要写出它的雄浑，那一抹灵气也该是有所隐现才对，那样才算得其“神”。这样，我就决定写几行试试。选取的细部，自然是“天街”。

这时我习惯地闭上眼睛，让灵视活跃起来，以便创建我的“太虚幻境”。

因为是天上的街市，云很自然地就跑来了。多谢它帮忙，很快完成了一章：

楼不见顶

街悬在半空

云和人
在一起行走

看看，有那么一点儿“灵”的东西。进一步凝神观照，就又不满足。还是近于实。

隐现“灵”，重要的是离开实。“灵”与“空”是相联系的，必得多多出“虚”才行。

写实易，出虚难。正当我皱着眉头捻断髭须的时候，清代画家钱杜跑来了。他老先生笑着向我说：“阁下怎么忘了呢？丘壑实，不是可以间以瀑布吗？仍不足，再间以云烟呵！”经他这么一点，我豁然贯通。这时情兴和灵视都生气勃勃，很快写出下面的一章：

我追一片云
跑进一家商店里去了

躲在墙上一幅泼墨山水的半腰
还动呢

出来这一虚象，我颇为得意。只是钱杜无端跑来多嘴，使我未得尽享独创之乐，而稍稍不快。不过前两行的诗句和后两行的“躲在”和“还动呢”都是我的，这才是要害。也堪自慰了。

因为是虚象，我必得使读者感到真切才行，所以让云“跑进一家商店里去”。

那云的“跑”，是调皮，和我捉迷藏。它真聪明，躲在墙上那幅泼墨山水的半腰，是最合适不过了。那正是画家习惯“留白”的地方。它想混过去。无奈隐得不妙，“还动呢”！

这“动”，是由于它急急惶惶，气喘吁吁跑了一段路使然。此外，它天生易动的灵性也使它难得入静。这自然使我好笑。还有以后的一些，就不写了。

够了，就此煞住。

这诗我不知道是否达到了“空灵”，隐现出了泰山眉宇之间那一抹灵气。为了弥补其不足，我又写了“风”“云”“蜜蜂”“蛱蝶”和人一起饮宴的《天街设宴》。《星星》编辑知我，一起把它们发表了。

但是我仍然不满足，因为“神”与“骨”是割离的。如果统一在一首诗中隐现，我想会更好一些。好在泰山诗才抽出一个头儿，以后还可以写。

产生《天街印象》一诗的过程，简单一些说，是从情兴出发，风雨晨昏、上下左右前后地看山，取得整体认识，炼出主题，滤取最具有典型性的细部，然后再回到情兴，经过一番绞脑汁的虚实设计，最后出来成品。

二　关于不能拘泥于眼前之实

一位初学写诗的青年朋友找上门来，说他家就在泰山脚下，不知多少次爬过扇子崖西汉赤眉军营地旧址——天胜寨，觉得那里有诗；但眼前看到的，不过是乱石、荒草，实在没啥可写。问我是怎样写出《天胜寨遗址一瞥》的。

我向这位青年朋友说：“看来你是有情的，问题多半在于没有离开眼前之景。只盯着那几片小平地，乱石、荒草，诗是不会来的。”

遵嘱，我向他谈了写《天胜寨遗址一瞥》的过程。

那诗是回家来写的，自然是受了情的牵动。按我的路子，是闭上眼睛，启动灵视。有情在前引路，很快我就看到了眉毛染得通红的义军朝我走来。那“赤眉”特别使我动情，就决定在这最动情的一点着墨。

直写乏味，能找一个“对应物”来才好。我便借助于灵视去搜寻，终于看到一片红叶。那是四十五年前我在扇子崖下看到的尖细而长的一种，与“赤眉”是相贴的。得来这一“对应物”，我喜极。灵视似乎也受到了鼓舞，异常兴奋。就在这时，那片红叶幻化成了“赤眉”，一霎时满山遍野。呼啦啦的红色军旗也出现了！很快又幻作营火！一片红！鲜亮地展现在我的眼前。于是便出现了下面的句子：

漫山遍野的

是赤眉吗

军旗
还是营火

现实呢？还是梦呢？不。不是梦！我还明明看到：有一个泪珠，从红叶上滴落。顺手便写出下面的两句：

我看见一个泪珠
从红叶上滴落

这时才点出“红叶”，让它潜映前面的幻象。

那从红叶上滴落的，自然是露珠。但在我的眼里，只能是眼泪。念无数英雄豪杰之牺牲，草木都流泪，人何以堪！就不写了。

这一切，自然都是我情到、眼到（灵视到），主观的设计，目的是为了传神达情。

以上过程说明：（1）一开始我就离开了天胜寨遗址的实景，穿越历史，回跨到新莽末年去，因此看到了赤眉军。（2）我又没离开天胜寨，因为那啸聚的义军正是在这里宿营。（3）我不愿直写赤眉军，而找一个“对应物”来，借红叶幻作三个捉摸不定的意象，显然离开了天胜寨实景。（4）但尾节那一红叶又是实的，又没有离开。（5）天胜寨并没有红叶，我写诗的时间又是盛夏，就这一点说，又是离开了实。（6）但附近的扇子崖有，是靠近的；且时间总会往前走，经霜一染，那像眉毛一样的叶子总会变红，因此又并不失实。（7）本是露珠，而偏写“泪珠”，又是离开了实。（8）但二者滴垂的样子相同，难以分辨，又近于实。正是：离开又靠近，靠近又离开；离而不离，若即若离。我认为这正是诗的状态。

离不开实，泥于眼前之景，出不来诗。但完全不沾边儿，也不行，那就不是“这一个”了。山水记游诗，我想就应该是离而不离，若即若离，恍兮惚兮，似是而非。我的一些山水小诗题目往往是某时某地“即景”，“一瞥”

或“几瞥”，其实均非当时当地眼前景物之再现，大抵借助于灵视，重新进行虚实设计。我不知道古典诗人笔下的“即景”之作，是不是都状眼前之景。我想不会。张继那首《枫桥夜泊》，就是典型的例子。因此，诗歌领域里的“即景”一词是否确切，值得怀疑。我用此二字，不过从习惯罢了。写天胜寨遗址用“一瞥”，也是这样。真的一瞥就“瞥”出诗来，那诗就太好写了。

说到这里，那位青年朋友首肯，说要回去试试。

三 关于直白

一位读者看了我的几首泰山诗，认为与崂山诗相比，“直白”多了一些，引以为憾。问我怎样看。

这位朋友看得很细，是这样。不过我也有自己的想法。从去年夏天起，我转到写泰山，它与崂山就是有些不同。崂山近于江南的山，幽曲灵秀；泰山则偏于坦直浑朴。这就决定了写作手段的语言也要跟着变，学泰山的“坦直”。

但仔细观察，就会发现泰山也还是有一些层次。单说那后石坞，就很少有人走到那里。原因就是幽僻，所以称“奥区”。那里灵秀奇幻，又有些近于崂山了。泰山给我的印象是：直中见曲，朴中藏秀。写泰山，我想就要写出它性格的这一复杂性。鉴于此，语言上我有意做一种直出、朴出，内中藏一点曲折的设计。“直白”为诗家所忌，读者皱眉头，那是因为太直太白的缘故。一览无余，白开水一般，自然是乏味。如能直中见曲，我想还是可以出一点儿趣。

比如《升仙坊上眺十八盘》，除中间两行“抓住铁缆的/是一个孩子”见象外，其余都是直白的交代，似乎流于概念。但是读到中间两行，看到了抓住铁缆的那个孩子，再回头读前两行，就会发现纷至沓来往上攀登的群象。那些抽象的“信念”，你会看到它们都长了腿，坚强地跨过人神之交的界限升仙坊。这里，抽象很自然地转化为不畏险阻，众多登山者的具象了。如果这象还有些远，看起来模糊，第二行的“多少脚步跨过去”，会向你再推近一些。这时再往下读后两行“十八盘上/我看见我们这个民族”，就不会感到抽象了。你会看到一个十亿人民的大象在十八盘上攀登。这里第一境界写的是艰难勇敢地登山，第二境界的象外之象，则是我们英雄的人民在创造奇迹，努力攀登“四个现代化”高峰。这种直白，内中实际上有两个弯子藏在那里：一是抽象转化为具象，二是象外还有一个象。这种地方，我倒是有些担心过于曲和文了。

西方意象派讲究意象密度，他们最早的理论家赫尔姆甚至主张“每个词都应该有意象粘在上面”。作为一种艺术追求，未尝不可。但实际上难以做到。一首两首诗，可以。每首都如此，是不可能的。我们中国也有“全意象”的作品，如马致远的《天净沙·秋思》。但是很少。直白怕是难以尽弃。交代性的“直白”，我看还是可以用，问题是看怎样用。设计一点儿曲折进去，用得妙，也还是可以发挥作用，甚至有可能出现“大巧”效果的。陈子昂那首《登幽州台歌》，我看就是这样的作品。那诗是不能再直再白了，看起来无象，其实有不少的曲折层次，且有一个千古寂寞的诗人形象隐现在那里。这一直中寓曲、敛聚宇宙意识的“直白”，对我有很大启发。我在学着用，未必成功。

四　关于“通感”

《天街设宴》一诗发表后，有两位青年朋友来我这里。一位说：看到了“通感”。一位说：没有。要我表态。并说这一艺术手法当前颇为时髦，希望听听我的意见。

我说：有的。看不到，可能是把注意力集中到“蜜蜂”和“蛱蝶”上去了。引它们飞来的，是“天花菜”“山丁香”飘出去的香。只有一个嗅觉，自然不是通感。但对于“山风”和“云”来说，就是。这是因为山花野菜摆满一桌子，“山风”和“云”看在眼里。虽然隔一层玻璃，闻不到，但心理上却可以感觉到一阵阵野香。这里视觉就通到了嗅觉。它们急切地推开窗子，那香气漫溢出来，才勾引蜂蝶成队飞来。因为蜂蝶都是生物，易于往“通感”上靠，所以看出是。“山风”和“云”非生物，一般想不到它们会有官能感觉。且字面上没有色、香出现，不大容易往“通感”上靠。灵觉敏锐一些，心细一些，不大愿受逻辑约束的人，可以看到的。

这种东西，在西方现代派诸技法中似乎颇为新鲜。其实，我们古典散文里就有了。如欧阳修的《秋声赋》写秋之“声”，“如波涛夜惊，风雨骤至”，“如赴敌之兵，衔枚疾走”，即听觉和视觉相通。古典诗歌里，那就更多。如李义山《天涯》一诗中的“莺啼如有泪，为湿最高花”，即听觉、视觉、触觉相通。甚至那两位现实主义色彩浓重的诗人杜甫、白居易，也写。杜甫《船下夔州郭宿》中的“晨钟云外湿”，即听觉通到触觉。《江畔独步寻花》中的“嫩蕊商量细细开”，也是，乃视觉转到听觉，又通到视觉。白居易《野行》中的“仰头听鸟立”，《早行林下》中的“隔竹鸟声深”，都是，皆听觉与视觉相通。后者的“深”，可以作“远”解，亦可作“稠”解，都属于视觉范围。比起前句来，更为扑朔迷离。这种东西，很有趣的。诗之精妙，部分在此。我们的古典诗人写出这种东西，我想多半是不自觉的。到了法国象征派那里，就是自觉的了。波德莱尔认为，各种觉官可以默契旁通，乃至宇宙万物，无不是一片生灵贯注，息息相通。他们有写作实践，并上升为理论，刻意追求，大有影响，确实丰富了诗歌表现技法。我正是受了他们的启发，回头看我们古典诗的。这才发现也有。在这个问题上，我的看法是：我们没有必要自卑，把我们的家底都看成破烂；但也用不着自大，看自己的一切都尽善尽美。就“通感”一点说，不能不承认外国人在理论上有创造，他们确实走在我们古典诗论家的前面了。这种东西对我有吸引力，所以它也跑进我的诗里来。

不过我不希望叫人一眼看出是“通感”，以为那是拙的。现在“通感”确实很时髦。不过有些诗往往为“通感”而“通感”，炫耀技巧，那没有多少意思。那种“巧”的卖弄，本身就说明“不巧”。真正的巧，应是看不出巧，外表倒是有些“拙”的。所谓“无技巧”“无艺术”者是。我希望能达到这一境界。这日子不知什么时候才能到来。

五　关于用典

一位老友对我写诗用典提出意见，认为应是新诗之忌。他着重指出了《汉柏》尾注，希望知道我的想法。

这个问题我有过思考，很顺茬地接受了老友的批评。为了便于说明问题，录诗于下：

汉 柏[①]

秋雨滴沥
老泪纵横

想是又想起了他
看这秋风[②]

①汉柏：在岱庙内，传为汉武帝刘彻手植。

②汉武帝写有著名的《秋风辞》。

尾注用典，确实没有必要。我原想让汉柏由耳闻秋风通到目视，联想起写过《秋风辞》的那位给了它生命的诗人皇帝，引读者去见秋风秋雨中“老泪纵横”的汉柏和那位刘郎不同时空的双重意象，以增加点诗的色容和情趣，没想到弄巧成拙。由于有了明确指定，读者的想象很自然地会受到限制，色容因此而变小，结果情趣反而被冲淡了。秋风更兼秋雨这一特定环境，最易使人伤神怀人，汉柏所思念的，并不一定就是给它自然生命的那位刘郎，说不定还会是历史上哪一位给了它艺术生命的诗人、画家呢！历史上曾经为汉柏写过照的诗人画家，那是太多了。今年秋天，刘海粟就曾在汉柏院临风挥毫，画了一幅丈六宣。笔老墨酣，煞是大手笔！汉柏看在眼里，会无动于衷吗？千百万读者的知识面比作者要宽得多，还是不确定，让读者根据自己的知识面去见为好。说不定会创造出更多层次不同时空的交叠意象。那会更为丰富，更深厚。

再如韩翃《寒食》诗尾句“轻烟散入五侯家”那个“五侯”，如果加“东汉桓帝时宦官单超等五人封侯”典注，那诗就只限于“讽”，薄了，也肯定传不到宫中去。德宗皇帝也不会叫“好”，说不定诗人还会挨板子。因为自唐肃宗、代宗以来，宦官权盛可比汉之末世。在德宗眼里，“五侯”显然是泛指一般王侯，认为韩翃是在写大唐皇都寒食节美丽的风光，是一首太平景象的颂歌。一般人也多会这样想。这也颇有味儿。读五车子书的人可以见

“讽”，一般人则可以见“颂”。诗写到这般地步，就算有了厚度了。韩翃是聪明的，“五侯”二字他不作为典故加注，不仅是为了“保身”，打皇帝老子的马虎眼，艺术上显然也有用心。这一点，自愧远不如韩翃。这里要说一下，我看到有的选本是加了“东汉桓帝时单超等五人封侯”那样的典注的，暗示肃宗、代宗以来宦官权盛可比汉之末世，指明是“讽”。我看是多事。我们有的搞古典文学注释的同志，往往是干这种费力不讨好的事。他们应该问问韩翃，是不是同意。

诗，我学杨万里的“活法”。钱锺书先生在论杨之“活法”时写：“古代作家言情写景的好句，或者古人处在人生各种境地的有名轶事，都可以变成后世诗人看事物的有色眼镜……限制了他们感受的范围……他们仿佛挂上口罩去闻东西，戴上手套去摸东西。”他说杨万里悟到这个道理，“不让活泼泼的事物做死书的牺牲品，把多看了古书而在眼睛上长的那层膜刮掉，用敏捷灵巧的手法，描写了形形色色从没有描写过以及很难描写的景象”。这段话很动人，我一字一句地记在心上。只是眼上的那层膜较厚，一时不易刮掉，难以完全从古人书里跳出来，和大自然建立嫡亲母子的骨肉关系。想不受支配，往往还是受支配。

此外，也还受情趣的驱使，觉得“典”里有“雅”，不忍尽弃。仔细想一想，那情趣毕竟是“小”，非“大雅”。不能从古人那里挣脱，一派天真地写诗，颇使我烦恼。

兴之所至，我也和老友谈到了从古人那里挣脱掉的情况，拿《黑龙潭崖畔小立》来做例子。这诗第三节原为“我撒下几瓣桃花/请捎给大海”。是我由“潭水”联想到李白的“桃花潭水深千尺”，顺手把“桃花”拈了来。细细咂摸，觉得有点情味。但也脸热，似乎看到李白在笑我：“那桃花是我的呀!”一个有志气的诗人，就应该是独创，不依傍任何人。不管他是李白，还是杜甫。这样，我就丢掉了那“桃花”，借助于灵视去搜寻新的物象。“黄花”“红叶”都落俗，我不取。四十五年前登泰山，在后石坞我曾看到一些野百合，红得发亮，蜡制的一般，似乎神仙境界之物，使我难忘。把它献给大海，我想海会高兴。于是改为“我投进一枝百合/请捎给大海”。也许我的“百合”，比不过李白的“桃花”。但没有在李白面前低头，尚堪自慰。如果我投进的是“桃花”，大海也许会皱额头。谁都喜欢新鲜不是？这样的情况不少，每一次出新，我都高兴。

依傍前人，“误把抄书当作诗”，把流当成源，古人多的是。特别是宋代，简直成了“流行性感冒”。新文化运动提倡“不用典”，很了不起，具有重大意义。

但是我也申明，有一些情况是例外。如崂山《耐冬花下》，开头写“掐一根草茎/搔一搔那个精灵”，虽然化用了蒲松龄《聊斋志异》中香玉教黄生以指爪搔绛雪（耐冬）的细节，但我认为不属于用典。因为题材本身就是“耐冬”。《烟霞岭漫想》中写“那个人”两千二百年前曾站在这里，虽然加了题注，也不能算是用典。因为是回顾历史上一个史实，题材本身决定要牵涉到秦始皇。写山水诗离不开文物古迹，涉及古人古事是很自然的，与诗人自己不能独创，依傍古人，窃陈言以代不同。胡适“八事”之六：“不用典”，亦有“广义”“狭义”之分。他把“广义之典”，如“引史事”，“引古人作比”，“引古人之语”、“成语”，等等，均不视为用典，是有道理的。而“狭义之典”，他又分为“工”“拙”两种，认为“其工者偶一用之，未为不可”，就又妥协，不大像个文学革命战士的样子了。所谓“工”，不过是偷得巧一点罢了，终归是窃。“五四”以后的新诗人绝大多数都排斥用典，基本上根除了历史上的陈年积病，成绩极大，写新诗史的人是应该大书一笔的。就这一点说，西方现代派并不怎么理想，看那首被西方推崇为“英美现代诗歌的里程碑”的《荒原》，似乎离了典就不能走路。我只能称赞艾略特其人有学问，记性好。至于作为一个诗人的创造才气，实不敢恭维。《荒原》也是我反面的镜子。我感激老友的当头棒喝。

顺便一说，也有认为“有典可用，是中华民族的骄傲”的诗人、学者，我想这该成为一家之说。自有其道理。各行其是，也就是了。

六　关于叛韵

我的泰山诗发了几组后，读者有的看出我是在向无韵自由体转化，问我是不是这样，并希望我就此谈一点想法。

我说：是的。更明确一些说：我是一个韵的叛逆者。

无韵自由体早就在吸引着我了，二十世纪五十年代初期就写过的。那时格律的影响大，在我所写为数不多的诗中，格律、半格律占绝大多数。1979年秋我重新拾起笔来写诗时，多半仍是那种东西。只有极少数的诗，如《母与子》（之一）、《一朵小黄花》等离开了韵。此后这种无韵自由体逐渐多起来。去年暑假写泰山和渤海诗时，竟至占了压倒优势。对于韵的叛离意识，我是逐渐明确，由朦胧到比较自觉的。

韵的作用在于粘着诗行。此外，也还有上口、动听。不少人都这样讲。初学诗时，觉得这些意见是对的。写作实践中，我慢慢地产生了怀疑，认为诗还是散一些好。因为诗是有灵性的东西，还是不要加给它以绳索。“上口”，是的。“动听”，怕是未必。那种严格用韵的诗，在我听来，倒是有些单调。古典诗歌不少的使人陶醉，关键不在于韵。那多半是由于情美、象美、境美，“出声音之外”，以及“得真味”。这种诗主要靠“情象”“情境”以及“境”“象”之外的“外趣”得分，对于韵的依赖性不大。旧诗那套严格的格式并不难学，难的是情象、情境“融彻”，出外趣（象外有象，弦外有音），耐人寻味。从这里我悟出：韵脚并非诗之生命所系；离开韵，完全有可能出好诗。既然诗离开韵可活，它又束缚诗的手脚，何不去了它呢？

需要说明的是：我所叛的是外在韵脚，并非一概排斥诗中的音乐美。戴望舒那一“它应该去了音乐的成分”之说，是有问题的。无论如何，这“音乐的成分”去不了。戴望舒那样讲，可能是出于他以为诗中的韵脚、节奏感（规律性的音步）就是诗之“音乐美”的全部了。看他《我的记忆》以后一段时间写诗，就可以知道。那一段写作实践，说明他一步也没有离开“音乐美”，只不过是由“外在”转为“内向”罢了。那是一些飘忽伸卷，富于旋律感的律动。这种律动可以漾出诗行，连绵延伸，造成余音、余味、余意，袅袅不断，最适于隐现灵魂、情绪这种微妙的东西。那一段时间戴望舒写了不少的好诗，证明内在律动是更适于诗的。

在谈到韵律的时候，戴望舒还说过：“诗的韵律不在字的抑扬顿挫上，而在诗的情绪的抑扬顿挫上。”这也有问题。和诗“应去了音乐的成分”，显然有矛盾。把情绪和文字分开，也站不住脚。哪有那种离开文字，单纯的情绪诗呢？情绪要靠物象、物境来隐现，最终还是要借助于具有声韵的文字。诗中那种律动的情象、情境，实际上是四位一体的。即便单纯的文字，在戴望舒那些叛韵诗里，于字行中间，也会听到一些彼此的叫应。有叫有应，这就有了和谐了，也就是有了“音乐美”的因素了。只要是诗，不管它怎样自由，在它的字行中间，总是有一些韵的小精灵在潜行。戴望舒终归不是一位理论家，他的才能在创作方面。我也从他的诗作那里得到印证，使我坚决突破外韵，向内追求。

再就是艾青，他也推我一把。遗憾的是这两位先生后来都转向格律或半格律了。何其芳、卞之琳也是。我不知道他们为什么这样。也许是韵的传统太老吧？那是在有文字之前的歌舞中就有了的。天也有韵，风、雨、雷、海潮、落雪、鸟鸣……都有。我这样想：也许我违乎自然，要受“天谴”吧？说不定，也许我终归写不下去，再回到格律。但我暂时还不想退却。这种创造我觉得有趣，想实践一段看。

一些写自由诗的老诗人又回到格律、半格律，重要的一个原因，我想可能是出于上口，易于流传，更好地为人民服务，“大众化”的考虑。这确是一个值得认真思考的问题。不过我也想，只要写出震撼读者灵魂，给人以美学享受的艺术精制，同样也可以深入人心。好的无韵自由体小诗，同样可以背诵流传。

七　关于“小”

读者反映：有人以为我的一些山水诗还是有点儿情味。但是题材小，又那么几行，终不过是些小玩意儿、小摆设而已。问我怎样看。

我是这样想的：题材和诗的格局，应该承认有大小之别。对于那种火热表现时代的艺术巨制，我是艳羡不迭，自愧弗如，承认自己的作品是小。但是只看题材和规模大小，以为题材和块头可以决定一切，我也不怎么信服。重大题材，洋洋洒洒，写得概念空泛者，并不少见。小题材、小诗，只要捉管人不小，有艺术的保证，写出来的小诗，未必不能小中见大，微尘中显大千，刹那间见终古，有限中寓无限。一幅绘画的艺术价值，大概也不能以尺幅大小而定。在北京一位老领导那里，我曾看到过齐白石七十岁左右所作十来幅山水小品，均宽不盈尺，不过那么几笔，然而却是真正的神品。我惊呼是“诗”，而郑律成却说是“音乐”。齐白石这样高的作品，我还是第一次见。较之他的花鸟虫鱼，要神得多。艺术，我想还是应该论其质，不好仅仅以貌取。重大题材可以写出传世之作，小题材同样也可以。繁墨浓染，波澜壮阔，可以见气势。布虚留白，疏疏淡淡，同样也可以。都可以出大手笔，大家。强调大，是对的。睥睨小，就未必了。况山水题材，不见得就小。

至于我的诗如何，那是另一回事。“小玩意儿”的批评，也许是对的。虽然从这几个字里也可找出能供人欣赏的意思，因而也就可以推想多少有点儿社会意义，但我总是不甘心接受这一批评。倒不是因为这批评里有少许轻蔑意味，而是离我的认识太远。近来连续收到几篇评拙作的短文，总题为《小花分秒赏》，是天津一位胡君寄来的。他的看法就有些不同。在读《过对松山》一诗时，这位同志就看到了海峡两岸我们被分隔的人民，想到了台湾回归、祖国统一问题。收到这一短文时，正好有一位青年女诗人在座，她看了，说是朝鲜人、德国人、日本人读了，他们的灵魂都有可能受震动。真的能这样，这诗就跑出国界，为世界人民去服务了。这诗在这两位眼里，就不算“小”。

胡君另一篇短文，题为《展望未来东岳多》，是读《笋城》一诗的感发。在这首三行小诗里，胡君也看到了“大”。他的灵视射向未来，看到了三千万年之后拔地而起的一群泰山。那是够壮丽的啦！这样的“小摆设”，我不知道博古架是否放得下。

我这样写，可能有些不够谦虚。实在是没有办法。我这个人有可能说错话、蠢话，但不会说假话。只能作这样的吐露。再是我写的是山水，又是小诗，极想这种题材能被人理解，小诗能够振兴，改变“五四”小诗那种“枯燥浅竭”的窘境，所以必得宣传几句。希读者见谅。

八 关于思想性

一位读者对《过对松山》感兴趣，认为透过山水，可以看到思想性。像《天街设宴》《天街印象》一类诗，觉得也有味道，但是挖不到思想，因此不满足，提出山水诗应否有思想性的问题。

我的想法是：思想性，总该是有吧。因为诗是主情的东西，只要有一个

"情"在，那"思"就必定会有。不过有隐有现，隐之深浅有所不同罢了。

我不太喜欢思想过于现露的诗，总想隐起来，藏于象外。《过对松山》属于此类。

我在《我与山水诗》一文中说过：我也在试着写一种近于"纯美"的诗。这类诗，我不过求一点儿象趣；象之外，构思时并没有出心藏什么严肃的东西。如《天街设宴》中写风云、蜜蜂、蛱蝶和人一起饮宴；《天街印象》中写"我追一片云/跑进一家商店里去了/躲在墙上一幅泼墨山水的半腰/还动呢"，都不过是想体现点儿灵趣。如是而已。

但问题并不这么简单。这由不得作者。也是不以人的意志为转移。我本无意于象外设置什么思想，但思想已是悄悄潜来了。具体说，我写天街之灵趣，从始至终，都有一个"情"在那里张罗。既有"情"在，怎么会没有"思想"呢？说到底，这是一种爱，对祖国山川的一往情深。

我写山水诗，就是基于一种对祖国母亲之爱。这一对祖国深沉的爱，必然要渗入到我所观察和创造的山山水水中去。爱国主义，我想是每一首山水诗的精魂。如果我的诗有艺术的保证，能给人以美的享受，有利于读者身心健康，那"思想性"就起了作用了。如果我的一些山水诗能唤起读者热爱祖国之情，那"思想性"就是很强烈的了。我希望我的一些山水小诗能出现这样的效果。眼前怕还不行。能给人一点美感，也就满足了。

像《过对松山》那样的诗，是一类。《天街设宴》《天街印象》等，又是一类。两类诗我以为可以并存。

对《过对松山》一类诗感兴趣的，可能多一些。但就我个人而言，却特别偏爱后者。不费力地被人看出思想，总觉得单薄，欠火。用手术刀也剥离不开，甚至自己也说不清楚，才满足。每个人的审美情趣和标准不同，不必强求一律。

关于"思想性"的理解，我想还是宽一些好。有人对"风花雪月"摇头，其实大可不必。没有风、月，怕是不行。没有花，大概也不行。没有雪，或许可以照样吃饭，但总是煞风景。《春江花月夜》，五个字的标题，张若虚就用了俩，在唐诗中算得第一流的了。问题是看怎样写，高格还是低格的人来写。

只要是美的，我认为就必然有社会意义，具有思想性。狭隘地理解思想性，狭隘的功利主义，有可能把诗引进一条窄胡同里去。

九　一个说不清楚的问题

一位青年朋友读了《中天门远眺扇子崖红叶》一诗，认为写出了泰山的“质”，希望我谈谈写这首诗时“典型化”的过程。关于诗的“典型化”问题，我缺乏研究。不过根据我的体会，山水诗是有这个问题的。像《夜宿天街眺极顶》《天街印象》《天街设宴》等，都是根据我对泰山的理解，从各个角度有意识地写其肃穆深沉、灵逸的性格特征。恰恰这首《中天门远眺扇子崖红叶》，我并无意写什么“典型”。如果说出现了什么“典型”，那是它自己跑来的。确切一些说，是随着“情”和“象”的波动自然“流”来的。写完，我才看出有点儿“典型”意义。这种情况，时常有。

写这首诗的具体情况是：去年暑假我去爬泰山，乘车从西山到中天门。路上我很想看看阔别多年的扇子崖，只是天不作美，云拉上了帷幔，连傲徕峰也未得见。车子到中天门，幸好云散了，这才得以饱眼福。但是我并不满足，那“扇子”的色彩不太理想，裸露的岩石呈暗褐色，非我之所爱。我想：如果是一把红色褶扇，该多好！这时情兴勃发，促使我构思一首诗。

开始，我想让朝阳或夕阳为它着色。但扇子崖地势偏低，太阳的朱笔抹不到。就在这时，四十五年前我在扇子崖下看到的一片红叶浮现在眼前。“一把红色褶扇”就这样出现了。莫名其妙的是，傲徕峰这时也活了！我看到它摇着这把红色褶扇，坐在那里不停地扇。不必说，它一定是很热的了。又联想到红叶与霜分不开，随思之所至，满天繁霜也奇异地跟着出现了！于是，“霜满天/傲徕峰扇一把红色褶扇//它的心里也许火热”这样一首小诗就完成了。

因为是“霜满天”，那傲徕峰的身上自然不会热，只能是热在心里。所以煞尾我那样写。加“也许”二字，是为了活脱一些。推断罢了。但这一推断，多半不会错。

那一“霜满天”的意象，不仅呼应潜象红叶，也还创造一种肃穆高寒的气氛，映衬之下使那一红色褶扇更为热烈。这是我想到的。但同时引出泰山的内心世界，我却完全没有料到。泰山外表是严峻的，但其内心并不冷。前者一般都会有那样的感觉，后者怕是少有人想到。至少我过去是如此。泰山确实有一颗滚沸跳突的心，这是因为它与大地母亲本为一体。直到这时，我才觉得自己更接近于了解了泰山。我以无意创造出这一外表冷峻，内心如炽的泰山形象而感到惬意，似乎多少把握到了超越时空的那一宇宙意识。

在中天门老槲树下的茶桌上，我匆匆写下了这首三行小诗。灵视中似乎看到泰山朝我莞尔一笑。

就这样，我向那位青年朋友谈了写作《中天门远眺扇子崖红叶》一诗的过程。对于未能完满回答他提出的问题表示歉意。这种“无心为之而得之”的特殊情况，一时我还说不清楚。希望搞理论的同志们赐教。

谈山水诗

——兼寄海外同胞

得悉我的一些山水诗为海外同胞垂青，真是高兴。读者还想知道一些情况，我的一些想法，希望我能就此谈一谈。感骨肉之情深，愿一吐肺腑。

一 新山水诗姓“新”

用新诗来写山水，面临一个重要的问题：就是如何出“新”。

“新诗”同样也存在这样一个问题。时代在变，人们的生活、思想感情也跟着变，取材于社会的新诗，出“新”并不是一个难题。但作为大自然中的山水，就不同。虽然它也在变：瘦了些，长高了一些，细或者宽阔了一些，但不是一下子就能看得出。几万年，甚至几十万年，往往还是那老样子。因此为山水写照出新，就不那么容易。虽然美学上有“移情”之说，可以因作者感情之潜入，而唤起读者的时代感，但不可能解决问题全部。在写山水诗的过程中，我碰到了这一问题。实际上是新时代向我提出，逼我作复。

思想感情，我想不会有大的问题。无论如何，我不会同于唐人王维。这个问题可以不必担心。

剩下的问题如何解决呢？这很使我伤脑筋。

过去我见过于山水之中设计几桩高压线铁塔的山水画，总觉得别扭，认为是对“美”的破坏，因而是排斥的。

但是设身处地想一想，那画家一定也是碰到了这样的问题。他是想开拓，一时搞不好，可以理解。

也想到：看到山水画中有几根电线杆子，就认为是“对美的破坏”，未必正确。道教、佛教未兴之前，山中本无寺观的，何以后人看远远半截红墙，一角飞檐，就那么顺眼，且还有点儿“美”呢？我那样认识，只能是为传统审美习惯所囿，一种保守思想作怪。既然现实生活中有水库，有发电站，又多是与山联系在一起，于画中设计一瞥高压电缆，有何不可呢？今人看不惯，后人也许会认为是一种美。再说也还可以精心隐藏，不让那电线杆子露出来。“贴标签”不是不可以避免。

思想认识有了这一转变，于是豁然贯通，问题就全部解决了。那就是：可以摄人类在改造中的社会——“第二自然”之物象，融于“第一自然”，升华为艺术的“第三自然”。

崂山诗《月子口水库》中写“有多少流泉在这里汇合/都说我要发光”，就是我第一次尝试。在那首诗里就隐藏着一个水电站，连根电线杆子也不让人见。

在《过鹰嘴石》一诗中，我把喷气式飞机也糅合进来。那“喷气式”是以“银燕”出现，我让它“闯入”崂山蔚竹庵南那一“鹰”的蓝色梦境。在那一被惊扰，从“蓝色的梦”中醒来的“鹰”看来，那从远方云层里飞来的，并不是什么“喷气式”，而是它的近族姊妹。这样设计，我想还是近于自然，并不会破坏山水诗美。

还有在云彩里用耳朵“听”的那个“雷达”，我想也该是属于崂山的。

越写越有信心，连青岛这个现代化城市，也波光粼粼，涌动着跑进我的诗里来了。

在威海的刘公岛，我写有一首《在碧绿碧绿的波涛下》：

鱼告诉我
潜艇像它一样游
导弹大睁着眼睛

珊瑚丛中
睡一个甲午海战的水兵

这也该是一首山水诗。

《观沧海》只注意到海之上，我就想潜到海底下去看看，结果发现了两个现代化精灵。其中有一个还大睁着“眼睛”，鱼也该有些吃惊吧？那位邓世昌手下的水兵，倚在珊瑚丛林中睡着了，那么甜！可是在做着一个玛瑙色的梦？是否想骑上那导弹，去西沙群岛一游，一饱电闪雷鸣的眼福？

这种诗，我想曹孟德大概写不出。

李白纵然多奇思，怕也难得出。

这“不纯”，也是一种美呢!

这就是我心目中的“新山水诗”。

二　接受古人的挑战

有位诗人写信给我，说济南有人誉我为“当代杜甫”，要我“一笑置之”。老伴为此出了一身大汗。

那位诗人是好心，生怕我头脑发热，跟着“狂”起来。老伴则是为我担心。

那位诗人其实并不太了解我。

老伴虽然知我，但在有的问题上，也难深窥我心。

于诗艺一点上，我视杜甫并非“高山仰止”，那么高不可攀。

问题在于比喻欠当。我和杜甫并非一条道儿。杜甫显然不是山水诗人，他属于“人生派”。

我当然也是“为人生”的。但那是结局，客观上的。主观上我是非常重视艺术的。诗史上有“艺术派”一说，我想我多半要归之于这一派。

我非常崇敬杜甫那一颗伟大的心，自然也喜欢他的诗篇。杜甫确有很多好诗，那是光照千古的。但从整体看，不免流于实露。因袭依傍，铺陈记事，都是存在的。他那颗“忧黎民”的心似乎太急太切，往往顾不得精心营造。

杜甫写山水诗不多，有的句子却十分好。我特别欣赏《白帝城最高楼》中的“峡坼云霾龙虎卧，江清日抱鼋鼍游”两句，喜其扑朔迷离。这种幻象，只能是在最高处看，取一种“远距离”，才能产生。看那标题，就知道老杜胸中有“距离”，经过了一番思忖。可惜这样的句子不是很多。接着的两句：“扶桑西枝对断石，弱水东影随长流”，虽然也缥缈恍惚，具有一种“灵视美”，但对仗总嫌勉强，似乎也落在曹植《游仙》诗“东观扶桑曜，西临弱水流”的势力范围之内，失于落套。煞尾二句“杖藜叹世者谁子？泣血迸空回白头”虽然也动人，但诗人自己走了出来，就有些“露”。从山水诗形式美的角度看，未能“浑成”。警句固佳，但真正的好诗，是不能摘句的。

那首《望岳》也并不像某些诗论家所说的那样了不起。能撩拨人的，不过“齐鲁青未了”“荡胸生层云”两句耳！煞尾想象，显得一般化。且系化用《孟子》“孔子登东山而小鲁，登泰山而小天下”句，也不新。开头那句“岱宗夫如何”的设问，就更是没精打采，有些近于废话了。如果说是早期的作品，不太成熟，倒说得过去。评得神乎其神，我就不信。老实说，我是不怎么服气的。

前年我写过四十来首泰山诗，就是不甘落在《望岳》之后。是否能超过杜甫，这很难说。但不服输，在山水诗一方面和老杜竞赛之心，却有。

我也想追李白。泰山诗《过一天门》前段谐出孔老夫子，下段就写到这位谪仙人。

我把云烟设计在诗外，写于灵视中看见他在前边走。迷离恍惚，自然是看不真。我颇关心他脚下的鞋子是否可脚，而流出疑问“不知他穿的什么鞋”，自觉身体还可以，脚下又是一双登山鞋，就很有信心赶得上他。煞尾就是这样写的：“我要赶上去/看谁爬得快”。写的是山的攀登，暗示的却是艺术。去年春天我写二十来首济南山川诗，其中之一的《飞雪中远眺华不注》，就是有意和李白竞赛。

“华不注”即“花骨朵”的古代同音异字词，就是“花骨朵”。这山确实像个荷花骨朵。

这座山孤柱一峰，不大，也不高，我爬过的。实在说，它并不怎么美。但由于与春秋时代齐国和晋国一次古战役有关，却非常出名。历代诗人画家来济南的，差不多都要写它一笔。这也像人因为某种原因出了名，似乎一切就都“美”了，都要来吹嘘一通一样，也是一种世风。李白也难以脱俗，禁不住也要来这么一首：

昔我游齐都，登华不注峰。
兹山何峻秀，绿翠如芙蓉。

萧飒古仙人，了知是赤松。
借予一白鹿，自挟两青龙。
含笑凌倒景，欣然愿相从。
（《古风五十九首》之二十）

开头两句，颇像出自中学生之手。第三句类杜甫的“岱宗夫如何”。第四句写到了荷花但又打了第二句的嘴巴。“花骨朵”这特殊性不可忽视。回忆中他可能觉得那山不过是一般，实在没得可写，于是便拿用惯了的“仙人”“白鹿”“青龙”来搪塞。第一首诗这样写，那是“奇幻”。成了套语，就不大能动人了，倒数第二句的“倒景”倒是有点儿情趣（那时山下有湖的），可惜又不是荷花骨朵。所以这诗我不能说好。超过它，自认为有希望。

李杜也不尽是好诗。即便是好诗，也不就是不可以逾越。那万古冰雪，永恒蔚蓝中的珠穆朗玛，也还是可以登攀，而凌其上呢！

我们的古典诗歌，自然是辉煌的。但我们不能只停留于陶醉，靠炫耀老祖宗的家底以自慰。我总觉得，我们这些后代人应该克服自卑心，奋发图强，敢于超越前人。如果不能后来居上，起一些新的摩天大楼，那就是没出息，不肖子孙。先辈也不会高兴的。

钱锺书先生认为：“前代诗歌的造诣不但是传给后人的产业，而在某种意义上也可以说是向后人挑衅，挑他们来比赛。”这就有一个敢不敢接受挑战的问题。我们新时代的诗人，我想应该是有此魄力。胸腔里的血在洒，我是跃跃欲试的。所以我写了《飞雪中远眺华不注》：

它是孤独的
在铅色的穹庐之下
几十亿年
仍是一个骨朵
雪落着
看！它在使劲儿开

我接受了李白山行没有什么东西可写的教训，决定取一种“远距离”。

设计在飞雪中远眺，一是为了因雪向下，让那个荷花骨朵在视觉上给人以向上伸长的感觉；二是为了使那个花骨朵不断地因落雪而增加厚度，视觉上给人以膨胀，似乎要炸开之感。“在铅色的穹庐之下”，则是为了烘托郁闷的气氛。而这只有在落雪的日子才有可能。

“使劲儿”，那是因为困难：几十亿年，仍是一个骨朵。

然而它并没有灰心失望。看！它正在“使劲儿开”呢！

那必定一直是这样的。

是不是开开了呢？我不想写。留给读者去想吧。

第一句“它是孤独的”，是实情。正是它的“孤独”，时时在袭击着我。看它又老是那样一个骨朵，我就更难受。我是多么希望它能够开放呵！这才是我写这首诗的真正契机。单纯为了凑热闹，和李白竞赛，是出不来这首诗的。

写完这首诗，我的泪还在流。

我关心的是“神韵”，不知是否出了一丁点儿。

袁忠岳教授看到了它的“悲壮美”。还不知李白怎样看。

也许他会哼出“时人见我恒殊调，见余大言皆冷笑。宣父犹能畏后生，丈夫未可轻年少”。这一点上，我们是一样的。他自己有此体会，想不会因为唐突了他，便以“冷笑”回我。再说，这也不是他最好的诗，他不会介意的。

总的来看，李白写山水诗比杜甫要多。这是因为他情痴于山水，“一生爱入名山游”。从形式纯净的山水诗数量上看，也比杜甫为多。像《望天门山》，《秋浦歌》十七首之三、之五，《望庐山瀑布》二首之二，《西岳云台歌送丹丘子》，等等，都好极。可惜的是，这种比较纯净的山水诗，在李白的诗中也是占少数。和杜甫一样，他也往往是跑出来，或者拉着别人一起跑出来。情“露”，就更不消说了。李白是个狂人，他不愿受任何束缚，这是很自然的。然而诗，却要求隐藏，有什么办法呢？这一点，他就不如王维。

如王维《酬张少府》一诗写张少府问起仕宦穷通的道理，他就不直接回答，而是漫以“渔歌入浦深”应之。李白的《山中问答》“问余何意栖碧山，笑而不答心自闲。桃花流水窅然去，别有天地非人间”，也是想着不答的。无奈他勒不住自己的心，结果还是答了。答得也不十分理想，经不起细品。所以李白似不如王维精明。

虽然王维的山水诗也见杂质，但这种情况不多，其美学趣味总的倾向是“隐”。看那首《过香积寺》的设计，即可见一斑。所以于山水诗一道，我力追王维。

王维也有他的不足之处，就是“象现”也多实出，不太出味儿。我满可以在“布虚”一方面加把劲。《济南山川》组诗之一的《龙洞白云峰》我写：

老是站在崖畔
思念那条龙

风吹它不走
不知自己已化作岩石

面色苍白
忧郁都长成了树

就是有意赶王维。

能否如愿，是不敢说的。我只能是倾我的全力。

三 两位“西席”也不甘落后

“你是否也受有西方现代派影响呢?”有的读者提出这一问题。我的回答是肯定的。我喜欢波德莱尔和庞德，这无须回避。“象征”“意象”虽然在我们的古典诗歌中早有，也见闪光，但多是局部的。例如《诗经》喜用“兴”，不过是起个头，紧接着就是暗示的说明（验证）。屈原那首《橘颂》象征味道较浓，但也拖一条“行比伯夷，置以为像兮”的尾巴。李白的《上李邕》前取“大鹏”之象，接着也来四句说明。不知他是怕李邕看不明白呢，还是习惯于这一“传统”。虽然也有刘禹锡《玄都观看花》、李商隐《无题》那种“象在此”而“意在彼”，“不着一字，尽得风流”的纯象征诗，但为数极少。

至于“意象”，就更多是零零散散，几为叙事、阐释、说理淹没。它们是在那里闪光，但也像呼救。

西方“象征派”“意象派”就不是这样。他们的诗虽然不见得好，却都注意了整体性。从形式美角度看，虽然也还见杂质，离他们所要求的那种“纯”也还有距离，但他们确实做了努力。这一点对我有触动。我正在做这方面的努力。所以他们是名副其实的“西席”。

根据我的经验，“全意象”很不容易，“搭桥儿”有时是难免的。《济南山川》组诗之一《过藏龙涧》，我这样写：

云在深谷里卷曲
风痛苦地翻腾
岩松声声吟啸
游丝荡一条青虫
就知道你没有死
耳边传来雷声隆隆

第五句就离开了意象。

藏龙涧在济南东南的龙洞，传说洞中原有一条龙，遭大禹屠戮。龙是降雨戏水的，因而也就是洪水的发动者。这逻辑大可值得怀疑。我是在为那冤魂一辩。

这诗意象有五，就是“意象派”所谓“意象迭加”“视觉和弦”那种东西。

另一首《过锦绣川》写：

漂来一涧涧姹紫嫣红
流来一山山浅绛青绿
白羽毛的鹅是不敢下水了
踩着一条金鲫

就是“全意象”了。

这种“纯意象”在我的诗中不多，但已经有了一些。单纯从量上看，可能超过了“意象派”诗歌。如果不是炫耀意象，出得自然，我看是可以写的。这里有趣，我有意做此营造。

西方意象派意象也多实出，流于浅单。我则喜虚，若有若无。如《钓鱼台小立》：

不见那涧绿水
我钓秋风

多想捞起那个冤魂
垂一条思念的绳

如果说《过藏龙涧》灵视可见，这里灵视怕是得揩一揩才行。

这个钓鱼台也在龙洞，原名“禹登台”。传说大禹是在此山头发现了那条龙，击而杀之。然而洪水与龙无关，龙是无辜的。可见那位圣人也搞冤案。如今人称“钓鱼台”，“禹登”之名只有在地方志上才能找到，早被人忘光了。不是没有因由。

在诗的下面，我加了以上几句题注，目的是引引路。

再说“象征”。于求“纯”一点上，我花费的力气，还要多。前边所列举的诗，无一不是象征。即使是描述性意象，也是象征。我的山水诗，可以说绝大多数都是象征诗。古典诗歌中那一拖了几千年的“征”（验证）的尾巴，我是下决心要割去，不让它再难看了。

法国“象征雕塑”也还是有些臃肿，老成持重。我则不希望成为“雕塑”，而是“精灵”。

我写过一首《灵岩寺钟》：

沉默不知多少年了
看见它我就难受

不知是否还活着
轻轻拍它一声

就是超脱于象，遗形遗声。所暗示的是在第三层次，只能是灵视去见，灵耳去听。新山水诗的象征宫殿也应该是往高处起，让它耸入云层。我是想建造我的“太虚幻境”。

这里我还想说一下“通感”，因为它被看成是“欧洲象征主义艺术风格的主要标志”。这种东西，我们也早有。有的甚至还极其精妙。古典诗人们写出这种东西，多半是不自觉的。有的古典诗论家，如杨慎、吴景旭等，虽然也注意到，但未能道出“所以然”。直到今人钱锺书先生，才对此做专门研究。法国象征派我看是比我们敏感，他们早有发现，创出“通感”一说。此一“五官相通”“感觉挪移”之说很微妙，对我有吸引力。

不过，法国象征诗人们的创作实践，我并不认为怎么精工。让我们来看看波德莱尔倾全力写的《相应》：

芳香、颜色、声音在互相呼应，
就好像长长的回声在远处混合为一，
在那辽阔得有如黑夜，有如光明的
混沌而又深邃的整体中。

有的芳香像孩子的脸颊一样清新，
温和得像箫竹的声音，青翠得像草地，
而另外的芳香，却沉腐、浓郁、压盖了一切。

如龙涎香、麝香、安息香和祭神香，
都具有无限的传播的本领，
能咏诵心灵的和感官的激情。

真是不能说“巧”，简直流于说明。有的在波德莱尔可能是“通”，在别人则“难通”。翻译可能不太理想，但大的格局不会变。老实说，我不敢恭维。

为了增益隐现山水的能力，我在疏通我感官的渠道。只要河道不阻塞，流通就是自然的。对于联想的能力，我颇自信。不过我写“通感”，也不愿让人一眼看出，也求一种多层次。曾在《九答》之四中谈到，这里不再重复。为了不失之于空泛，抄泰山诗《天贶殿壁画“启跸回銮图”前小立》为例：

挤进神群中去
均木然

蹭了两袖子色彩回来
尾一只蝶

可能隐得太深，这诗一直发不出。

泰山岱庙天贶殿壁画，传为宋代作品。东墙《启跸图》，描绘泰山神出巡的浩大场面；西墙《回銮图》，写返回之盛况。历来评价很高。我独不以为然。但色彩却是头等的。加此一段引引路，不知是否能通。我想把它献给海外同胞，但愿不是“鸡肋”。

于隐藏一点上，我比法国象征派走得要远。不只是情隐、理隐，连前台的那个“象”，也要它隐。这不，连“通感”也在往深处隐。我觉得这里有趣，有心继续隐下去。两只眼睛看不见，还有“第三只眼睛”——“灵视”呢!

向西方学习，也有个“超越”的问题。跟在外国人屁股后头亦步亦趋，也是窝囊废。新文化运动时期那种自卑心理，要不得。李金发那种生吞活剥，更是要不得。台湾有过“横的移植”一流，我看也是自卑。祖国大陆也有“崛起”之说，实质上是同一风势。“崛起”论者心中所缺乏的，我看正是“崛起”。新诗六十多年没有产生震动世界诗坛的作品，不能说与这种自卑心理无关。“学习”我想应该是一种启发，举一反三。还应该是取其所长，去其所短，与我们的传统相结合，探求规律性的东西，并力争在此基础上有所发展、创辟。

一是对古人“不自卑”，二是对外国人“不自卑”。有这两个“不自卑”，我们的新诗才有希望。

只有立足于发展和创造，敢于超越古人和外国人，在艺术上艰苦磨砺，我中华之新诗才真的有可能出现崛起。

新诗同样有一个“振兴中华”的问题。

我愿在山水诗一方面努力。

四　过去·现在·将来

都知道我们是一个“诗国”，还要说什么“振兴”，似乎说不过去。然而历史确实向我们提出这样一个命题。

我们确有一个辉煌的过去，这不错。然而家道中落了，这是严酷的现实。新诗不太景气，是人所公认的。

那一新文化运动无疑非常必要，而且是伟大的。但也存在问题，那就是以虚无主义的态度对待过去。胡适是以语言的“文”“白”来判定“死”“活”的。历史上他只肯定了极少数的白话文学，把大量的古典文学都视为“死文学”。连古典诗歌美学的精髓，也弃之如敝屣。这就使得新诗这个婴儿，一下生就先天不足。打几针进口的营养药固然也起些作用，但不解决根本问题。所以虽然六十多年了，依然是“可怜见”的。在这片小天地里我们尽可以陶醉，自我安慰，但在世界诗坛上没有形成高峰。和古典诗歌坐在一起，也会是有些窘。

山水诗没有“脸红”这个问题，因为空着它一个位子。它被放逐了！原因是“贵族”，“于其群之大名数无所裨益”。那是一个反帝反封建的伟大革命，它也真是有些不大合拍。人民都处于苦难血泪之中，似乎可以理解。

中华人民共和国成立后我们要搞建设，要求文艺成为宣传工具，去鼓动人民向困难进军，它也是不沾弦儿。一是不会向它发出参加文代会的邀请，二是它自己也自惭形秽，所以那位子一直是空着的。屈指数来，六十年有余矣！

然而我也想：人民如果只有苦难血泪，紧张的工作战斗，一点儿“闲”“逸”也没有，一丝儿欢笑也没有，一丁点儿娱悦、“美”的向往也没有，我们这个民族能活得下来吗？

造物主既然为我们的祖国造就了那么多壮丽河山，我们却偏偏对它冷淡，白眼相待，它会好受吗？

还有，我们不是讲“统一战线”吗？不是还优待“开明士绅”吗？只要它能给人民一点儿益处，“贵族”又有何妨呢？何况是否真的就是“贵族”，也还值得“复查”呢。

我曾注意到：安史之乱后，杜甫就写过“澄江平少岸，幽树晚多花。细雨鱼儿出，微风燕子斜”(《水槛遣心》）那种与世情无关，几近于纯美的风景诗，这该如何解释呢？

我还注意到：即便是在安史之乱当中，李白也还写了《西上莲花峰》那样的诗。虽然那诗落于对叛乱者的谴责与揭露，并不纯，但大体也还是一首山水诗。我们为什么不可以于抗日战争中，西上“莲花峰”，去见“茫茫走倭兵”呢？

人民的苦难、血泪、战斗，当然应该着重写，但不应成为“唯一”的。祖国的山河并没有被日本侵略者装轮船掠走，它们依然屹立、奔流在我们祖国的大地上，为什么不可以写呢？“残山剩水”可以写，奇美的峨眉、昆仑也可以写。都可以唤起人民热爱和保卫祖国之情。再说人民也需要松弛一下，弦不能老拉得那么紧。况且，人也还有一种本能的爱美要求呢！这也不仅是单纯的一点审美愉悦，另一方面它也是一种动力。我似乎听到前辈诗人在说：“后生小子，何其偏也！”

也还有，人的灵魂是非常微妙复杂的东西，“工具”怕是搭不上茬儿。对诗不好作如是要求。山水诗就要再加一个“更”字。

以上的认识形成很晚，这中间经过一段漫长的路程。痛苦是不消说的。

只是认识有变化，也还不行。有一个政治气候问题。“四人帮”被打倒，“左”的东西开始不那么“香”了，这非常重要。但更为重要的还是召开了十一届三中全会。我写山水诗，离不开这一背景。

不久前，北京又召开了中国作协第四次代表大会，会上进一步肯定了

"创作自由"，今后就会更好。

我想说：山水诗交了好运了。

将来再召开一次文代会，那空着的位子，我想，说不定山水诗会坐在那里了。

未来如何呢？我是乐观的。我想以《笋城》一诗作预卜：

听得到拔节的声音……

再过三千万年
它们都是泰山

这诗写的是泰山后身的一片石笋，暗示中我想也包括"山水诗派"的勃兴。这肯定用不了三千万载，十年八年也许就成。我们的大地是肥沃的，加上阳光雨露，自由的风，一片郁郁苍苍的山林会很快出现。如今又有了"森林法"，禁止乱砍滥伐，这就更有了保证。

我真的希望有一群泰山拔地而起，与历史云烟中的群山相辉映，而且高于"唐峰"。

1985.2.9－13　于济南

复孙静轩

静轩：

《黄河诗报》发表了你写给我的信，我读了三遍。泪流了不少。你还是你。感情上我得到了满足。信中也对我的诗提出了批评。你代表一个面，我必得认真考虑。时间过去了三个月，思路还是老样子。可能已定了型，难以有什么变化了。就不再拖，有什么就说什么吧。

一 关于隐藏

你引《春雷》为例，批评这诗过于隐秘，指出问题在于我对“羚羊挂角，无迹可求”“不着一字，尽得风流”之理解欠当。说不着一字“但只能领会其用意和精神，若在实践中，真的‘不着一字’，那就有点不妙了”。还说：“有话总是要说的。不说，别人无法理解。当然不能直说，也不能说尽。”这是可以探讨的。

“羚羊挂角，无迹可求”，确是只能取其意。若真的“无迹可求”，诗就吹了。再说“羚羊挂角”，也不是“无迹可求”。严羽从禅家那里拈来的这一象喻，经不起细品。司空图之“不着一字，尽得风流”，却佳。“不着一字”，并非“一字不写”。一字不写，那就没有诗了。“不着一字”的是“意”。在司空图看来，诗之意蕴最好是不让它露面。隐藏起来，才有味儿。钱锺书先生谈严羽时涉及“神韵派”，说：“那就是以‘不说出来’为方法，想达到‘说不出来’的境界。”王渔洋、严羽都是从司空图那里来的，钱先生妙语正是“不着一字，尽得风流”的换句话说。

司空图、严羽、王渔洋虽然这般提倡，但他们的诗却很少能达到这一境界。可见“不着一字，尽得风流”得之不易。但不是不能到。根据我的体会，是可以望而即，并能摘到那个仙果的。“有话总是要说”，生活中一般是这样。

但也不一定。至于诗，就更是如此。“不直说”“不说尽”，是会出诗意。但“不说出来”，会更好。隐藏到象之外，暗示，让人发挥主动性，一点一点地去猜，会更有意思。应该承认有一种“无言之美”。此乃诗美之一。

至于“无法理解”，这要作具体分析。可能诗人本身存在问题：功力不到，或故弄玄虚，诗写得“隔”。但也有可能在读者方面。习惯于被动接受，不愿意用脑子，只图人告诉一二三，也会徬徨于诗外。此外，也还有个知识面的问题。再是，也还有诗人自己也说不清楚的情况。读这种诗，只能去“感”。这类诗，多半是诗之上乘。能“感”也就可以了，何必一定求解?“诗有可解、不可解、不必解”，古典诗论家早就这样说了。“理解”主要是对理性强的文字而言。对于主情和具有模糊美的诗，不一定强求。

至于那首《春雷》如何，是可以批评的。这诗不仅意隐于诗外，连“雷”字也不见，正是“不着一字”那一路子。你揣摩了半天，还是悟出了它的寓意，觉得颇似《西风颂》最后的两句，也就沾了“风流”一点边儿了。

至于你说一般读者难以从这首过隐的诗中领悟到什么，怕是有些武断。一位化学工程师在读了你的信之后，就曾屈驾来我这里，谈他的认识。还带有一篇文章，其中一段就涉及《春雷》。摘录几句如下：

> 《春雷》，无可非议。……读完它，只觉得心中有灵感一触。这是多么难得的心灵一动啊！我不再求什么了。我相信，只要脑子一动，不管原诗怎样，我总可以通过思索去收获。
>
> 诗先托情以入，写痛苦之感觉。声之前如何呢？必定是更为痛苦。无声的痛苦，是最大的痛苦。“响”也是从情中来。于无声中闻声，所以“响”。……夏雨多灾，雷声越大，心越怕；春雨多贵，雷声虽小，而情殷殷。此“响”是从盼中来，从情中来，从无中来。真“响”也！
>
> 思绪往前走，或悟成怀春之萌动，或悟为清醒之进击，或悟是发现之惊喜，或悟作预言之哲理，等等，均无不可。妙在又不准是。当时我并未想到西方名句：“哦，风啊，如果冬天来了，春天还会远吗?”但就此而言，孔孚之《春雷》，岂不比雪莱的《西风》更有韵致？雪莱由于

太拘泥于英诗之格律，说了很多废话（全诗共七十行左右）。而孔孚却抓住了中国艺术最宝贵的传统，而且更新地解放了自己。

你看，这位搞化学的同志就进得去，而且悟得深。抄写时我把一些他表达偏爱的句子都删去了，唯保留了与雪莱《西风颂》相比的几句。因为这位朋友道出了我的心语。我总觉得雪莱那诗“林子”密了一些，担心西风是否喘得出气。于惜墨一点，雪莱似不太注意。那诗虽未直说，也合自然之道，但总是近于解说，意蕴一眼就看得出，还是有些露。雪莱是浪漫主义诗人，写到这般地步也就很不容易了，对他不好做过苛要求。我不怎么欣赏浪漫主义，想往前奔。

《春雷》隐得还是不够深。虽然意隐，“雷”字也未出现，但声音也还是“露”的。写“雷”主要是声，声出也就等于露了形。从隐秘美的角度看，这诗还不够理想。

“露”，你似乎认为在所难免，举绘画“深山藏古寺”为例，说总还得现一和尚。认为“若连和尚也没有，人们则无从想象”。这个问题，我想最好还是留给画家来回答。要说诗，可以肯定，是用不着什么和尚来引路的。王维藏香积寺，就没有让和尚露面。他是以深山闻钟隐现。前不久我写有一首香积寺的诗，就连钟声也不让它出，只是以“蓦地有天竺之香袭来/白云中游数尾木鱼”一点。“木鱼”是不会从白云中游来的，实际上是虚象，系听觉闻木鱼之声，通向视觉之“感生”，必得灵视去见。这就又多了一个层次，隐得更深。联想到这“鱼”是从天竺之国的香积佛那里游来，一下子就闻到了“天竺之香”。这里视觉又在向嗅觉挪移。不写“嗅到”，而写“袭来”，那是因为官能又在向“触觉”走。这就是所谓的“通感”，西方视为“象征主义艺术风格的主要标志”的那种东西。西安之南的那一香积寺，是可以于想象那一层次去见的。味儿就出在扑朔迷离之想象上。于隐秘一点，我比王维走得要远。

其实，也还不够远呢。因为也还有古刹中的“木鱼”一现。虽然是虚象，亦非主体，但总现一点象。也还有更远的：“无象”。也就是你所批评的“远龙”了。我在《我与山水诗》一文中写：“神龙见首不见尾，未必就是。远龙，连首也理应是看不到的，也理应是无鳞无爪的。”对此你有不同意见，认为“凡事都有个适度，过度则适得其反”，说“若连鳞爪也不见，则难以唤起读者的联想，会有损于诗的感染力”，并举《春雨》一诗证明。

事不可过度，完全对。但具体到写龙必得现一鳞片爪，略去就是“过”，我不这样认为。清代布颜图论画，王渔洋借画论诗，都不主张“全龙”，认为“一爪”“一鳞”是理想境界。比起“再现派”来，无疑他们是进了一步。但这并非“远距离”之极限，还是可以往前走的。就说画吧，云雾蒸腾，部分用墨稍浓，出一点龙意，给人一点龙的感觉，不是不可能的。诗就更是超脱，可以完全“遗形”。《春雨》就是这样的。不仅“雨”，连云丝儿也无。我写“没有云/也是要落的”，似乎有违物道。但又合。因为时候到了。云是会来的。雨还用说吗？我坚信春雨迟早会落下来。所以“仰起脸来等待着”。虽然是响晴的天，但我已感觉到有一小雨点儿飘落进我张开的嘴里来了！而且甜丝丝的。这自然是在想象那一层次上，属于一种诗境。这一“隐象”之外的东西，那就更多。我把它们安排在第三层次。这里有情，很浓很浓的呢！不是如你所批评的“被挤干”，而是我隐藏起来了。你按你多年走熟的路子走，所以搜寻不到。

诗不仅可以“遗形”，也还可以“遗声”。我的那个集子中有一首三行小诗《海声》“在风的手指上/月亮的情网里/心的峡谷中”，就没有出海的声音。读者只能于想象那一层次以灵耳去听。也是“远龙”。孙玉石同志来信，特别喜欢这首小诗，说他“太偏爱印象派那种模糊与朦胧美了”。还说我有的一些诗“总是想把自己的想象全部钉进文字中去，像钉子铆在铁板上一样”。这自然是批评我有的诗还太切近。可以看出，他是喜欢“远龙”的。你们二位的审美情趣就很不一样。

美学上的“远距原则”，具有巨大的魅力和很强的生命力。遗憾的是相见太晚。老来写诗，我多半得力于这一学说。1982 年我写《求索》一文时曾说：“只是距离拉开多远，远到一个什么程度最为恰当，尚难把捉。”近两三年，我觉得把捉到了。那就是“离而不离”。也就是说，距离不管拉开多么远，也还是没有真正离开。我想这就是“远距离”的“度”。能做到这样，就是“适度”。

"龙"由于太远，看不真，视觉上出现"似是而非"，是可能的。而诗之美往往在于"似与不似之间"。从这个意义上看，《春雨》《海声》远得还不是十分理想。这里的探索很有趣，一时收不住笔。

信中你说到，由于我的诗过于隐秘，以致造成"和读者之间有一片难以填补的空白"，使我感到震惊。读者少，是肯定的。"空白"，我想也还不至于。我也有一个读者群呢！说实话，我从没敢想，我的诗能为中国读者的"大多数"接受。各有各的路子，我想继续走一段看。

二　"返古"与"现代感"

信中你还说到，我"过于偏爱古典美""几乎对古朴着了迷"，看出我有"回归""返古"的情绪，担心我会"倒向旧诗"，并提出"作为一个现代人，在创作上还是要有一点现代感"。

这个问题，我不能不说，你的观察不够准确，是浮表的。我确实"迷"过旧诗，睥睨甚至谩骂过新诗，但那是过去的事了。从1948年起，我就倒向新诗了。爱得晚，却深。近四十年来我为它折磨、苦恼，情一直不改。我的体验是：老来的爱情似乎更热，更深沉。无疑是要"白头偕老"的了。我不是不能弄一点旧诗，但我一首也不写。这你是知道的。

至于古典诗歌美学的精髓，那是另一回事。我确实迷而恋之的，矢志要承袭它到手。这个"古"必得"返"。不"返"不行。当然还要发展。一切立足于发展。这就不是"回归"。平直浅露，语言挥霍，是新诗之大病。医新诗之病，主药我看就是"隐""简"。古典诗苑中现成摆在那里，何不就取呢？我总认为，你的天赋未能得到充分发挥，诗没有出大新，主要原因就在于你至今对此尚缺乏深切认识，缺"古"这一课。你的眼睛只盯着西方浪漫主义"横的一段"，很少做纵的观察，非"全方位"。我倒是要批评你的"反古"情绪呢！这实在是问题症结之所在。我看你得补这一课。不是大而化之，而是下气力认真钻一钻。只有深深地钻进去，才能知道哪些该反，哪些不能反。也才有可能谈到"跳得出"，有所发展创辟。

关于"古朴"，你说对了一半。我确是"尚朴"，但并不"尚古"。"朴"，我理解为去色彩藻饰，甚至"无象"。也可以说是"无艺术"。此乃诗之最高境界，我确实“着迷”的。如果说我“返朴”，就确切了。

至于“现代感”，恕我直说，我的诗里不缺少的。有的可能还是很强烈的呢！

你谈到了“信息时代”，我理解为诗应传达“时代信息”。但时代信息非自天而降，也是从历史积淀中来。对历史反思，不可避免地向前，这是“时”“空”流动的一个整体。离开历史，不会出来今天这场人们认为的“第二次革命”。这些可以直写，也可以曲写。也还可以“不说出来”。我取后者。有篇写我的文章，说我的诗非“再现”，亦非“表现”，而是“隐现”，是这样的。

在谈到“现代感”时，你还提到了“艺术的审美观”。它也不是孤立的。说到底，新诗走了六十多年，人们才真切认识到它“先天不足”，打几针进口的营养药不解决根本问题，需要回过头来“寻根”，扒拉古典诗美，取纵横两个方面，这本身也就是“现代感”。

过去很长一段时间美被放逐，谈美色变，今天人们认识到那是一种片面性，开始注意和追求，这也该算是一种“现代感”。

还有今天诗人们常谈的“全球意识”，也离不开古典诗歌美学精髓之继承。离开本土，而讲什么“全球意识”，只能是一句空话。所谓“全球”，就不仅只是“球西半”，也还有“球东半”。东方诗歌曾经是闪射过光辉的，今天该是它大放光明的时候了。中国新诗只能以中国面貌进入世界诗苑。这一自我价值的重新认识与猛醒，也正是“现代意识”。

“现代感”也是有“根”的呢！你再想想看。

就你提出的问题说了以上一些，不一定就是。算是泰山研讨诗艺的继续，作为一次谈心吧！

孔孚　1986 年 4 月 7 日

·附录·

孙静轩：《致孔孚》

我终于看到你的第一本诗集——《山水清音》了。一眼看到封面上印有

“孔孚著”三字，就激动不已，洒下了热泪。

触物生情，往事再现，历历在目。怎不叫人感慨万端呢?!

从1949年春天你作为报纸的副刊编辑发表我的第一首小诗算起，到现在，已整整三十六个年头了。这中间虽然彼此都饱经风霜，历尽坎坷，并且长时间得不到消息，但我们之间的友情，从来也没有中断过。我太熟悉你太了解你了。你是极有才华的，而且有着深厚的艺术修养。尤其你的渊博，是我所不及的。你比我早学，确实给我以指点，给我以帮助。

正因为我了解你是一个早熟的老诗人，才为你迟至二十世纪八十年代才出版第一本诗集而感慨，而愤然。像你这样高水平的诗人，快到退休的年纪了，才看到自己的处女集问世，这是何等的不公允呵！但尽管迟了些，你的第一本诗集总算问世了。感慨之余，还是为你高兴。

收入这个集子里的诗，绝大部分以前都读过。但如今再读，仍有一种新鲜感，吸引力。特别是在山灵水秀的环境里，细品你的山水小诗，似乎格外透着一种灵气和神韵。

你的山水诗可谓别具一格，自成一体，独成一派。真的，一般写山水，多求貌真形似，几乎就是山水风光的临摹，有如一幅静止的没有生气的风景画，并且多用浓彩重墨。而你，却舍其表，求其质，舍其形，求其神，轻墨淡抹，寥寥几笔，即有画龙点睛之妙，山灵水魂跃然纸上，似可呼之即出。可谓笔力不凡。

然而，你的山水诗不是所有读者都能欣赏的。至于说到理解，能够领悟诗中妙者，更是为数不多。就连我，作为你的朋友，开始也并不真正懂得你的山水诗的奥妙，总觉得过于小巧，过于清淡，属于小品之列。直至去年夏天，与你共游泰山，一边坐在黑龙潭的怪石上听松涛水鸣，一边听你评说刘勰、严羽、司空图和王士祯各家诗论，始有所悟，豁然贯通。此后再读你的诗，感受自不一样，慢慢地品尝出了诗中真味。

近几年，你常给我讲历代诗家诗论之精华，给我讲“空灵”“神韵”“飘逸”“恬淡”“隐曲”之妙，给我讲“不着一字，尽得风流”之贵。我仔细揣摩，似乎颇有所得，但总也做不到。我常设想，同是一首诗的题材，若出自我手，写法会大不相同的。或者色彩稍稍浓重一点，或者稍稍铺展开一些。

也或者如你所说的那样，有欠疏朗。你呢，却总是把诗写得那么隐曲、恬淡、纯净、空灵，避繁就简，异趣横生。这自然是你独特的风格。看你的诗，哪怕不署名呢，也不难立即识辨出：这是孔孚。做到这一点，实在不易。哪怕有人出于艺术偏爱，不喜欢你的小诗呢，但也得承认，你的诗是中国当代诗界的一个新品种，一个稀贵的品种。

不过，我总觉得你在追求你之所爱时，似乎有点过了头，以致造成你和读者之间有一片难以填补的空白。譬如说，你追求“羚羊挂角”“不着一字，尽得风流”，这自然是对的。但是，这只能领会其用意和精神，若在实践中，真的“不着一字”，那就有点不妙了。有话总是要说的。不说，别人无法理解。当然，话不能直说，也不能说尽。诗贵曲，切忌直嘛。然而，如果隐到什么也看不见，曲到无法通行，那就麻烦了。诗集中有一首《春雷》，我揣摩了半天，才似乎悟出了你的寓意和用心，觉得颇似英国诗人雪莱的《西风颂》中最后两句：“让预言的号角吹鸣！哦，风啊，如果冬天来了，春天还会远吗?”但我敢说，一般读者是很难从你过隐的诗句（声音有些痛苦/但很响/它告诉人们/雨就在路上）中领悟出什么的。你自己满意的那首《一朵小黄花》，尽管你做了解释，说：“当时大渔岛东边的礁岩上，我确实看到一棵金针，那黄黄的似乎有些憔悴的颜色引起我的怜爱。面对眼前的大海，很容易地浮现出母亲的形象，感到多年对人民无所贡献而内疚。也联想到多年寂冷，如今已回到人民的怀抱，并得到爱抚，而欣喜若狂。这时似乎看到那小黄花儿也在笑。又见大海一起一伏，似乎想要和这小黄花儿亲近，于是很快就写出这首诗。”但我却没有从中发现或感受到你说的那层含意。

有人说你的诗不过是“一鳞片爪”。是不是“一鳞片爪”，且不去管它。问题是你过于偏爱了诗的隐秘性。“神龙见首不见尾”可谓妙笔，可你甚至认为“远龙”连“首”也理应是看不到的，也理应是“无鳞无爪”的。这恐怕是不可以的。被誉为佳作名画的“深山藏古寺”，确实没有出现寺，若出现寺，就过露过直了，但是却画了和尚。有了和尚，人们才会联想到深山之中必藏有寺。若连和尚也没有，那恐怕就无从想象了。

还要同你谈谈“简”和“淡”的问题。青岛有人对你的诗有“高淡白”之说，大致是不差的，评价符合事实。的确，你能运用自如地做到“削繁就简”“言简意深”“深入浅出”“淡中见奇”“淡而飘逸”，这都是一般人难以做到的。确如梅圣俞所说：“作诗无古今，惟造平淡难。”也确如苏东坡所说：“渐老渐熟，乃造平淡”高度的“简”和“淡”，几乎就是炉火纯青、功夫到家的标志。不过，我觉得凡事都要适度，过度则适得其反，过简过淡往往有损感染力。“简”是“繁”的提炼，“淡”是“浓”的提炼，但不能把形象和感情的“水分”挤干，画龙倒不必出全貌，画出龙头，或龙尾抑或鳞爪就够了，但若连鳞爪也减去，那就难以唤起读者（或观众）对于龙的联想了。你的诗集中有一首小诗《春雨》，全诗只有四句：“没有云/也是要落的//仰起脸来/等待着”，由于过于“简”“淡”，把必要的感性形象和感情成分都压掉了，结果失去了诗意。

以上所说，不是对你的批评，而是建议，是艺术上的商讨。我以为，艺术上的商讨多年来缺乏，正是当今应大力提倡的。说到这里，就干脆把话说完吧。

也许是性情、气质的缘故，也许是年龄的关系吧，我觉得这几年你似乎过于偏爱古典美，几乎对古朴着了迷。我总觉得，作为一个现代诗人，在创作上还是要有一点现代感。这是因为，社会正在现代化，即将跨入信息时代，人们的各种观念，尤其是对艺术的审美观，都在发生变化。我们都应该有一种紧迫感，对自己的创作进行必要的调整。你所掌握的艺术表现手法是比较丰富的，你是能够写出具有现代感的作品的。譬如你的《给一个女歌唱家》以及《在雪地上》，就和你近几年酷爱的诗作有点不同，属于另一品种。二十世纪五十年代初，你写过《给尼基丁》《给萨夫楚克》，很出色，给我的印象很深，至今我仍能背诵某些诗句。我多么希望你能再写出像《给尼基丁》那样的诗作啊！

总之，我的意思是怕你倒向旧诗。这种担心不是毫无根据的。你在《代序》中说：“看那位康白情，他就是写了很短一段时间新诗，就又回到了旧诗，沈尹默也是。今天也有写了几十年新诗，看来是写不下去了，又回到旧诗的。”尽管你解释说，你并不否定新诗，但仍可以看出你“回归”“返古”的情绪。对此，我是不赞成的。如你所说，确有写了几十年新诗写不下去了，又回到旧诗的。这说明了什么呢？我以为这恰恰说明，新诗要求之高之严，是很难写的，掺一点假，立即就暴露在读者面前。而旧诗则可以掺假，以色彩、韵律和技巧掩盖诗的真情的贫乏，而蒙混过去。为什么人们常说："老来莫作诗"呢？就因为诗需要蓬勃的生气、活跃的思绪、激越的感情，需要上天入地随心驰骋的想象。而这正是年纪大的人所欠缺的，这才无可奈何地回到旧诗去。你认为新诗无味，恐怕是不恰当的。旧诗就一定有味吗？问题不在旧和新，而在于诗人自己。

还有很多问题是需要探讨的，这里不便于说清楚。以后见了面再说吧。最后说一句：祝贺《山水清音》的出版。

1985 年 7 月于成都

灯下话蝶，及青虫

客 看到了1986年10期《当代诗歌》上你的组诗，很喜欢末一首《蝶》。

孚 谢谢你这位知音。

客 我只是觉得有味儿，但说不出个所以然。

孚 觉得有味儿，就可以了。“所以然”说出说不出，无碍的。

客 因为我也喜欢写一写，所以想知道先生的思路。

孚 说不清。诗这种东西，难说得清楚。说得清楚，味儿可能就淡了。

客 就请问一句。

孚 请讲。

客 郑文公碑上，当真落那么只“蝶”吗？

孚 没有的事。纯系弄假。客里空。你莫信题注说的“所见”。那样写不过是为了亲切。诗就是要弄假。做人须诚实，诗可不行。儒家之所以写不出什么好诗，原因之一在此。

客 有意思！那么“之二”呢？

孚 我想还是“之一”。更为重要的是儒家太重教化，讲究“诗教”，下笔之前就想着立什么“意”。我脑子里就没那玩意儿。诗不是不可以“载道”，如果能“载”，有什么不好呢！问题是它载不动。诗是精灵。

客 好长时间我在思考这一问题，能疏得通。可是与“蝶”有啥关系呢？

孚 大有关系！你想呵，蝶为什么不飞入孔子梦中去呢？还不是因为他老想着周公。还有儒家都是老实人，他们是不会谎说落那么只“蝶”来骗人的。即便郑文公碑上真的落那么只“蝶”，也未必能入儒生诗。原因是“蝶”没有什么“理”。说不定压根儿就看不见，因为儒家讲究“非理勿”。

客 有意思！先生看来是“反儒”的了？

孚　可以这样说。但非全部。老祖宗那里还是有好东西的。不过少。儒家那一套箍得我们这个民族好紧！我就受不了。再是也束缚诗，我自然是反对的。这个论题太大，还是回到“蝶”上来，好吗？

客　小而大。“大”一点还是有意义的。我这才觉得真的有些疏通。不过怎么会出来一只“蝶”，还是搞不清楚。它是怎样来的呢？是你看到附近飞那么一只蝶，受触动，把它组合进来的吗？

孚　“组合”？对。但附近并没有什么蝶。是我靠“灵视”捕捉来的。

客“灵视”？

孚　也就是“心之视觉”。或者说“想象之眼的视觉”。也还可以说是“人的第三只眼睛的视觉”。京剧上的神灵，额上往往竖只眼，抹道金粉，很神秘的，就是那么只眼睛。

客　所以说“灵视”啦？听人说你写诗是闭着眼，那是靠“第三只眼睛”啦？

孚　对！闭上眼睛是为了切断现实。不受现实干扰，“第三只眼睛”就睁开了。它可以上天入地，比光速要快。还可以回穿历史，见混沌未开，起死回生；远搜未来，蝶泳于银河之波……

客　视野就宽了？

孚　是呵！也还会通到听觉。比如郑文公碑上那只白色蛱蝶，它也许会听到铮铮之金石声。

客　那是“灵音”啦？

孚　可以这样说。也还可以通到其他感觉，比如说，嗅到郑道昭的墨香，触到“风翼”鼓张……

客　通感？

孚　“灵通。”

客　你都感觉到的吗？

孚　自然是。

客　那么，那只白色蛱蝶也就是你了？

孚　也许是吧！成诗的过程中，我似乎真的化成了蝶，翅膀在“风翼”上一张一合。

客 我进入你的诗了！那只白色蛱蝶也是我呀！

孚 太好了！可是我得说，那只白色蛱蝶又不是我。你没听见我出声儿，问那只蝶："也想拓个字儿么？"还有，那只蝶的"心音"，我也听到了。也还有，那只蝶是我把它拈来，有意把它安排在"风翼"上的。我是主宰呀！

客 就是李贺所写的"笔补造化"吗？

孚 不仅是"补"。我想是"创造"。

客 有意思！可是我总觉得那"蝶"就是你。

孚 是又不是。不是又是。要知究竟，只有去问那"蝶"。

客 扑朔迷离！我悟到了！还有你另一只"学海的样子/翅膀起落着//向大海它献致美丽的金粉/手里拈一朵百合"的"蝶"！还有岱顶"无字碑"上，翘头欣赏"太阳手迹""风之刀痕"的那"青虫"！都是如此这般。

孚 正是。不过有近有远。后两首就连我的呼吸也听不到了。

客 更纯净了？

孚 正是。

客 可是我还想请问："郑文公碑"上为什么你不安排条"青虫"呢？就该是只"蝶"吗？你对蝶是不是有特殊兴趣呢？看你"拈花参海"的，也是蝶！

孚 你的心好细！对蝶我确实有情。这是因为我喜欢庄周，更重要的还在于它美，所以一眼就看到了。灵视也要"情"在前引路才行。是有那么一条"情路"。再是蝶也许于我有情。它老在我眼前晃来晃去，所以易见。但是也有个筛取问题：灵视所见是纷纭万象，我必得有所选择。我面对的是一碑刻，有个拓片要求，蝶翅类纸，让它"一张一合"，不是很像拓片吗？诗不可泥实，但贴近也还是必要的。不着边际地"随意"，不行。灵视中如果见一条蛇，我就不取。蜥蜴也不行。不仅不美，也欠贴。蝠翼倒是类纸，但又不贴"时""空"。所以蝶为好。颜色倒是可以考虑，并非一定"白色"不可。黑蝶也许更好。但我喜欢素洁，所以"白"出。纯系主观色彩。

客 那么，岱顶那一"无字碑"上安排只蝶，可以吗？

孚 灵视中是闪现过的。那样组合，我想会及格。但难得高分。

客 为什么呢？

孚 无字可拓呀！灵视中我曾见一蜗牛，还看到它身后曲一条银线，以为现一“蜗篆”可能会出味儿，就想把这蜗牛组合进来，结果还是排除了。主要是蜗牛这形象难使人动情，不够我美学的尺寸。最终拈来条青虫。

客 青虫就合格吗？

孚 我想是“合”。

客 请问这“合”之“道”。

孚 合于“无之生发”。合于“通变”。合于“神秘美”。

客 请具体一些。

孚 这得要说到岱顶那一“无字碑”。刘彻我看还是懂点儿美学，他就出个样儿：树碑而无字！传说他的想法是：语言文字难以表达他的丰功伟业，所以就干脆来个“不说”，任后人忖度。这就是一首诗。诗也有个“不说出来”，由读者去思量的问题。这一“无言之美”大使我动情，我就想写一首诗。怎么写呢？被刘彻牵着鼻子走，赘述他的了不起吗？我才不干那种傻事。我必得超越这位皇帝。“无言之美”倒是有诗，但我也不想被它牵着走。因为我不喜欢诗中说任何“理”。这“艺理”也得甩掉它。使我感兴趣的是“无”。这是一个神秘的渊薮，万象之源，一切都从这里生发出来。我就想从这“无”中生发一点什么。“太阳的手迹”“风的刀痕”，都因此引出。由太阳挥毫著文，风来镌刻，那位皇帝我想会高兴的。

客 我关心的是“青虫”呀！

孚 你莫急呀！有了太阳的手迹、风的镌刻，“青虫”不就来了吗？它是读者呵！

客 这“青虫”又是怎么来的呢？

孚 “通变”呀！当我思索“无”时，“有”就来了！当我在专注观照万物时，太阳就来了。谁不承受它的恩泽呢？看到这方没有字的碑面，它能不手痒吗？我想它会是要来几笔的。太阳爱用树枝写字，那疏影就是太阳的字。可岱顶只见灌木，那刺毛儿的笔他是不屑用的。再说也不是长锋，写不到碑面上。但这难不倒太阳，他有法儿。瞅云裂一缝隙时，他就可以来一笔。变幻流走，龙蛇相搏呵！文章自然也是神秘莫测。这就是“太阳的手迹”啦！紧接着，风就来了。它是刻手呀！这太阳的文字，也许只有风能镌刻，但定会是漫漶难识，所以只见“刀痕”。既然是一篇创作，就该是有读者。不然，太阳和风会伤心的。诗讲究“照应”，于是“青虫”就来了。

客 意识流？

孚 不。我想是“心相流”。还应该说明，是“潜流”。说“意识流”，那是降低诗了。

客 想得通。安排一条“青虫”于碑面上，让它翘头欣赏那神秘的碑版，顺应自然，我想是贴的。也美。是合格啦！不过，既然走到这一神秘境界，就觉得“青虫”实了一些。是不是有损于“神秘”之“整体美”呢？

孚 实而不实。蒲松龄《聊斋志异》中有《蛰龙》一则，那是写类于尺蠖的一条小虫子，于书笥中爬出，化作巨龙，于霹雳声中腾空而去。读过这则《蛰龙》的人，也许能见神龙吧？“风”“云”俱在，神龙是会来的。

客 是更高一层次的“整体神秘”啦！我读过你的《过藏龙涧》，有“游丝荡一条青虫”的句子，想也是同一思路。先生好费心思呵！看来“组合”并不那么“随意”。

孚 哪有那么便宜的事呵！如果只有一个“随意”，诗不就好写了吗？“随意性”，我想是指“想象”说的。诗人是要有丰富的想象力。甚至可以幻想，可以不受逻辑约束。诗往往是以“反常”取胜的。从这个意义上说，是要强调“随意性”。但是作为诗，也还是要受“艺理”的约束。就像刚才所说的，并不那么“随”。“随意”易，“不随意”难。我写诗，往往绞脑汁在这“不随意”上。“随意”又“不随意”，这是艺术的辩证法。这里可以见功力。诗写到看起来很随便，似乎一点不费劲儿，就像天然摆在那里似的，那是诗之上乘啦！殊不知内中有呕心沥血，苦心经营。确有个“匠心”问题，不过看不出来罢了。乍看似乎“无法”，实则“有法”。妙在“从有到无”，以“无”出。

客 《桃花源记》中有“山有小口，仿佛若有光”的句子，眼下我的心里就是这样，真的透亮了。让我来梳理一下，你的诗是非写实的；你个人是在向客观移位，“外化”的；你是托物传情，有个按照你的美学标准，重新组合，再造自然的问题。还有，你烦弃“载道”，独钟情于“美”，而这“美”又是带点儿神秘色彩的。

孚 可以这样说。但并非全部。有的诗就没有“化”好。比如你喜欢的那首《蝶》，就“离形”出了点声儿。也还有的诗“无象”，被我隐藏起来了。神秘！

客 神秘！可是加个“主义”，就有些怕人了！

孚 怕什么呢？随他去加。

客 那么“玄虚”呢？

孚 那也该是一种美。只是“故弄”堪笑。

1986.11.25 草 12.26 改定。

答《未名诗人》

问：您的代表作分别写于什么时期？您认为有哪些因素促成了它们的诞生？

答：自认为五十四岁（1979 年）以后才真正写出一点诗来，那是山水诗。

我之所以写起山水诗来，首先是因为自幼即情痴于大自然。对古典山水诗画的偏爱，自然也起作用。情脉脉未断。再就是十一届三中全会的召开，心情上有了一种自由感。背了二十多年的“右派”包袱这时卸掉了，萌“再生”之喜悦。

还有海的触发。过去我有个老观念，总认为三十来岁出不来好诗，就别想再去摸了。这时我已年过半百，觉得思想迟滞，诗是不会来了。正好这时田仲济教授约我到大学里来作研究工作，就答应了。在离开我的工作单位《大众日报》之前，我要求下去看看，于是就去了胶东沿海。想不到一见到海，眼泪就流出来了！诗也就莫名其妙地来了！那时写不少诗，都是和眼泪一起流出来的。

我想：如果我不离开报社，是不会再写诗了。如果马上去了大学，也不会再写诗了。如果不是先见到海，也不会再写诗了。这是一个极为偶然的因素，决定了我后半生进入诗国。

过去读了一点子书，对于诗艺的未能忘情，以及大半生艰难的生活，我想都起作用。

问：您读诗多吗？都读些什么人的诗？哪些是您最喜欢的？哪些对您影响最大？

答：前边说过了，是读了一点子。中餐洋餐都来，我是不忌口的。要开得一大列，还是省几行吧。

喜欢的诗作，那是因时而异。比如说王维诗，过去偏爱，前几年就大动情，现在似乎又有些淡了。不大可能固定在一点上。

后一问，也想避开那个“最”字，因为很难分得清哪些作品对我影响最大。雷霆说我是“多继承”，不错的。相对而言，古典诗人中王维的山水诗，现代诗人中戴望舒中期的诗，对我影响较大。个别诗作，那要推陈子昂的《登幽州台歌》。

问：除了读诗以外，您还对哪些方面的书感兴趣？

答：所有的书都感兴趣，我有一“痴于书石”闲散章，那“书”字也包括书籍。读《现代物理学与东方神秘主义》一书，方知物理学也有与诗相通之处。一位诗友说，高等数学里也有诗。都想钻一钻。遗憾的是在这方面十分低能。

对于这个问题，还想补充一下：我感兴趣的，不仅是“书”，古陶器，青铜器，汉画像石，抽象变形了的陶俑、石雕，音乐，写意、抽象派绘画，以及书法，都喜欢。我写诗，受惠于它们似乎更多，

问：您的创作道路经历过曲折反复吗？您怎样看待这一曲折反复？

答：经过的。那是：始于自由，到做宣传工具，又回到自由。我是1949年初到解放区的，分到报社干文艺编辑。诗歌是业余爱好，偶尔写一点子。二十世纪五十年代初，感觉还是自由的，可以随意抒写性情。然而很快就遇到了麻烦。1952年1月中旬苏联红旗歌舞团来济南，我听尼基丁唱陕北民歌《二月里来》，大为动情，当即写了一首《给尼基丁》。我这个人好流眼泪，诗中有“我的眼睛湿湿的”一句。想不到就为这“眼睛湿湿的”，我受到一次严厉批判，特派记者组六位特派记者联名写文章，斥为“小资产阶级情调”。除《业务学习》专门出了一辑外，还由一位编委主持召开了一次所谓的“讨论会”。在他们看来，无产阶级是不会流眼泪的，不管是什么泪。报纸要配合每一项中心任务，以后我就做了“宣传工具”。对报纸发表和自己写这类诗，自然是不满意，曾说过“明日黄花”的牢骚话。1957年打右派，顺理成章成为一条。现在看，说“明日黄花”，还是抬举那些诗了。实实在在，当时就是“惨白”的。发也发了，也配合上了，但能起到什么作用呢？没有办法，那个时代只能如此。

今天似乎又回到自由那一原点上。但又不，而是高一层次。1979 年“再生”，有时我还控制不住感情，一任眼泪涌流。现在就不了，而是找个树呀，泉呀，山呀什么的代我流。不是学乖，怕再有什么特派记者批评，而是艺术上一点点长进。于抒情一点，我是离开浪漫主义了。早期的那一喷发涌流，带有一定的原始性。看起来自由，其实受物左右。现在我则可以左右物，万物听从我安排。这才是真正艺术的自由。

这一曲折反复，对我大有好处。亲身实践，使我深深体味到：诗不能从概念出发，喷发涌流亦非最佳状态。“载道”的十字架那是太沉重了，诗背不动。再是诗也需要冷，一种渊默的冷。这一段曲折反复，变成了我的财富。

问：您写诗的座右铭是什么？

答：情、兴、趣，三字而已。

问：您写诗有什么独特的习惯吗？它是怎样形成的？

答：我写诗习惯于闭着眼睛。诗成形了，眼睛才睁开。抄写出来就是了。大睁着俩眼，诗是不会来的。

形成这一习惯，我想不外是：这样可以切断现实之路，不受外物干扰，易于入静。美学上的“距离原则”，起主要作用。

人的“第三只眼睛”（或者说“心眼”“灵目”）只有这时才睁开。其他感官也只有这时才更为敏锐易通。

佛家“坐禅”，我想是闭着眼睛的。

庄周托颜回谈“坐忘”，我想也该是。

佛庄各有各的心思，与诗家不同。但排除干扰的目的性，则一。

对于诗人来说，“切断”其实并切不断，路反而更多了。上天入地，四面八方，回穿历史，前搜未来，都可以到的。“入静”也“静”不了，“第三只眼睛”倒是更活跃了。一静之后，万象冥会。还可通向听觉、嗅觉、味觉、触觉，彼此地串门儿。就是“灵通”了。这正是诗的状态。

举个例子：比如说《诗刊》去年 11 月号所发《兵马俑一号坑即景》一诗，如果我大睁着俩眼，无论如何也出不来。

首先，那些俑们实了一些，近乎生活中的人，这就不够我美学的尺寸。我是不甘心说他们的好话的。

阵容庄严森齐，倒是壮观。这是接受了人民的“改编”，似乎有几笔可写。但又觉得硬，理味呛鼻子。

以上是现场真实感受，少有诗意。

那诗是我回来之后，放了一段时间写的。让真实印象在时间的河水里冲淡一下，有利于超脱。情也需要升华，冷一冷是必要的。

但又放不下。“秦”那个字眼老是在逗弄我，给我一种异样的感觉。坐在屋子里，老觉得“秦风”在吹。我就想品出一点“秦味”来。这时我预感到诗要来了。

一天，似乎觉得有情之羽翅在拍打我的心了。机不可失，于是我就坐下来，闭上眼睛。没想到《秦风》难产，倒引出一组《秦中吟》来。《兵马俑一号坑即景》即其一。

题名“即景”，其实“不即”，是在另一层次。读者也必得用上眼睛，启动灵视去见那两千多年来夜行军时空流动的众象：去感触那地下的潮湿，感嗅那霉味。不见天日，那是一种怎样的滋味呵？

但终于“看到了太阳”！这里看起来实写，其实隐藏着众象。那在黑暗中待久了，乍见阳光时给予眼睛的刺激；那因兴奋而引起的两颊红润；周身的暖煦煦；甚至一时的不适，都要于冥冥中去见，去感。

是什么人在“耳语”？什么情况下的“耳语”？以及那神情，也得于冥冥中去听，去见。

那是因为传来了“那个人的脚步之声”吧？

真的呢？还是由于神经紧张而引起的幻觉呢？

多半不会假，那抔黄土是封不住那个“幽灵”的。此刻也许他正在渭水之滨散步呢！

他太欣赏他“大一统”的杰作了，说不定会到处走走，顺便听听有什么不忠的嘁嘁喳喳……

灵觉敏锐的人，那“幽灵”也是可以见的。

所有这一切，都得闭着眼睛方可以出。这也是审美所必需的。

写到这里，我就想到：这多半会是隐秘一派诗人和读者群的“通习”，怕是不独我为然。

果如此，则我啰唆了以上一些，就是所答非所问，文不对题，一堆废话而已。

但我又想，《未名诗人》出此一题，总会是与诗有关。离开了诗的“偏习”，纵然“独特”，也是没有意思的。如果与诗有关，自然就会涉及规律性，又难说什么“独特”了。

我作相对理解，故如是复。

问：您怎样看待技巧之于创作的重要性？怎样学习技巧？

答：我从来不看谈什么“技巧”的文字，因为我不相信学得什么“技巧”，就会写诗。然而，“法则”（规律性）也还是要知道的。比如美学上的“距离原则”，就使我受用终生。

但也不是“万灵丹”。说不定会有一个什么新法则出来，因为诗太神秘了。未来的探索会是无限的。

要紧的，我想是一个“悟”字。

问：您认为，成就一个诗人，最重要的有哪些方面的因素？最需要警惕哪些问题？

答：最重要的我想是：才气，气质，丰富的想象甚至幻想力。还得有一颗雄视千古，甚至和上天一争高下的敢于创造的雄心。这就是“诗胆”了。

学问识见，是不必说的。

以上是就自身方面而言。除此而外，社会的因素也非常之重要。严羽说：“唐以诗取士，故多专门之学，我朝之诗所以不及”，是不错的。王士贞、胡子厚、钱振锽、郭绍虞等都不同意此说，但讲不出使人信服的道理。举钱振锽《谪星说诗》为例，他写：“天生一种诗人，决不为朝廷取士不取士所累。”郭绍虞很赞成，说是“斯言得之”。乍看似通，细究则站不稳。不为官禄引诱，不管你喜欢不喜欢，我自写我的诗，这自然是诗人必备的气质。处于逆境，倒是会有真诗出来，这也是事实。真正的诗人是压不住的，也可以这样说。但压煞了的，也不是绝无仅有。都说李白属“天生一种诗人”，但设若割断他的喉管，那你就不会听到他“天门长啸”了。一个是开放，一个是禁锢捆绑，大不一样。就我个人而言，如果没有十一届三中全会，不要说什么山水诗难出，就连我这个人也难说是不是存在。今天使人眼花缭乱的“诗派”都能亮相，也只能说是赶上了好时候。至于到底哪些称得起“派”，哪些能够生存并发展下去，是另一问题。

我的想法是：门开得还不够大。所以我在一首写青州云门山的诗中，让那位“羽君”“伸开两臂”。我瞩望着天才出现，天门大开。

作为一个诗人，最需要警惕的，我想是“自满”。应该是“日日新”。我就不相信有什么“极致”。真的到了“极致”，诗的生命也就结束了。

谈提炼

——答《黄河诗报》

问：你是怎样提炼诗的语言的？请举例说明。

答：正好我刚修改完“峨眉”诗，思维还在动着，趁热奉复。

一　炼字

先从炼字说起。

例一、《峨眉白风》。初稿写：

群峰隐退
让位白风

可染可染？
大千指愁

尾象出一“愁”字，感到惬意。

那一神秘的峨眉白风，不知可染可否染得。似见可染先生站在那里，落不得笔。

大千先生虽熟悉峨眉，但对此白风，怕也是难。不写面部愁容，而以“指”出，以为得味。且与白风幻象谐调，合于整体神秘。写完，于题前是圈了圈儿的。

想不到两个月后再看，又不满意了。也正是这“愁”字。失之于“道破”。浅！

搜肠刮肚，无所得。忽念大千先生已仙去，这里不是他的魂灵吗？这时骤见大千老人：雪白的长髯依旧，但瘦多了！

“瘦”！就这个“瘦”字！

他的手指正是因愁而瘦。就请读者到另一层次去见“愁”吧！

遂定稿为：

群峰隐退
让位白风

可染可染？
大千指瘦

此一“指瘦”，我不知能否挑动起读者心弦，入诗之深处，去见一颗眷恋祖国山河的海外游子之心，去见一生苦苦探艺的大千其人。

说不定，看到的还会更多。

果如此，则此一字之炼，也就得“意”了。

炼字是可以达到炼意的。

例二、《金顶品茗》：

水难开
劳太阳吹火

一缕绿光
在腔子里转

写成之当时，也是满意的。那一“吹火”的太阳，在腔子里转的“绿光”，都觉得有味可品。

金顶空气稀薄，水温最高只能达八十度，因而难沸。风来吹火，肯定是不中用。太阳就在头顶上，它准能行。区区二十度，何足道哉！出此一象，以为得趣。

杯子里是名贵的云雾细叶，水因着太阳气，“绿光”就来了！

我是有意让“腔子”去品，自鸣得意。题前也是画了圈的。

近日翻出来咂摸，又觉得淡了。

来源于顺。似乎太阳一吹，水就开了。哪能呢！

那金顶之水，命里注定，是不会开的。太阳也是白费劲儿。

南宋那位爱写田园诗的范成大，以为山顶之水乃“万古冰霜之汁”，因而难沸，曾从山下背水到山顶，犯了一个小小的错误。我这里也是。五十步百步尔！还得在“不开”上想点子。

试试唤醒味觉。

还灵！很快就来了“涩”。

就是它！“涩”！

遂请“涩”入肠，定稿为：

水难开
劳太阳吹火

一缕绿光
在涩肠中转

这时，我仿佛听得我的肠子在叫苦。但很快就不作声了。

多半是“绿光”起了作用：释涩，而使之润。

亮晶晶，我似乎看到我的九曲回肠在闪光呢！

出此“涩”字，在我还有另外的想法，我的诗肠本来就涩，现在是涩上加涩。若游转着的绿光能润泽我的涩肠，则诗说不定会有所长进。

这又是“炼意”了。虽不够大，但总隐一点“意趣”。

我希望得大，但也不排斥小。

峨眉那么高的山，还长小草呢！

二 炼句

再说炼句。

举《过洪椿坪洪椿下小立》一例。初稿写：

先生别来无恙？
你可还在迷恋庄周？

我倒是想活在你的诗里
三两个枝儿，一个宇宙

当时也圈定了的。特别是尾句，以为得“空灵”之意。

放了些日子再看，也不行了。也正是这尾句。疏得还不够理想。

“宇宙”二字点破，也减味。

同时也碍上口，舌上似乎多了几字。

拨开“三两个枝儿”，我往更疏处走。

依靠灵视搜寻，蓦地见一叶。

很好。够了！

遂有“一叶足够”流出。定稿为：

先生别来无恙？
你可还在迷恋庄周？

我倒是想活在你的诗里
一叶足够

这才合意。

这诗是有意突破思维定势，寻找新路子，变客体“洪椿”为主体，观照反主为客的我，而发出的心声。自然是为了达情。

乍听第一问，也许会是“丈二和尚”。那你就再听下去。这第二问，也许能调动起你的生活积累，解开“别来无恙”。读过《庄子》的人，会知道《逍遥游》那篇散文里生长着一棵“八千岁为春，八千岁为秋”的“大椿”。熟悉峨眉的人，又会知道这“洪椿”就是那“大椿”。这时你就会联想到：过去我们一定是见过面，地点自然是在《逍遥游》中。

这诗可能不太易入。距离实在是远了一些。我还有另外一首，那是写峨眉洪椿坪另一棵枯死的洪椿。开头两句是“逍遥游中邂逅/庄周介绍高寿”。这就比较近了。如果两诗同发，可以免却加注。

关于洪椿问我“可还在迷恋庄周”，肯定是有它的想法。那一定是它了解我醉心过庄周。一天几次地摩挲，摇头晃脑地吟诵，这些都是它灵见耳闻，也感觉得到的。

士隔三日，就不敢说了。故如是问。

那“迷恋”二字，是意在赞许呢？抑或有讥讽之意呢？实摸不透。虽然我本为主体。

因为此刻我已转换为客体了。洪椿既然成为主体，那就由不得我。谁知它怎么想呢。

此一问隐禅家机锋，难以把捉。

大概是看我答不得，它只好来个吐露。道出肺腑之言：想活在我的诗里。

这时才见真意。我自然是受宠若惊。

但，何以有此念头，还是搞不清。等它说出“一叶足够”，才恍然大悟。

那是它觉得庄周散文里挤吧？

峨眉虽仙山，但总是雾蒙蒙，有些闷吧？

在它看来，我的诗里兴许会好一些。

这就冰释了。

这洪椿一定是喜欢疏而又疏，“三两个枝儿”也还是觉得“繁”，不够它的尺寸。我似乎听到它在批评我呢！

“一叶”，当不仅指删繁就简到一个叶儿。可能还有占诗集中一个页码的意思。“一页”在它心目中，也许就是“一个宇宙”。这里空旷，更可以长寿的。

如果它真的这样想，那就太抬举我的诗了。这自然是偏爱。

又，果如此，则“一叶”实一音二义。

诗页，也像个叶子呀!

这洪椿说不定是想试试眼前这位诗人可灵。

面对洪椿，我自然也不会无动于衷。读者可以于想象那一层次去见我的神情。

以上一些，自然都在我的心中。因为我本来就是主体。那反客为主的洪椿，虽然一任颠倒下去，但总是有我的影子在。搞创作的朋友多半还会见“诗”和“散文”，见一个在美学中探险，不知回头的迷魂。

关于洪椿和我，如以上所谈，都在诗外。我是有意地不写出来，藏着，让人去连缀，寻寻觅觅，读者说不定会创造出一个新天地来。诗这样写，才有味儿。

如果交代背景，主客之间彼此的想法，神情，一百行我不知是否能行。

问题还不在于行数多少。而在于“说出来”，就注定要跑味。都说穿了，还有什么意思呢!

不能仅仅把读者视为被动接受的受体，他们也该是创造的主体才是，诗人应该尊重读者，相信读者的水平、知识面，相信读者有联想创造的能力。还是给读者留下比较大的想象空间为好。

写诗技术上我为自己规定了一条：一下笔就要节约二十行。这就逼得你非反复提炼淘洗不可。诗的语言应该是：句上有句，句下有句，句中有句，句外有句。那不写出来的外句，还不一定是四句。说不定是多句。出一句而略其他，就是提炼。这种提炼，比单独把某一句诗的语言炼得更为纯净，更富于本质性，似乎更难。得胸中有整体才行。也可以说是“整体提炼”吧?

当今新诗语言之浪费是惊人的。我们古典传统美学有“简约”一说，可以医此病。传统是要反，但有的却反不得。此“简约”之美，即其一也。

三 炼 象

最后谈谈“炼象”。古典诗论家似乎未注意到这一点。说说我的体会。

A 去塞

举《古德林漫步》一诗为例。初稿写：

六万九千七百零七字
都长成参天香楠

一部《法华经》在这里活了
诵莲花的和尚是风

字间杂有鸟语
鸠摩罗什吃惊

近日修改，把尾象删去了。成为：

六万九千七百零七字
都长成参天香楠

一部《法华经》在这里活了
诵莲花的和尚是风

字间杂有鸟语……

先得说说古德林。这是一大片高插云霄的楠树林子，位于峨眉万年寺至清音阁之间，为明僧洪济主持种植。据说洪济每种植一株楠树，便诵《妙法莲花经》（简称《法华经》）一字。按字计株，共得六万九千七百零七株。以上作为题注，附于诗后。

这片楠树林，动人心魄。它引人入禅，似见一部《法华经》。而且活了！

那洪济和尚早入寂境，如今诵“莲花”的，只能是“风”。

奇怪的是“字间杂有鸟语”！这自然使得鸠摩罗什吃惊。原因是《法华经》有三种译本，世间鸠译通行。

鸠摩罗什的出现，自然是幻象。是我情思流走，灵视中看到这位后秦高僧，有意把他拉来。目的是出一点儿趣。

他也会是乐意来的。说不定一直是待在这儿。因为这是他的译作，且是楠文。

因此，鸠摩罗什幻象之出现，并不生硬。出此一象，当时很得意呢！

然而，经不起时间折磨。还没过两个月，眼就冷了。

主要是“塞”。出鸠摩罗什一象，就是有了规定。“吃惊”似乎有味，但也是规定。不如落到“字间杂有鸟语”这活处好。

吃惊的，岂止鸠摩罗什一人呢？佛经中竟然有鸟语声，谁能不吃惊呢？

再说，也不一定就是“吃惊”。佛祖就是莫测高深，你看不出的。道士则多半会是高兴，因为鸟儿在给佛经开玩笑。而诗人们，则可能什么也不是，只不过是觉得有趣，那神情也不一定一律。形形色色，岂不更好！何必拉个天竺和尚来呢！

诗人没有必要指定。可以一任读者去想。那天地是无限的。

尾象在这里，显然是塞。删此一象，而众象生，是合算的。

此“去塞”“炼象”之一法也。

B 割爱

也还有删却二象的情况。如《象池夜月》。

初稿六象：

玄狐白鳖
老猿刮霜

风寻找它的影子
我作鲸吸

湿光自瓦缝入
木鱼腮动

前些时修改，就把“玄狐”和“我”抹掉了，留下四象：

风寻找它的影子
老猿刮霜

湿光自瓦缝入
木鱼腮动

四象足矣！要那么挤干什么呢！

古有“博喻”一法，用得好，可以起到衬托作用。但也不可过多。像苏轼《百步洪》第一首写水波冲泻的一段，四句连用了“有如兔走鹰隼落，骏马下注千丈坡，断弦离柱箭脱手，飞电过隙珠翻荷”七象，且不说拙，只那堆垛就使人眼累。

西方意象派讲究“意象迭加”，那也是“加法”，以多取胜。

散文里也许可以。如苏轼所喜欢的庄周和韩愈，就都是喜欢多的。例如庄周《天运》篇里连用“刍狗已陈”“舟行陆、车行水”“猿狙衣服”“桔槔”“柤梨橘柚”“丑人学西施”六个象喻来说明不合时宜；韩愈《送石处士序》连用“河决下流”“驷马驾轻车就熟路”“烛照”“数计”“龟卜”五个象喻来表示议论和识见的明快，都并不觉得怎么碍眼。散文就是散文，也许命该如此。

然而诗，却喜少。它是以少少许，胜多多许。命里也这样定了。

初学诗时，不懂此道。总以多为丰富，曾跟着瞎跑。

现在就不了。总是想着减。老来方知学“减法”。初窥其奥。

至于留下什么，删去什么，那是尺度问题。这里有个比较，自然是为了下好眉眼。此一番筛选滤取，也就是“提炼”。

峨眉神秘，象出自然也该合神秘才是。六象比较起来，“风寻找它的影子”、“老猿刮霜”、“湿光”并惹“木鱼腮动”似乎更为称心，且别人未到，就留下了。其他，硬硬心砍掉。诗要求精到，割爱实属必要。“炼象”固然需要手眼，但狠心亦不可少。

C 从有到无

也还有从有到无的情况。如《峨眉月》。初稿写：

蘸着冷雾
为大峨写生

斜一飞檐
于空蒙中

一老猿看画
不知毛入……

修改时，写生之具象尽扫。

中间两行，实诗中之画。看来有味，终是乏味。诗就是诗，如何画得？

苏轼说王维“诗中有画”，那只能是王诗还不到家。这与王维本身就是画家有关。王维自称“前身应画师”，也说明情重于画，自然难以跳出。这一点，苏是看不到的。苏轼是一位“诗画一律”论者，这也难以怪他。“诗画一律”是一个流行概念，很多人都这样说。新诗人如闻一多，也讲“绘画美”呢！

这也不是中国人的创辟，古希腊诗人早就这样说了（“画为不语诗，诗是能言画”）。“诗画是孪生姊妹的说法是千余年西方文艺理论的奠基石”。到了莱辛，才提出异议，要扫除这“绊脚石”。在莱辛看来，诗、画应是“各有各的面貌衣饰”，是“绝不争风吃醋的姊妹”。这是美学上的一个重要理论问题，值得探讨。

“诗和画既然同是艺术，应该有共同性；而它们并非同一门艺术，又应该各具特殊性。”这是钱锺书先生的意见。其言针对“诗画一律”而发，自然是强调各自的独立品格。惜乎此论未能引起美学界充分注意。更不要说付诸实践了。

我写诗早受南宗画影响，可以说是“事画为师”的。夫人戏说我是“南宗门下”，并非全是谐谑。

夫人是我的“第一读者”，近日又听她说我“叛宗”了。

不错的。我真的是在“叛”呢！

近年来往深处走，悟得诗画有异，决心自立门户。纯洁诗的净域，要你画家画不出。

因受师父熏陶太深，时有画面流出，这也是常有的事。

没有办法，只好送客。如揖出大峨那一“飞檐”，就是。

此象不必灵视，即可看到；是画品，非诗格。你还是到宣纸上去吧！

尾象也不称心。“老猿”“毛人”，均可画得。且不美。这位狙公，也得把它轰走。

这样，倒是“真清净”了！可也没有诗了！

诗写不成，干脆睡觉。

躺在床上，可怎么也难以入睡。这时灵视异常活跃，我看到峨眉山月，蘸着冷雾，正在高空皴抹。

一笔下去，那“飞檐”就不见了！

再一笔下去，悬崖也不见了！

一笔一笔，整个大峨都不见了！

它采取的，是一种独特的覆盖法。

特别奇异的是：不见而又有所见，在于有无之间。

那是因雾粒着光之故吧？真是妙极！

诗人呵！你真是蠢！不是“从有到无”吗？

此刻，我似乎看到这一“从有到无”的流程，看到那万有之“无”！

若得天机，我雀跃而起。开灯，写下“从有到无”四字。定稿为：

蘸着冷雾

为大峨写生

从有
到无

唤醒夫人，报得“无”之喜。夫人粲然。认为是“大境界”，且得“理趣”。

所谓“无技巧”“无象”“无艺术”者，实皆从“有”炼得。少不得百炼千锤。

1987.3 于济南

复王尔碑

尔碑：

你就喊我“大兄”，不好吗？或“诗兄”。我总觉得你我很近。

湘西一行，我在你的小本子上写“我们一起走吧！”流我全部感情。

但不可能。都走在一起，并不见得就好。还是各自探幽为宜。

“误入歧途”，好。你不是“误入”，求“异”罢了。不断地走入“歧途”，诗才常新。

“大师”？不敢！你使我出一身大汗。

湘西诗未能交稿。只好愧对诗友了。毫无办法。

我是不相信“顶峰”的。真的到了顶峰，诗也就死了。

《海鸥》上发的诗，我都喜欢。恶习难改，按照我的情趣，改了几首：

无　题

水浪花淘洗白石子/你的声音淘洗我/雪白的微笑雪白了你/上弦月关上窗子了

紫玉兰

你很孤独/雪地上紫色的孤独/告别冷的美/你对春天说些什么

雪　兰

跨过时间古老的河流/我生长/不忙着开花

影　子

跟着人走来走去/忽然老了//你累么？

猫头鹰

冷然/超然//你的目光/你的笑

请对照一下看看。有可能是滥伐乱砍。

呈上《谈提炼》一文。很想听听你的意见。

不多赘。

恭祝

吟安!

孔孚

1988. 3. 5

·附录·

王尔碑:《致孔孚》

一

孔孚诗友:

信悉。怎的竟病了，而且住院？在此遥遥祈祷，祝早日康复。我还是希望你写几首湘西的诗给《诗刊》，宗鄂在等着呢。诗是一种遗憾的艺术。我想你是因追求顶峰而不写吧？不必如此呵！也许这是我之俗见，望谅。

我感觉自己现在写诗，又误入某种歧途。想回过头来，学你似的淡远、含蓄。寄上去年写的小诗一组，祈指正。想听听大师之言。

盼常赐教。切望保重。

祝

安好!

王尔碑

1988. 2. 9

二

孔孚诗仙：

信悉。感谢阁下删节我之拙作。对照原稿一看，使我感到我之多嘴多舌，不信任读者，违背含蓄、留白之诗教，竟到如此地步！不胜汗颜！

你删得太好了！使我再次相信：天才善用“减法”。我乃用“加法”之蠢材也！在此，我怎敢称兄道弟？

当今之诗坛，固然需要“诗圣”，却也同样缺少真正的“诗仙”呵！

及至拜读《谈提炼》，我又上了一课。你对诗的虔诚，对纯净艺术的痴情，真可感动上天。我以为诗论家论别人的诗，多的是理论高于体验，难免“隔靴搔痒”之憾。诗人谈自己的诗，说自己写诗，谈诗的经历，自然而然地上升到艺术理论，就会减少上述遗憾。你写得那么自然，深邃而又风趣，实在难得。佳作也！难怪我的一位邻居、诗友曾伯炎先生读此篇后，跑来对我宣传：“你看行吗？孔孚的诗论……”他建议我将文章剪下来珍藏，常常阅读。因我隐居一角，尚未听得其他反响。深信你的崇拜者、诗歌爱好者，会珍视这篇文字。

我猜想，你会继续写下去。希望将来能出一本书。肯定会有它的价值。

杨山兄嘱我和木斧给洛夫（台湾）编的《创世纪》寄稿去，由湖南省文联李元洛转。我寄了三首，其中一首就是经你删过的《雪兰》。不知你有无兴趣，寄点去呢？

寄上近作三首（也是去年写的），请大笔一删。在此一拜。

从大作中见尊夫人粲然一笑。我在西南遥向你祝福。

敬祝

俪安！

王尔碑

1988. 3. 25

复王尔碑

尔碑：

我去淮阴、扬州参加《诗刊》组织的“运河笔会”，刚刚返回。见你手迹，当即拆读一过。前信尚未复，一起“还”吧！

《红岩》所发拙作《过莲花寺遗址》一诗，“待”字删得妙。更见情动之势。受我一拜。

《峨眉雪晴》“天公勾线/冷月照明”，求你改改看。一时我尚改不动。

《峨眉雪晴》组诗《红岩》发了两首，《羊城晚报》发两首。合起来是：

一

两弯白眉

一颗红痣

二

风被压住了

它太野

腌你一冬

三

一行草鞋印儿

香到顶……

四

天公勾线

冷月照明

总体看，还是“参差”的。也许还见一种“匀称”美。诗贵自然，不在于“求”。

问题还在于“内在”是不是“板”，不必太关切“形”。

“天公勾线/冷月照明”，系高度“抽象”，属于一种简境。实际上是“雪”在那里“用减”，现空洞“大象”。非“注释”也。不知是与不是，你再想想看。

《观日出》为倪惠明君手笔，你“倪冠孔戴”了。老伴和大女儿都笑。当非年老眼花，情急之故也！她们是这样想的。可是，你的《散步》，一字都动不得。佳作也！

《流纱瀑》试改如下：

一个梦

抖落

灵魂的丝

抖落

苗家太阳

羞对苗家月

《八阵图》试改为：

一生

在石头中走

在石头中
走了一生

风惶惶然
蛇磨厚了踵

以上二诗，都是按照我的情趣，从你一言片语中，抽象升华而成。自然都用“减法”。不一定合尊意。供参考罢了。

多年写诗，我学会了“放一放”。放它一两个月再看，有一句诗，就留一句。有两句诗，就留两句。其他全部删掉，从此一二句诗基另造新境。如无一句可留，就全部丢掉，另起炉灶，力求出新。不知你有无此体验。

诗不是“加法”“乘法”，乃“减法”也。譬如镭、铀矿石，最后“减”到极小，那是“精微”。释放出的能量，却会极大。这与道家美学相通。既然你对“减法”感兴趣，咱们就结伴探奥。你拉着我，我搀着你，小心跌进万丈深渊。为摘那颗仙果，冒点险是值得的。你说是吗？

《山水灵音》早寄《星星》，嘱请白航兄转你。如书尚未到手，你就干脆跑一跑，去找白航。

不多写了。

但还必得说说称呼。你怎么老“远”我呢？称兄道弟，岂不更好？郑玲写信给我，就呼我“孚兄”，自署“玲弟”。多亲切呵！以后我就呼你“碑弟”，如何？

按“诗龄”，你比我年长，我倒是该称你“诗兄”的。由你选择。如果我猜得不错，多半你会以年齿序。这是“老规矩”。一笑。

就此打住。遥祝

吟安！

孔孚

1988. 5. 14

·附录·

王尔碑：《致孔孚》

孔孚诗仙：

你好。

寄上《红岩》所发之尊作剪贴一纸。上品是《圣钟岩下》《夜宿洗象池》《过莲花寺遗址》《洪椿坪洪椿下小立》。《观日出》一首似乎非你之诗风。《峨眉雪晴》（之四），也有此感。不知我的猜测可对？

《山水灵音》至今未见。等你赐赠呢。

《峨眉雪晴》《过莲花寺遗址》诗侧拙见，涂鸦之言，请恕罪。在诗面前，应知无不言也！

暇常赐教。祝

著安

并问候诗仙夫人好。

王尔碑　1988. 5. 4

复王尔碑

碑弟：

八月三十一日信早收到。也是琐事缠身，迟复了。

一个“兄”字，使我动情。多亲切呵！

“诗仙”那顶桂冠属于李白。只有他戴最为合适。因为李白持的是道教思想。美学、哲学上，我多的是道家的东西。不是一回事。再者，我骨子里有不少的俗气，怎敢当呢！今春淮阴、扬州一行，见到祖慈，他说我是“外道内儒”，也许是这样。虽然我坚决反儒，但由于受儒家影响太深，刮骨很难。此外也还有一层意思：不想尽刮。我的老祖宗那里还是有一点儿好东西的。比如早期儒者从《周易》之以“乾”为首卦那里受益，贵刚尊阳的思想，就刮不得。祖慈所说之“内儒”，我想他是看到了这一点。这一点也与他相通。研究道家，多注意道家来之于《归藏》（传说为黄帝《易》）之以“坤”为首卦，贵柔尊阴的一面，这自然是对的。但道家重“无为”之同时，也还讲“无不为”，这也可以说是阴中有阳吧？来个循道阴阳互补，我看是可行的。我就想在诗这条路子上走走看。

信中所言“诗与技艺无缘”，我理解为：你现在是排斥技巧，认为诗应该是“无技巧”。如果是这层意思，我完全赞同，而且是“同道”。我想，不妨再向前走一步，扩而大之，称之为“无艺术”。这是诗之最高境界。日本小说家川端康成也讲“无艺术”，他真是了不起，难怪诺贝尔文学奖荣誉往他口袋里塞。但这个“无”，来之并不那么容易。也许有那种绝顶聪明的人，他可以一下子入“无”。老实说，我颇怀疑。在我印象中，古今文坛，似乎未曾见。一般说，怕都是“从有到无”。诗之技巧亦然。《庄子·养生主》讲的那位庖丁，解牛根本不用眼睛去看，连感觉器官的作用都停止了，只靠精神进刀，不要说牛骨头，就连筋络也碰不着，因此十九年宰牛有几千头，而刀刃仍像初磨过的一样，这该是一种“无技巧”的境界了。然而起初却并非如此。不仅得用眼，怕是也得“用心”。如此三年之后，他才能“不见全牛”。何时进入后来那一化境，他自己没讲。怕是不止十年八年吧？这位庖丁也是从“有技巧”到“无技巧”。“大巧若拙”那个“拙”，实由“巧”而来。庖丁在回答文惠君时说：“臣之所好者道也，进乎技矣！”那是说他已经超出了技术的范围。然而那个“道”字，也透露了他心里也还是“有”。“道”也可释为“规律”，就是这位进入化境的庖丁，他也逃脱不开“规律”。终极说，这位庖丁也没有完全到“无”。

写诗，我求那一“无鳞无爪的远龙”，就还是“有心”。我主张“随意，又不随意”，也是“有心”。“随意”易，“随意而又不逾矩”难。

三十年一悟，我得一“无”字。但真的进入这一境界，难矣！只要心里还有某一方面的追求，那就还是“有”。也许这是一个理想境界（庖丁怕也是庄周塑造的理想人物），终生到不了的。活着就要求索，只能是摸索着往前走罢了！

关于“有缘”“无缘”，我想就不必再说什么了，上天的创造是“从无到有”，诗人之创造则是“从有到无”（不只是“技巧”）。“有”“无”是一对儿，大姻缘！你的“无缘”之说，怕是难以站得稳。你再想想看。

信中说到的你所钟情的“原始朴素”，也就是“反璞”吧？这一点，我们有相同处。但这一“反璞”，不是逆反之短路，而是螺旋形上升。不是又回到那一“原点”上，而是高一个层次。我是这样想的。未必就是。关于“改诗”，你的摇摆幅度比较大。前后两信，似乎不像一个人写的。我给你改诗，只可当作兄弟之间无话不说。写诗我重隐曲，人却是个直肠子。对谁都是这样。我所钟情的好友，更是如此。我只能是按照我的情趣行事，未必合弟意。我说我的，你听你的。入耳的就入，不入的就让风刮跑好了。各写各的诗，不必太认真。我给祖慈改诗，有一段曲折的经过，很有趣的。写来话长，见面时细说。祖慈就不太像你，有的他认为改得称心；有的则不如他意，就直说。诗友相交，要的是一个真挚。对我，你还是有些客气。这封信行文之用心，我多少看得出。我求你改诗，你就委婉推却了。这就是你的不是。《红岩》所发《峨眉》组诗之有“等待那轮寒月”句，你建议删去“待”字，就是高眼。希望你我之间继续保持这种关系。想说什么，就说什么。过多的考虑，不必要。“诤友”更为可贵。你可能听说我有一些“傲气”。那是冷对某些不把人民放在眼里的官们、权势者，带有学阀、学霸气味之辈。对于人民和朋友，哪敢呢！逆耳之言，我还是听得进的。近中得一青年朋友来信，为我改诗，建议把一句的主语抹掉，我是折服的。古有“一字师”之说，这位青年朋友也就是我的老师。

至于艺术上有不同意见，展开争论，那是另一回事。譬如我不同意静轩就“远龙”问题之批评而进行答辩，即是。遗憾的是未能展开。前不久静轩来信，说他窝火，为了友谊，就什么也不说了。本来是一场严肃有意义的艺术讨论，就这样为了“不伤朋友和气”，而草草结束了。静轩是个感情浓重的人，我们之间的关系非同一般，那真的是“情同手足”。但是我就不信，艺术之间的论争，会影响友情。这不更见“情”吗？我复信说他“好糊涂”。我是希望将来有一天他能明白过来，把话痛痛快快地倒出。诗坛少批评，真话只有在朋友书信来往中流露。首先在朋友间展开论争，那会是很有意义的。诗人之间谈诗、论诗，有异于评论家的文字，这里有点儿特殊性。为诗坛添一点生气，不是很好吗？

关于有人说“诗是改出来的”，自然“非诗家语”，“纯属工匠之谈”。但这个“改”字，却丢不得。出口成章，都是上乘，一字都动不得的天才，究竟少极。多的是“改人”。改诗，我想不仅是删掉“非诗”的东西。即便是“诗的”，就部分而言，也还有个“好”与“较好”之别。忍心割爱“较好”，留下“极佳”，使诗更纯净一些，岂不更好？何乐而不为呢？更重要的，还在于改诗是一个不断往深处开拓的过程，这里有可能出现始料所不及的新的创造。整个过程，情兴逸飞，很有趣的。

这里有个“抽象”问题，自然离不开“理念”。属于“形而上”，没有法子！

然而诗之“抽象”，不同于哲学之“抽象”。诗之“抽象”，是仍见“象”的。那是“大象”“万象”。要“灵视”去见，“灵觉”去感。为了说得具体一些，我想拿你的《遗憾说……》来做例子。这诗不记得发《诗刊》哪期，我喜欢它，就剪了下来，压在玻璃板下，以便经常欣赏。这诗的首三行：“碎了的/不要缝补/针针线线，给你新的痛苦”，我看就是人生社会的“抽象”。这里可以见“众象”。第二节三、四两行：“海很宽/不要去填”，亦是。你说，这里能只是“纯系诗人心灵、感情、感觉之自然流露”吗？没有“理念”在吗？你何怕“理”呢？

这诗，你可能是“一气呵成”。我相信。但我还要说，虽然我喜欢它，但并非“极佳”。问题就在于你未能深入细改。煞尾两行“最好，有一叠波涛/明亮你心的深谷”，虽然味道不是没有，但属于“篇末点题”老路。实为“蛇足”。可以抹掉的。

这首诗的价值，在我看来，在于第二节的前两行：“亿万年鱼的泪/晶莹了海。”可以说是千古独步。大概只有你王尔碑能写得出来。别人谁也重复不了。石破天惊！使人拍案叫绝。仅此两行，你王尔碑也就可以不朽了！

当然仅此两行，还不完整。最好再出一能与此二“虚象”配得起来的“虚象”，才合诗心。我是绞尽脑汁，也搜寻“抟虚”不得。你王尔碑既然能出“亿万年鱼的泪/晶莹了海”，自然就能出与此相匹配的“虚象”。遗憾的是你没有下此功夫。我深为你惋惜。

如果“抟虚”不出，留下“不要去填”，也是可以的。有此三句，也会是上品。“海很宽”一句夹在那里，实在松劲。

“海很宽/不要去填”，与“碎了的/不要缝补/针针线线，给你新的痛苦”，倒是可以搭配一起，单独成诗。这样的一首，也值得称赞。但严格要求，还是属于“较好”之类，一种“浅层次”。这样的句子，凡是有一定社会人生经验的人，读之都会很容易地引起共鸣。这恰恰说明是一种“浅境”：少余味，味短。我的看法是：凡很容易激动人心的作品，大都属于一种“浅境”。

信中提到“所有的精巧都意味着艺术的自杀”，也可以这样说。这是就“精巧”而言。非“大巧”也！“大巧”是“若拙”的。诗并不排斥“巧”字，要看是什么样的“巧”。信中也流露出排斥“工匠”之意，我理解为“雕虫”“匠气”。此“小技”“老艺囚”者也！非“巨匠”。我看这个“匠”字也丢不得，要看是什么样的“匠”。“神品”之作，“拙出”“自然”，但诗之深处也还有“巧”在，“匠心”在。不过不容易看到罢了。所以说，这样的诗是“大巧”，这样的诗人是“巨匠”。与“老雕虫”不同。此一点似应分开。

至于涉及的“自杀”，也值得思忖。以技巧写诗，是出不来“真诗”的。这样的“诗”，根本就没有活过，所以也就谈不上“自杀”。真正的“艺术”是不会死的。

但确有一种“自杀”，若“凤凰集香木自焚”者是。这种“自杀”，那会是“再生”“永生”。“非诗”到“真诗”，硬是有个“自杀”问题。我有一首写崂山《摸钱涧》的“诗”，觉得还可以，就发出去了。后来再看，就脸红。一字不留，重新创造，后来收入《山水清音》。这不就是“自杀”吗？就我们整个人来说，也有个“自杀”问题呢！信中说到多年前写诗，你“崇尚精巧”，现在就不了。你今日之王尔碑，已非昨日之王尔碑。我也是。我们不都是甘愿“自焚”吗？至于是不是能像凤凰自焚而“永生”，那是不敢说的。但一颗甘愿“自焚”之心，却有。你说是吗？

你信中还说到担心我在剪枝剪叶时会不会把最有生命魅力的枝叶剪掉了。值得我警醒。限于学力功力，肯定会有。误伤也是难免的。如看到，万望赐教。

时已深夜三时（我眼睛不好，又血压偏高，断断续续，写了几天），不再啰唆了。写诗我喜“减法”，给老友写起信来，却往往是废话连篇。数千里之遥，难得相见，就当作关起门来，促膝聊天吧。

错误之处，务请指点。

恭颂

吟安！

兄孚

1988.10.2　深夜

·附录·

王尔碑：《致孔孚》

孔孚兄：

信及赠书、近作均收读。近二三月来因琐务缠身，未能即复。祈谅。

《山水灵音》似比《山水清音》选得精，佳作甚多。本想边读边写一些“读诗随想”之类，惜无净地、净时。这也是迟复原因之一。现在看来，近期尚不可能实现此愿。

诗与技艺无缘，纯系诗人心灵、感情、感觉之自然流露。所嘱改动那首大作，实不敢造次。属于诗人自己的感情、感觉，是不能修改的。不知兄意如何？

关于改诗，我有一种体会：有时一首诗初稿还可以，改来改去，却多了理念、技巧，而失去了第一感觉的真，或失去了原始的朴素，丰满的魅力。有人说“诗是改出来的”，纯属工匠之谈，非诗家语。人的认识总在不断地变化、开展。多年前我写诗崇尚精巧，现在则认为“所有的精巧都意味着艺术的自杀”。数月前我极珍视吾师的《谈提炼》一文，现在我又担心吾师在剪枝剪叶之时会不会将你最有生命魅力的枝叶剪掉了。因为我有过此种教训。所以我现在如果写了一首纯感觉的诗，而且是一气写成，我就基本不去怎样改动了。也许那首诗仅有某种真情能打动人，这就够了。在此胡言乱语一番，只不过是想引起吾兄在“用减”之时的百倍警惕而已。不当之处，盼赐教。近次如何？至念。希保重。祝

著安

问候尊夫人好。

诗弟　王尔碑

1988. 8. 31

复王尔碑

碑弟：

感冒。重感冒。弱不禁风。中间还带病参加了一次由山东大学、山东师范大学、黄河诗报社、当代小说杂志社四家联合召开的讨论拙作的会议。迟复了。

谢谢你为我改诗。

一、《海呵》，删去尾句，想过的。抹去又恢复，恢复又抹去，终未能下狠心。即便是眼下，也还是有些割舍不得。明知删去味更长，但就是难下刀。这里隐镇古如斯，百思不得其解，苦苦“穷思”之象，情是重的，所以忍心不得。之所以忍不得心，还是境界不高，囿于“思辨”。这里你指点迷津，使我得以超脱“知性”，真是感激不尽。如果说这首诗不改能活五百年，经此“用减”，也许能翻番。苟能如此长寿，千年之后，这诗当会向尔碑稽首。

二、《棋盘礁》“云乱”之下删去“涛翻”，所言极是。就砍掉。毫不可惜。我眼往虚处走，手有时就是赖着不动。用“加法”惯了，这也是手病。又受旧诗影响太深，不时流来对称、齐整。做一个“反叛”也不易。倒不是安心“老艺囚”。这点你可能比我少一点负担，所以能轻装上阵。又比较自觉，我是自愧弗如。

三、《雾号》，不仅可剪除“起来又躺倒”，整个第三章“一位织网的渔女说/它的心真好”，也想来它一刀。避实就虚，这样就“浑”了。

四、《无题》，首句不动为宜。这样可以见情势，系个人感受。改句：“不曾见过海的”，嫌平；远了一层；且流于因果关系，减味。“还有白发”，隐“浪花”及“万古冰峰”之象，系洪波涌动、地壳断裂沉升隐象之补充，可见宇宙运动之势。这“发”是“削”不得的。这首诗系为我视之为“中国脊梁”的一位朋友写的，宇宙全息也。一九八三年这位朋友赠我一本书，见其扉页额头皱褶小照，情动不已，流出此五章。着而不着，漫称《无题》。

五、《仙鹤岩》第二节，不如改为“天风说”。“翘首观望”，“着”。易为“等谁呢”，则活；且“无限”。你之“你”字，也送它走吧！

六、《飞凤岩》，“受伤”，着，删尾句就可以了。首句之“着”，三句之“它”，均抹掉。图个干净。

七、《过华岩寺》，经你提醒，来了个大砍大伐。首节之“这里一片”“半截墙淋着”，尾节之“只能”“苦也”并“透”，均砍掉。成为：“废墟/冷雨//如来佛在山谷中游荡/湿了僧衣……”如何？

将来也许有机会出精选本，就这般印。把你我的通信也印出去，作为附论。这些诗，也有你的心血呵！

既然开了个头，就请一路改下去。慢慢来。当作散步。

怕你着急，先写此信。我身体不行，尊作一时尚不能拜读。须细细咀嚼也！可以先发，不要等。

信中提到你正“准备屹立”，见情神。我也只能说是“向往”。来个“双立”，如何？

你是我荒荒宇宙同行中的“诗侣”，我没有看错。

《诗刊》那篇《抢救诗人》的文章，我也有如是感。看来咱们都是“富翁”。在一篇文章中我曾写道：剩下的时间不多，我无暇他顾。只求一小树枝儿结个茧，就行了。

蚕到五龄吐好丝。抓紧。咱们就吐咱们的丝吧！

吐安！

孔孚

1988. 11. 12

·附录·

王尔碑：《致孔孚》

孔孚兄：

我一直在担心前书仓促，是否有不当之言，惹你生气，从此不理我了。

今日读你六纸手书，使我既是欣喜，又是惭愧。你的求索精神，做学问的严肃态度，对诗友的诚挚，使我万分感动。在此我不禁感慨：你好像永远生活在一片净土，不受外界任何干扰，真个是“山崩于前而色不变”，名位享乐不为所诱，简直玉石之人！所以你必有大成就，必有所独创。你对艺术之执着、痴情，对同行的真挚、热忱，可以征服“浅尝辄止，飘浮不定”之辈（如我）。敬你为师为兄长，已是必然的了。

我是浮萍之无根，很容易受外界影响而波动。如近月来，面临物价疯长一类事情，就多少有些不安。虽无弃文从商之想，但多少影响创作情绪。加之家务纷繁（我是家之长呵！而家庭这条船，似乎是我一人在划），杂事也多，属于我自己的时间总觉太少。有时可以说是在苦苦挣扎，所以想做的事力不从心。前信就是在这种背景下写的。你能原谅，而且直说我的不是，我定改正。我不如你，但我一定要学你。现在家里换了一个好保姆，是她给了我时间和安静的心境，我真想喊她“万岁”呢！所以现在我有兴致为你改诗了。我要学你似的对诗的真诚呵！

一、《山水灵音》从头细读，才读到第24页。好的一字不能动的，暂时不说。觉得有七首还可以“用减”。

《海呵》，删去最后一句。第二节留下“海呵！”即可。不必再问什么了。“海呵！”之本身已含感叹之意，关切、询问在其中矣。够了。

二、《棋盘礁》第二节第一句删去“涛翻”。“涛翻”易被人发现，系实景，不如虚起来好，让读者于“云乱”中想见。读者想见的也许会更多，不仅是“涛翻”。我特别喜欢你《谈提炼》一文中《炼象》一节，你不是拿手“用简”，“不为繁”吗？

三、《雾号》删去“起来又躺倒”。这句太实，且韵脚密集，删之为妙。

四、《无题》第一句是否改成：“不曾见过海的”？第三章之“还有白发”，我意删去。不必受两行一段的限制。

五、《仙鹤岩》第二段可否这样改：“天风在问：/你等谁呢？”原句似乎文了一些。且明显地为了押韵。韵乃诗之大敌也！

六、《飞凤岩》这样改：“是只受伤的凤吗？/翅膀张开/老站在那里不动//它想些什么呢？”这样可以摆脱韵脚纠缠，如何？

七、《过华岩寺》，首句删“这里”二字。或干脆连“一片”也不要。仅留“废墟”。这是你对此寺的感觉，管它“一片”不“一片”呢！此诗极佳。

暂时到这里，待续。胡言乱语一番，仅供参考。

淮阴、扬州诗会上你的发言有见地，我赞成。信中你的许多论点，几乎都使我信服。

你对我的《遗憾说……》评价很对。我很懒，这诗是一气写成，改动很少，所以出现蛇足。此诗发表后，我又改成小诗，删去首尾两端，只留下“亿万年鱼的泪晶莹了海/海很宽/不要去填”几句，在武汉一家小报上刊出。“海很宽”，我实无力改了，只好作罢。你欣赏“亿”句，太使我高兴了！此诗发表后，青年女性友人们颇喜欢，多说“海很宽/不要去填”好。也有的说“碎了的/不要缝补……”一段好。而无人提起“亿”句。可见孚兄是知音。

古人说：“知音少，弦断有谁听？”又说：“人间无凤凰，空费穿云笛。”真是说尽诗人之苦。近期我写诗多忧患意识，表现时不免直奔主题，也许是危机？敬录数首求教。

又，近期有人在《诗刊》发表了一篇《抢救诗人》的文章，那观点我不怎么欣赏。诗人抢救的首先是自己的灵魂，不必乞求什么赐予。听说，已有诗人去做生意了。有的去写来钱的应时报告文学了。黄金浪潮已在冲击着许多人了。甚至在冲击刊物了！我问自己：“在黄金浪潮中，你有安于寂寞，勇于创造一个美好精神世界的屹立感吗？”我也想问某些人：“在黄金浪潮中，你有飘飘然，不知东西南北的失重感吗？”我想，你是屹立者。而我，正准备屹立。

谢谢你，花了几天时间，断断续续，给我写了那封长信。这才是真格地在“抢救诗人”呢！

匆此，即颂

俪安 吟安！

诗弟 王尔碑

1988.10.10

[附原作]

一、《海呵》：即便大声哗笑/也看出有点儿寂寞/海呵/究竟为了什么？

二、《棋盘礁》浪花托一个棋盘/棋手是风和海//忽地云乱涛翻/想是海败北了//一霎时琉璃一片/也许风被将了军//我手有些痒/跳上了一个舢板……

三、《雾号》：1. 它是我的朋友/我也是在海上航行呀；2. 一声一声/悲凉而又单调//站在成山角上它喊/嗓子都哑了；3. 一位织网的渔女说/它的心真好；4. 起来又躺倒/我老是甩不掉/那呼喊的雾号//它一直在叫：礁……礁……

四、《无题》：1. 不见到海/不知道我们这个星球的美丽；2. 喧闹是另一回事/它还年轻呵；3. 皱纹并不能说明什么/还有白发；4. 但寂寞也是真的/万古而幽蓝的寂寞；5. 旅途很长很长/谢谢你，红纱灯。

五、《仙鹤岩》：呆呆地仰着脸儿/站一只脚……//天风在向你呼唤/翘首观望为何？

六、《飞凤岩》：翅膀张开着/老是在那里不动//它想些什么呢？/也许是只受伤的凤

七、《过华岩寺》：这里一片废墟/半截墙淋着冷雨/如来佛只能在山谷中游荡/苦也！湿透了僧衣

复王尔碑

尔碑：

谢谢你继续为我改诗。

一、《天贶殿壁画“启跸回銮图”前小立》，末句艳、繁，且陈旧，是要改。“蝶”出“一只”，好。不过“引来”也“着”，似不如“尾”。改为“尾一只蝶”，如何？

首句之“我”，抹去。系山东阳信县二十一岁青年诗友张鸿才之建议。诚“一字师”也！前信说到的。

小注要删。我的老友徐北文也建议删除。说加注，就规定为批评那壁画了；窄。认为还是不规定，任人去想好。还说他读这首诗，想到的是：孔孚不被理解；那么多的“神”，“均木然”。这就不仅可见“神”之“情”之“态”，也隐别的什么；意味之层次可能会更高；且“无限”。亦高见。

二、《天胜寨遗址一瞥》，就抹去“我看见”。你说得对。而你之“红叶上/滴着一个泪珠”，似不如“一个泪珠/从红叶上滴落”味长。不改吧？

三、《百丈崖听瀑》，首句就削“条”。“那”也不要。病在贴，也小。神龙变化无常，或潜于水，或腾于云雾中，未必看得到。

第二行，从你。第三、四以及尾行之“伤神”“郁郁不快”“天地动容”，皆“着”；且“说透”；是要改。第四行你之“傲徕峰低下头来”语尾之“来”，欠确。口语可以，诗语该是更精到一些才好。拟改为“傲徕峰头颅低垂”。第三行你之“太阳黯淡了”拟改为“太阳黯淡下来……”那个“来”字，就请它到这里来吧！这样，情在流走，更见动势。

尾节“不知它受了什么伤/使天地动容”，全删。你之“什么样的悲剧呢？”也“着”。该是往前走：超知性。诗不解决因果关系问题，无须深究。留给读者去想，不好吗？读者想的或许更多。咱们的忧患意识确实太重了！

往往置诗意于不顾，情切切拉读者就范。前信记得你说到“危机”二字，也许言重了一些，但值得深思。奈何红尘漫胸，怕是没有法子。得超脱处且超脱，如是而已。诗亦情物也，它会体谅咱们的。

四、《黑龙潭崖畔小立》，尾句“请捎给大海”，删。从你。意同前。

第二句“要去问那条乌龙”，“要去”拟改为“想”。这样会更活一些。“想”只不过是“想”，情势在流走中，“问”与“不问”尚说不定。也许“想”都“不想”了。这里的“想”，自然有相信乌龙知潭有多深之意。但乌龙知与不知，并未肯定。所以“想”，活。你之“不”，死。

末二句你之“我摘一朵百合/就送给它吧”，不仅啰唆，也直露，且死。“投入一朵百合”，足矣！这百合花也许是赠给它；也许是请它捎给大海；也许是劳它带给黑龙江；抑或东比的山东老乡。泰山黑龙潭中的那条乌龙，有“秃尾巴老李”的传说。还流传这“秃尾巴老李”一年一度回娘家。那是思家吧？这流散有悲剧意味的传说是很美丽的，东北、山东人都知道。如果有人兴来，突破这传说，编造新的故事，那也不错。这又可能是“无限”。不比确定“送给它”味浓一些吗？

五、《过五大夫松》，第二行尾末就加一“了”字，意在叛韵。“韵”可能把你看成一个“杀手”，比孔孚还要厉害。

六、《摩空阁一瞥》，首句之“不需要叩”，不想动。“门”是不消说的。且第二句有“门”出，避免重复。第二句减一“敞”字，就可以了。

尾句从你，改为“在抹汗呢”。这样不仅可以节约一字，也活。

七、《天街设宴》，就砍前四句。一点也不觉得疼。这里你把我一顿好批！什么“新闻性”“猎奇性”“知识性”“与诗无关”，痛快！你这位搞报纸的老手，算是把我这个搞报纸的老手看透了！陈病时发，没有法子。还有一个“趣味性”呢！你怎么忘了呢？代你补上。我只能是作揖不迭，怎会“气愤”呢！

八、《仙人桥》第二句之“觳觫”，确文了一些。改为“哆嗦”，倒也可以。只是太粗俗了。酸秀才气难除，暂时留下吧？

九、《无字碑前小立》，“爬”字多余，听你的，抹去。这里也可见我之“爬行”，真丑！

十、《莲花洞》删最后行，并解决不了“着”的问题。第三行之“太重了”，也“着”；虽前有“想是”。拟改为：“这头颅/谁能画得?”

“只能是泰山手笔”，甚至不是“着”的问题，而是十分肯定。我老是在尾子上出毛病。原因多半在于我对“篇末点题”十分嫌恶，又自认为有“自觉性”，麻痹大意，而忽视了积习难改。尾句出“谁能画得”，就没有规定了。这里不仅隐巨匠“大宇宙”，也隐众象。八大山人、金冬心、李鱓、李方膺、张大千、齐白石、潘天寿、李苦禅等等一大列写荷高手，都有可能跑来。说不定有的读者把二、三流的画家也拉了来，让他们坐在马扎子上“写生”。此刻我似乎看到不少的人甘拜下风，在临风嗟叹。自然也有“胆大包天”者，挥毫硬是要与造物主比试一番，其情其状其画不一。这还是一人灵视所见。千百万读者比我知道得要多，而且会比我“灵”，其中说不定就有现代派造型艺术家，还不知他们怎样看、作何想、是否手痒……这又是“无限”!

至于造物主何以出荷颅“倒垂”之笔，自然会有他的想法。这又是“无限”! 不管是多么“重”或是形而上之“思想”“智慧”“悲伤”，终也还是“有限”。你看不比出“重”之“有限”好些吗?

十一、你又重提上次改过的《过华岩寺》一诗，要我留下“苦也”，可见你大慈大悲恻隐之心。反复思忖，还是硬硬心切除。“苦”也许是，也许不是。更为重要的是用不着我，或者我代如来佛叫“苦”。苦到极处，往往是不叫“苦”的。印度电影《两亩地》推出之一个镜头，是一个女人仰天呼叫“苦呵!”当时是猛烈袭击了我的。那是二十世纪五十年代。现在要再看那电影，我想多半就不会为之震颤了。不是我的心长了茧，而是心会看到那电影导演手拙。心虽然是不断往前走，手有时还是停留在二十世纪五十年代，我就是这样的一个人。既然看到了，手就要跟上来才是。

再回过头来说，你细细体味：那“冷雨”“废墟”，“只能在山谷中游荡”，“湿了僧衣”的如来佛，又岂止是“苦”呢? 要想到，是那样一个时代呵! 读者之体味，想会很多、很多。咱们得相信读者的“灵觉”。

以上所谈，都不出“有”“无”二字。说到底，我们是在“从有到无”这条路上，切磋捉摸。虽多属“小虚”，但有意义。见行路之难也! 李白写“蜀道之难，难于上青天”，我不知道他是否隐“诗道之难”这层意思，多半是没有。我是深深体味到了。但唯其“难”，走起来才有意思，也才更有劲。你说是吗？我是一路不断在和自己打架，且战且走。这不，又有你来助战，怎能不感谢你呢？艺术上的“自杀”，并不那么容易。别人帮一把，那会是功德无量。用不着福尔摩斯插手。这是诗人之间的雅事。

关于“抢救诗人”一段，我看是以委婉出。

不知怎的，你竟害怕起“屹立”来呢？而且不过是“准备着”，这反映了你的精神状态，使我感到忧虑。读信至此，很容易地想到木斧《同龄人》一文中的你，仿佛看到你爱怜、惶恐之神色。我看木斧是怀着一颗爱心，蘸着泪水写的。那个风雨漫天，木斧与你不期相遇之细节，真实地再现了那个时代的一个侧面。写得真好！我是理解你的。那时也还年轻呵！而如今，该是另一番模样了！不是霜后之枫叶了吗？在给我改诗时，你不自云是“上天”吗？这不“狂”吗？怕什么人说“狂妄”呢？

“狂”就“狂”。“大言”就“大言”。任有的人去“冷笑”。人都有一张嘴巴，谁爱怎么说，就怎么说。近中得木斧一信，他就写到有人说：“孔孚太狂。”而他却说：“没有你这个狂气，我就不结交你了。”木斧信之开头写：“你真是我的知己，相识恨晚。”可见，对“狂”之一字，诗人是另有一番眼界的。“没有一颗与上天一争高下之心，诗怕是难以写得上去。”在一篇文章中，我就曾这样写。诗人我想就应该是“屹立”者。如果说“屹立”就是“狂”，我看这狂就“狂”得美！你我都已这把年纪，是到了“大解脱”的时候了！只有自己解放自己。也为了诗。

也是为了诗，信中你提醒我少弄墨理论。这种话，只有自己朋友说得出。情之挚之深可扪。

诗人写谈诗的文字，就是干傻事。从某种意义上说，诗人就是“傻子”。干点儿傻事，也是很自然的事。打算就出这么一本《远龙之扪》（但愿有运气再碰上一位文大家，或者穆仁），以后洗手不干了。

但也不敢说“绝对”。因为傻性难移。你说是“洗手不干了”，它手指不知什么时候又痒，又要去摸，那你有什么办法呢？

顺乎自然吧！我想这也是种“解脱”。不必拿绳子套自己。诗写不出来就算完。由它去！

又是写了好些天。我的眼睛不行。就此打住。

谢谢你惦记着我的身体。敢于迎着寒风出去走走了。请释远念。

新年快到了！遥祝

愉快

孔孚

1988. 12. 23

·附录·

王尔碑：《致孔孚》

孔孚兄：

信悉。知你对我上次删改个别诗句甚为珍视，且采纳了一些建议，并要我一路改下去，这也就引起我的兴趣了。此刻翻到《山水灵音》第25页，弟子又该和你同游泰山了。在诗的面前，且让微尘如我者，就当一会儿“上天”吧！那么还是照旧，好的，一字不能动的，暂不谈。只专挑似宜改动之处，供阁下参考：

一、《天贶殿壁画“启跸回銮图”前小立》，系好诗之一。惜末句“一路蜂追蝶逐”过艳。虽精，但不活。拟改为“引来一只蝴蝶”。诗注，你看是否删去？

二、《天胜寨遗址一瞥》，亦好诗之一。最后两句改为“红叶上/滴着一个泪珠”，好吗？管它谁看呢！我看见，或别人看见，或无人看见，无关紧要。牵动人的是“红叶上滴着一个泪珠”，故删去“我看见”。

三、《百丈崖听瀑》，第一行删“条”字。第二行改为“风也凄冷”。第三行改为：“太阳黯淡了”。第四行改为：“傲徕峰低下头来”。第五行改为：“什么样的悲剧呢？”末句，删。因前几行已属“天地动容”之描述了。“黯然伤神”“郁郁不快”这类词语，世所多见，不用为好。且说尽，故改。

四、《黑龙潭崖畔小立》，亦佳作。第二句“要去问那条乌龙”，试改为“不去问那条乌龙”。这样也许更切合你的个性和主观意识。再者，若是去问那条乌龙，它不一定知道潭有多深。所以“不想去问”。第四句试改为：“雾是冷的”。因原句写得过实过细了。末二句，改为：“我摘一朵百合/就送给它吧”。不必拘泥于传说。你送它一朵百合，是你对它有情，就随它给不给大海吧。原句“请捎给大海”，似流于某种流行的结尾，意向太确定了。

结尾宜淡、无定向，不宜“一锤定音”。小说《美食家》中那一盛筵，最后一道菜是一碗不咸不甜无味的淡汤。那厨师的高明，引人回味。

五、《过五大夫松》，第二句末加一“了”字。这样可以避免押韵。我不反对用韵，但“脚韵”太密，可能杀诗。

六、《摩空阁一瞥》，第一、第二句，加一字，减一字，改为：“不需要叩门/天门开着”。第六句改为：“在抹汗呢”。

七、《天街设宴》，删前四句。看到这里，也许你会气愤。“上帝”常常无情呵！读你那四句时，我甚惊讶。一向崇尚写虚幻的你，怎么写得那么实？几乎是新闻性的、猎奇性的、知识性的，它们与诗无关。与孔孚无关。你当然知道，诗是暗示的艺术。所以，后四行足矣！后四行有暗示之美。

八、《仙人桥》，第二行末二字，太生僻了！我认不得。若去查字典，岂不浪费时间？猜是“惶悚”之意。建议改改。亦好诗之一。

九、《无字碑前小立》，亦系佳作。其中的“爬”字，似多余。

十、《莲花洞》，是否删去最后一行？

泰山游完了，下次待续吧！话又说回来，看别人的诗，我似乎很清醒。临到自己写诗时，却迷糊了。

上次谈到《过华岩寺》一诗，你听我之建议，改得好。只是“苦也!”二字，不能删。

你感冒好了吗？万望保重。山东讨论你的作品，是大喜事。我在此祝福。《黄河诗报》又将出你的专辑，太好了。你说拟收入致我的一信，切记删去“抢救诗人”及关于“屹立”的一段。别让人说你我太狂了。你致诗友的信，大都有学术价值，也有发表价值。我写给你的信，大多是随意乱画，发出来无多大意义。再说，从你的信中也看得出我信之大概了。以不发为宜。我不是一个做学问的人。我是一个散淡的人，“好读书不求甚解”的人。你将准备出诗论集，我当然赞成你再写一些。但不宜多写。多写也许对创作不利。

遥祝

早日康复!

诗弟　尔碑

1988.11.17

［附原作］

一、《天贶殿壁画“启跸回銮图”前小立》：我挤进神群中去/均木然//蹭了两袖子色彩回来/一路蜂追蝶逐……

二、《天胜寨遗址一瞥》：漫山遍野的/是赤眉吗//军旗？/还是营火？//我看见一个泪珠/从红叶上滴落……

三、《百丈崖听瀑》：听那条乌龙吟啸/风都感到凄冷//太阳黯然伤神/傲徕峰也郁郁不快//不知它受了什么伤/使天地动容……

四、《黑龙潭崖畔小立》：潭有多深？/要去问那条乌龙//水都是黑的/凝一层冻雾//我投进一朵百合/请捎给大海（注：传说黑龙潭瀑布通向东海，又称“海眼”。）

五、《过五大夫松》：看着那块木牌/它头发都竖起来//谁能了解它呢//两千一百年至今？

六、《摩空阁一瞥》：不需要叩/天门敞开着//爬到摩空阁上去/觉得很冷//太阳却红着脸/在那里抹汗”

七、《天街设宴》：“来一盘天花菜炖鸡”[①]/“凉拌珊瑚好久也没有吃了”[②]/“山丁香自然也要”[③]/“还有炸薄荷、藿香”[④]//山风推开了窗子/云也一起进来/还有蜜蜂和蛱蝶/全是不速之客

注：

①天花菜，一种乳白色的鹿角菜。洗净用手撕碎，炖鸡，味绝佳。

②珊瑚在此处指珊瑚菜，独生于泰山顶，每年四至八月可以吃到。取其叶、芽，用白开水泡四五分钟，换入凉开水，捞出甩干，放以姜末，搅拌，清香入五内。

③山丁香，中天门以上的最好吃。每年三至八月份在山顶可以吃到。取其芽、叶、梗，用开水浸泡五六分钟，换入凉开水，一激，顿时取出。拌以白糖，香甜无比。

④薄荷、藿香，到处都有，唯泰山的野性最浓。以蛋清和面糊油炸，清凉爽口。

八、《仙人桥》：仙能过得/人岂可觳觫//我要走过去/不学那条蛇//云/不用扶……

九、《无字碑前小立》：我还是看到了太阳的手迹/还有风的刀痕/爬一条青虫/在读……

十、《莲花洞》：莲瓣倒垂/大泼墨//这头颅想是太重了/只能是泰山手笔

龙年谈“远龙”

我曾在第一本诗集《山水清音》代序《我与山水诗》一文中提到“无鳞无爪”的“远龙”这一诗说。需要说明一下，这并非我见，实为钱锺书先生创辟。我不过是看“神韵派”手拙，于新诗尝试一下而已。拙作《我与山水诗》文中未加引号，未注明出处，实有难言之隐。

关于“远龙”之本体，我想无更多的话好说。不如借此机会，道“诗”“书”姻缘，也可了却一件心事。

晚年写诗，于书，我多受惠于钱先生的论著。“远龙”之说，早见之于《开明书店二十周年纪念文集》中的《中国诗与中国画》一文，后来收入《旧文四篇》。《管锥编》出版，《太平广记》卷论卷213《张萱》一则也说到过。

“远龙也理应是无鳞无爪的”，“龙而亦‘远’，则无‘鳞’无‘爪’”之高见，都是在涉及南宗画、神韵派诗时轻轻一描，人多不留意。在我，则视若宇宙彗星，奇异而神秘。这颗彗星落入我的灵府，令我终生受用不尽。

行文看是与“远人无目，远树无枝，远山无石，远水无波”并提，实则远远超越了古“远”画论，而进入了另一新的天地。

“无目”“无枝”“无石”“无波”之“远人”“远树”“远山”“远水”之于绘画，相信人们能够接受。连“鳞”“爪”也无的“远龙”，则未必。

之于诗，就更难。

说穿了，这是一种神秘主义境界。

标榜此种营造，难免不出麻烦。钱先生身体不好，我不希望看到因我而使得老人心不静。

又，移此一绘画理论于诗，我是在做实验，能否成功难说。我就想写写看，如果有成，将来不愁没有机会公之于世。

现在看，这一“远龙”实验，基本上满意。第一个集子《山水清音》还少见，第二个集子《山水灵音》就多起来了。

龙年举“龙”例。如《山水清音》中写崂山之《眠龙石》：“龙也有睡的时候？/睡着也不安宁/看它曲动的身子/显然梦里也有雷鸣”，虽然比现“一鳞一爪”远了一些，但还是可以见的。《山水灵音》中写济南龙洞之《藏龙涧》：“云在深谷里卷曲/风痛苦地翻腾/岩松声声吟啸/游丝荡一条青虫/我就知道你没有死/耳边传来雷声隆隆……”；《钓鱼台小立》中写：“不见那涧绿水/我钓秋风//多想捞起那个冤魂/垂一条思念的绳……”就更远了。那一错遭大禹屠戮的龙的冤魂，必得“灵视”去见，“灵觉”去感。

贵报曾发诗人孙国章一文，说我的诗非“再现”，亦非“表现”，而是“隐现”。国章可谓知我。就“形神”关系、“简约”而言，我比南宗画、神韵派诗走得要远。

向上探源，那要追溯到道家哲学、美学。那恍兮惚兮的“玄珠”（比喻“道”），似有若无的“象罔”（庄子·天地），也是远龙呢！

有迹象，二十一世纪，“远龙”将成为中国诗坛之风尚。

（应《济南日报·趵突副刊》之约而写）

几个有关诗的问题

——复刘强

刘强兄：

信、文，并晓渡作序之《中国当代实验诗选》，同时收到。《大》文（刘强：《大象无形，大音希声——孔孚山水诗的艺术特色》）急读一过。看你出此一步，真是高兴。

我写诗先是受禅宗之惠，这一点心里有数。但也受道家影响，自己就不知道。这是一种潜在影响。

少年时，我接触过道家书，但入不得。恍恍惚惚，只留下一“神秘”印象。

后来读司空图、严羽诗论，觉得亲切。这里实在是道、佛美掌拍合。

从美学角度看，道家无疑更具有生命原力。现在我是回过头来，请李耳、庄周先生补课。

《美学》课的主讲是大宇宙，宇先生是一级教授。李先生、庄先生是宇先生的一传、二传弟子，我看是得其“真”。

使我感兴趣的是：他们那里有诗。我只是夹我认为可口的菜，不关心别的什么。

诗歌不管怎样神秘，总不出“情理虚实”四字。从形式美角度看，不过“虚”“实”关系而已。说到底，是个“有”“无”关系。《谈提炼》中提到“减法”，那是可以减到零的。《老子》第四十八章：“……为道日损。损之又损，以至于无为……”就是说，可以减到“无”。

从诗学角度看，那个“为”字多余。可以减去。

“从有到无”，诗之“道”也！

上天的创造是“从无到有”，诗人则是“从有到无”。“无”者，“大有”。

从社会学角度看，那个“无为”是“无不为”——“大为”。

“有”则“有限”；“无”则“无限”。“音”“象”均如此。

还是“无限”美；“为”也“为”得妙。

“有限”是低层次审美；“无限”才是高层次。

大入大出，大往大来；循环往复，螺旋形上升，不会走到头的。

道家美学精神是自由、超脱，不会作茧自缚。

即便不自知结了茧网，也还会“冲出”。“看，一只会飞的蚕!”诗人木斧就是这样写的。(木斧:《春蛾》)

诗艺无穷无尽，没有“极致”。

渺冥的未来也许会走入“黑洞”。那就真的进入寂灭。也只好由它去。

中国诗歌美学精髓，主要在道家那里。遗憾的是未得到很好发扬。魏晋时期热乎了一阵子，但也是只见“玄言”，不见“诗”。以后几乎忘了。

道教是另一回事。反映道教思想的大诗人李白，并非道家美学真正传人。李白热衷的是“有”。一颗天生自由、超脱的灵魂，使他有时进入“小虚”(幻象)。他压根儿就没有想过，要进入“大虚”(“无”)。

“至言”一是不容易发表出来，二是难得流传。后者，一位青年诗人张枣也看到了。他在晓渡作序的那本《中国当代实验诗选》里写:“一个民族所遗忘了的，或者那些它至今为之缄默的，很可能是构成一个传统的最优秀的成分。”还说:“传统上经常会有一些‘文化强人’，他们把本来好端端的传统领入歧途。比如密尔顿，就耽迟了英语诗歌二百多年。”很有见地。此言出自一位年轻人之口，很了不起。

我们的儒家，从某种意义上说，就是“文化强人”。他把诗引入歧途，就不止是“二百多年”了。这里有个社会背景之下长期形成的民族文化心态问题。儒家其实并没有想做“文化强人”。这不能怪他。

这里诗人自己也应该自省:谁叫你跟他走来着?你不也可以强一强看?提醒那被“遗忘”了的，使至今“缄默”的“大音”发声?我似乎听到了这位年轻人在叩问自己的心。妄自猜臆他在从事一项神圣的“实验”。

知之和“心向往之”是一回事。于诗能否走到，又是一回事。不那么容易。

几年前，见到青年诗人吕贵品说到过“大音”。那情动是看得出的。我一直在注意着这位青年诗人的写作，似乎没有显著长进。也许受到什么干扰？但愿不是动摇。

使我感兴趣的是：青年诗论家也来凑热闹。若金丝燕，若晓渡，都谈“有”说“无”。

这不，中年的你，也来了！你信中的“使命感”，使我崇敬。让我们一起来开凿这淤塞的河道，使地下之潜流得以涌出，洋洋乎流于东方。

触“无”时，你谈到“大象”“大音”，说此二者“都不是诉诸人的一般感觉，而是诉诸人的灵觉”。极是，但说到“十七、十八世纪英国美学家舍夫茨别利和他的嫡传弟子赫奇逊，第一次提出人有‘内在感官’说，算是有了一种朦胧的灵觉意识”，则值得斟酌。如果不拘泥于“内在感官”用词，而从“朦胧的灵觉意识”经验来审视，那得说：中国人走在前头。道家书《列子·黄帝篇》：“眼如耳，耳如鼻，鼻如口，无不同也”；又《列子·仲尼篇》：“老聃之弟子有亢仓子者，得聃之道，能以耳视而目听”，所云官能感觉，均在“灵”的那一层次。《文子·道德篇》也写：“上学以神听之，中学以心听之，下学以耳听之。”就是说：耳有“真”“心”“神”之别。文子传为老子弟子，其说不可考。唐柳宗元《辨文子》称它为“驳书”。还有人说它是伪书（范文澜《中国通史》）。是真是假，我们不去管它。我们关切的是言论。不管谁说，都值得珍视。“以心听之”“以神听之”，可以理解为“心境”过滤升华为“神境”。但后者太神秘，人不易到。在我看来，“心耳”“神耳”是一码事，都是“灵”的那一层次。可以统称之为“灵耳”。以此类推，五种官能感觉均有“真”“灵”之别。

释书里讲“六根互相为用”的言论，就更多，自然都是“灵觉”。

不仅道、佛，儒家甚至也有这方面的言论。《礼记·乐记》“故歌者上如抗，下如坠，曲如折，止如槁木，倨中矩，句中钩，累累乎端如贯珠”，就是“听声类形”。“声音有肥有瘦，是儒家音乐理论的惯语”（钱锺书《通感》）。这里的“听”，是指“真耳”；而“形”，则只能是“灵视”见。惜乎这种“灵”的东西，在儒家那里难得发挥。有一点儿，后来也闷死了。命里注定，儒家只能走圣贤路，迈着方步。儒家是不愿意飞的。

只有“神”“灵”（非宗教之所谓“神灵”）才飞得起来。还是这两个字好。

从诗学角度看，西方人那个科学名词，只能说它“硬”。

我们所谈，实在是一种“诗境”。它不同于宗教之神秘主义经验。在我们这里是可知，人人可到的。说穿了，不过是艺术联想、想象、幻想而已！

这里有个客观顺乎物理物情问题。但并不排斥主观随意性。“两头白牯手拿烟”（《五灯会元》），没有什么道理可言。“灵美”而已！

诗坛至今仍在就“懂与不懂”打官司，看不见诗在一旁讪笑。

诗不是《人民日报》社论。也不能指望它扭转乾坤。它只不过是想：能于人之生命中注一点儿“灵性”而已！

我们的“使命”，就是使生理的官能感觉全部升入“灵”的层次；并疏之使其“通”；抟虚宇宙，以唤起我中华民族之“灵性”。

我们的人民如果少一点儿“奴性”，多一点儿“灵性”，其创造力将会是“无限”的。

你在一篇文章中谈到“灵觉”“灵通”属于我的创造，使我坐立不安。我不过是触道、佛美学，特别是读钱锺书先生的书，一言半句有所悟，于诗道默默做一点儿实验，似有所得，顺指流出罢了。

《大》文中你称“灵觉”为“第六感觉”，不知是否准确，与五种官能感觉并排，喊它“小六”，兴许它不会高兴。这里有个层次问题。“灵觉”系对“真觉”而言，不好入列。我想还是“灵觉”“灵通”为好。诗本神秘，不必那么科学。请考虑。

再是例举拙作《琵琶泉边》一诗，说是“《老子》‘大音希声’绝妙验证”。继写：“如果用《老子》‘大象无形，大音希声’八个字来阐释整部《山水灵音》诗集，可称得上惟妙惟肖。”均请斟酌。诗不是为了“验证”哲学、美学，严格说，亦不可“阐释”。

诗如果成为哲学、美学的注脚，则会索然无味。诗自有它的独立生命。诗就是诗。

但它又与哲学、美学有关系。离开哲学、美学，我不知诗是否能活。哲学、美学我想是泥土（自然、社会）中的养分，诗可以说是从这深厚泥土中生长开出的的花。聪明的诗人深知从哲学、美学中汲取营养，化入自己的血液，目的自然是创造诗的生命。其关系不知是否如此。

又，诗之妙，在于难以言说。佛言："不可说。"此语最好用于说诗。用哲学、美学来"阐释"诗，也会乏味。

但诗评家的任务就是要"说"。这就难。你曾说过"微观上的细细推敲，达到宏观把握"；我想是条路子。我看你已从"微观"走了过来，就不要再过细了。探其源流规律（你正在这样做），点到而已！

诗评家我想也该是"为道"才是。不过不可能像诗人那样"损之又损，以至于无"。不知是与不是。

最后想说一说，晓渡、王家新二人合编的那本《中国当代实验诗选》，很有意思。他们做了一件好事。也许将来他们会搞一本老诗人的选集出来？据我所知，有的老诗人，如我的朋友王尔碑、安谧、牛汉等，都不安于现状，默默地，非常认真地在做着某种实验。老诗人是不甘落后的。这一点诗评家很少有人注意。从另一方面看，诗倒是更近于渊默的潭影；自然它也喜欢波澜。我们确都习惯于"默默地""悄悄地"。但既然作为生命，则希望"伸展"。谁都渴盼世间有更多的知音。

在我们这些人眼里，没有"老"字。在一篇文章中我曾写道："只要眼里还有泪，诗就可以写到九十、一百。"

诗并不与"老"同步。人无情地在老，诗却有可能返青。人死了，诗照样可以活下去。简单地抱着自然法则扫描诗坛，确有这样的评论家。不懂得"生命"，何以为文呢？

说得远了。就此打住。

顺颂

撰安！

孔孚

1988. 4. 17

中国新诗之走向

谈诗难。预言中国新诗之走向，就更难。

既然是七嘴八舌，我也就说说心底话儿。

真的是“一孔”之见。

大陆诗坛之现实主义，我看是面临着被否定。未来之新诗，将逆向而行。

“教”的十字架太沉重了！诗背不动。不可避免，将为“美感”取代。

一切的情和理，都应寓于“美感”之中。一个“美感”，足够了。

由于儒家思想影响太深，自然会有一个过程。但一定能走到。因为符合诗心、人心、天心。

艺术方法的更代，阻力可能会小一些。我看是在向“虚”处走。

现实主义诗歌讲究“切近”，主要是一个“实”字。“实”则现露，浅是难免的。而“浅露”是难以调动读者，唤起兴味的。“实”之病在此。

从心理学角度看，人们倒是不喜欢太真切。一眼看穿，未免乏味。扑朔迷离，恍兮惚兮，寻寻觅觅，才觉有趣。

读者还喜欢一种“未完成美”，希望自己走进诗中，参与作者的创造。从“虚”“实”关系看，这一作者有意留下的“空白”，也是一种“虚”。

虚象、留白，乃“小虚”。

除此之外，还有“大虚”：“无象”。看来是“无”，实则是“有”。看是“无象”，实则隐藏着“众象”。所有的情和理，都藏之于“隐象”之外，第三个层次。无疑这是诗之最高境界。

可以称它作东方神秘主义。

法国之“象征”，英美之“意象”，也还是“有象”的。“有象”则是有规定，还是窄的。“无象”则是无限大。至少宽泛得多。中国诗人将比他们走得远。

东方神秘主义将不止是否定现实主义之“再现”，也将否定现代主义之“表现”；而取“隐现”。

就其“超脱”“纯净”而言，它有些类似“超现实主义”。但将避免其晦涩。因为是以“空灵”现。“灵觉”扇动着它的翅膀，在那里飞动呢！那是空灵之现代派。

中国新诗一旦挣脱了“儒”的羁绊，将会显示出无限生力与冲刺力。

东方神秘主义无疑将会熠放出神秘之光。

“五四”以来我们是向西方取经。未来可能来一个倒转。迟早有一天，会有第二个庞德，向东方做第二次朝圣。

那时他们所惊异的，将不是神龙之一鳞片爪，而是“无鳞无爪”的神秘主义现代东方“远龙”。

1987.10.20 于济南

答《文学评论家》

问：你对今后的创作有何打算？你认为还要坚持些什么？还要追求些什么？

答：重要的是我想再走走，于近两三年内能去看看新疆、浙闽、云贵。冬日雪封的东北原始森林，高寒缺氧的青藏高原，对我都有吸引力。和大自然亲近，这是我深入生活的特殊方式。诗，我想会来的。我说过："只要眼里还有泪。"如天再假我以五年时光，我想还可以出它三五百首。正如昌耀《思——古意》中所写："我满身满体满腹满心肠都已为他郁结满了那丝，我觉着肌肉已经灼灼胀痛了，我青春的皮肤已经薄得透出亮光了。"我正是那"丝人"。因为肚子里还有不少的丝未吐尽，所以我还不能早早地去。我丢掉了整个中年，阎罗王会怜我的。我已出版两个集子，第三本已编就。七十岁生日时，希望能看到有五个集子比肩。

于诗一道，我喜"减法"。减之又减，以至于"无"。"从有到无"，诗之道也。但这一"无"字，来之却并不容易。我是三十年一悟始得之。"有"则"有限"，"无"则"无限"。"无限"才是高级审美。还是"无限"好。过去、现在、未来，全在其中了。"三世"时空全息，大包容。

既然已进入这一奥区，我就想深探下去。有位老友看我一步一步往隐深处走，甚是为我担心，劝我"适可而止"。还说："走走不行，就再退回来。"我说："眼下走得正起劲儿呢！"不想裹足。那一无鳞无爪的"远龙"已经扪得，岂可轻易放手！至于"返回"，那是"必然"之事。诗之贵"虚"尚"无"，走到极处，就会返回，又会是"从无到有"，贵"实"尚"有"。前行到极处，又会返回。这便是艺术之"生化返"规律。但这个"返回"，绝不会是又回到那一原点上去，而是高一个层次，螺旋形上升。当前诗坛之"无境"，我看只不过是初窥，尚未形成一个时代的艺术风气。我自己眼下也还是处于“有心”追求阶段，现露尚未能尽免，也还需要往前走。今生今世是不是能走完这段路，也还难说。即便到了“无心”为之而得之，尽入“无境”那一天地，且成为风气，也还有个熟透的问题，也还需要一段时间。所以“返回”目前尚不在我所考虑的范围之内。留给未来的诗人们去烦恼吧！

诗之“无境”，不泥不滞，通变幻化，妙不可言。在诗人，自然是要靠灵觉去经营。于读者，亦必得启动灵觉去见，去听，去嗅，去品，去触；说不定还会来个“灵会”。灵觉常用，则人之灵气自然会是栩栩生动，唤醒潜能，其创造力自然会是无穷。读者如因我的诗而在自己的生命中充满灵性，那我要净手，烧高香。

1989. 10. 26

大入、大出

——在山东诗歌创作座谈会上的发言（节录）

会上有的诗友谈到山东诗坛“方向”没有什么大问题，比较“正”；受西方现代派的冲击，不是那么明显。我看符合事实。

但我们不能满足于这个“正”。也还需要进一步分析。山东的诗，我总以为“老实”了些。这也近于“正”。然而诗是不那么老实的。做人要老实，写诗则不能。

至于没有明显地受到西方现代派冲击，从另一方面看，不也说明我们还比较封闭，开放得还不够吗？这怕是与鲁文化、鲁风有关。

看看咱们的诗歌队伍，有谁对西方哲学、美学，诗歌发展流变，做过深入认真的研究呢？总体看，我们对西方文化尚缺乏“入”，“大入”。对西方现代派，从山东诗人队伍看，学习不是过头了，而是远远不够。

我们本应从他们那里学习点什么，汲取点什么的。或者说，受到点滴启示的。比如法国象征派，他们的象征诗搞得就比较纯净。而我们的古典象征，“象”后往往拖条“征”（验证、说明）的尾巴，“象”后必有“征”。《诗经》中的一些诗是这样。屈原写《橘颂》是这样。李白《上李邕》也是这样。个别诗人的个别诗作，如刘禹锡游玄都观的诗，李商隐的《无题》诗，虽然达到了纯境，但那是出于政治、爱情的不便明言，尚非艺术自觉。相比之下，法国象征诗，比起我们来，就纯净一些。我们如果能从他们那里受到启发，隐“征”于“象”外，“象”在此而意在彼，我们的象征诗就会出现一个新的局面。

“五四”以来的新诗人，李金发第一个学习法国象征派。那是生吞活剥，不足取。到了戴望舒，才开始上路。戴望舒中期的诗，比较纯净，那是比较理想的中国象征诗。虽然为数不多，但值得珍视。我们完全可以从这里走下去，建立我们的象征派。法国象征派已经没落了，而我们可能是方兴未艾，前程无量。这是说“入”，“大入”。

但仅有一个“入”，“大入”，还不行。还得有“出”，“大出”。既要走得进，又要跳得出。能跳得出，才谈得上“识见”，察其不足，不受其牢笼；才能不盲从，认为他们什么都好。读艾略特那首《荒原》，你才会有主心骨，不被评论家们的“思想意义”牵着鼻子走，置艺术上的跛脚于不顾。《荒原》几乎一步一典，离开拐棍，我不知道艾略特能不能走路。说他博学，可以。但写诗不能靠记性好，炫耀知识得高分。诗人要的是创造才气。艾略特的创造才气，与其等身的美誉不相称。

台湾有过“横的移植”，大陆前些时出现过“崛起”，都是出于对西方的拜倒，有“入”乏“出”。所以不仅要“入”，也还要“出”。理想境界是“大入”“大出”。这是就横的一方面看。

那么，纵的老家底的继承，我们山东诗界是不是理所当然地做得就很好了呢？恐怕也不能这样说。对于我们的古典哲学、美学，诗歌发展流变，我看咱们是同样缺乏深入认真的研究。同样也存在一个“大入”“大出”问题。这个问题有普遍性，不单山东是这样。台湾少数走在前边的诗人，我看到了他们的“入”，也还缺乏“出”。离“大入”“大出”还远。这一问题，他们如能有所认识，就会向前迈一大步。

学问一是来之于“天”，直接从“天”那里悟得。二是来之于“人”，间接从前人之悟那里悟得。纵的传统的继承，属于从前人之悟那里去悟。其实，“天”什么都告诉人们了。绝顶聪明的人，即便一本书不读，也可以到达高峰。《周易》之前，就没有多少东西可读，然而《周易》一下子达到了高峰。但绝顶聪明的人究竟极少，从前人之悟那里去悟，不可偏废。所以我们要继承文化传统。

“五四”新诗是向西，胡适对传统文化采取了虚无主义的态度。所以新诗一下生就先天不足。传统是要反，不反不行。不反，我们这个民族就难得前进。但不能全反。比如“反儒”，前儒从《周易》之以“乾”为首卦那里受益，贵刚尊阳的思想，就反不得。道家有消极的东西，但它的美学思想却极其精妙，也反不得。由于丢弃传统美学精髓，以致造成新诗先天不足这一事实，过去少有人关注。有几位，如刘西渭、废名等看到了，但未形成影响。直到十一届三中全会以后，诗坛才开始重视。

重视传统文化，这是好事。比起轻视传统文化，对传统文化采取虚无主义态度来，是一个进步。但相应的又会出现自卑心。也是应该注意的。

有两个自卑：一是在西方诗人面前自卑，二是在古典诗人面前自卑。在西方诗人面前自卑，我们山东诗人不是很严重。在古典诗人面前自卑，或多或少，或轻成重，怕是存在。就连鲁迅那样伟大的心灵，也难以完全免却。比如他说："我以为一切好诗，到唐已被做完，此后倘非能翻出如来掌心之'齐天大圣'，大可不必动手。"这就是拜倒，拜倒在唐人脚下。对他这一番话，对鲁迅这一心态，老实说，我不以为然。认为唐诗到顶，不可超越，这不符合辩证法。我们今天来写新诗，就要有所创辟。哪怕是向前挪动小小一步。写诗如不能超越唐人，那要我们这些人干什么呢？那就不如不写诗。何必一定要写诗呢？不如去卖瓜子。走进去，既看到前人的长处，又能察其不足，敢于超越，就是"大入""大出"。纵横两个方面，都有个"大入""大出"问题。

"大入""大出"，克服两个"不自卑"，是新诗对我们提出的战略要求。坚持不懈地努力，是可以到的。出此一步，山东诗歌创作就会进入一个高境界，同时有利于我中华民族新诗之振兴与发展。

复辛冠洁

冠洁同志：

又是连得两信。后一封密密麻麻，三大张！七纵八横，字字心声。血泪之语，使我大恸。您合当诗人的。而且定会是别格。

《孔孚净域赞》中那个“刁”字独特奇险，谐中见深情，我是很喜欢的。只是放在整体中看，不免轻了一些。还是“玄”，如何？因为实实在在，我还是在“玄之又玄”（“二玄”）界内瞎混，未出老子势力范围。您看我“三玄”都超过了，我既惶恐，又窃喜。怕是过誉了！前两句可不可以这样：“越法子玄了/只摸得妙了？”后句隐“无门”，自然在“三玄”之上。“越法子”系进行态势，“三玄”自然在其中的。这也合您之眼界。如果定说“有门”，那只能是“无门之门”了。“无门之门”一语过去未曾见，当是洁公创辟。我很珍重此四字。在我这里，“有”“无”，实际上是“辐”与“毂”的关系。当我写“有”时，实际上是写“无”。当我写“无”时，实际上是现“大有”。故有即无，无即有，“通”而“化”之的。《孔孚诗艺辨》尾句那个“化”字极切，起到互相照应作用。（辛冠洁《孔孚诗艺辨》原诗：孔孚何尝减/他只执着隐/孔孚何尝隐/他只执着藏/孔孚何尝藏/他自有个化——编者加。）

伊洛在曲阜会议上有一《谈谈“用无”》发言（他前有一《孔孚诗的“用无”》文字，收入《论集》），得钱锺书先生高度评价。而有的学者却摇头，认为是“谈玄”。“玄”有什么不好呢？话说回来，“用无”又“玄”什么呢？人之饮茶、居室、使用交通工具，一切的一切，哪不是“用无”呢？“百姓皆用之而不知”也！连燕子（衔泥垒窝）、蚂蚁（拱坟）都知道“因有用无”“因无用有”（加引号者，为钱锺书先生语），何“玄”之有呢？“用无”系道家美学原理，似当推而广之。谈有说无，六朝之后哑然。哲学家的您，有无兴趣掀动一下波澜呢？

“没辙了”上面是范宽。董源、范宽相较，范为上。“南宗”空泛，且太理气，曾想到，排除了。还是拉个有代表性的人物来好。范擅画雪山，知覆盖法，也可以说是“减法”，让他老先生出面，当得味。您想得周全。《孔孚礼赞》之第六行可否改为“你随意流出三五行”呢？希望听听您的意见。不能由我胡作非为。（辛冠洁《孔孚净域赞》原诗：越法子刁了/全变成心了/李杜王呆了/范宽没辙了；辛冠洁《孔孚礼赞》原诗：孔孚/你真坏/该看到的隐了/该触到的藏了/只剩下一个觅/你倒省了三百六十行/人却费了三兆六亿秒/坏还是不坏——编者加。）

“三百六十行”意旨，还望指点一二。我这个人愚鲁之甚，悟不得也。

三篇均请酌定寄我。如何？

专此，即颂

双福！

孚

1993.8.6

信尚未发出，又得情文。文章并您敲定的三首，就给《大众日报》。交《大众日报》发表，有特殊意义。

我仍在医院里。体温已正常稳定，请释悬念。

又及。六日晚。

信还没有来得及发，又得两信。一天之中，您连发两信！这不是“纠缠”，更不是“太残忍了”，而是你在向我发功。我相信“爱”能发射潜能。

冠洁，您是一团火，您是风。人都一天一天无情地在老，而您却一天比一天年轻。这是奇迹。重要的我想还是境界问题。

增补文字，我会一字不动加进去。

等您的信，以便抄清，交报社。

7日下午3时再写

·附录·

一 辛冠洁致孔孚

我的孔孚：

七三来鸿给我带来了安慰。这安慰正是我最需要的———特别是在这垂暮之年。你知道，我这个人原是贾宝玉的唾液和着泥捏成的。只是你把我那几张卡片当作诗了，我实在是受宠若惊。那不是诗，那是从我即将衰竭的心底沥出的几滴血，从即将失明的老眼里流出的几滴泪。至于这血是A型、B型、O型、AB型，我全然不知；这泪是酸的、苦的、甜的、辣的，全然不晓。如果一定要说是什么，姑名之曰庄周梦里的蝴蝶吧。

你要我写篇文字和着这“诗”发表，我从命。我早就想为《山水清音》写点什么了。只是为避“白圭之玷”，才迟迟未敢动笔的。

在您这里，我是绑在床腿上的老绵羊，剪毛就剪毛，割蛋就割蛋。你说不敢改？哪里话！你要怎么改就怎么改，由你了。

“没辙了”上面还有字，好像不是范宽，便是董源。他们都是“山石水龙”大师。虽说什么山水都能画，遇到你的诗，怕他们吃奶的劲都用上也画不出。正所谓“诗到绝处不可图”。你还记得我收藏的一幅张照的字吗？写的是《五灯会元》上的一首偈：“空手把锄头，步行骑水牛，人从桥上过，桥流人不流。”我曾想过，范宽、董源怕是画不出。你的一些诗比这偈刁多了，范宽、董源能画得出吗？有辙吗？

我喜欢你的诗，也重视你的文。你写戴望舒，已经够神的了。又来了《谈提炼》，简直王弼再世了。我只能甘居下风。当你在弄梅啃雪时，我却正在与“油、盐、酱、醋”打交道呢！你还记得那半首诗吗：“携得囊琴何地解，漫从驴背逐清秋。”我的驴，如今把我驮进了“厨房”。你的驴呢，却把你送到了“云深处”。天哪！驴呀！驴！

你在病中，我却没完没了地啰唆。但愿也能为您解闷呢！人是怪物。拥抱您。

祝

阖家好！

洁

1993.8.2

二　辛冠洁：《大诗赞》

缚得远龙的诗，大诗
小中见大，不

大的是大的也是小的
小的是小的也是大的
要在乎
角度

有人说孔孚的诗是小诗，甚至说是雕虫小技。谬！

1993.8.4 凌晨

三　辛冠洁：《我所了解的孔孚和我所体味的孔孚诗》

十二年以前，孔孚来京，留给我一本题名《山与海》的手抄本孔孚诗集，其字挺拔清美，装订极为精致，像“内府”刚造出来，我实在太动心了，郑郑重重地收藏了起来。

我无诗才，又素少接触新诗，对新诗是很陌生的。可是这个稿子却非同一般，引起我极大的兴趣。放在手头，时不时拿来展读。可以说读了又读；又读了，又读。说实在的，还从来没有什么诗，包括我喜爱的哲理诗，像这本诗稿一样打动过我的心。我真想为这诗稿写点什么，然而我认定自己并无诗才，哪敢竟作诗论呢？不是还有个“白圭之玷”的警示在吗？所以也就什么都没有写，只是为这本稿本设计了一个扉页，插在本子里：上头是三个高低错落的山头，下面是三道波纹水线。这当然是一种抽象。三，为多为大为美；山，为高为远；水，为深为邃。权作对这诗的笼统概括罢了。

过了几年，孔孚寄给我一本由重庆出版社出版、钱锺书先生题签的《山水清音》。这装帧精美、编排清雅的本子，正是稿本的成书。只是《山水清音》这名字比《山与海》更觉妥帖了。后来知道这书名也是由钱锺书先生定的，可以想见钱先生对这本书的重视。看看内容简介，言简意赅，竟和我的看法略同，特别是哲、美融和一点更是一致。扉页有个图饰也和我的想法相差无几：三个山头，两只小帆。我的三水纹取深邃意，彼的两小帆取清远意，虽趣有别，但往深处想，意却是统一的。至于我是三三，彼是三二，便是仁者见仁，智者见智了。我为我与本书编者竟会“心有灵犀一点通”，感到高兴。既然我要说的，简介都说透了，何必再炒冷饭呢。为孔孚诗写点什么的念头也就彻底打消了。

上月底我出差回家，见书桌上一包书，原来是孔孚的两本诗集、一本诗论和一本《孔孚山水诗研究论集》。翻开一看，可就放不开手了，竟一口气读了十几个小时，直至读完。书读完了，顺手写了一封潦草的信，附上读诗时随感而录的几张卡片：《孔孚礼赞》《孔孚净域赞》《孔孚诗艺辨》，寄给孔孚。孔孚竟回信说我那几张卡片上的涂抹是诗，而且是真正的诗，并且说想不到我也写新诗。这真使我受宠若惊。我哪里是写诗，是在想孔孚呢。

我与孔孚相交已有几十年的历史了。20 世纪 50 年代初，我和孔孚同在大众日报社工作，关系很密切。从开始合作时，我就很喜欢他。因为我觉得他有才、有德。

我所说的他的才，是指他有一双锐敏的眼睛，常见事于人先；有个深沉而灵透的头脑，善于把所见迅速投入再生产，制造出或者说提炼出自己的观点，有时竟是独特的观点；有一只很工巧的手，能把自己的观点，再迅速投入再生产，写出逻辑层次清明的文章，有时竟是令人赞叹的作品。

我所说的他的德，用我的职业语言来说，就是他有一颗仁心，由这仁心延伸出一种德行，再把这德行物化到件件稿子，一张张版面上，物化到对一个个人的真诚对待上。任务再重，他总有潜力，无怨言。遇人相求，无不慷慨相助。我是一个性急、对人要求近于严苛的人，一见孔孚有潜力可挖，便向他加压，而每次加压却都被他突破。

他是以一颗童心待人处世的。

试想，有这样一位合作者，我能不高兴吗？

我们两人在性格上有许多相同的地方，这便于相互理解，渐渐地就成为好朋友了。当然“同”容易相斥，故不免也有磕磕碰碰的时候。但“同”也平和，易于理解，任何磕磕碰碰都会融解于这理解之中。直到我离开大众日报社，到很远的地方去工作，我们的友谊也还一直在发展着。我是怀着无限依依的心情与他分手的。惜别时，我特别表示希望他不论遇到什么困难，都要保持住自己的锐气。他没有辜负朋友的期望。别后的年月里，果然，他遇到了灾难性的困难。但，果然，他也在极端困难中，始终保持了锐气，竟至大器晚成，成了中国近现代诗史上一位里程碑式的诗人。有人称他为山水诗人，这说到了他的特点，但窃以为并不全面。依愚见，孔孚是一位整个的诗人。

这便是我所了解的孔孚。

说到孔孚的诗，我只能谈我的体味，无力进行全面评说。因为我既非诗人，亦非诗评家，体味也并不多。虽然他的诗给予的启发是无限的，带给的希望是无边的。显示的，是照亮我们整个民族精神的曙光。可我还报孔孚诗的，只有前面说到的那个三山三水图的含义。

我说孔孚的诗是深的。他的诗，差不多首首都深藏着难以捉摸，但又能够让人心领神会的哲理。比如《崂山》一首：“晨餐朝霞/夜听潮音/濯足于万顷烟波/肩搭一条白云/有大海这面镜子/沾不得半点灰尘”，读之，无形中你会被一种目前我还说不清楚的力量一步一步引入澄明而又使人惕厉的境界。这是一个既是静的又是动的，既是清远的又是深邃以至于深邃无底的境界。每逢读到这里，我都要掩卷沉思，或者翻开《坛经》，看看慧能那首《得法偈》：“菩提本无树，明镜亦非台。佛性常清静，何处有尘埃？”不虚妄，不躁动，自无尘埃可沾。不知孔孚怎么想的，我却总这么认为。

我还要说孔孚的诗是大的。孔孚诗可以说篇篇是大诗。本来诗就是诗，不必以大小论。但是，有的文章却说孔孚的诗是山水小诗。有鉴于此，我才偏说是大诗。比如《赠钱锺书》一诗：“除了风月/我还有什么呢//云怕洇了先生书稿/觅得几条四亿年前的鱼//湿湿的眼睛湿湿的心/默默地对默默地”，审题，只是赠友人；看行，只有六；字数，仅四十四。（依我看，还可减二字，把“什么呢”改为“啥”。这样就只有四十二字。）我们可不可以因此说这诗是小诗？显然不能。这诗很大。如果你喜欢参与，有玄想驰骋的习惯，那么就请你想想看，那风月遍披人间，谁没有份？这能用什么限制吗？一朵未雨的云都怕洇了钱先生的书稿，在钱先生那里还能加点什么呢？按照逻辑是不能的。然而不然，偏能。我聪明的孔孚想到了那在荒远地质年代岩石里躲了四亿年的黄鳍鱼。这能用什么框住吗？湿湿的眼、湿湿的心，默默对默默，你能用什么时空限制吗？能用感情控制吗？怕不能。稍可制约的，怕只有诗人那颗跳动着的心。这诗够恢宏的了！孔孚似乎也觉得他的诗是大的，只不过有点儿羞羞答答，不愿挑明罢了。孔孚著名的诗论《九答》有一章“关于‘小’”，专门讨论大小问题，其中曾报到我收藏的几幅齐白石的山水斗方。他在我家乍看到这些小画时那种“诗!”“诗!”的奇呼，那种近乎天真的手舞足蹈，十几年过去了，那影子却总在我脑际萦绕。他还提到《中国人民解放军进行曲》的曲作者郑律成看到这些小画时的反应。郑不跳跃，也不惊呼，只是坐在那里默默地读，一小时一小时地读，不时地低声用他那不太熟练的汉语说：“是音乐……”“谱下来……”孔孚用这例子说明小中可以见大。但这话并不那么彻底，正应了我说他羞羞答答那话。小、大，如同高、低、上、下一样，本是相对的。从这个意义上说，我认为孔孚的诗无所谓“小中见大”。我所见到的，体味到的，都是大！恢宏廓大！我觉得讲诗的大小，不可以形论，而应以质论；不可以外显论，而应以内求论；不可以成物论，而应以生命论；不可以躯壳论，而应以精神论；不可以“花影”论，而应以情绪论。我体味这质、这内求、这生命、这精神、这情绪，正是孔孚诗的魂，是孔孚诗大的所以然。

我还要说孔孚的诗是因“用无”而善隐的。他常常把对象隐藏起来，把思索留给读者。正如上面提到的我作的那张《孔孚礼赞》卡片所写：“该看到的隐了/该触到的藏了/只剩下一个觅。”比如，我不知读过多少遍的，最最心爱的，他那首《一朵小黄花》“礁岩上一朵小黄花/羞涩地低下了头/大海把它别在衣襟上/小黄花笑了”，这本来是以小黄花自况，写孔孚自己的甘苦，抒自己胸臆的——诗人面对大海，浮现出母亲的形象，笑得多么开心！曾经被逐的他，现在又被别在母亲的胸襟上，因而笑了。笑得多么开心！可是孔孚自己隐藏了，你感觉到的只是那稍带伤感（羞涩、低头是也）的、浓郁的、回报母亲挚爱之情，却并看不到那个用情的人。当然，像捉迷藏一样，老鹰再凶，要捉住那藏起来的小鸡，也并非轻而易举的事。我费了很多思索，联系到诗人的身世，也还加上自己的遭遇，终于从“别在衣襟上”解开了它。近来读到孔孚的诗论集《远龙之扪》，幸知我的理解正合原作之意。孔孚妙笔之所隐、所藏，即使像被人誉为“北宋以来，一人而已”的纳兰容若，“以自然之眼观物，以自然之舌言情”，怕也是难以观到，难以言出的。唯有如此，孔孚的诗才“使味之者无极，闻之者动心”；才美到令人陶醉，令人痴情。我这么说，方家们也许会怀疑我是出于外行，为藏拙计，来危言耸听的。人们要这么想，我也只能报之一笑。因为我早已声明，我是在谈自己的体味，而非为孔孚诗作总评。

1993. 8. 4 凌晨于不知足斋

四　辛冠洁：《里程碑[1]赞》

麦曰：“祭酒”[2]
孙曰：“新品种”[3]
钱曰：“开门户”[4]
是曰里程碑

1993. 8. 4 凌晨

①我已找到了六个根据，说明孔孚是新诗里程碑。此其一也！假我时日，自当展开论证。

②说孔孚为“祭酒”，见《中国新山水诗人孔孚》一文，署名“麦”，载1985. 9. 26《美洲华侨日报》。

③说孔孚诗为“新品种”，见孙静轩《致孔孚》，载 1986. 1. 1《黄河诗报》。

还有位徐北文，其《孔孚山水诗及其在文学史中的地位》一文（载 1989 年第 2 期《东岳论丛》），也说到过。不过事物的新品种是多义的，百家争鸣总有个优劣、高下，甚至主次之分，否则便不能前进。

我注释过刘劭的《人物志》，很欣赏他说的“物生有形，形有神精。能知精神，则穷理尽性。性之所尽，九质之征也”，并“才不同量”（见《中国哲学史资料选辑（魏晋隋唐之部）》，中华书局1990年版）。对人不能等量齐观，对学派也然。学派思潮是时代精神，时代精神的精华是哲学，谁掌握了时代精神的精华，谁就能代表这个时代（倒不在乎什么主流派、潜流派）。

我看孔孚的“融诗”，便是我们这个时代的一个代表（不止限于诗）。徐北文的文章冲淡了这一点，甚可惜。

④1983. 7. 22钱锺书先生有信寄孔孚，誉孔诗为“开门户”。

复辛冠洁

冠洁：

知你睡不好，脑子歇不下来。甚是不安。简单说一说吧。

一、海峡两岸谈玄。我有兴趣参加。奈一不是学者，二没法子报销。当个梦做吧！

二、还是“心”好。“不可以智慧识”，却可以“心灵感”的。“心”高于头脑里的那个“智慧”。故《春日远眺佛慧山》一诗，我下决心把“一颅的智慧/生出芽儿了吧”减掉了，仅余“佛头/青了”四字（见《中华英才》画报复印件）。这才是大诗。（我不再羞羞答答了。）我曾在一篇文字中说过：在我看来，“心”“神”是一回事。“心”是“灵”之府呀！也只有在“心”这里，才可以“灵通”、大化。就保留“全变成心了”吧。

三、保留“三百六十行”。我把你写的“省”字看成“有”了。自然是“你倒省了三百六十行”妙。妙在还有个“撒娇法”。你的信大都可作随笔发的。

四、“里程碑”，只有你一个人说。讲“划时代”，倒是有几位。“里程碑”，我想是沾点边儿的。真真深知孔孚价值，并敢公之于世者，冠洁一人耳。

安好！

孚

1993. 8. 15

附录

一 辛冠洁致孔孚夫人吴佩瑗

佩瑗嫂:

头几天刚说过今后一段时间不再打扰孔孚，可怎么也按捺不住自己的心。前天寄上之七张卡片，都是初读再读孔孚诗与论的印象速记。深圳回来接到孔孚的诗集、论集，我遇到了一次平生没有遇到的冲击波。以往我也曾有过过度的兴奋，可那兴奋是平静的。孔孚作品给我的兴奋却是另一番滋味，像雷电、像飓风，整整四宿，我未得一足睡眠。安眠药片由两片加到四片，由四片加到六片，全不管用。这几天好些了，但这极度兴奋的原因尚未完全摸透。

孔孚的身体到底怎么样？如果容许，我倒想把他的领域再稍微扩大一些，在内心觉醒的基础上，建立一些新的联盟，比如美学界、文学评论界、哲学史界、历史界、思想史界、书法界、绘画界，与他们建立些联系，有空参加参加他们的会、他们的活动。孔孚不光是一个诗人。明年将有一个海峡两岸的谈玄会（前年则有过两岸学者儒学对话），我是希望能唤起孔孚的兴趣。只求沟通，共同启发，在此基础上找到一些大共识，写出一些接触本质的东西。我是一个倾向经典的人，但也从来不敢忽视新东西，很想把传统和新识沟通起来。纸短情长，不尽所言。

祝好

弟冠洁叩首！

1993. 8. 9

二 辛冠洁致孔孚

孚弟:

收到七日来信，知弟不以顽兄纠缠为苦，甚高兴。“诗”、文就照七日信上说的办。

《孔孚净域赞》中“刁”字就改为“玄”。《孔孚诗艺辨》尾保留那个

"化"。这个"化"虽是自然流出，但在我看你，却是"胸有成竹"。《孔孚礼赞》中"你随意流出三五行"，非常传神，极佳。下头需得剪裁一下，否则可能不接，求你润色。春风那把剪刀，正在你那里。就这么定。

不过我得再说一句，我的那几页卡片，总觉得不是诗。那篇短文似乎也不成文，一来内容贫乏，二来逻辑松散甚至混乱，三来行文也不流畅，比起那本论你的集子中的文章来，逊色许多。如果集子中的文章可分三等九级（上、中、下和各上、中、下），我这篇文字顶多是八级。我无意自贬，事实就是如此，我不糊涂。如果今天来写，肯定要好些。我之所以决定发，是因为这在我对你的认识来说，是个原型，可以起簿记的作用。我不能以后不再写你。

那几封信，既被弟视为"至性至情"，可以发，那你就选几则发吧。我没有什么改动，人能改自己的良心吗？

现在我来说说"三百六十行"和那个"心"字。"三百六十行"，不是行行出状元的"行"，仅起符号作用，是虚数，用来说你的"减"。意思是：你减之又减，减了许许多多（三百六十行）。它和"三兆六亿秒"相对应。三兆六亿秒是说你减了不要紧，可要人们用多少天，多少年来苦苦寻思，苦苦琢磨。这才落到那个看你"坏还是不坏"上。这种方法，算是您哥创造的"撒娇法"吧！你看：一个腼腆的少女，被她的心上人猛不丁吻了面颊，她举起了松松的拳头，捶打着这心上人的肩膀，嘴里连珠炮似的"你坏，你……坏不坏？……"这算是一个注脚吧。

再说《孔孚净域赞》那个"心"。我是要说，你把万象、万物、万理……统统摄进了你的心，用心来酿造，造出了醉人的酒，喷出来把人们都喷醉了。辛某是大醉一月。如果阮籍还活着，说不定又会一醉六十天。

你说到"谈有说无，六朝之后哑然"，鼓动我在我这个领域掀起点波澜，真是"英雄所见略同"。昨天我给嫂夫人一个短笺，正说到这层意思。明年海峡两岸谈玄，你有无兴趣？欢迎你参加。说到魏晋那帮人，我就会疯起来。"天地解兮六合开，星辰陨兮日月颓，我腾而上将何怀？"一切都在变动之中，何苦自我滞碍？多来劲！我们有许多会，如研道的、研禅的，最好你都参加。我和我的朋友们都欢迎你。给嫂夫人那个短笺，笺短意长，希望得到你的答复。

祝好

愚顽兄：洁

1993. 8. 11

又，还要说说那个“玄之又玄”和“无门之门”。“玄之又玄”是什么？“众妙之门”。“门”是什么？是“牝”。说它“门”，是因为天地万物均由此出。就禽兽之牝、人之母、宇宙之地的“户”来说，它是具体的门户。然而就其生宇宙而论，虽然还存在门户本义，但它已经不是具体的而是抽象的了，也就是“无门之门”了。郭（沫若）、冯（友兰）把老子的“门”与性崇拜联系起来，是有道理的。

我有一种朦胧的想法，宁可把你的“玄”说成禅，说成“心”，因为在你那里，确已经超“玄”了，这样便可以把你同儒、释、道贯通起来。你的“用无”，就是“灵通”了。有人说你“外道内儒”，并非全无道理。在“禅”那里，当什么也没有的时候，出来了净土、彼岸；在你这里，不论“有”时、“无”时，“有即无”“无即有”时，都有一颗赤子之心在怦怦跳。这赤子之心所眷恋的，是你可爱的民族、国家和人民，以及壮丽的山河。在“禅”那里的那个慈悲的佛，便是你的诗里的你这个怀着赤子之心的伟大爱国诗人，在儒家那里便是那个孔圣人了。这是历史决定的，你不自觉地选择的。你否认，怕难。此话后说。我本不想在形而上上纠缠，这东西太累人了！诗的美其实也是形而上的，但它给人以轻松。

11 日晚

复辛冠洁

冠洁：

社会各界活动，我怕是不能参与。一是身体不行，二是想保持一个宁静的心态。还是默默地吧！唯海峡两岸谈玄例外，就此一次。但愿开得成。

书，肯定是买不到。新华书店与孔孚无缘。但可以赠。你的朋友也是我的朋友。请开个名单，以便敬奉。《山水清音》《山水灵音》都没有了。《孔孚山水·峨眉卷等》《孔孚山水诗选》《远龙之扪》还是可以满足朋友们的。我的作品能打动各界诸公的心，那我就太高兴了。评论果能超越诗界狭窄的圈子，那真是要浮一大白。这一个月来你旋风似的书信，我便看作是一次诗与哲学的沟通。新诗能如此震颤一位哲学家的心弦，实出乎我预料之外。这太重要了。说明的问题可就太多了。

信中说到你正在“掀”，我几乎要跳起来。这是件大事。是时代的要求，也是历史的要求。既合“史心”，也合“天心”的。然掀而能动，且激起波澜，怕非易事。你那么多事情，精力答应吗？得承认：总是七十多的人了。不知我当说不当说，你得考虑用用“减法”。晚年能做好这一件事，也就很不错的了。信中几次说到“驴子”，我是希望它能驮你从“密林中”（加境）走出，有人在“云深处”恭候呢！

不过我不能参与，实在缺乏此功力。离开诗，我是话也不会说的。感兴趣于两岸玄谈，也只不过是想去听听，满足一下耳朵，压一下饥饿而已。

你的手札，我又浏览了一下，看是大都可以发。一位哲学家突然近乎疯狂地关注起一位新诗人的文字来，一个月写十七封信，有时一天两寄，这本身就具有不寻常的意义。况行文又多光耀呢！此种现象，新文学史、哲学史怕是少见。

“融诗”一词，我想是切的。在我这里，阴阳、天人，物我、形神、情理、有无、时空、诗哲……均齐于“一”，风马牛相及。我心会你那个“化”字。有位批评家在一篇文章中说：“能在艺术上打下深刻印记的无非有两种人，即敢于冒险冲出极限的人和集大成的人。孔孚当属于前者。”他就没有看到孔“融”。在他那里，所谓“集大成”，不过是就文化层次而言。在我这里，岂止是历史文化框架得住的呢？这他就更看不到了。就诗美学而言，这位批评家还停留在“王维模式”，缩在一个旧壳里。他极推崇王维的《山中》和《终南山》，美得神乎其神，却看不到这两首诗之杂质、赘字（如“天寒”）、赘句（如“山路元无雨”）、新闻语言（如“太乙近天都”）、煞尾之松神（如“欲寻人处宿，隔水问樵夫”）。二诗有余味可寻，能活得长久的好句子，不过“空翠湿人衣”“青霭入看无”两句耳！真正的好诗是浑于“一”之整体美，难以摘句的。从虚实（有无）关系的处理看，王维还欠点火儿。你写“王维也不行”，没错儿。出“李杜呆了”，可不是简单事。非大胆识之笔，俯瞰文化超常之人，根本不可能的。中国缺少大批评家。你出此惊世骇俗之语，今日之批评界能不摇头而默许者不知有几。不客气地说，在古圣先贤面前，多的是贾桂。所以要“掀”，来他个呼风唤雨。

这封信写了两天。身体情况、家事，以后说吧！

秋安！

孚

1993. 8. 27

附录

一 辛冠洁：《融诗赞》

凝诸山石水龙不就是山水诗
循着山水缚住心*底的龙是融诗

心：变形的物（有根的血肉之物）。

1993. 8. 7

二　辛冠洁致孔孚

孔孚：

你8月6日和沈传义老弟8月16日的信同于今日收到。沈老弟说，我给《大众日报》的稿件，广东同志已经看到，决定发表，还要亲自给我回信，这使我非常高兴。几十年之后，我俩在娘家碰头（辛冠洁和孔孚曾同在大众日报社工作——编者注），实在是幸事。

给《大众日报》寄出稿件之后，我已平静下来，并且投入了日常工作，勿念。

两岸玄谈会，只要开得成（大概会开成），而你又愿意参加，事情便成功了。你不但是学者，而且是大学者、大诗人。费用问题，小事一桩。不必担心。

你不是提议我在所处的领域掀起点子波澜吗？我正在掀。我希望你参与，参加到我们这个领域来，即便客串也是好的。我已把你介绍给了我这一领域的一些巨子，看来他们对你是十分有兴趣的，特别是你的诗论。我正在策划，让他们（也许还有我自己）把你打入大杂志《中国社会科学》和东、西、南、北、中的一些重要的人文科学方面的综合杂志中去。可惜你的诗集、诗论集不易买到。

在给嫂夫人的短笺中，我曾说到孔孚的冲击波把我打入了一个巨大的激流中。为什么会如此？一时说不清楚。静下来后，原因找到了。这原因盖为：第一，强烈的共鸣。当我系统读了你的诗，特别是诗论之后，我觉得我们不仅在性格、气质上有若干相同之处，观点上更有惊人的契合。因此，我积累多年的感情，此时便像打并闸门的洪水，汹涌澎湃而出。第二，很深的自愧。你的成就惊得我发呆。不仅自叹不如，简直觉得望尘莫及。我几次谈到那头驴子（不知你察觉没有），正是这种情绪的自发流露，而且我觉得流露得自自然然。

最后说的是，我从不生病，故对病和病人的关注一向很差。你的病到底怎么样？能专门谈谈这个问题吗？

还有，以后不妨也说一点家事。

致以

敬礼

并祝阖家安康！

冠洁

1993.8.19

复辛冠洁

冠洁：

文已发出。多参加些各界活动，怕是不行。主要是身体难支，前已说到。也还有，不能仅带两个耳朵去吧？总得说说。这就有了负担。我这个人自由散淡惯了，还是让我默默独处，对山对水，对风对月，对星对露吧！

你说到去海外走走，我心萌动。如有可能（明年），就选日本。我做梦都想去日本看看。那是太阳升起的地方，日之国呀！小泉八云何以选中日本定居呢？而且取了个日本名字？仅仅因为日本美吗？是不是也有魅人之风情在呢？或者还有什么别的因素？比如偶然邂逅中野良子那样的女子，而受到吸引？前年去新疆，我就有过这种经验。我奇遇了一位女神！在伊犁她独约我去看伊犁河落日。整个过程，我们都不说话。可我听得到她的心跳。我的心告诉我：你这个白发翁陷入情网了！没有这样一位纤尘不染，若水月观音，柔情脉脉的青年女子老叩我的心扉，我是写不出《伊犁河落日》组诗来的。(此三首我自信是独到。）也写不出《帕米尔》并其他西部日落的诗。李心田、宋遂良二兄曾各出一小文，连发《齐鲁晚报》，推孔孚亮相。复印呈上。一笑。“人是怪物”，一点也不错的。

再拉回来说，我也喜欢日俳。但不怎么很。仅仅一点儿禅味，已不能使我满足了。它那里缺少“无限”。日本现代诗也不怎么行。我总觉得我的诗该是能打动日本。然而至今没有谁看到孔孚。日本诗界似乎有些麻木。此点很使我失望。

入录英国剑桥“世界名人录”事，不必做此努力。我不同于你，你是获过国际奖的，而我不过是一“野狐禅”诗人而已！至于说到“扭转乾坤”，那是万万不敢当的。我之“抟虚宇宙”，只不过是与老天唱唱对台戏罢了。各唱各的调而已！没有谁能影响老天。究其底，连他的手心也翻不出的，如果说扭转一个时代“贵实尚有”的艺术风气，这倒是很有可能。（不！我简直是坚信。）取最狭隘意义作浮面理解，称此为“扭转乾坤”，也不是说不过去。不过西方人尚实，人家才不信你这一套呢。算了！算了！你是有分量的人，万勿为我受讥。

你就忙你的，不必回信。我还不能出院。不多啰唆了。

紧握。佩瑗问候。

一萍安好。

孚

1993.9.12

附录

辛冠洁致孔孚

孔孚：

据我的小同事说，昨天他已把我信的原稿（复印两份存我处）即整抄件稿和你信的复印件（原件及另一复印件存我处）寄给了你，请注意查收。我不得不全副精力地对付韩国和中国台湾之行。如果你有精力，就请考虑一下怎么处置。

给刘纲纪、周继旨寄书事，本该是我做的。考虑到你寄我，我再分寄，费时费事，也就推给了你。这对你也是一种残忍。

我无意把你也拖进“厨房”，天天搞“油、盐、酱、醋”。我已陷身其中，无法自拔，怎么会再害你呢！我要求你的不过两点：抽空参加些我这个领域的会，听听，说说，交接一些搞形而上学的学究们（国内的、海外的）。人不能过费尔巴哈和王船山式的生活。要像海涅、歌德、恩格斯那样生活。这是一。二便是抽空至海外走走。至少到汉字文化圈中的国家、地区，如日本、韩国、新加坡、越南、马来西亚等等国家和我国的香港、台湾等等地区走走。那里有我很多很多好朋友，甚至是挚友。我的朋友也就是他们的朋友。我陪你去，他们会像欢迎我一样欢迎你。这两点在你我之间都要做点酝酿，做点准备，取得共识，然后行动。我不会害你的，请放心。

从威海回来，我接到英国剑桥大学“世界名人传记中心”来函，邀我在“世界名人录”第二十三版上露面。信的最后，要求入录者向他们推荐在二十一世纪能够扭转乾坤的人物。你不是“抟虚宇宙”吗？我看存在被推荐的资格。我打算把你推进去。请勿以俗讥我。

也许你已得到过这种邀请函？

握手。一萍嘱笔问候。嫂夫人处叩安。

洁

1993.9.9

致辛冠洁

冠洁：

……听传义讲，大众日报社原副总编辑李某看了你我的通信，曾说：“吹得是不是太厉害了?”这是我听到的唯一撇嘴的反应。惜少具体见血批评。

想说说你复冠西信中的一个问题。你写你说“李杜王呆了”，是就孔孚的隐藏、减、化“用无”说的，用的是“特称判断”，并非“全称判断”；你说孔孚是“里程碑”，是界定在新诗史上的，并非说前无古人。不知冠西能否认同。这样说，也许会被接受。这里我得说说心底话儿，前此一直未讲。我晚年写诗，对于历史使命之认识，有个从半清醒到清醒的过程。五十四岁起写山水诗之后不久，我就意识到“接线”问题，并视为己任。那时想的是“五四”新诗以来，山水诗中断，上接古典山水之线。写着写着，就觉得不是这么回事了。不仅如此，进而意识到是在上接道家美学之线。（“道家美学”是杜撰。有人认为《道德经》是“美哲学”，似可成立。我甚至把《老子》看成诗。）而道家美学之于诗歌创作实践过去阙如，进而我又意识到自己实在是在做着一项开前的工作。有此变化，是因为创作实践经历了个从“实”到“小虚”，至于“大虚”，“从有到无”的过程。中国诗之发展，似可能括为“全龙”“神龙”“远龙”三个阶段，从中国诗之萌生，到公元1979年，我想是“全龙”“神龙”阶段，这大段诗史“神龙”有之，但不多见，多的是“全龙”。此后，到了孔孚这里，才正式出现了“远龙”。我之“用无”实践，也有一个从半自觉到自觉的过程。这可以从我的三个诗集《山水清音》《山水灵音》《孔孚山水·峨眉卷等》看得出来。《山水清音》中有不少的诗还是实了一些，“小虚”少见。《山水灵音》介乎中间，由“小虚”往“大虚”过渡。到了《孔孚山水·峨眉卷等》，那就是“远龙”了。拿诗歌创作实践来说，自觉“用无”，出无限，过去历史上是一个也没有的。不自觉或由于某种原因偶尔出一点子，倒是有几首。前者如陈子昂的《登幽州台歌》，后者如李商隐的《无题》诗，等等。微乎其微！司空图、严羽、王士祯理论倒是自觉，但手都没有上得去。手眼齐之作，一首也无。“五四”以来的新诗，就不必去说它了。至今评论界仍多框我于山水诗界内，独你另具只眼，超越山水诗界定，把孔孚置之于“诗”之大境审视。但我不得不说，你之溯观途程也还是短了一些。将“里程碑”界定在“新诗史上”，即可说明。怕不是这么回事。“远龙”之现，在中国诗史上当是空前的。若就“谈龙”而论，我想可以称之为“里程碑”的。不过那是美龙第三个阶段之里程碑。单就道家美学之于诗创作实践而言，似乎可以说“开风气之先”“前无古人”的。这就不是“里程碑”的问题了。我这样说，心里很踏实，自认为是很老实的。“无鳞无爪的现代东方远龙”，算是新的“有”吧？此新的“有”系从“无”而来。所有的“有”，都是旧质。新的“有”只能是经过“无”这一门槛方能诞生。伊洛在他《谈谈“用无”》那篇文章里说过这样的话。我想是对的。还想说，你之“特称判断”与“全称判断”，从美学上看，其实并没有什么差别，我看是一回事。此一点，你再想想看。把李杜王的诗全摆出来，对比一下，就清楚了。那位诗圣诗之现实性、人民性、爱国主义，在我这里全有。“现实”是应该强调，但不应视为时空之全部。现实主义还是“小包容”，眼也有些近视。其“心眼”，我想是酣眠着的。前边说到的那位大众日报社原副总编辑李某，他并没有认真看过孔孚的东西，也未必认真通读过李杜王，不作一番比较，冲口而出“吹得是不是太厉害了”，只能说是他那一颗本来该是灵之府的心被奴性挤满了。“蔑王维”，也许不致引起大波。“贬李杜”，就有可能被视为大逆不道，群起而诛之。杜甫也是神呵！李杜王都是高峰，这没有疑问。但如果高得挡住人们前行的去路，就是问题了。自然这与李杜王之高无关。问题在于人们的心态。甚至连鲁迅都说过“我以为一切好诗，到唐已被做完，此后倘非能翻出如来掌心之‘齐天大圣’，大可不必动手”的话，可见诗不可能超越唐人，不仅是少数人之见。然而历史总是要往前走的，不管是多么崎岖不平，多么曲折。也不管是多么厉害的“文化强人”（包括政治强人），都休想挡得住。“实”到了不能再实，就会往“虚”处走。正如裤腿瘦到了不能再瘦，就又会回到一尺二，甚至更宽一些。就是这么简单。诗界“远龙”

之出现，我看是符合否定之否定规律的。

有点儿低烧，怕是又感冒了。我得抓紧写完这封信。信笔流走，不知所云矣！

总得接上头儿。我想到伊洛那篇《谈谈“用无”》。他有一重要判断，说“用无”之文学作品，古往今来比比皆是。我看是有问题的。若如伊洛所云，中国文学史就得重写。道家美学既然畅通无阻，又何用我辈来疏通呢？上层建筑不同于人之日常生活比比皆是之“用无”（这一问题很大）。何以人穿裤子知道“用无”，搞文学创作反而糊涂起来，而执着于“有”呢？这究竟是怎么回子事呢？如果说人之穿裤子之“用无”是“百姓皆用之而不知”，系不自觉之“用无”，那么，搞文学创作，何以就不能像穿裤子那样不自觉而却能用之呢？等等，一些，都很有趣的。一时难以说得清楚。待扒拉扒拉再说。

这里我想到海峡两岸谈玄。可以翻老账，那定也会是很有意味的。但如果谈出新意，新玄得以出面，切中时代脉搏，则会更有意思。如能去得成，如何谈，我还得想想看。你估计“用无”可能成为会上话题之一，我也这样想过。这得由你启动。你能否出一小文启示一下呢？我极需要“辛启”。这样，说不定也许我会动起来。这样高层次的学术会议，我还是第一次参加。真不知道该怎么说。我说过，离开诗，我是一句话也不会说的。真的！

就煞到这里吧！煞不住也得煞。身体还是很虚弱呢！所以希望会议往后拖一拖，最好安排在五月。这期间我得好好静息，谢绝探视，以便使身体尽快好起来。

你有信，尽管寄来。（你说过的那封长信，至今未见。）你的文字对我的身体只会有好处。是高级补品呢！而我，不能多复。

头脑子如今是既不灵，也欠通。思索问题是有点儿苦的。我想会得到你的谅宥。

打住。

紧握。并颂

俪安！

孚叩上

94.3.1－2

附录

一 辛冠洁复孔孚

孔孚：

长信收到。太辛苦你了。为你之健康计，我意五月会议之前彼此都不写长信。你的任务应该是养精蓄锐，准备谈玄。几件简述如下：（1）我的学科好多巨子，等待与你定交，大有东林之举宪成，复社之盼梨洲的形势。我很高兴。（2）贬李杜，里程碑，大诗、融诗、化诗，这些判断，我都要坚持发展。不动摇，不后退。与冠西谈到特称判断和界定，是经过仔细推敲的。李杜自有其背景，他们是唐代文化的精神、代表，已经是一凝固的质。他们只能被同代人超过，不可能被后代人超过，这是特称的；如果把李杜放进大文化流中观察，后来居上，李杜又逻辑地必然被超过，这也是特称的。你不可能超过李杜，又现实地超过了李杜，这是全称的。里程碑的问题，从一个大的文化流来看，唐的五、七言绝、律，对汉魏六朝的古体诗是一大发展，成为诗史上的一个里程碑；兴起于“五四”前后的白话诗，不论其质量如何，对旧诗都是一个突破，自然它是诗史上的又一个里程碑。我把你界定为新诗史上的里程碑，也就包含了这样一个内涵：孔孚是整个诗史上的里程碑。（3）我以为你的诗的基本观点是“用无”，思想脉络则是隐——融——化。这个分解公式可能要比你的“小虚”—“大虚”好些。（4）五月太湖谈玄，你只管采取孟夫子的态度就行了，不必太过于认真。（5）说我吹你太过的话，我起初也听到过，有人甚至以为我吹得肉麻。但等他们看过你的诗和诗论后，终于明白了我为什么那么起劲地吹你。王树人先生已把此点写进文章中了。孔孚是值得一吹的，用不着什么溢美、阿谀。（6）王树人问我：“你能读懂孔孚先生的诗吗？”我说：“不，不全懂。”再问：“懂几成？”答：“五成。”王：“这就很值得孔孚先生注意了！”我问他：“你读懂多少？”他答：“努力之后，懂三成。”这段对话值得你注意。我想，能否在保持你的风格的前提下，争取让更多的人读懂你的诗呢？……

洁

1994. 3. 10

二　辛冠洁复于冠西

冠西：

谨领教。尽管手教满纸嘲讽，兄弟这里还是十分高兴……

至于吾兄之“贬李杜、蔑王维……”我不能不说，您太抬举我，又太冤枉我了。您大概把我的那组文字统统当作笑料来奚落，并未认真阅读。否则，以您冠西之智慧过人，是不会出那么大的偏差的。我说“李杜王呆了”，是指孔孚的隐藏、减、化——“用无”说的。用的是特称判断，并非全称判断。我说孔孚是“里程碑”，是界定在新诗史上的，并非说前无古人。一旦把特称判断错看成全称判断，那也就“无可说也”了。您说是吗?

我喜欢孔孚的诗与诗论，我想您也一定会喜欢孔孚的诗与诗论。您是诗人，是举足轻重的文坛大家，您的喜欢比我的喜欢更有分量。过几天，我会寄几本孔孚著作给您。您读读看。话甚费，有劳清神。至歉!

握手。祝

秦风春天好。

全家春节快乐!

洁

1994. 2. 4 立春日

三　于冠西致辛冠洁

冠洁：

惠刊收到。阁下论孔诗，俯视千古。贬李杜，蔑王维，惊世骇俗……快人快语，醉人醉笔。边读边乐，害得我一夜未得安睡。……春节将至，寄上几本名人书法作品供雅玩。不知阁下是否喜欢。孔孚地址、邮编，我俱不知。便中烦代致候。一萍处，请代转达我和秦风的春节快乐祝愿。

冠西　请安于杭州

1994. 1. 31

儒家向道家转化与诗之“用减”问题

——与陈炎君聊天

陈炎君：

收到了你的长信。大约有七千字吧？单单这一数字，也就够令人肃然起敬的了。当今这个世界，能有几人坐得住呢？写信上千字？况是写给一位未曾识面的老朽呢？

我想你是看到了我对儒家过于苛刻，而建议我从中国文化的整体结构出发，跳出儒道来看待这一问题。说这样，不仅可以对儒家在历史上的贡献给予更多的肯定，而且可以在创作上更加自觉地明确自己要减的对象究竟是什么，以及在减的过程中如何保持住被减对象的意义。这般概括，不知是与不是。

你的思维很严密，从理论到实践提出了一个很完备的问题。这一问题朋友们多会感兴趣，也是我所思忖的。

我特别关心的是“而且”以下的提示：“用减”是否得当。自然这与前边所提出的问题是相联系的。为了诗，也为了争取你对我的进一步了解，想说说自己的一些想法。

正襟论道，非我之所愿。我喜欢闲聊，想到哪，说到哪。你很诚挚，我也是个直肠子。就随便扯扯，如何？

你来到我心里，始于晓毅说到你喜欢我的一首诗，晓毅甚至背诵得出你喜欢的句子：“这山谷多么寂寞/空有多情的风。”那是写灵岩寺一口哑了的钟。我真是高兴！为又得一知音。且是搞美学的著名学者。近日还看到《读书》上你评介晓毅《嵇康评传》的一篇文字，开头也引用了我的诗。这也使我感到欣慰。说明你真的喜欢上了孔孚。晓毅为把这首诗印到扉页上去，费了不少周折。因为他看到这诗时，书已临近发排了。孔孚能有这样痴情的朋友，心里怎能不暖煦煦，一江春水向东流呢？

你和晓毅所喜欢的这类含蕴世情儒家层面的诗，我也喜欢。自认为算得“上品”。但是我也不得不说，这还是在“有限”之内，尚非我之全部诗作的“上乘”。尽是儒家一个面目不行。都在儒家这个层面上，诗就窄了。停留在文化层面，也还是“有限”，亦然窄。

诗该是“无限”。过去、现在、未来，全在其中。我总认为：诗是道家的事。于是就来了宇宙层面，来了“无鳞无爪的远龙”。我的第一个集子《山水清音》、第二个集子《山水灵音》中，这种东西已经有了。只是很少。多的是“人生”。虽非有意“为”之，但终归是“为”了。这是没有法子的事。因为孔孚是人，且受儒家影响极深。我的第三个集子《孔孚山水·峨眉卷等》，无疑已进入“无”境。这是由“悟无”到“用无”，自觉超越的结果。

你认为：道家作为儒家的“解构”，是要超越儒家艺术中虚假的、琐屑的、束缚人的东西，而不应该抛弃社会的、人生的、文化的内涵，否则，道家就要升天了。我只能同意你这句话的前半句，因为后半句难以成立。古往今来，大概没有人能“抛弃”得了社会的、人生的、文化的内涵。怎么可能呢？作为现世界的人？超越而已！

如果说“弃”，只能是“扬弃”。在《复王尔碑》一信中，我曾提到“反儒”问题，说到“刮骨很难”。但接着又说：“不想尽刮。我的老祖宗那里还是有一点儿好东西的。比如早期儒者从《周易》之以‘乾’为首卦那里受益，贵刚尊阳的思想，就刮不得。”此一阳刚之气，已化入我的灵魂、血液，我视之为美，从来没想丢弃过。说到底吧，就是想丢，也丢不掉的。在我的诗里，不管是第一本，第二本，还是第三本，无一灰色，即可以说明。第三本书《孔孚山水·峨眉卷等》对儒家世情虽有所超越，进入“无”境，但这恰恰是“大有”，那一时空流动中的“现时”一截是含蕴其中的。自然是隐得很深，不大容易把捉。《周易》从宇宙那里抽象出阴阳，以阴阳涵盖一切，我正是遵循阴阳秩序，“构建”宇宙自然和社会道德一体化“框架”的。“构建”“框架”这种词儿，我不怎么习惯。总觉得硬了一点，不适于诗。但脑子里缺少合适的词汇，借西方人的嘴一用。信中你说到清醒“保持”住“被减对象的意义”，我想这一阳刚之气，便是“保持”住的“被减对象的意义”。

我曾对人说过，我对我的家乡那个古城没有多少好感，唯独对那些古柏感兴趣。它们有的肚腹都空了，有的大半个身子被雷火烧焦，但依然绿它的不止。有的仅伸出细细的一枝，也还是拼命地绿。我曾对一位陪我的朋友刘君说："看！儒家的阳刚之气，在那枝头上呢！"刘君善解人意，出口成章："信哉斯言！也是在先生的笔头子上呢！"此言大致不差。阴中有阳，诗就会活得精神，而且生生不已。所以我说，你不用担心在我这里会发生"道家升天"这种事。不会的。

即便在老子那里，也不会。单说《德经》那一"德"字，就透露了消息。你的那篇宏文《论儒、墨、道、法系统》，就说到道家也有"外王"的一面。"外王"，就是"无不为"吧？这"外王""无不为"，就是阳。所以老子虽然贵阴，但阴中也有阳，不然，就不会从他指间流出那个"道生一，一生二，二生三，三生万物了"。如果他那里只有一个阴，无论如何是出不来生生不已的。有趣的是，老子也搞宣传。花费那么多唇舌，出五千余言，那是为了什么呢？所以，命里注定，道家不会升天。

其实，升天也没有什么不好。在地上走腻了，能到外宇宙散散步，也很有意思。说不定会看到什么，灵觉到什么。我在一首《赠钱锺书》的诗中写："你随便行走/不在意地撒一路珠子//一玄鸟啄衔一颗/种于太空//有暗香阵阵/透过云层"，也还是执着于人生。"透过云层"四字，暗示了那"暗香"是情及人间。写这首诗时，我的思维不在多维，脑子里只有我们这个星球。而我是应该想到外层空间，情及那里的高级生命的。湖南的刘强君有篇文章让孔诗之暗香扩及到了外宇宙，超越了孔孚。诗评家比诗人高明，是有此权利的。这种"升天"的诗，未必不可以有一点儿。让我们这个星球上的人开阔一下眼界，未必不是件有趣的事。也还有，大可以启迪人的灵性。不知怎的，我就爱想入非非。不是在梦里，我真的想飞。

扯得远了。但又不远。又远又近。这也合乎诗的态势。诗就是离而不离的。前边说到的看起来远离世情的我的第三个集子《孔孚山水·峨眉卷等》，其实离开得并不怎么远，有的甚至是很近的。举个例子：台湾著名女学者唐亦男于去年召开的海峡两岸谈玄会上发言之煞尾，就曾引用了一首不在我心坎上的峨眉诗，说这诗"预言"了这次会议。借孔孚之"无"，唐先生巧妙地出“有”，对这次会议作了评价。孔孚只是写了峨眉白水普贤寺一带山涧之琴蛙操琴，与海峡两岸谈玄完全是风马牛。然而却又是相及。唐先生我看是以不说出来为方法，达到了她不大容易说得清楚也不便说得清楚的目的。真是尽无言之美之能事！这一方面说明唐先生只眼独具，另一方面也得说是诗走到了宇宙层面这一步。如果这诗不在“无限”层次，无论如何，二者是拉扯不在一起的。在宇宙层面上，风马牛相及。这是因为宇宙全息。

刘强君在题为《风马牛相及》的一篇文章中，引《万佛顶夜立》一诗，也说到过拙作具有预言性。他这样写：“孔孚先生的峨眉诗，其中蕴蓄和潜现的思想是超前的，对历史具有预应和预感性。他之对于人类、宇宙的超前思索，使人震惊。在峨眉诗中，大自然全息重演了人类社会和人类精神的某种先导信息。”我基本上同意他的这一论断。五百年或一千年之后，也许会有人看出孔孚的某首诗活灵活现对现世所发生的事情作了预言。这不奇怪，因为宇宙本身具有全息重演规律。写到宇宙这一层面，一切尽在其中矣！重要的还是诗的灵性，调动人之潜能，倒不在乎预言不预言。道家美学这条路子上的诗，是愈减愈大，愈减愈多。减到了“无”，就是“无限”。从这一点看，也可以说是“保持”住了“被减对象的意义”。

李心田兄说过我“底气、中气足”。我笑回以“上气不接”。大病之后，更是如此。休息了几天，再写。

前边主要说到诗中的“用减”问题，以及社会人生、自然宇宙两个层面。现在想来说说与之相联系的，也是你所关心的我同儒家的关系问题。在给周继旨兄的一封信中我曾写道：“儒家之‘有’风光了两千多年，已到了极处。如今该是向道家之‘无’转化的时候了。”概言之，这便是我对儒家的态度。

萌生这念头，是从对诗之反思开始的。我看诗之“现实主义”已经实到了不能再实，难以再往前走了。“深化”喊了多少年，未见成效。只能是否定之否定，往“虚”处走。前几天袁忠岳兄出一篇文章，列举近二十位老诗人的近作，称之为“东方智慧型”。所引之诗，皆超越“实”“有”之作，而味道无一不浓。很有意思。我的大女儿看了，说是“大趋势”。从“实”走向“虚”，从“有”到“无”，实大势之所趋。自然，并非所有的老诗人晚年都注定会走到这条路子上来。也并非所列举之老诗人所有的诗作都达到了这一境界。只不过是说呈现出“解构”儒家这样一个趋势而已。

这就出现了这样一个问题：“无鳞无爪的现代东方远龙”是否有可能成为二十一世纪中国诗之艺术风尚？对此，你表示怀疑。而我，则认为极有可能。

打量世界风云，也看出一点儿眉目。俄罗斯等国家组成的独联体所推行的经济政策，我看就是放任主义。这是道家的东西。我们也搞，比如前几年实行农村包产到户，搞特区实验，行的就是“减法”“用无”，应纳之于老子的“无为无不为律”。我看这同古典经济学派（马克思主义三来源之一）亚当·斯密主张的经济放任主义是一码事。亚当·斯密给近代西方带来一个资本主义。老子的“无为”主义，也曾在一段时间内给中国封建主义带来过繁荣。如西汉前期秦末大乱之后，当政者就是利用这一原理，坚持“与民休息”的黄老学派政策，使西汉始建期六七十年的社会得以稳定，恢复了社会经济的繁荣。胡适晚年也看到，老子“无为”哲学是世界思想史上自由放任主义学派的老祖宗。（据胡适：《中国古代政治思想史的一个新看法》）这里要说一下的是：中国现行政策与独联体有所不同。这一问题说不清楚。我只是觉得独联体转得过于陡，而中国则平稳一些。更为重要的是中国多少有“儒”的参与，因此阴气就不是那么盛。经过阵痛，独联体经济我看是有可能上得去。中国比较聪明，所以一直保持着比较健康的发展势头。前几年，英国的和日本，不同程度地也搞经济放任主义，看他们不断地从肩上往下卸包袱便知。这都说明道家思想的生命力。自然，这些政治家们未必都读过《老子》。但他们每人都是一个小宇宙！宇宙全息，有悟性的人是可以“通”的。

既然当今“用无”已呈现为一种明显的趋势，则“远龙”将成为中国二十一世纪诗之艺术风尚，实为事物发展之必然。你所看到的少男少女们被诗坛上的流行歌曲席卷而去，只是现象。严格说，流行歌曲是不属于诗坛的。不能说流行歌曲没有一点儿意义，但总是极浅极浅的层次，代表不了我们这个时代的精神。真正代表我们这个时代精神的是哲学，是不局限于“现实”，涵融整个时空的真正的诗。这才是本质性的东西。

问题不在于多数少数。一万年之后，真正的诗的读者，我想也不会是多数。这也是本质。我总认为，诗这种东西，和之者永远也不会成为多数，似乎命里定了。过去我说过，真正的好诗应是“大雅大俗”“阳春白雪”“下里巴人”的统一体。现在看来，不过是愿望、理想主义，根本做不到的。我曾因我的诗作有工人、小学生读者，兴奋不已。现在想来，这些工人、小学生，也是工人、小学生中的极少之极少数。前几年，有人私下里议论：“孔孚的诗是贵族文学。”我想，可能是这么回子事。不过这“贵族”二字，当有不同于《辞海》的解释。如果说“贵族”，那些工人、小学生，也应被视为“贵族”的。未来的一个世纪，还有一百年呢！这段时间不算长，也不算短。一百年呀！什么事情都有可能发生。况“远龙”乎？也还有二十二世纪呢！二十三世纪呢！即便再过五百年也罢！“远龙”必将成为“大气候”。儒家的根基太坚实，撼动它不那么容易。事实是：它的根基已经动摇了。一些事情很敏感，无须多说。我写过一首《春雨》：“没有云/也是要落的//仰起脸来/等待着”，暗示的就是时候到了。中国诗从儒家之重“实”“有”，向道家之贵“虚”“无”转化，其势不可挡。

我看，你过于强调了“系统”“整体结构”，似乎忽视了“转化”。虽然也说到了“解构”。我的想法是：应该强调矛盾的特殊性、矛盾的主要方面，强调质变。落到诗，则是儒家之“现实主义”（借现代词汇一用。其实，儒家没有什么“现实主义”不“现实主义”）向道家之“神秘主义”转化。儒家之“现实主义”是“小功利”“小为”。道家之“神秘主义”才是“大功利”“大为”。作为一个诗人，应具有哲学家的洞彻性，立足于矛盾的主要方面，勇往直前，以期取而代之。

艺术上体现“多元”，让杨玉环、赵飞燕两种美并肩，是文化部长的事。作为一个具体的人，三郎只能是喜欢杨玉环，刘骜只能是喜欢赵飞燕。也还有，周作人只能是喜欢吃苦茶。不好要求他们“兼爱”。至于一个具体的诗人，就更是要偏执，甚至偏执到狂。唯“狂”方能看出拼命的劲头。我偏执狂，你偏执狂，诗坛就有看头了！就有了竞赛。就会向前发展。在这种宏观处，就是要“着”。执着于某一艺术原理，在别人看起来是钻牛角尖。流派有排他性。诗来不得折中主义。折中主义是一步也走不动的，如波德莱尔所说的企图随着四方风势同时行驶的那条船。

前几天徐北文兄来看我，谈诗扯到李贺。他说希望“比李贺还李贺”。接着又说，希望孔孚“比孔孚还孔孚”。他也是倾向极端。几年前，他看我狠命地“减”，不断地往隐深处走，曾为我捏一把汗。说过“走走看看，不行，就退回来”的话。看来现在他有了新的认识。大概是看我有些累，未及深谈。他希望我“比孔孚还孔孚”，说得我心花怒放。我还没有告诉他，在整理《孔孚集》一书时，我把《春日远眺佛慧山》一诗中的“知性”也减去了。这就走得更远了。不知北文看到这般“损之又损”，该是一种怎样的心情。还会希望“比孔孚还孔孚”否？这首诗的本来面目在《孔孚山水诗选》中可以看到，“用减”后仅余“佛头/青了”四字。很想听到你的意见。

陈炎君，就到此为止吧！已不知所云矣！也不知该怎么收底。糊涂一盆，糨子一盆也！脑子里少逻辑这根弦儿，奈何！奈何！

谬误定不少。能再推心置腹谈谈才好。

打住

近安！

孔孚

1995年4月5日—10日

戴望舒和他的诗

新诗史要辟专节来写的，戴望舒是其中的一位。艺术上他算得高手，独树一帜。思想境界，就其整体倾向看，是不高的。艺术大于思想这一点，颇有些像李清照。李清照南渡后写出了《乌江》，戴望舒抗日战争时期写出了《我用残损的手掌》，都一闪思想光焰，此一点也极相似。关于他的艺术，想在另一篇文章中专门探讨。本文拟就他的诗，及其诗中所反映出来的思想，一般性地谈谈个人的看法。

一

戴望舒给我们留下了92首诗，《旧锦囊》一辑是最早的一组。这一辑中的几首，有表现，意象时有闪光，情也还是动人的，只是太轻了。旧诗词味道很浓，也颇像“新月诗派”的诗。艺术上没有什么突破，无甚特色。

开始引起人们注意的是《雨巷》。这诗曾得到叶圣陶的奖掖。那时叶老正代理编辑《小说月报》，一看到这诗，就有信给望舒，称许他“替新诗底音节开了一个新的纪元”。望舒遂有“雨巷诗人”之称。其实，单就音乐性讲，并没有什么新的创造，不过是用韵和音步略微讲究一些而已。未见得超过徐志摩和闻一多。誉为“新纪元”，严格说，是欠确的。

应该说，这诗还是能够撩人的。有一种忧郁美。止于此了，严格要求，我看是不能说它多么好。这诗采用的是一种意境的表现，但写来落得太实，少诗外的东西。另外，也嫌空泛，轻飘飘的。这诗明显地脱胎于李璟《浣溪沙》中的“丁香空结雨中愁”一句。但意境的开拓，气象的雄浑，情意的隐藏，都没有超过那位诗人皇帝。

《我的记忆》比《雨巷》要好。1927年，蒋介石叛变了革命，这时诗人从革命浪潮中退却下来，蛰居家乡。由于对前途感到迷惘，只好耽于回忆之中打发日子。写“记忆”是：

> 它存在在燃着的烟卷上，
> 它存在在绘着百合花的笔杆上，
> 它存在在破旧的粉盒上，
> 它存在在颓垣的木莓上，
> 它存在在喝了一半的酒瓶上，
> 在撕碎的往日的诗稿上，在压干的花片上……

落笔就给人以一种百无聊赖，寂寞之感。这里，情融于各种物象之中，讲含藏，有包容。多少人物故事，生活画面，都隐藏在诗的后面。

> 它是胆小的，它怕着人们的喧露，
> 但在寂寥时，它便对我来作密切的拜访。
> 它的声音是低微的，
> 但是它的话是很长，很长，
> 很长，很琐碎，而且永远不肯休：
> ……
> ……
> 它的声音是没有气力的，
> 而且还夹着眼泪，夹着太息。

描写亲切细腻，抽象的“记忆”在诗人的笔下活了。这里，我们看到了一位消极颓唐的诗人，一个空虚的灵魂。

《烦忧》一诗，更富于典型性：

> 说是寂寞的秋的悒郁，
> 说是辽远的海的怀念。
> 假如有人问我烦忧的原故，

我不敢说出你的名字。

我不敢说出你的名字，
假如有人问我烦忧的原故：
说是辽远的海的怀念，
说是寂寞的秋的悒郁。

这里，“寂寞的秋的悒郁”“辽远的海的怀念”，实非“烦忧”之根源。根源在于诗中的那个“你”。而“我”，却不敢说出那个名字。说出了，那会更加烦忧。其实，不说出，就会好些吗？那一定是更烦忧得厉害的。可能还不如说出的好。说出，不说出，都一样，都是一样的烦忧。全诗八行，实际上是四行，不过颠倒一下排列而已。单只这翻来覆去的排列，也足以见其辗转反侧，烦忧之情了。诗有一种单纯美，含蓄美。内中的“你”，含藏着：可能是爱人；也可能是友人；也可能是诗人曾经拥抱过，而现在却远远离开了的那个革命。随你去想，引人吟味。

这种寂寞和悒郁，从望舒不少的诗行里流出来，成为他的诗，在《我的素描》中，他就说：“我是寂寞的生物”，“悒郁着，用我二十四岁的整个的心”。虽然才这么点年纪，但他却哀叹自己是“一个年轻的老人了”。《独自的时候》，说是心绪飘来飘去，“像白云一样的沉郁”。《林下的小语》又说这沉哀是绛色的。《忧郁》中则说：“幽黑的烦忧已到我欢乐之梦中来。”秋之深夜，诗人感觉到“风从每一条脉络进来，窃听心的枯裂之声音”。答客问“可有人间世的挂虑”，则是“听那消沉下去的百代之过客的跫音”。《灯》在他眼里，成了“火凝作冰焰，花幻为枯枝”，“一滴一滴地，寂然坠落，坠落，坠落”。白蝴蝶的翅膀一张一合，在他看来，是：“翻开的书页：寂寞；合上的书页：寂寞。”回到多年不见的家乡，看见的，也“只是寂寞，寂宽，伴着阳光”。连林梢闪着的一抹“颓唐的残阳”，在他印象中，也“轻轻地敛去了，跟着脸上浅浅的微笑”。他似乎听到了“迢遥的，寂寞的呜咽”，那是“从一个寂寞的地方起来的”，但又“徐徐回到寂寞的地方，寂寞地”。甚至连天上，诗人也有疑问：“自从亚当、夏娃被逐后，那天上的花园已荒芜到怎样了？”真个是：好不寂寞人也！

但是戴望舒的心并没有完全死掉，他是有矛盾的。在他寂寞的心里，也还时而闪现一星希冀。“青的天”，他还是渴念着的；那里“没有半边头风，没有不眠之夜，没有心的一切的烦恼”。深夜不寐，一方面他沉溺于“爱娇的影子，在眩晕的脑里，作瞬间的散步”；一方面又感到“窒息”，把“白色的帐子”看成是“墙”，慨叹：“什么地方去喘一口气呢？”

他也还在热恋着什么。“是一个在迷茫的烟水中的国土吗”？“是一枝在静默中零落的花吗”？他说：“我不知道。”知道的是“我的胸膨胀着”，“心悸动着”，“像在初恋中”。接着他这样写道：

在烦倦的时候，
我常是暗黑的街头的踯躅者。
我走遍了嚣嚷的酒场，
我不想回去，好像在寻找什么。
飘来一丝媚眼或是塞满一耳腻语，
那是常有的事。
但是我会低声说：
“不是你！”然后踉跄地又走向他处。

不是那“媚眼”“腻语”，这是很明确的。那么，是谁呢？望舒没有明说。那多半不是一个具体的人。从《祭日》《夜蛾》《断指》一些诗中，我们可以窥见他的心。对于那个他曾经拥抱过的革命，他是没有忘怀的。

《断指》一首看得最清楚。这诗写对于一个牺牲了的革命者的深情怀念。那是“在一口老旧的、满积着灰尘的书橱中”，诗人“保存着一个浸在酒精瓶中的断指”。每当诗人“无聊地去翻寻古籍的时候”，它就会“含愁地”向诗人诉说一个“悲哀的记忆”。这截断指像诗人的朋友一样，是“惨白的”“枯瘦的”。关于这断指，据朋友说，那是与“可怜又可笑的爱情”有关的。但那“可怜又可笑的爱情”，诗人并不知道。其实这无关紧要。诗人在这里有意地写道：“我知道的只是他是在一个工人家里被捕去的。”而后，通过断指，望舒抒发了对革命的赞颂和怀念：

> 这断指上还染着油墨的痕迹，
> 是赤色的，是可爱的，光辉的赤色的。

色调为之一变，犹如火花一闪。接着诗人又写道：

> 它很灿烂地在这截断的手指上，
> 正如他责备别人的懦怯的目光在我们的心头一样。

这里的抒情，微妙而又巧妙。前句的“它”，是指那“可爱的”“光辉的”“赤色的”油墨，那是在烈士的断指上的。而自己，心头却闪现出朋友责以懦怯的目光。其实，这是诗人在自责。面对染着赤色油墨的断指，诗人不能不扪心自问了。诗的感情是深挚的，语言富于表现力。诗的煞尾这样写：

> 这断指常带了轻微又黏着的悲哀给我，
> 但是它在我又是一件很有用的珍品，
> 每当为了一件琐事而颓丧的时候，我会说：
> “好！让我拿出那个玻璃瓶来罢！”

可以想到：拿出那个玻璃瓶来，会是经常的事。诗人内心的不安，矛盾斗争，都在诗外。诗虽然结束了，但余味无穷。那一寂寞悒郁、眼里时有火花闪现的诗人的模样，仿佛就在我们面前。这里，我们倒是有些同情这位消极颓唐的诗人了。希望他心中的那一星火不要熄灭，会重新燃烧起来。

这火，虽只是一星，但对于望舒来说，却是值得珍视的。正是这一星火的引燃，他才写出了《狱中题壁》《我用残损的手掌》，后来才能重新回到革命队伍中来。

在《灾难的岁月》一集中，我们看到，望舒到底热烈起来了，伟大的抗日民族解放战争唤起了他长久蛰伏的爱国热忱，终于冲破寂寞悒郁的迷幛，唱起了战歌，如《元日祝福》、《心愿》、《等待》（二）、《口号》等。

有的文章对这类诗给予很高的评价，说什么“这是诗人第一次放开嗓子歌唱……充满激情地唱起振奋人心的诗章”；什么“我们在戴望舒前期诗作里，无论如何也找不到这样感人的、充满了力量和信念的诗句”；什么“这些诗，完全消退了诗人以往的那种伤感颓废的色彩”，认为这是戴望舒一个“了不起的变化”（《戴望舒诗作试论》，载《文学评论》1980 年第 4 期）。

变化，从思想角度看，确是“了不起”的，是前进了。但作为诗，从艺术上看，却是大大地倒退了。如《元日祝福》，既浅且直，是否能称得起诗，也值得怀疑。这类诗在当时特定的情况下，也许能唤起人一点感情，但生命力肯定不会强。现在来看，人们是不会怎么动心的了。离开诗，片面地肯定思想，有什么意义?！比较起来，我们倒是喜欢中期那些艺术性高，调子低的诗。

幸好，诗人还是给我们留下了思想、艺术俱高的两首，说明诗人并不完全是一个“偏手”。《狱中题壁》头两节还稍嫌一般，后两节就上去了。

当你们回来，从泥土
掘起他伤损的肢体，
用你们胜利的欢呼
把他的灵魂高高扬起。

然后把他的白骨放在山峰，
曝着太阳，沐着飘风，
在那暗黑潮湿的土牢，
这曾是他唯一的美梦！

虽然出现了“残损的肢体”“白骨”，然而引人向上。诗人在潮湿的牢狱里想到的是“胜利的欢呼”；他的魂灵被众多的战友的欢呼而形成的气流高高扬起。他希望能把他的白骨放在山顶，以便能曝晒着祖国的阳光，沐浴着祖国的风。那将是自由的，因而是幸福的。这在他，一个囚徒，是“唯一的美梦”。情是浓的，意象也美。这里出现的是一个战士的形象，完全不是那个忧郁寂寞的诗人了。

《我用残损的手掌》几乎什么毛病也挑不出，可以说是光辉灿烂的一首。即便只有这么一首，望舒也是不朽的了。

“残损的手掌”，可能是真实的，也许是受刑而致。也可能是虚的。整个祖国是残损的，心灵自然也是，何况手掌！诗人正是用这样一个残损的手掌，在黑牢中“摸索”祖国“广大的土地”。仅只这一形象，就足以使人震颤。

这一角已变成灰烬，
那一角只是血和泥。

惊心动魄！诗人一定是触摸到燃烧后的村庄了。虽称为“一角”，然而却是广袤的一片呀！“泥”，是可以摸得出的。“血”，那就不仅限于黏腻的触感，肯定还要借助于嗅觉。那是人民的血呀！而且是浸饱泥土的血呀！此刻，诗人的心，也在痛苦地泣血吧？

又触摸到了一片湖水！诗人觉得出，这是他的家乡了。这时诗人似乎看到了西子湖堤岸上的“繁花”，嗅到了“嫩柳枝折断”时“奇异的芬芳”。描写细腻独到。我们可以想到：诗人的手一定是在战栗着的了。

湖面上的荇藻和水是“微凉”的。长白山的雪峰，则“冷到彻骨”。祖国的冷暖，诗人是觉得到的。特别是那“黄河的水夹泥沙在指间滑出”，情融于物象之中，抒得巧，抒得细，抒得新，使人感到亲切，撩拨人的情思。这是一幅平凡而又奇特，小中见大的诗意画；是新诗中不可多得的佳句。诗人的热爱祖国之情，在这里得到了最理想和最典型的表现。

尔后，诗人的残损的手掌又摸索到了江南。那是水田，“当年新生的禾苗是那么细，那么软”！而现在，怎么“只有蓬蒿”了？那么，人呢？都到哪里去了呢？连“岭南的荔枝花”也在“寂寞地憔悴”，人何以堪?!

诗人的残损的手掌，接着又“蘸着南海没有渔船的苦水”！诗人的心，想也该是“寂寞”“憔悴”“苦”的了。我们可以想见：诗人在黑暗潮湿的土牢里，伸出他那残损的手掌，掠过祖国破碎河山，摸索的那情景。那苦痛之情，是可以感到的。

突然，诗人又摸到了一个地方。他这样写道：

只有那辽远的一角依然完整，
温暖、明朗，坚固而蓬勃生春。
在那上面，我用残损的手掌轻抚，
像恋人的柔发，婴孩手中乳。
……
因为只有那里我们不像牲口一样活，
蝼蚁一样死……那里，永恒的中国！

这时，诗人脸上该是流淌着会心的微笑吧？这是共产党所领导的坚持抗日的陕北解放区了！诗人说是“像恋人的柔发，婴孩手中乳”，自然是抚摸时的感觉。可谓至性至情的感情流露。诗人把“一切希望”都寄托在陕北解放区。他向往那里人人都过着幸福的生活，预言从那里升起的太阳一定会驱逐笼罩整个祖国大地的“阴暗”，带来民族的“苏生”。对于将来会诞生的“永恒的中国”的摇篮——陕北解放区，诗人倾吐了无限热爱与赞美之情。这首诗的思想与艺术浑融一体，不仅是望舒诗中最好的一篇，在我国新诗中，也应属于最好的篇章之一。

然而对戴望舒来说，热烈只是暂时的拜访。出狱以后，他看到一切如故，并没有什么改变，很快又回到寂寞中去了。《等待（二）》发表不久，我们又听到了那熟悉的忧郁的歌声。《过旧居》中，他以婉约细腻的笔触，描写了他的那个家：

这样迟迟的日影，
这样温暖的寂静，
这片午饮的香味，
对我是多么熟稔。

这带露台，这扇窗，
后面有幸福在窥望，
……

然后，接着就来了：

可是这带露台，这扇窗，
那里却这样静，没有声响，
没有可爱的影子，娇小的叫嚷，
只是寂寞，寂寞，伴着阳光。

那个已经离开了的“寂寞”，现在又溜了回来，在望舒的心上播种了。原来是：

有人开了窗，
有人开了门。
走到露台上——
一个陌生人。

这对诗人自然是一个袭击。于是他的脚步骤然觉得“累”了，发出了“是否我背上压着苦难的年岁，/压着沉哀，透渗到骨髓”“为什么辛酸的感觉这样新鲜？/好像伤没有收口，苦味在舌间”的疑问。在这首诗的煞尾，诗人这样写道：

生活，生活。漫漫无尽的苦路！
咽泪吞声，听自己疲倦的脚步。

回到原来那个老样子了。那个曾经写过《狱中题壁》《我用残损的手掌》的戴望舒消失了。《赠内》一首，甚至说：“不如寂寂地过一世，/受着你光彩的薰沐，/一旦为后人说起时，/但叫人说往昔某人最幸福”。完全沉溺到个人庸俗的小天地中去了。

我们看到，望舒最后还是写出了一首《偶成》，断言“好东西都决不会消失”，目前“只是像冰一样凝结”，“而有一天会像花一样重开”，热度显然又有回升。但作为诗，表现平庸，难以称赞。戴望舒就是这样终止了他的歌唱。

这位诗人虽然也有所希冀，也想到国家、人民、革命，那颗心也热，甚至是热得烫人，但那只不过是一时的。经常起作用的，是个人的休戚，稍有不顺利，就变冷。戴望舒就是这样一个人。这一思想感情，在他的诗中，表现得淋漓尽致。

二

总起来看，望舒思想、艺术俱高，达到浑融的诗不多，不过是《我用残损的手掌》《狱中题壁》两首。这两首诗，无疑是望舒诗之上乘。但这样的制作，以其太少，没有代表性。真正代表望舒诗的，还是那些艺术性高，而思想消沉、寂寞悒郁的诗篇。对于这部分诗，看法尚有分歧。

艺术上，看来争论不大。问题在于思想，在于望舒绝大多数的诗是写“自我”的。而这个“我”，又是一个消极颓唐的“我”，不能引人向上。这便是问题症结所在。

从以上谈到的望舒的诗看，绝大多数确是写“自我”的。也可以说是他的自画像。我们看到的这个“我”，情绪确是低沉的，是一个寂寞、悒郁的“我”。

然而，又不完全如此。这个“我”，也还是有矛盾的，又是一个不安于沉溺的“我”。这个“我”，曾经参加过共青团，做过党的宣传工作；还参加过“左联”；主编过“马克思文艺论丛”。这些经历对他还是起作用，因而时而热烈一下，有时还是闪一下光的。这个“我”，热起来，甚至是火一样炽烈的。

诗中这个忽冷忽热的“我”，便是戴望舒的全人，他的诗的全貌。

这就提出一个问题：这个“我”，不正是一个受到“五四”浪潮激励，狂热过，受挫时又变得消沉，这样一个小资产阶级知识分子的写照吗？具有典型性吗？不正是代表一群人吗？难道只是一个戴望舒吗？

说消沉，对。但是如果说他“无病呻吟”，那就欠切。戴望舒是有病的，而且病得很不轻哩！这病，正是小资产阶级的通病。他没有坚持革命的那一顽强精神，遇到风浪就动摇。然而他的那颗心又并未完全死掉，成为死灰。所以寂寞就常来拜访他了，使他陷入一种摆脱不掉的悒郁之中。这和时代是有联系的，他患的正是那个时代一大部分小资产阶级知识分子的“悒郁症”。这种感情不得排遣，求诸表现，发之为诗，就出现了那些消沉的诗篇，这些诗是个人的，甚至是极端个人的。但又不是。他写的也是他的那个阶级，代表了当时小资产阶级一部分知识分子。由于他表现得好，活灵活现，还是为我们留下了当时社会人民内部一个侧面的影像。

寂寞，悒郁，自然是消极的。但从另一意义上讲，不也是对那个社会不协调的反映？陈子昂那首有名的《登幽州台歌》，就是寂寞得很。“古来圣贤皆寂寞”，李白也这样慨叹。他们的寂寞当然和藏望舒的寂寞不尽相同，那多半是曲高和寡、怀才不遇之心境的反映。但不安于现状，则是一致的。他们之所以感到寂寞，正是因为不安于枯寂。心死了，就不会有寂寞之感。庸人，也不会患这一病症。戴望舒的诗写酒不多，看那“存在在喝了一半的酒瓶上”的“记忆”的意象，可以想见，免不了的他也会以酒浇愁。还有一些极为香艳的诗，有的可以看出是狎妓。这自然也是颓唐，甚至堕落。但从这醉生梦死的生活里，同样可以看出是到另一个世界去逃避，以求麻醉自己的痛苦的心灵。杜衡说他到诗境中去求“灵魂的苏息，净化”，以及所谓“把诗当作一个灵魂的逋逃王国”（《戴望舒诗作试论》，载《文学评论》1980 年第 4 期），正是如此。

问题在于：写出来的是不是诗，诗写得好不好。只要好，感人，就要得。那从诗里折射出来的精神创伤、变态心理、悲观失望的情绪、虚无主义思想，归根结底，是在那个罪恶社会的巨大压下造成的。因此对于那个现社会不无认识意义。

当然，在压力的面前，也有的人是前进了。这是生活的主流，本质性的。对于这一矛盾的主要方面，当然应该着力去写。但无情地也硬是有戴望舒这样的人存在，而且还不是很少。他们在形势逆转时，从革命战线上退却下来，躲到一个小角落去，在那里悲叹，也应该承认这一现实。只要吟叹得好，我们还是应该要。陆放翁我们需要；那个多愁善感的贵妇人李清照，我们同样需要。即便是陆放翁，也不完全是铁马金戈，如《秋波媚》《夜游宫》之类。他也还有“驿外断桥边，寂寞开无主”的《卜算子·咏梅》。李清照，我们重视她的那首“生当作人杰，死亦为鬼雄。至今思项羽，不肯过江东”的《乌江》，但这首诗终究难以和她的“帘卷西风，人比黄花瘦”“寻寻觅觅，冷冷清清，凄凄惨惨戚戚”相比。幸好这些词还是保存下来了。不然，只有那首《乌江》，该是多么的煞风景?!

李清照要得，戴望舒自然也要得。我们说戴望舒的诗要得，主要是因为他为我们留下了一些真正称得起诗的诗。再就是这些诗篇对于那个旧的社会有一定的认识价值。至于消极影响，那是难免的。有的人肯定是要受影响。但也并不是所有的人都会。受影响的，大抵是他自身就有消极的东西，内因在起作用。绝不是先有了戴望舒内容消极的诗，社会上才出现消极的。文学不是一面镜子吗？怎么能要求它只反映社会某一矛盾的主要一面，而不反映次要的一面呢？我们应该感谢《现代》杂志的编者施蛰存，感谢他没有拒绝戴望舒那些寂寞悒郁的诗篇，把它印了出来，今天我们才得以读到。不然，那时的诗坛也会使人感到单调的。

人民不仅喜欢聂耳的《义勇军进行曲》，也欢迎刘天华的《病中吟》。有热，就有冷；有欢喜，必然就有忧伤。这才是社会生活的全部。一万年之后也会是这样。只有强音，没有弱音，形不成一曲优美的乐章。只反映其一，排斥其二，是片面性。只要是艺术品，能折射我们这个时代某一侧面，就应该开绿灯。不然，下去几百年，我们的后代子孙则难以真切认识我们这段历史。

1981 年 6 月于济南

戴望舒的诗艺特色

戴望舒是一位思想弱，艺术上却充满活力的诗人。正如有的人“思想大于艺术”一样，二者都是文学史上的一种现象。

关于戴望舒的思想，笔者认为也是一个典型，它代表了那个时期一部分小资产阶级知识分子动摇、彷徨、苦闷、消极的思想情绪，作为社会的一个侧面，通过艺术折射，也还是留下了一个投影，对于那个时代不无认识意义。从艺术角度看，就更值得重视。当代青年诗人如能去其思想消沉之短，取其艺术表现之长，则称得起“诗”的诗可望多起来，那种艺术上跛脚的现象就会少下去。基于这一点，追索一下望舒诗艺特点，总结其表现中的成败得失，以资借鉴，当不是没有一点意义。本文拟就其象现、语言、音乐美三个方面作些探讨。

一　象现求隐

读望舒的诗，最突出的一个印象，是他善于隐藏。不仅情藏于象，连借助于表现的那个象也求隐。实则现露，一目了然，少诗意。这一点，望舒是很清楚的。因此，他极力避免实露，力求做一些“虚”的设计。例如象现中的描述性意象，属于对生活的模仿，是实而浅现的一种，为了弥补其不足，我们看到诗人有意拉远一点距离，于实中求虚，现中求隐。比喻性的意象，本来就弯了一个弯子，距离远了一些，但诗人并不满足，还要再拉远一点，使虚的成分更多，隐得更深。象征性的意象，虽系实出，实际上却是一种虚象，从隐藏角度看，最为理想。望舒刻意于此，用心良苦。下面，我们看看望舒是怎样在这三方面下功夫的。

A. 描述布虚。我想举《断指》《过旧居》《我用残损的手掌》《我的记忆》来作例子。这几首诗的象现，都属于描述性，但由于距离远近设计不同，给人的美感程度也因之而异。

《断指》距离最近，基本上是再现。虽然情也融于物象之中，那一浸在酒精瓶中的惨白的粘着赤色油墨的一截断指也动人心魄，但从整体看，究竟太实，容量不大。倒是那一“责备别人的懦怯的目光”引人遐想。那是诗人看到断指上赤色的油墨，引起联想，而产生的目光一闪。那是牺牲了的友人的“目光”，在诗人看来，具有“责备”的意味。而且看得出，是责备“懦怯”的。这是由于诗人感到自己懦怯，内疚、自责，于“心中”现出的。说是“责备别人”，其实是责己。这里出现的“目光”，是似现非现的虚象，一种很微妙的诗境。看起来是很自然地从描述中流出，其实是诗人有意的设计。如果没有这一远距离的虚象设计，这首诗可能流于平浅，未必那么为人称道。

《过旧居》也属于描述性的再现，但比起《断指》来，隐得就多了一些。你看：“幸福”能在窗子后面“窥望”，“欢笑”似乎能够“冰凝”；“过去”能“压缩成一堆”；“肩上”能“压着苦难的年岁”；“无名过客”能在“往昔”作“瞬间的踌躇”；那“真实的岁月”竟然疑惑它“走得太快”，“赶上了现在”，“回过头来瞧瞧”，“匆忙又退回来”，再陪诗人“走几步”，给诗人以“瞬间的欢快”；如此，等等。这些设计，都属于布虚。看起来是实的，其实距离很远，属于一种“虚象”，扑朔迷离。这一抽象具象转化的方法，望舒经常使用。从思想角度看，《断指》自然是高的；但就艺术表现看，《过旧居》无疑更为出色一些。

《我用残损的手掌》比起以上两首来，隐得就更深。诗中出现的那些意象，不是眼前的再现，而是想象中的。这就多了一个层次。而且不是部分，乃是从“整体”上拉远了距离。诗中的“我”，虽然也在那里现着，但那位在敌人牢狱里瞑着眼，伸出“残损的手掌”，摸索祖国江山的诗人的情象，却是隐藏着的。在想象那一层次上，我们隐约可以看到：诗人“沾了血和灰”的手指，抖颤着在到处摸索；感觉到“黄河的水夹泥沙在指间滑出”，西子湖水“微凉”，而长白山的雪峰则“冷到彻骨”。除此之外，也还有更远的营造：如“手掌沾了阴暗”，岭南荔枝花的“寂寞”，南海水的“苦”。这些就都看不真，觉不大到了。那“依然完整”的“辽远的一角”（陕北解放区），“温暖”还可以觉到，“明朗”“坚固”，则触摸不到。以上的一些，有的是虚象，有的则是官能通变的产儿，而且是在想象那一层次上的。诗人的情，正是在这样一些虚无杳渺的意象中隐藏着，喜怒哀乐随想象中抚摩的物象不同而变化。这诗隐中有现，现中有隐，若隐若现，若现若隐。描述性意象写到这般水平，大不易。

《我的记忆》，隐得还要深。这诗的象现，距离就更远。看起来，诗人的“记忆”是在“燃着的烟卷上”“绘着百合花的笔杆上”“破旧的粉盒上”“颓垣的木莓上”“凄暗的灯上”“平静的水上”现着的。但那现，并不真切，似乎恍惚不定。因为那并非客观真实的再现，而是抽象的“记忆”与具体物象交合而化生的产儿，是实而虚的。那“记忆”胆子还很小：“怕着人们的喧嚣。”它还会说话，而且是“古旧的”，“老是讲着同样的故事”。说话的声音还很低，“是没有气力的”，而且还“夹着太息”。极力往实处写，却难以捕捉。这里出现的意象，更多的是虚的成分。那种对前途感到迷惘，退居于回忆中打发日子，百无聊赖的感情，隐藏于众多虚实相生的意象之中，已是达到了饱和的状态。其中也还隐藏着一些情节故事，诗的容量是大的。这首诗的虚实隐现关系处理得更好，在描述性意象表现的一类中应是高峰。写这首诗时，诗人才二十二岁，确实难得。

有的诗，从整体看，并不见佳，但字里行间偶尔闪现一二美的虚实相生的意象，也逗人吟味，例如“那火一样的，十八岁的心，那里是盛着天青色的爱情的”（《路上的小语》），“飘过的风带着青春和爱的香味”（《夜》），“我已闻到你的愿望的气味”（《款步（一）》），“这绛色的沉哀”（《林下的小语》），“寂寞已如我一般高”（《寂寞》），“人在满积着梦的灰尘中抽烟”（《独自的时候》），“守护你的梦，守护你的醒”（《示长女》），以及“幽黑的烦忧已到我欢乐之梦中来”“我呼吸着火焰”（《忧郁》），等等，都恍兮惚兮，似现非现，似觉非觉。形成一种神秘莫测的情象。单说这“我呼吸着火焰”，看起来可见，其实它并非真实之具象，不过是由于诗人过分烦忧，转为焦躁，生热，一度一度升高，化生而来，它是一种虚象，然而你又觉得是真实存在，合情合理，看起来很单纯，其实是多层次。有的学者把描述性意象视为“单式的”，其实它也可以复杂一些，近于象征性意象。好的描述性意象，与象征性意象难以分辨。如何弥补其浅实，主要靠诗人苦心经营。

层次的设计，就是弯弯子，拉远一些距离，求隐。“距离”之说，据云是英国心理学家布洛推演出的一个美学原则。其实，我国宋代画家郭熙早就注意到了。他在总结山水画法时，谈到“平远”“深远”“高远”三法，此三法都没有离开一个“远”字，就是要取一种“远距离”。因为意境越远，艺术形象就会愈含蕴，欣赏者才有驰骋想象的余地。审美情趣往往出在这里。这一点，望舒显然是清楚的。这类描述性意象深化、隐化的方法，我们在徐志摩的一些诗中已经看到，不过少一些。望舒诗中多起来了。在象现求隐上，望舒是更为自觉的。

B. 比喻布虚。这里指的是明喻。比起再现性的描述性意象来，它多了一个弯子，但究竟还是实。为弥补这一不足，望舒也动脑子，求一点虚。如《三顶礼》，第一节以“翻着软浪的暗暗的海”喻“恋人的发”，是实的，所以流于一般。第二节以“夜合花”喻“恋人的眼”，仍然实，而且欠贴，亦非佳制。但第三节以“小小的红翅的蜜蜂”喻“恋人的唇”，则使人叫绝。关键在于那个“给我苦痛的螫的”“苦痛的但是欢乐的螫的”。在这里出了虚。这是由那个“红翅的蜜蜂”联想延伸而来，视觉通到触觉。更为可能的是：吻时曾有过“螫”的感觉，而通到“红翅的蜜蜂”，那是同样的妙。单说这一“螫”字，也妙极。这才叫独到。这种地方不可解，也不必解，无法解。只可以说是“妙不可言”。还有那“苦痛”，然而又是“欢乐的”“苦痛”，都属于这种情况。弯子可真够多！还有当时是一种什么情况下的吻，以至会有那一“苦痛的但是欢乐的螫”的感觉，诗人也没有写，全要人去猜。“诗写出来原就是叫人一点一点地去猜想”，马拉美就是这样认为的。这就是暗示。所谓象征诗，就是一点一点地把对象暗示出来，用以表现一种微妙的心灵状态。诗的神秘美就在这里。这里出现的虽然是比喻，但由于经过深化、隐化的处理，也已达到象征了。好的比喻性意象，也可以成为象征性意象，它们中间没有一条不可逾越的鸿沟。

其他零星的比喻，如《款步（二）》中的“而这里，鲜红并寂静得与你的嘴唇一样的枫林间”；《独自的时候》中的“房里曾充满过清朗的笑声，正如花园里充满过百合或素馨”，都是实中求虚，有意地弯弯子。因为这样会更有味道，有助于加强形象，浓郁诗的气氛。“嘴唇”喻“枫林”，别人就难以想到，因为这二者之间的距离太远了。看起来不伦不类，但在“鲜红”一点上却是相通的；而且还有“寂静”。这就出了虚。那“鲜红”，当不止是指恋人唇之色，也是暗示热烈的。“寂静”，则暗示寡言。一般女子的唇，可以“鲜红”，但“寂静”，则未必。眼前这既热烈而又静谧的枫林之美，与所唤起的诗人之情，多半要读者用灵目去见，用自己的心去感。

“百合或素馨”喻“笑声”，距离就更远，虚得更多。一个属于视觉，一个则属于听觉，完全不合乎逻辑。但艺术上说得过去。往日房子里的“清朗的笑声”，与花园里的“百合或素馨”可以默契相通。不止是由于“充满”一点；那旺盛，给人以甜蜜的感受，也相通。还有那发出笑声的人——妻和女儿，其容颜也可以通向百合或素馨。这也是象征主义“通感”那种表现手法。可以借助于这种手法，补比喻浅实之不足。这样一比，虚虚实实，就隐秘有味多了。

C. 采用象征。为了追求隐藏，以上我们看到诗人巧妙地把“象征”这一精魂潜移到描述、比喻性意象的营造中去。除此之外，再就是那种“纯象征性意象”的表现。从距离角度看，这一象现离真实最远，因而也就隐藏得最深，最为精妙。象征主义的核心“暗示”，就是隐藏，与我国古典诗论中的“不着一字，尽得风流”相通。比起描述、比喻性意象来，无疑它是复杂得多，因而属于难度最大，更高一级的表现。

望舒的象征诗，从整体看，写得最成功的，要推《古神祠前》《印象》两首。

《古神祠前》写于1927年四一二反革命政变之后，暗示了诗人理想和希望的破灭。诗首句写“古神祠前逝去的暗暗的水上”，一着笔就拉远了距离。因为那是“逝去的”水。还有那“古”字，“神”字，“暗暗的”，都是筛选过的；都给人以远距离、神秘的感觉，难以把捉。

接着，我们看到：诗人的“思量”生出了“脚”，行走在“暗暗的水上”，印下了“比长脚的水蜘蛛更轻更快的脚迹”。我们还看到：那“思量”是“从苍翠的槐树叶上”“轻轻地跃到饱和了古愁的钟声的水上”，“它掠过涟漪，踏过荇藻，跨着小小的，小小的轻快的步子走”，“然后，踌躇着，生出了翼翅……”

这里，那个有脚的“思量”是变化了，长出“翼翅”来了。妙的是那个“踌躇着”。读者可以想见那神情。翅膀虽然是有吸引力的。但那究竟是新东西。习惯于用脚走路，自然是有片刻踌躇的。状变革之前的习惯保守心理，惟妙惟肖。这里，象外是有象的。接着写：

它飞上去了，
这小小的蜉蝣。

这时诗人才看清楚，那是“蜉蝣”。

不，是蝴蝶，它翩翩飞舞，
在芦苇间，在红蓼花上。

那是又变化了！变得大而美丽了。接着写：

它高升上去了，
化作一只云雀，
把清音撒到地上……

那是又变化了！变得更大，飞得更高了。美丽的不仅是它的自身，而且还有它的能“撒到地上”的“清音”。但还在变化着：

现在它是鹏鸟了。
在浮动的白云间，
在苍茫的青天上，
它展开翼翅慢慢地，
作九万里的翱翔，
前生和来世的逍遥游。

那是更大了！飞得也更高更远了。羽翼化作垂天之云，抟扶摇而上，“作九万里的翱翔”。这样，“它盘旋着”，“在迢遥的云山上”，“在人间世的边际”，甚至“固执到可怜”。然而，一种内心深处的“孤独”却排遣不掉，所以：

终于，绝望地
它疾飞回到我心头，
在那儿忧愁地蛰伏。

戛然而止。煞得动人心魄。那个“思量”，似乎又回来了。但可不是原来的那个，而是“鹏鸟”。距离仍然保持着。读这首诗，谁也不会相信这是生活中的真实。诗人的心是蛰伏不下那个绝望而忧愁的巨大的鹏鸟的。只能是想象中的虚象。这忧愁是巨大的。诗人的一颗小小的心呵，能装得下吗？

这诗，从始至终，都注意了隐藏。那理想，或者希望，一直没露面儿。称得起“不着一字”。李白有一首写大鹏的诗：“大鹏一日同风起，扶摇直上九万里。假令风歇时下来，犹能簸却沧溟水。”（《上李邕》）也是象征，暗示他自己。但下边接着又来了四句说明：“时人见我恒殊调，见余大言皆冷笑。宣父犹能畏后生，丈夫未可轻年少。”这就露了，不是“着”一字二字的问题了。还拿孔子作比喻，教育年长于自己的李邕，也实在不高明。内涵上比起望舒的诗来，也嫌单薄。李白的诗里只有一个象征性意象——大鹏，而望舒的诗里却有五个。最初的一个，连诗人自己也说不清楚。其次是蜉蝣、蝴蝶、云雀、大鹏。看起来是五个，其实不过是一个“思量”的孵化，这些意象富有生意，具有一种生态变化美。其他，如“古神祠”“暗暗的水”“饱和了古愁的钟声的水”都“象外有象”。那是暗示我们这个古老陈旧的国家吧？暗示暗淡愁苦的流逝的岁月吧？那大鹏的孤独腾飞又是什么呢？属陈子昂“前不见古人，后不见来者”的心境呢？还是一种自己和人民难以沟通的寂寞呢？就难说，这些都要人去猜，用灵目去见，用自己的心去感。

《印象》的距离，大体同于《古神祠前》。这诗也有五个象征性意象在那里隐现。它们是“飘落深谷去的幽微的铃声”，“航到烟水去的小小的渔船”，

“堕到古井的暗水里”的“珍珠”，林梢上敛去的“颓唐的残阳”，以及“从一个寂寞的地方起来的，迢遥的，寂莫的呜咽，又徐徐回到寂寞的地方，寂寞地”。这五个象征性意象彼此之间似乎互不相关，但暗示的却是同一种情绪：一缕像游丝一样的希望也消失了的绝望的哀愁。如果说前四个意象还可以用灵目、灵耳去见、去听，后一个意象则是难以见和难以听的了。那“呜咽”是属于听觉的，但加以“寂寞”二字，又成为视觉的东西了。它是“迢遥的”，当然看不太真。它“从寂寞的地方起来”，“又徐徐回到寂寞的地方，寂寞地”，这境界也难以见。那个“徐徐”似乎还可以见；但“寂寞地”，却又不容易见。这里的“寂寞”，不同于《白蝴蝶》一诗中的“寂寞”，它不是点明，而是虚象表现。其微妙只可以意会，难以言传。

这类诗，象征性意象的密度是大的，类似西方“视觉和弦”那种东西。我国古典诗歌中也有类似的表现，如贺方回《青玉案》中的：“试问闲愁都几许？一川烟草，满城飞絮，梅子黄时雨。”但贺词前句着了一个“愁”字，还是露了。后边的三个意象虽然也精妙，但比起望舒的意象来，还是嫌实，隐得不够。那个“贺梅子”实在是比不上“戴寂寞”的。个别的象征性意象，如《眼》中的：

在你的太空的镜子中
鉴照我自己的
透明而畏寒的
火的影子，
死去或冰冻的火的影子。

也妙极！“影子”本是具象的，但说它是“火”的影子，就不那么好见了。而且还是“透明”的，“畏寒”的！就越发的微妙。“透明”“畏寒”，似乎还可以见，可以感。但究竟是“影子”，而且是“火的影子”，总是难以捉摸。我们似乎看到：在这一象外，隐隐约约，还有一个象在那里动。那该是诗人自己。望舒曾经是“火”的，1926 年他参加过共青团，做过共产党的宣传工作；1931 年参加了“左联”，还是“左翼”水沫书店的成员，主编过

"马克思主义文艺论丛"，翻译过《唯物史观的文学论》。然而，那"火"如今已不复存在，已经"死去"，或者"冰冻"，只不过是一个"影子"了。自己已是一个缺乏抵抗力，经不起冷风冷雨的病者，所以是"畏寒"的。但是自己还知道洁身，并未随波逐流，所以又是"透明"的。这"象外之象"虽虚，但不是不可以追索。这诗就整体看，并不成功。一些地方不知所云，颇有些像李金发的诗。但这"影子"的创造，却使人感到惊异。它竟有那么大的魔力，以至使你忘了那些拙劣之处。联系前述描述、比喻性意象深化、隐化的情况看，戴望舒已是进入了象征主义的领域。象征主义其实并没有什么神秘，不过是我们古典诗歌中"象在此，而意在彼"的表现，含蓄进一步深化，出现的一种若即若离，朦胧隐秘的诗境罢了。最早的那部诗歌总集——《诗经》，就已是有了的。例如《蒹葭》，就是象征地表达了一种对于美好事物追求的强烈企慕之情。所谓的"伊人"，并非生活中的真实。不会有"在水中央"那样的女子。"宛在水中央"，就是拉远距离，写一种视之宛在，觅之无踪，似有若无，可望而不可即的诗境。《离骚》中我们看到的那位诗人，穿的是荷花衣服，披着芍药佩带；渴饮木兰花的清露，饥餐秋菊的花朵；手持奇异的琼花，全身芳香菲菲，同样也不是生活中的真实，也是拉远距离，以此暗示他的高尚品德。《橘颂》象征意味就更浓，将江南的橘人格化，刻画了"受命不迁"、固守本性、高尚纯洁、不随流俗的艺术形象；托物寓情，暗示诗人自己完美的人格和"苏世独立，横而不流"的精神。不过煞尾有点儿露，不那么"纯"罢了。唐代的刘禹锡、李商隐、李贺，他们的某些诗，象征色调就更为明显。新诗，浪漫主义诗人徐志摩的诗中，我们也能看到的。闻一多就更多一些。因此说，象征这一表现，在我国诗坛上也是源远流长。虽然不见得都很"纯"，"流"似乎也有些细，有时甚至沉潜下去，看不见了，但总是时隐时现，在那里流着。只要十分注意形象、想象，讲究含藏，有的诗人就有可能走到这条路子上来。时代背景固然起作用，但不是主要的，因为是"外因"。根本起作用的是"内因"，艺术规律性的东西。这种规律性的东西，古今中外是共通的。笔者的看法是：没有法国象征派，迟早也会有中国象征派出现。

不同的是：我国古典诗人在运用象征这一表现方法时往往夹杂着其他因

素，如政治或爱情方面的不便直陈。作为一种艺术方法，虽然有所认识，但并不十分充分、自觉；还往往拖一条说明的尾巴，欠纯净。新诗中浪漫主义诗人虽已注意了形象、想象，但与此同时，对于直抒亦兴味不减，那隐藏多半是被忽视的。只有到了象征主义，才把意象、想象、隐藏视为诗之生命，十分自觉地苦心去经营。艺术上这确是一种进步。

望舒钟情于象征表现，据说是受了法国象征派诗人的影响。据他的朋友杜衡介绍，1925 年他就接触了魏尔伦、福尔、古尔蒙、耶麦的作品。尚不止是这几位，也还有他们的开山人波德莱尔。从望舒翻译过的《恶之花》二十四首诗看，那是很清楚的。望舒的《我的记忆》，就隐约看出那是来之于波德莱尔的《烦闷（一）》。

就师承讲，笔者认为：绝不止那几位象征派的法国教席，蒙师怕还有我们中国的老先生。我们知道，1922 年他就开始写诗了，从留下来的《旧锦囊》辑看，象征这种东西就已是有了。如《流浪人的夜歌》《残花的泪》，都有隐秘的象征意味。那开篇的《夕阳下》，也是。十分可能，这诗是受了“夕阳无限好，只是近黄昏”那一诗境的启示。那位善于隐藏的李商隐，对他肯定是有吸引力的。杜衡说：“作诗通行狂叫，通行直说，以坦白奔放为标榜，我们对于这种倾向私心里反叛着。”这里“反叛着”的“我们”，就包括望舒；这也透露了他对于隐藏的向往。三年之后，当他学习了法文，阅读了法国象征派诗歌，发现了暗示，自然是一拍即合。我看，望舒的象征诗并没有离开传统，他是“纵的继承”和“横的移植”融为一体。这与当时生吞活剥，只学得法国象征派皮毛的李金发不同。望舒的象征诗是“中西合璧”。

在象征表现上，望舒也有不足之处：有的隐过了头，有的又有所不及。像《流水》那样的诗，就太露了，不过是给革命思想穿了件象征衣服。那首《雨巷》，也嫌过于具象，距离太近，限制人的遐想。且满纸是“寂寥”“忧愁”“愁怨”“哀怨”“冷漠”“凄清”“凄婉”“惆怅”“迷茫”，情都尽情地道了出来，就不止是着一字二字的问题了。这诗明显地脱胎于李璟《浣溪沙》中“丁香空结雨中愁”一句。虽然李璟也着一“愁”字，但下面的两句“回首绿波三楚暮，接天流”，又有所开拓。那三楚暮色，接天流的绿波，实在并非真实的具象，不过是想象中的虚实相生的诗境，“愁”的化身。那气势是雄浑的，而且隐藏得妙。我看望舒这诗并没有超过那位诗人皇帝。

《白蝴蝶》一首好一些。单纯，象征意味较浓，耐人寻味。可惜煞尾也还是露。那“翻开”“合上”的“书页”上的“寂寞”，固然可以体味成一种微妙的虚象，但究竟是“点明”了，容易被人理解为解说。虽然露得不拙，但总是露，不如“不着一字”，一点痕迹不露为好。我这里是按照中国古典诗歌美学“隐秘”这一标准对望舒提出批评的。笔者不通法文，苦于不能直接探索法国象征诗之奥秘，我不知他们的“暗示”能有多少达到我们的“不着一字，尽得风流”这一境界。从翻译过来的一些诗看，那是凤毛麟角的。由此，可推见其一般。固然不能以少数译诗作为评判的根据，但从大的格局看，那虚实隐现关系总是看得出的。那个翻译过来的“少数”，大抵是他们的精英。如果戴望舒翻译波德莱尔《恶之花》中的二十四首诗称之为“掇英”不错的话，那我可以下这个论断：包括波德莱尔，他们布虚、隐藏的功力，并不十分高超，那时而的现露是常见的。从这一情况看，对于望舒，我们也就不必过于苛求。但作为批评，不能回避。另一方面，求隐，有的又失之于过。如《眼》中的“于是我是彗星/有我的手/有我的眼/并尤其有我的心”，“而我是你/因而我是我”，以及《灯》中的“太阳只发着学究的教训”，都不知所云。看起来玄而又玄，其实不过是胡思乱想的产物。问题在于想象的过分“随意”。《夜蛾》一诗中有这样两句：“这只是为了一念，不是梦/就像那一天我化成凤”，就道破了其中底蕴。看来，诗人有时是凭自己一个念头来写诗的。这“一念”化成“凤”，谁知那“一念”又会化成什么，别人怎能跟得上你的随便一个什么念头呢？如果凭随便一个什么念头就可以写出诗来，那诗就太容易写了。逻辑、情理不是不可以反，象征诗往往是以反逻辑、反情理见效果的。但也总还是要有一点子艺术的道理：既反逻辑和情理，而又不完全违背逻辑和情理。这就是艺术的辩证法。如李商隐《锦瑟》中的“沧海月明珠有泪，蓝田日暖玉生烟”，就是反逻辑和情理的。因为珠不可能有泪，玉也不会生烟。但是它又不完全违背逻辑和情理：“沧海月明”，珠光或似泪影；“蓝田日暖”，玉露或似生烟，于想象中是可见的。因为珍珠的形状似泪，且有“鲛人泣珠”的传说，可以联想得通。那蓝田之玉，读者可以设想覆有层晨露，或轻轻落了一阵细雨，经太阳一照，气温升高，雾气蒸腾那样的情景。

此种意象，不过是暗示死者逝去之后，不堪追忆，渺茫恍惚的情境所引起的悲哀，不必过分揣拟求实。但如果完全不顾及艺理，读者也不会认可。试颠倒一下，写成“蓝田日暖玉有泪，沧海月明珠生烟”，如何？那大概就不会千古被人传颂了。“曲径通幽”，贵在于“通”。“通感”，也有个“通”字。不能通，连神也难以走到，那就不管你设计得怎样“幽”，是怎样虚无缥缈的仙山琼阁，都没有用处。

包括象征主义在内的整个西方现代派文学，十分重视想象，甚至幻想，这无疑是对的。但那个想象过分随意，则不可取。我们要的是“既随意”，又“不随意”。“绝对的随意”是没有的。人就飞不起来。鸟可以飞，但也有个限度。宇宙飞船也不能任意飞。地球也摆脱不掉太阳的引力。任何事物都有一个制约。我们讲“随意”，是指想象的上天下地，任意驰骋。说“不可太随意”，是指人还要有个艺理的约束，总要有脉络可寻。不管这脉络多么细，即便是中间断了线，那神也要能通得过去才行。闻一多似乎不太清楚这一点，所以他的诗里有一些不通。戴望舒也有这种情况，都是向西方的诗学习缺乏扬弃的缘故。所以“移植”也有个“去粗取精”的问题。不能“去粗取精”，只能理解为眼界不高。今天有的青年诗人也学这种随意性，有的文章还为之叫好，那大概是：愈是莫名其妙，愈好。就硬是有这样的批评家！这也是莫名其妙。笔者的看法是：今天正在复兴的现代诗，是否能健康发展下去，很重要的一点，就在于对于想象的随意性是否有一个正确的理解。理解不到这个随意中的不随意，一任随意下去，那失败等在前面，是注定的。

总起来看，望舒的象征表现，失之于浅现或过分涩僻者有，但不是很多。联系起他将描述、比喻性意象注入象征精魂，深化、隐化所作的努力看，那他取得的成绩，实不可以低估。在中国新诗坛上致力于象征实验的，戴望舒不是第一人，应该承认那是李金发。但是惨淡经营，融古今中外于一体，取得成功的，他却是第一人。中国新诗史应写这一笔。

二　语言亲切、柔腻、浓纯

这里指的是离开意象、象征表现的那一部分“直白”。这种东西总是要有，怕是难以排除。诗人多为此烦恼。但是读望舒这类语言，并不使人眉蹙；

相反，倒是觉得动人。原因就在于它特有的亲切感，柔婉、细腻、浓纯。

最为突出的是“亲切”。这种亲切感，在《断指》以后的一些诗中到处可见。望舒人诚实，毫不掩饰自己内心深处病态的感情，我想是主要原因。唯其诚实，才能使人感到亲切。再就是平易。他那声音不高，近于讷讷的娓娓谈心，总是能唤起人的感情。盛气凌人、装腔作势、故弄玄虚，都难以得到这一报偿。这多半属于气质性的东西，难以学得来。这一诚实、平易，使人感到亲切的品质，在我看来，实在更为可贵。这“亲切”二字，当代走现代派这一路子的年轻诗人脑子里怕是不多。我诚心地希望能早一天被他们认识到。

其次是“柔婉”。这也是读望舒诗一般都会有的一种感觉，他的语言似乎不很精炼，一些字，如“是”“的”，一般稍有经验的诗人是忌用的。然而望舒却用得很多。妙也就在这里，恰恰在这个“不精炼”上。我们看到，这类字眼都奇妙地起到柔化、软化语言的作用。如描写他牺牲了的友人的“断指”，“它是惨白的，枯瘦的，和我的友人一样”，如果删去“是”和两个“的”字，那会怎样呢？无疑是精炼了。但也会显得粗硬、呆板。再如：写断指上染着的油墨“是赤色的，是可爱的光辉的赤色的”；《我的记忆》中写诗人的“记忆”：“它的拜访是没有一定的”，“但是我们是老朋友”，都不觉得累赘。《三顶礼》中那句“给我苦痛的螫的，苦痛的但是欢乐的螫的”，甚至连用了好几个“的”字，也不显得疙瘩，倒是让人觉得柔韧委婉。

还有一些用于语尾，如“吧”“呢”“吗”一般诗人以为落俗忌用的助词，望舒也不怕采用。在他看来，那一定同样是起着活脱和柔化、软化语言的作用。当然还有更为微妙的功能：那情往往是从这些习惯性的“口吻”中流出，造成一种气氛。如《断指》中写友人被捕去以后的推想：

> 随后是酷刑吧，随后是惨苦的牢狱吧，
> 随后是死刑吧，那等待着我们大家的死刑吧！

《祭日》中的：

“快乐吗，老戴？”（快乐，希望有吧！）

都很自然，柔婉而又微妙。

再是“细腻”。这也是望舒诗语言的特色。“细风是常在细腰蜂的翅上吧”（《小病》），是够“细”的了。那耳边的“在最适当的地方放你的嘴唇”的低声的软语（《老之将至》），是够“腻”的了。还有那《林下的小语》中的：

“追随你到世界的尽头，”
你固执地这样说着吗？
你在戏谑吧！你去追平原的天风吧！
我呢，我是比天风更轻，更轻，
是你永远追随不到的。

感情与语言的脉络，细微到都难辨“你”“我”。连望舒的老朋友杜衡也误以为那个“我”是诗人自己，说这是望舒“想象自己是世俗的网所网罗不到的，而借此以忘记”。殊不知那个“你”，才是诗人。而“我”呢，则是诗人所虚拟的恋人，亦即诗人曾经寄以深情的“希望”。诗人痛苦地发现，这是“永远追随不到的”。望舒内心深处的这一复杂微妙的感情，正是在这一纤细飘忽的语言中“腻出”的。这种语言之美，粗心的读者怕是难以领略得到。

还有“浓纯”。《我的素描》中写：“我是寂寞的生物”，“悒郁着，用我二十四岁的整个的心”，就单纯得很。情也是浓的，饱和在字里行间，似乎要胀破。关键在于那个“生物”和“二十四岁”。诗人在这里也巧用“距离”原则，有意制造了一点曲折。效果就出在这里。取消“距离”，“生物”换一“人”字，那是最确切不过了，但毫无味道，就没有诗了。“二十四岁”，看起来是写实，没有距离。但一个精力充沛的年轻人，一般说来是不该这样悒郁的，只有衰老而具有病态的老人才会如此。然而，那颗悒郁着的心，却正是一位年仅“二十四岁”的青年人的！这不袭击人的灵魂吗？这里看起来“直”，其实“并不直”。情正是在这种转折处汇成深潭。这就不是那种淡薄的白酒，而是浓醇的茅台了。

还有那八句而实为四句的《烦忧》：

说是寂寞的秋的悒郁，
说是辽远的海的怀念。
假如有人问我烦忧的原故，
我不敢说出你的名字。

我不敢说出你的名字，
假如有人问我烦忧的原故：
说是辽远的海的怀念，
说是寂寞的秋的悒郁。

还有那过“旧居”时看到的：

有人开了窗，
有人开了门，
走到露台上——
一个陌生人。

都纯净而又浓郁得可爱。这种直白，是直而曲的，淡而浓的，平而奇的。直白达到这一火候，大不易。新诗中我只看到艾青有这种句子。我爱这种句子，不亚于那种象征性的意象。所以，“直白”不是不可以用。问题在于：能不能既浅而又深不见底。这不仅只是要有较深的艺术功力，人也要深才行。

“五四”以来的新诗、不署名字，一眼就能看出作者的，不是很多，望舒当是这为数不多的其中的一位。他的语言见个性，是可以称之为“望舒语言”的。

三 “音乐美”的内向追求

“音乐美”的内向追求，是望舒诗歌的又一特色。读望舒的诗，总觉得有一种“天籁”的质地。这主要是冲破规范化了的“脚韵”和“音尺”取得的。

“脚韵”在诗中的主要功用是粘着、贯串。在望舒看来，这是种枷锁，会“妨碍诗情”，“使诗情成为畸形的”（《诗论零札》）。每行中有大致相等的音尺，形成节奏，那也是紧身衣。此二者都不利于他舒徐飘卷的感情的抒发。这两种东西扎根在诗里，也会使诗变得板滞。所以他决心来一个突破，丢掉那枷锁和紧身衣，寻找与自己的感情相适应的东西。

我们看到，他是找到了。但可不是“鞋子”。诗人在《诗论零札》中的这一比喻欠贴，特别是对于望舒自己。不要说“鞋子”，任何固定的形式，对于戴望舒来说，都不适宜。他所反对的，正是“新月诗派”那种格律的“鞋子”。

望舒对于“新月诗派”的反拨，在新诗发展史上值得大书一笔。这是发展、进步，是大贡献。此一功绩当然不能记在望舒一个人名下。也还有他的朋友们，围绕着《现代》杂志的一些诗人。

望舒起来反拨，不仅只是冷眼旁观，因为看到了“新月诗派”过分追求形式的弱点，更为重要的是出于自己创作实践的亲身体会。

早期的白话新诗，讲究绝对的自由，绝对的自主。胡适提倡：“有什么话，说什么话”，要“把从前一切束缚诗神的自由的枷锁镣铐，拢统推翻”，郭沫若则认为：“只要是真正的美人穿件什么衣裳都好，不穿衣裳的裸体更好。”在这种理论的号召与指导下，新诗之散而无章，自然可见。望舒是不满于这一现象的。但新诗如何写，又无所遵循，他只能是从古典格律中汲取营养，所以出现了“人间天上不堪寻”“人间伴我唯孤苦”“为了如今唯有愁和苦，朝朝的难遣难排，恐惧以后无欢日，愈觉得旧时难再”这样的句子。但这无疑又太陈旧了，所以当他看到有人提倡新格律，就顺茬。1926 年 4 月 1 日，徐志摩等人在《北京晨报》副刊上创办了《诗镌》，闻一多那篇以严格格律著名的《死水》，以及他的那篇有名的论文《诗的格律》相继发表，“新格律”的呼声一时甚高，望舒很自然地会受到影响。1927 年他写的那首《雨巷》，我们就看到了“新月诗派”的影子。

这是一首在格律上向“新月诗派”学习，但未臻成熟的诗。有人称誉“为中国新诗的音节开了一个新纪元”，怕是欠确。其实，它一点也没有超过徐志摩，更不要说闻一多。单从音节上看，最低的要求，和谐，似也不够。既取节奏，而又乏规律，步子就难免杂沓。排列上，由于迁就行的相对匀齐和对称，违反了中文诗大半以句为单位，句末一行在音义上都要稍作停顿的习惯，不适宜地搬用了西诗“上下关联格”的句法，读起来也别扭。如：

撑着油纸伞，独自
彷徨在悠长、悠长
又寂寥的雨巷。

一开头就使人感到不舒服。“独自”二字是一个音尺，自成单位，又是置于句尾，读起来一般是要稍微停顿一下。然而看看，不对！还得往前走。前边已是没有字了，不得不跟着往下一行转，接上“彷徨”。这里又是一个二字音尺，到了这里，语意完整，似乎又要稍作停顿。但看看，仍不对，还得往前走，接上“悠长、悠长”。这样走走停停，磕磕绊绊，使人感到迷惘，不仅破坏了人的听觉和谐，也乱了人的视觉和谐。还不如这样排列：

撑着油纸伞，
独自彷徨
在悠长悠长
又寂寥的雨巷。

这样似乎合理一些。但这样就多了一行，乱了他六行一节的格式，怕是他不会同意。

其他也还有为了照顾形式，不必要的一些垫字。如第一节第五行、第三节第四行的“地”字，显然是赘瘤，读起来碍口。第五节第二行加了一个

“地”，成为：

像梦中飘过
一枝丁香地
我身旁飘过这女郎。

甚至连语义也不通了。为了照顾形式，就往往出现这种畸形儿。

再是，这诗委婉飘忽的情绪，与短促硬朗、多停顿的节奏也欠谐调。用韵也单一化，且不少地方嵌以同韵的内韵，也难免有单调之感。就音乐美看，这诗实在是平平。我们从杜衡为《望舒草》所作的序言里了解到，戴望舒自己并不怎么喜欢这诗。他的见地和对诗的要求，比起一般评论家来是要高一些的。有位研究中国诗的苏联人契尔卡斯基，在他的著作中也称望舒为“雨巷诗人”，可见外国人也难免人云亦云。戴望舒的真正价值其实并不在《雨巷》，而是在此之后一段时间，反叛新格律写出的一些诗篇。望舒是敏锐的，他只是草草地一试，就感到那衣服太紧，对他不合适。这样，很快他就离开了“新格律”，并且扎起自己的台子，和“新月诗派”对垒。

《断指》一首，我们明显地看到了变化。从这首诗里，我们可以看到诗人叛逆“脚韵”和严格的“音尺”所作的努力。二十四行诗只有四、六两节三、四两行见韵。但那是自然流出的，并非有意为之。这种自然流出的韵，也不好拒绝。硬是把它赶走，也欠自然。还是应当欢迎。《我的记忆》第二节一连九句连韵，而且还有头韵，也属于这种情况。虽然见韵，但我们并不把它们当韵看待。这是一种近于天籁的东西。这种诗是无求于“脚韵”呼应、粘着、贯串的。《独自的时候》一诗就完全摆脱了脚韵。但我们并不觉得四分五裂，仍然感到和谐。莫名其妙的和谐！原因是：外韵内向化了，散藏到字里行间去了。如果不仔细搜寻，是看不出的。如第一节：

房里曾充满过清朗的笑声，
正如花园里充满过百合或素馨；
人在满积着梦的灰尘中抽烟，

沉想着凋残了的音乐。

你能看得出韵在哪里吗？然而它确实是有。第一行的每一个字，在本节里你都可以听到它的回应。一些韵的小精灵，实在是在那里偷偷地潜行呢！这种无韵诗的微妙，正在于此。对于诗人来说，这可能是不自觉的。正如杜甫晚年写诗一样：信口冲出，无不中音律。到了这种程度，就进入化境了。这一无意求之而得来的音乐之美，更近于自然，更是可贵。望舒之所以能够如此，古典诗歌的熏陶，我想是主要原因。再是，诗人曾经有过对于新格律的追求。虽然时间很短，但总是起作用。要紧的是：进得去，又能跳得出。

从节奏看，这些诗也不再那么明显，而是被一种轻柔舒徐的旋律所代替，例如《印象》，简直就是一缕回环起伏的音流在我们耳际飘荡，由远而近，又由近而远，以至于渐渐地消失。节奏当然也还是有，但已经柔化，丝丝缕缕，难以剪断。可不可以这样说：它已经化在旋律里面了？这里的旋律感甚至带有一种捉摸不定、虚无缥缈的性质，使人感到似乎有一种“出声音之外”的东西。

诗中情绪的飞动，除了借助意象，也借助于音乐。这里，凝以寂寞、淡淡哀愁、迷惘失望之情的意象，正是拍动旋律的翅膀，徐徐飘卷的。

从以上探讨中，我们看到，戴望舒并没有离开音乐一步。他在《诗论零札》中说的“诗不能借重音乐，它应该去了音乐的成分”，是有问题的。这可能出于他以为诗中的脚韵、节奏（规律性的音尺）就是“音乐美”的全部了的误解。他所追求的“诗的情绪的抑扬顿挫”，岂不就是音乐?! 不过是由外在“有形律”的追求，转而内向化罢了。音乐之于诗，有天然的联系，谁也反叛不了的。

但是在叛外韵一点上，我们不能不承认他叛得好。他突破了脚韵，确实写出了一些仍然具有“音乐美”的好诗。实践证明，从脚韵中解放出来是可行的。当时围绕着《现代》杂志，有一些诗人都在做这方面的实验，似乎形成了一个小小的叛韵运动。有人以为“散”，那多半是因为美学趣味和欣赏爱好的不同。也确实有一部分诗写得不好，使人看起来“散”。但那多半是由于少诗的东西，与叛韵无关。

叛韵这一现象，在历史上可以看到。六朝时译佛经中的偈和行赞，就多是没有韵的。但那时译经的大半是印度的和尚，无韵主要是由于他们使用中文困难，实在是出于无意。再就是现代白话诗运动。但白话诗有韵者也还是居多，叛韵并不突出。真正举起旗帜，并认真作叛韵尝试的，还是戴望舒一些人。这种反传统的勇气，值得赞许。

令人遗憾的是，他并没有坚持到底。在诗集《灾难的岁月》中，我们便看到了动摇。一些诗，显然是又退回到“脚韵”去了。

诗中的韵，与节奏有密切的联系。既然韵回来了，节奏也就必然会跟着回来。思想感情起了变化，变得明快昂扬，调子也要跟着变，如《口号》之类，可以理解。但戴望舒那种悒郁消沉的基调并没有变，不少的诗依然故我，也退回到格律去，就难以理解。例如《寂寞》：

园中野草渐离离，
托根于我旧时的脚印，
给他们披青春的彩衣：
星下的盘桓从兹消隐。

日子过去，寂寞永存，
寄魂于离离的野草，
像那些可怜的灵魂，
长得如我一般高。

我今不复到园中去，
寂寞已如我一般高：
我夜坐听风，昼眠听雨，
悟得月如何缺，天如何老。

均四行一节，又回到了原来的旋律，脚韵是 ABAB，CDCD，EFEF，隔行押韵是很严格的。十二行诗，每行同是两个三字尺、一个二字尺的，就有六行。其他也大致和谐，而且还见对仗。奇怪的是，连他初期诗集《旧锦囊》中那种旧诗词的字眼也跟着回来了。我们看到：那个叛韵、突破节奏、以旋律见长的戴望舒，在逐渐消失。看到这种情况，我们不能不为诗人惋惜。虽然这一时期他也写出了见韵的好诗，如《我用残损的手掌》，但形式上究竟还是保存了前一段时间的自由，而且是以题材、意象的表现取胜。如能突破脚韵，那一定会更为活脱自然，更好。望舒实在是应该按着自己已开拓的路子走下去的。

在叛韵的路子上走了光辉的一段，后来又退回到半格律去的，还有艾青、何其芳、卞之琳等人。虽然以《中国新诗》《七月》为中心的一些诗人还在坚持着，但很有影响的作品似乎不多。这个小小的叛韵运动看来是失败了。

什么原因呢？似乎可以从我国语音的特点上去找。中文诗的语音轻重不甚分明，音节易散漫，必须借韵的回声来点明、呼应、贯串，这是一个因素。但是实践证明，突破脚韵完全可以写出好诗来。语音的轻重不够分明，我们正可以发展这一特点，取旋律以代。特别是诗歌发展到今天，艺术表现手法比起过去来无疑是更为丰富，没有必要一定要借助于脚韵。韵之难以废弃，我想多半还是韵在诗中的传统过于牢固之故。那是在有文字之前就活在口头上的，反掉它不那么容易。

再是凑韵的诗比较好写。正如俗话说的："熟读唐诗三百首，不会写诗也会诌。"这里的"诌"，也包括着合辙押韵。管它是诗不是诗，穿件有韵纹的衣服并不难。然而，扒掉那件有韵纹的衣服，还是诗，那就不容易。那就必得是真诗，有真功夫才行。舍难取易，这也是人之常情。

除此而外，诗歌"大众化"的理论，也不无影响。有韵诗，上口、动听、易记，便于流传、宣传教育，所以一些诗人，当他们思想前进了，更多地想着人民，艺术形式的追求也必然跟着变化，选择通俗。这可能是更为重要的一个原因。此一理论和追求，无疑是正确的。事实上也写出了不少好的格律诗或民歌体，提倡"大众化"的诗人完全可以坚持下去。但是这一"大众化"，也不可以"绝对化"，诗不好完全以喜欢的人多少定优劣。贝多芬的交响乐，比起流行歌曲来，喜欢的人可能要少，但它是伟大的音乐。"小众"也是要照顾的。所以，"无韵自由体"的追求者们还是可以在新辟的路子上往前走。如果囿于“大众化”的理论而中途改辙，我看大可不必。

今天的一些青年诗人，我看是这样实验着的。已经出现了一些无韵体的好诗。搁笔二十多年的“七月派”和“九叶诗派”的一些诗人，也还在试验着；可喜地看到他们有了新的起色。这样发展下去，未必不可以形成一个新的“叛韵运动”。

四　结语

以上就戴望舒诗歌的象现、语言、音乐美三个方面分别作了一些探讨。它们融汇一起，形成了一种亲切、柔腻、平白而又隐秘的诗风，在“五四”以后的诗坛上独树一帜。关于戴望舒流派从属，评论界看法不一。孙玉石同志认为是“现代派”，笔者表示赞同。因为“象征派”也属于“现代派”，笼统地称之为“现代派”是可取的。何况还有他们的阵地——《现代》杂志那个名称呢！那个命名与西方现代派总是有点儿因缘，并非空谷来风。但是一定要说清楚，戴望舒们的这个“现代派”，是中国“现代派”，它与西方“现代派”是似是而非的。因为：就思想范畴看，它既和属于西方“现代派”之一的“象征派”诗人由于“忧烦和想望”尖锐冲突不得解决，在情绪上引起怅惘、颓唐，以至于绝望，所表现的“幻灭感”有相同之处；但也有不同于西方“现代派”那种从“本体论”角度“反社会”“反人类”的倾向之点。艺术上，它固然受有法国象征主义、英美意象主义诗人的影响，但这些东西，骨子里与我国古典诗歌的传统表现手法是相通的。我们要承认西方“现代派”在艺术上有新的发展，如讲究“意象密度”，更着意于“变形”、“通感”、抽象具象互相转化，以及境界更深一层的隐藏，整体纯净，等等。对于这些东西，我们看到，望舒是有所汲取的。但是，对于他们的过分“随意”和涩僻，望舒也有扬弃。他是沟通，又有所融化。所以说，望舒仍然是中国诗风。

1982.4 济南

图书在版编目(CIP)数据

孔孚诗文书论集. 2, 孔孚诗论 / 孔孚著. —济南 : 山东友谊出版社, 2020.3

ISBN 978-7-5516-2074-1

Ⅰ.①孔… Ⅱ.①孔… Ⅲ.①孔孚(1925-1997)—文集②诗歌评论—中国—文集 Ⅳ.①I207.25-53 ②I207.22-53

中国版本图书馆 CIP 数据核字(2020)第 032154 号

孔孚诗文书论集·孔孚诗论

KONGFU SHIWENSHULUNJI · KONGFU SHILUN

孔 孚 著

策划编辑：宋 刚 韩刚立

责任编辑：赵 锐

装帧设计：刘洪强

主管单位：山东出版传媒股份有限公司

出版发行：山东友谊出版社

地　　址：济南市英雄山路 189 号 邮政编码：250002

电　　话：出版管理部（0531）82098756

市场营销部（0531）82098035（传真）

印　　刷：山东华立印务有限公司

版　　次：2020 年 4 月第 1 版

印　　次：2020 年 4 月第 1 次印刷

开　　本：720mm×1020mm 1/16

印　　张：91.75

字　　数：1275 千字

定　　价：398.00 元（全五册）

孔孚诗文书论集
山东师范大学文学院◎编

孔孚书法集

孔孚◎著

山东省一流学科山东师范大学文学院
中国语言文学学科经费资助

山东友谊出版社

图注中的尺寸为原作实际尺寸，书中一些图片所呈现的长宽比例与原作的不尽相符，是因为编者对原作的扫描图进行了一定的剪裁处理。另，《节临颜真卿〈祭侄文稿〉》与《书毛主席词〈清平乐・六盘山〉》两幅作品，因原作遗失而未知其实际尺寸。

老蚕

写在前面

孔孚，写诗，也是个书痴。曾有意于七十岁时把诗放下，写字。汉字“书艺”虽已登峰造极，但是否还能向前挪动哪怕是小小一步？几十年来为此苦恼，饱受折磨。1995年9月，突然兴发，至于狂迷，“书艺”向“书道”层次之提升得以实现，时年恰恰七十。“书道”，亦“从有到无也”！荒荒宇宙一人行，且听历史之回声。

——孔孚

听画 （15.7cm×52cm）

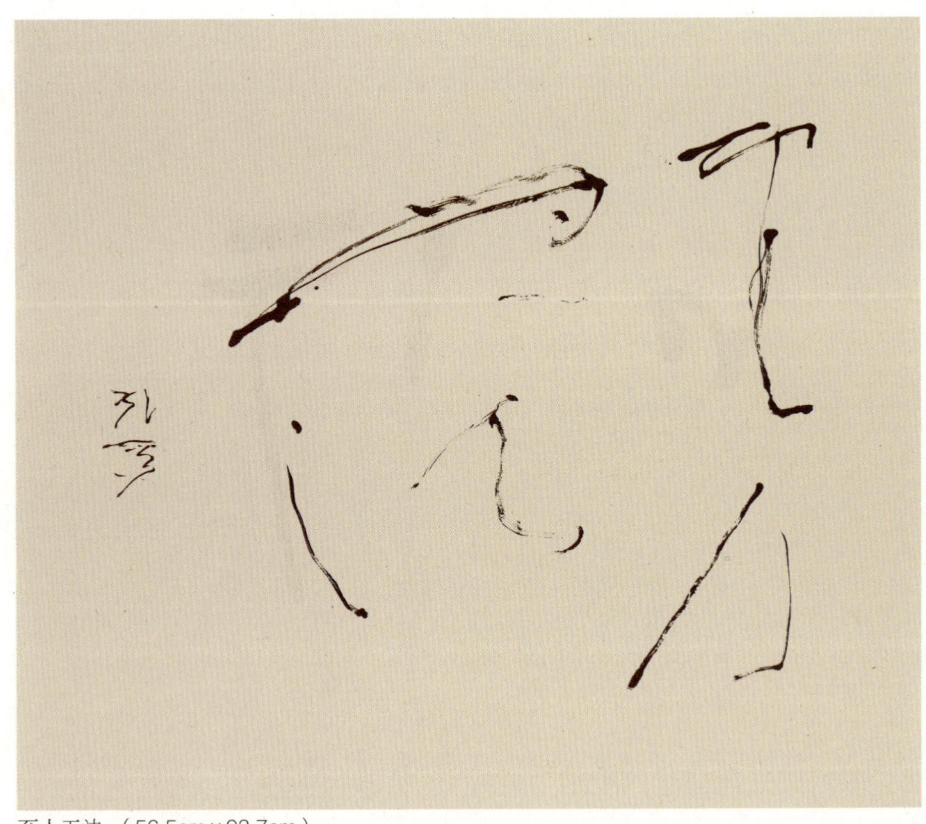

至人无法 （56.5cm×93.7cm）

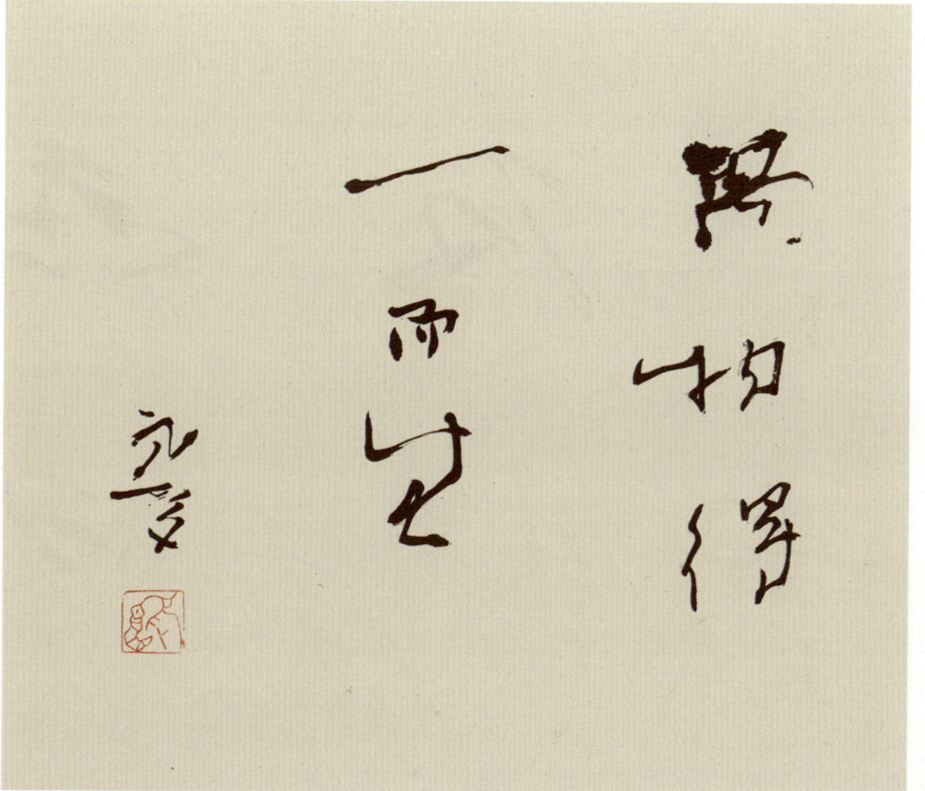

万物得一而生 （24.7cm×31.5cm）

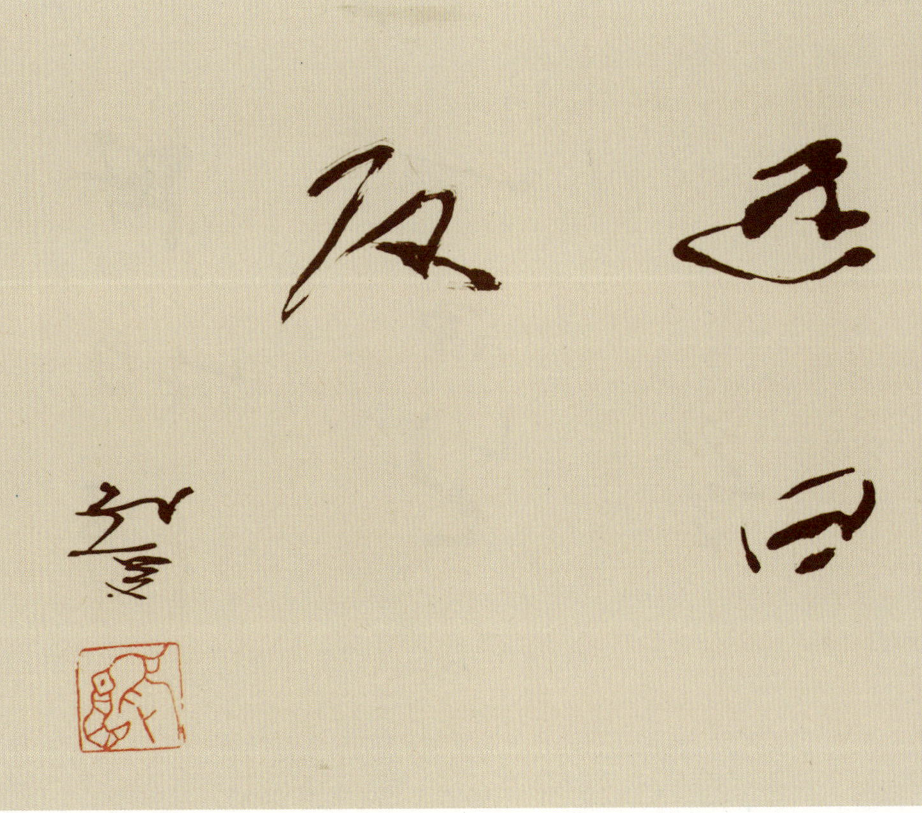

大曰逝　逝曰远　远曰反　(17.2cm × 49cm)

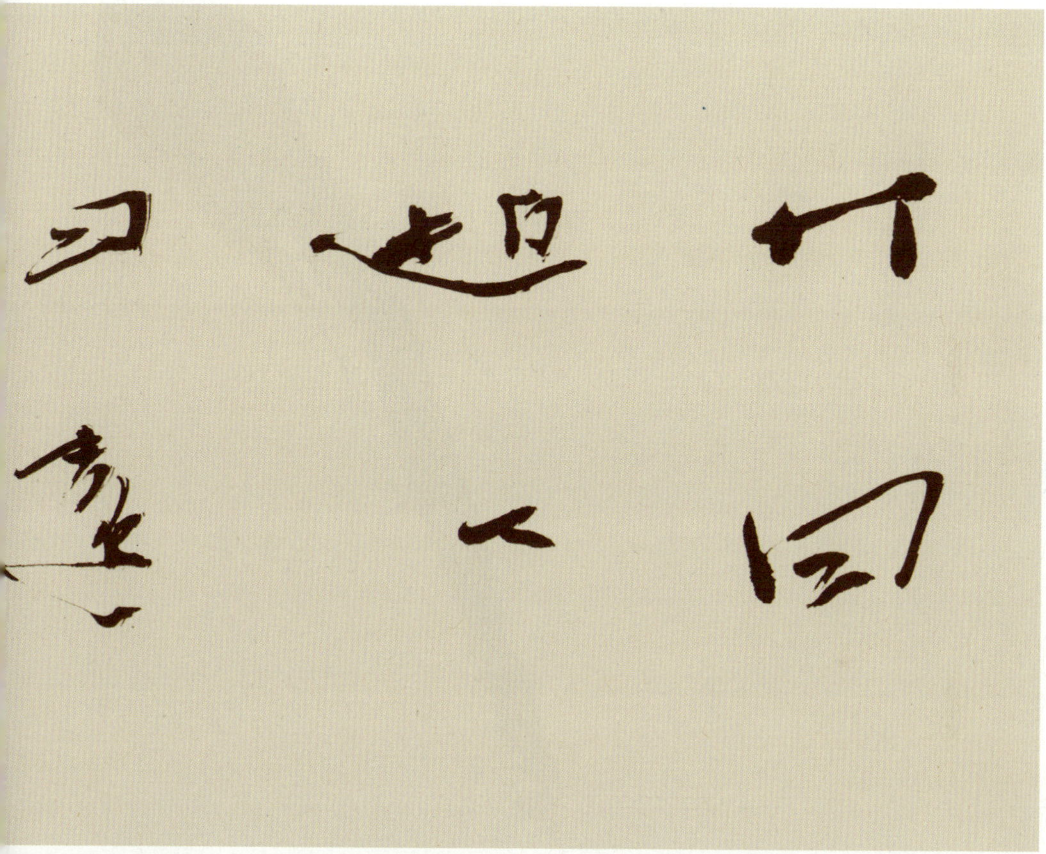

丝人 （21cm×25cm）

韬光（31.5cm × 33.7cm）

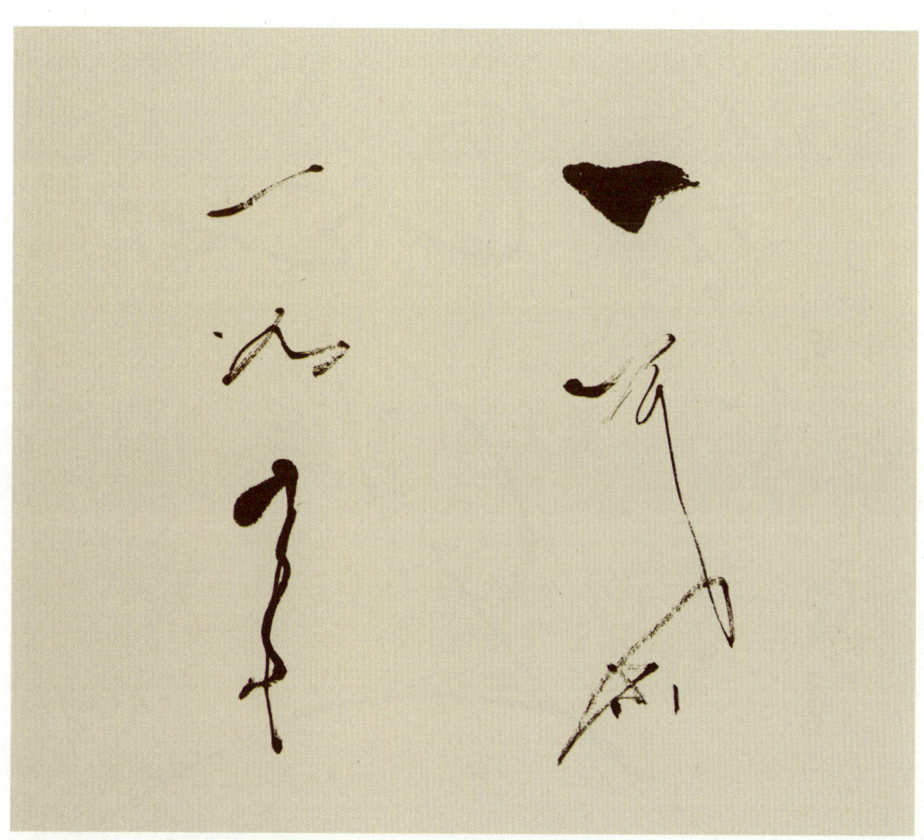

一叶一如来 （29.2cm×32cm）

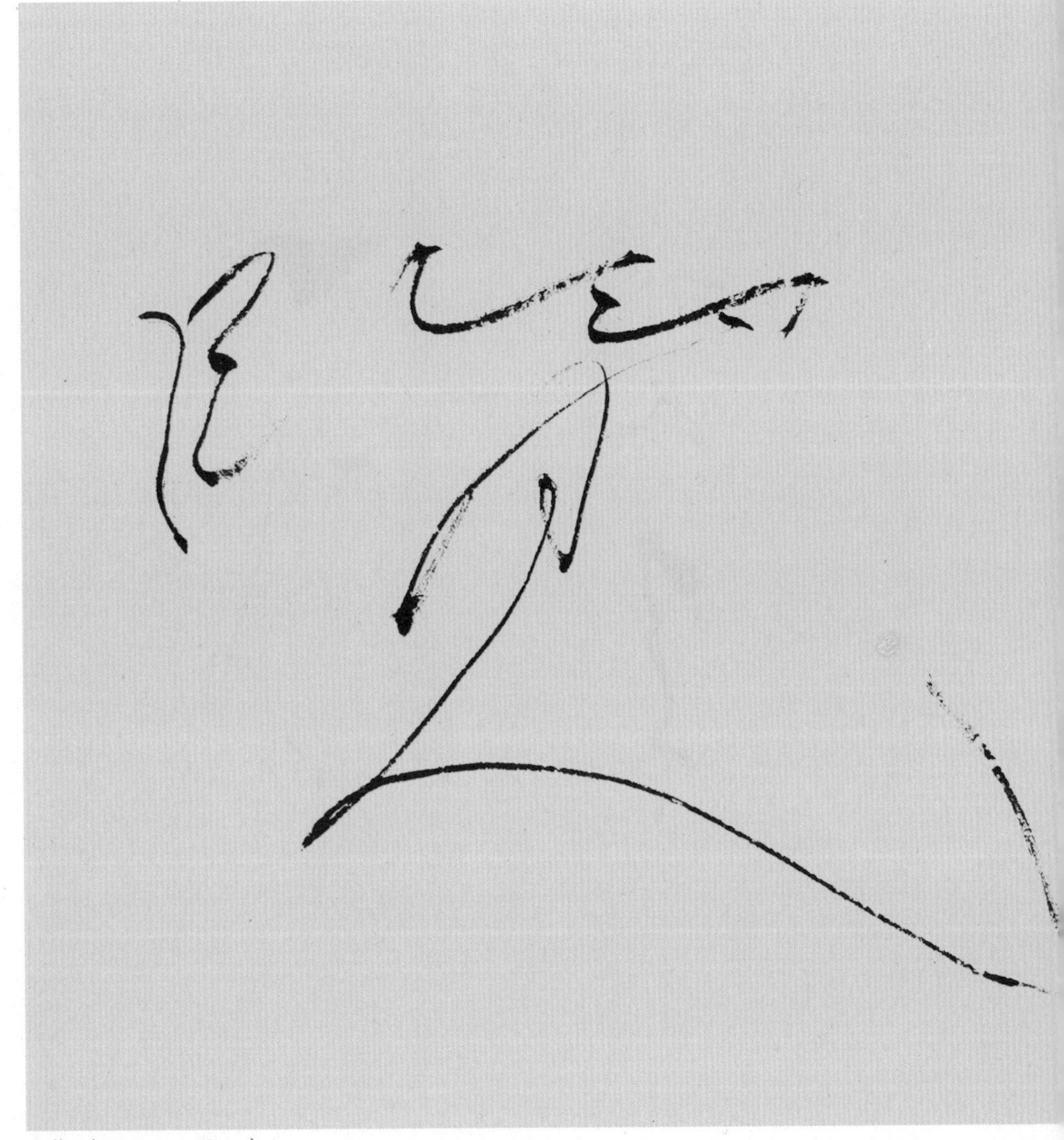

玄览 （35.5cm × 48cm）

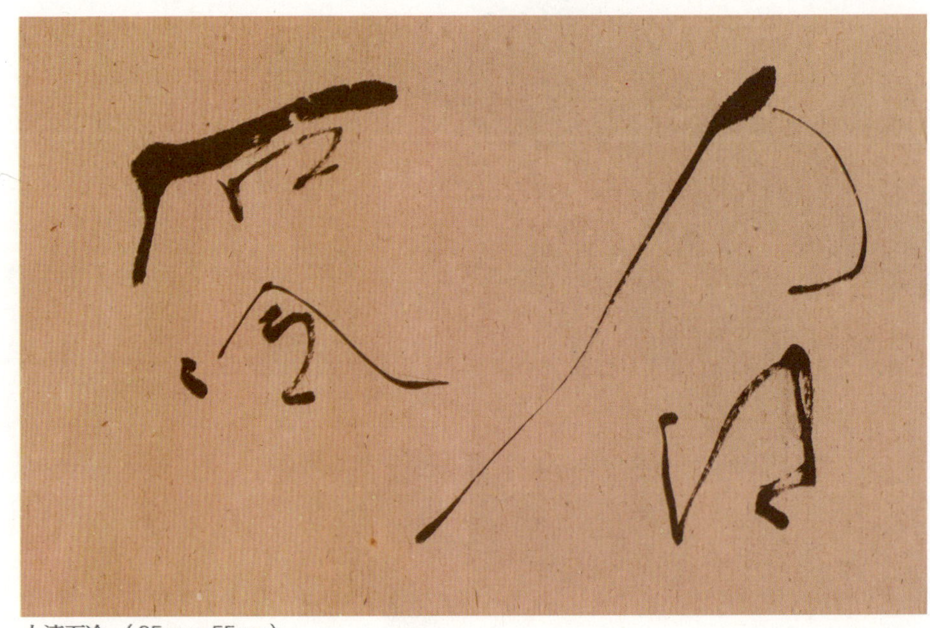

人清石冷 （35cm×55cm）

雨来（55cm×35cm）

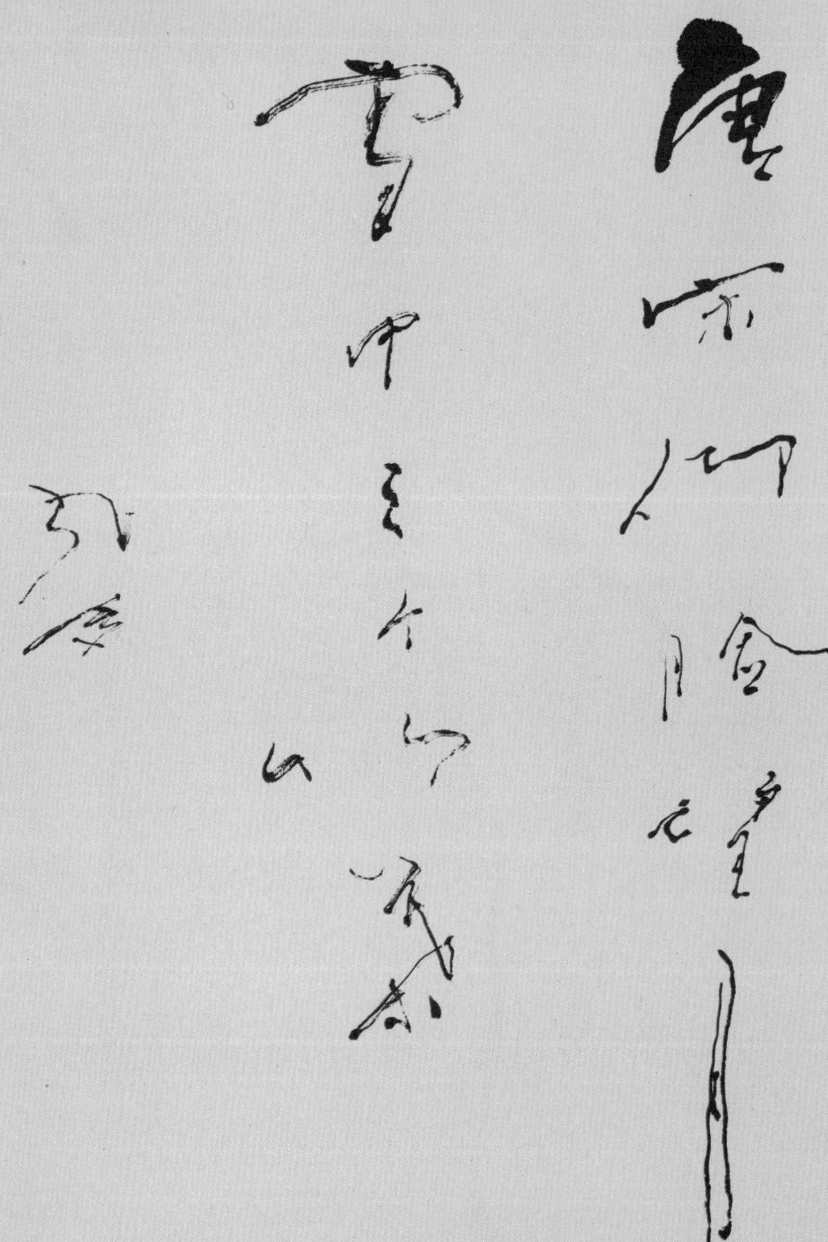

唐宋仰脸望月
雪中三个竹叶（36.8cm×25.2cm）

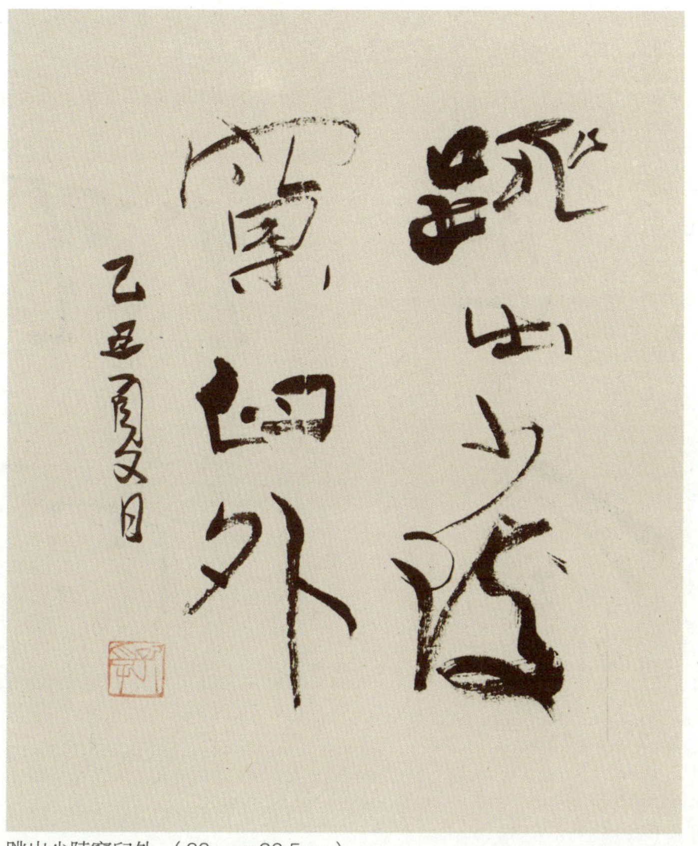

跳出少陵窠臼外 （33cm×26.5cm）

烟雨济南 （33.7cm×41.5cm）

黄河 （62.8cm×46.8cm）

入无 （43.5cm×46.3cm）

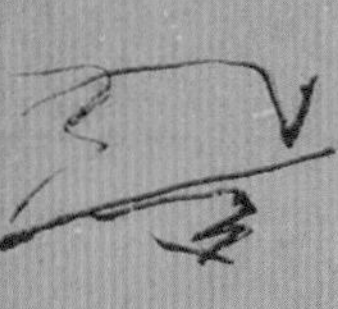

云香（37.5cm×42.5cm）

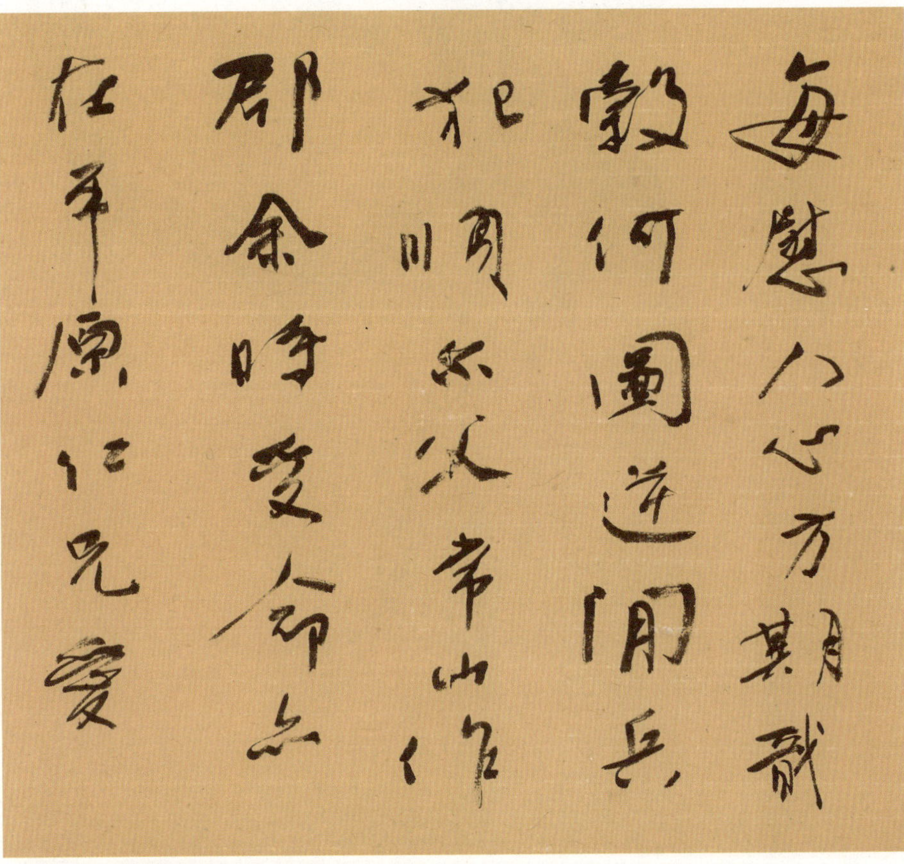

节临颜真卿《祭侄文稿》

思美人兮 （42.8cm×45.8cm）

春声（65.5cm×28.8cm）

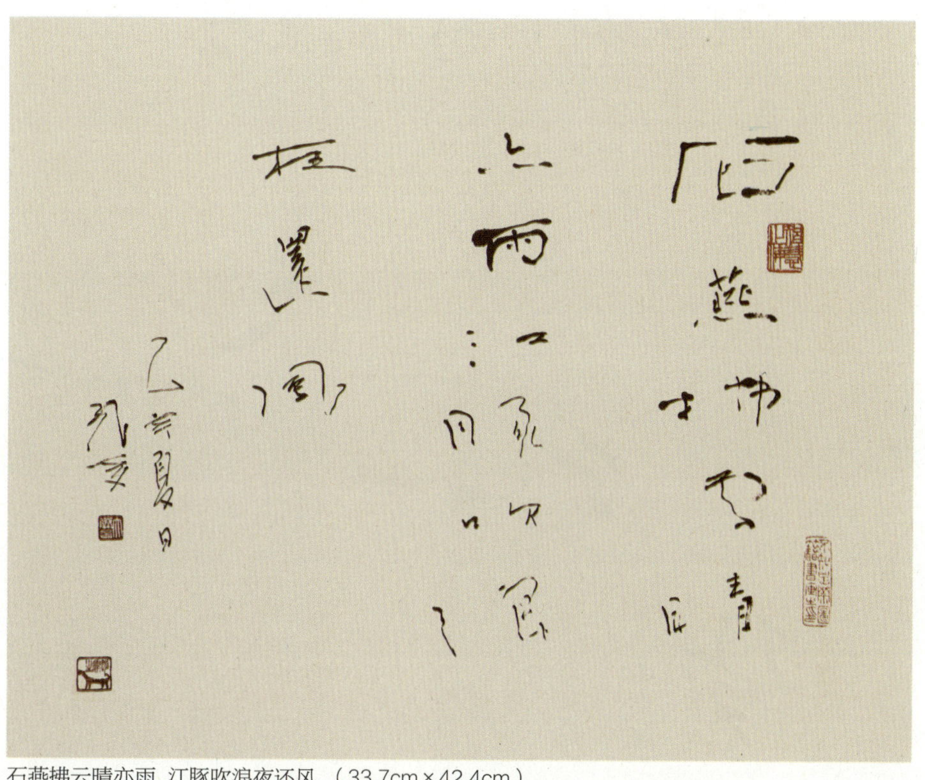

石燕拂云晴亦雨　江豚吹浪夜还风　（33.7cm × 42.4cm）

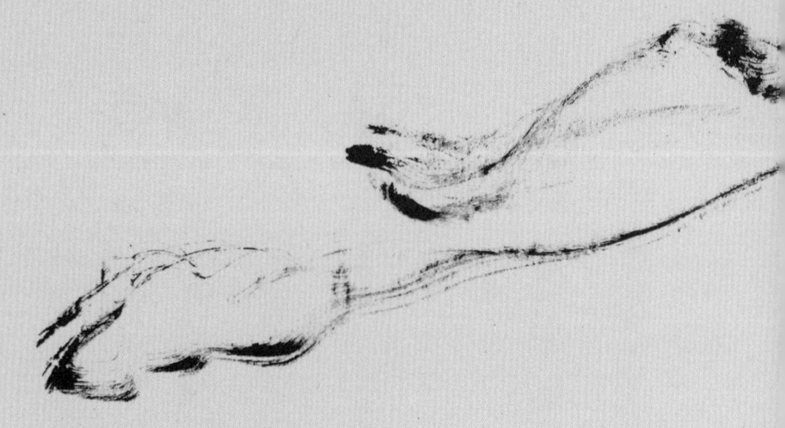

三十年一悟得无 无者 无限 诗之道 从有到无也 （48cm×114cm）

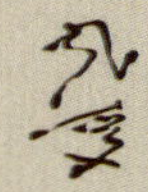

大辩若讷 （26.7cm × 139.2cm）

细雨湿流光 （38.2cm×67.5cm）

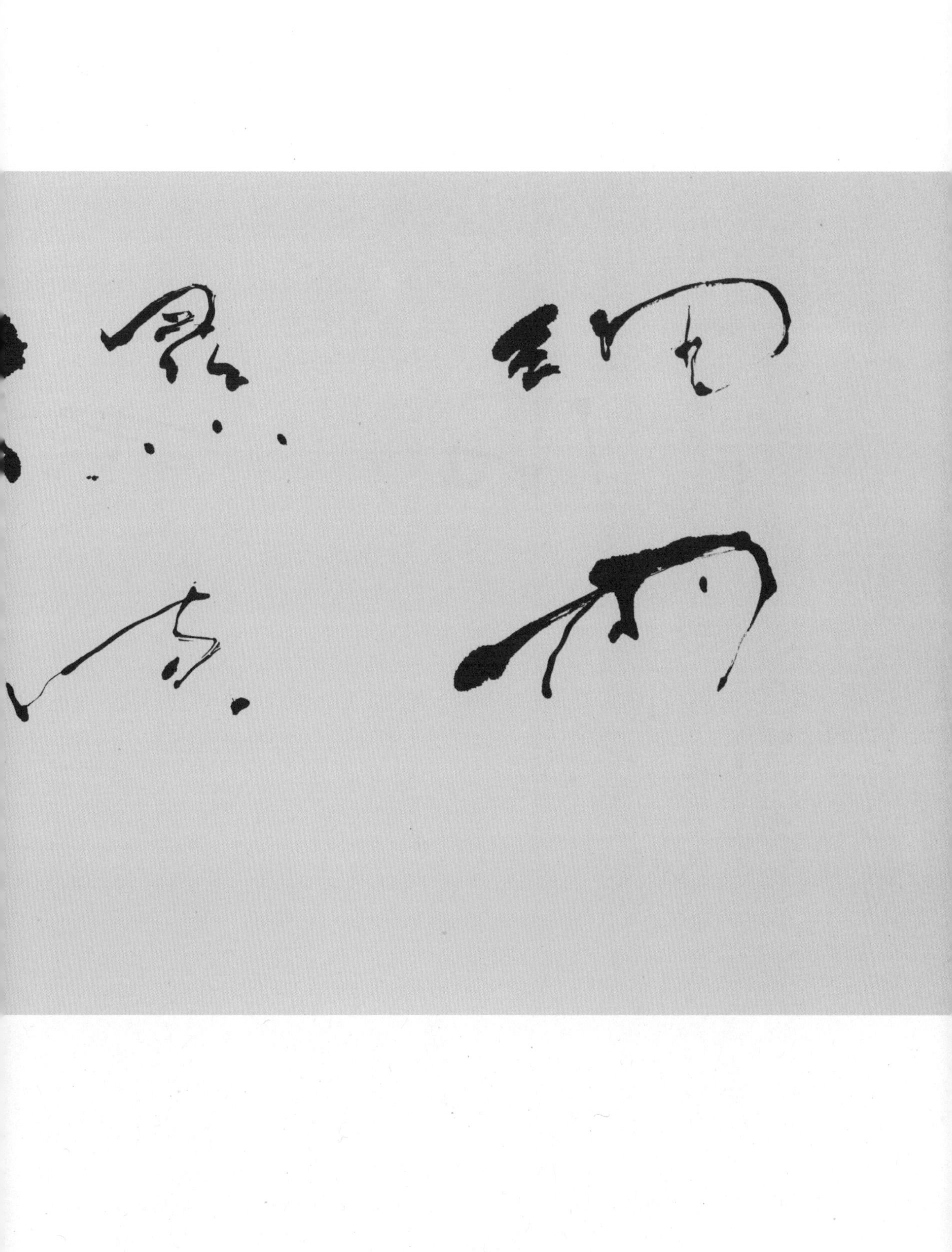

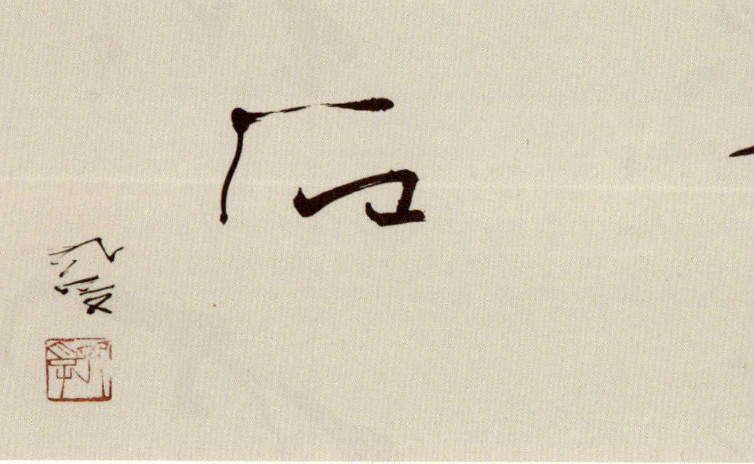

痴于书石 （19.1cm×99.7cm）

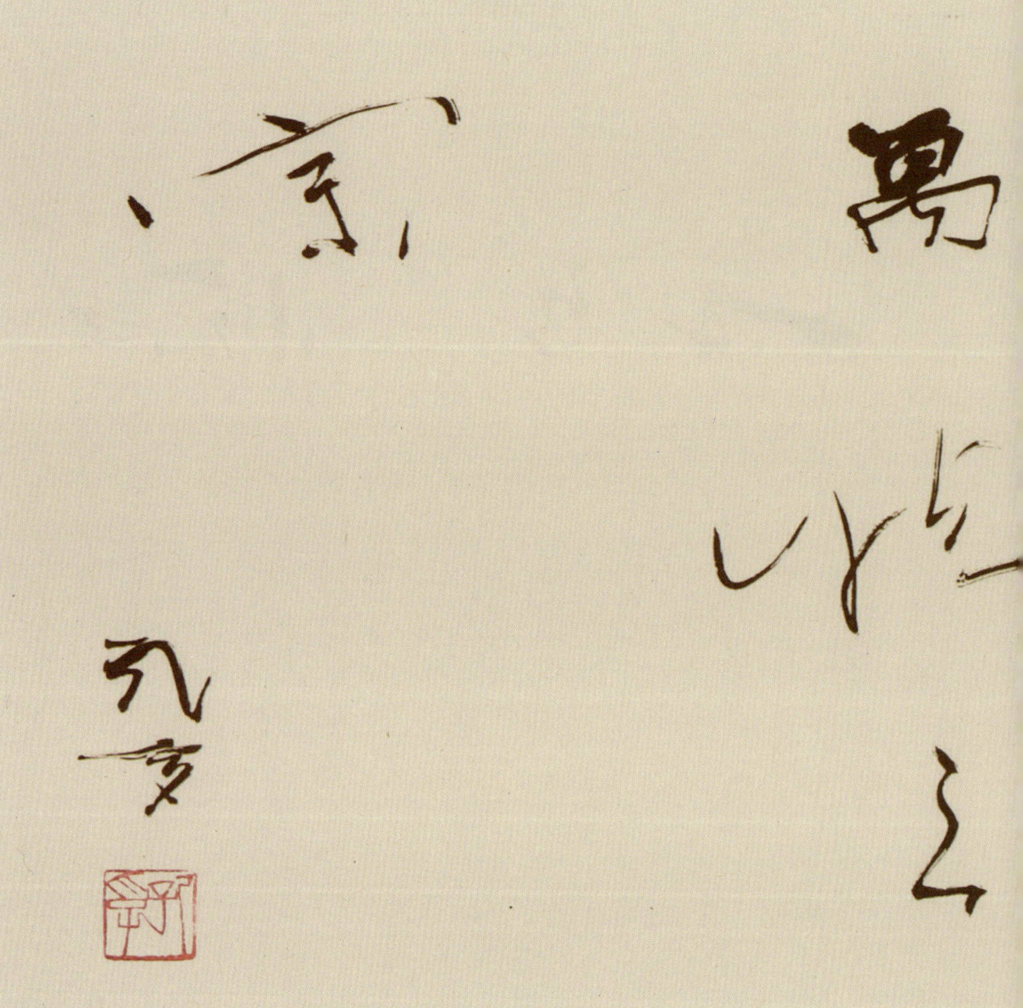

渊兮似万物之宗 （33.7cm × 66.4cm）

山色有无中 （35.6cm×79.5cm）

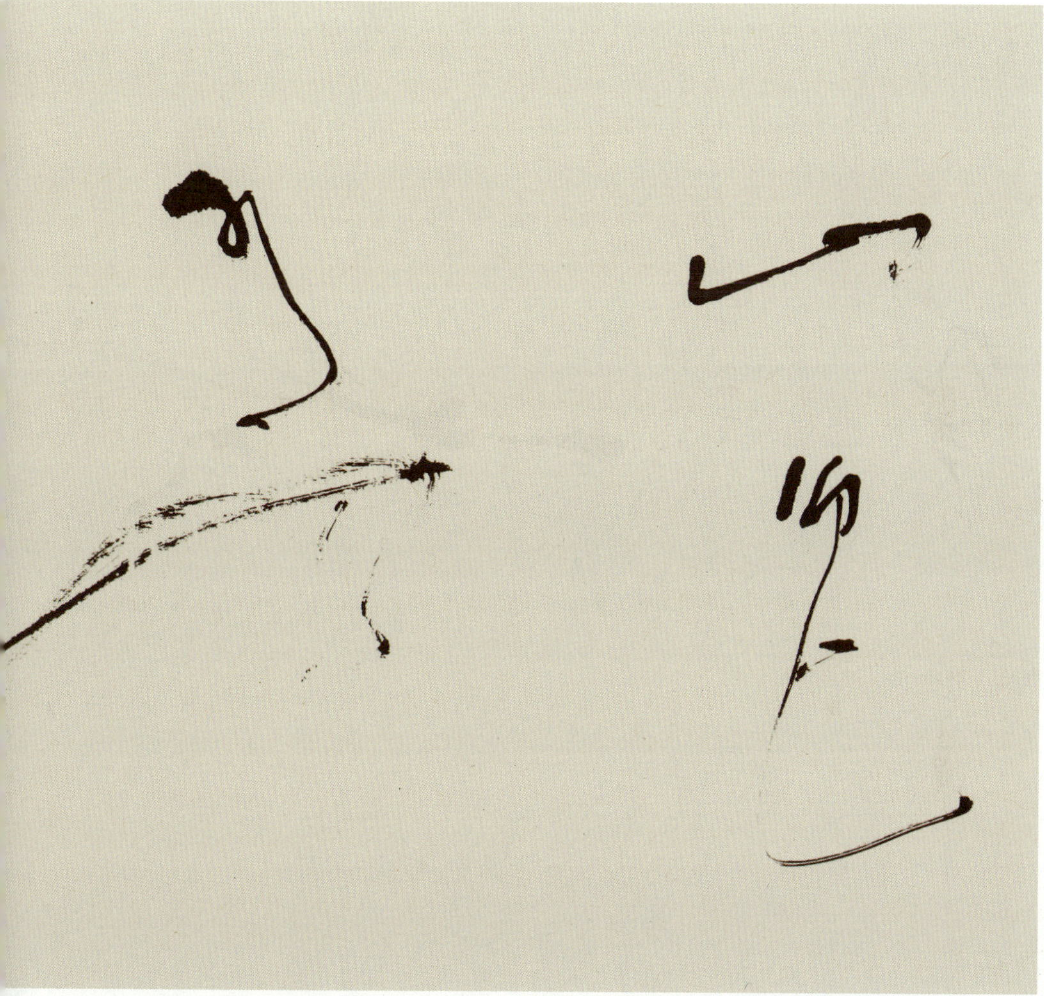

悟无 （21.8cm×136.8cm）

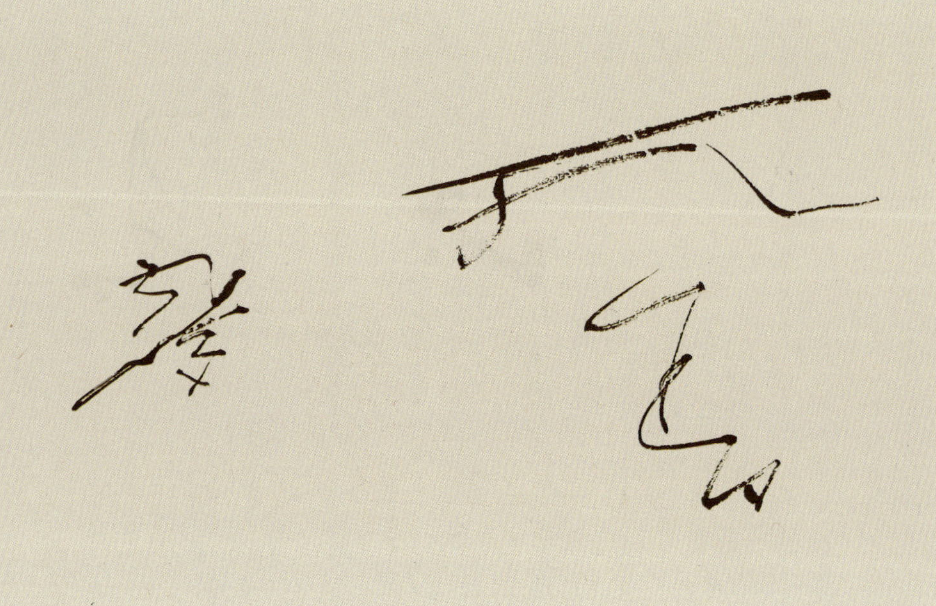

吐吸天香 （21.7cm×94.4cm）

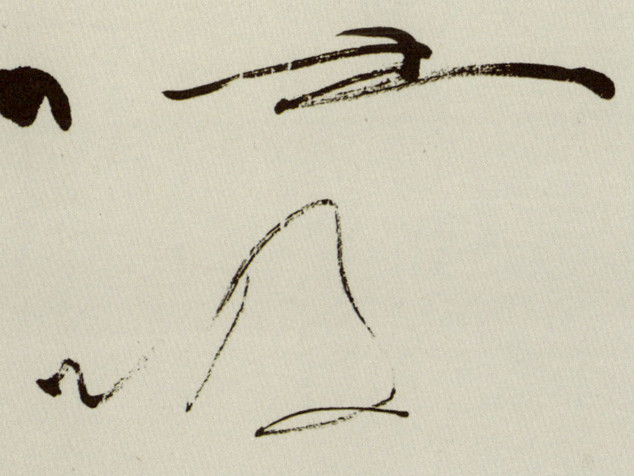

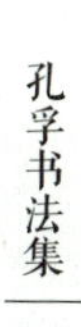

一颗心燃尽 （118cm × 237.6cm）

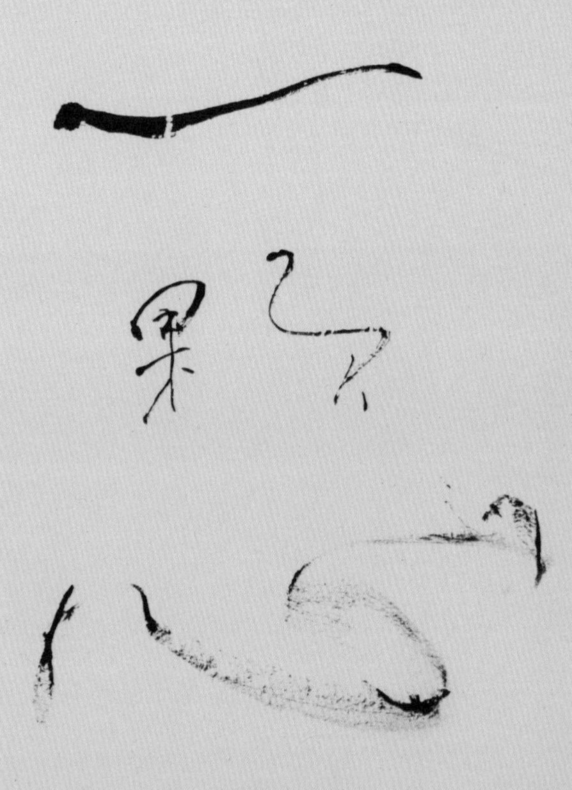

见到海　眼泪就流出来了　我怕是海的儿子　泪水也咸咸的呀　（87.5cm×238.5cm）

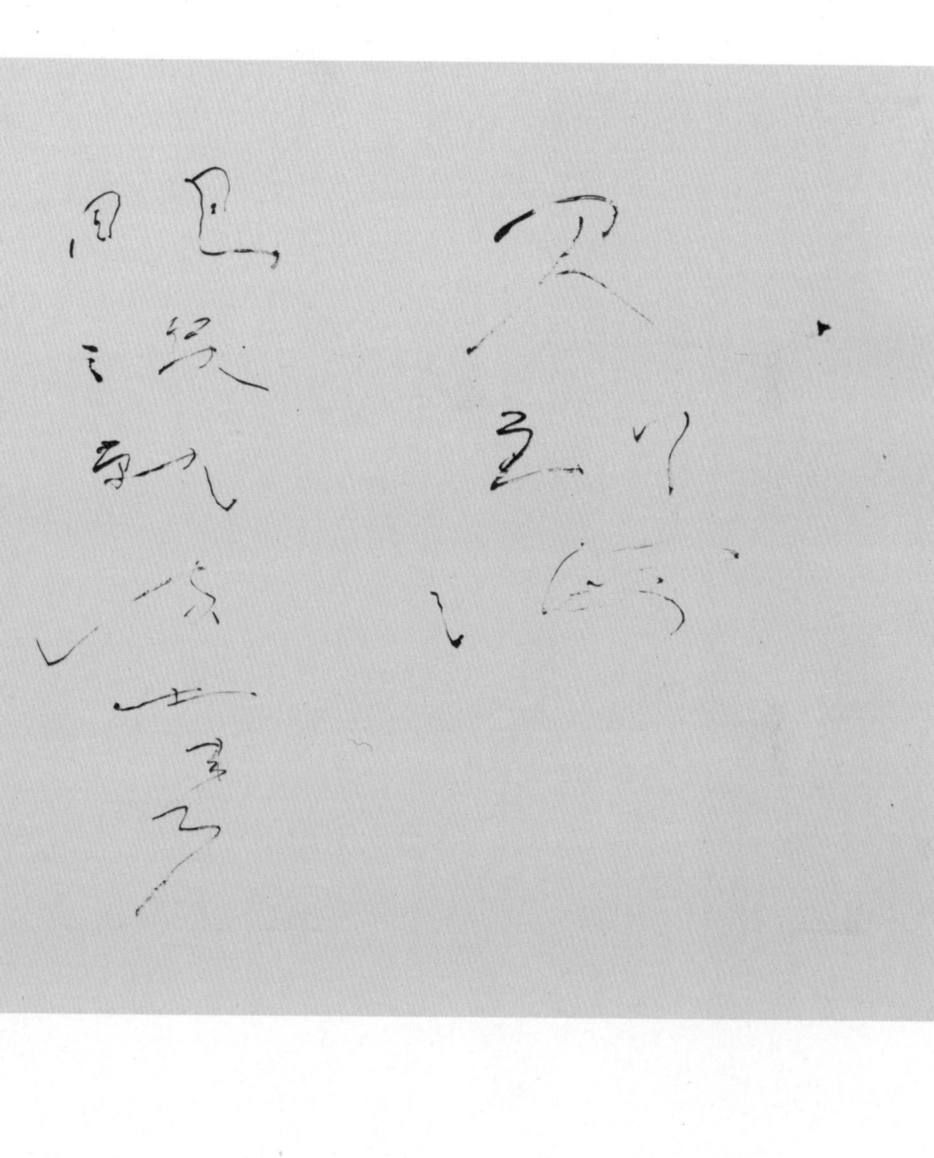

一部《法华经》活了 诵莲花的和尚是风 字间染有鸟语 （116.5cm×237.6cm）

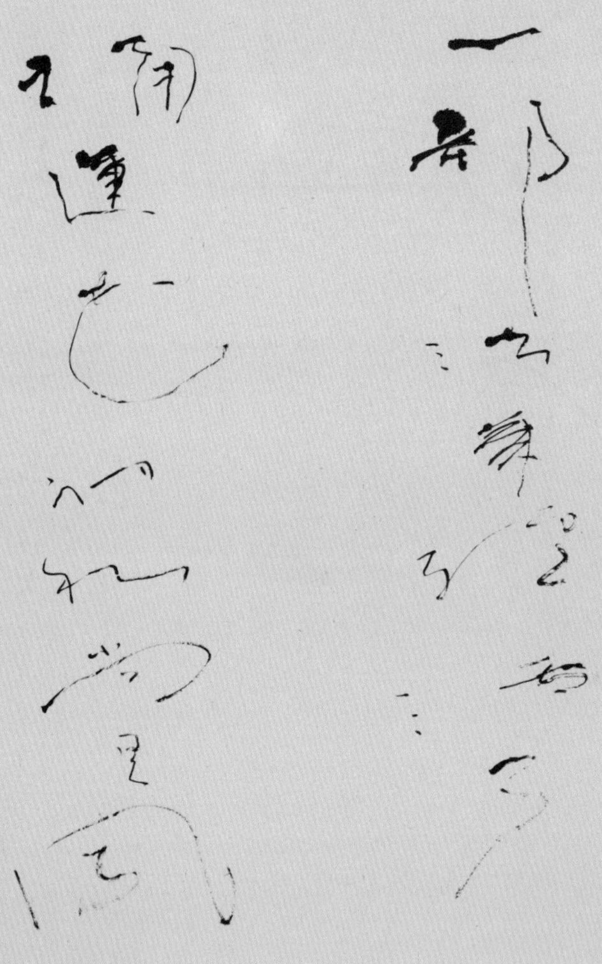

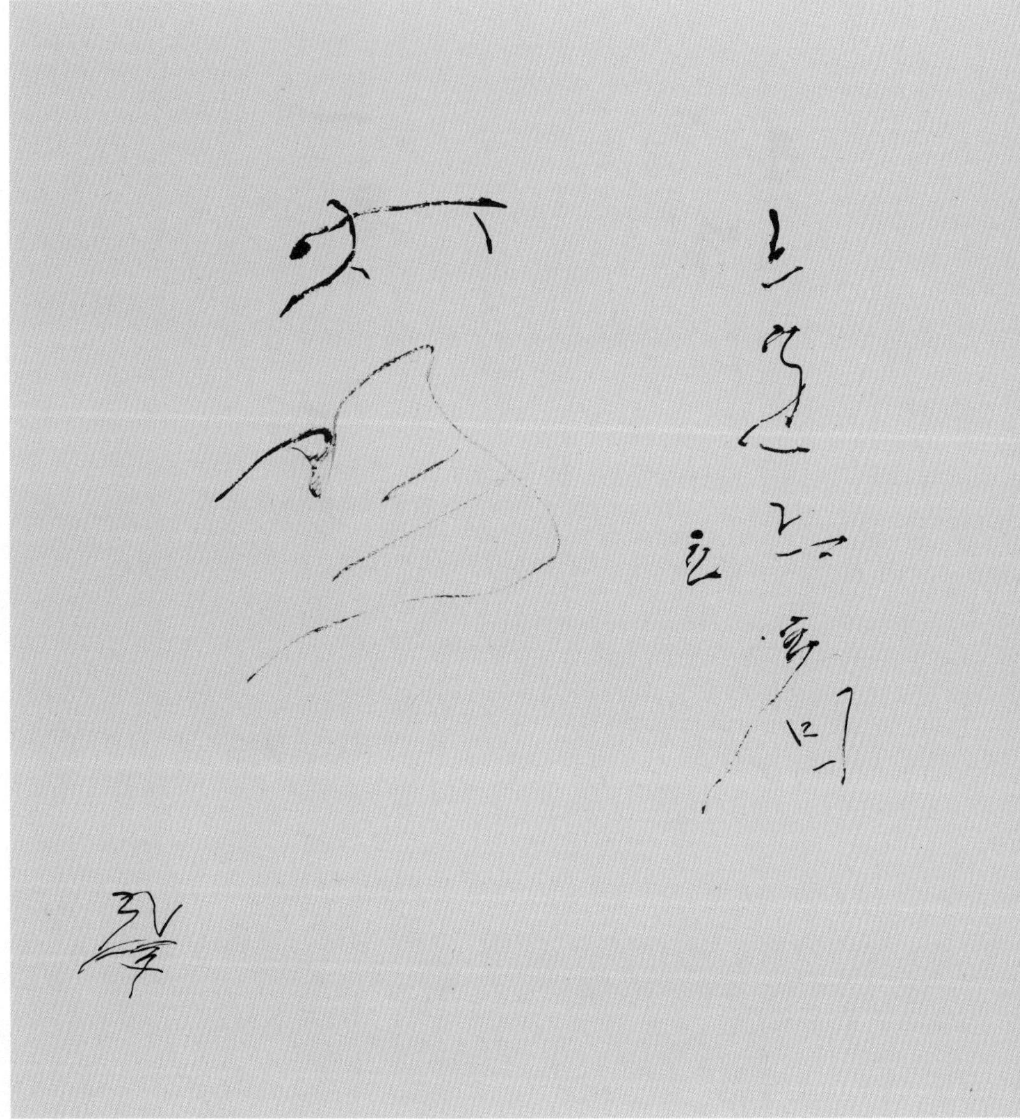

风划一个舢板 上边站着太阳 （116.5cm×237.3cm）

佛掌上放一片红叶 秋 蹑手蹑脚 （86.8cm×238.6cm）

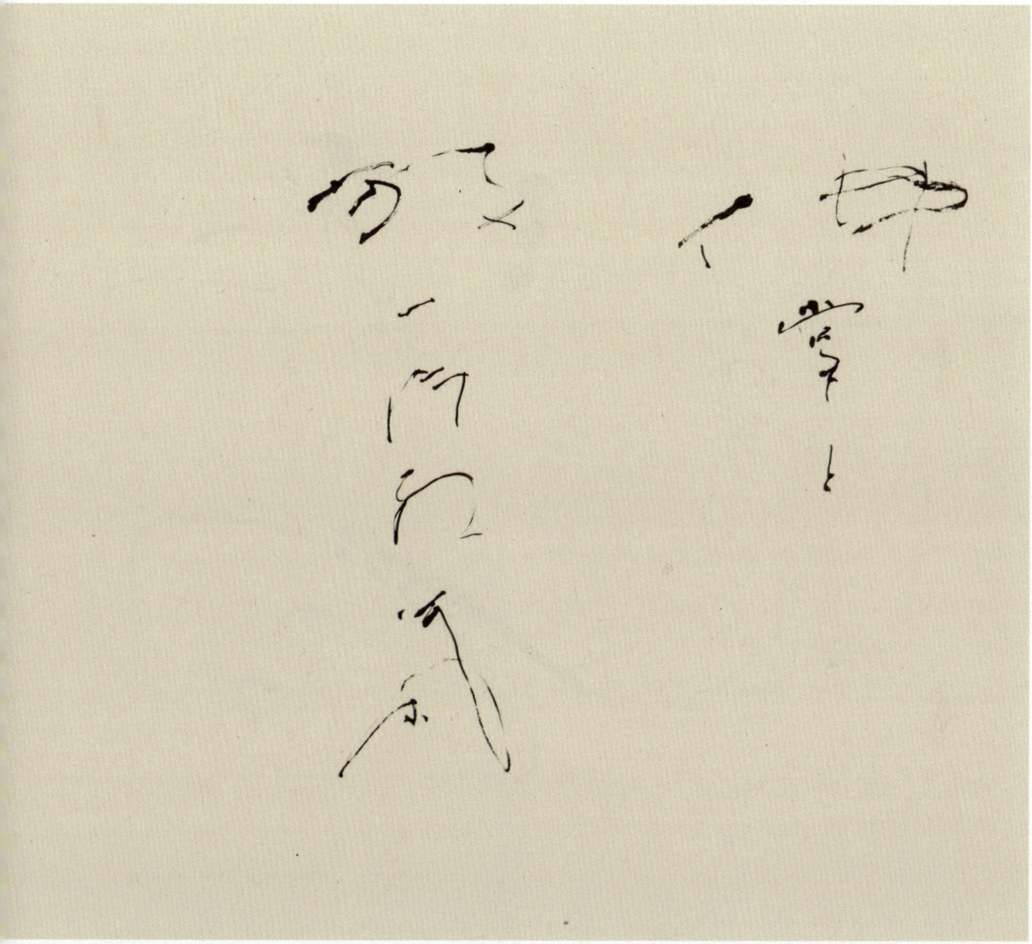

湿了济南 （93.3cm×176.4cm）

青岛的风 玻璃似的 人游在街道上 像鱼 （118.5cm × 237.3cm）

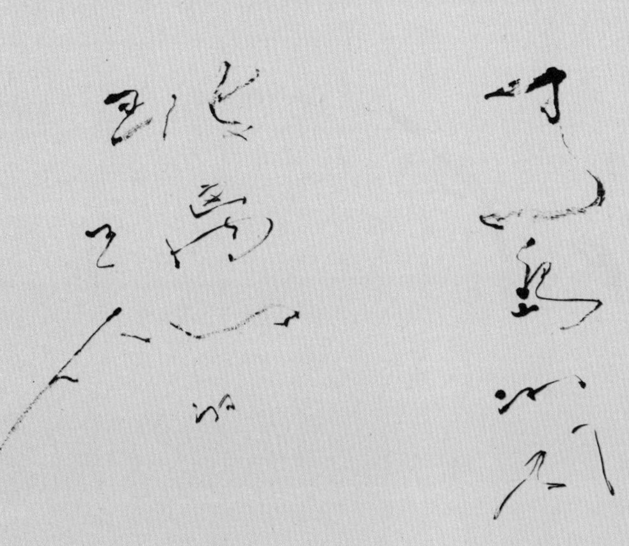

无（62.5cm×238cm）

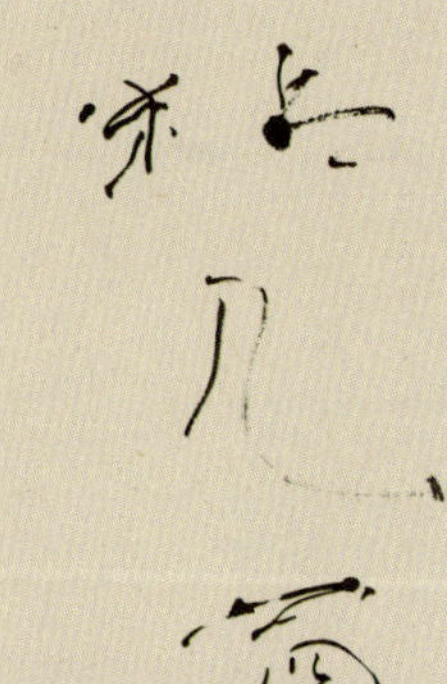

东边太阳　西边月亮　粘几滴　露　（116.6cm×238.2cm）

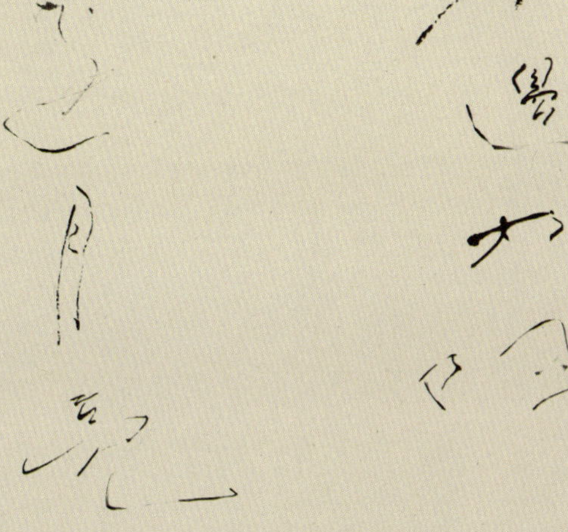

云 把水拧光了 挂在海边的树上 晾（119cm×237.5cm）

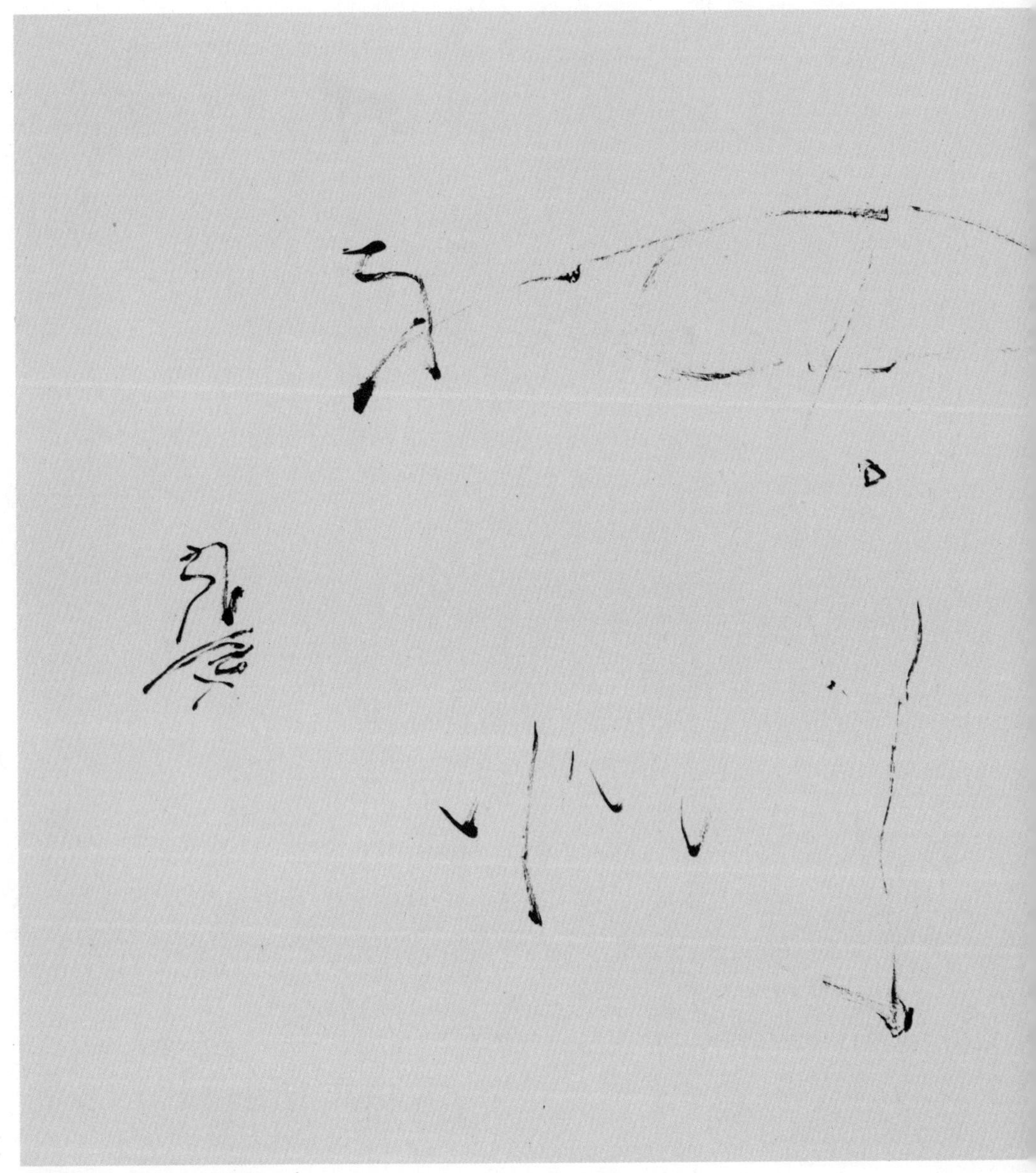

烟雨神州 （93cm × 175.5cm）

一船明月一帆风 （92.4cm×175.5cm）

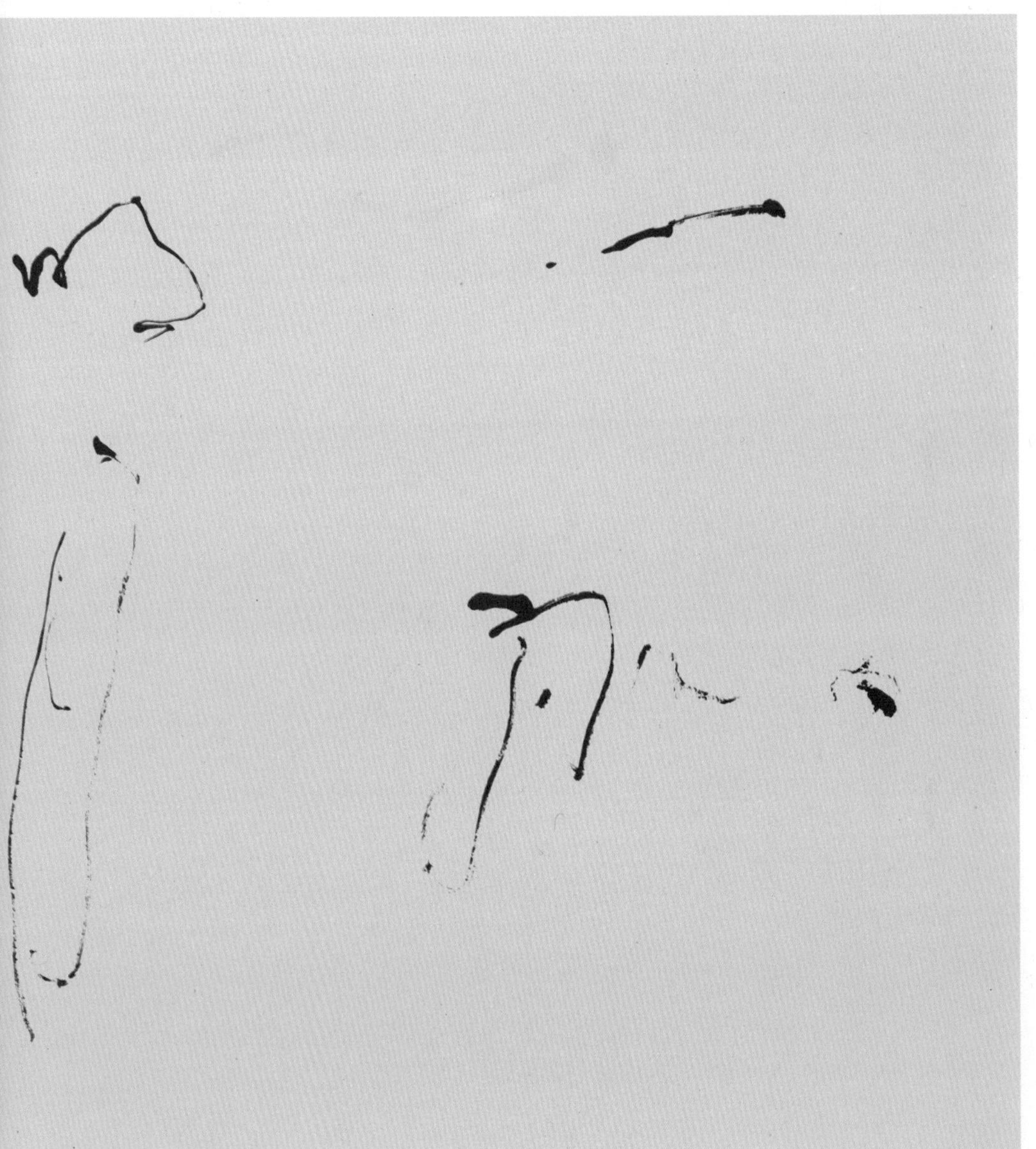

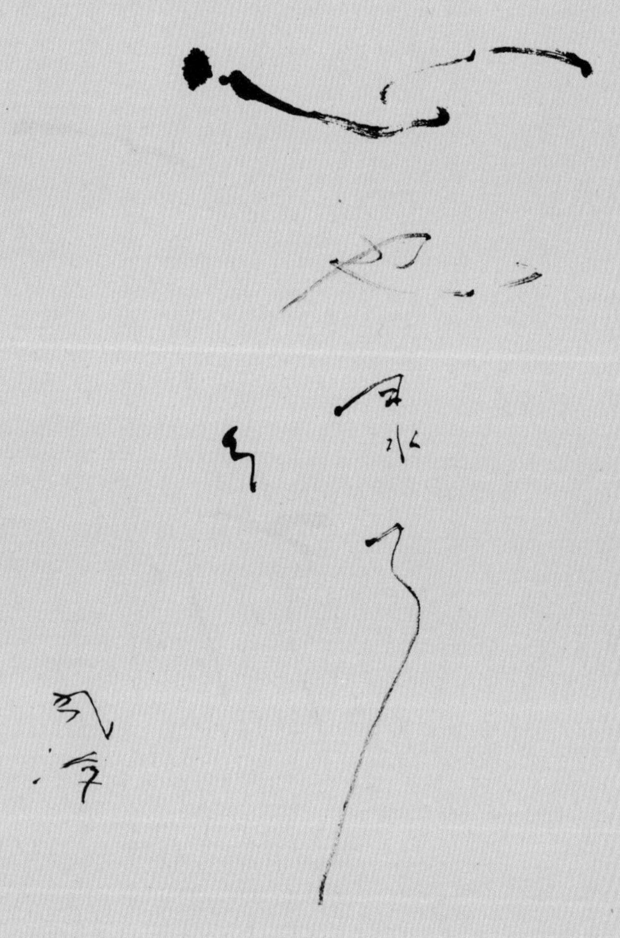

掬一捧泉水 洗一洗眼睛 心也绿了 （94.1cm × 175.8cm）

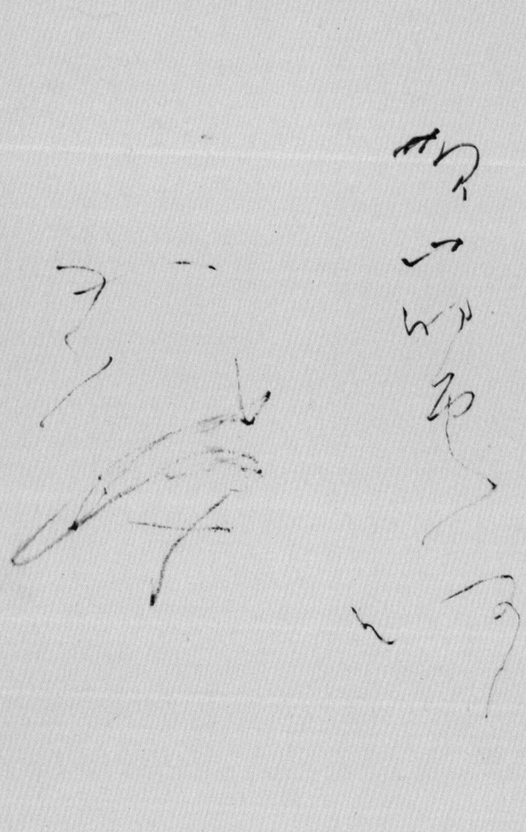

一片云在思想　忘记行雨了　黄山的云河　（118.3cm×237.5cm）

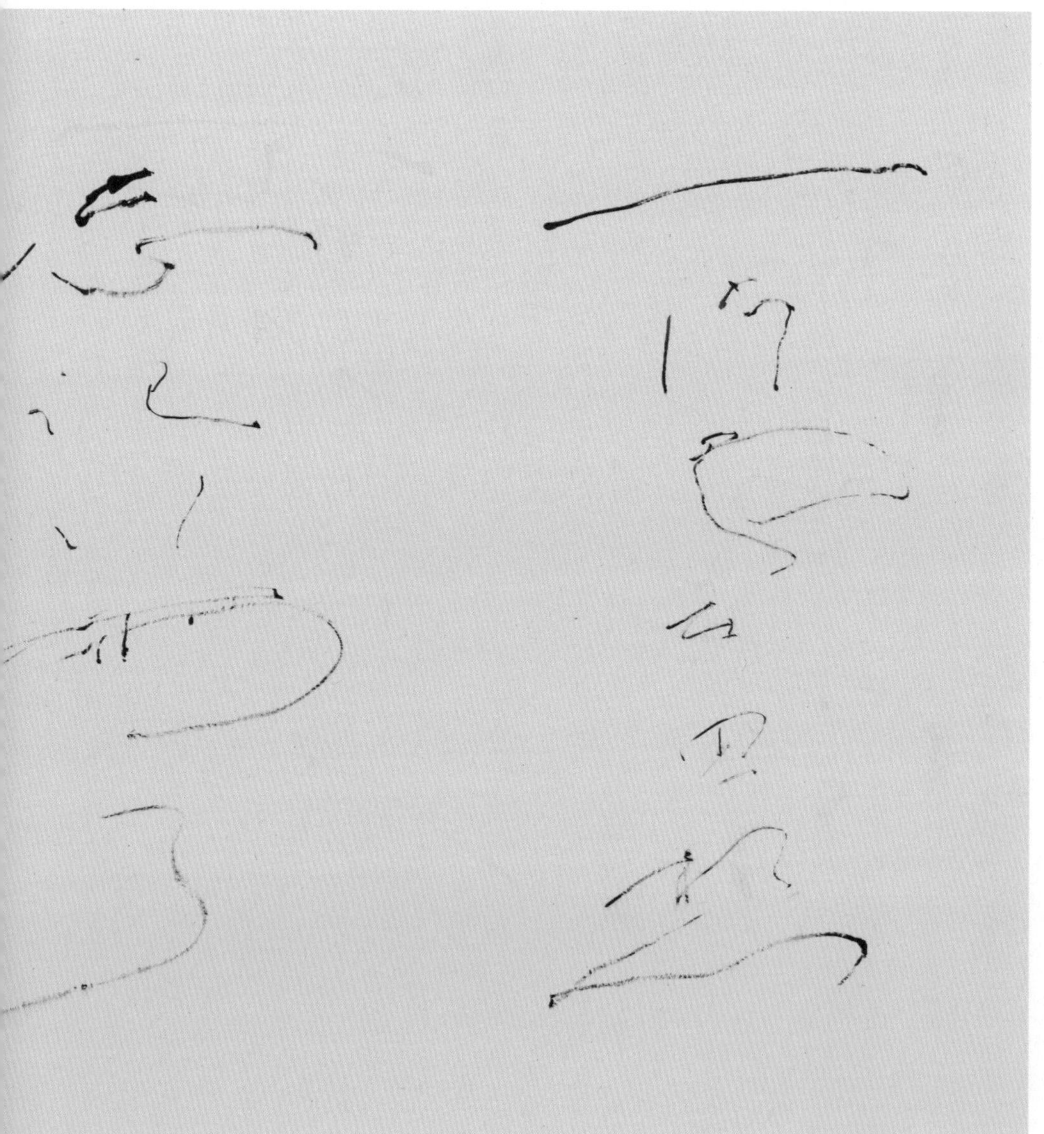

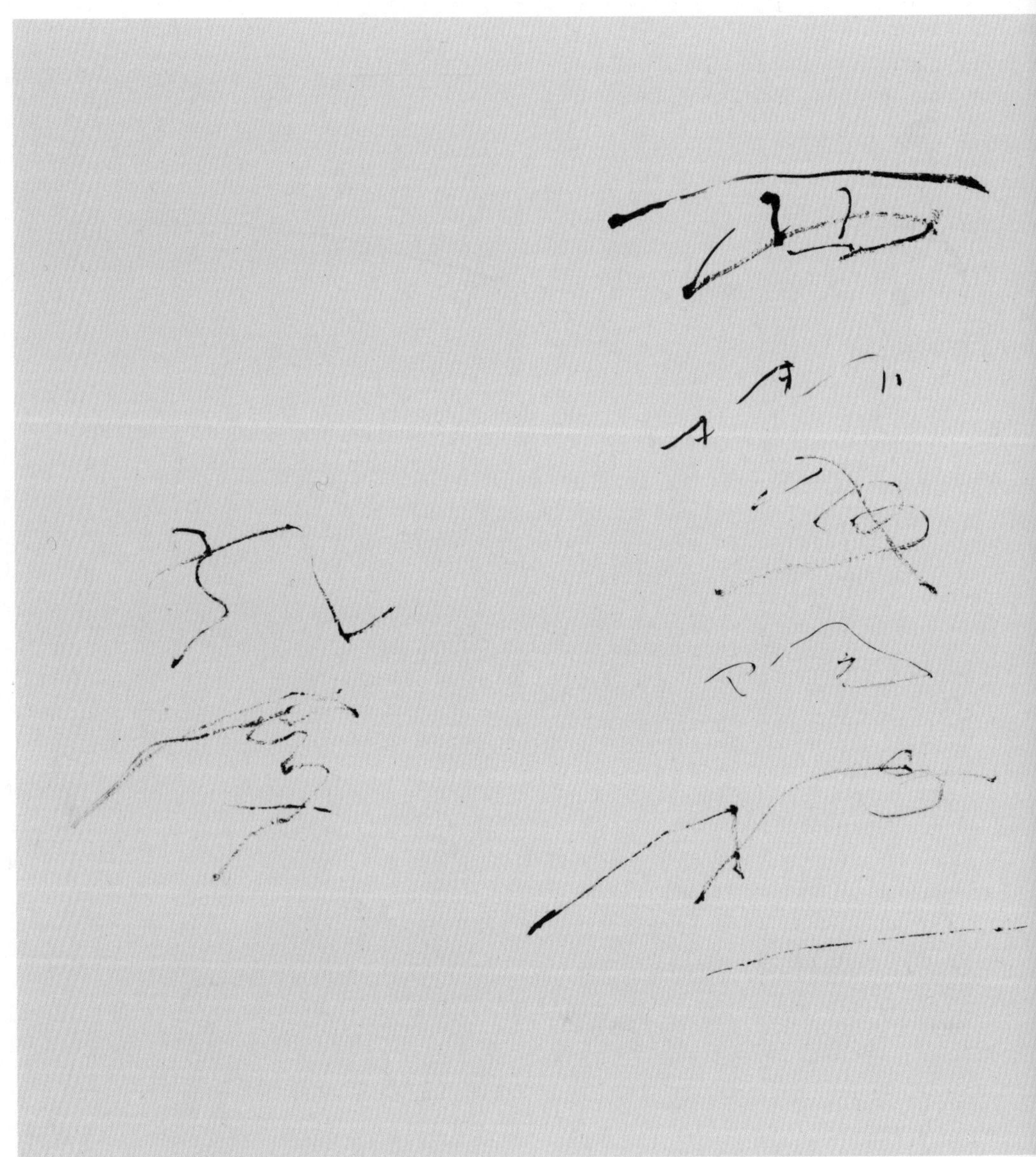

狂风吹我心　西挂咸阳树 （116.5cm×237.6cm）

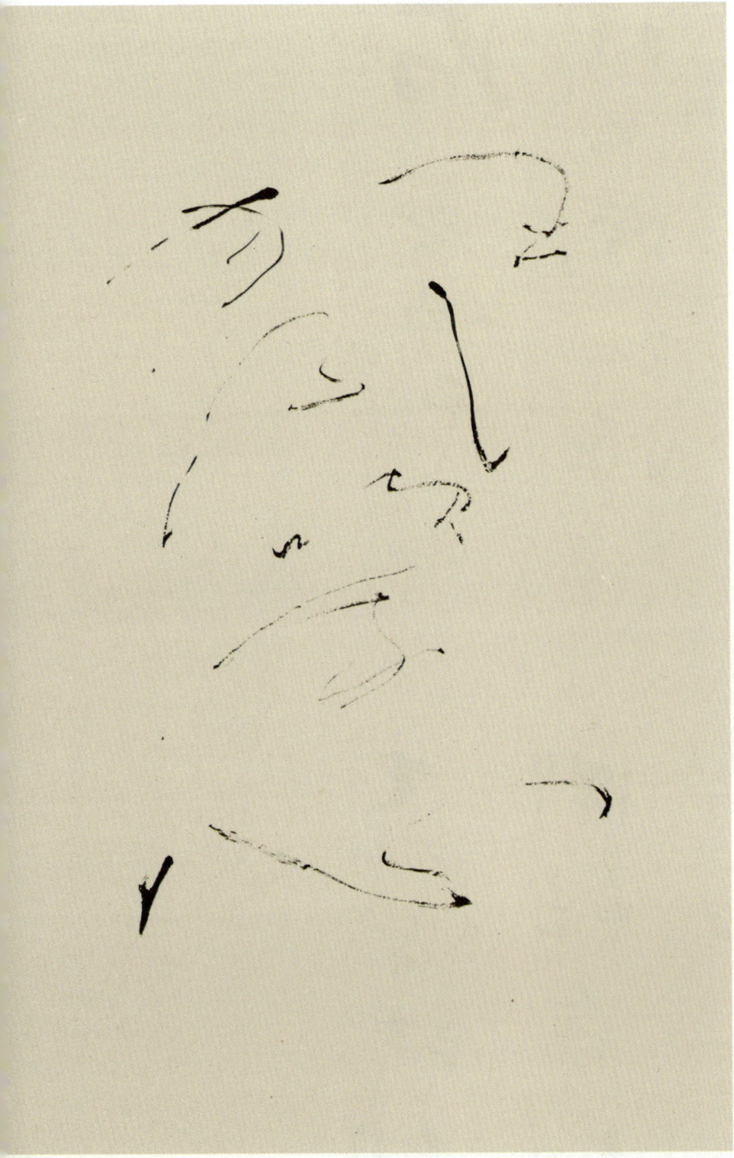

石燕拂云晴亦雨　江豚吹浪夜还风　（26cm×32.4cm）

黄牛峡静滩转急　白马江寒树影稀　（25.2cm×32.4cm）

为人性僻耽佳句（21.7cm×32.9cm）

雨中黄叶树 灯下白头人（21.7cm×32.9cm）

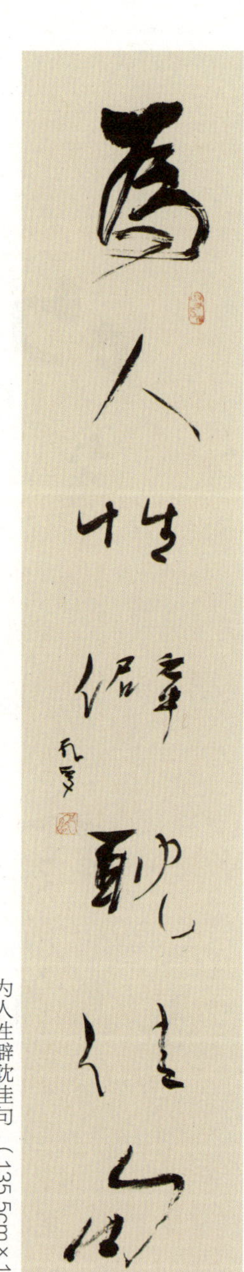

为人性僻耽佳句（135.5cm×19.2cm）

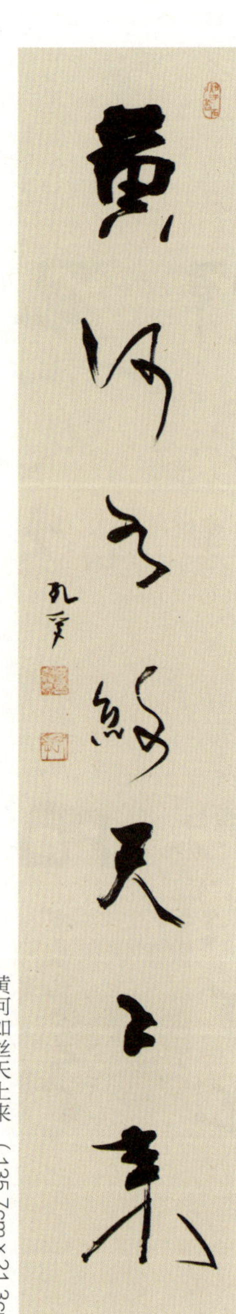

黄河如丝天上来（135.7cm×21.3cm）

雨中黄叶树　灯下白头人（97.5cm×51.9cm）

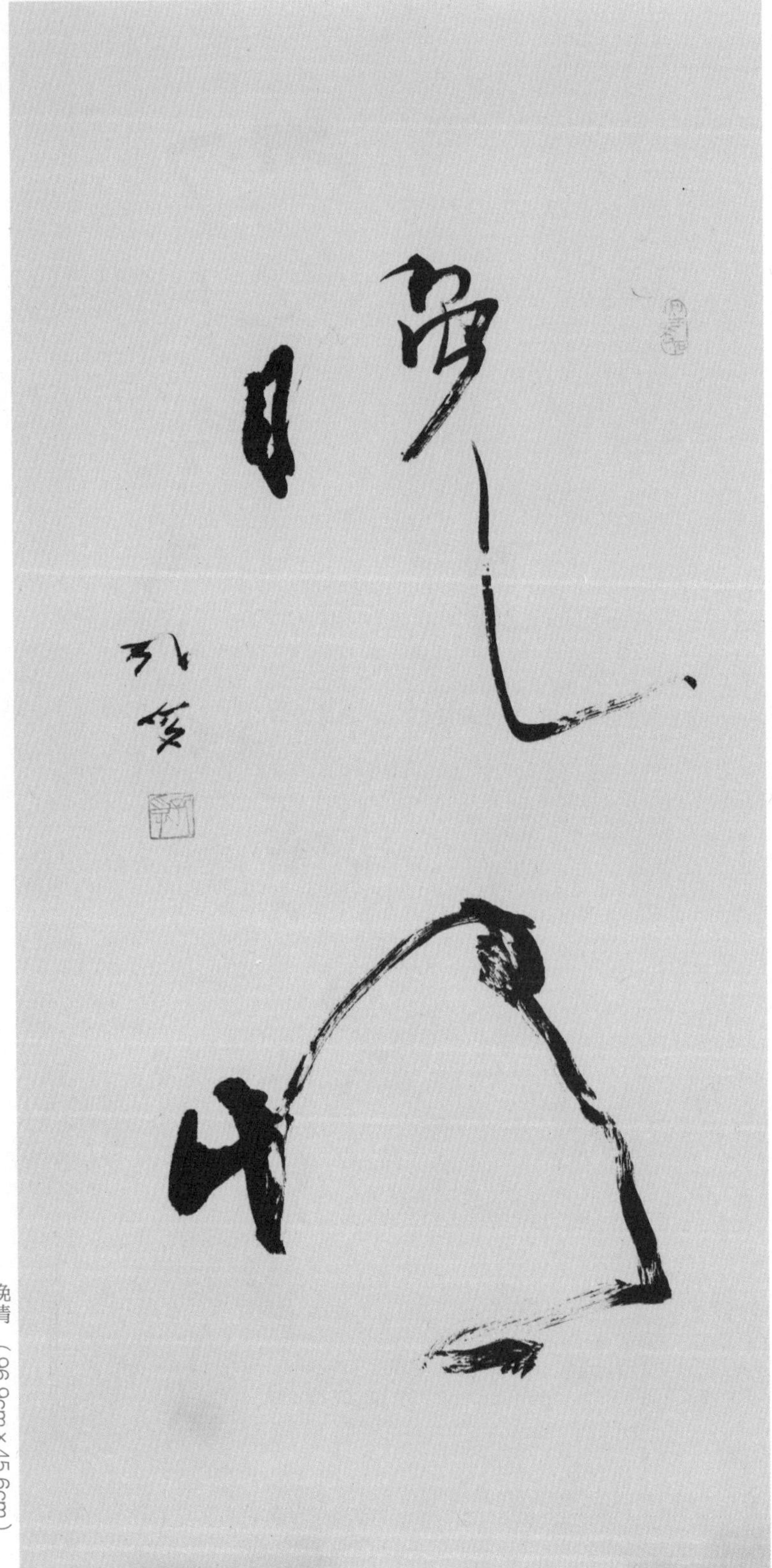

晚情（96.9cm×45.6cm）

无边落木萧萧下 不尽长江滚滚来 （238.8cm×28.1cm）

蓦地有天竺之香袭来 白云中游数尾木鱼 （238.8cm×28.1cm）

书毛主席词《清平乐·六盘山》

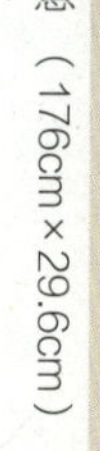

意（176cm×29.6cm）

叩寂 （86.5cm×90cm）

春水涨了　吴楚的山们　要过江么（吗）　（239.8cm×86.4cm）

何须千手千眼　挎虚宇宙（176.2cm×91.5cm）

莺也醉了　鼾于纸　跌倒在路上　维扬的风　（243cm×88cm）

踏月（176.5cm×92cm）

洗普贤象 逗秋风捞
至今流在李白诗里 不知可是这一半儿
（176.5cm×91.5cm）

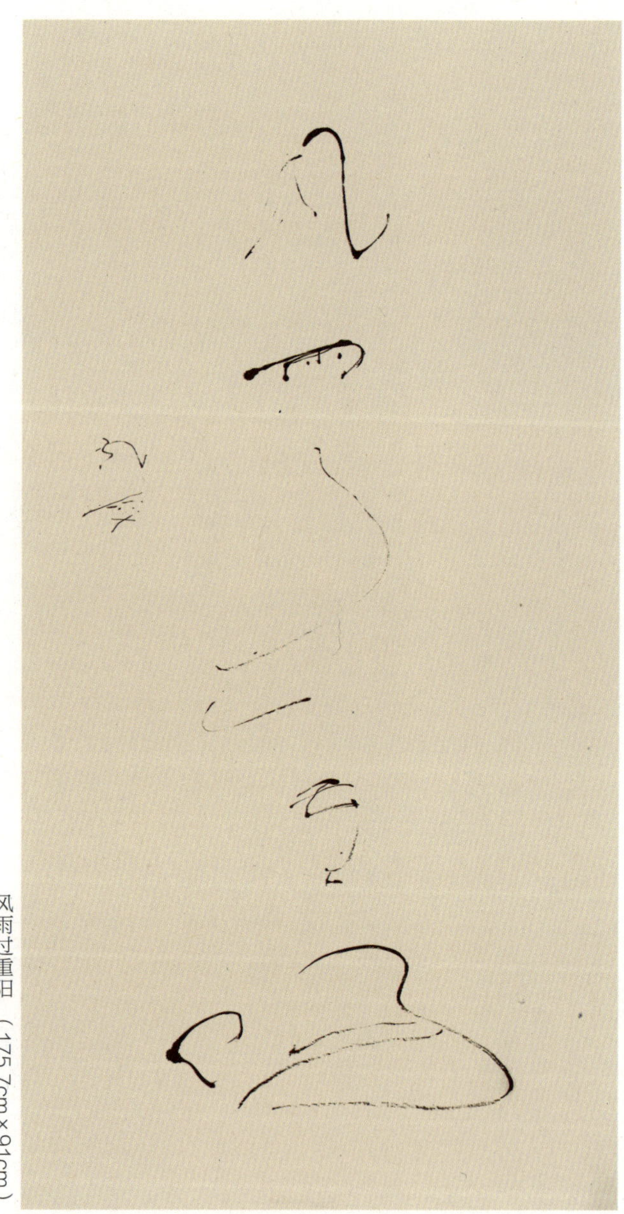

风雨过重阳（175.7cm×91cm）

江清月近人　（236.2cm×71.5cm）

寂灭之深渊　宇宙孵卵（238.8cm×87.6cm）

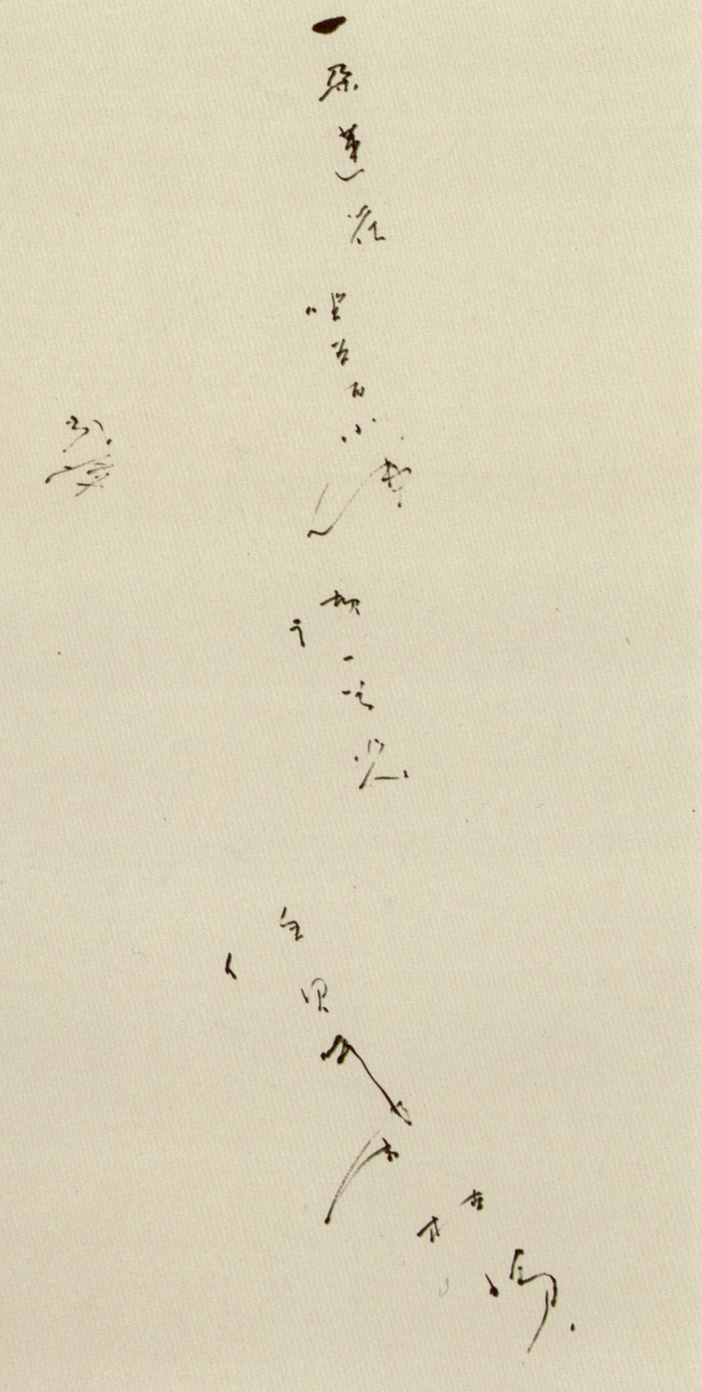

一朵莲花　坐五百小佛　读一首光　任贝叶枯黄　（176cm×92cm）

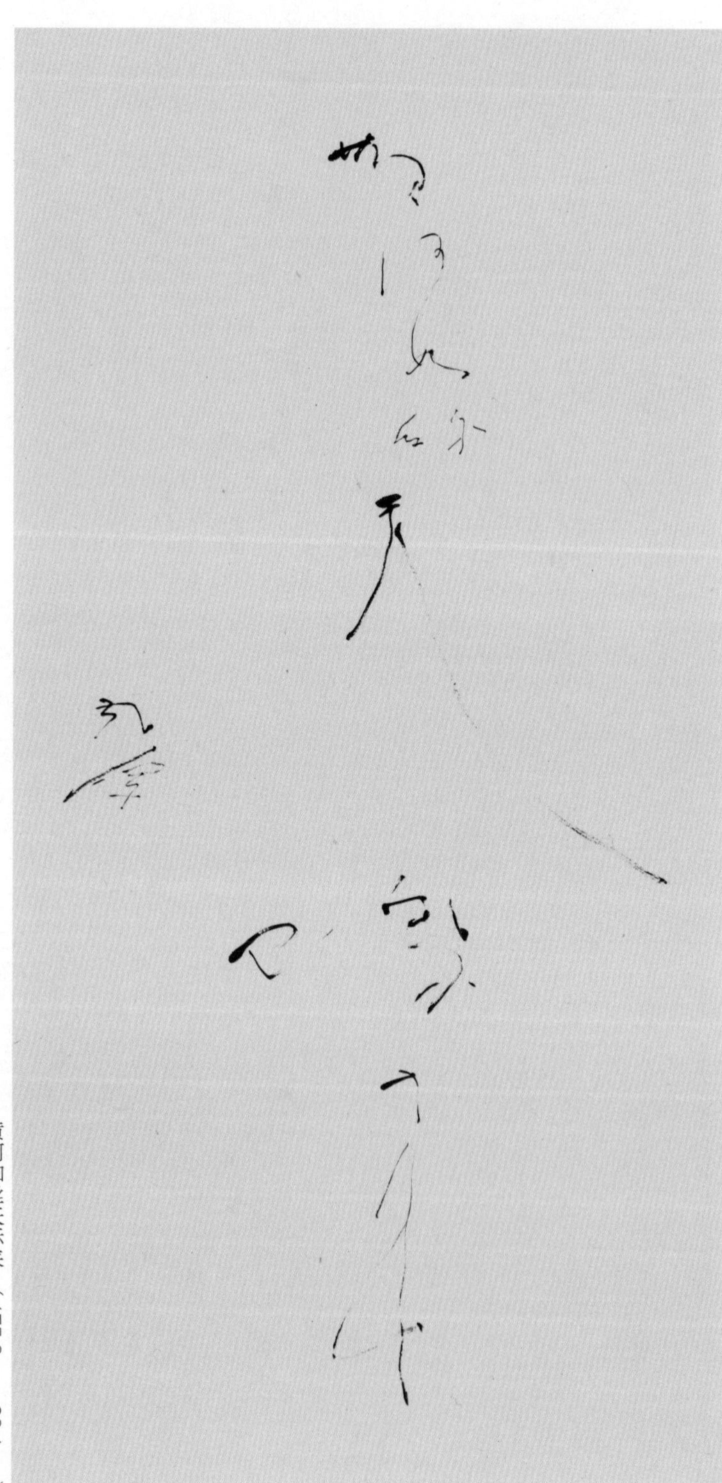

黄河如丝天际来（175.3cm×92.1cm）

文殊问我如何　回答　以脚　（176cm×91.5cm）

恨不得挂长绳于青天　系此西飞之白日　（151.9cm×25.2cm）

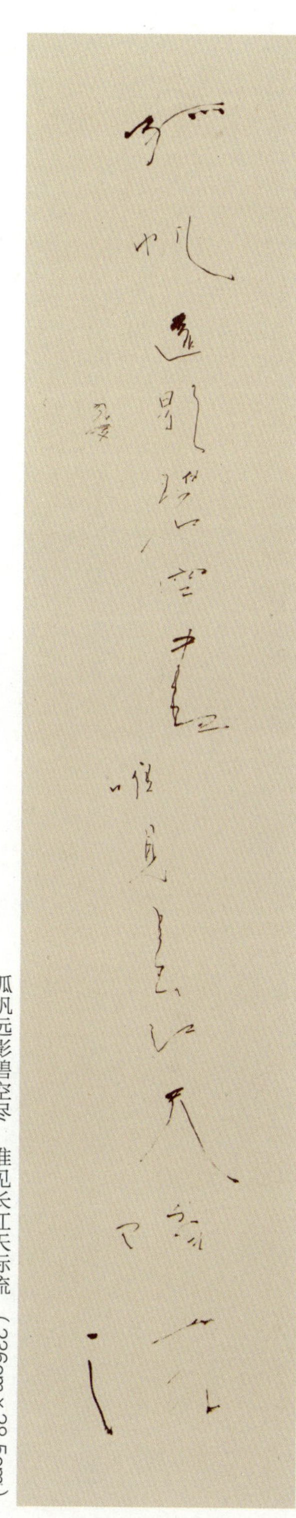

孤帆远影碧空尽　唯见长江天际流（236cm×28.5cm）

用长春绿　写五千年历史　轩辕笔　高提管　（176cm×91.7cm）

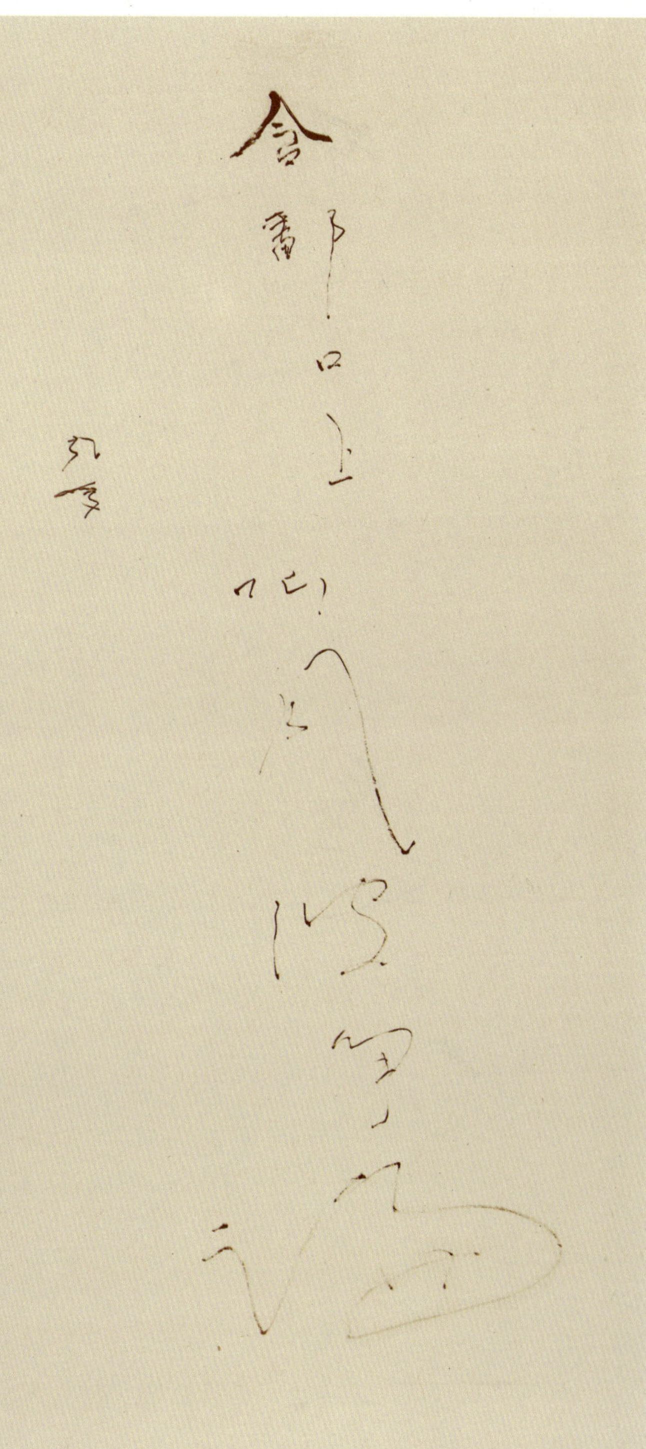

含鄱口上 听风波争论（176.5cm×90.5cm）

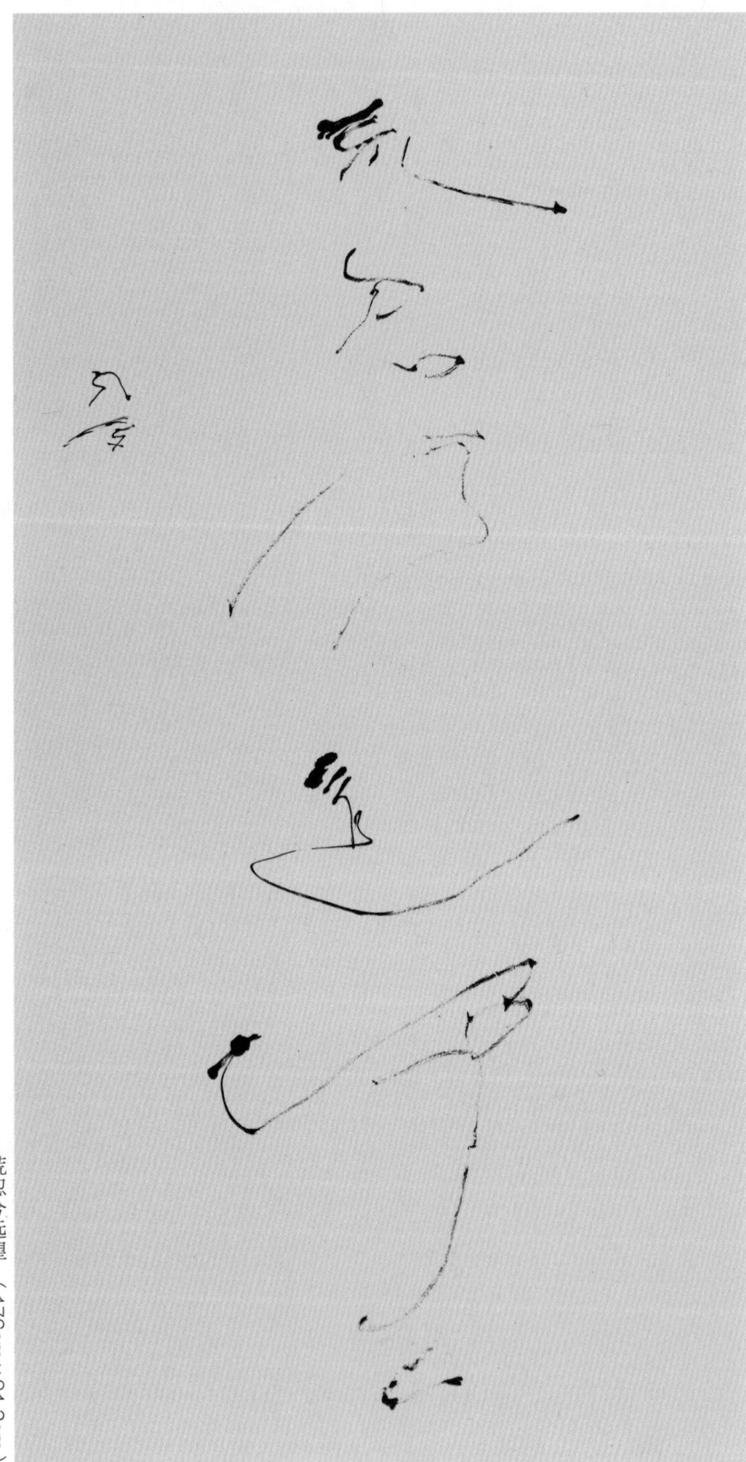

荒忽兮远望（176cm×91.2cm）

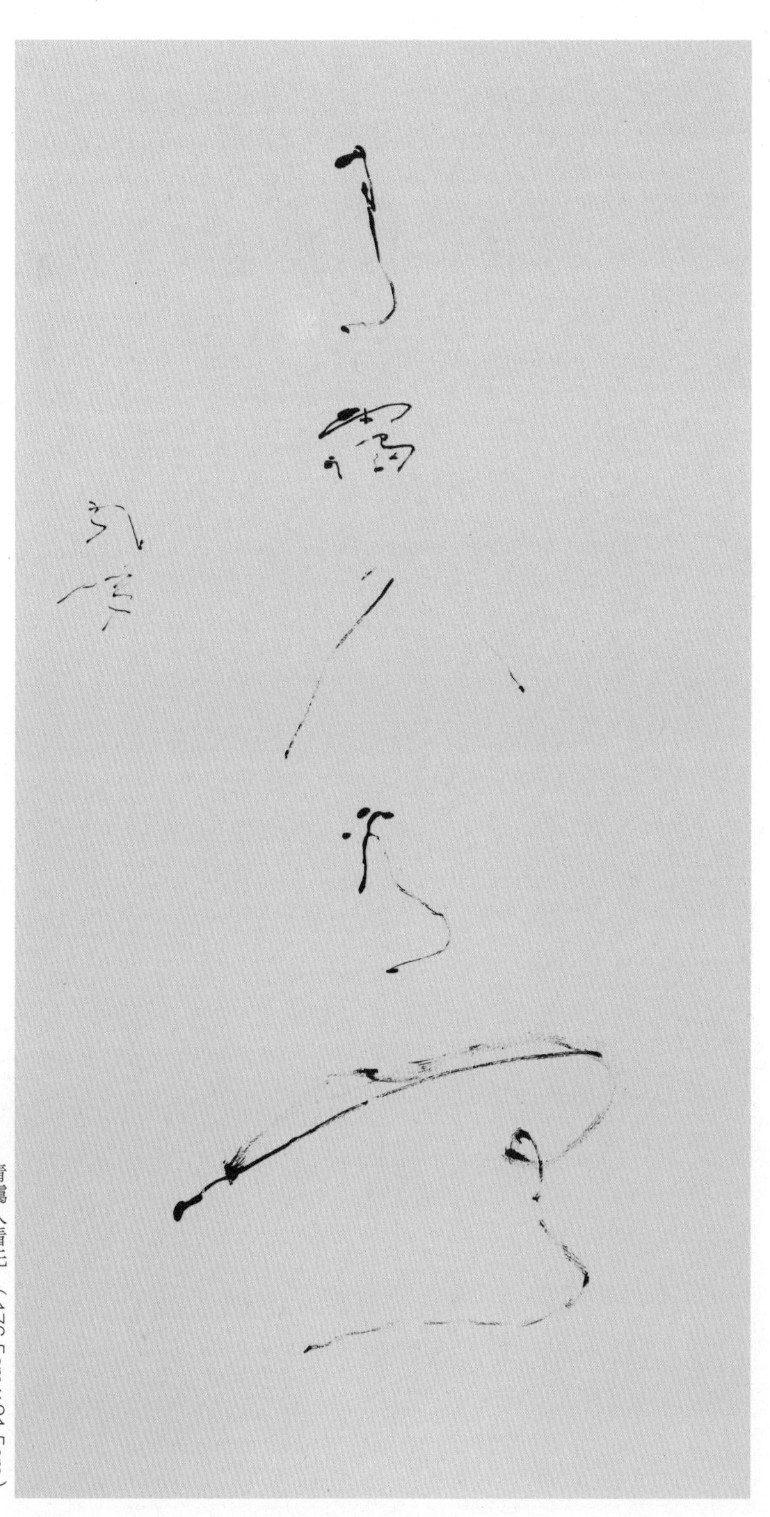

青霭入看无（176.5cm×91.5cm）

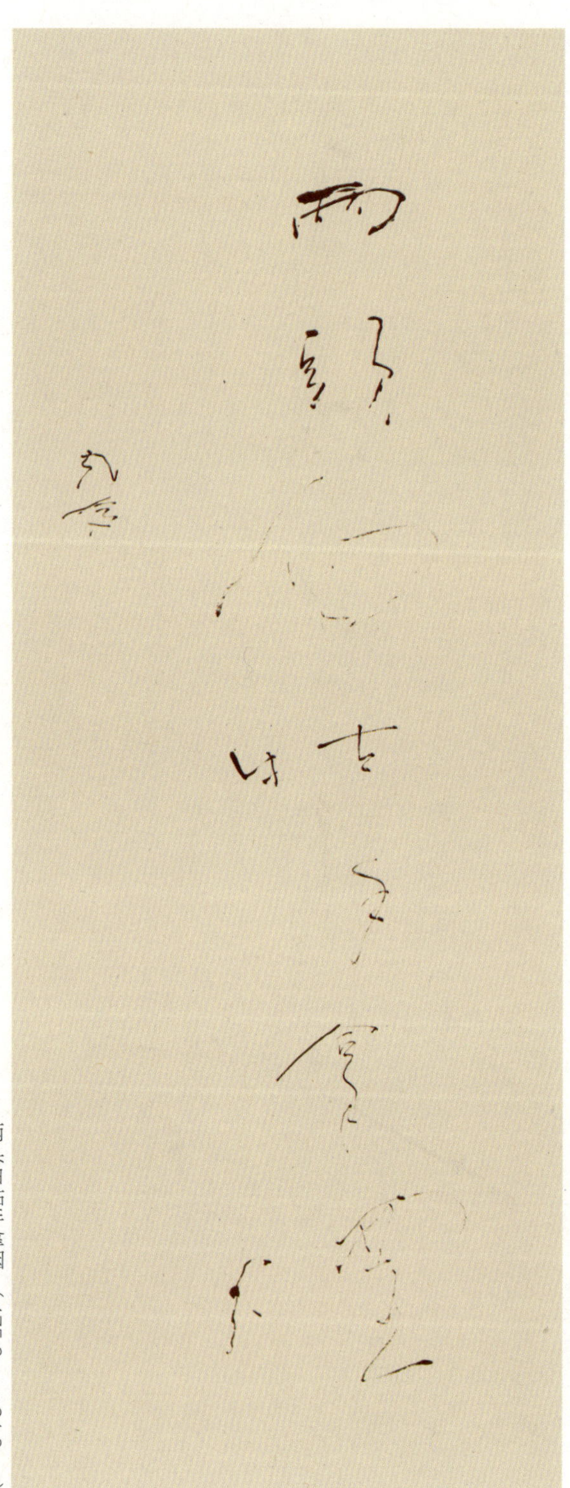

两头白牯手拿烟（175.6cm×91.6cm）

潮来天地青　（176.2cm×51.5cm）

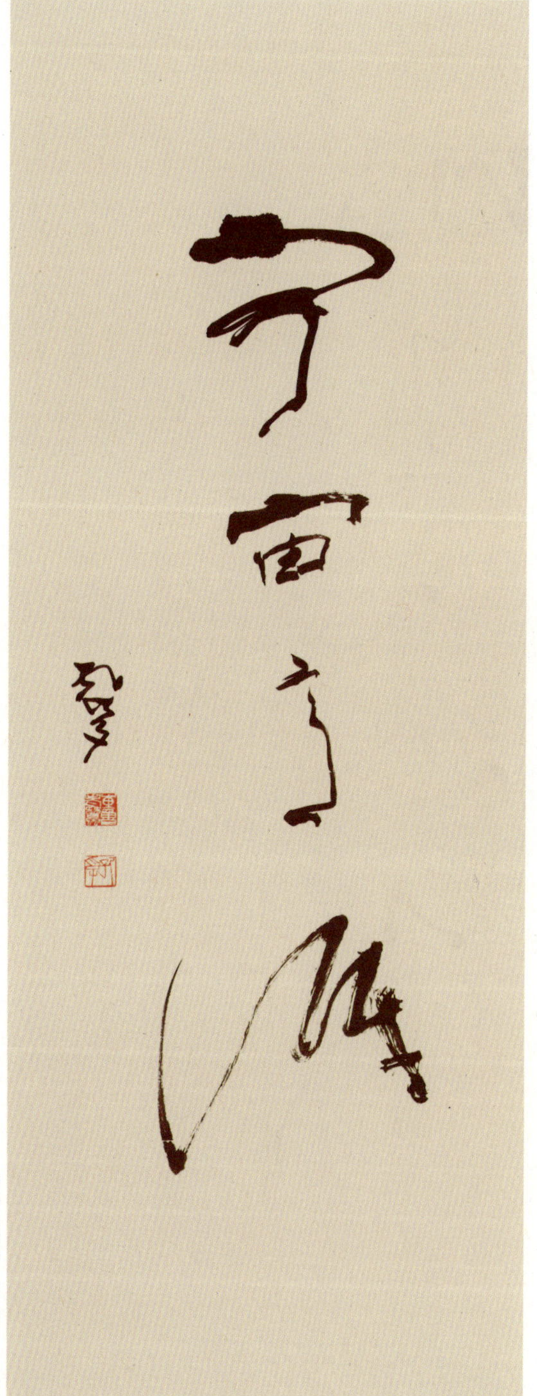

宇宙意识（100cm×54.8cm）

虚 （95.2cm×118.5cm）

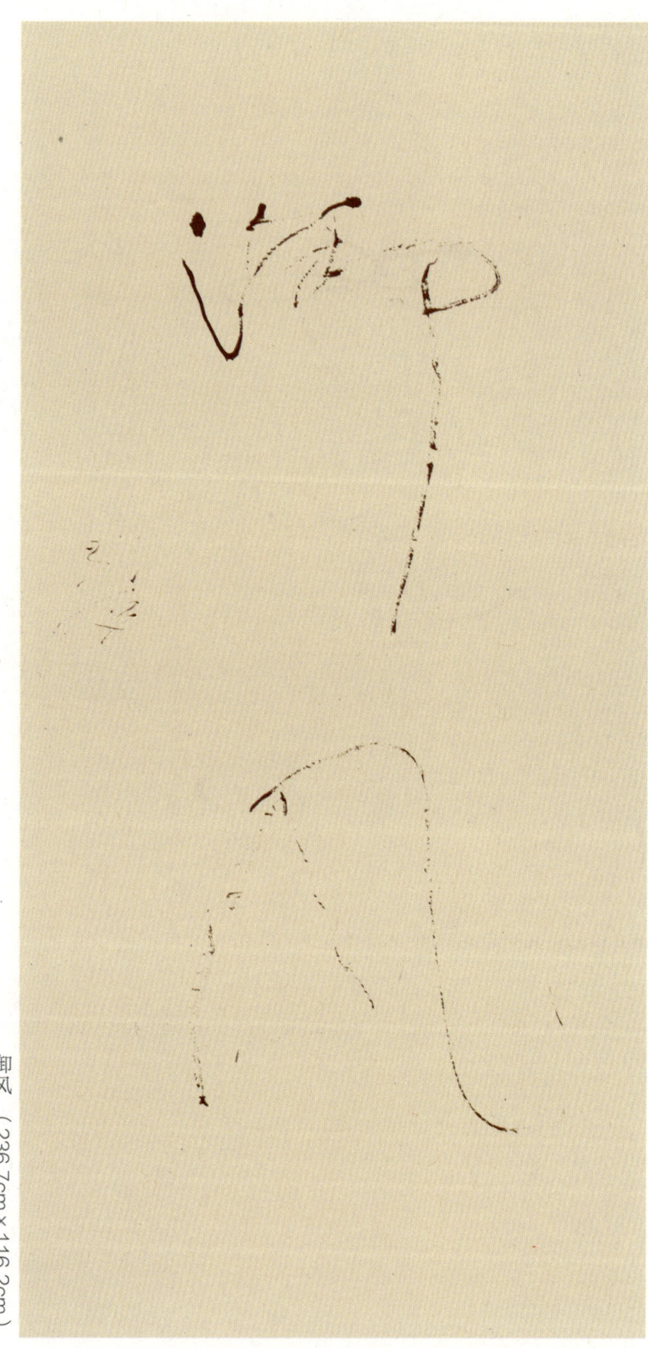

御风（236.7cm×116.2cm）

杳冥冥兮东行 （134.2cm×66.8cm）

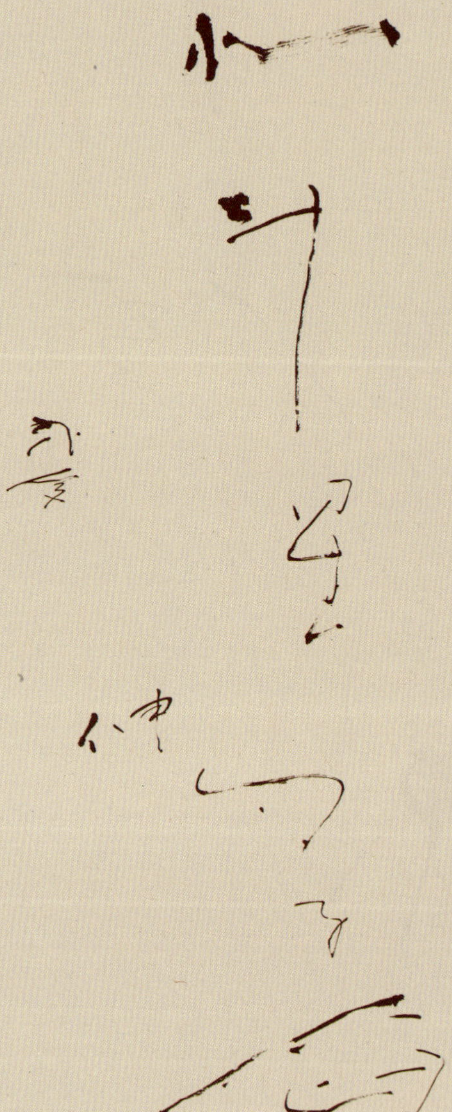

北斗星　伸勺子　舀（132.8cm×65cm）

一行草鞋印儿 香到顶 （134.5cm×66.1cm）

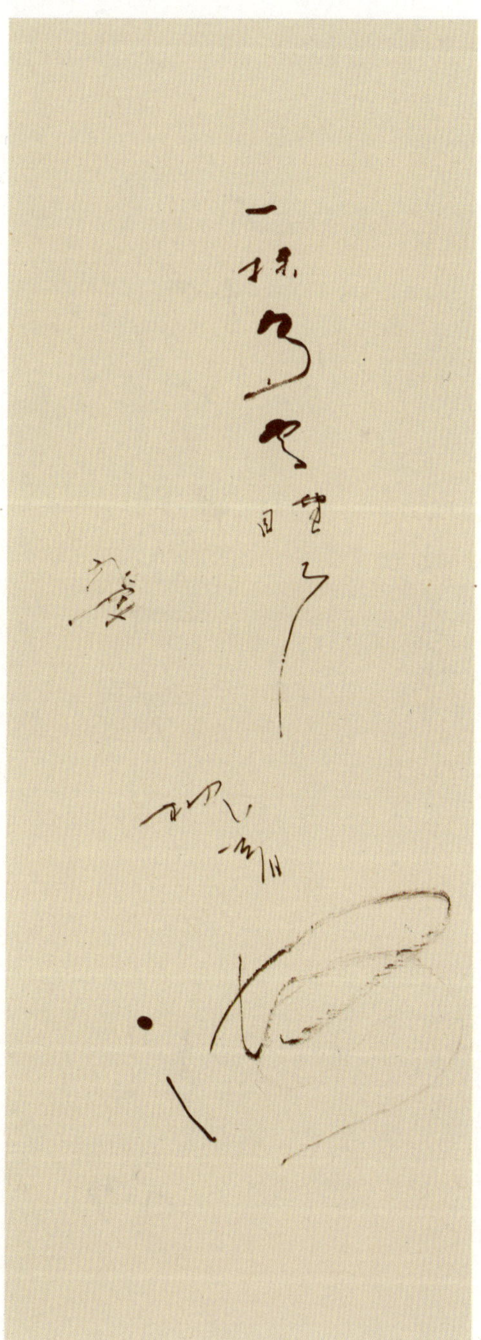

一抹乌云睡了　枕着海　(132.7cm × 65.4cm)

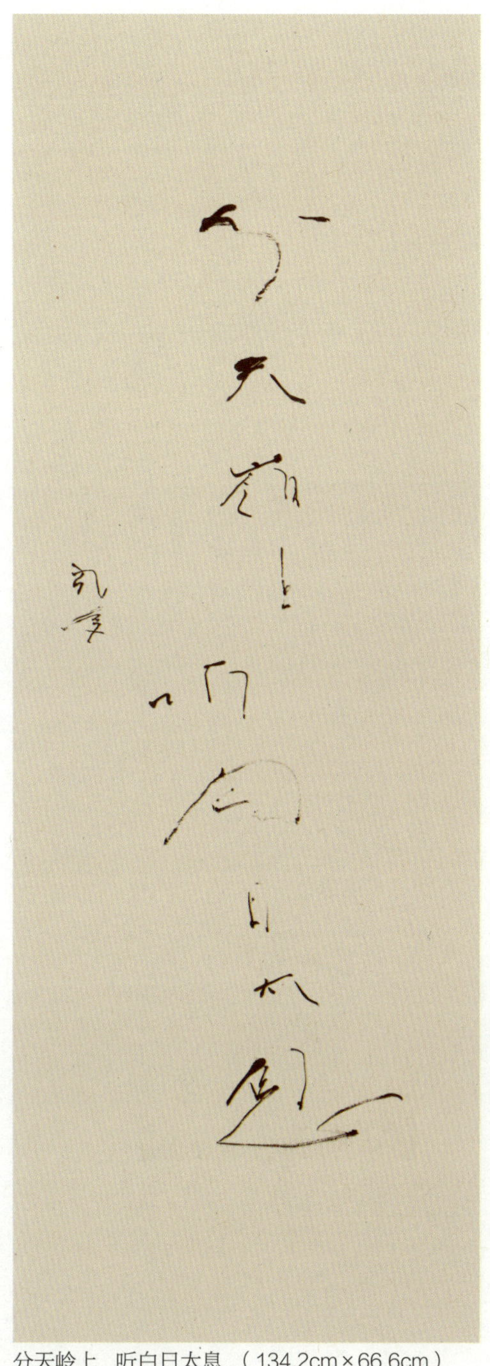

分天岭上　听白日太息（134.2cm × 66.6cm）

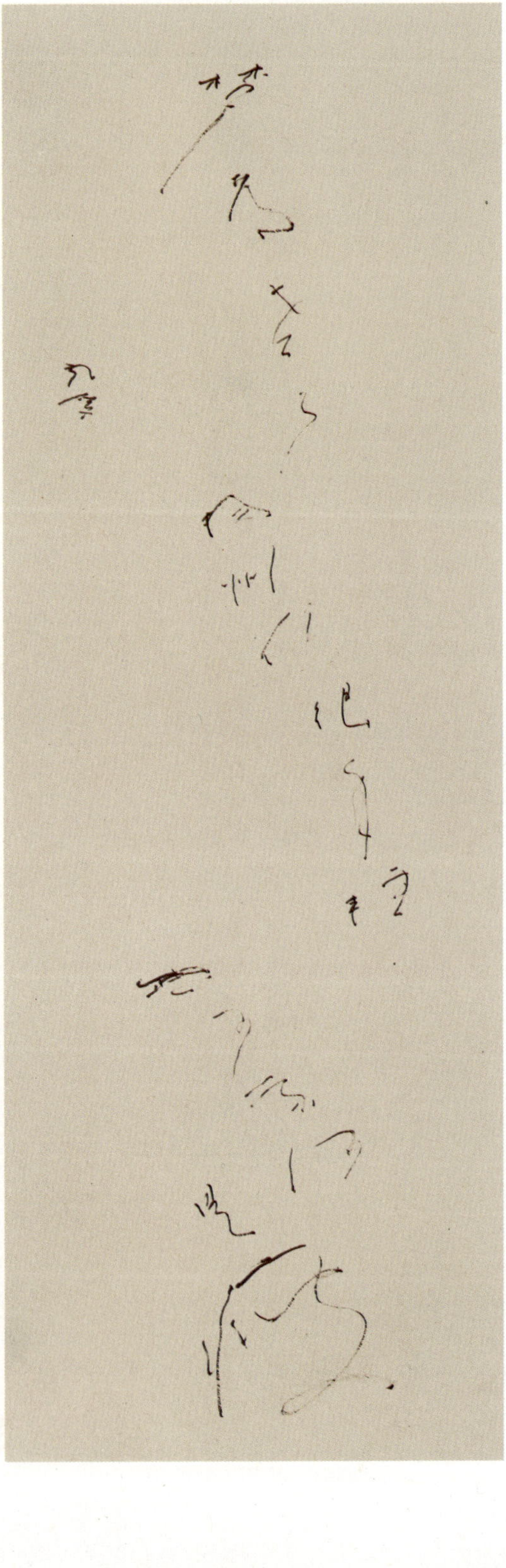

梦都老了　扬州仍很年轻　无可奈何　是瘦（239.6cm×87.4cm）

十一月　日金紫光祿大夫檢校
刑部尚書上柱國魯郡開國公
顏真卿謹奉寓書于右僕射

临颜真卿《争座位帖》之一（36cm×25cm）

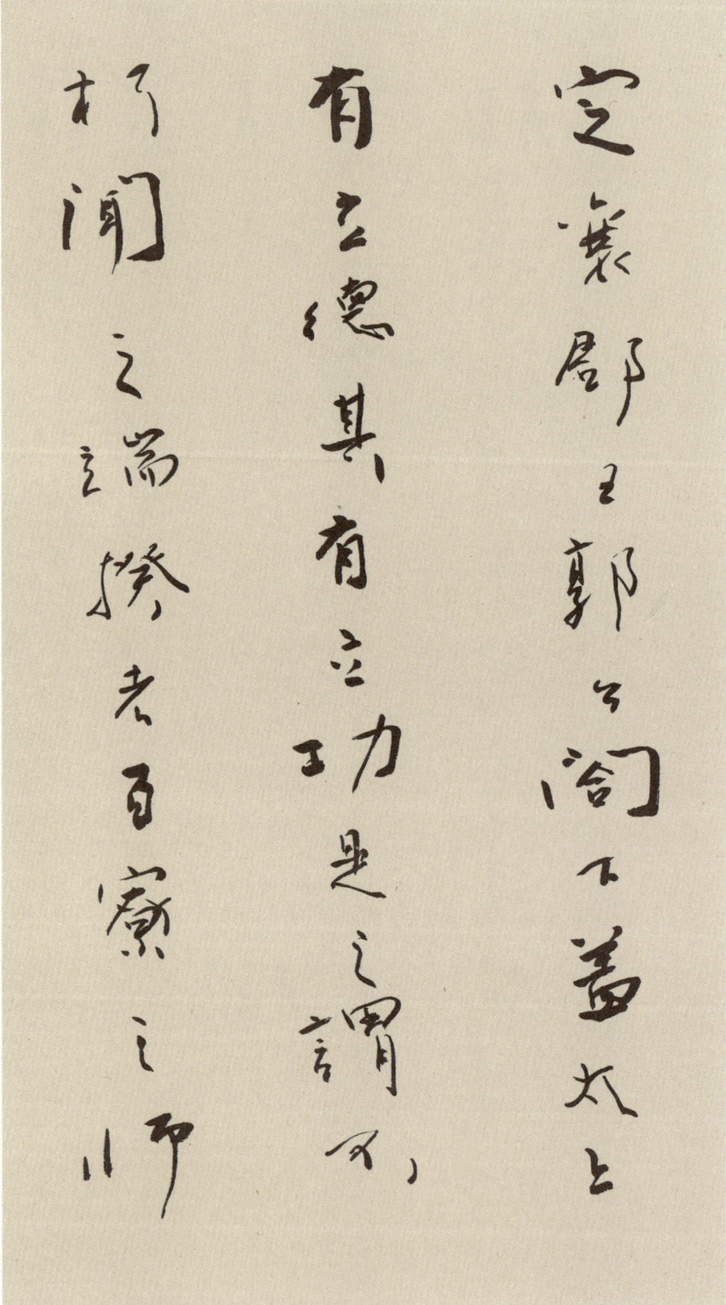

临颜真卿《争座位帖》之二（36cm×25cm）

临颜真卿《争座位帖》之三 （36cm × 25cm）

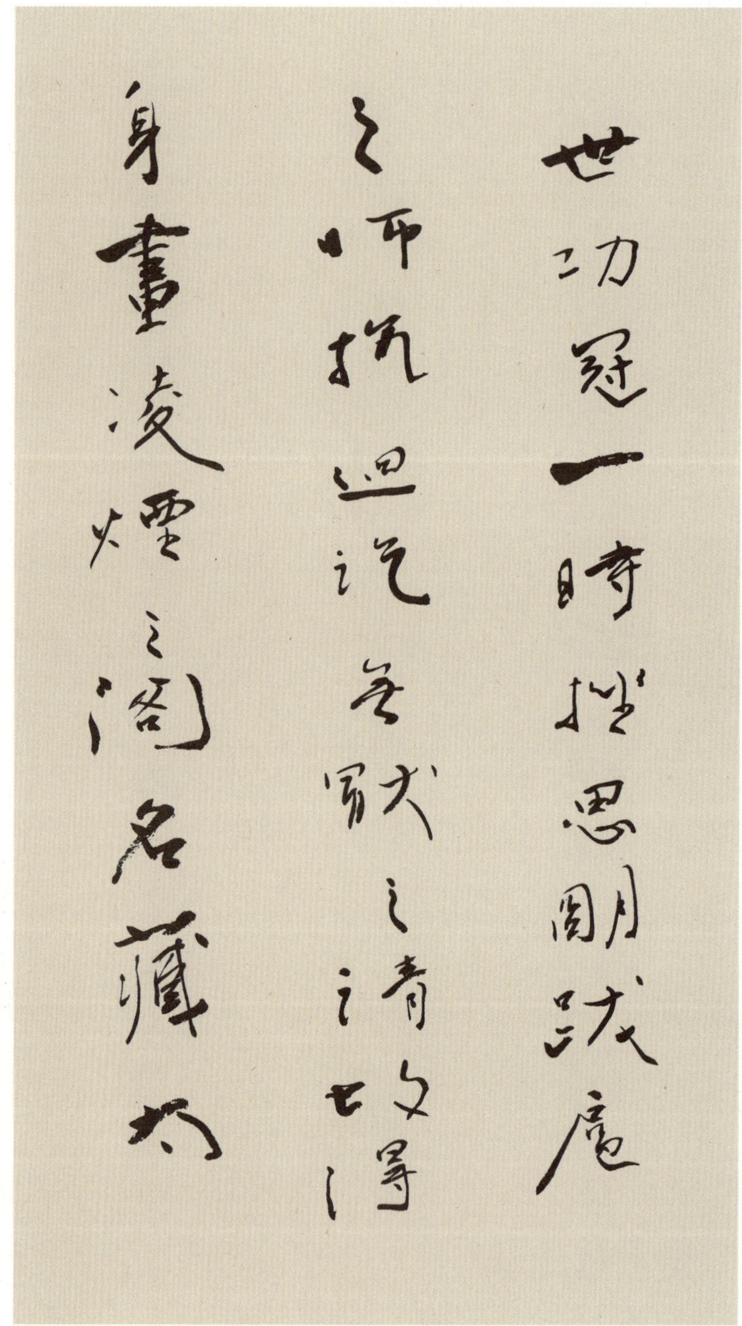

临颜真卿《争座位帖》之四 （36cm×25cm）

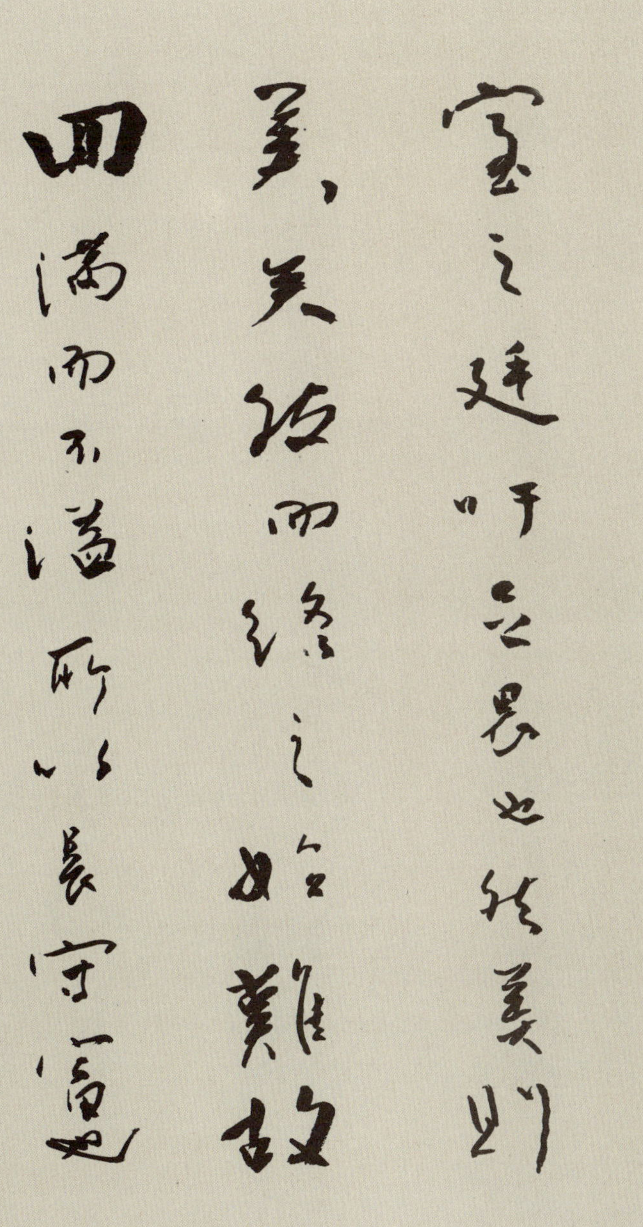

临颜真卿《争座位帖》之五　（36cm×25cm）

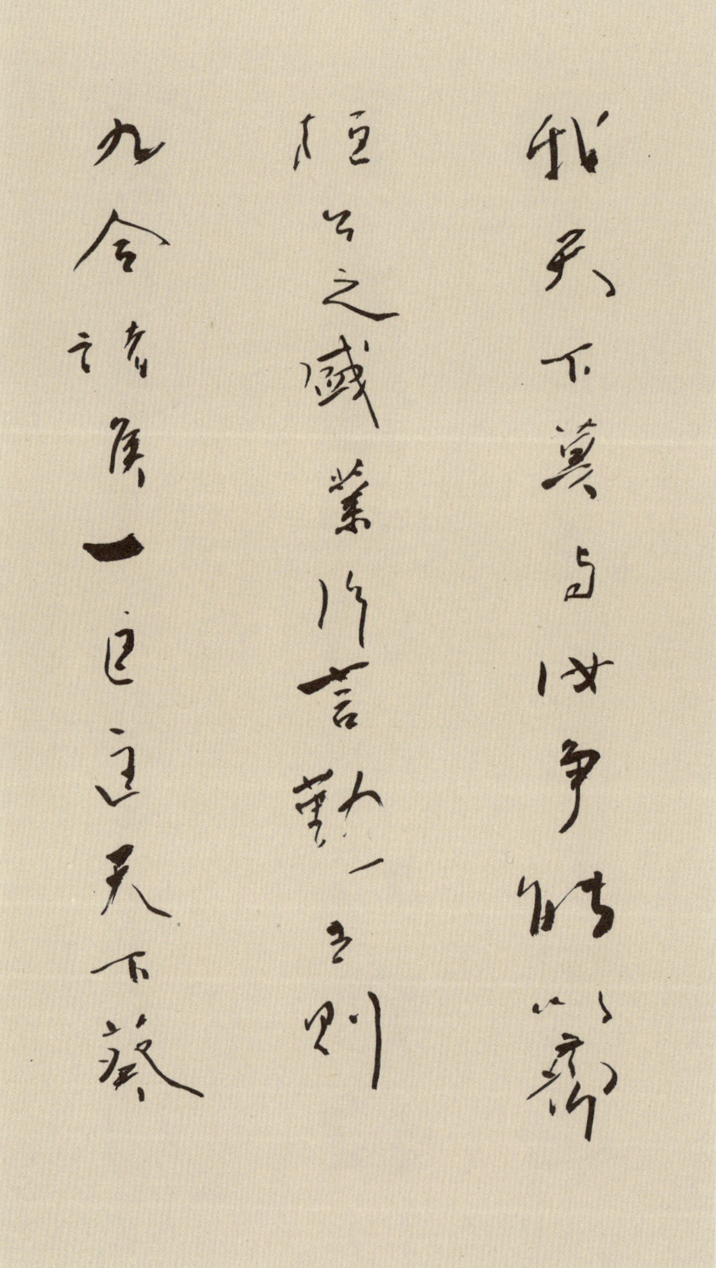

临颜真卿《争座位帖》之六 （36cm×25cm）

临颜真卿《争座位帖》之七 （36cm×25cm）

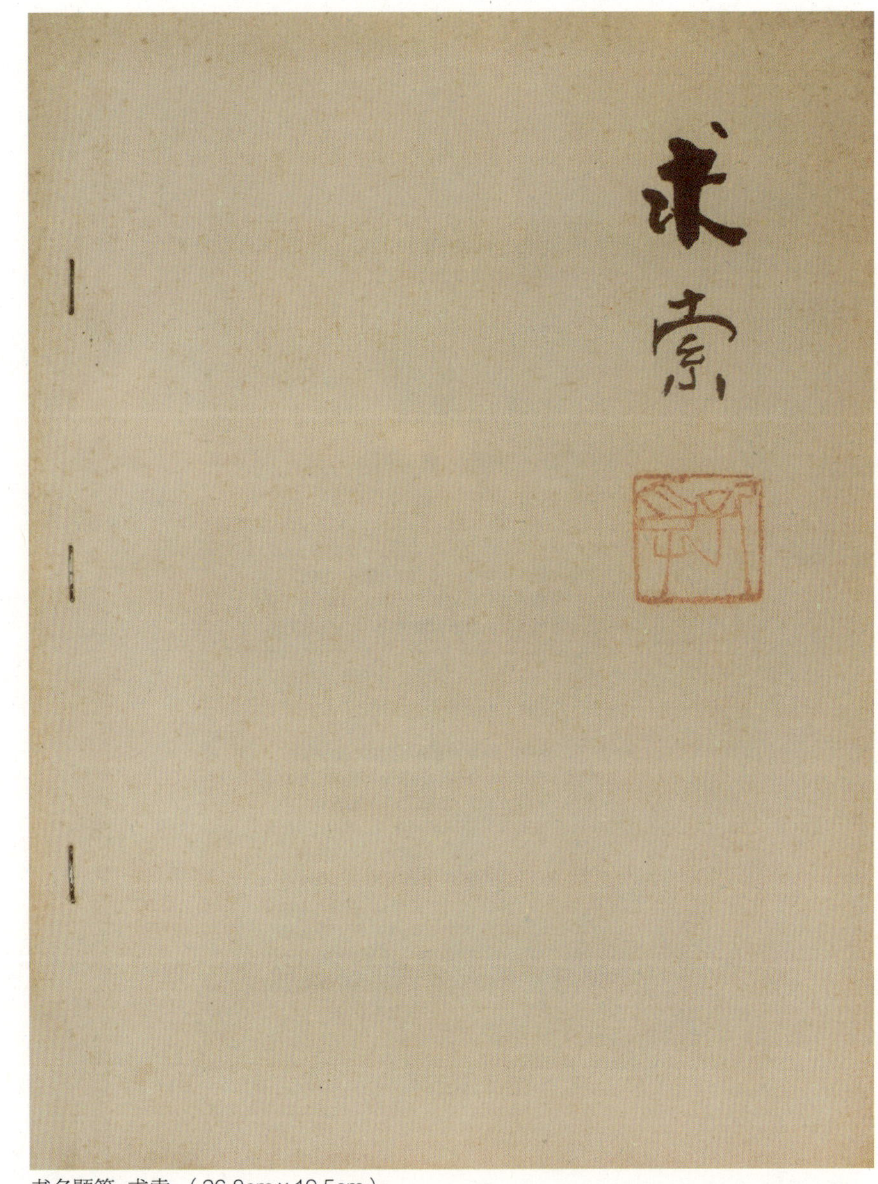

书名题签 求索 （26.8cm×19.5cm）

书名题签 自传 （26.5cm×18.8cm）

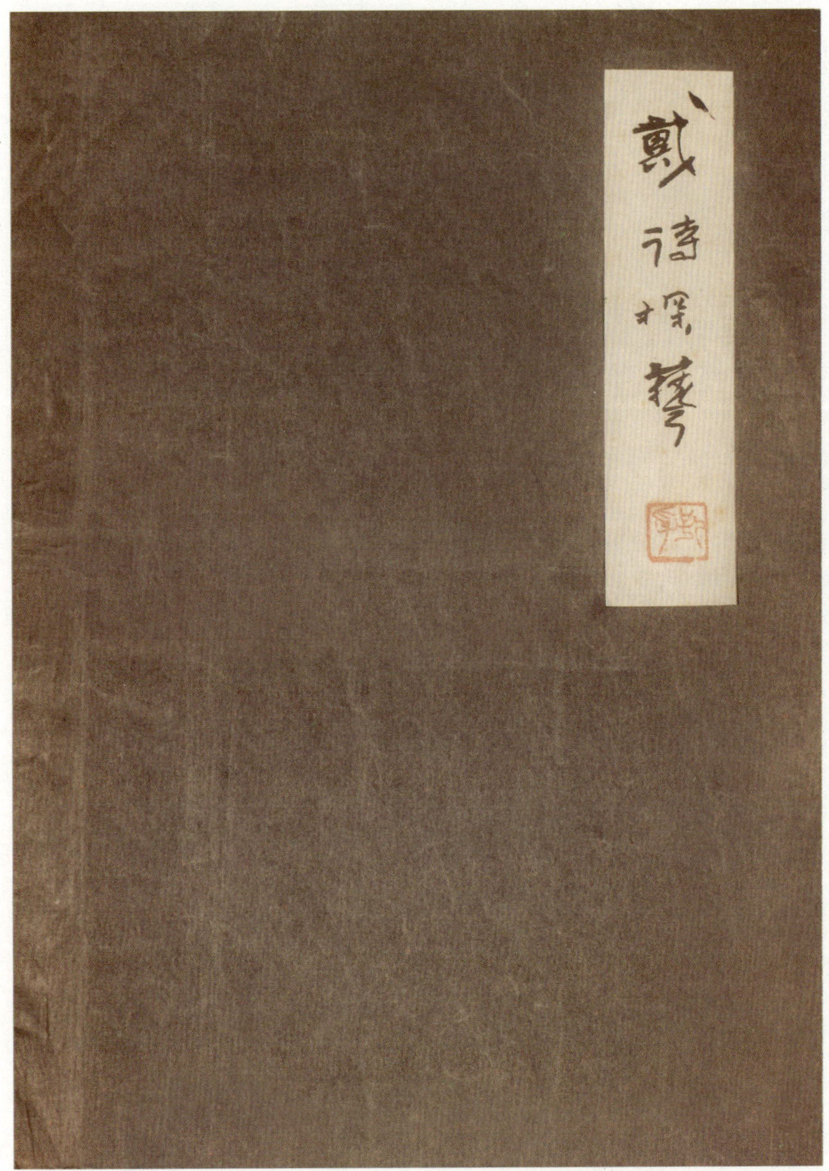

书名题签 戴诗探艺
（封面：38cm×27cm）
（签：17cm×4.3cm）

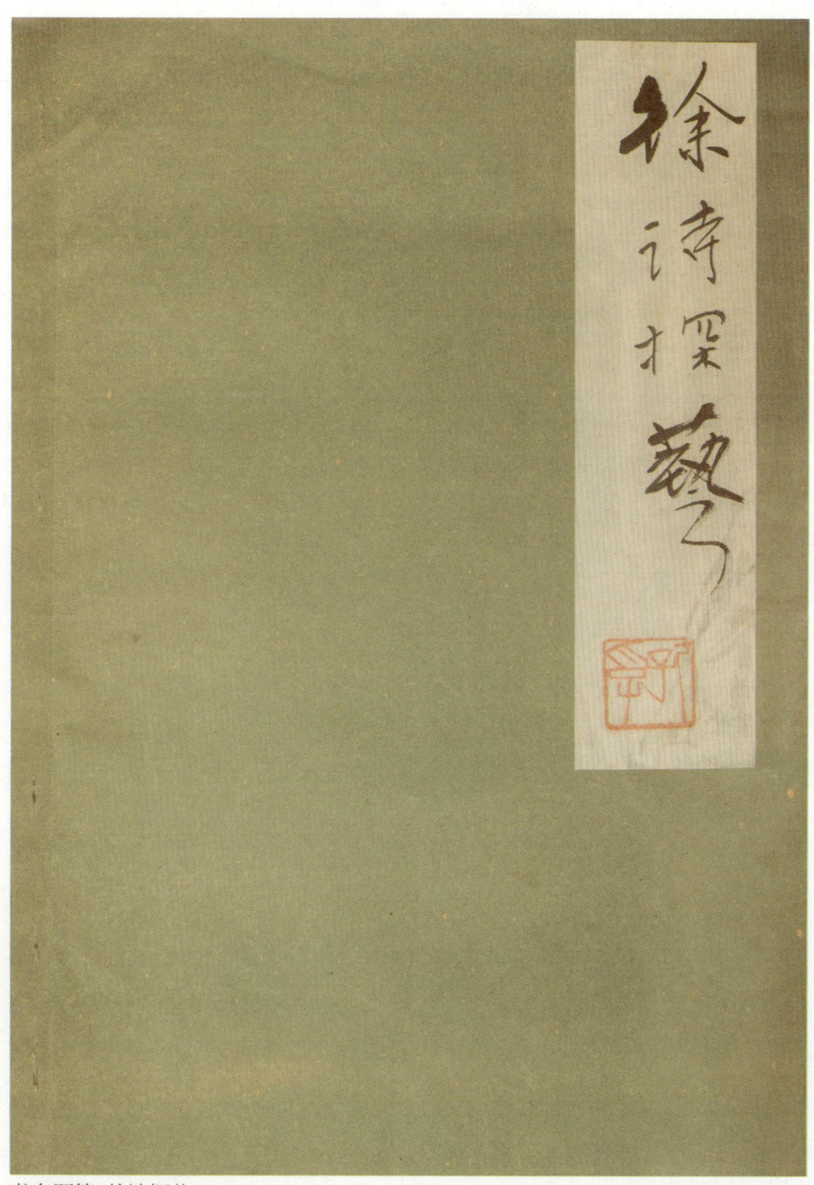

书名题签 徐诗探艺
（封面：38cm×27cm）
（签：23cm×6.5cm）

图书在版编目（CIP）数据

孔孚诗文书论集. 3, 孔孚书法集 / 孔孚著. -- 济南 : 山东友谊出版社, 2020.3
ISBN 978-7-5516-2074-1

Ⅰ. ①孔… Ⅱ. ①孔… Ⅲ. ①孔孚（1925-1997）－文集②汉字－法书－作品集－中国－现代 Ⅳ. ①I207.25-53②J292.28

中国版本图书馆 CIP 数据核字(2020)第 032159 号

孔孚诗文书论集·孔孚书法集

KONGFU SHIWENSHULUNJI · KONGFU SHUFAJI

孔 孚 著

策划编辑：宋 刚 韩刚立
责任编辑：王 苑
装帧设计：刘洪强
版式设计：牟国瑜

主管单位：山东出版传媒股份有限公司
出版发行：山东友谊出版社
地　　址：济南市英雄山路 189 号　　邮政编码：250002
电　　话：出版管理部（0531）82098756
市场营销部（0531）82098035（传真）
印　　刷：山东华立印务有限公司
版　　次：2020 年 4 月第 1 版
印　　次：2020 年 4 月第 1 次印刷
开　　本：720mm×1020mm　1/16
印　　张：91.75
字　　数：1275 千字
定　　价：398.00 元（全五册）

孔孚诗文书论集

山东师范大学文学院◎编

孔孚往来书信集

孔德铮◎编

山东省一流学科山东师范大学文学院
中国语言文学学科经费资助

山东友谊出版社

编辑说明

1. 本书整理、辑录了60封孔孚相关往来书信，大致按写作时间顺序编排。

2. 在不影响读者正常阅读、理解的前提下，本书予书信内容以原貌呈现。对于书信手稿中一些因写信者的疏忽而产生的明显的错字、别字、脱字、衍字、使用不当的表述方式与标点符号，以及不规范的书信格式等，编者径改；对于个别因写信者的错记或笔误而造成的纰漏，如人名、图书名、报刊名，以及诗歌、文章或讲话的题目等，编者在径改的同时，加页下注予以说明；对于手稿中的繁体字、异体字、异形词等，编者一律按照《通用规范汉字表》《第一批异形词整理表》进行了简化与更正；而对于手稿中偶有的缺字、漏字或因难以辨认而无法补正者，编者则在相应的位置上标以方框符号。

3. 书信落款处时间（年、月、日）的书写形式，尽量遵从手稿原貌，或为汉字或为阿拉伯数字，不作统一要求。对于手稿中未写年份的书信，编者以页下注的形式予以标明。

目 录

徐北文

孚兄：

您好！

今介绍刘勃先生前来拜谒。

前者曾邀严薇青先生等在黑虎泉一叙，当时你赴潍坊，未能奉邀，十分遗憾。此事已对您说知。

刘先生热爱文学，对你景仰已久。他建观澜阁，定于重阳节开业，已约严先生、国章等诸友同赴此阁一聚，希望你来参加。

现将拙著《唐诗观止》请刘先生带上，请哂正。

健康

佩瑗①好

北文

即日

赠静轩兼呈令桓、振荣

从来浪子不回头，（静轩戏自称曰浪子）
万里长江争上游。（静轩居重庆）
白也才狂人欲杀，（杜甫咏李白云："世人皆欲杀，吾意独怜才。"）
凤兮高举彀难收。
同经风雨交情见，

① 原信中的"培媛"，即吴佩瑗。

共赏诗文逸兴遒。
莫道吾侪甘伏枥，
行看并驾驰神州。

北文于一九七九年四月十五日

铮子注：

令桓，即孔孚。振荣，即任远。

徐北文、孔令桓、孙静轩、任远四人，有“济南四才子”之称。

孚兄：您好！

兹介绍刘勤先生前来拜谒。

前年曾邀严薇青先生等至黑虎泉一叙，当时你去湖北访，未能奉邀，十分遗憾。此事已对你谈知。

刘先生热爱文学，对你景仰已久，他建观澜阁，定于重阳节开业，已约严先生、周亭等诸友同去此间一聚，希望你来参加。

现将拙著《唐诗观止》请刘先生带上，请哂正。

健康

北文 叩白

[illegible]

赠静轩画呈令桓振荣

从来浪子沙回头（静轩戏自称曰浪子），万里长江掌上游（静轩居重庆）。白也才狂人欲杀（杜甫咏李白云：世人皆欲杀，吾意独怜才），风公高举一鼓难收。同经风雨交情见，共赏诗文逸兴遒。莫道吾侪甘伏枥，纵看万马驰神州。

孔孚於一九七九年四月十[illegible]

辛冠洁

孔孚老弟：

手示敬悉。我为你的山水诗所倾倒，自然是看不够的。你的一组山水诗的确好，我把她置诸案头，倘有识者，要拿去发表几首，望你给我一个做主的权力。另外，我还想知道你可曾拍过与这些诗相配的照片？又另外，我还要请你用毛笔给写几页，请勿拒绝。

你要我的字，我索性连心一起给你算了。

四句歪诗由你去猜好了。字一向不合书道，比如末句“从驴”二字可能被书法家笑，我也不管它，只爱信笔涂鸦，也可谓我行我素了。

你的政治诗，似还要锤炼。我觉得这类诗要有三条杠杠：1. 繁而不乱；2. 疏而不俗；3. 不露而显。赠爱女、老妻三首我倒喜欢的。

问候你的老妻吴佩瑗①同志，问候诗中那位侄女。望她们放声大笑。把手放在你的诗的头上。

请把你的通信地址告诉我。

冠洁

十一月廿五日

代一萍问候你的全家。又及。

风吹天高雁南流，掩映浓荫向东头。

携得囊琴何地解，漫从驴背逐青秋。

孔孚老弟来函，有“等待您的好消息”一语。作此奉复，勿以禅偈论也。

---

① 原信中的“胡佩瑗”应作“吴佩瑗”。

冠洁请教

一九七九年十一月廿五日

孚呵：

情多最怕花无语

洁

铮子注：

20世纪50年代初期，我的父亲孔孚是《大众日报》的文艺编辑，辛冠洁先生是《大众日报》的副总编辑。作为领导，辛公对父亲的评价是："他有才，有一双敏锐的眼睛，常见事于人先；有一个深沉而灵透的头脑，善于把所见迅速投入再生产，提炼出独特的观点，写出逻辑层次分明的文章。他有德，他将一颗仁心延续成一种德行，再把这种德行物化到一件件稿子、一张张版面上，物化到对一个个人的真诚对待上。任务再重，他总有潜力，无怨言；遇人相求，无不慷慨相助。"

父亲复出写诗后，曾到中国社会科学院哲学研究所看望辛公。此信就是二人历经风雨、重新联系后，辛公写来的。

1983年，父亲的诗和诗论相继结集出版，辛公看到这些书后大为赞叹，在一个月的时间内写了十七封信，有时甚至一天之内连写三封，跑了两趟邮局，寄给父亲。后来，这些信以《一位哲学家与一位诗人的对话》为题，发表在《当代小说》之"老残茶馆"栏目上，并被收录于《孔孚集》（中国社会科学出版社，1996年）中。

《孔孚集》是辛公自掏腰包为父亲出的书，听说这钱是他卖了心爱的藏画筹的。他对出版社说，一切按照父亲的意愿来做，出最高规格的书。价格翻番也在所不惜！

父亲在《孔孚集》的后记中说："出这样一本书，纯系受了老领导也是我的好友辛冠洁的情促。……在这个世界上，心里老念着为别人做点什么、自讨苦吃的人，怕是不多了。"

孔孚长长弟弟：

手示诵悉。我写你的山水诗所作的，自然是写不够的，你的一组山水诗的确好，我把他置诸案头，俾有识者，可以朗读真赏。我首，望你给我一份作者的相片。另外我还要请你告诉你可以拍照这些诗稿，郭的照一张，四五月外，我再送一本，请你用笔签给寄我几，请勿拒绝。

你要我的字，我当悉心一定给你撰了。

四句不足，诗的作者情怀了。字句不会斟酌

此首末句"从驴"二字，可能被割治家，徐笑，我也不喜欢

它，只是没信笔书写罢了，也不谓我所我去了。

你的诗旨诗，似还要锤炼，我觉得达意诗要

有三条：横七、小解不可不求；不路而不谐；不不露

所以出。你写爱如青夏三首，我倒喜欢的。

向信你的青夏，胡风，偶信同志，向信诗

中的信，怪罢了，说把他们杨走大人吧。

把手接生你的诗了所谓上。

请把你们通讯地址

告诉我

建荣
十一月廿五日

代一罗向候你的全家　又及

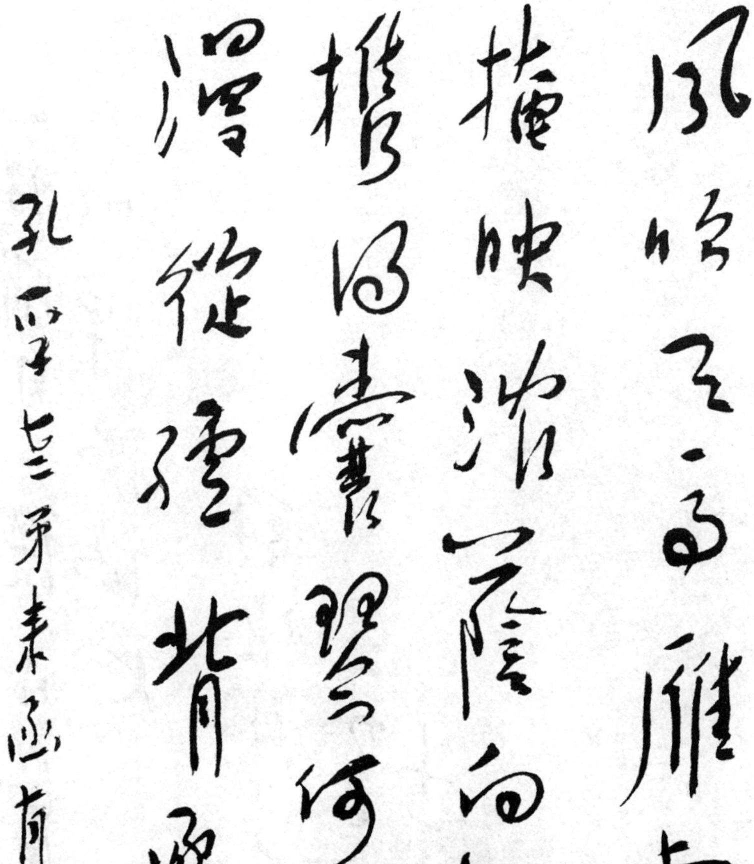

風收雲雨雁南流
桅映滄陰向東頭
檣閣畫翠何地解
渭縱德背追青秋

孔孚七三年來函有詩　偶[illegible]

的好消息一语，作此奉答

并以禅语谢也

刘海粟信七叔

一九七九年

十一月廿五日

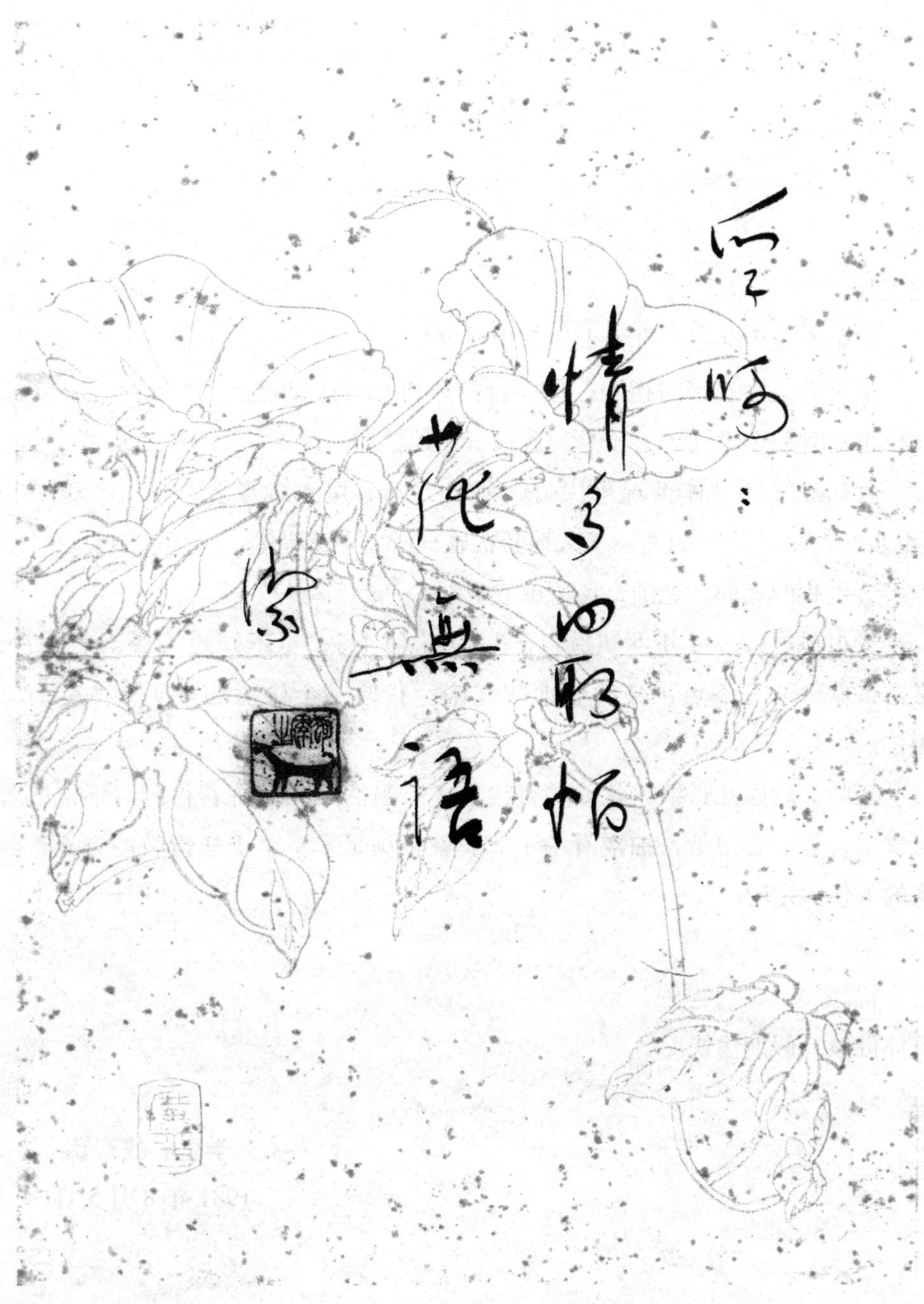

曹安娜

孔老师：

我是本校中文系一九七七级学生曹安娜。

很早就渴望着您的指教，但一直没有机会。这是最后一个暑假了，我们在校也只有一个学期了，于是，我很冒昧地给您写这封信。

我知道您的身体情况不大好，所以此刻心里正犹豫着。不过心里更为“近水楼台未得月”的遗憾长久地骚扰着，所以一边提笔，一边安慰自己：老师不会生我的气的。老师，您原谅我吧。

我很喜欢诗，可并不知道自己写的叫不叫诗，也不知道诗应当怎么写，常常是偷偷地写一点，又偷偷地收起来。我像一个偷嘴的孩子，贪婪而又胆怯。

老师，后面几张纸，就一并寄给您了。当然，我期待着得到。不过盛暑天气中，您不必匆忙，抽空看一下，我就很满足了。至于您指教的方式，随您的方便而定吧。

祝您

身体健康，假期愉快

学生　曹安娜

1981 年 8 月 5 日

铮子注：

安娜这封羞怯的信，为她打开了通往诗国的大门。

父亲在读过她的这封信及诗稿后，大为赞赏，鼓励她寄出去发表。从此，她不断地写诗、发诗，与父亲的书信往来也不曾断过。

后来，她的先生也常来我家，并把父亲的诗翻译成英文。

再后来，她的学生也研究父亲的诗。

现在，她退休了，却仍经常举办讲座，向她的学生、学生的学生讲父亲，讲诗。

于此，我看到了几代人为中国新诗的传承做出的贡献。

孔老师：

我是本校中文七七级学生曹安娜。

很早就渴望着您的指教，但一直没有机会。这是最后一个暑假了，我们在校也只有一个学期了，于是，我很冒昧地给您写这封信。

我知道您的身体情况不大好，所以此刻心里不免矛盾着。不过心里更多"近水楼台未得月"的遗憾长久地骚扰着，所以一边犹豫，一边安慰自己：老师不会怪我的。老师，您原谅我吧。

我很喜欢诗，可并不知道能写的叫不叫诗，也不知道该怎么写。常常偷偷地写一点，又偷偷地收起来。我像一个偷吃的孩子，贪婪而又胆怯。

老师，我不占用时间，把一首寄给您了。当然，我期待着评判。不过若是太忙中，您不必匆忙，搁置一下我就很满足了。至于您指教的方式、时间，随您的方便而定吧。

祝您

身体健康，工作愉快。

学生 曹安娜 1981.8.5

孔孚致曹安娜、司瑞元[①]

安娜、瑞元：

得信并彩照十七，想不到瑞元还是位摄影家。特别使我动情的是抚摩胡桃树创伤的一张。当时，我感兴趣的是树皮皴裂的白色纹理，没想到触到痛处。无意为之而得之是也！算得上品。可以说它是一篇散文，也可以说它是诗。

“对石”一张也很难得，亦上乘之作。当时，天阴得很厚，何来灵光？否极泰来，上天给予的一点暗示呢？抑或元气回到了腔子里，孔孚自身释放出来的呢？不知道，不知道。绝对的神秘！

“小睡”堪称别格。安娜信中说应取名《睡佛》，有那么一点意思。这“佛”字，贺敬之也说到的。那是他来这里，随便闲扯，向他说到我不喜欢别人为我拍照，原因是我一百八十多斤，用“肥”字已不确切，而是“宽”，身上一股子商人气，很少诗人味儿。他回去，写信给我，涉及影事，说我自谓“商人气”是“自谑”，还说到在他眼里，我是“一位从痛苦的酣眠中醒来的佛陀”。“从痛苦的酣眠中醒来”几字，于我心有戚戚焉！其用字之准确，简直把我惊呆了。自然是玄览而得之。一路顺风，“佛陀”二字，也就毫无阻隔地心领了。虽然我曾写有“出佛”文字，但何曾出得？一些时候，佛依然在我心里说悄悄话儿，这也可以从我写的《高原上一小水月菩萨如是说》（见《诗刊》1993 年第 5 期——编者）一诗见底细。帕米尔那一孽缘未尽之小水月菩萨向我说情话，可释为人之复归，亦可想作是那一小水月把孔孚当成诗佛了！后者更微妙一些，也是我内心创作世界的一点儿秘密。应该说，那一小水月是很有眼力的。但瑞元所拍，仔细端详，又得要打问号。你看，从帽

① 该信写于 1994 年。

子、外套、内衣，直到脚上的鞋子，一色的“现代派”！世间哪有这样的“佛”呢？可话说回来，又贴。既然佛可以在狗屎橛中，何以就不能在“现代派”之中呢？佛完全可以“现代派”的！就让孔孚暂时做一忽儿现代佛吧！故安娜取名可以成立。

另，“问花”两帧，也十分喜欢。千佛山医院一位宫大夫到病房来给我按摩，看到这两张照片，认为小黄花儿是迎春，一想，不对，又说蜡梅。都没说准。不要说迎春，蜡梅也还在路上呢！是连翘。时值初冬，连翘盛开，真是奇迹，使人纳罕，因而问之。你老师或许能再开一开？是个先兆？安娜信中说到“深沉”，我看是够“沉”的。大病一场，一脸的苦楚，自然是“沉”甚或“深”的。然而究竟是面对于寒风中怒放的一蓬小黄花儿，故又不消沉。此两帧照片有特殊意义，自当珍存之。

别的一些，包括你十月来济时同我并你师母、德铮的合影，都值得珍视。九九八十一难之后呵！不是吗？

我好高兴，得说一句：“谢谢瑞元。”

有些累，不多写了。

即颂

俪安

孔孚

1994 年 12 月 1 日

致曹安娜、司瑞元

青年记者

孔孚

安娜、瑞元：

得信并彩照十七。想不到瑞元还是位摄影家。特别使我动情的是抚摩胡桃树创伤的一帧。当时我感兴趣的是树皮皱裂白色纹理，没想到触到痛处。无意为之而得之是也！算得上品。可以说它是一篇散文。也可以说它是诗。

"对石"一帧，也很难得，亦上乘之作。当时天阴得很厚，何来灵光？否极泰来，上天给予的一点暗示呢？抑或元气回到了腔子里，孔孚自身释放出来的呢？不知道。不知道。绝对的神秘！

"小睡"（堪称……别格）。安娜信中说应取名《睡佛》，有那么一点意思。这"佛"字，贺敬之也说到的。那是他来我这里，随便闲扯，

青年记者

■向他说到我不喜欢别人为我拍照，原因是我一百八十多斤，用"肥"字已不确切，而是"宽"，身上一股子商人气，很少诗人味儿。他回去，写信给我，谈及■影事，说我自谓"商人气"是"自虐"。还说到在他眼里，我是"一位从痛苦的酣眠中醒来的佛陀"。"从痛苦的酣眠中醒来"几字，与我心有戚戚焉！■ 自然是玄览而得之。■ 其用字之准确，简直把我惊呆了。一路顺风，"佛陀"二字，也就毫无阻隔地心领了。虽然我曾写有"出佛"文字，但■何尝出得？一些时候佛依然在我心里说悄悄话儿。■ 这也可以从我写《高原上一小水月菩萨如是说》（见■《诗刊》1993■年第5期——编者）一诗见底细。怕米尔那一孽缘未尽之小水月菩萨向我说情话，可释为人之复归，亦可■教■作是那一小水月把孔孚当成诗佛

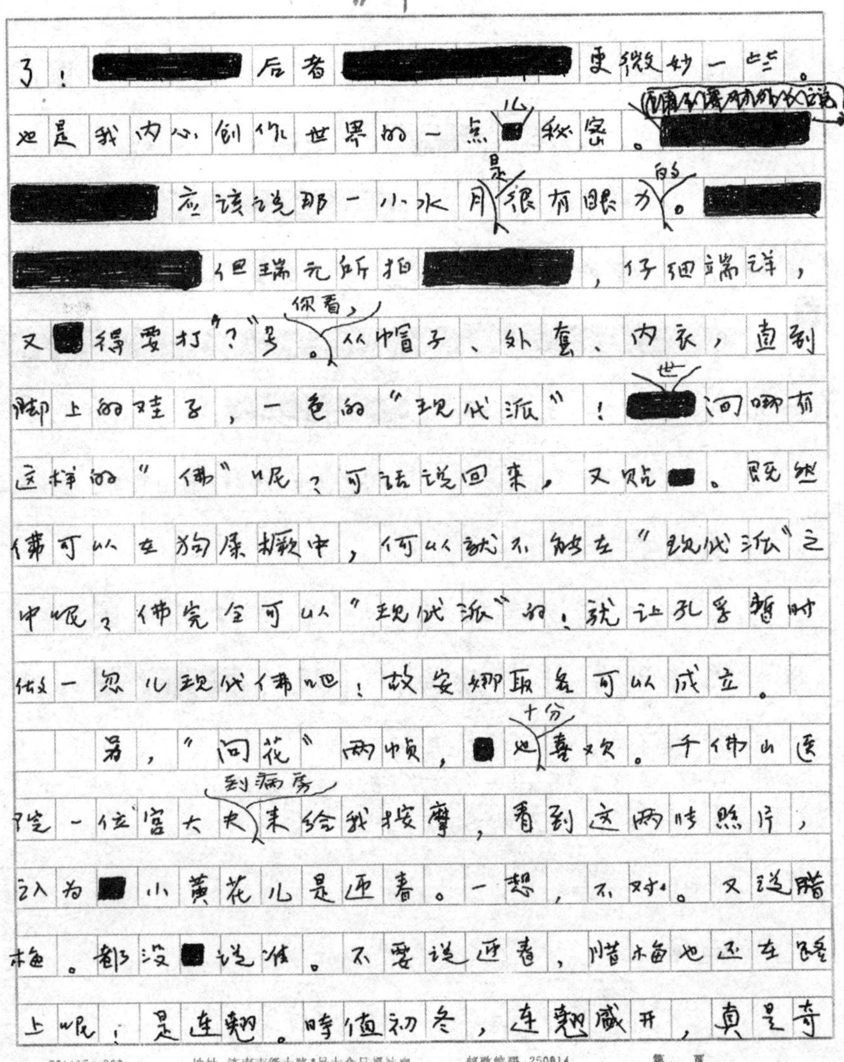

青年记者

了！后者更微妙一些。也是我内心创作世界的一点儿秘密。应该说那一小水月是很有眼力的。但瑞元所拍，仔细端详，又得要打“？”号。你看，从帽子、外套、内衣，直到脚上的鞋子，一色的“现代派”！世间哪有这样的“佛”呢？可话说回来，又贴。既然佛可以在狗屎橛中，何以就不能在“现代派”之中呢？佛完全可以“现代派”的，就让孔孚暂时做一忽儿现代佛吧！故安娜取名可以成立。

另，“问花”两帧，也十分喜欢。千佛山医院一位宫大夫到病房来给我按摩，看到这两帧照片，认为小黄花儿是迎春。一想，不对。又说腊梅。都没说准。不要说迎春，腊梅也还在路上呢；是连翘。时值初冬，连翘盛开，真是奇

20×15=300　地址：济南市经十路8号大众日报社内　邮政编码：250014　第　页

3

青年记者

迹。使人纳罕，因而问之。你老师或许能再问一开？是个先兆？安娜信中谈到"深沉"，我看是够"沉"的。大病一场，一脸的苦楚，自然是"沉"，甚或"深"的。然而究竟是面对于寒风中怒放的一蓬小黄花儿，故又不消沉。此两帧照片有特殊意义，自当珍存之。

别的一些，包括你十月来济时同我并你师母、德铮的合影，都值得珍视。九九八十一难之后呵！不是么？

我好高兴。得说一句："谢谢瑞元"。

有些累。不多写了。

即颂

俪安

孔孚　94.12.1日

20×15＝300　地址：济南市经十路8号大众日报社内　邮政编码：250014　第　页

4

孔德铮致曹安娜

安娜：

你好！

谢谢你让我读到这么好的论文。读后有几点感想：

1. 高雪在这浮躁的时代中依旧能静心耕耘这片鲜有人问津的诗学净土，让我看到了师承的力量，也看到了孔孚的治学精神有了第三代传人。作为第二代传人的你，点燃了星星之火。

2. 高雪认为，孔孚的山水诗是一座仅被开采了边缘的宝库；山东师范大学的张丽军先生也认为，没有天才是遗憾的，有了天才而不懂得珍惜则是更大的遗憾，并指出孔孚史料的整理、诗文的研究、传记的写作、全集的出版都需要当代研究者来做。可现状却像高雪所说的，目前高校文学院中的很多学生都没听说过“孔孚”这个名字。这让我很担忧，毕竟我们都六十多岁了。

3. 我很欣赏文中的这两段话：

“随着信息时代科学技术的迅猛发展，文学创作中对真善美的追求日益冷却，传统人文情怀中真淳友善的传统美德也在逐渐消失，取而代之的是物欲横流下的尔虞我诈。试问两千多年来中国传统文人胸怀中那份笑傲沧桑的清逸醇正将何去何从？我们该如何使古典精神的青山常绿？如何使传统文人的血脉长存？又如何使人文家园的绿荫永在？

“我觉得古典情怀的现代转化是个大课题，孔孚用自己的创作交了以上问题的答卷。”

4. 高雪较好地论述了孔孚之“悟”与禅宗之，“悟”间的异同，也准确地区分了孔孚的“妙悟”与西方的“灵感”间的差异，同时指出了孔孚新山水诗既承袭了传统的静态美又接纳了西方的动态美。

以上这些都是富有创辟性的见解。不过，有几处地方尚待完善：

1. 自刘强先生提出孔孚的美学思想是“灵宇宙”、创作方法是“抟虚宇宙”、具体诗作是“灵像”诗的观点之后，此观点便日渐成为学界的共识，不过，我一直想看到更进一步的论述。虽然高雪在这方面的确做了些努力，但若有单篇论文来进行深入剖析就更好了。

2. 文中提出了“新诗要向民歌学习是一股逆流”的观点，此观点还需作进一步论述。

3. 文章开头提到钱锺书称孔孚为“中国新诗坛上最伟大的山水诗人”，这个称誉我还没听说过，起码在钱先生的所有来信中，我都没见过这样的文字。

我对你就像亲姊妹一样随便，所以想到哪儿就说到哪儿，若有不对之处，请多多包涵。

德铮

三月二十日

汪静之[1]

孔孚同志：

二月十四日来信，要我寄回《山水行吟》，信搁在案头就忘了，后来想起，已是七月上旬，想你已上崂山，所以等暑假后再寄。现另挂号寄去。

《山水行吟》，我读时随意选了一下，较好的在稿纸角上点了红点，较次的不加红点。我认为较次的可以淘汰，但我只读了一遍，没有仔细品尝玩味，取舍未必恰当。选诗至少要细读三遍，取舍才比较可靠。你自己再斟酌吧。剪报是重复的，故未加红点。你要我写序，等能出版时再写。

如果将来能出版，我将建议《山水行吟》作为“湖畔诗社丛书”之一。

八月在莫干山开浙江省诗歌创作会议时，听在出版社工作的田地同志（诗人）说，并非出版社不肯出诗集，是新华书店不肯采购、出售诗集（因为诗集销路差、利润少，甚至积压要赔本）。出版社要出诗集时，要预先向新华书店征求订货，书店不订货，故不能出诗集；或因订货少，印数很少，读者买不着。

怪出版社怪错了，关键是书店。书店只顾利润和奖金，完全是资本主义危害社会主义。这种现状，将来中宣部总会纠正。纠正之后，诗集仍可见天日。

明年诗社成立六十周年，我想找出版社出“湖畔诗社丛书”，先出“五四”时期的应修人、潘漠华、冯雪峰和我的四本诗集，然后出恢复“湖畔”后的新社员的和我新中国成立以后写的诗集。昨天我才想到这主意，迟一点再向出版社建议。如果出版社不采纳，就等明年开六十周年纪念会时宣传一下，然后再找出版社，想来当会被采纳的。

病休可得时间，但减少收入；时间固然宝贵，生活之资不足，也是困难

---

① 该信写于1981年。

的。各有利弊，和你的爱人从容计议，然后决定吧。

出一本诗集，或可转到作协从事写作，等出了诗集再决定似较稳妥。作协名额太少，将来国家富起来，名额必将大增。1956 年，苏联作协书记苏尔科夫向中国作协作报告，说苏联作协专业作家有五千人。他的报告后来未发表，只印在《作家通讯》上，内部发送。那时中国作协总会会员七百人，专业者不过一百人，各省分会不知有多少人。国家太穷，养不起作家。

你眼睛有什么病？可请医生检查。我有白内障，看书报一小时左右就模糊，要休息一下才能再看。服维生素 A、维生素 B、维生素 C，对目光有益。每日早晚两餐服维生素 C 和复合维生素 B 各二片，每周二、四、六的午餐服浓鱼肝油丸一粒。鱼肝油丸和维生素 C 片同服就破坏了维生素 C，故不同服。①

冠西同志替小女伊虹找好工作，浙江省文化局于三月函请太原文化馆寄档案，可是小女与女婿感情已无法挽回，于三月离了婚，因此太原文化馆又不肯放了。小女争取回杭，争了几个月，坚决不肯放。回杭已无望，同时有人追求小女，就于七月再婚了。

冠西同志待人极诚恳，真心真意地帮忙，把小女的事放在心上，几次打电话向省文化局询问情况（是文化局来人告诉我的）。他对我的援助，真是仁至义尽，我是万分感激！这样麻烦他，实在过意不去。你写信给他的时候，望再替我谢谢他。

明年四月四日开纪念会，希望你来参加。准备二月初就发请柬，请柬上说明旅费（车费、膳宿费）由原工作单位报销（请柬上请作协分会盖章，可以报销）。

讲究卫生、保持身体健康，是万事的先决条件。

即祝

康健！

汪静之

九月十日

---

① 原信中的“A”“B”“C”，即“维生素 A”“维生素 B”“维生素 C”。

杭州红旗印刷厂制 20×15=300　第　页

故又能出诗集，或印数很少（因订货少），使书买不着。经出版社经销了，关键是书店。书店只顾利润和奖金，完全是资本主义经营[illegible]社会主义。这种现状，希望中宣部总会纠正。纠正了，诗集仍可见天日。

明年诗社成立十周年，我想[illegible]出版社出版时，能使社丛书，先出"五四"时期的老诗人、[illegible]、冯至[illegible]的[illegible]集，然后出[illegible]的[illegible]诗集。昨天孔孚想到这个意见，只是一点个人的[illegible]出版社建议。如果出版社不采纳，就等明年开60周年纪念时，宣传一下，然后再找出版社，想来会被采纳的。[illegible]任何时间，但减少[illegible]的时间实在宝贵，生活[illegible]，因此[illegible]。在[illegible]，和你的家人从容计议，然后决定罢。

出一本诗集，或可转到作协对于写作。[illegible]诗集，再决定，较稳妥。作协会员太少，将来国家富强起来，会员将大增。56年[illegible]作协会员[illegible]，[illegible]中国作协报告，从[illegible]作协专业作家有五千人。他的报告[illegible]

的格调不高，给人以凄婉幽怨之感。当否？勿见怪。

朱德发

草于元月廿五日

读《山水行吟》感言

杜甫曾誉赞李白的诗曰："白也诗无敌，飘然思不群。清新庾开府，俊逸鲍参军。"读《山水行吟》颇感有李白诗风，飘然、俊逸、清新、潇洒是它的主要风格。过去虽读诗作若干，这次初读，心悦耳目，为您的诗未被埋没廿余载，深感惋惜，不然早蜚声诗坛了。

我不懂诗，也许是班门弄斧，好在咱们不见外，谈点直感吧：

大部分诗，构思新颖，别开生面；

有些诗，物我一体，有艺术个性；

有些诗，既有"理趣"，以物写己的哲学寓理于诗；

有些诗，浮想联翩，洋溢着浪漫主义气息；

有些诗，有比有兴，讽刺意味很浓；

有些诗，感情深沉，如泣如诉；

有些诗，幽远闲逸，启人遐想；

总之，这些写景、咏物、抒情、寄意、怀古、抒怀的小诗，富有独创性，不仅感情真挚，理趣横生，饶有诗味，而且表现形式灵活多样，其中不少诗章的格局突破古典绝句、歌行、词、小令的格调，但不拘泥，处处有创新；特别是拟人、比喻、象征手法的运用更见创造性，看出您古诗词的修养也是很深的。

不过，有个别诗章写景太实，诗意不足；有的开掘不深，显得平淡；有的格调不高，给人以凌乱幽怨之感。当否？勿见怪。

朱仕发　草于元月廿五日

装订线

袁忠岳

孔孚同志：

高兴地听到你获奖的消息，向你表示热烈的祝贺！这足以说明你诗的艺术价值。

我花了一个星期的时间把《艺术的自然，自然的艺术》改了，不，重写了，题目为《孔孚山水诗的艺术特点和社会意义》①。除了一小段开头，下面分三部分，仅标“1”“2”“3”。花时间最多，下功夫最大的是“1”，意在说明你依靠观察与想象，运用“离形得似，虚实相生”与“应物拟人，化静为动”的传神写意手法，创造出自然美、艺术美、社会美三者合一的复合的意象，为社会主义山水诗的创作提供了可贵的经验。后面“2”与“3”的前一半谈社会意义，与原内容出入不大，只是大为压缩，更精练些。“3”的后一半又综合谈了一下。自己认为比原稿认识深多了，也高多了，例子也更为精彩。这得力于你的第二次胶东之行及带回之佳作，也得力于在济那珍贵的半天叙谈，也有我这半年在美学上花的工夫在内。再看原稿已不满意了，这是好现象，说明自己在提高。誊清后共九千多字，仍超出一千多字，没奈何，随它去吧！接着又写了一篇随笔《云的艺术》，谈到你的《仙人髻》与《在云彩里》②，结合谈虚实相生的道理，共两千字。今天准备把这两篇寄出，修改稿寄给《新文学论丛》（《当代》转去的），《云的艺术》寄给《星星》。原稿中有许多删去的部分是仍能用的，此外还有一些体会未来得及写出，如赏析《过鹰嘴石》③ 等，容以后再陆续写出。我要抓住山水诗这个口子（谈的

---

① 原信中的《孔孚山水诗的艺术特点与社会意义》一文，于《新文学论丛》（1982年第3期）上发表时，定名为《孔孚山水诗的艺术特点和社会意义》。

② 原信中的《云彩里》一诗，全名应为《在云彩里》。

③ 原信中的《鹰嘴石》一诗，全名应为《过鹰嘴石》。

人不多)，突破一下。

假期才有空，故除了不得不应付的一些拜年活动外，我将闭门守家，争取多写一些东西。

祝你

新春愉快，阖家安好

忠岳

1982年1月26日

年首一封信，告知《当代》把文章转《新文学论丛》消息的，收到了吗？未见提到。

铮子注：

此信中提到的《孔孚山水诗的艺术特点和社会意义》一文，是有关孔孚诗的第一篇评论文章。袁忠岳先生是撰写孔孚诗评的第一人。

孔孚同志：

高兴地听到你获奖的消息，向你表示热烈的祝贺！这足以说明你诗的艺术价值。

我化了一个星期的时间把"艺术的自然，自然的艺术"改了，又誊写了。题目为《孔孚山水诗的艺术特色与社会意义》除了一小段开头，下面分三部分，仅标1、2、3。化时间最多，下工夫最大的是1，意在说明你依靠观察与想象，运用"离形得似，虚实相生"与"以物拟人，化静为动"的诗律写意手法，创造出自然美、艺术美、社会美三者合一的完整的意象，为社会之义山水诗的创作提供了可贵的经验。后面二与3的前一半修改意义，与原内容出入不大，只是大为压缩更精练些。3的后一半又彻底修改了一下。自己认为比原稿认识深多了，也高多了，句子也更为精美。这得力于你的第二次胶东之行及带回之佳作，也得力于在济那珍贵的半天长谈，也有我这半年在美学上化的工夫在内。再看原稿已不满意了，这是好现象，说明自己在提高。腾清后共九千多字，仍超出一千多字，没奈何，随它去吧！接着又写了一篇随笔《言的艺术》，继你的《他人鬃》与《它彩里》，给了编辑虞美删去到首理共两千字。今天准备把这两篇写出，修改稿寄给《外文学论丛》（《当代》转来的）；《民间艺术》寄给《星火》。原稿中有很多删去的部分是仍能用的，此外还有一些作家未来得及写出，如《当断嘴哨石》等，等以后再陆续写出。我要抓住山水诗这个口子（缓的不多），突破一下。

假期才有空，故除了不得不应付的一些拜年活动外，我将闭门写家，多写一些东西。祝你

新春愉快，阖家安好

前一封信，告知《当代》把文章转给《外国文学论丛》消息的，收到了吗？想提到。　忠尧 82.1.26

孔孚致袁忠岳

忠岳同志：

谢谢您啦！您是在给上一堂课呢！

我眼睛仍不好。收到评稿，当天晚上我就去找北文（徐北文，我的好友之一，教授，学者，狂士），意思是请他先看看。他正吃饭，随吃随翻。我说不忙，想不到他竟是停不下来，迅速地翻下去，饭也忘了吃了。我知道，您把他抓住了。

看完，他说："文章好。观点大多和我相同，层层剥笋，看得出。但层次似不够分明，还可考虑。如能点一下传统的继承（古典诗歌）、横的移植（外国意象派诗歌的影响），有所创新，格会更高。""不过，"他说，"这样也就可以了。是一篇不多见的文章。"能得北文这一评价，是难得的。从他的口里，难得听到赞美之词。我本来想过几天，眼睛好好再看，您想哪能等得?!今天，我断断续续，把它读完了。随手画了画，不作数，您可以完全不听。我的心情已写在前面，就不多说了。

我看，这样就行。改不改，都无所谓。您斟酌吧。

已发诗，请查清刊物时间。未发出诗，给编辑部写信时说明一下，是极少数，一些刊物都要发。

我考虑，寄《诗探索》为宜。主编谢冕、副主编杨匡汉，虽无深交，但都知道我，见过面的。就这样吧。

紧握您的手。

孔孚

六月十二日

《诗探索》编辑部：北京日坛路六号，挂号。

别人不必再看。又及。

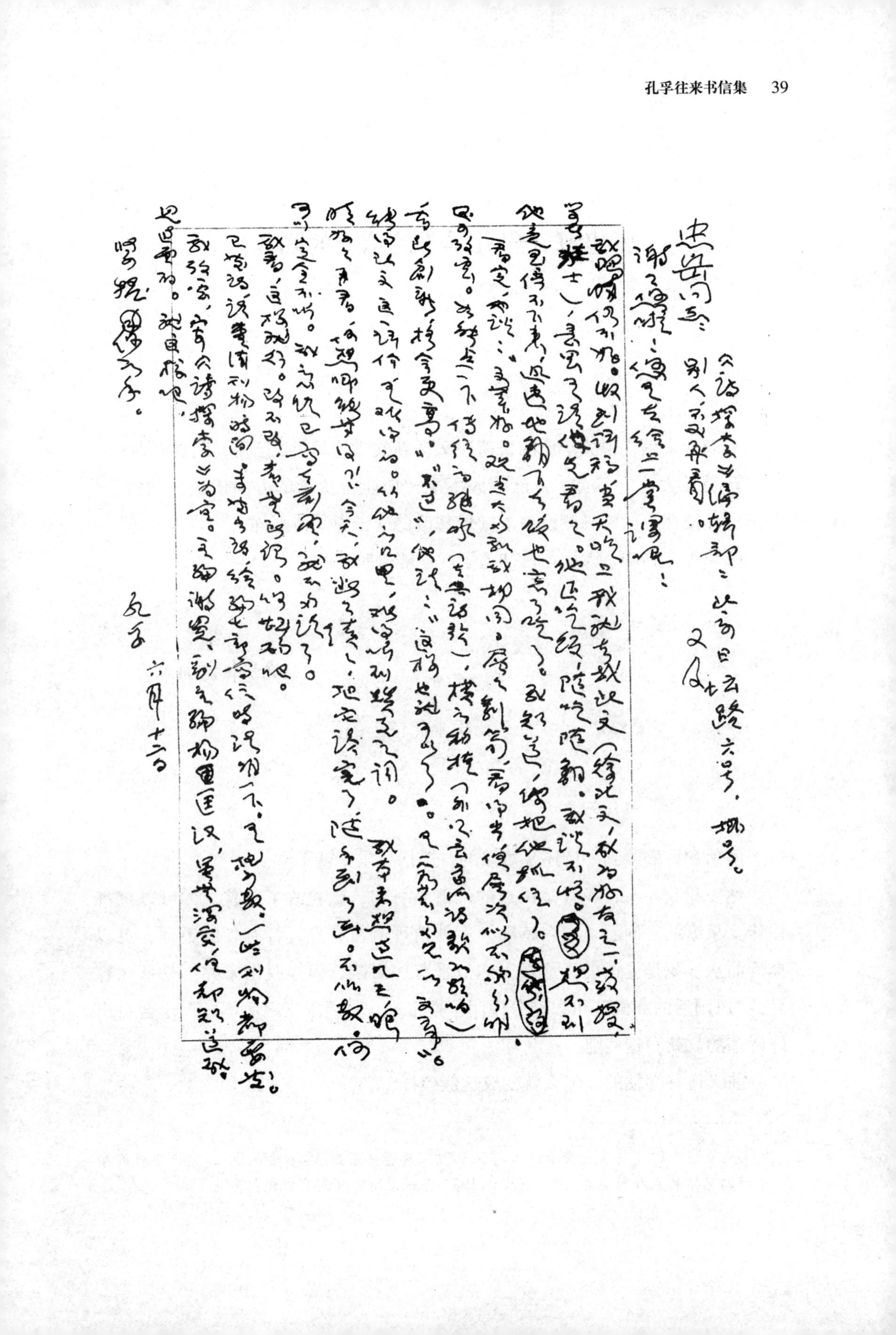

忠岳同志：

谢谢你的信！[illegible]

（《诗探索》编辑部[illegible]路六号。别人不必再看。又及）

[illegible]

[illegible]《诗探索》为宜。[illegible]

[illegible]

握手！

孔孚

六月十二日

张忠海（附孔孚于此信上的回复）

孔老师：

您早回来了吧？

袁老师来信，说关于您的长篇评文《新文学论丛》[①] 已用，我真高兴！

转去《大地》三首，自己把握不准，您能否从纵的方面谈谈我的得失？并请您随便在上面勾画删改一下（像您改的李子恩的诗那样）。

陈犀等来临朐，大概您已知道了。您能来吗？

忠海

1982 年 12 月 6 日

孔孚于此信上的回复

忠海：

回信和诗稿收到。诗还是可以的。严格要求，就不够。

你要我改一下，我看是认真的，情不可却，试着改了一首，你可以细细体味。从纵的方面看，古今诗歌，不外情理侧重有别，各有各的道理，可以择善而从。我是主情的，这对于你似乎有些影响，但挣脱出来并不是那么容易，“风雨后的高粱”可以充分说明。慢慢来，只要求索之心不歇，定会写出好诗来的。就写这些吧。

前天还好端端的，怎么就变成这般模样？

---

① 原信中的“《当代文学论丛》”，疑为“《新文学论丛》”之笔误。（袁忠岳《孔孚山水诗的艺术特点和社会意义》，刊发于 1982 年第 3 期的《新文学论丛》上）

铮子注：

这句“前天还好端端的，怎么就变成这般模样?”在信中显得很突兀，不知父亲何出此言。我问了忠海兄，他也没搞懂。不过他猜测，这可能是父亲对他的诗句所做的修改。

父亲的这封信应是底稿，另有誊清后的信件寄出。

孔老师：

您早回来了吧？

袁老师来改，说关于您的长篇评论《当代文学论丛》已用，我真高兴！

我寄《大地》三首，自己把握不住，您能否以最快的方式谈谈我的[illegible]得失？并请您随便在上面勾画删改一下（象您改的本子里的诗那样）。

陈宝生来山东的，大概您已知道了。您能来吗？

[illegible]

[illegible]

1982.12.6

[illegible]

耿林莽[1]

孔孚兄：

读了您发在《海鸥》上的《我与山水诗》，当时就想给您去信，一懒，便搁下了。这篇文章十分有价值，学术水平高，我很折服。对您的山水诗，我是很喜爱的。

您给我的信我收到了，谢谢对我的鼓励。我写的、发的都不少，恐您能见到的只是极少几篇。我在写法上做了多方面探索，像《雪》《我的森林》那种写法，我自己是喜欢的，也有一些人喜欢，但是不太容易发出来，今后尤甚。我最近有一组寄去《雪莲》，其实内容都是积极的、歌颂的，只是写法上（特别是构思）新一点，就未能通过。今后我仍将艰苦地探索下去，写东西既要保持艺术上的“纯”，又要适当考虑到发表和读者面，此中甘苦，兄当能知道，我就不多谈了。

您现在身体怎样？眼如何？要注意保护。希望能读到您更多的新作。

握手

耿林莽

2月22日

---

① 该信写于1983年。

海鸥
HAI OU

孔孚兄：

读了您发表《海鸥》上的《我与山水诗》，当时就想给您去信，一懒，就搁下了。这篇文章十分有价值，学术水平高，我很折服。对您的山水诗我是很喜爱的。

您给我的信我收到了，谢谢对我的鼓励。我写的、发的都不少，只是能选到的只是极少几篇。我在写法上作了多方面探索，象《雪》《我的森林》那种写法，我自己是喜欢的，也有一些人喜欢，但是不太容易发出来，今后尤甚。我最近有一组写《雪道》，其实内容都是积极的，健康的，只是写法上（特别是构思）对一般的不一样，就未能通过。今后我们将艰苦地探索下去，写出来，既要保持艺术上的"水准"，又要适当考虑到发表和读者面，此中甘苦，只有自己知道，

海鸥

HAI OU

我就不多谈了。

您晚年的创作怎样，眼如何，要注意保护。希望能读到您更多的新作。

握手

石大林 弟

1985/12.22

卞之琳[①]

孔孚同志：

实在忙乱，搁了这么久才复信，十分抱歉。

徐志摩《为要寻一个明星》一诗中“拐腿的瞎马”一语，我也不知道有何出处。我想无非是俗语说“盲人骑瞎马”再加上一个“拐腿”罢了，你看像不像？

想来你笔头甚勤，最近又有不少产品了。

我留有余地的正业计划工作都顾不来。

匆匆祝健。

之琳

六月十八日

---

① 该信写于1983年。

孔孚同志：

实在忙乱，搁了这么久才覆信，十分抱歉。

徐志摩《为要寻一个明星》一诗中"拐腿的瞎马"一语，我也不知道有何出处。我想无非是俗话说"盲人骑瞎马"再加上一个"拐腿"罢了，你看像不像？

近来你笔头甚勤，最近又有不少产品了。

我当有余地的还也计划工作都顾不来。

匆匆祝健。

之琳 六月十八日

（1983）

邹　绛

孔孚兄：

报告你一个好消息：重庆出版社编辑部已经看了你的《山水清音》，决定出版。

这是我昨天送你的关于山水诗的文章和钱锺书同志的复信及题笺等到出版社时，穆仁同志告诉我的。他们看得很仔细，准备选用一百来首。至于选用哪些，他们准备在看了你的文章后，再详细告诉你。你想请钱锺书同志写序言的打算，我也告诉了穆仁同志，他说，现在已经可以去信了。

据穆仁同志讲，重庆出版社出书的重点和特点放在重庆，但外地来稿质量高而又从未出过书的也准备采用，比较一般的大都退还了，特别是诗。他们准备把《山水清音》作为出诗集的一个高标准。

就此

握手！

邹绛

1983 年 7 月 10 日

第　　页

孔孚兄：

报告你一个好消息：重庆出版社编辑部已经看了你的《山水清音》，决定出版。

这是我昨天送你的关于山水诗的文章和钱锺书同志的复信及复笺送到出版社时，穆仁同志告诉我的。他们看得很仔细，准备选用一百来首。至于选用哪些，他们准备在看了你的文章后，再详细告诉你。你想请钱锺书同志写序言的意图打算也告诉了穆仁同志，他说，现在已经可以去信了。

据穆仁同志讲，重庆出版社出书的重点和特点放在重庆，但外地来稿，质量高的，而又从未出过书的人，也准备采用，比较一般的大都还严了，特别是诗。他们准备把《山水清音》作为出诗集的一个高标准。

祝好

握手！

邹绛 1983.7.10灯下

20×20=400　　82—12

刘方泽①

尊敬的孔老师：

您好！承蒙赐助，我得以拜读老师的创作，感佩、敬重之意难述。我是山师 1960 年毕业生，不管从哪一方面讲，我都是您的学生，您的指教与帮助，对我来说将是创造性的。我深为获得尊敬的老师而兴奋。

在诗歌园地，我是小学生，研究老师的诗作，甚感力不从心。然鉴于老师的器重，将竭我所能，倾力学习、钻研老师的作品。或许，这将是我诗歌研究的真正开始。愿在我学步的路上，不断获得老师的扶正。

原打算七月份拿出初稿，后经德平同志提示，需拖延些时间。如无他事相扰，假期将完成一稿，以备下学期开“孔孚诗歌”专题。待讲后，汲取各方意见，再来修改充实。

德平同志两次来寒舍叙诗，给我带来了启发和鼓舞。他诗思敏慧，才气横溢，均堪称颂。今后，我们将以兄弟相待，互勉共进。

老师的《山水行吟》诗集，因时间太短，尚不能让云鹏同志带去，待近期录完后奉还。我会加倍爱惜的，请老师放心。

谨祝

夏安

刘方泽

7 月 14 日

---

① 该信写于 1983 年。

中国当代文学研究会山东分会

尊敬的孔老师：

您好！承蒙赐助，我得以拜读老师的创作，成就、敬意之至难述。我是老师60年毕业生，不管从哪一方面讲，我都是您的学生，您的指教与帮助，对我来说将是创造性的。我深感获得尊敬的老师的幸福。

在诗歌圈内，我是个学生，研究老师的诗作，甚感力不从心。然蒙老师的照顾，将得我们的，能多看、能研究老师的作品。或许，这将使我的诗歌研究有真正开拓。愿在我学术的路上，得到老师的指正。

原打算也用作创出初稿，后经法平同志提议，需拖延些时间。如无他事相扰，仍期将完成一稿，以备下学期开《孔孚诗歌》专题，待讲后，吸取多方意见，再来修改定笺。

法平同志，所作来电金叙谈，给我带来了答和鼓舞，他诗思敏慧，才学精深，物堪称许

中国当代文学研究会山东分会

今后，我们将以兄弟相待，互爱共进。

老师的《山水行吟》诗集，因时间太紧尚未转请公鹏同志带去。待这期杂完后拿过，我会加倍爱惜的，请老师放心。

谨祝

夏安

刘方泽

7.14 1983

陈 犀

孔孚兄：

惠书敬悉。请你千万保重身体。

长文读了，很好，有很多精辟的见解，对我这种学诗者是大有启发的。

我的理论修养较差，编诗、写诗多年，也概括不出什么较系统的看法，但在实践中也在思索，糊里糊涂地发表了不少关于“新、奇、巧、怪”和所谓“随意”（是不是无技巧境界）之说。我不敢说我的这些想法是和你相同的，但你的文章却更加坚定了我的主张。写诗，或散文诗，都应如你所说。

我写的《索蛋》（澳洲鸵鸟飞到十笏园，要它的祖先的鸟蛋化石）、《陪海神娘娘看戏》都是一点尝试，但因底子、功力都太浅，还需努力呢。

五月或九月入川，是最好的季节。行前，请函告，我当恭候。

祝

冬祺！

弟陈犀叩

1983 年 10 月 22 日

星星

孔孚兄：

惠书拜悉。请你千万保重身体。

大文读了，很好，有很多精辟的见解，对我这种学诗者，是大有启发的。

我们理论修养较差，论诗、写诗多年，也搞不出什么较系统的看法。但，在实践中也在思索，胡思胡涂也想到了不少关于"朴、真、巧、拙"和所谓"隐意"（这不是无技巧境界）之说，我不敢说，我这些想法是和你相同星星：

〃〃；但你的文章，都是为坚定了我的主张，写诗，或散文诗，都应为你所说。

我写的《雾舍》（三国州后宫与飞洲十字图，要她的祖先的身世化石）、《陪海的神女〃看我》，都是一点尝试；但因底子、工力都太浅，还需努力。

五月或九月入川，是最好的季节；川行，请立告，我当恭候。　祝

文祺！

弟　陈犀叩

83.10.22

唐晓渡①

孔孚同志：

好！

非常冒昧地给您写信，只因前些日子我因家事返里，见到忆明珠。他示我一信，系您读了他的《雪思》后写给他的。当时，他颇发了一通感慨，叹诗坛坦诚如您者凤毛麟角，且赞您改他的诗改得好。我当即索得您的那封信，拟张扬一下此风此节。回编辑部后，将此事说与家瑾、国成等，他们都甚表赞成，并希望能将忆明珠复您的信一并发表，以为参照。不知此事可能得到您的同意和支持？若可，则请见信后即将忆明珠的信挂号寄我。如有可能，我们还将附一“杂谈”之类的文章。

耑此，盼复。

即颂

大安！

唐晓渡

10 月 28 日

铮子注：

1983 年，父亲读到了一组忆明珠先生的诗，觉得好；但反复读后，从他自己的审美角度来看，又觉得有点美中不足。或许是因为当编辑当惯了，又或许是因为太爱这些诗，他就动手改了几个地方，还把改后的诗拿给我和母

① 该信写于 1983 年。

亲看。母亲看后，立刻急了："你'好为人师'的老毛病又犯了！""忆明珠先生是全国著名的诗人，你才刚发表了几首诗啊？别自讨没趣！""在家里说说就算了，不许说出去！"父亲则说："这明明是诗人之间的探讨，研究怎样把诗写得更好，为何要被这些莫名其妙的规矩困住？""我们都不了解他，你怎么知道忆明珠先生不愿听我的意见呢？"母亲又说："这么多年的教训，你还没吃够啊！""写诗，你懂得隐藏；做人，怎么就不管对谁都要掏心掏肺呢？"

事后，父亲还是背着母亲，给忆明珠先生写了信。但信寄出后，他又惴惴不安起来，觉得母亲说得有道理。直到收到了忆明珠先生的回信，他才松了一口气，满怀欣喜地说："我就不信文人之间不能真心相见！"

晓渡先生将父亲和忆明珠先生的通信发表在了《诗刊》上，但具体在哪一期上，我没有查。

直到现在，我手中尚有忆明珠先生写给父亲的四五十封信呢！

诗刊社

孔孚同志

您好：

我常留心您的诗作写作。只因家忙的我因家了道里，见到您的来信示我一信，当您读了他们《雪思花写的他们，当时他们写了一通感慨，以诗坛提倡为您古风之离开，且赞您的他的诗写得好。我当即觉得您的那封信，想弘扬一下此风此节。因编辑部后将此事与家理、顾问等，他们都没有赞成，并希望将您的信与您的信一并发表，以为参照。不知以此

诗　刊　社

本可能得到您的同意和支持。若行，则请见信后即将修改好的信挂号寄我。如有可能，我们还将附一"杂谈"之类的文章。

专此，顺颂

编（?）安

大安！

唐晓渡

10.28.

1985

王川平

孔孚吾师：

庆贺《山水清音》的出版，正是你多年的结晶和心血，开迟了点，却分外的香醇。我非常喜欢你的多情多义的山水之音，每次在《星星》《诗刊》上看到，都向我周围的青年介绍赞誉，也颇得他们好评好感。在济时，曾梦想进重庆出版社，有机会为你出集子。好了，现在你的集子出了，我虽无劳，却平添了莫大高兴。

穆仁老师有空一定去拜望他，我也从旁知道他的人品和诗，且知道出版社愿意要我。我们馆当然不愿放，主要是文化局不放，我也不便强求，因为头子们都是“为你好”，又是熟人，不能太薄他们的情。现我已到文化局上班，具体工作可能要到十二月才见晓。头疼的是坐班制，不自在。目前的形势，又该冷清一阵子了。

五月份写完《雩舞》后，断续写了点小东西，《红岩》曾允用一首写盲童的，不知被清除否。较满意的是一组《四个神话英雄和一个哑巴女人》，由《盘古》《女娲》《夸父》《后羿》和《哑巴女人》五首独立的诗组成，不太长。首寄《星星》，未敢用（只想用《女娲》一首）。现在《诗刊》不知死活，当然是死多活少。《青年诗坛》考虑再三，最近将《雩舞》退了稿。

《墓塔林》发后，尚有好反应。

其他均好。只是写不出东西来时，很烦。

朱子奇、柯岩等曾在渝组织批谢冕和徐敬亚的火力，不知山东如何？如有涉，退避三舍为好。当否？从《内参》上常见到点一些作家的名：欧阳山的话说过了头，自由化的特征是“现代派”！捧戴望舒、沈从文是为了打郭沫若、鲁迅！中国新文学是在同现代派斗争中发展起来的！能这样提吗?!冷昏了还是又热昏了？这么多年的教训了，应该有一条不甚偏颇的路子可寻了。

应该把思想同创作手法分开来了，更多地尊重艺术自身的规律了。我常常想，在一个很长很大的时间和空间里，文学，特别是诗，将是多么畸形而无望地生长着，又迷惑着。我想，真正的汉子是不会为外部的光怪陆离所引诱，而是寻找中华民族自己的东西：我们的传统、气节，形和韵、道和义、德与情，从形式，到题材，到句法。在济时，曾多次听到你的教诲，你要我们不计较一时得失，而要在文学史上争一席地，我将铭记终生！

身体可好？

颂安

学生 王川平

1983 年 11 月 16 日

孔孚老师：

欣悉《山水清音》的出版，这是你多年的结晶和心血。并送了书。书分外的香醇。我非常喜欢你的多情多义的山水之音，每次在《星星》《诗刊》上看到，都向我周围朋友们介绍赞赏，也赢得他们的好评和好感。在广州时，曾替想进重庆出版社，有机会为你出个集子。好了，现在你的集子出来了，我虽无劳，却平添了莫大高兴。

穆仁老师有空一定去拜望他，我也从字知道他的人品和诗，且知道出版社愿意要我，我的工作去年都不能放，主要是文化局不放，我也不便强求，因为我们都是"为你好"，又是熟人，不能太伤他们的心情。现我已到文化局上班，且临时外下去写到十二月十几号。现在的坐班制，不自由。目前的

装订线

28克青藏出口白打 重庆市印制第三厂印制 78—5

刊上，又该冷清一阵子了。

五月份写完《寒夜》后，断续写了点小东西，《红岩》曾允用一首写盲童的，不知能该弹否。我满意了一组《四个神话英雄和一个哑巴女人》，由"盘古""女娲""夸父""后羿"和"哑巴女人"五首抒情诗组成，不太长。"盲童"呢，未敢用，（只想用"女娲"一首），现在"诗刊"，不知死活，去想了北京诗坛。《星星诗坛》考虑再三，最后将"寒夜"退了稿。

"墓碑林"发后，尚有好反映。

真是的好。只是，写不出东西来时，很烦。

朱先生、杨君当年在信件，批评我和余叔某的火力。不知山东如何？如有诗，还望三毛好好。查看了《人间》上常介绍点一些作家、名欧洲的话还这了头，自由化的狠信了"现代派"！捧高涅诗！什么文了、叫大声部律音乐风！中国新文学是在向现代派中争中发展起来的！诗主体我那了！！冷落了，还了又热套了？这些年的叔叔了，在往后一

杂，不甚偏颇的路子可采了。应该把思想问题和创作手
法分开来了，更多地尊重艺术自身的规律了。我常常想，
在一个很长很大的时间和空间里，文学，特别是诗，
将会多么曲折而无尽地生长着，又迷惑着。我想，真
正的诗人是不会为外部的光怪陆离的引诱，而是寻找
汉民族自己的东西，我们的传统，气节，形和韵，道和
义，法与情。从形式和题材，到句法。在今时，
首先要你听取和信的教诲，你要你们不计较一时的得失，而
要在文学史上争一席地。我特别惦记你！

身体可好？

敬礼

弟 王川平 83.11.16.

孙国章[①]

孔老师：

您好！惠函妥收，勿念！

知道您寂寞，本想去信，但拟去兖州、曲阜一游，一星期左右，回来时在泰安下车，去看看您，这已在安排之中。看过信后，更有点迫不及待了，无奈已给兖州方面去了长途，让他们于十八日接307次，所以只好先去一信，等一星期后再去泰安见您。

公刘在省作协开了一个座谈会，他的谈话我很欣赏，率直得漂亮。他说，山东省写诗的人很多，但有影响的很少，原因是思想不解放、思路不开阔，再就是艺术手法陈旧。他谈到您，说您的诗在全国独树一帜，很有特点，但纤弱了些，缺少点气势。

昨天（十五日）下午在省作协合开了一个座谈会。雷霆带着王辽生、昌耀等几个诗人，再加上我省的一些写诗的，准备十八日离济赴石臼所，然后去青岛、烟台、长山岛一游。省作协桑恒昌去。打过几次电话让我去，我跟老任说，算了吧，我实在不愿跟省里那些人打交道。

其他情况见面详谈吧。一个星期后，在泰安见。

顺颂

大安！

国章

6月16日

又及：老任已去东北学习、取经。

---

① 该信写于1984年。

泉城文艺

孔老师：

您好！惠函妥收，谢谢！

知道你寂寞，本想去信，但刚去兖州、曲阜一趟，一星期左右，回来时去泉城大学、去[illegible]之准备打工作。写去信后，又赶上不及待了，只又给兖州方面去了长途，让他们于十八日提了一次。所以只好先去一信，等一星期后再去府上见您。

前刻在看《钟声》一个座谈会，他们谈得很欣赏，我到了医院，他说：山东有个诗人很好，但有的时候，太思想不解放，思路不开阔，再就是艺术手法陈旧。他又要求我，说您的诗集

泉城文艺

我都看了一遍，很有特点。但仍弱了些，缺少些气势。

昨天（十五日）下午在省作协开了一个座谈会。雨楚带着电子琴，多半廿几个诗人，再加上我们的一些业余诗人。济南十八位诗人差不多都去了。我的是姜、柏，长江新秀。有人由桑恒昌去。亦已以电话让我去，我说身体不适，算了吧。我实在不愿到那里跟那些人打交道。

其他情况见面再谈吧。一个星期后，去泰安。

顺颂

夏安！

又及：老伍之事北岛、顾城。

国泰 1984 16/6

任 远①

孔孚兄：

您好！听说疗养有效，很高兴，但也为没能前去看望而不安，盼谅解。您同静轩已见面畅谈了吧？他这次来，精神面貌不错，我们在交谈中，我将话说得很直，没发现他有什么不高兴！

我们这次东北之行，兴奋、紧张、劳累，我回来又感冒又闹眼疾，刚才好。现在，我们计划将《泉城》改为《当代小说》月刊，另出一册二开本《诗与散文》双月刊，一旦站住脚再扩大，将局面打开。我想，您是会支持的，有何教见，盼来信。计划能否实现，就看省委宣传部是否同意了。

《济南山川》美、淡雅，令人爱读，九月份用，已预告要目，用绝大部分（略抽几首），想是会同意的。另，登在《散文》上的美文已读，如可能，望写下去，这也是很有特色的作品。

省委宣传部与济南、青岛领导有变，文艺界好像也在想动，但比起河北、东北还不行。在此形势下，我们是想有所作为、有所行动的，但明的、暗的困难也真多，主要问题仍在思想、人事方面，所以又不能不慎重从事。

北文处我没去，山青调动问题仍悬而未决，现在办事是真难。另，请您告佩瑗同志和孩子们，有事可找我。老梁问您好！

祝

早日安康！

任远

7 月 20 日

国章问好！

七月刊物已寄。

---

① 该信写于 1984 年。

泉城文艺

孔孚兄：

您好！听说疗养有效，很高兴，但也为没能前去看望而不安，盼谅解。您同静轩已见面畅谈了吧，他这次来，精神面貌不错，我们在交谈中，觉得话说得很直，没发现他有什么不高兴！

我们这次东北之行，兴奋、紧张、劳累，我回来又感冒，又闹眼疾，所以未好。现在，我们计划将"泉城"改为"当代小说"月刊，另出一册二开本"诗与散文"双月刊，一旦站住脚再扩大，将局面打开。我想，您是会支持的，有何教见，盼来信。计划能否实现，就看有关宣传部是否同意了。

《济南山川》美、淡雅，令人爱读，九月份用，已报告思同，用绝大部份（略掉几篇），想是会同意的。另，登在散文上的美文，已读，如可能望

泉城文艺

写下去。这也是很有特色的作品。

省里全体部门与济南、青岛较早有变，文艺界好象也在想动，但比起沿海地区来，那还不行。在此形势下，我们是想有所作为、有所行动的。但明的、暗的困难也真多，主要问题仍在思想人事方面。所以又不能不慎重从事。

此文如我没去，山东讨论的问题仍悬而未决，说在此事是真难。另，请替各编辑同志和孩子们，有事可找我。老梁问您好！

祝

早日安康！

任远

7.20

1984

周东问好！

七姊们均安。

吕　进[1]

孔孚同志：

病好了吧？

大著和惠书都收读了。

一是祝贺，二是谢谢。

山水诗，是中国古典诗论的一个老题目，又是中国新诗论的一个新题目。你在这个园地里的耕耘是值得钦佩的，有不少话题。

最近实在头绪太多。稍缓，我大概会写一篇东西的。能否写好是一回事，但一定要写。

忠岳兄打主力吧。请他抽暇研究一下，对这本集子发点议论。我过几个月再来打打边鼓。

上信所说理论集子一事，我是记在心上的，这几个月由于太忙，许多会议没去，所以总没有和本泉兄碰上面。碰面再转告。

祝

健康

吕进

6月2日

---

① 该信写于1985年。

孔孚同志：

第　页

病好了吧？

大著和惠书都收读了。

一是祝贺，二是谢谢。

山水诗，是中国古典诗论的一个老题目，又是中国新诗论的一个新题目。你在这个园地里的耕耘是值得钦佩的，也有不少话题。

最近实在头绪太多。稍后，我大概会写一篇东西的。能否写好是一回事，但一定要写。

忠岳兄打主力吧。请他抽暇研究一下，对这本集子发点议论。我过几个月再来打打边鼓。

上次所说理论集子一事，我是记在心上的。这几个月由于太忙，许多会议没去，所以还没有和本家兄碰上面。碰面再转告。

握手

健根

6/4 1985

2/6

28克重庆白打　渝北81.11.2　20×25=500

孙静轩[1]

令桓、佩瑗[2]：

像风一样地来，像风一样地去——这就是我。什么也没有留下，只留下一点记忆。

在北京，原说住三五日，太热了，实在想回四川，但为了等飞机票，竟住了十一天。

八月十日晚，回到了成都。这里与济南、北京大不相同，气候非常宜人，简直是福地。

在泰安害的病，至今仍没有痊愈，再加上长途跋涉、疲惫不堪，回来八九天了，什么也不想干，连封信也不想写，只想休息。

原说去南京、上海的，天气太热，而且路费也用完了，临时改变了主意。令桓的诗集，我只好给上海文艺出版社写了封长信。

今天，上海文艺出版社给我来了信，他们对令桓的诗集表示欢迎。现摘抄如下：

"昨日收到孔孚同志的诗作，今日见到您的来信，很高兴。孔孚同志的诗，是有自己的艺术追求的，在当今的诗坛上也是一朵别致的花，我们会认真对待、迅速处理的。像他这样一位诗人，是应该早就出诗集了。生活中，就是常有这种不公平的事，有些人，不知写了些什么，竟能到处出书，有时我是目瞪口呆。

"您真是一位好心的兄长，为了向我们推荐孔孚同志的诗，竟将自己的诗集压下来，实在令人感动、令人敬佩！"

---

① 该信写于1985年。

② 原信中的"佩媛"应为"佩瑗"之笔误。

从以上的信来看，他们对令桓的诗是很感兴趣的，我相信他们会出版的。我估计，他们不久会直接同令桓联系的。顺便嘱令桓一句：通信时切不可提及重庆出版你的诗集事。

我回来后，心情一直安定不下来，李平患了肝炎，是个头痛的事。

不多写了。祝好！

孙静轩

八月廿一日

中国作家协会四川分会

令桓、锦媛：

象风一样地来，象风一样地去——这就是我。什么也没有留下，只留些一点记忆。

在北京，原准备住三、五日，太热了，就很想回四川，但等了等飞机票，竟住了十一天。

八月十日晚，回到了成都。这里与济南、北京大不相同，气候非常宜人，简直是个福地。

在泰安客住病，至今仍没有痊愈，再加上长途跋涉，疲惫不堪，回来八、九天了，什么也不想干，连书信也不想写，只想休息。

原准备去南京、上海的，天气太热，而且路费也用完了，临时改变了主意。令桓的诗集，我只好给上海文艺出版社写了封信。

今天，上海文艺出版社给我来了信，他们对令桓的诗集表示欢迎。现摘抄如下：

"昨日收到孔孚同志的信件，今日见到结

Ch001·14·8311

中国作家协会四川分会

的来信，很高兴。孔孚同志的诗，是有自己的艺术追求的，在当今的诗坛上也是一朵别致的花。我们会认真对待，迅速处理的。象他这样一位诗人，是应该早就出诗集了。生活中，总是常有这种不公平的事。有些人，随便写了些什么，竟能到处出书，有时我总是目瞪口呆。”

“您真是一位好心的兄长，为了向我们推荐孔孚同志的诗，竟将自己的诗集压下来，实在令人感动，令人敬佩！”

从以上的信来看，他们对孔孚的诗是很欣赏的。我相信他们会出版的。我估计，他们不久会直接同孔孚联系的。顺便嘱咐一句：通信时切不可提及重庆出版你的诗集事。

我回来后，心情一直安定不下来。李华患了肝炎，是个头痛的事。

不多写了。您好！

孙静轩

八月廿一日

Ch001·14·8311

晁若冰

孚兄：

久不通信，近来好否？外出没有？

我同老伴刚从四川回来。九月中，我同老伴到山西、西安旅游，中途又得四川中共地下党活动史会议的通知，我们就到了四川，逛了成都、资中、内江、宜宾、重庆、武汉，① 会见了不少老同学、老战友。梓潼党史会邀请的人只有十来个，招待极为热情，我同老伴的食宿（九天）一文不要，而且连老伴的往返路费也全部由县委报销了。

得通知，四川中江县明春也要开会，约我参加，因此，我有再度赴川的可能。

在党史会议上，我讲了多年来的不幸遭遇，引起强烈的反响，连原四川中共地下党领导人都极力督促我提出申诉，还专门派车陪我逛了红岩村、渣滓洞和北温泉。我准备向中组部提出申诉。我在曲师的情况你是知道的，如去人调查，请如实写出证明。我们参与过两次罢教（一次在曲阜，还去兖州请愿，一次在奔牛，几个教师罢了教）；出过小报，揭露过国民党的黑暗统治；我们同学生十余人由江南奔赴解放区，耿烈这个学生常同我在一起，受过启发，他参加了解放军；在课堂上，我讲过太平天国的土地政策，引起学校“三青团”的注意和怀疑；我们同杨爱昌、莫梧生等人谈话。这些都应该说是好事，至少，我们都是爱国的、反蒋的。

这次外出，历时两个月，行程一万五千余里，看来，身体还是经得起考验的。你不是说要到四川去吗？情形如何？大嫂子好否？

在成都见到何剑熏（流沙河好友），他说胡公追悼会未开，是因为梅志不

---

① 原信中提到的这些地点，当为写信者沿途所至，未必局限于四川省内。

同意对胡写的悼辞，僵持到现在没有结果。

还有一事，我同张惠普留兖州未跟学校走，是想留下参加革命工作。后来我妻伤亡，留下两岁幼子，不得不送往朱集我家兄处抚养，因而才到了徐州。谋生无路，不得不留在曲师教课，这也是离开兖州的主要原因。

好，刚回来，不多写。祝

近好

弟　若冰

1985 年 11 月 22 日

铮子注：

晁若冰，现代诗人，笔名白莎，著有《白莎诗存》。他是抗战时期在重庆的中共地下党员，亦是“七月诗派”中的重要成员。后受组织委托，他回到山东老家，以教书为名开展地下工作，我父亲就是跟随他从敌后投奔了解放区。除此之外，他还是最初在小黑板上抄录我父亲所写的新诗并将其引上新诗创作之路的人。

20 世纪 50 年代，晁若冰被戴上了“胡风分子”的帽子。我父亲也因与其交好而被打成“胡风分子”，1957 年因对此鸣不平，被打成“右派”。

孚兄：久不通信，近来好否？外出没有？

我同老伴刚从四川回来。九月中我同老伴到山西、西安旅游，中途接到四川地下党史会议的通知，我们就到了四川。游了成都、资中、内江、宜宾、重庆、武汉，会见了不少老同学、老战友。这次党史会邀请的人共有十来个人，招待极为热情，我同老伴的食宿（九天）一文不要，而且连老伴的往返路费也全部由县里报销了。

据通知，四川中江县明春也要开会，约我参加，因此，我有再度赴川的可能。

在党史会议上，我讲了多年来的不幸遭遇，引起强烈的反响，连四川地下党的领导人都极力督促我提出申诉，还专门派车陪我游了红岩村、渣滓洞和北温泉。我准备向中组部提出申诉。我在曲师的情况你是知道的，曾有人调查请如实写出证明。我们参与过两次罢教（一次在曲阜，还去兖州请愿，一次在奔牛，几个教师罢了教）出过小报，揭露过国民党的黑暗统治。我们同学七十余人由江南奔向解放区。耿炽西这个学生常同我在一起，受过殴打，他参加了解放军。在课堂上，我讲过太平天国的土地政策，引起学校三青团的追究和怀疑。我们同胡爱男、英格七等人的谈话。这些都应该说是好事。至少，我们都是爱国的，进步的。

这次外出，历时两个月，行程一万五千余里，看来，身体还是经得住考验的。你不是说要到四川去吗？情形如何？大嫂子好否？

去成都之行到重（德阳的朋友）他说胡公追悼会未开，是因为梅老不同意对胡写的悼辞，僵持到现在没有结果。

还有一事，我同张惠善自亳州来跟学校走，是想留下参加革命工作。后来我妻伤亡，留下两岁幼子，后因又送往来集我家近乡抚养，因而才到了徐州。谋生无路，后因不愿去当教师执课，这也是离开亳州的主要原因。

好，刚回来，不多写，祝

近好

向若冰
85.11.22

苗得雨[1]

孔孚同志：

您好！

不断见您新的佳作发表，很是欣喜与受到鼓舞！

评您大作的短文安排在了《乡土诗人》第三期上，刊物不日即印出，印出即寄上存念。今先寄上清样一阅。

几年来，这一类诗艺赏析文已编成集子，书已交出，出后即送上指正。其中评您诗文，除这一篇，还有两小篇。

十分感激您的赏识与鼓励。以后还将继续写。

我仍坚持各处跑与边跑边写，望继续多指导、多支持。

祝丰收、愉快！

问老嫂好！

安好！

苗得雨

4 月 22 日

前段静轩来，我恰外出了，未能见到，憾甚！写信时请代问好。

---

① 该信写于 1986 年。

中国作家协会山东分会

孔孚同志：您好！

不断见您新的佳作发表，很是欣喜与受到鼓舞！

评您大作的短文安排在《山东诗人》第三期上，刊物不日即印出，印出即寄上存念。今先寄上请评一阅。

几年来这一类诗艺赏析文已编成集子，书已交出，出后即送上指正。其中评您诗文，除这一篇，还有两小篇。

中国作家协会山东分会

十分感激您的赏识与鼓励。以后还将继续写。

我仍坚持各处跑，边跑边写，望继续多指导多支持。

祝丰收！愉快！

问大嫂好！

苗得雨

4.22

安好！

前校静轩来，我恰外出了，未能见到，憾甚！写信时请代问好。

孔孚致忆明珠

明珠兄：

恰恰是暮春时节，读到了你的《晚花》。这五首比去年你寄我看过的五首要好，除了“倩影”一词稍嫌陈旧外，再也挑不出什么毛病。真是好！好极了！特别是其六、其七、其八，很容易联想起你的名字。徐志摩说泰戈尔一张口就有晶圆的珠子吐出来，你何尝不是！我真想向《诗刊》编辑说一声“谢谢”，虽然看那编排，似乎并没有被视为“珠子”。

以“珠子”作比，也还是不够味。你吐出的，是“情珠”，荡着性灵之光，忽闪着眉眼的。

我真羡慕你。如果那杏条儿上也有我，“软枕东风”“横枝而卧”，该有多好呢！

我知道你习惯于孤独，安于冷落，但这个中之苦，我是扪得出的。你的心在跳呢！当于看花客中“发现”了“好一个凄惶的我”。

我也是这样的。枝头上，我也“发现”了“好一个凄惶的我”呢！

我流泪了，心里感到一阵温热。不知怎的，我就想跳上枝头，和你开在一起，化为小花一朵。

那不是沙白吗？自然少他不得！你们老早是心心相印了。欢迎他也来。让我们靠在一起，开成一团儿。

虽然是“晚花”，但总还可以装点一下春色吧？

这样，我们彼此也许不会再有“凄惶”之感了。纵然也还有些寒意也罢！更兼风雨也罢！即将飘落成泥也罢！

我很喜欢你的“也只无声微笑，不作一字评说”，但我做不到。火气太旺，也没有办法。我往往是“苦笑”，事当无可奈何。

不多写。即颂

吟安

孔孚

1986年5月2日于济南

此五首，希仍用你“息静居”之诗笺书写，凑齐十首，以便珍重保存又及。

明珠兄：

第　页

恰々是暮春时节，读到了你的《晚花》。这五首比去年你寄我看过的五首要好。除"倩影"一词稍嫌陈旧外，再也挑不出什么毛病。真是好，好极了！特别是其六、其七、其八。很容易联想起你的名字。徐志摩说泰戈尔一张口就有晶圆的珠子吐出来，你何尝不是！我真想向《诗刊》编辑说一声"谢々"。虽然看那编排，似乎并没有被视为"珠子"。

以"珠子"作比，也还是不够味。你吐出的，是"情珠"。荡着性灵之光，忽扇着眉眼的。

我真羡慕你。如果那杏条儿上

15×15＝225　　民间文学编辑部

第　页

也有我，"软枕东风"，"横枝而卧"，该有多好呢！

我知道你习惯于孤独，安于冷落。但这个中之苦，我是猜得出的。你的心在跳呢！当于看花客中"发现"了"好一个凄惶的我"。

我也是这样的。枝头上我也"发现"了"好一个凄惶的我"呢！我流泪了。心里感到一阵温热。不知怎的，我就想跳上枝头，和你开在一起，化为小花一朵。

那不是沙鸥么？自然，少他不得！你们老早是心心相印了。欢迎他也来。让我们靠在一起，开成一团儿。

15×15=225　　民间文学编辑部

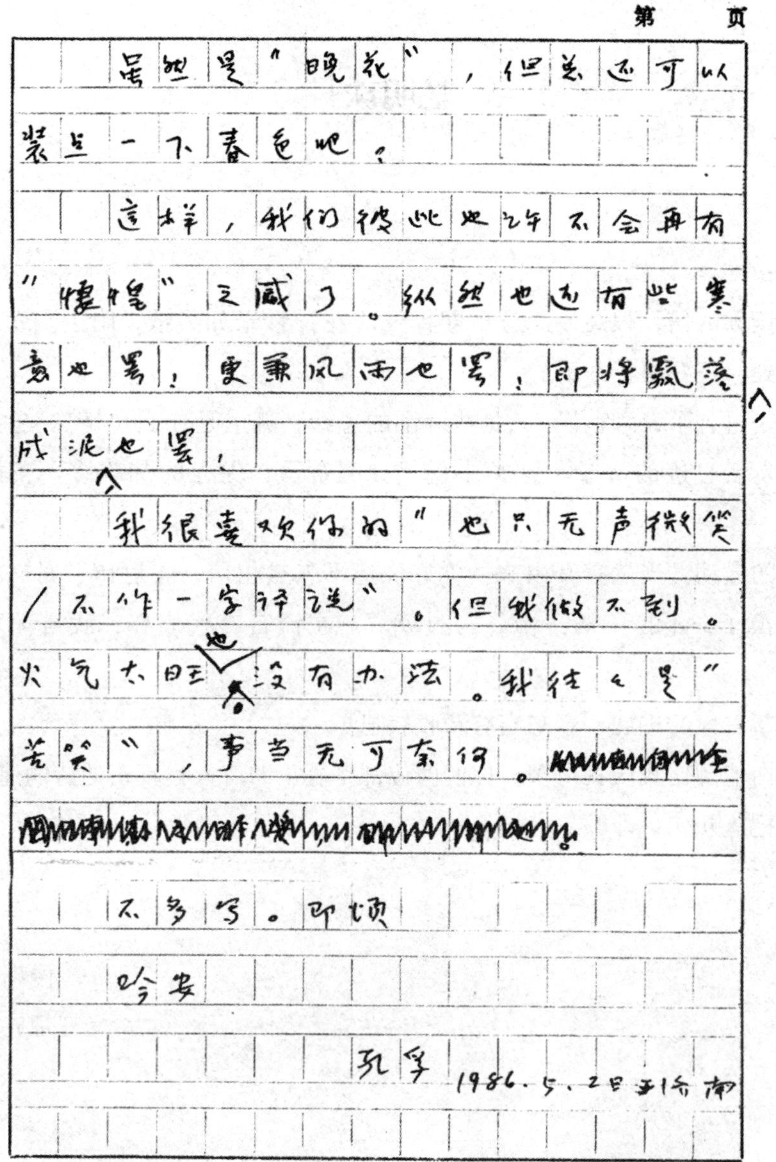

第 页

虽然是"晚花"，但总还可以装点一下春色吧？

这样，我们彼此也许不会再有"惺惺"之感了。纵然也还有些寒意也罢，更兼风雨也罢，即将飘落成泥也罢。

我很喜欢你的"也只无声微笑／不作一字评说"。但我做不到。火气太旺，也没有办法。我往往是"苦笑"，事当无可奈何。

不多写。即颂

吟安

孔孚 1986.5.2日于济南

15×15=225　　民间文学编辑部

此五首，都仍用你"思静居"之诗笺写，凑齐十首，以便珍爱保存。

又及

忆明珠[1]

孔孚兄：

接读你的信，很高兴。遵示即将《晚花》抄录如另纸，附上。发表稿有错字两处，正好更正一下。

你是过誉了，《晚花》只是些凌乱的思绪，哪里是什么“情珠”？但皆是有感而发、心迹的实录。这类小诗，我倒常写，保存的却不多。我嫌它太“冷”。

你的激动，当然有其由来。你好像还不怎么相信，我对诗、对文学如今是很淡漠了，不得不写一点，写过就算。主流自有代表在，我自无可无不可了！

期望看你的进展，春来当有新收获吧！

沙白他倒比我认真得多。你们两位都是真正的诗人！真正的诗的追求者。

且记这几句，即颂

吟安

俊瑞

五月五日

① 该信写于1986年。

孔孚兄：

接读你的信，很高兴。寄来即精脱离却信如芬纸，附上散装有诗字画，以精更圆以一下。你是遇罢了，脱离不了随意乱以思省，那里是什么了

思静居

么么情味了，但总是有些问题，心路以宝贵。这数十篇我则是一写，仅存的部不多。我对文字太冷冷。你以激动，当初有些由来。但想像还不出之情，相依，我对诗、对文学以今是很淡了。不谈了罢　一九六[illegible]　建静谢谢。

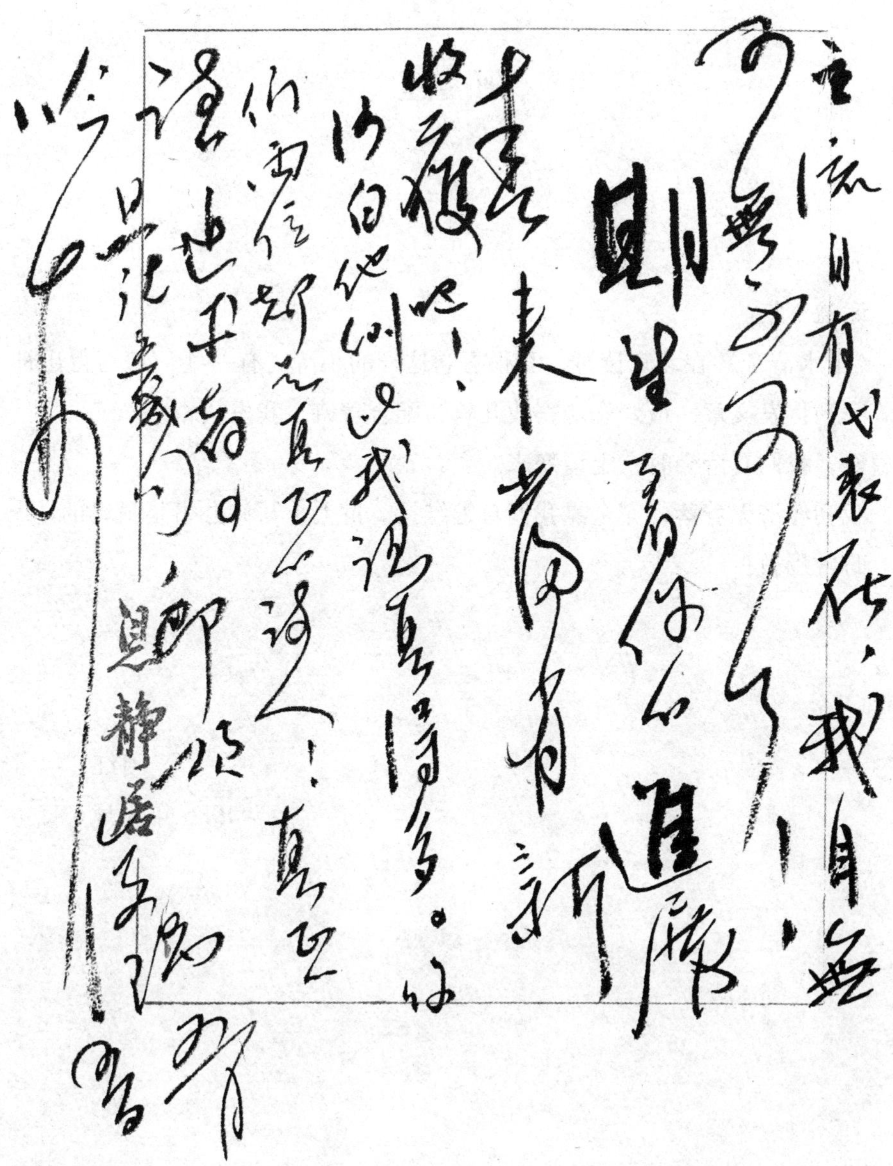

阿　红

孔孚兄：

谢赠尊集。

《山水清音》在北京读过，我很喜欢这样的小诗。有一些，您写得出神入化。我刊将发文章，最好您能寄我几首，配合着诗，我发文章。

好，我们有诗会时，定请您来。

我刊经济无着落，完全靠我们自筹维持。世上，写诗办事是最难的。

盼常赐教！

撰安

阿红

1986年5月6日

第　　页

孔孚兄：

谢谢寄诗集。

《山水清音》，在北京读过，我很喜欢这样的小诗。有一些，给写得出神入化。你们可否发文章。最好你谈谈家乡那几首，现今写诗，如何做文章。

另，我们的诗会时，定请您来。

我刊经济无着落，完全靠我们自筹维持。世上，办诗刊可是最难的。

可常赐教！

握手

阿红

5.6/1986

19×15=285　　《当代诗歌》稿纸

张　烨[1]

孔孚老师：

你好！顷接尊函，知你身体欠佳，很是担忧，诗友聚会事若有困难，就暂时拖一拖吧。你身体不好，不要再为这类事儿操心了，你需要好好疗养，对吗？以后会有机会见面的，我若来济南，一定会来看望你、看望你的全家。能向你当面讨教诗艺，随便谈些什么都是令人愉快的，在我心目中，你可是一位多才多艺的诗人呢！最近你一定出门少了，大概没有弄到珍贵的石头吧？我知道你喜欢收集石头，我至今对你那篇有关石头情的散文还念念不忘哩。

袁忠岳老师与你熟吗？他在哪儿工作？是否在济南？他可是有名的评家对吧。你信中告诉我，说他为拙集写点什么，我很高兴。你若是见到他，或通信时，请代我谢谢他好吗？下次若来信，烦请你告诉我他的通信地址，我想寄一本诗集给他（我因为不认识他，没有联系过，所以没给他寄去，他收到的拙集可能是别人寄给他的），拜托了。

很想念你。

即颂

健康！

张烨

4 月 25 日

---

① 该信写于 1987 年。

20×15=300

孔孚老师：

　　你好！顷接来函，知你身体欠佳，很是担忧。诗友聚会事若有困难，就暂时拖一拖吧。你身体不好，不要再为这类事儿操心了，你需要好好疗养。对吗？以后会有机会见面的，我若来济南，一定会来看望你，看望你的全家。能同你当面讨教诗艺，随便谈些中外新诗，会多愉快啊，在我心目中你可是一位多才多艺的诗人呢！最近你一定出门少了，大概没有寻到珍贵的石头吧？我知道你喜好收集石头，我至今对你那篇有关石头情趣的散文还念念不忘哩。

　　袁忠岳老师与你熟吗？他在哪儿工作？是否在济南？他可是有名的评论家呀。你信中告诉我说他为我的诗集写点什么，我很高兴，你若是见到他，或通信时，请代我谢谢他好吗？下次若来信，顺请你告诉我他的通讯地址，我想寄一本诗集给他（我因为不认识他，没有联系过，所以没给他寄书，他收到的诗集可能是别人寄给他的）谢谢了。

　　很想念你。　　即颂

健康！

江南　　　　[illegible]　第　頁

4.25

1987

吴奔星

孔孚同志：

你好！

八月廿五日信，敬悉。你难道已退休了吗？为什么信要寄山师老干部处呢？你还不老嘛！即使老一些，但“诗人者，不失其赤子之心者也”，人老心不老呀！你的山水诗，不就是赤子之心的私语吗？

《当代抒情诗拔萃》早已于五月出版。我曾多次与出版社函商，请向支持《拔萃》的诗人赠书，但三个月来迄未得复。为此，我又自购一百至一百五十本，拟转赠诗友，但也迄未得复。说来你可能不相信，连编辑费和稿费都至今没有寄来，这是全国范围内的出版社所罕见的。

《拔萃》在江苏、陕西、安徽一带销路颇畅，我已得不少读者来信，据说是一个可读的选本。当然，遗珠之憾很多，对入选诗人有遗珠之憾，对未选诗人更有遗珠之憾。只有等待《中国新诗鉴赏辞典》（有人要我主持此事）上马，再争取将功补过了。

继《清音》之后，你又将出版《山水灵音》，我听了异常高兴。你是新时期的山水诗人，不论你主观上是否承认，你的山水诗有如王维的山水绝句，短小精粹。我是偏爱短诗的。短小，应该是抒情诗的重要特色，只有短小，才能集中、凝练地表情达意。诗篇幅一长，情感便分散了，便显得如白开水一样的淡而寡味了。至于一些没有感情的诗，篇幅一拉长，更不知其所以了。诗，只有首先求其短小，然后才谈得上精练。你的山水诗，好就好在短小、精练。《拔萃》小组入选的大作《崂山》和《春雷》两诗就是很精练的。短小、精练并不会导致诗的内涵单薄，长篇大作并不意味内容丰富。二十世纪五十年代，我在北京，多次听到老舍说的“宁吃仙桃一口，不吃烂杏满筐！”长篇的诗虽非“烂杏”，但有的长诗确实难于给读者留下难忘的印象。但你的

《春雷》："声音有些痛苦，但很响。它告诉人们，雨就在路上。"读起来很短，但韵味却很长。何其芳说过，"一首诗总要有使人难忘的句子"。当前许多诗就是缺少令人难忘的句子，有难忘的句子，才能使读者产生美感。令人难忘的诗句，就使诗有耐读性、有想头。你的诗，当然不是每首都有令人难忘的句子，但大多数都是相当精练的。这一点，你如果能够坚定不移，便能产生并保持你的艺术个性，也就是你的独特的艺术风格。这是会影响一代人的啊！

记得一九八〇年七月在包头出席中国现代文学年会，我还不认识你。田老（仲济）私下告诉我，你是一位诗人，写诗的历史不短，只因一九五七年被"扩大化"了，你喑哑了二十多年。由于我与你有类似的经历，所以内心急于认识你。后来，我们同在一个小组，在讨论有争议的诗人徐志摩的时候，你要把新诗史上的第一把交椅让给徐志摩，颇有持不同意见者，我也有一点没有说出来的意见：徐志摩的诗，如果撇开政治内容，艺术水平的确是很高的。不过，当时，也许今天，都有一种思想内容与艺术技巧必须统一的观点：凡思想性高的作品，艺术性也高；反之，思想性低或反动，艺术性也跟着低或一无足取。这是曾经颇为流行的批评标准，在今天，似乎仍然有一定的权威性。你当时的意见，没有多少人响应，可能与此有关。不过，我的浅见却是，一个具体作品理应强调思想与艺术的统一，但真正能统一的作品以及二者如何统一，我见得不多；即使二者统一了，但在赏析时，二者还得分离。艺术形式固然要为思想内容的表达服务，但它也应有一定的独立性，忘记这一点，用思想并吞或掩盖艺术，则艺术水平在历史上如何发展、如何提高、如何转变，乃至艺术风格如何形成、如何产生分歧，从而形成不同的众多流派，都无从说起、无从总结了。这些话，似乎扯得远了，我觉得你不只喜爱徐志摩的诗，也受过徐志摩的影响——主要是在艺术表现上。当然，你的诗在思想和艺术的统一上（姑且承认二者可以统一吧），是不能和徐志摩同日而语的，比如你的《崂山》一诗的末尾："有大海这面镜子，沾不得半点灰尘。"就令人感到思想性与艺术性都是可取的。你把崂山写活了，也把崂山与海的关系写活了。山水孕育了你的诗，你的诗则赋予了山水以生命。

因读来信有感，不觉说了上面许多的废话。我相信你的新作《山水灵音》

是会更上一层楼的。

我打算在十月上旬到济南、烟台和青岛走走。请告诉我你的住址，以便在行色匆匆中能与你畅谈一番。

《黄河诗报》改版后，办得更有特色了。它不仅团结了山东的诗人，也吸引了全国的诗人，这个诗刊看来是有前景的。我希望真正涌现一批佳作，形成当代的“黄河诗派”。

握手!

孔林、桑恒昌等同志，请代问好!

吴奔星

1987年9月3日

铮子注：

读了这封信，我方才得知1980年于包头举办的中国现代文学研究会第一次年会上，父亲提出的要把新诗史上第一把交椅让给徐志摩的观点及该观点在当时引发的争议，从而大致明白了父亲虽写了《徐诗探艺》这篇文章却始终不愿将其公之于众的隐衷。

第 1 页

孔孚同志：你好！

八月廿五日信，敬悉。你难道已退休了吗？为什么信要寄山师老干部处呢？你还不老嘛！即使老一些，但诗人者不失其赤子之心者也，人老心不老呀！你的山水诗，不就是赤子之心的私语吗？

《当代抒情诗拔萃》早已于五月出版。我曾多次与出版社洽商，请向支持《拔萃》的诗人赠书，但，三个月来还未得复。为此，我又自购100—150本，拟转赠诗友，但也还未得复。说来，你可能不相信，连编辑费和稿费都至今没有寄来。这是全国范围内的出版社所罕见的。

《拔萃》在江苏、陕西、安徽一带销得很畅，我已得不少读者来信，据说是一本可读的

15×20=300　江苏省社会科学院　910103

第 二 页

选本。当然，遗珠之憾很多，对入选诗人有遗珠之憾，对未选诗人更有遗珠之憾。只有等待《中国新诗鉴赏辞典》（有人逼我主持此事）上写，争取将功补过了。

继《清音》之后，你又将出版《山水灵音》，听了异常高兴。你是新时期的山水诗人。不论你主观上是否承认，你的山水诗有如古代的山水绝句，短小精粹。我是偏爱短诗的。短小，应该是抒情诗的重要特色。只有短小，才能集中凝炼地表情达意。诗，一旦流畅一点，往往便会分散了，便显得如白开水一样地淡而寡味了。至于一些没有感情的诗，流畅一长点，更不知其所以了。诗，只有首先求其短小，然后才谈得上精炼。你的山水诗，好就好在短小→精炼。《投萃》小组入选的大作《崂山》和《春雷》两首就是很精炼的。

15×20=300　江苏省社会科学院　910103

第 3 页

短小——→精悍并不会导致诗的内涵单薄，长篇大作并不意味内容丰富。五十年代，我在北京，多次听到老舍说的，"宁吃仙桃一口，不吃烂杏满筐！"长篇的诗当然非"烂杏"，但有的长诗确实难于给读者留下难忘的印象。但你的《春雷》"声音有些痛苦，/但很响。/它告诉人们，雨就在路上。"读起来很短，但韵味却很长。何其芳说过，"一首诗总要有使人难忘的句子。"当前许多诗就是缺少令人难忘的句子，有难忘的句子，才能使读者产生美感。令人难忘的诗句，就使诗有可读性，有想头。你的诗，当然不是每首都有令人难忘的句子，但大多数都是相当精炼的。这一点，你必须坚持不懈，使自己产生并保持你的艺术个性，这就是你的独特的艺术风格。这是会影响一代人的啊！

15×20=300　江苏省社会科学院　910103

第 4 页

记得一九八〇年七月在包头举行的中国现代文学年会，我还不认识你，田老（仲济）私下告诉我，你是一位诗人，写诗的历史不短，只因57年被"扩大化"了，使你喑哑了二十多年。由于我与你有类似的经历，内心急于认识你。后来，我们同在一个小组，在讨论有争议的诗人徐志摩的时候，你要把新诗史上的第一把交椅让给徐志摩，虽有持不同的意见者，但我也有一些没有说出来的意见：徐志摩的诗，如果撇开政治内容，艺术水平的确是很高的。不过，当时，也许今天，都有一种思想内容与艺术技巧对立统一的观点：凡思想性高的作品，艺术性也高；反之，思想性低或反动，艺术性也跟着低或一无是处。这是曾经风行的批评标准。据今天，似乎仍然有一定的市场。你当时的意见，没有多少人响应，多数

15×20=300　　江苏省社会科学院　　910103

第 5 页

与此有关。不过，我的意见却是，一个具体作品里思想与艺术的统一（但是不能统一的作品以及二者如何统一，我觉得不妨仍从二者统一了），但在赏析时，二者还得分开，艺术形式固然为思想内容的表达服务，但它还应有一定的独立性。忽视这一点，用思想代替或掩盖艺术，则艺术水平在历史上如何发展，如何提高，如何衰变，乃至艺术风格如何形成，如何产生分歧，从而形成不同的纷纭流派，都无从說起，无从总结了。这些话，似乎扯得远了。我觉得你的不止表现着徐志摩的诗，也受过徐志摩的影响——主要是在艺术表现上。当然，你的作品思想和艺术的统一上（如果可以认二者可以统一的话），是不能和徐志摩同日而语的。比如你的《崂山》一诗的末尾：“有大海送两袖子，/沾不得半点灰尘。”我个人感到思想与艺术是一致的。你把崂山写活了，也把崂山与海的关系写活了。山

15×20=300　江苏省社会科学院　910103

第 6 页

水墨寄了你的诗，你的诗则喊出了山水的生命。

因读来信有感，不觉说了上面许多的废话。我相信你的新作《山水灵音》是会更上一层楼的。

我打算在十月上旬到济南、烟台和青岛走走。请告诉我你的住址，以便在行色匆匆之中能与你畅谈一番。

《黄河诗报》改版后，办得更有特色了，它不仅团结了山东的诗人，也吸引了全国的诗人。这个阵地看来是有前景的，我希望这里涌现一批佳作，形成当代的"黄河诗派"。

握手！

吴奔星
87.9.3.

孔林、肇恒同志前，请代我问好！

15×20＝300　　江苏省社会科学院　　910103

陈思和

孔孚先生：

您好。早就拜读过先生的诗作，仰慕已久。近收到先生大作两部，衷心感谢。这次我参加了钱谷融先生主编的全国高等全日制大学《中国现代文学作品选》的教材编辑工作，将推荐先生的诗选入大学教材，但正苦于找不到作品，现收到大作，真是雪中送炭。我已把书交钱先生，由他亲自选定，待有了消息，再去信奉告。曾听逢炎说您打算来上海一游，如能前来，我们就有当面请教的机会了。

祝

新年好

陈思和

1988 年 1 月 28 日

復旦大學
FUDAN UNIVERSITY
SHANGHAI
PEOPLE'S REPUBLIC OF CHINA

孔孚先生：

您好。早就拜读过先生的诗作，仰慕已久。近收到先生大作两部，衷心感谢。这次我参加了钱谷融先生主编的全国高等全日制大学"中国现代文学作品选"的教材编辑工作，将推荐先生的诗选入大学教材。但正苦于找不到作品，现收到大作，真是雪中送炭，我已把书交钱先生，由他亲自选定。待有了消息，再去信奉告。曾听奎先说您打算来上海一趟，如能实现，我们就有当面请教的机会了。

祝

新年好

陈思和

1988.1.28.

蔡世连[①]

孔老师：

我从1980年在马林那里见到你的诗，就爱上了，觉得美，但口不能言。看了你的两本诗集，听了你两次讲课，极高兴。匆匆写下下面一些想法，请赐教。

①关于山水诗。以自然美为对象，这只说出了题材上的特点，关键还在于审美意识。它更少直接、功利的社会意识（如政治、道德），更多是参悟宇宙衍化、生命奥秘、人生意义、人与自然关系。这些东西看起来更抽象、更直观，但也更深刻地通往人之秘府，启动人的灵性。“纯美”“大象”“大声”“少人间烟火气”等，大概应指这些。

昨晚你讲关于华不注的那首诗，说是表现“大宇宙的生命力”；你的《和海在一起》《海声》，也是感悟到了大宇宙的生命之律动；《崂山在海边沉思》《书卷崮一瞥》《仙人髻》《山雨》等等，我感到的是宇宙衍化、造化无穷、自然之趣等等。

你诗中多次提到“大宇宙”、宇宙意识、人与自然关系、人对生命的认识等等，这是人类精神发展到现在才出现的，无疑是现代意识。中国人讲“天人合一”，马克思讲所谓共产主义即是自然主义的人道主义、人道主义的自然主义，所以你有时流露出的对所谓“思想性”的担心，是不必要的。你说得极对，山水诗的审美功能在于“给人民注入灵性”——这话说到家了。所以，新山水诗，未必要写人格化自然，写上水库、银燕。

②人们多从古典文论、诗论、画论角度理解你，说来说去，你好像是个古人了，你也习用那些理论阐发你的诗。我以为不如从“现代意识”角度理

---

① 该信写于1988年。

解、阐发好。比如，“远观”“灵视”没有大宇宙意识，是一种做作的“远观”、吃力的“灵视”。我以为“大宇宙”观念已逐渐沉入你的潜意识，这样才化为你自觉地观察感悟世界、自然、山水的一种审美把握方式。“东边太阳，西边月亮，冰盘上两个果实，滴着露”，黄河“似一串跳动的音符”——这是空间上的远观，《千佛山巅我捡到一个贝壳》《飞雪中远眺华不注》《秦中》的一组——这是时间上的远观。你的时空意识，不是什么物理时空、地球时空，而是一种宇宙时空、心理时空。这已成为一种艺术自觉（或习惯），所以一落笔即使人感到雄视千古（我不同意以“优美”或“玲珑剔透”论你的诗）。“星垂平野阔，月涌大江流”“野旷天低树，江清月近人”“大漠孤烟直，长河落日圆”——这是诗人与自然对视时的感觉、幻觉，过去人们认为了不起，但他们不但没跳出地球，也没跳出地平线圈定的一圈。（但这里有对自然、造化的一种默默然，如对时间、空间的感悟。“池塘生春草，园柳变鸣禽”“两个黄鹂鸣翠柳，一行白鹭上青天”主要是对时间的感悟，对新的生命的欣喜。）

理解到这里，才可理解你的心胸、你的观察方式。此外，还需理解你的艺术人格，你对历史、现实、未来，对社会、人生、艺术等等的认识、态度、情感；理解你的知识结构，你的气质、爱好等等。这些综合起来，才能看出你的审美意识的全貌，才可以理解你的诗。

③我觉得，你对老庄感兴趣，只在审美态度上、外表上，你内心深处更倾向于儒——强烈的历史责任感、深沉的忧患意识。你诗中多次提到“孤独”，但那不是西方世界的对人类悲剧的深刻领悟而来的孤独，你的孤独实质上是因对祖国、对人民太多太深的爱而生的痛苦。你对佛、禅字极感兴趣，但仍如对庄子的兴趣一样，所以你写佛的几首诗都不大成功。你欣赏的是“拈花、微笑”“ 两头白牯手拿烟”① 的异趣、神秘感。实际上，你的一些诗歌已达到佛家“万古长空，一轮晓月”的大境界，我觉得佛将会和你的山水

---

① 此语典出宋代诗僧释安民的一首佛偈，原偈为：“三面狸奴手捉月，两头白牯脚拏烟。戴冠碧兔立庭柏，脱壳乌龟飞上天。”原信中的“两头白牯手拿烟”，应为孔孚对此偈的化用。

诗打通。

④“隐”“淡”“简”易求，而“纯”和“异”难得。

夜太深了，先乱七八糟写上这些吧。不知这样理解对不对，请批评。

蔡世连

五月二十日丑时

孔老师：

我从80年在高林那里见到你的诗，就赞叹，觉得美，但口不能言。刚才你的两本诗集，听了你的两次讲课，极高兴。匆匆写下下面一些想法，请多指教。

①关于山水诗。以自然美为对象，这只说出了题材上的特点，关键还在于审美的深度。完全与直接、功利的社会意识（如政治、道德），而是参悟宇宙衍化，生命奥秘，人生意义，人与自然关系。这些东西看似更是抽象，更直观，但也更深刻地通往人之根本，启动人的灵性。"绝美""大象""大声""少人间烟火气"等，大概就指这些。

昨晚你讲关于华山佳的那首诗，说是表现"大宇宙的生命力"。你的《和海在一起》《海声》也是感悟到了大宇宙的生命之律动。《崂山在海边沉思》《我是海一臂》《仙人掌》《山雨》等等，我感到的是宇宙衍化，造化灵秀，自然之奥秘。

你诗中多次提到"大宇宙"，宇宙意识，人与自然关系，人对生命的认识。并且，这是人类精神发展到现在才出现的，完全是现代意识。中国人讲"天人合一"，马克思讲的理想主义即是自然主义的人道主义，人道主义的自然主义。所以你在对待自然的对于诗"思辨性"的排斥，是不必要的。你说得很对，山水诗的审美功能是"引人进入灵性"——这话说得实在。所以，好的山水诗，本性要导人移化自然，导上山水，[illegible]趣。

② 人们为什么古典文论、诗论、画论能够打动你，读来说来你好像是个古人了。你也用那些现代中国的你的话，我们不如从"现代意识"角度理解、阐发好。比如"意境""灵境"，但有大宇宙意识，是一种很大的"意境"、"活力的灵境"。我们将"大宇宙"观念之逐渐溶入你的情感意识，这样才能够自觉的观察、意悟世界、自然、山水的一种审美把握方式。"东边太阳西边月亮，北斗星上两个字，海角"、"关河"们"一色纵动一幕的"——这是空间上的意境。"千秋山数我捏到一个丈光"《飞雪中顺风学子性》《意中》的一组——这是时间上的意境。

你的时空意识，不是什么物理时空，地球时空，而是一种宇宙时空，心理时空。这已成为一种艺术自觉（或直觉）。所以一首笔记能够使人感到雄视千古。（我们不同的可以代替，或珍玩别造诗作之话）"星垂平野阔，月涌大江流""野旷天低树，江清月近人""大漠孤烟直，长河落日圆"——这是诗人与自然对视时的意觉，幻觉，这是人的认知方式。但他们也不但须跳出地球，也很强地把地平线圆定的一圆。（但这里有对自然造化的一种默契，如对时间空间的感悟。"池塘生春草，园柳变鸣禽""两个黄鹂鸣翠柳，一行白鹭上青天"主要是对时间意性对新的生命的欣喜。）

理解到这里，才可理解你的心胸，你的观察方式，此外还需理解你的艺术人格，你对政治，政策，未来，对社会，人生、艺术等等的认识，态度，性质。理解你的知识结构你的气质，性格，学养。这些综合起来才能看出你的审美意识的全貌，才可以理解你的诗。

③ 我觉得，你性格有点儿关切，只在审美态度上、外表上你的心情或者倾向于儒，骨子里的另外意思，浸润着的悲观不错。你诗中多次提到"孤独"，但那不是西方世界的对人类与自然剧烈冲突隔离而引起的孤独。你的孤独实质上是因为对祖国、对人民有爱、有深情而生的痛苦。你对佛、禅宗极其关切，但仍如对老子的关切一样，所以你写佛的几首诗都不太成功。你欣赏人家"拈花微笑""两头共截手空拳"的禅机、神秘感。实际上你的一些诗歌已达到佛家"万古长空，一朝风月"的大境界。我觉得佛禅和你的山水诗打通。

④"隐""谈""雨"易改，而"化"和"导"难懂。

很抱歉，先乱七八糟写出这些吧，不知道理解对不对，请批评。

蔡世连

五月廿日 夜

傅天虹

孔孚兄：

来函敬悉，小样（校后的）也一并收到，勿念。因事务非常繁杂忙乱，拖至今日才复信，还盼兄谅之。

在香港，办纯文学刊物很吃力，办诗刊就更难了，刊物总无法如期出版，最主要的是经费不足，这里的印刷纸张要比内地贵好多倍，但无论如何，这份诗刊我们是要坚持出下去的。兄的大作，将刊在最近将出版的这一期诗刊上。

寄上我最近出版的一本诗集《花的寂寞》，愿您能喜欢。如能指正，并能有点文字在内地报刊略作推介，就更感谢了。

余言再叙。盼有机会来港一聚。

祝

好

小弟天虹敬笔

一九八八年十一月十五日

孔孚兄：

来函敬悉。小楼（校楼的）也一并收到，勿念。因事务非常繁杂忙碌，拖至今日才复信，还盼兄谅之。

在香港，办纯文学刊物很吃力，纯诗刊就更难了。刊物总是隔期出版，最主要的是经费不足。这里的印刷纸张，还是内地贵好多倍，但不得不如此，奈何。这份诗刊我们是要坚持出下去的。兄的大作，将刊在最近将出版的这一期诗刊上。

寄上我最近出版的一本诗集《我的家园》，顺请能多赐教，如能指正，并能有点文字在内地报刊略作推介，就更感谢了。

余言再叙，盼有机会来港一聚。

祝

好

小弟　天起　敬上

九六.十二.十五

15×20=300　GM092863

李　瑛

孔孚同志：

您好！过去读过您很多诗，深受教益。

纪鹏同志来看我，送给我您赠我的诗集《山水灵音》，谢谢！您的诗精练隽永、雅致清灵，我是很爱读的。这本书除了内容外，装帧印刷和封面设计也都十分精美，使人羡慕。

新的一年开始了，祝在新岁月里，您能创造更多的诗、更多的美。并祝身体健康。

冬安

李瑛

一九八九年元月五日

中国人民解放军总政治部

孔孚同志：

您好！已拜读您的组诗，深受教益。纪鹏同志来看我，送给我您赠我的诗集《山水灵音》，谢谢！您的诗精练隽永，韵致清新，我是很爱读的。这本书除了内容外，装帧印刷、封面设计也都十分精美，给人以美的享受。

新的一年开始了，祝您在新的岁月里继续创造更多好诗，更多的好书。并祝您健康。

冬安

李瑛

元月五日

牛　汉

孚兄：

两信先后收到。我近半年来经常思念你，信没有写是极次要的，事实上，这半年来，我几乎没有写信往外寄过。这一点，挚友们都能谅解的。从来没有（至少已有十几年之久）如此心安理得过，时间的三分之二用在了读书上，静心地体味人生与艺术世界的风景。看了许多名家的名作（多为外国诗人与作家，包括哲学家），觉得自己很浅薄；当然，也觉得我国许多名家也是浅薄的。我近年诗写得少，多半在深心里煎熬着，沉沉的、热热的。此时正好是写真正诗文的时候。你看到的那则小文（《未名诗人》上的），是一年之前的心态，可见我这个人，早已是如此木呆呆的了。多年来追求的人生境界，只到近三四年才略有所悟，还并不能真正地获得；这个顿悟，已使我振作了精神，免于沉沦了下去。我似乎已觉出今生属于我的诗已不多了（本来就不应该多），但这不多的诗与陌生的诗境，都是真属于自己的；而且觉得这一生如若没有这有限的内心清明的几年（十年八年），可以说等于真正糊涂了一辈子。人的一生写出几首（三首五首）真诗就可瞑目。你的许多小诗，我经常咀嚼玩味，是我难以到达的情境。你的小诗，如小星星，其实都是一个深不可测的世界。

《世界华人诗选》，我真不想去介入。如果编者熟悉大陆的诗，他自会考虑，或选或不选。我自荐诗作，又不明了编者的审美情趣，荐上去的诗未必接受。人家的条件是那么的高，我就踌躇了。这些话，请不要让旁人看。如我编，压根不让作者自选，自选的常常是可笑的，编者要选什么诗自己定，显出独立的见地。不大量看原作是无法从自荐诗中编出一本真的诗萃的。又在说胡话了。

祝

好

牛汉

1989 年 12 月 9 日

孚兄：两信先后收到。我近半年来便常想念你，
你信中所谈是极其重要的，可惜[illegible]我几乎没有写信给你的
意思。这一点，替我告诉[illegible]详细的。从来没有[illegible]
十几年[illegible]时时安理得过，时间的[illegible]用去了
读书上，静静地体味人生与艺术世界的风景。看了许多
名家的杰作（包括外国诗人与作家，包括哲学家），觉得
自己很浅薄。当然也觉得我周围[illegible]也实在浅薄的。
我近来读得很少，身心在保持宁静状态，[illegible]的，[illegible]的。
[illegible]
[illegible]
[illegible]
[illegible]
[illegible]
[illegible]
[illegible]
[illegible]
[illegible]

写出最好（三首而已）真说得上眼目。你的这段话，

我细细地体会琢磨，思考我们所达的情境，

你的话啊，为我是之，若实都是一个值得可回的

世界。《世界华人诗选》，我真不想去介入，如果 我总我不选，

海外朋友去限制的话，也有会不上来，所谓诗作，

又不顾了海外的读者之情感的，我之之的名来说，

接受的人家的条件是那么的高，我就这样读了。

这些话，我不要让旁人看。如我论，应提不让

是去 你的自选，自选的常常是不安的，海外先选

你的诗和之气，当然这后的是也。不是大家，要

你是当代诗代白话诗中海出一方真的诗葉。

又在谈胡话了。　祝　好

牛汉

89.12.9

杨争光[①]

孔孚老师：

您好。

我已于一九八九年底正式调西影文学部，专业搞编剧，和在政协相比，自由多了，时间完全由我支配。写了几个电影剧本，除了《双旗镇刀客》，还有一部正在拍摄，另外两部被枪毙了，原因是不合时宜，我把它们都弄成了中篇小说。搞电影很扭曲，而且是双重的，一是环境，二是导演，当然也有它的乐趣。到现在为止，我仍然不太习惯这种劳动，也许过一段时间会习惯一些，但我的兴趣仍然在小说和诗上。我已有好长时间没写诗了，常有的冲动都放了过去。我还得写一阵剧本，我刚调过去，纯粹是一种实际的考虑，我不能让别人对我说三道四。

十多年了，您一直关心着我的创作，我非常感动。

作家出版社给我出了一本小说集子，等样书到了，就寄给您，请您批评。我的小说都很短，三五千字一篇。今年内，我也许会出一本诗集，真出了，也会寄您的。

我仍然住陕西省政协，估计在这里还得住二三年。您如果到西安，千万给我个消息。

颂

安

争光敬上

二月廿六日

---

① 该信写于1990年。

孔孚老师：您好。

我之子八九年从山东调出，到上海读研，本来是搞编剧。和在读研期间，[illegible]了，时间长后由[illegible]。写了几个电影剧本，获了四项奖[illegible]，还有一部正在拍摄。为此，他[illegible]调到了广州[illegible]。我把[illegible]了半个[illegible]。[illegible]且是[illegible]。[illegible]我们能不太习惯这种[illegible]，也许过一段时间会习惯一些。[illegible]我们能在[illegible]上。我之[illegible]

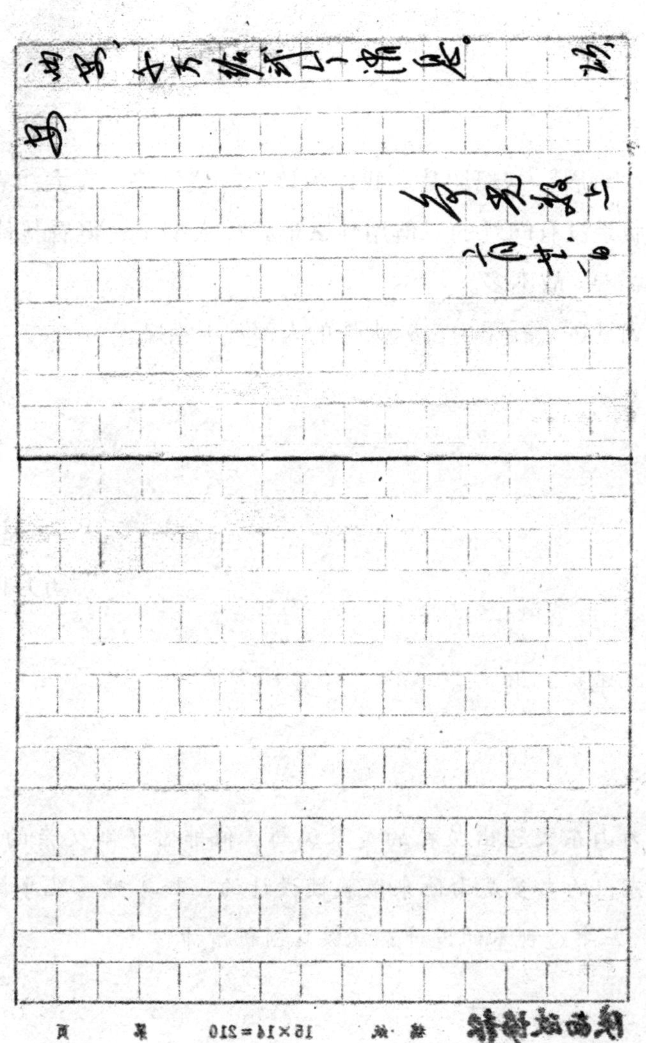

韩济平[1]

孔先生：

遵嘱选出“峨眉”这幅照片。我以为该片有些气势，有大。黑白分布及精细程度，制版是没有问题的。但用什么形式放入书中，得看整体设计（指装帧）的具体需要。故不多。

凡我接触到见过《孔孚山水》大作的人都赞不绝口。

谨祝

健康愉快！

济平上

五月四日晚

奉还《第一季》一书。

铮子注：

济平兄曾为山东文艺出版社的美术编辑，他非常了解父亲的创作思想，故而父亲在山东出的书多是由他来做装帧设计的，如其对《孔孚诗》《孔孚文》《孔孚论》三书透视本的设计，就极具创新精神。

① 该信写于1990年。

孔先生：

兹嘱出版的画帧照片。我以为该作有些气势，有大。画面分布及精细程度，制版色泽有问题的。但用什么形式放入书中，得看整体设计（指版面的）具体需要。故不多

我读稿解的见过《孔孚山水》大作的人都赞不绝口。谨祝

健康愉快！

周平上

五月日晚

来年一二……《第一本子》之一书

孔孚致贺敬之

敬之兄：

我到济南南山锦绣川水库住了些日子，回来处理处理一些事情再回去。那地方好极了！我决定在那里住下去，作为今后的创作基地。不过三里，交通方便，可以常来常往。兄嫂再来济南，我一定拉你们去逍遥几天，自然是悄悄地。去那里，本意是“入静”，故片纸不带，想不到住不到半个月，就想写东西了。这月十四、十五两日，出四篇散文。完全想不到，我会写散文！我倒是想过，那是要等到诗上不去了的时候再摸，没料到这么早地闯进门来了！无意为之而得之，写来还顺手。不约束自己，一切顺其自然吧。

兄嫂之讲话，秘书组已根据录音整理出。复印件二，呈上。录音时有中断不清，必得重新整理一下。兄嫂亲自动动手吧。我很珍惜兄嫂之讲话。

还没有哪一位关注到弟作中有“辩证法”，兄是第一人！说到底，不过是“特殊性”与“一般性”“对立统一”“转化”而已。所谓“宇宙全息”，不就是“自然辩证法”吗？自然艺术是另一回事，但又是一回事。不就是这么回子事吗？

有的看起来很刺眼，史学家、理论家们一时还有些“怕”、有意回避的问题，兄均轻松出之、“史眼”简约概括之。这才是高言、高思。什么是“第一流”，我看这就是。发表出去，就是一篇难得的奇文。宏观着眼，似乎也需要这么一篇文字。

不管是什么人，我看也难以从这篇文字中挑出什么毛病。如因此而动摇了乌纱，那就要举杯祝贺，是不是？一笑。

能否在有影响的报刊上发出？请兄酌定。不然就给山东，请速寄我。等你的信。

韩喜凯同志的讲话，他自己已整理好（仍注明“未经本人审阅”）。复印件呈上，《当代小说》要发。

由报社老友沈传义（这次会议的秘书长）拍摄之“会标”呈上，留作纪念吧。

《大众日报》前不久发一会议“侧记”，一并寄上。

另一答问，兄不一定看到，因兄有□□于弟，复印呈上。

袁忠岳说在保定会议上你们又见了面，他要我向兄致意、问安。

即颂

近安

佩瑗嘱笔问候柯岩，不另。

弟孚上

1990 年 5 月 24 日

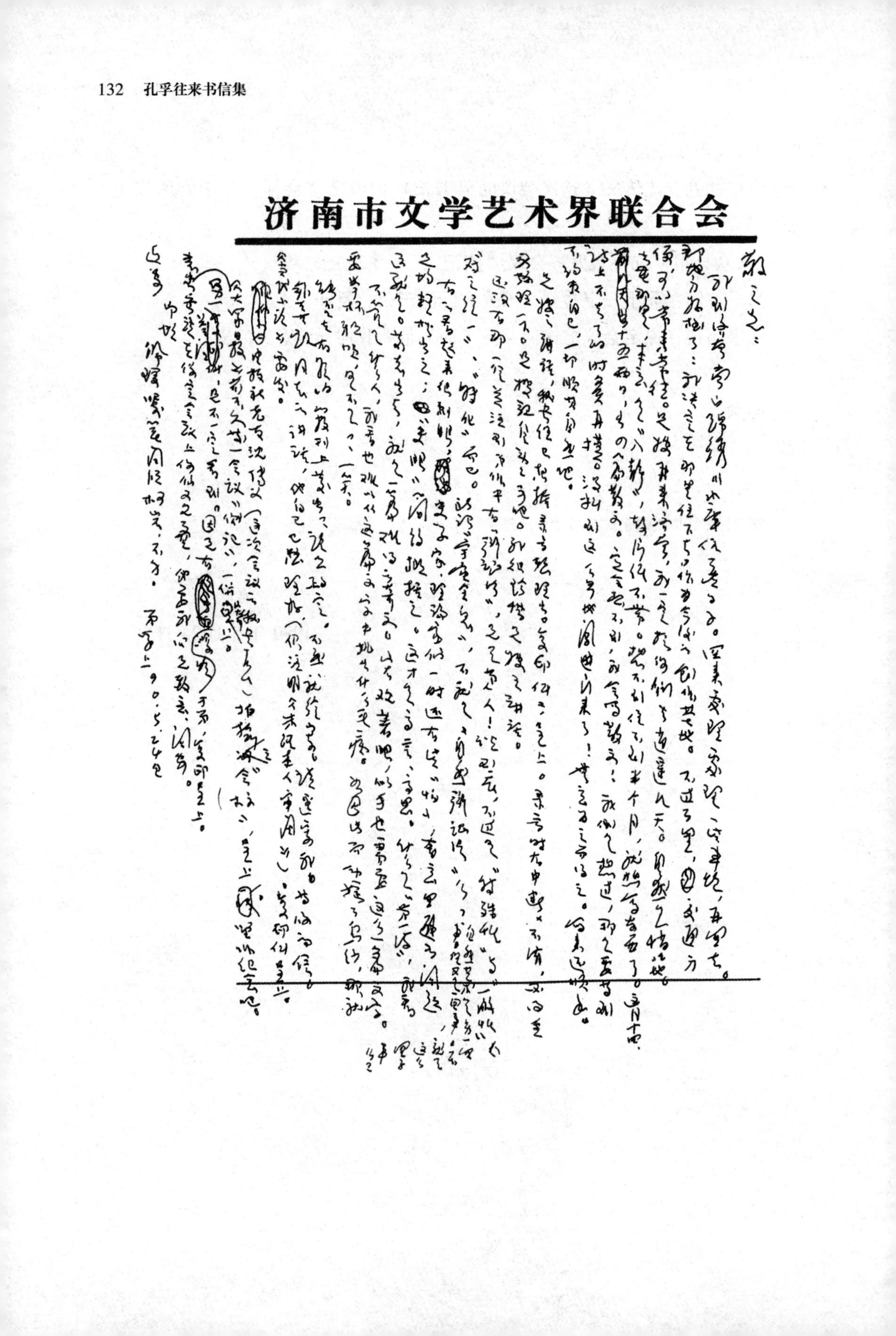

济南市文学艺术界联合会

敬之兄：

[illegible]

孔孚上 90.5.24日

贺敬之[①]

孔孚兄：

手书收悉。恒昌回济，托他向你报告送我回京情况，想已知悉。

柯岩心绞痛还是不时发作，令我心揪。回来告她我在济与你和佩瑗欢聚详情，她很高兴。我告她：我已尽泰山之力了。何也？因挟回孔孚所赠朱鹮一羽，从此可不再用孰轻孰重的老成语了。她精神为之一振。

我想，也许你交我此羽的当时，我力已如此了吧？不然为何没有像你一样被席上之物所伤呢？

不过究竟不能久负此羽之重，刚放在枕边就倒头睡了一整天，的确是太累了。被叫醒来，又是一大堆事拥到面前。因此，只好下决心提前和柯岩一起外出疗养，不然可真不行了。

因此，更想到这次诗会期间你和佩瑗都太累了，千万注意保重啊。

请代问遂良、开晋、忠岳[②]、国章[③]诸同志好！

敬礼

贺敬之

六月廿六日

---

① 该信写于1990年。

② 原信中的“中岳”，应指袁忠岳。

③ 原信中的“国璋”，应指孙国章。

铮子注：

1988年10月8日上午，有个秘书来到我家，说贺敬之想来看望父亲，同时强调，不是作为“文化部副部长”的贺敬之，而是作为“诗人”的贺敬之，携夫人柯岩来看望父亲，并问何时方便。父亲将信将疑，说随时恭候。

10月9日上午，贺敬之、柯岩果真在桑恒昌先生的陪同下来到我家。他们与父亲谈了很久，临走前，贺先生说：“我远道而来，得讨杯酒吃啊！”父亲说：“容我准备，让老太婆给你做家乡饭吃。劳烦你们再来一趟吧。”贺先生当即说第二天上午再来。

第二天上午，母亲准备了拌黄瓜、炒鲜粉皮、粉肚、小豆腐等几样小菜，静候他们到来。快到吃饭的点了，秘书来了，说中共山东省委宣传部要宴请贺部长，也请父亲赴宴。父亲听了，说：“我家已熬好了小米粥。既然贺部长忙，请他自便即可，我就不去打扰了。”

过来一会儿，贺先生夫妇却来到了我家。看来，他们是推掉了盛宴，来我家吃小米粥的。

对于这登寒门之情，父亲始终念念不忘，总是说贺敬之是真朋友！

孔孚兄：

手书收悉。振昌回济，托他向你报告送我回京情况，想已知悉。我的心绞痛还是不时发作，令我心揪。回来告她我去济与你和佩环欢聚详情，她很高兴。我告她：我已有泰山之力了。何也？因挟回孔孚所赠朱鹮一羽，以此手不再用孰轻孰重的老处语了。她精神为之一振。
我想，也许你要我此稿的当时我力已如
此了吧？不然为何没有像你一样被席卷
之物似的呢？
不过究竟不能久负此稿之重，则放在枕
边就倒头睡了一整天，明确是太累了，被
叫醒来，又是一天堆到面前。因此，只
好下决心提前和村岩一起外出疗养，不能

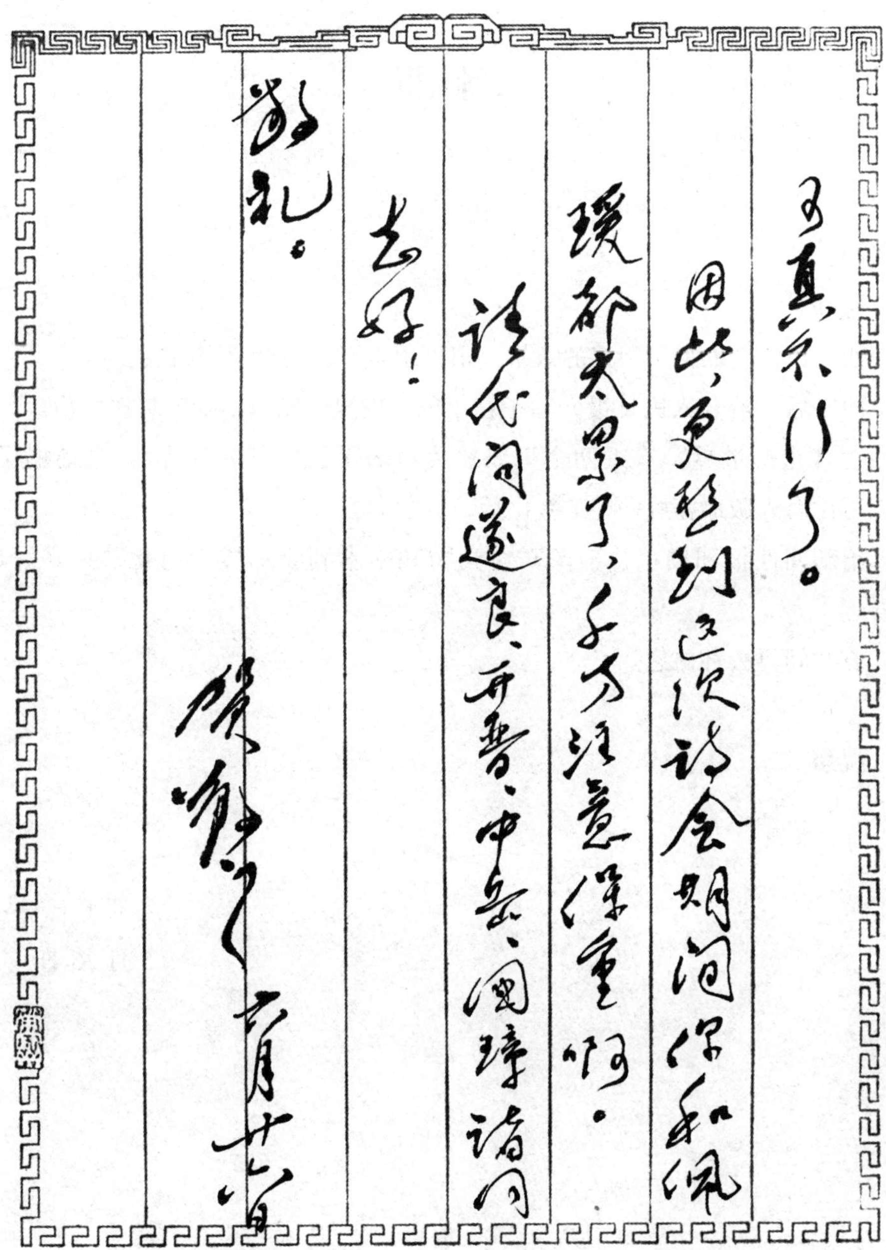

了真实了。

因此，更想到这次诗会期间，你和佩瑗都太累了，千万注意保重啊。

请代问遂良、开青、中岳、国璋诸同志好！

敬礼。

[illegible]　六月廿六日

王邵军①

孔老师：

您好。

曲阜讨论会取得了很好的效果，很可祝贺，也为您感到高兴。

回来后，给《人民日报》写了篇小稿，发出时删除不少，邮您一份。另，第四期《走向世界》有近两个页码登我写的《孔孚其人其诗》，这篇稿子，我觉得比海外版那篇好一些，登出后，给您邮去。

给新闻性报刊撰稿，不像文学刊物和学术刊物那样专门化，只好写成这样。

有时间再去拜访您。

祝您

健康！

邵军上

5月26日

① 该信写于1990年。

OPENINGS MAGAZINE 走向世界雜誌社 OPENINGS MAGAZINE

孔老师：

您好。

曲阜讨论会取得了很好的效果，很可祝贺，也为您感到高兴。

回来后，给人民日报写了篇小稿，发出时删除不少，邮您一份。另，第四期《走向世界》有正两个页码，登我写的《孔孚其人其诗》，这篇稿子，我觉得比海外版这篇好一些，登出后，给您邮去。

给新闻性报刊撰稿，不像文学刊物和学术刊物那样打扮，只好写成这样。

有时间再去拜访您。

祝您

健康！　　　　邵军上　5.26

250001

山东省委宣传部

萧 平[①]

孔孚兄：

结账情况在作协没有机会谈，回来后给心田写了封信，想他已转告你。

照片该洗印的都洗印完了，胶片剪开，你的寄上，可选一张放大挂在墙上。三人的都放在我这里，如需要，请来信。

此次新疆之行非常快意。许多朋友听了讲述，看了照片，也都为之动心。

所欠酒账当不会忘记，有机会当登门索讨也。

祝

秋安

萧平

10 月 4 日

铮子注：

1990 年秋，山东省作家协会派李心田、萧平、孔孚三人去新疆采风。父亲的“大漠组诗”和“帕米尔组诗”，就是这趟远行的成果。

---

① 该信写于 1990 年。

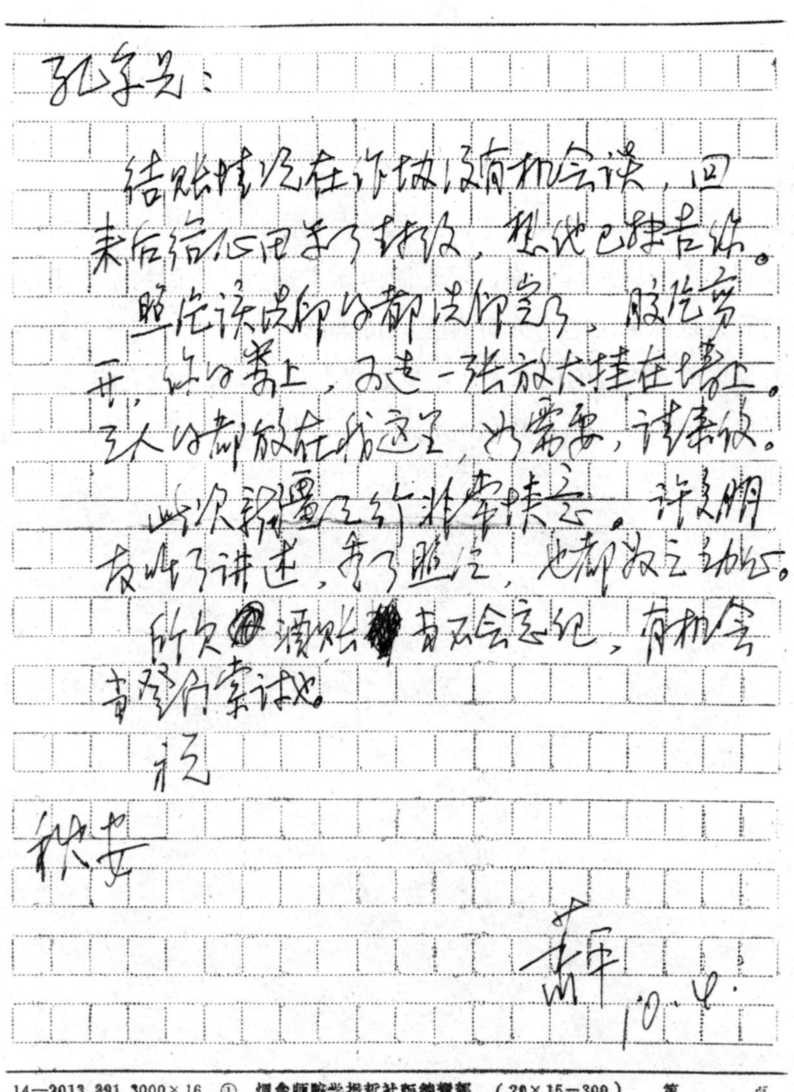

孔孚兄：

结账情况在作协没有机会谈，回来后给心田写了封信，想必已转告你。

照片该洗印的都洗印完了，照片分开，给你寄上，我选一张放大挂在墙上。个人的都放在我这里，如需要，请来取。

此次新疆之行非常愉快。许多朋友听了讲述，看了照片，也都为之动心。

所欠酒账当不会忘记，有机会当登门索讨吧。

祝

秋安

高平

10.4.

14—2013.391.3000×16　①　烟台师院学报哲社版编辑部　（20×15=300）　第　　页

曾　卓[1]

孔孚兄：

大著《山水诗选》收到，谢谢。其中有些诗是过去读过的，有一些则是第一次读到。你的诗别具一格，短小而内涵丰富，朴质而隽永，平淡而有意境，有的简直是神来之笔。你有真正的诗人的情怀，能处处感受到诗，这是最可贵的。你所欣吟过的山水，有不少处我也到过，我就没有能写出诗。

从扉页上知《孔孚山水诗研究论集》[2] 即将面世，也望在出版后能寄我一册。即颂

时安!

曾卓

10 月 17 日

---

① 该信写于 1990 年。

② 原信中的“《孔孚山水诗论集》”，应指《孔孚山水诗研究论集》。该书由冯中一主编，于 1991 年 10 月在山东文艺出版社出版。

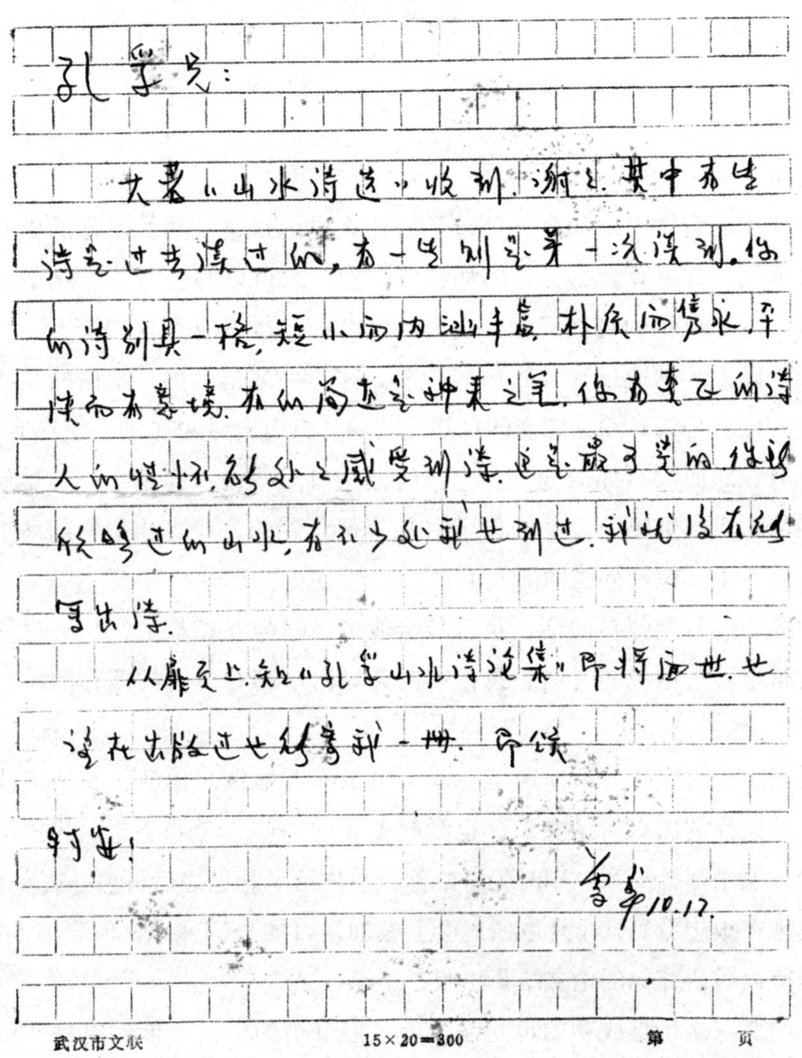

孔孚兄：

大著《山水诗选》收到，谢谢。其中有些诗是过去读过的，有一些则是第一次读到。你的诗别具一格，短小而内涵丰富，朴质而隽永，平淡而有意境，有的简直是神来之笔。你有真正的诗人的情怀，能处处感受到诗，这是最可贵的。你所经游过的山水，有不少处我也到过，我就没有能写出诗。

从扉页上知《孔孚山水诗选集》即将面世，也请在出版之后能寄我一册。即颂

时安！

曾卓 10.17.

武汉市文联　15×20=300　第　页

钱志富

孔孚先生：

你典雅的野性思维如今又创造了些什么样的奇迹？我惊叹你的肥硕的诗美。有人说，孔孚算什么，他的那种诗，我一天可以写一百首。这是怎样的妄谈呀！你那典雅的野性思维，别人是没有的；也没有另外一个人，无论是古人或外国人，创造过这种肥硕的诗美。你的手笔是大的，李白的某些诗是这样的，也就是说，除你肥硕的自然之美的，具有野性思维的，李白有一些。艾青也有。然而没有你的纯粹。你自己也亲口对我说，你是唯一自觉地、有意识地从大自然健康而肥美的母亲那儿获得营养的，我真相信你的话了。你是超过前人了，包括外国的前人了。

你托我向吕老师转的话，我已转给他了。因为互相都忙，我是写信给他的，省得单独去占他的时间。我相信他会写出一篇有价值的评你的山水诗的文章的。

在冯中一先生那儿，他送了一本《山东师大学报》给我，我认真读了上面发表的论你的山水诗的文章，也激起了我的一些思考和感想。我想结合我对你的访谈录写篇文章，到时先寄给你，在你给了意见之后再想办法发表。

我现在很想看到孔孚诗歌研讨会上参加发言的全部文章，但恐怕不能够，只好等待以后研究你的论文结集出版了。

我的北京之行是成功的也是愉快的，但可惜的是没有能够见到贺敬之先生，因为柯岩先生到美国去了，贺先生又工作繁忙，所以……但艾青、卞之琳、臧克家、冯至等几位元老都见到了，还有其他如绿原、牛汉、刘湛秋、何西来、朱先树、雷抒雁、黄国柱都见了。回四川也是非常顺利的。现就忙毕业论文和根据访谈录写些文章。

我在登山时得到两句诗：“山高飞野云，涧低流寒泉。”现告你以共享，并求你为我写幅字，看是否赐我。字也用这两句。另有几个字也是那时得到的："孤云拦泉处"，但仅此而已。现临时想到，后添"银河泻飞瀑"，以构成"孤云拦泉处，银河泻飞瀑"，不知你以为如何？

此

敬！

钱志富

1990年11月5日夜

中国新诗研究所

Chinese New Poetry Research Institute

孔孚先生：

你典雅的野性思维如今又创造了些什么样的奇迹？。我惊叹你的肥硕的诗美。有人说，孔孚算什么，他的那种诗，我一天可以写一百首。这是怎样的妄说呀！你那典雅的野性思维别人是没有的，也没有另外一个人，无论是古人或外国人创造过这种肥硕的诗美。你的手笔是大的，李白的某些诗是这样的，也就是说缘你肥硕的自然之美的，具有野性思维的，李白有一些。艾青也有。然而没有你的纯粹，你自己也多次对我说，你只认一自然，也有意识地从大自然健康而肥美的田野那儿获得营养，我真相信你的话了。你是超过前人了，包括外国的前人了。

你托我向吕老师转的话，我已转给他了。因为互相都忙，我是写信给他的，省得单独去占他的时间。我相信他会写出一篇有价值的评你的山水诗的文章的。

在冯中一先生那儿，他送了一本《山东师大学报》给我，我认真读了上面发表的论你的山水诗的文章，也激起了我的一些思考和感想。我想结合我对你的诗说来写篇文章，到时先寄给你，在你给了意见之后再考虑发表。

CH002·626·902

中国新诗研究所

Chinese New Poetry Research Institute

知道你很想看到孔孚诗歌研讨会上参加发言的全部文章，但恐怕不能够，只好等待以后研究孔孚的论文结集出版后了。

那次北京之行是成功的，也是愉快的。但可惜的是没有能够见到贺敬之先生，因为柯岩先生到外国去了，贺先生又工作繁忙，所以……但艾青、公木、臧克家、邹荻帆之老都见到了，还有其他如绿原、牛汉、刘湛秋、任洪渊、朱先树、雷抒雁、吕同林都见了。回四川也是非常顺利的。现在忙毕业论文和根据讨论写些文章。

我在登山时得到两句诗："山高飞野云，涧低流寒泉"，现告你们共享，并求你为我写幅字，若是不嫌的。字也用此两句。另有几个字也是那时得到的："孤云拦泉处"，但仅此而已。现临时想到，再添："银河池飞瀑"，以构成："孤云拦泉处，银河池飞瀑。"不知你们认为如何？

此

敬！

钱志富

1990.11.5夜

CH002·626·902

张　健

孔老：

您好！

大约十七八年前，我从风雪北大荒回山东潍坊探母，二十出头的青年，时代又那么令人苦闷，到家后便仅躲在家中看书，足不出户。我想到故乡的年轻人大多只顾自己、视野逼仄，所以亲戚们便为我介绍了一个织布厂的朋友，那就是德平。于是，我们成了朋友，一晃已近二十年了。（后我从北大荒考学分配回京，现于人民体育出版社文艺编辑室任文艺编辑。）

曾几次从德平处听到您及您的诗，敬仰不已。这才是真正的诗。今年回家过春节，又从德平处得一本您的《山水灵音》，当夜读到天明，真是与此集相见恨晚。您笔书山水，却托出的是漫漫而茫茫的人生！诗根深且壮阔，令人惊叹击节。回京后，我又给在京的笔友一阅，大家都惊呆了：中国真有此等诗人！品位极高，诗的形象如此鲜活又空灵，字里行间埋的东西太多、太醇厚、太凝重而不露，轻轻巧巧便活泼泼剖露一颗赤子之心。真是小诗大文章、大人生！

感谢伯父在中国的文化长河中，留下如此出色的诗篇！

今去信有两事相求，一是向您要一本《山水清音》，二是请您为我们《山野》杂志写篇散文。《山野》今年刚创刊，是中国登山协会办的，主要面向青少年。登山、探险等等之外，我们想办得活一些、品位高一些。山野是人类的家园，人类该与自然亲近、融合。九月，有个泰山国际登山节，孔老伯父倘有兴趣，我们届时可发出邀请。（刊物后寄）

您多多保重身体！

张健

1991 年 4 月 6 日　北京

人民体育出版社

孔老：

您好！

大约廿八年前，我从小兴北大荒回山东潍坊插队。二十初头的青年，时代又那么令人苦闷，到家后便往斗室中看书，足不出户。我总以为故乡的年轻人大多三顾自己，视野通灰。所以，亲戚们便为我介绍了一个识布丁的朋友，那就是德平。于是，我们成了朋友，一晃已近二十年了。（后我从北大荒考学分配回京，现于人民体育出版社文艺编辑室任文艺编辑。）

曾几次从德平处听到您及您的诗，敬仰不已。总才是真长的诗。今年回家过春节，又从德平处得一本您的《山水灵音》，当晚读到天明，真是与此书相见恨晚。您笔下的山水，印托出的是淡淡而深深的人生！诗境清且壮阔，令人惊叹击节。回京后，我又给在京的文友一阅，大家都惊呆了，中国真有如此等诗人！品位极高，诗的形象如此鲜活又空灵，字里行间埋的东西太多，太深厚，太凝重而不露，于是淡淡地透出渗透着一颗赤子之心。真是小诗大文章、大人生！

感谢伯父为中国的文化长河中，留下如此出色的诗篇，

人民体育出版社

今去信有两事相求，一是向您要一本《山水清音》。二是请您为我们《山野》杂志写篇散文。《山野》今年刚创刊，是中国登山协会办的，主要面向青少年，登山、探险等等之外，我们想办得活一些，品位高一些。《山野》是人类的家园，人类应与自然亲近、融合。九月，有个雪山国际登山节，我们杂志编有专题，我们届时可发出邀请。（刊物另寄）

您多多保重身体！

张俊建
1991.4.6. 北京

郑 玲

孚兄：

我终于又能够给你写信了。我没有通行证，不能到那为死神所主宰的生命的禁区里去。你们不要我去，我绝对不去，为了对得起你的《郑玲之舞》，我不去！

所有的人都说你这首诗写得好极了，你以你的艺术使我跳舞的瞬间永恒。你的诗能嗅到一切隐秘的或流动的气息，简直有女巫的嗅觉。

又找到一张我们俩人和蔡其矫的合影。你看，这三个人好像从黑暗中走向默□的地方，手挽着手，充满自信的笑容。你敞开外衣，伟岸而潇洒。我觉得这张照片将来可以放在我们三人中的随便哪一位的诗集里。

我已经出院了，危险过去了，病没有完全好。我已经开始每天清晨锻炼，这似乎迟了一些，但人的生命力总教你想要做的事情不嫌迟。

我们大家都为彼此活着吧！株洲的朋友这样要求我，我这样要求你，你的健康状况并不比我更好。我们都既是生气勃勃的人，又是旧的创伤随时可以复发的人。

那封信原来绝没有想过要发表，仅仅是和你说知心话，现在你说要发表，我当然同意，为了使我们的交往留些痕迹。

株洲的诗友们都会背诵《郑玲之舞》了，背了之后，都觉得自己的“白发在悄悄地青”。

还很软弱，不多写了，盼回信。

祝夏安！向嫂夫人问好！

玲弟

1991 年 7 月 23 日

孚兄：

我终于又能够给你写信了。我没有通行证，不能到那为死神所主宰的生命的禁区里去。你们不要我去，我绝对不去，为了对得起你的《郢路寻辞》，我不去！

目前的人都说你这首诗写得好极了。你以你的艺术使我跳脚的瞬间永恒。你的诗能嗅到一切隐秘的现场方的气息，简直有如巫的嗅觉。

又找到一张我们俩人和蔡其矫的合影。你看，这三个人好像从黑暗中走回向默敌的地方，手携着手，充满自信的笑容。你豪放开朗，伟岸而潇洒。我觉得这张照片将来可以放在我们三人中的随便那一位的诗集里。

16×15＝240　　林洲市科学技术委员会稿纸　　第　　页

我已经出院了，急性过去了。病情有望全好。我已经开始每天作息锻炼，这似乎迟了一些，但人的生命力总教你想要做的事情不嫌迟。

我们大家都为彼此保重吧！株洲的朋友这样要求我。我这样要求你。你的健康状况并不比我更好。我们都既是生气勃勃的人，又是旧的创伤随时可以复发的人。

那封信原来给你的也没要发表，仅仅是和你谈谈知心话。现在你说要发表，我当然同意。为了使我们的交往留些痕迹。

株洲的诗友们都会背诵《悼胡风之歌》了，背了之后，都觉得你已达到"惊天地泣鬼神"。

还很软弱，不多写了，盼回信。

祝夏安！

向嫂夫人问好！

珍华 1991.7.23.

木　斧

孔孚兄：

老兄对我的期望太高了。一天两顿酒，一顿喝几杯而已，无非是酒瘾使然，岂能达到“微醺”的程度。真要有一点醉意，气管炎便来了。

能喝酒，就能证明我健康；不喝酒，就说明我病重了。所以你不相信我会戒酒，你太了解我了。

知我者，孔孚也。

长沙朱健那里，我去过了，气喘吁吁，仍喝了酒。牛汉兄那里也去过了，也喝了一通。

改什么稿？不好意思明说，只好改一句歌词：“不要问我改什么稿，该讲的时候我一定讲……”

还有，又到朱先树家里去喝了酒，他送了我一张《裸体诗魂》。《孔孚这人》，一个字一个字地细细读完，乐了。这哪里是吴佩瑗写的文章？孔孚这人瞒得了别人，瞒不了木斧！忆明珠的、王尔碑的、木斧的，他统统要改，还能容得过吴佩瑗？这文章通篇都是孔孚味，取材生动、细节精彩、文字简练、方言运用得当，我服了你了！

好

木斧

1991 年 11 月 13 日

人民文学出版社

孔孚兄：

老兄对我的期望太高了。一天两顿酒，一顿喝九杯而已，并非是酒瘾使然，尚未达到"微醺"的程度。真要有一点醉意，会管出便事了。

能喝酒，就证明我健康，不喝酒，就说明我病重了。所以你不相信我会戒酒，你太了解我了。

知我者，孔孚也。

公刘先生那里，我去过了，会谈了一下，仍喝了酒。牛汉兄那里也去过了，也喝了一通。

北京朝内大街166号　　电报挂号2192

人民文学出版社

说什么好？不好意思明说，只好说一句聪明话："不要问我说什么好了，该讲的时候我一定讲……"。

还有，又到朱先树家里去喝了酒，他送了我一册"律伴诗选"，"孔孚这人"，一个字一个字地细细读完，乐了。这哪里是佩瑗写的文章，孔孚这人瞒得了别人瞒不了本家！明明是你写的、至少是你改的、也参与的，但总总要说，后来要印过是佩瑗写的？这文章写得太像孔孚啦，取材生动，细节精彩，文字简练，字字运用得当，我服了你了！

好的

[illegible] 91.11.13.

北京朝内大街166号 电报挂号2192

宋遂良

令桓史：

日前有歪诗一首为赠，近日发现其中第五句不好，稍作修改，再呈斧正。

赠孔孚

晚来似有三分幸，
敢与诗翁结近邻。
从无到有常聆教，
归真返朴得性灵。
亦牛亦马小乘意，
忧国忧民大慈心。
老三不守孔家法，
细雨骑驴入道门。

窃为末二句得意。第五句曾有“易喜易怒小童气”之改，恐不敬，未敢直写。一笑。

遂良顿首
一九九一年岁末

铮子注：

父亲兄弟三人，他最小，故被称为“孔老三”。

赠孔孚

晚来似有三分幸
敢與詩翁结近鄰
縱無到有常聆教
歸真返樸得性靈
亦牛亦馬小乘意
憂國憂民大慈心
老亦不守孔家法
細雨騎驢入道門

窃为末二句得意，毕竟五句
曾有易喜易怒小乘之
改，恐不敬，未敢直写，一笑

遂良 頓首
一九九一年 歲末

文大家

孔孚大兄：

听说你一切如旧，十分高兴！

双喜临门，收到你的诗集还有你的信。欣喜之情，无以名状！晚餐时因此独饮了一杯酒！

你是一棵诗的大树，我是一株小草。大树枝繁叶茂，小草也挣扎着抽芽，但绝长不成大树。请冰红君把书携带面呈，望不弃。很喜欢济南出的你那本书的封面，请艺光兄“效颦”一番，但绝无当“孔孚第二”之意。孔孚是中国诗坛的“山珍”，多少年，中国只有此一株……

“雍城酒”如你的诗味一样浓烈，请笑纳，干杯！

向贤德的嫂夫人致意。

夏安

文大家

一九九二年七月八日　西安

孔孚大兄：收到信一切如旧，大作高兴！

好意收阅，我和你的诗早已有你的信。欣喜之情，不以言状：晓真有中国山水诗了一部佳作！你是一部诗的大树，我只一株小草。大树枝繁叶茂，小草十也称孔孚柏草，但绝不是大树。该冰仁君把我摆在首要，望不上楼，但我还得依附大树，你来书所载面谈也；主之，我觉得看，但绝不是孔孚的八十二之言，孔孚是中国诗坛一山路，多少年中国只有一孔孚……

衷心祝你，希你的诗时一样优秀，请交你一本好！

向你全家问好，致候夫人。致意！

夏安！

大云

一九九二年七月八日写

孔孚致朱铁武

铁武诗友：

大札今日由山东省文联转来，幸未丢失。

从尊作并探讨庞德氏《地铁》翻译文章看，你是注意了道家美学之“减法”的。青年朋友能情及“减法”，实在是不容易。

庞德那首《地铁》，有点儿味道而已，不出“小情趣”。

“愈减愈多”“愈减愈大”，这人脑子里是没有的，更不要说“无限”了。而诗，是应该过去、现在、未来全在其中的。

试改（减）《江湖之间》一首，供参考：

几笔栅栏

隔断江和湖（“和”字多余）

宁静　为水中花园

装饰一片风景

——入口处

鱼　在阳光又水下

悠然

（以上几行是往小里写，看是有味，终乏味。不如减去。）

一斗笠

在江湖之间（有题在，就不要再说明了。）

盘坐（“盘”字拙，太具象。请考虑改一字，注意“大”。）

不一定合尊意，以诚待诚而已。

不知你从什么地方看到拙作，知道有《山水灵音》这本书？

上海的冰夫，是我的好朋友。认识吗？

我手头现有：

第二本诗集

《山水灵音》，每册二元一角

第三本诗集

《孔孚山水/峨眉卷等》，四元五角

十年自选集

《孔孚山水诗选》，六元五角

《孔孚山水诗研究论集》，八元四角。(以上均含邮挂费)

我也写有《浪井前默立》[①] 一首，收入《孔孚山水/峨眉卷等》。这本书并《山水灵音》均收数篇诗论，也许你会感兴趣。

(第一本诗集《山水清音》，此刻没有了。)

握手。并颂

吟安

孔孚

1992 年 7 月 11 日

---

① 原信中的《浪井》一诗，全名为《浪井前默立》。

铁武诗友：

大札今日由省文联转来，看来走失。

"笔"此前探讨后使你"铁"…[illegible]…，你要注意了遗憾美学之"减法"。

句。青年朋友能情及"减法"，只是不窄了。

后使你为之铁铮，有点儿味道而已。不必"小情趣"。

"鱼减鲜为" "鱼减鲜大"，这个脑子里是没有的。

子不要说"垂"限"了。而路还要读过去，现在，未来，全在其中矣。

试以关"江湖之间"之一首，仿其致

几笔耕耘

隔断江湖（"我"字多余）

宁静 … [illegible] …

（"马上几行"…[illegible]…续小箋…[illegible]…）

一团 斗笔

（有路走，就不要再说那了。）

（"草"字好，太具象。删那么一段。…[illegible]…）

孔孚诗笺

不一定合意。

"可以"试待"诚"意之。

孔孚诗笺

不知可从什么地方弄到《[illegible]》？知道有《大山水》《三言》[illegible]还未书？

上海[illegible]我为[illegible]有。请谈谈？

孔孚[illegible]第三辑诗[illegible]：

《山水[illegible]》　第一册　[illegible]之一角

《孔孚山水》/《峨眉卷》　[illegible]　四之五角

《孔孚山水诗选》　六之五角

《孔孚山水诗研究论集》　八之四角　（以上均含邮挂费）

我也写有《大江井》一首，收入《孔孚山水》/《峨眉卷》中。[illegible]《山水》[illegible]。

均收《孔孚诗论》。[illegible]

握手，并颂

诗安

孔孚　92.7.11

我的地址：250014　济南山师北街4号　山师一宿舍一楼311

第一本《孔孚山水》[illegible]，早已没有了。

朱铁武

孔老诗师：

今日大喜，接您老的信。我反复读了，有豁然开朗之感。《江湖之间》批改得极有道理。不说我原来的想法有多复杂，以至芜了诗思，现在经您老一改，一批，才得以上升为“大”了，真的“多”了。一字难改，我改“寂”“恋”“默”“云”“打”都推翻了，一夜苦苦折磨，终究未得。今一早打坐，得“独坐”一词，又觉太实；又“独坐成山”，有“一”字了，何必明“独”？就“坐成山”，意思显豁了，又觉落俗，少了“藏”的美感（开始读您的道家美学之“减”法，错读成“藏”，似觉这个“藏”也很重要）。忽然想到一个“小”字，觉得比“坐成山”要空灵得多了，因为“斗笠”可以看成一座山，但又不能看成山，“一”字代表“独”了，“小坐”的“小”并不实指，应作虚看，含义却是大的，不必明说。全诗就成了——

《江湖之间》

几笔栅栏
隔断江湖

一斗笠
小坐

我真诚地拜您老为师，我今年才过四十，爱诗已久，创作起步甚晚，1987年开始发表作品，曾在《人民日报》《文汇报》《解放日报》《五月文学》《文学报》等报刊上发诗若干，凡所见之诗，都喜做研究。您老的诗，我开始是在《诗刊》上读的，引起我注意的是您老对忆明珠先生一首诗的修改意见刊登在《诗刊》上。后来，我在女诗人张烨那里得知您有一本《山水灵音》，一直想请一本，深藏内心，一直不敢写信，恐怕添了麻烦。这一回，您列的书单我全要了，可惜了那本《山水清音》您已没有，但是我还是想要呀。今后，凡是您的书我都要。

我是无意情及了“道家美学之减法”，对此，请孔老诗师来信详说，如何？再寄上三首小诗《湖》等，请老师批改。我有一打算，要写一篇题为《请孔孚改诗》的文章给上海《文汇报》发表，一是为了总结我的学习体会，二是为了扩大您的关于诗的看法的影响。改稿能寄我吗？我要珍藏的。（冰夫我是知道的，但没见过面，有机会我去拜访。）

书款请查收。寄书时，请孔老诗师给我签个名吧！

此致

大安

学生铁武顿首

1992 年 7 月 20 日

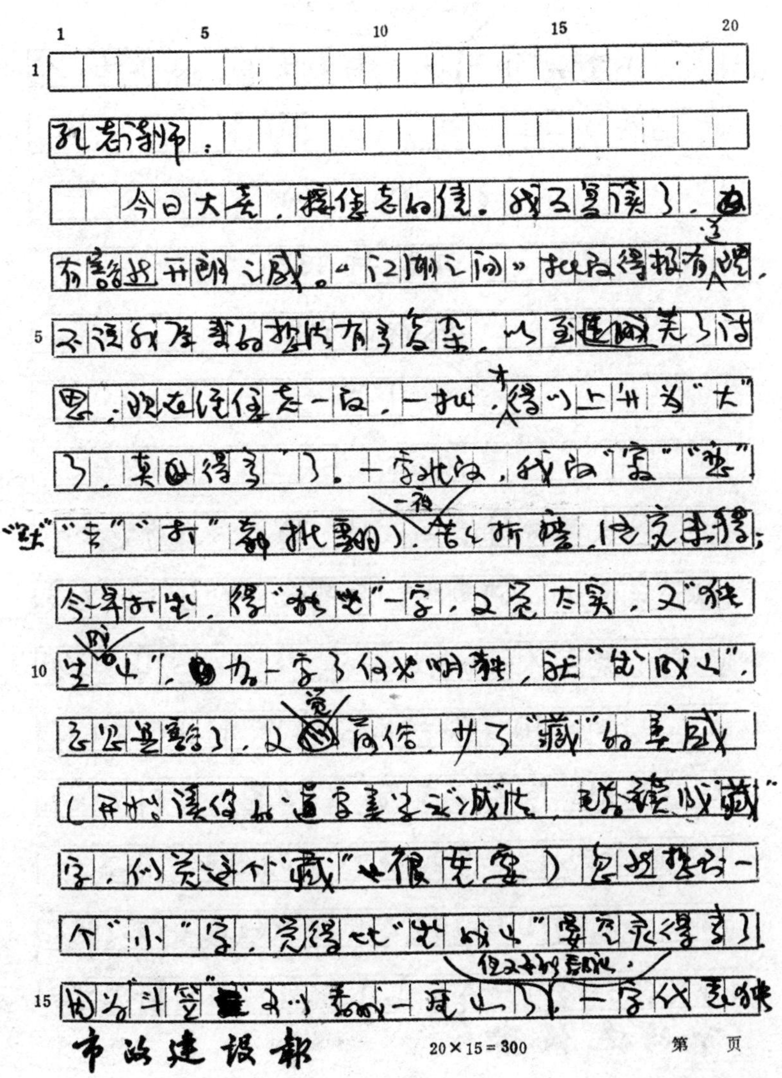

孔老师：

今日大喜，接读您的信。我又高兴了，有豁然开朗之感。《江湖之问》我自觉得很有道理，不说我原来的想法有多么多余，以至还误解了诗思。现在经您一改，一批，才得以上升为"大"了，真是得多了。一字之改，我的"寂""悲""默""古""书"都被批翻了。一番折腾，仔细琢磨：今早打坐，得"静坐"一字，又觉太实，又"独坐"，[illegible]加一字又似嫌无稽，就"坐成山"。又觉意境不够，少了"藏"的美感（开始读您的"道家美学"之感悟，就想到"藏"字，仍觉这个"藏"也很有意思）后来想到一个"小"字，觉得"坐成山"要更好得多了（但又有别的意味）。因为斗笠"藏"不住[illegible]一座山了。一字代表独

市政建设部　20×15＝300　第　页

了，小尘的"小"这意都是大的，又明说。全诗就成了——

江湖之间

几笔拂拭

摇落江湖

一斗笠

小尘

我真诚地称孔孚老为师，因我今年才过四十，写诗虽已久，创作起步较晚，8年来我发表作品，曾在人民日报、文汇报、解放日报、上海文学、文学报等报刊上发诗若干，除自己写诗外兼作研究，孔孚老的诗，我开始是在诗刊上读的。刊在我读到的是孔孚老的峨嵋山小品若干首的情况不见刊登在诗刊上，后来我在女诗人胡炜那儿得知孔孚有一本《山水清音》，一直想得一

市政建设部　20×15＝300　第　页

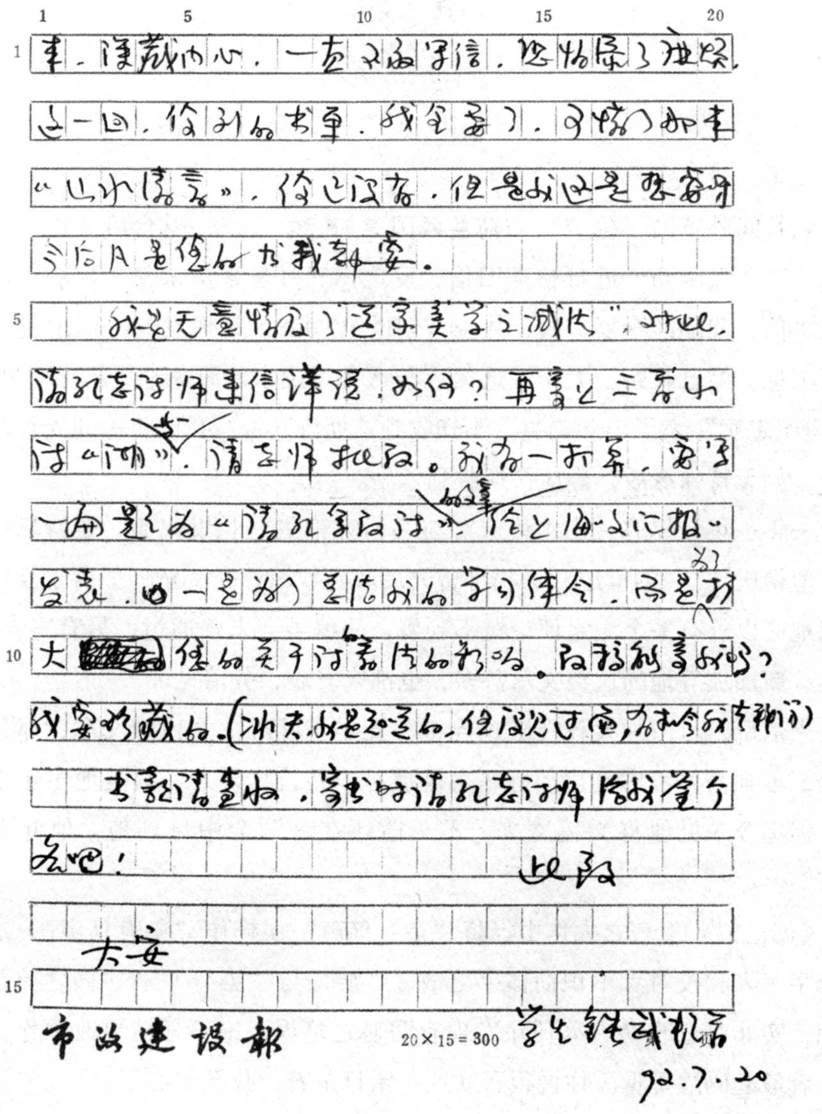

来，谨藏内心，一直不敢写信，怕[illegible]了[illegible]。这一回，您列的书单，我全要了。可惜那本《山水清音》，您已没有，但是我还是[illegible]三[illegible]是您的书我都要。

我是天[illegible]情[illegible]了"这字是写之诚恳"，对此，请孔老师来信详说，如何？再寄上三首小诗《湖》，请老师批改。我有一本集，写了一篇题为《读孔孚山水诗》的文章，在上海文汇报发表，也一是我们这读我的学习体会，而是想大[illegible]您的关于诗意传的系列。您能给我寄吗？我要好好藏的。（以前我是知道的，但没见过面，而今我要补一补）

书就请寄给，写书时请孔老师给我签个名吧！

此致

大安

学生钱[illegible]敬启

92.7.20

市政建设部 20×15=300

洛　夫[1]

孔孚先生：

六月间赴英国（伦敦）与荷兰两国参加诗学会议，返台后又投入另一阵忙碌，致久疏函问。近日整理旧信，发现你五月份来信未复，甚歉！你四月二日来信，我随即奉复一函，并告《创世纪》88 期为你发一《山水灵音》之出版消息，谅已收到。大作《选集》与《孔孚山水诗研究论集》亦于89 期之“创世纪走廊”发了出版消息，不知收到该期诗刊否？我已将你列入长期赠阅名册，如无特殊缘故，理应按期收到才是。

去年一年，你的《山水诗选》与《研究论集》相继出版，是诗坛一件大事，值得庆贺。《创世纪》编辑部曾先后收到数篇评介文章，但碍于规定，凡台湾地区以外有关个人之评论概不刊发，故编委会未曾通过。另有寄自大陆、香港，新加坡等地的这类文章甚多，也都未发表，务请见谅。

来信说，台湾师大教授陈鹏翔拟写孔孚与叶维廉之比较文章，那又另当别论，本刊当可考虑刊出。陈笔名陈慧桦，乃诗坛老友，只是他多年不写诗了。但迄今未见他将文稿寄来，不久前还在一酒会中见到他，他并未提及此事。

《创世纪》发表之大作中，将“杂有鸟声”误排作“染有鸟声”，这显然是排字工人和校对者不识简体字之故，“杂”与“染”只有些微之差，很难辨识，实非有意改动。本刊除发现有明显之笔误，绝不任意更改原作，这是对作者最起码之尊重。你说很喜欢这一错打歪着，我倒放心了。

请继续惠稿。

---

① 该信写于 1992 年。

祝好！

洛夫

10 月 8 日

北京中国友谊出版公司近为我出版了一部诗集《葬我于雪》，不知济南新华书店有售否？因印制粗糙，不奉寄了。又及。

孔孚先生：

六月间赴英国伦敦与荷兰两国参加诗学会议，返台后又投入另一阵忙碌，致久疏函问。近日整理旧信，发现你五月份来信未复，甚歉！你四月二日来信，我随即奉复一函，并告《创世纪》88期曾为你发一《山水灵音》之出版消息，谅已收到。大作《选集》与《孔孚山水诗研究论集》亦于89期之《创世纪走廊》发了出版消息，不知收到该期诗刊否？我已将你列入长期赠阅名册，如无特殊事故，理应按期收到才是。

去年一年，你的山水诗选与研究论集相继出版，是诗坛一件大事，值得庆贺。《创世纪》编辑部曾先后收到数篇评介文章，但碍于规定凡台湾地区以外有关个人之评论，概不刊发，故编委会未曾通过。另有寄自大陆、香港、新加坡等地的这类文章甚多，也都未发表，务请见谅。

来信说，台湾师大教授陈鹏翔拟写孔孚与叶维廉之比较文章，那又另当别论，本刊当可考虑刊出。陈笔名陈慧桦，乃诗坛老友，只是他多年不写诗了。但迄今未见他将文稿寄来，不久前还在一酒会中见到他，他并未提及此事。

《创世纪》发表之大作中将"杂有鸟声"误排成"染有鸟声"，这显然是排字工人和校对者不识简体字之故，"杂"与"染"只有些微之差，很难辨识，实非有意改动。本刊除发现有明显之笔误，绝不任意更改原作，这是对作者最起码之尊重。你说很喜欢这一错打正着，我倒放心了。

请继续惠稿。

祝好！

洛夫

8/10 92年

北京中国友谊出版公司近为我出版了一部诗集：《葬我于雪》，不知济南新华书店有售否？因印刷粗糙，故未寄奉了。

又及

李心田①

孚兄：

鸡年大吉。

《伊犁河落日》读了。袁忠岳同志的评论也读了。

我以为《伊犁河落日》应解读为《诗人、女神和落日》。女神，自然是那位含情脉脉的她了。那“噗喇”一声，孔孚的心怦然动了。并肩的，是一位红粉知音，她蓦然间把万里变为咫尺。她像晚风一样轻柔，像黄昏一样朦胧，默默地读孔孚，如读他的诗。于是，孔孚在迷蒙中闪进了春天，也就动了春心。黄昏的孔孚，浑身上下粉红粉红的了！多么愉悦的孔孚呀，像是一下子减去几十年的岁月，平地里添了那么多留恋，像噗喇喇的鱼儿落入了情网。

毕竟不是青春年少了，从盎然的春意中觉来，又不由不叹一声白发，那西北天边飘来的缕缕情丝，都付之于淡紫色的叹息吧？可惜呀可惜，那几十年岁月堆积在额头上，堆积在生命的河流里，毕竟是减不去的呀！

孔孚从沉沦中醒来了，可又心有不甘，他眺望未来的里程，还想继续春梦，因而望见了桥头那只痴蝶，还希望那胭脂来染他白发。多么难得的纯真啊，即使是梦，也是认真去做的。

孚兄，可记得那日深夜你迟归，急得我要派人去寻你，可当时，我并不知小毛驴把你和痴与醉驮了回来。

这对孔孚，太珍贵了。

孚兄，一般人评你的诗，大多看不出你与宇宙为友。我发现你是常与天地闲聊的，天上的朋友有日月星辰、风雨雷电，地上的朋友有山川河流、鸟

---

① 该信写于1993年2月6日。

语花香。你和他们是平等的，有时你眯起眼来，便与他们齐一：天即是你，日即是你，你即是风，你即是月。所以，你的诗很“大”。刚才说的是儿女情，因为这情是借“落日”这一形象来蕴抒的，“落日”也就被你招来一用。你说它“溅黄昏一身胭脂”，你说它“还有好多路要走”，其实，日即是你，你即是日。人日大化，飞翔于伊犁河上。

昨日开会，碰见遂良等同志。说起你的诗，我说《伊犁河落日》只有我解得透。今日便写来奉你。

问嫂夫人好，请她勿怪。

李心田

元宵日

孚兄：

鸡年大吉。

《伊犁河落日》读了。春光去月初的评论也读了。

我以为《伊犁河落日》应解读为《孔孚伴红粉与落日齐飞》。《诗人、女神和落日》

女神，自然是那位含情脉脉的她了。那"噗哧"一声，孔孚的心怦然动了。并肩的，是一位红粉知音，她蓦然间把万里变为咫尺。她像晚风一样轻柔，像黄昏一样朦胧，默默地读孔孚，如读他的诗。于是，孔孚在迷蒙中走进了春天，也私动了春心。黄昏的孔孚，浑身上下粉红粉红的了。多么愉悦的孔孚呀，像是一下子减去几十年的岁月，平地里添了那么多留恋，像噗哧噗哧的鱼儿，落入了情网。

毕竟不是青春年少了，从卷曲的春梦中觉来，又不由不叹一声白发，那西北天边飘来的缕缕情丝，都付之淡紫色的叹息吧？可惜呀，可惜，那几十年岁月，堆积在额头上，堆积在生命的河流

16×14＝224

里，毕竟是减不去的呀！

孔孚从沉缅中醒来了，可又心有不甘。他能望未来的里程，还想继续寻梦，因而望见了桥头那只蝴蝶，还希望那胭脂来染他白发。多么难得的纯真啊，即使是梦，也是永恒去做的。

孚兄，可记得那日深夜你迟归，急得我要派人去寻你。可当时，我并不知小毛驴把你和痴子醉驮了回来。

~~这对孔孚，太珍贵了。~~

孚兄，一般人评你的诗，大多看不出你与宇宙为友。我发现你是与天地闲聊的。天上的朋友有日月星辰，风雨雷电，地上的朋友有山川河流，鸟语花香。你和他们是平等的，有时你睡起懒来，便与他们齐一：天即是你，日即是你，你即是风，你即是月。所以，你的诗很“大”。刚才说的是儿女情，因为这情是借“落日”这一形象蕴藉的，“落日”也就被你拈来一用。你说它“溅黄似一身胭脂”，~~你说它“来得太晚”~~，你说它：还有好多路在走"，其实，日即是你，你即是日。~~你们共同~~人日大化，飞翔~~在~~于伊犁河上。

文章。

昨日开会，碰见逯良学同志，谈起你的诗，我说，《伊犁河落日》只有我能懂透。今日便写来奉你。

问嫂夫人好，请她为念。

李15日

元宵日

刘 强

孚师：

身体康复得怎样？不必着急。

今呈上《宇宙大生命的律动》拙稿，请老师删正，不知道我是否已领悟到两个组诗的精神。这篇东西我一直拖着不敢写，先生的诗太大，我的领悟太小，怕说不到点子上，但是，先生的教诲鞭策我。先生的教诲是箴言，先生乃诤师诤友，只有您才能真心帮助我爱护我。一种动力催促我写，我便写了，写成现在这个样子，待先生修改后我再誊正、看往哪里寄。

我怕是应该着手系统地整理那本写先生的书了。题目应该已经出来：《山水诗巨匠》。是否可暂定此题？我想，经过这二年，我也酝酿得基本成熟了，整个要重写，不仅思想和艺术的领悟、提炼，文字上也要下点劲。此事望先生指示我。先生研究中国新诗有很多发现，我想《山水诗巨匠》应该要针对中国新诗已有的成绩和弱点来写，特别是“五四”以来中国新诗的弱点。从这两年我对先生的领悟中发现，中国新诗的弱点突出有二：一是过于理性（理性容易杀去诗的情绪），缺情；二是中国新诗的“外奴性”和“内奴性”，不能超拔，诗人的灵魂狭小。不知道先生还有何别的指教？新诗的“外奴性”，主要是象征的验证尾巴，新诗写象征也总是摇着条尾巴。新诗的“内奴性”，主要是儒家束缚，“载道”太重，灵魂不得自由。郭沫若的理性实际是“载道”太重，郭老是儒家。我辈不愿多说他老，但时不时总见他的诗里的毛病。

打住，请先生不必急于复我，康复再说。祝

安泰

强上

1993年3月30日

铮子注：

原信中画长横线的文句之侧，有红笔批注：“古典、新诗莫不如是。”此乃父亲的笔迹。

刘强先生是撰写、出版孔孚评论专著的先行者，他的《孔孚论》于1998年7月由济南出版社出版。

文艺窗

孚师：

身体康复得怎样？不必着急。

今呈上《宇宙大生命的律动》拙稿，请先师删正。不知道我是否已领悟到两个组诗的精神。这篇东西我一直拖着不敢写。先生的诗太大，我的领悟太小，怕说不到点子上。但是，先生的教诲鞭策我。先生的教诲是真言，先生乃诤师诤友，只有您才能真心帮助我爱护我。一种动力催促我写，我便写了。写成现在这个样子，待先生修改后我再誊正，看往哪寄？

我怕是应该着手系统地整理那本写先生的书了。题目应该已经出来：《山水诗巨匠》。是否可暂定此题？我想，经过这二年我也酝酿得基本成熟了。整个要重写，不仅思想和艺术的领悟、概括，文字上也要下点功。此事望先

文艺窗

生指示我。先生研究中国新诗有很多发现，我想《山水诗巨匠》之论是针对中国新诗已有的成绩和缺点来写，特别是五四以来中国新诗的弱点。从这两年我对先生的认识中发现：中国新诗的弱点突出有二，一是过于理性，理性容易束缚诗的情绪，缺憾；二是中国新诗的"外奴性"和"内奴性"，不能自拔，诗人的灵魂失了。不知道先生还有何别的指教。新诗的外奴性，主要是象征派诗的尾巴，新诗学象征也只是撞着象尾巴。新诗的内奴性，主要是儒家传统，"载道"太重，灵魂不得自由。郭沫若的理性实际是"载道"太重，郭老是儒家。我虽不敢多说他老，但我不能不说他的诗里的毛病。

此信，请先生不必急于复我，有空再说。恭祝

安泰

[illegible]古典、新诗莫不如此吧。

（20×15=300）　RBa1—86　第　页

张　上　93.3.30.

痖　弦

孔孚先生：

《远龙之扪》由洛夫兄转来，谢谢你。

我读了《戴望舒的诗艺特色》，发现先生对戴诗析论深刻，至为敬佩。其他各篇诗论，也会细读。

祝

好

痖弦敬上

1993年8月13日

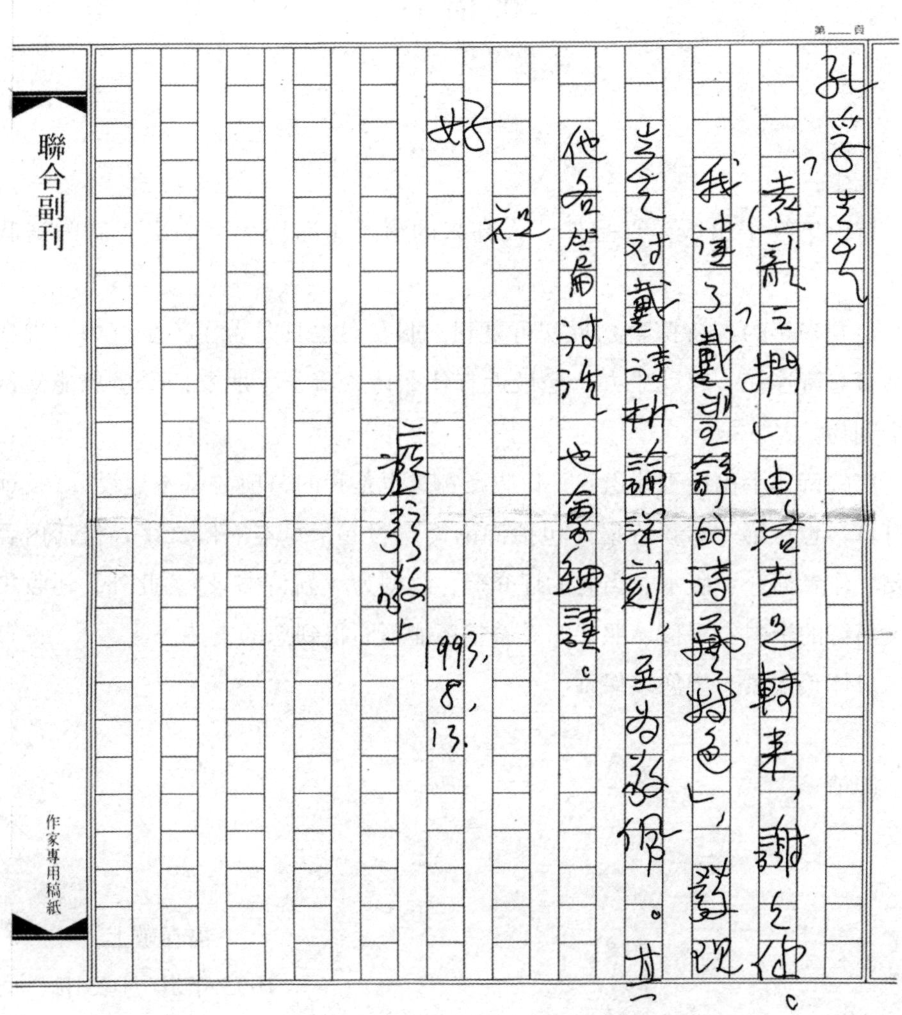

聯合副刊

孔孚先生：

「袁龍」二期已由港去之轉來，謝謝你。

我讀了「戴望舒的詩藝特色」，對現當代對戴詩析論詳刻，至為新穎。其他各篇討論，也會細讀。

祝

好

瘂弦敬上

1993，8，13.

作家專用稿紙

刘福春

孔孚先生：

诗论集终于出版，真是件让人高兴的事。谢谢您大著一出版就赠送我一册。

停刊多年的《诗探索》近期可复刊，朋友们也真是费了不少气力。现在什么事与诗连在一起就难办。您最近有什么诗论稿子？朋友们希望您能支持这个刊物。

您的诗作手稿可否能送我一份收藏？这也是我的一项“基本建设”。长远的打算，想从第一本新诗集（包括诗论集）写起，每本一段文字，包括内容提要、作者简介、版本、当时的评介等，总题为《新诗书录》。此外，还收集有关新诗的资料：手稿、照片等。希望还能不断得到您的支持。

身体很要紧，望您多保重。

即请

秋安

福春敬上

1993 年 10 月 23 日

中国社会科学院文学研究所

孔孚先生：

诗说集终于出版，真是件让人高兴的事。谢谢您大著一出版就赠送我一册。

停刊多年的《诗探索》近期可复刊，朋友们也真是费了不少气力。现在什么事与诗连在一起就难办。您最近有什么诗说稿子，朋友们希望您能支持这个刊物。

您的诗作手稿可否能送我一份收藏？这也是我的一项"基本建设"。长远的打算，想从第一本新诗集（包括诗论集）写起，每本一段文字，包括内容提要、作者简介、版本、当时的评介等，总题为"新

中国社会科学院文学研究所

诗书录××。此外还■收集有关新诗的资料，手稿、照片等。希望还能不断得到您的支持。

身体很要紧，望您多保重。

即请

秋安

福春敬上

93.10.23.

吴佩瑗

先生：

今天又热点了。下午我又看了一遍诗稿，我记了有二十一点小问题，我认为值得推敲一下。我的看法：有八首可删，还有几首改得欠妥。我想，近两天你先别忙，等星期[①]我去看你或你回来看我，听听我的意见再说好吗？

瑗

即日

（时间大约在1994年8月我摔伤期间。1998年2月13日）

铮子注：

这张母亲写给父亲的便条，是父亲去世一年之后，我在整理父亲的遗稿时发现的。我觉得挺珍贵，便让母亲在上面注明了时间。

我记得父亲当时住在千佛山医院的老干部病房，病情稳定时可以不用人陪。由于住在有桌椅的单间里，故而父亲便把病房当成了书房，一打完针就忙着写作，母亲和我们姊妹则负责送饭。

有一次，母亲在路上摔伤了脚，好多天不能动，于是，这样的纸条就成为父母借以沟通的“工具”，记录着父亲需要的资料、遇到的困难、想吃的东西，以及母亲向父亲提出的各项要求等。我的妹夫崔建波有辆带挎斗的摩托车，所以多是由他来跑腿传递。

这些便条弥足珍贵，可惜只有这一张留了下来。

---

① 原信中，此处疑有写信者漏写的字。

先生：

今天又热起来了。下午我又看了一遍诗稿，我记了有21处小问题。我认为值得推敲一下。我的看法有八首可删。还有几首改的必要。我想近两天你先别忙，等星期我去看你，或你回来看我，听听我的意见再说好吗？

瑗 即日

时间大约在84.8月我住院期间。98.2.13日

公　木

孔孚同志：

信及复印二文读了，大有收益。我读这些文章，往往不知不觉站在生活日用立场，忘了你们是在谈诗。说真格的，陈炎的论点，我倒全能接受，感到比较全面。可惜他的《论儒墨道法系统》的鸿文未睹，甚憾。当然，您的《与陈炎君聊天》，意在专谈诗之用“减”，并预言21世纪此风将大普及，在立论上是精辟的，看准了，便执着。不过，我的意思：“用减法”写诗，只得成为一家，且难为一般诗家所企及。如果此风普及了，那便失去了“光芒”。实际上是不可能的。以禅道入诗，固可；以禅道治学、治世，就当再加上很多东西。这不是在一封短信中可以说清楚的，来日得暇，还愿有机会扯扯。

《老子说解》实成于十年前，很粗疏。近年来又读了和想了一些有关问题，经常打算再改写一遍，希望能听到您的一些意见。我说《老子》，虽有兴趣，但并未能“深入”，正因为没有“入进去”，可能还说了不少外行话。苦不在济，若能于吃茶中，多听到您及济上诸友人的清议，当能一洗尘垢也。

匆复。致以

敬礼！

公木

1995年5月29日

孔孚同志：

信及复印之文，读了，大有收益。我读这些文章，往往不知不觉地站在生活周围之场，忘了您们是在谈诗。说真格的，陈炎的论点，我们全能接受，感到比较全面。可惜他的《论儒墨道传统》的长文，未能拜读。当然，您的《与陈炎君聊天》，意在专谈诗之"用减"，再预言21世纪此风将大普及。在这谈论之精辟处，看准了，便执着。不过，我的意思"用减法"写诗，只得成为一家，且难为一般诗家所企及。如果此风普及了，那便失去了"光芒"。实际上也不可能的。以禅道入诗，固可，以禅道做人处世，就当再加上很多东西。这不是

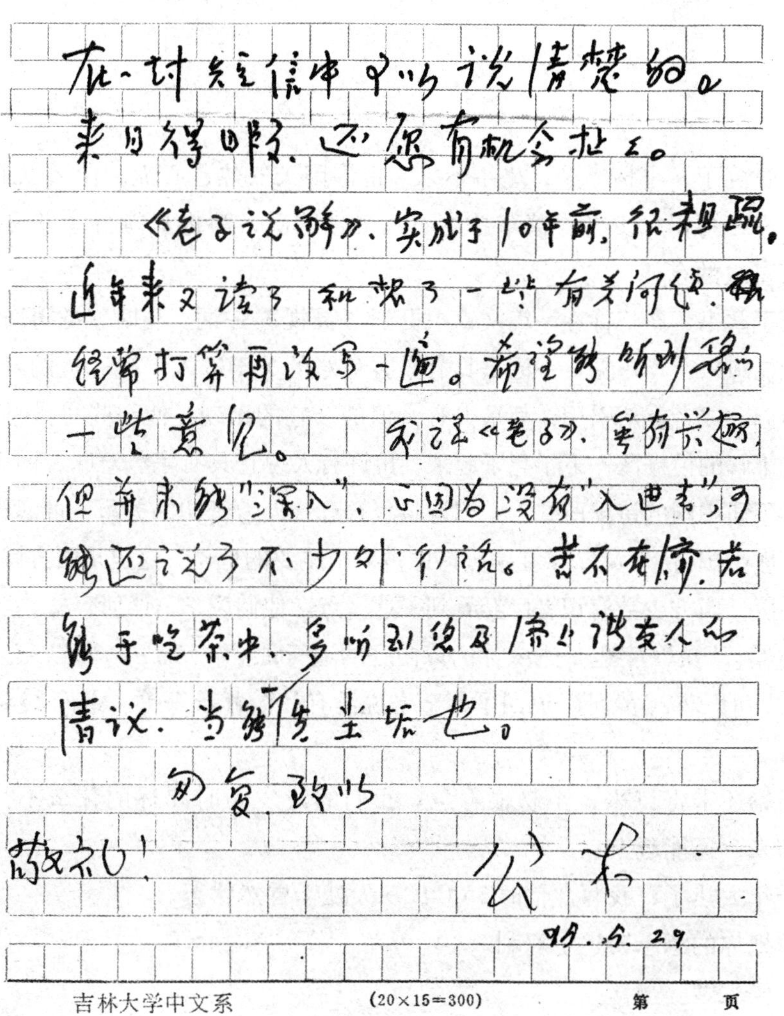
在一封短信中可以说清楚的。来日得暇，还愿有机会扯扯。

《老子说解》，实成于10年前，很粗疏。近年来又读了和想了一些有关问题，我经常打算再改写一遍。希望能听到您的一些意见。　我读《老子》，虽有兴趣，但并未能"深入"，正因为没有"入进去"，才能还说了不少外行话。若不在行，若能于喝茶中，多听到您及诸位读者们的清议，当能胜坐坛也。

匆复，致此

敬礼！

公木

93.5.29

吉林大学中文系　(20×15=300)　第　页

安　谧[1]

孔孚兄：

信收到了，事情繁杂，坐不下来，也许因天气热，心慌，什么也不想干。今年上半年写得太少了，情绪总达不到最佳状况，写也只能写些过后自己看了也不喜欢的东西。

读了些书，忽忆你在一篇文章中提到“灵视”一词，当时就觉得新鲜、贴切，现在想来，“灵视”一词是具有东方色彩的关于进入“禅”境的解释，不管你独创，或者重新引用，都是很有价值的。它的出现，使一些写作时原来显得朦胧难解的模糊区一下子亮了起来。也许有人说它具有宗教意味，因而拒之，但这是不通中国的诗史所致。中国诗与宗教有着极为密切的关系，谁忽视这个，谁就不懂中国诗。“灵”字在中国诗中占有很重要的地位，这也是西方诗所最薄弱的一区，西方少数有识者已经看到了这一点。他们说学，谈何容易。

当然，“灵”字也是进入你的诗内庭的通行证。

《诗刊》将《黄河》退回了，金亭说没有社会背景等等。《草原》早就等着此诗。

昌耀还未寄诗来，小赵很着急。我们的诗发表时要标明什么不？如要，快写信来，还能赶上。

今年太热了，我写此信时35℃！一天处于昏然状态。

我把你的意思转达了双利。

问候大嫂。

安谧

7月11日

---

① 该信写于1995年。

铮子注：

父亲与安谧伯伯多有书信往来，经常切磋诗艺。安谧、昌耀、孔孚三人讨论建立“东方神秘诗派”的信札，已被收录于《孔孚诗论》中。安谧伯伯在写这封信时，正值大病初愈，故而书写困难，无法在信中尽情论诗，即便如此，他还是尽力挥洒着浓烈的情感。他写给父亲的最后一封信上，只有两个字：“想你”！

内蒙古文联组织联络处

孔孚兄：信收到了，事情繁杂，坐不下来，也许因天气热，心慌。什么也不想干。今年上半年写得太少了。情绪总达不到最佳状况，写也只能出些过后自己看了也不喜欢的东西。

读了些书，想起你在一篇文章里提到"灵视"一词，当时就觉得新鲜、贴切，现在想来，灵视一词，具有东方色彩的美学思想"禅悟"的解释，不管你批判，或者重新引用，都是很有价值的。它的出现使一些写作时原来是很朦胧状态的的模糊区，一下子亮了起来。也许有人说它具有宗教意味，因而批之，但

内蒙古文联组织联络处

这是不通中国的诗史的话，中国诗与宗教有着极为密切的关系的，谁要说没这个，谁就不懂中国诗。"灵"字在中国诗中占有很重要的地位，这也是中西方诗的最为不同的一点，西方宗教有许多已经表现了这一点。他们的诗学，谈何容易。

当然，"灵"字也是进入你的诗内在的通行证。

诗刊将"发现"退回了，实际说没有机会能发表。草原早就发着此诗。

吕杨还未寄给来，小诗组看着。我们的诗发表诗要标明什么不？如果要请写信来还由你定。

今年太热了，我写此信时，35°！一天如炉，居然壮志。

我把你的意思转达了双刚。

问候大嫂。

安谧　7.11

孔德铮致王尔碑[1]

王阿姨：

您好。我父亲从春节后身体一直不好，没法给阿姨回信，怕您牵挂，命我写信说说这里的情况。我父亲这次犯病主要是咳喘得挺厉害，睡觉躺不下，饭也吃不好，现在吃中药治疗，咳嗽轻了些，但身体还很虚弱。

阿姨写的《漫说〈孔孚集〉》，反响很大。内蒙古的安谧伯伯寄来了亲笔信，我复印了一份寄给阿姨。这些动人的信件，我都保存着。不知辛伯伯能否见到这篇文章，他的心情不太好，我不愿把我父亲生病的事告诉他，所以一直没给他写信。

台湾寄来了一本《小诗瑰宝》。我读到阿姨写的《墓碑》，被震呆了，不知用何语言来评价这首诗。读给我父亲听，沉吟半晌，我父亲慢慢地说了几句话："王尔碑万岁""千古绝唱""登峰造极了"。他还说："原来没见过这首诗，是新作吗？"

祝阿姨诗作再创丰收。

吴开晋叔叔嘱笔问候。

孔德铮敬上

4 月 23 日

① 该信写于 1997 年。

王阿姨：

您好。我父亲从春节后身体一直不好，没法给阿姨回信，怕您牵挂，命我写信说说这里的情况。我父亲这次犯病主要是咳嗽的极厉害，睡觉躺不下，饭也吃不好。现在吃中药治疗，咳嗽较轻了些，但身体还很虚弱。

阿姨写的《漫说孔孚集》反响很大。内蒙的安谧伯伯寄来了亲笔信，我复印了一份寄给阿姨。这些动人的信件，我都保存着。不知辛伯伯能否见到这篇文章，他的心情不太好，不愿把我父亲生病的事告诉他，所以一直没给他写信。

台湾寄来了一本《小诗瑰宝》，我读到阿姨写的《墓碑》，被震呆了。不知用何语言来评价这首诗。读给我父亲听，沉吟半响，我父亲慢慢地说了几句话："王尔碑破""千古绝唱""登峰造极了"。他还说，从来没见过这首诗，是新作吗？

吴开晋叔叔嘱笔问候。

祝阿姨诗作再创丰收。

孔德铮 敬上。4.23

王尔碑致吴佩瑗

佩瑗吾嫂：

前书拜读，知你一切较前好了许多，甚慰。所赠孔孚兄最后写的二字“黄河”，字写得流水踏浪一般自然，绵绵情丝，魂系祖国大地。这是他诗书的极品。感谢吾嫂赐赠，我当珍藏。

可恨的四月，孔孚兄逝世一周年的日子越来越近了，我真想每一年都没有四月就好了。我总觉得他还活得好好的，在这一年里，他依旧在你身边、在家里，写书、写字，偶时和你出去散步、访友，形影不离。可是无情的时间告诉我，今年他真的要走了，我们再怎么也留不住他了。由他自由地去吧，每个人都有这么一天。对他来说，一次死亡，一千次复活，他是永生的诗人。他的人格、诗品，所有的纯洁、热忱和创造，在他死而复生的过程中，完整清晰地呈现，让生者长久注视、铭记。得悉济南文化、出版单位和朋友们将举行孔孚逝世一周年纪念会，并将出版《孔孚手迹》《孔孚论》等书，在此金钱物质世界，这种隆情盛意太珍贵了，孚兄在天之灵必感无限欣慰。嫂子，这是你的骄傲、济南人的骄傲。孔孚兄对诗学发展的贡献，必将载入中国新诗史册，他是属于齐鲁大地、属于中国、属于世界的不同凡响的诗人。嫂子，我因年老，不能前来参加这一纪念会，只有心向往之了。国章来信问，是否写点纪念文字，我在近些时候，几乎每一天都在心里和他话别，以壮行色，但心里是难受的，什么也写不出，只能给你写信，说些我心里想说的话吧。在 4 月 27 日那一天，我遥遥默祝纪念会成功，并愿你节哀、坚强，好好生活，以慰孔孚兄在天之灵。望你保重。我因患感冒近一月，故此信迟复。现已痊愈，勿念。

祝

近安。孩子们好！

弟　尔碑

1998年4月11日

又，重庆马立鞭近编选一本《绝妙小诗》，即将在福建省出版。他选了孔孚诗15首，已去信给德铮（是寄到山师北街4号的）征求意见，至今未得复。盼你回一信好吗？

铮子注：

诗人王尔碑和父亲只见过三次面，且都因在文朋诗友的短暂聚会中而未及深谈，但通过作品交流和书信往来，他们还是建立了深厚的友谊。

王尔碑曾对父亲说："谁说'文人相轻，自古而然'？你对朋友、同行的率真、热忱，真可感天动地！你在病中向别人推荐我的作品，又来信指出我诗作中的症结，你的人品、诗品令我常记于心。你是我永远的知音、严师、诤友，我必铭记你的诗学箴言。"

父亲在临终之前，曾收到从台湾寄来的一本诗集，内有王尔碑的《墓碑》一诗。他在听了我的诵读后，用很微弱的声音说了三句话："王尔碑万岁""千古绝唱""登峰造极了"，并嘱我给她写信。

两位诗人间切磋诗艺的很多信件，都被收录在了《孔孚诗论》中。更令我感动的是，在父亲走后，王阿姨不仅写了很多怀念父亲的诗，还寄来了不少宽慰母亲的信。

以上就是其中的一封。

四川日报社公用信笺

佩瑗吾嫂：

前书拜读，知您一切较前好了许多，甚慰。所寄孔孚兄最后写的二字"黄河"，字写得流水行云一般自然，绵绵情丝，魂系祖国大地。这是他书法的极品。谢谢吾嫂的厚赠，我当珍藏。

又快到四月！孔孚逝世一周年的日子越来越近了。我真想每一年都没有四月就好了，我总觉得他还活得好好的，在这一年里，他仍旧在我的身边，在家里，写书、写字，偶时和我[illegible]讲故事，诗友[illegible]。可见无情的时间告诉我，今年他真的离去了，我们[illegible]也留不住他了，由他自由地去吧。我们希望有这么的一天，对他来说，一次死亡，一千次复活，他将永生的。诗人以他的人格、诗品，所有的作品、思想和创造，在他死而复生的过程中，完整清晰地呈现，让生者长久注视、领悟。~~得手 济南文化出版单位和朋友的帮助~~

（又，重庆马立鞭也编选一本《[illegible]》，可能在福建出版。他选了孔孚诗15首，已去信给你[illegible]（[illegible]北街4号[illegible]）征求意见，至今未得复。你回一信如何？）

四川日报社公用信笺

孔孚逝世一周年纪念会，并将出版《孔孚集》、《孔孚论》二书。在此金钱物质世界，这种深情厚意太可贵了，孔孚在天之灵，也当无限的感动。嫂子，这是山东的骄傲，济南人的骄傲。孔孚是对诗歌有贡献之诗人，必将载入中国的诗史册。他是属于齐鲁大地，属于中国，属于世界的不同凡响的诗人。嫂子，我因年老，不能前来参加这一纪念会，只有心向往之了。国章来信问，要否写点纪念文字：我在这些日子里，几乎每一天都在心里和他话别，以壮行色，但心里总难受的，什么也写不出，只能给你写信，说出我心里想说的话吧。在4月27那一天，我遥祝此次纪念会成功，并祝你节哀，坚强，好好自己，以慰孔孚兄在天之灵。望你保重。我因患感冒近一月，故此信迟复。现已痊愈，勿念。祝近安，全家好！

弟 [illegible]
98.4月11日

谷羽致吴佩瑗

吴佩瑗先生：

您好！

由孙国章先生寄来的孔孚先生的两本诗集已收到，看到您的赠言，我的心情很沉痛。过去，我读过孔孚先生的诗，从《中国新诗大辞典》中也看过他的小传，不料得到他的大作时，先生已经仙逝。诗歌凝结着先生的心血与生命，今后，我读先生的诗，就是在聆听先生的吟诵，是和先生的无声对话。我十分珍惜这样的机缘，也想尽微薄之力，选译先生的作品，介绍到国外，使更多的诗歌爱好者了解先生，了解中国的山水清音，了解中国的人文精神。感谢先生对我的信任，望先生保重身体。

祝

平安康健！

谷羽

1997 年 12 月 4 日

铮子注：

谷羽先生本名谷恒东，是南开大学西语系的教授、我国著名的翻译家。他曾将父亲的诗作翻译成俄文，发表在俄罗斯的刊物上。

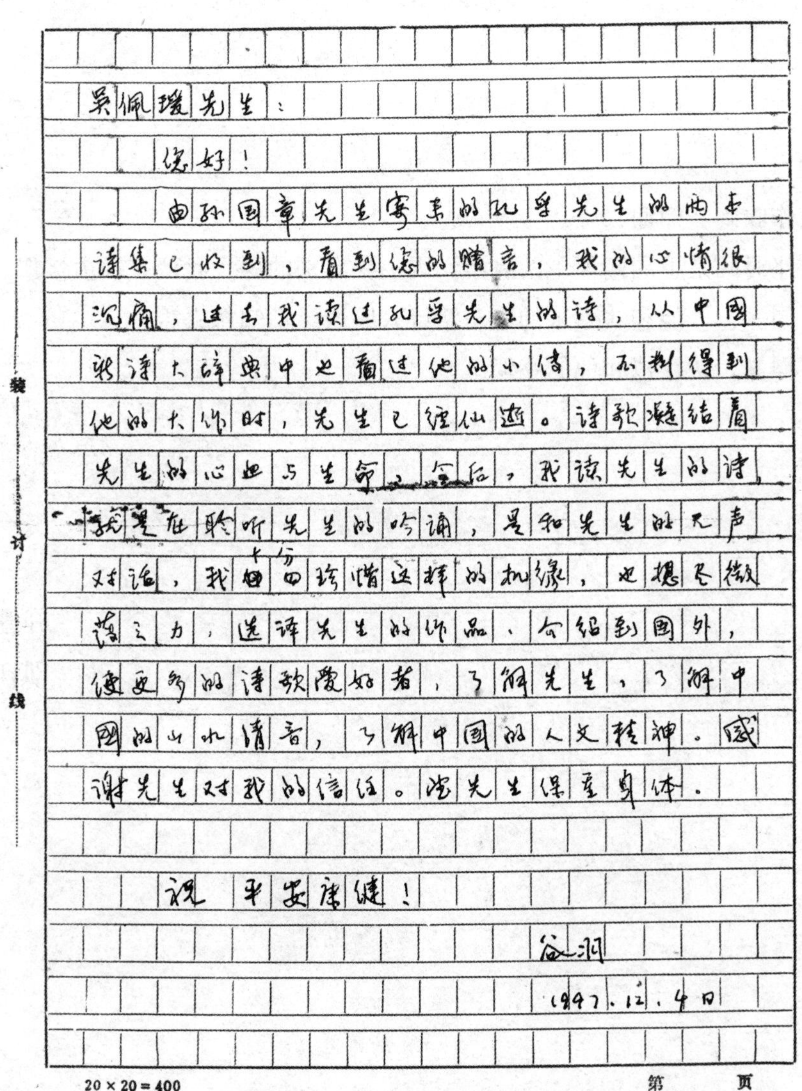

吴佩璣先生：

您好！

由孙国章先生寄来的孔孚先生的两本诗集已收到，看到您的赠言，我的心情很沉痛，过去我读过孔孚先生的诗，从中国新诗大辞典中也看过他的小传，不料得到他的大作时，先生已经仙逝。诗歌凝结着先生的心血与生命，今后，我读先生的诗，就是在聆听先生的吟诵，是和先生的灵魂对话，我十分珍惜这样的机缘，也想尽微薄之力，选译先生的作品，介绍到国外，使更多的诗歌爱好者，了解先生，了解中国的山水清音，了解中国的人文精神。感谢先生对我的信任。望先生保重身体。

祝平安康健！

谷羽

1997.12.4日

20 × 20 = 400　　第　　页

吴开晋

孔孚师：

大作收到。谢谢！

讲座时间是下周四下午两点半，因上午有别的课，我两点钟去接您。

下周一，可能和北京来的山东籍诗人座谈，不知您去否？

下周二，诗社拟和他们座谈。

祝

好

开晋

即日

装　订　线

孔老师：

　　材料收到，谢谢！

　　讲座时间是下周四下午二点半，因上午有别的课。我两点钟去接您。

　　下周一，可能有北京来的山东籍诗人座谈，不知您去否？

下周二，请孙静轩他们座谈。

　　祝

好

　　　　　　　　平吾　即日

14—0517　　　　　　　　第　页

后　记

应山东师范大学的张丽军教授之约，我怀着敬畏的心情，来整理、选编这部《孔孚往来书信集》。

我要感谢我的父亲，他收藏了这么多的书信，一个纸袋一个纸袋的，每个纸袋上都标注着年份。最初，我没留意，一下子弄乱了书信，只注意到了写信者；后来才发现，很多信上只注明了月、日，并没有具体的年份。于是，我赶紧打住，再拆封时先把年份记下来，而对于那些已被打乱了的书信，我便根据其中的内容来考证它们的写作年份，虽颇费了一番周折，但可能依旧存在偏差，至于那几封实在考证不出年份的书信，就只能暂且阙疑了。

在阅读这些书信时，我常常会被其内容吸引而手不能释，以至于一连读上几个小时，也没能挑出要选用的来。

面对着这一封封的书信，我读到的不仅仅是诗与文，更是交友、做人的真谛！

在电子邮件如此普及的今天，这些书信或许已显陈旧，而今后人与人之间，怕是也不再需要这种形式的交流了。但正因如此，它们又是何等珍贵！

在这些写信者中，有很多是我从前鲜有接触的，那么在本书付梓之前获得他们的授权，于我而言，无疑就成了一项艰巨的任务，尤其是在很多写信者已经过世而我又难以取得他们家人的联系方式的情况下。但我深知，这项工作是必须要做的，因为它代表着我对这些写信者们最起码的尊重。

不得不说，辨认、识读这些笔迹各不相同的书信并非易事，但多亏了我的同学、朋友以及学生们的鼎力相助，这项工作才得以顺利完成，对此，我始终铭感于心。

另，山东画报社的宋刚社长亦为本书的出版付出了大量的心血，故在此一并致谢！

孔德铮

2016 年 1 月 18 日

图书在版编目(CIP)数据

孔孚诗文书论集. 4，孔孚往来书信集 / 孔德铮编.
—济南 ：山东友谊出版社，2020.3
ISBN 978-7-5516-2074-1

Ⅰ.①孔… Ⅱ.①孔… Ⅲ.①孔孚(1925-1997)—文集②书信集—中国—当代 Ⅳ.①I207.25-53②I267.5

中国版本图书馆 CIP 数据核字(2020)第 032156 号

孔孚诗文书论集 · 孔孚往来书信集

KONGFU SHIWENSHULUNJI · KONGFU WANGLAI SHUXINJI

孔德铮　编

策划编辑： 宋　刚　韩刚立
责任编辑： 王　苑
装帧设计： 刘洪强

主管单位： 山东出版传媒股份有限公司
出版发行： 山东友谊出版社
地　　址： 济南市英雄山路 189 号　　邮政编码：250002
电　　话： 出版管理部（0531）82098756
市场营销部（0531）82098035（传真）
印　　刷： 山东华立印务有限公司
版　　次： 2020 年 4 月第 1 版
印　　次： 2020 年 4 月第 1 次印刷
开　　本： 720mm×1020mm　1/16
印　　张： 91.75
字　　数： 1275 千字
定　　价： 398.00 元（全五册）

孔孚诗文书论集

山东师范大学文学院◎编

孔孚研究论文集

张丽军◎编

山东省一流学科山东师范大学文学院
中国语言文学学科**经费资助**

山东友谊出版社

目 录

孔孚诗歌研究

孔孚书法研究

纪念孔孚先生座谈会暨孔孚与中华文化艺术精神学术研讨会发言纪要：

杨存昌 孔德铮 吴开晋 吕家乡 朱德发 李衍柱 于明诠 袁忠岳
孙国章 张立群 赵林云 赵镇琬 徐行健 刘德久 王万森 李志华
韦 锦 胥 弋 逄春阶 耿建华 马启代 格 式 王化学 韩品玉
于冬云 杨守森 魏 建 张丽军

孔孚诗歌研究

孔孚山水诗的艺术贡献

李新宇

孔孚的山水诗在诗界引起广泛的注意，《山水清音》出版，评家四起，给以种种赞美。作为我国新诗创作中迟到的第一本山水诗集，古老的山水诗老树上的一枝新绿，它为我国山水诗做出了贡献。

一、“接线”——山水传统的恢复

在诗集《山水清音》的“代序”中作者写道：“山水诗具有独立品格，似乎是从晋宋的陶渊明、谢灵运开始的，此后山水诗大量涌现……然而，使我吃惊的是：我们的山水诗似乎从五四新文学运动起就断了线!”我们的山水诗的确似乎是断了线，但必须说明：作为题材意义上的山水诗没有断线，而只是作为传统风格意义上的山水诗断了线。五四以后，从胡适、康白情、郭沫若开始，直到五十年代、六十年代的诗人，山水始终是取材对象之一。在诗歌沦为政治附庸的年月，山水因为不是所谓的“重大题材”而被排挤，使诗歌发生了重大变异。正是由于这种变异，使真正的山水诗断了线。五四新诗革命从“反载道”开始，不久就回到了“载道”。这是事实，也是必然的。因为当时的新文化运动倡导者们几乎没有一个是反载道的，五四新文学运动并不是“为艺术而艺术”（这里毫无贬义）的文学运动，而是反封建的社会革命和思想革命在文学界引起的反响。它必然是以“载道”的文学反对“载道”的文学，只是因这“道”的内涵不同而划开了两大阵营。尽管如此，五四时期以至三十年代的诗，载道的倾向不是十分明显。这期间以山水诗著称的诗人不多，但像康白情《庐山纪游三十七首》那样的作品，虽然粗糙，过于散文化，缺少诗味，却还没有为载道所累。三十年代的诗坛是百花齐放的。抗日战争开始，大众文学兴起，诗人们失去了歌咏山水的“闲情逸致”，国难当头，有热血和良心的诗人也不可能只去追求艺术。遗憾的是新中国成立之后，由于我们赋予诗歌过多的社会职责和历史重任，使诗由于超重负荷而无法展开飞翔的翅膀。山水诗在“道”的重压下失去了它的本来面目。张万舒的《黄山松》是六十年代最为优秀的诗篇之一，从题材上讲，它仍是山水诗，但同时又是政治抒情诗。诗人所歌唱的对象已不是松这一本体，不是“松”这一符号所宣示的意义，而是它所象征的一种精神。对于如此情况，我们无法指责，也不应指责，因为专以再现或表现山水之美的可以是好诗，而且古已有之。在这个问题上我们无法一般地反对载道，应该反对的只是那种必须载道的要求。诗可不载道，亦可载道，只要这“道”不与人道相悖，只要这“道”能为形象所负，只要诗不为“道”所累，它就仍然可以是好诗。但在过去很长一段时间里，我们当代的诗人却常常在必须载道的要求之下，把诗歌难以胜任的社会历史重任强加于它，传统风格意义上的山水诗自然难以出现了。

应该赞美诗人孔孚为“接线”进行的探索和做出的贡献，他的辛勤探索使山水诗在他的笔下在某种程度上恢复了山水诗的面貌。诗人寻找山水诗和山水诗之路，致力于这“非重大题材”，写出一些并不直接强烈表现人们所习惯称道的“时代精神”的诗，为传统风格意义上的山水诗接了线。但是，这绝不意味着他的诗没有载道，无论什么时代，真正不载道的诗总是并不多见的，在他的笔下，的确出现了一些“纯”的山水诗，却也有大量载道的诗。正是这种基本面貌向人们显示着：山水诗可载道，可言情，可寄思，也可为山水而山水，为情趣而情趣，山水诗已经从只有一条道的峡谷里解放出来，回到了自由流淌的宽广河流里。

二、现代精神——对中国山水诗的贡献

说孔孚的山水诗为传统的山水诗接了线，就意味着他继承了传统山水诗的一些传统。但是，还必须看到山水诗在他的手里所显示的变化，所增添的新的素质。特别在今天，我们大可不去反复强调传统。一个总是盯着过去、充满恋旧情

绪、唯恐丢掉什么的民族是没有希望的。艺术也是如此，对于传统，即使你努力摆脱它，也往往摆脱不掉。艺术的生命价值主要在于创新，很难设想，一个没有创新的艺术家会给历史留下点什么。

在这一点上，孔孚也许并非完全自觉地（因为他喜欢强调传统，所以我们这样揣测）做出了突出成就。我们赞扬孔孚的山水诗，首先应该赞扬的是他与传统山水诗的不同点。那种“这首诗真好啊！像李白！像杜甫！”式的评论可以休矣！它不能为我们的时代和诗歌提供些什么。

为了清楚地显示孔孚诗所提供的新素质，我们不妨回顾一下山水诗的历史，看一下它的基本面貌。严格说来，中国山水诗兴起于魏晋。当时，由于社会现实以及与其相联系的老庄学说的盛行，在士大夫间形成了清谈和隐逸之风，士族文人居于山林，偶有所得发而为诗，逐渐形成了山水诗派。其后，殷仲文、谢混将山水诗推进了一步，谢灵运的出现使它正式形成。到了唐代，由于诗歌的大发展，山水诗也有所增多。孟浩然、王维成就比较突出。宋元明清几百年，以山水诗著称的名家不多，山水诗却不少。在此，简单地把山水诗的精神特质略举一二。由于中国文人与道家思想不可分割的联系，由于山水诗的产床就是老庄哲学风行的魏晋时期，由于山水诗人往往是在仕途失意的情况下才致力于山水诗创作，在以山水诗著称的诗人的笔下，山水诗的内质主要倾向是一种清静无为。陶渊明“采菊东篱下，悠然见南山”可谓山水诗最先之楷模。王维写了大量的山水田园诗，他所致力表现的是自然的幽静恬适，诗中常常渗透着冷寂的情调。道家思想与佛家思想相融合，成了他的山水诗的哲学基础和精神支柱。孟浩然的山水诗基本情调也是恬淡孤清的。总之，无论“明月松间照，清泉石上流”，还是“寂寞柴门人不到，空林独与白云期”，尽管其内容绝非只是表象所呈现的冷漠，但它所给予读者的绝不是动的欲望，却是可以肯定。因为诗本身就是作者摆脱腐朽政治、排遣内心抑郁而流连山水之间的产物。这些诗人都热爱自然，在诗中表现了大自然的美，但作为对大自然进行审美观照的主体，作为主客观结合的诗的主观因素的抒情自我，却常常表现出一种平和恬淡的心情。佛老思想常常是其精神支柱和思想内核。李白的山水诗不乏飞跃感和流动感，不重静态的描绘而多有动势写照，“飞流直下三千尺，疑是银河落九天”，画面雄伟壮丽，显示了巨大魄力，但却只是一种客体的动势。在艺术欣赏过程中，他给予欣赏主体（即读者）

的却只有一种心旷神怡的美的陶冶，使人沉浸于大自然之美而流连忘返，忘掉人世之颠沛与生之烦恼。其原因就在于这首诗中的“我”并没有如瀑布一样动起来，一个“遥看”，一个“疑”，把主体与客体、物与我分开了。人们看到了飘逸的诗人静静而遥遥地欣赏这飞流直下三千尺的瀑布。诗的感染力主要来源于“我”而非来源于“物”。这样的画面给人的仍然是一种静美，它远远不会给人以热血的沸腾和强烈的冲动。

孔孚的山水诗则不然，无论诗人是自觉的还是不自觉的，他的诗在其精神上属于现代而不属于传统，具有西方文化动态美的特色，而不仅是东方文化的静态美。他的诗有一股激情在冲动，给人以动的精神，煽动起动的欲望。读他的诗，可以感觉到的是他那颗极不平静、激烈跳动的心。请不要为他“隐逸”“平淡”的外表所蒙蔽，那里面有火，能烧得你心沸。尽管他的白云是那么美，让你也一起追进那家商店，尽管蘑菇松鸡之味使你很想品尝，诗人却不会使你沉醉于美景之中，而是不时地激发跃跃欲试的激情。看那首《云瀑》吧：

几次都失败了/倒翻下来/漫溢峡谷//狂怒的云/抓住风的鬃鬣/作最后一次仰冲/快闪开/鹰

在这里，物与我完全融合了，浑然一体，天衣无缝。一种强烈的动势，来于大自然，来于社会生活，来于诗人的心灵，掀动着读者的心潮。再如《致狮子岩》和《眠龙石》，两首诗在艺术表现手法上是完全不同的，一首是直抒其情，一首是寄情于物。《致狮子岩》直接呼唤沉睡狮子的醒来，并对它的麻木状态表示不满，“难道你心里是一潭死水？/莫非卧麻了你的神经？/看那茫茫的大海上，/有一万匹狮子扑腾……”《眠龙石》是这样写的：“龙也有睡的时候？/睡着也不安宁/看它曲动的身子/梦里也有雷鸣”，写龙之“睡”“梦”，对于诗来说，只是一般的想象。为什么从它“曲动的身子”就断定“梦里也有雷鸣”？这就显示了诗人的主观感情。想象的天地是广阔的，它有极大的主观随意性。仅凭“曲动的身子”（且不说这种视觉感受的主观色彩）不同的诗人可以想象出不同的内涵，畅游、行云布雨、熬受痛苦、垂死挣扎……如果在爱情诗专家笔下，甚至可以成为求偶的表示。但是，这一切都因与诗人的主观世界不符而被有意无意地排除、舍弃，只有梦见雷这一意象寄托了诗人那火山般的激情和奋起腾飞的愿望。

这种动的精神使孔孚的山水诗与旧山水诗区分了开来。所以，应该看到，尽管诗人强调对传统的继承，他的诗却深渗着西方文化的影响，而对传统有所扬弃。

除此之外，值得注意的是他诗中的人的意识。在古典山水诗中，诗人常常是在对山水的无限爱恋、流连赏味中表现出对人世的厌弃，要在松下云中、山水之间，伴鹤而歌，枕石而眠，为在人世间的跋涉中疲倦了的灵魂寻找歇息的净土，要远离尘世，忘却人间的烦恼，因此才生出桃花源的美梦。而孔孚的山水诗则与其恰恰相反，对人间给予极大的关注，充满着对人间的热爱和赞美。他不寻找世外桃源，不向往蓬莱仙乡，甚至对天国也毫不留恋，“扶着天门/望我的家乡//想告诉孩子们/天上十分荒凉”（《天门峰即景》）。过去的山水诗人们“结庐在人境”，而希求“心远地自偏”，血肉之躯，却总以仙风道骨的精神为高庙，孔孚却处处以人为自豪。八仙墩上的电闪雷鸣，风狂雨暴，“欺我不是仙么？/你哪里懂得人!”（《八仙墩上》）在他的笔下，南海观音也成了有血有肉的人：

凝望大海，/倚着门。//一定是想家了，/南海椰子正肥。//然而一步也走不动了，/都快要急出了泪。

且不谈丰富的象征意义，仅是这些人情味、这神的人化就是传统山水诗所十分缺少的。

三、物我之间

对于读者来说，孔孚的诗最突出的特点就是有味。短短数行，却令人读之不得不嚼，嚼之确有余味。味从何来？简言之，意境。诗无情无以动人，诗无象则无以依。物我交融，是我国诗歌美学的一个重要命题。但以怎样的形式交融，物融于我还是我融于物，至今很少有人进行深入的探讨。王国维曾把诗的意境（他称为境界）分为“有我之境”和“无我之境”，阐明了“我”在诗中的不同存在形态。但真正的无我之境是不存在的，没有“我”也就没有诗，没有私人主观情愫的融入，就没有诗的意境。反过来说，即使最糟糕的诗也是物我交融的。历史上的山水诗人写山水、爱山水、寄情山水，山水诗所反映的多是人和自然那种怡悦宁静的和谐关系。物我交融的过程往往是以动适静，以我适物，常常追求所谓“无我之境”，将“我”隐之象外。中国山水画人不过寸，在画幅之中仅占一角狭小的天地，在大自然面前人是何等渺小！山水诗也是如此，翻遍历代山水诗，无法找到《草叶集》那个面对自然的大我。五四新诗运动之后，郭沫若《女神》的出现使这种状况大为改观，尽管人们的审美情趣至今难以扭转，但那个几乎要覆盖了整个画面的“我”却宣告了一个新时代的诞生。孔孚的山水诗虽无郭诗之风，但从强化抒情个性这个意义来看，却是对伟大的反封建斗争中形成的五四新诗传统的继承和发扬。

孔孚的诗极少对山川景物作如实的描绘，与其说他在写山水，不如说他更多的是在写情怀，写自己。在他的诗中，主观因素大大地占了优势。读他的诗，最深的感受不是山水景物之美，而是诗人的情绪之美。在创造的过程中，大自然的美无法使他达到忘我的境地，清醒的自我意识使他时时注意到自我的存在，由我对大自然进行审美观照。在欣赏过程中，读者可以发现，他的诗中处处有个抒情自我。描写景物，他惜墨如金；书写情怀，却并不吝啬。我们粗略地看一下他的诗题就可以看到：《耐冬花下》《过松涛涧》《过鹰嘴石》《八仙墩上》《东海路上》《登白云洞》《致狮子岩》……定诗题就为写“我”打开了广阔天地。那些不直接牵引抒情主人公入题出场的诗，如《迷魂涧》《仙人路》等也仍然是以写“我”为主。《仙人路》头两行是直接描写仙人路的：“缥缥缈缈一线，/若连若续若断。”第三、四行“山风还把云拉来，/有意向人挑战”，以我观物的主观色彩就重了。后面便不再写物，而是抒情。《莲花峰》全诗八行，用于描写景物的只有两行，下面三节都用于抒发感情和塑造自我形象，读者掩卷之后头脑中所留下的印象更为强烈的是那个为看红莲花而“决心等到傍晚”的执拗的追求者。《迷魂涧》描写较多，却都依存于最后两句抒情。在不少诗中，他所写之“物”只是一个话题，有些诗题所提示的形象并不在诗中再现，而只是诗情的融发物和诗人借以抒情的媒介。在更多的诗中，他是以物就我，以我观物，使被写之物笼上一层主观色彩，将“物”融于“我”中，如《灵旗峰》《眠龙石》，诗人之所以看到那种动态，是诗人主观激情的客观对象化。透过诗人的激情看物，物融入诗人的主观。也只有能够融入诗人主观才能被诗人发现，这样就使“物”充分“我”化了。孔孚对诗歌形象的处理，如“易位”“变形”等也都是为了使之适应

"我"的需求。那只掉了向的骆驼更说明了这一点。

在文学作品的姊妹行中，没有比诗更主观的了。诗歌创作活动既是客观世界对主观世界的诱发，更是主观世界向客观世界的推移。诗人所感觉到的东西已绝不仅是自然，因为感觉本身就有选择，它受命于情感和潜意识，诗人自己也难以察觉。无论作为自然现象的山水景物如何纯真，如果没有一颗诗的心灵，就不会转化为诗歌的感觉世界。崂山的云，泰山的风，天街之宴，渤海浪花，都不能离开诗人的审美感知而存在于诗中。一个只能从色彩中看到色彩、只能从声音中听到声音的人，也同样不会成为诗人。尽管我们近十年来一直对"表现心灵""性情说"加以贬斥，但在诗歌创作中，想要消灭主观，那只是一种狭隘唯物主义者的狂想。诗总是倾向于主观的。就连别林斯基也承认："诗人从心坎里复制大自然的景象，或是把他看到的东西加以再创造；无论在哪一种情况下，美都是从心灵深处发出的，因为大自然景象不可能具有绝对的美；这美隐藏在创造或者观察它们的那个人的灵魂里。"诗无情无以动人，孔孚的诗重主观表现，多抒情之笔，求韵外之致，无疑是应当肯定的。

在他的诗中，我更欣赏的还是《云瀑》《书卷崮一瞥》等貌似纯客观描写的诗。貌似客观描画，却蕴含了丰富的思想感情；形象单纯而明朗，象征的对应物却并不简单。孔孚写诗不求形似，重传神，这样的诗却是既有神似，又能传神；孔孚写诗讲究象外之象，弦外之音；孔孚写诗贵远、简、虚，求纯求稳，在这里，的确做到了远而阔，简而纯。如果只是一般地说"诗中有画，画中有诗"并无多少意义，诗中怎能无画？那只是诗的最一般的要求。但在这里，我们却看到了孔孚的确善画，用画的技法来表现思想和感情。当然，它不是油画、水彩画，而是国画、大写意，只重笔一抹，即成一幅，且生意盎然，真乃中国写意真传。

孔孚的诗有不少用了象征手法。画象征之画，确有难处。象征形象的对立物是无限的，如无必要的限定，理解和欣赏则完全是随意的，作者的创作意图将要落空。一些年轻诗人的作品之所以"朦胧"，与此关系甚大。为此，孔孚常常采用"搭桥"的方法，而《云瀑》等诗却无须搭桥。相信这些诗是有"寿命"的，因为它不像《独立大夫下小立》那样因诗人的指点而增加了时间的局限性。

（《聊城师范学院学报·哲学社会科学版》1987 年第 2 期）

试论孔孚山水诗的社会意义

宁茂昌

在诗歌的百花园中，有一朵引人注目的小花，晶莹剔透，精神抖擞，飘溢出阵阵幽香。这便是孔孚的山水诗。这朵别具一格的艺术之花，获得了广大读者的喜爱。他们中间有干部、工人、教师、学生，有聋哑人、失足青年，还有海外赤子。小小的山水诗，何以产生如此广泛的社会影响？据笔者看来，孔孚的山水诗除了艺术美之外，同时也折射了我们这个时代。作品所表现出的时代感与现实感，以及浸透着的当代审美意识，与广大读者的审美趣味、审美心理是同步的。

在山水诗的欣赏与批评中，往往存在两种意见：一种认为，山水诗是闲情逸致的表现，只不过风花雪月而已；一种认为，山水诗表现了祖国山水的自然美，可以给人以美感，陶冶人的情操。显然，前者观点欠当，后者虽有一定的道理，但也不够全面。山水诗的产生，其实具有深刻的社会原因与历史原因。在阶级社会里，劳动人民被迫负担极其繁重的劳动，生活朝不保夕，是没有多少兴致来欣赏自然美的。"焦虑不堪的穷人甚至对最美的景色也没有感觉。"① 我国古典山水诗的开山祖，当推晋代的谢灵运，刘勰在《文心雕龙》中曾说："宋初文咏，体有因革，庄老告退，而山水方滋。"谢灵运的山水诗贵族气很重，有"山林宰相"

① 〔德〕马克思，恩格斯著，曹葆华译：《马克思恩格斯论艺术》，人民文学出版社1960年版，第205页。

之称。王维的《鸟鸣涧》使人不仅由春暖花开、夜静月媚的景色引发美感，同时也能感受到诗人那种清静无为、消极处世的思想。可见，评价山水诗除用美学观点之外，也离不开历史的观点。这也是我们今天在评价孔孚山水诗时所不可不注意的。有的文章认为，孔孚的山水诗“给人第一个和涵盖一切的感觉是诗中山水的美，而不是其他。”① 这是值得商榷的。实际上，作者本人也曾对山水诗的寓意做过说明。孔孚山水诗的社会意义是不容忽视的。

诗人是世界和时代的儿子，又是世界和时代的再现者和表现者。孔孚是一位严肃而富有探索精神的诗人，他的山水诗的创作取材于山水，但不是对山水自然美的再现与复制。他说：“我写诗不喜欢对自然模仿。再现自然，我以为不是诗的任务。我要的是创造。”② 孔孚继承了古典山水诗的优秀传统，并受惠于古典山水画家的技巧与笔法，在他笔下的山水自然美，是经过他加工、提炼、浓缩和以感情孕育出来的艺术美。孔孚把一块块巨大而沉重、优美而坚实的形象实体，有机地契合在最简洁的形式之中，建造起属于自己的艺术园地。试看《莲花矶下》（《星星》1980 年 5 月）：

似开非开，/迎着大海，/传说是一个女子的化身，/等着徐福回来。

这个女子叫莲花，/心里埋藏着爱。/人人都为莲花惋惜，/都说莲花“不该”。

为的是避秦而去，/却遭世人错怪。/历史也歪歪斜斜，/只有莲花明白。

毁誉且由它去吧，/何必求人理解！/莲花啊，你可以得到安慰，/有人为你泪流满腮。

诗人开头就以充沛热烈的情怀抖开了一幅意境开阔而淡雅的山水画：海滨，巨岩簇起的莲花瓣与徐福岛遥遥相望。面对此景，诗人胸中波涛汹涌般的感情，没有像庐山瀑布那样飞流直下，而是用感情的手指轻轻挑动读者的心弦，使读者

① 袁忠岳：《孔孚山水诗的艺术特点和社会意义》，载《新文学论丛》1982 年第 3 期。

② 孔孚，见中国作家协会山东分会编《获奖作者谈创作》，《创作与学习》1982 年 9 月增刊，第 87 页。

想象的翅膀扇动起来，很自然地飞进诗中的第二境界：雨过天晴，碧绿的荷叶上滚动着珍珠般的水珠；荷叶掩映中，一株含苞待放的荷花亭亭玉立。由此，读者自然联想到其出淤泥而不染的品格。接着，诗人娓娓动听地叙述了一个美丽传说，让读者去结识一位具有莲花一样高尚情操的美丽女子。这时，岩石簇起的莲花，大自然中的莲花，姿容姣姣的莲花女，三位一体融成具体、生动的艺术形象。在这形象面前，诗人的感情得到进一步抒发。诗人对莲花女那忠贞不渝的爱情的赞美，对于她那出淤泥而不染的高尚品德和人性美的讴歌，不正是诗人自己思想感情的寄托吗？莲花女，“你可以得到安慰，有人为你泪流满腮。”正道出了诗人的情怀。

文学的社会意义，必须通过审美环节去获得。审美感受中的情感与理智是相互渗透、不可分割的。美的世界向美感过渡的心理活动十分复杂。作为审美者，其审美心理结构可分为审美感受、审美经验和审美创造三个基本层次。从相对意义上讲，审美感受主要是接受形式美，经验层和创造层则着重吸收、鉴别和改造内容的美。当然，审美心理的三个层次是整体统一，密不可分的。作品中的含蕴正是在欣赏过程中被不断发掘出来的。诗人所创造的形象，是凝练集中、富于典型性的。正如王朝闻所指出的：“典型的力量在于使人由作品这一个联想到那许多。这一个是艺术家认识生活的结果，也就是欣赏者再认识生活的出发点。富有概括性的形象，不是抽象的符号，而可能使欣赏者举一反三、由此及彼的活生生形象。”① 让我们看一下争论较大的《书卷崮一瞥》（《星星》1981年5月）：

像是有人翻阅过一样/一本书掀开在峰顶//有只乌鸦落在上面/夕阳把它染得火红

这首诗奉献给读者一幅五彩斑斓的画卷，着意描绘夕阳西下这种具有缺陷的美和披着华丽外衣的乌鸦。乌鸦是丑类的象征，但是诗中却使“丑”的形象以“美”的形式出现。那只乌鸦着金抹朱，竟然落于人类知识的象征——书卷之上！这就巧妙地描绘出一幅神奇的夕阳图。它既不失肃穆、瑰丽之美，又有难以言传

---

① 庄志民：《审美心理的奥秘》，上海人民出版社1983年版，第214页。

的深刻寓意。

写缺陷美的诗篇，在孔孚的山水诗中为数不少。像《过奇鬼峰有感》（《人民文学》1980 年 8 月）、《宾日亭小憩》（《星星》1980 年 1 月）等都是。它们既表达了诗人在政治风云变幻中复杂、真诚的思想感情，又反映了我们这个大千世界，以及诗人的美学追求。

孔孚山水诗中的寄托、寓意是含蓄的，体现了中国诗歌的审美传统。诗人以一种崇高的使命感和责任感，代时代立言。时代的风云培育了诗人可贵的气质，人民孕育了诗人的激情，诗人的笔使锦帆嶂、鹰嘴石、骆驼峰、书卷崮……都闪烁着时代的奇光异彩。孔孚在谈到自己的诗作时说："是不是我反对以理入诗呢？当然不，怎么可能呢？没有理的情是不存在的，我不过反对从理念出发，理胜于情而已。""在审视某一自然物时，我就不仅是情动，那寓于情之中的理念也在栩栩生动，在进入构思时，那政治的、道德的，甚至哲学理念，都随情一起渗入我所熔铸的意象中去。"① 诗人创作的经验之谈，道出了他山水诗的真谛。

歌德说："艺术的真正生命正在于对个别特殊事物的掌握和描述。"② 孔孚对祖国山山水水、一草一木的描绘，都潜入生活海洋的深处，善于发现那些富有特征意义的东西，并把自己对生活的独到发现和感受，用新颖而巧妙的艺术构思和艺术手法表现出来。他不仅追求"奇"，而且追求"新"。在孔孚笔下的一潭清水、涓涓的溪流、大海礁石上的一朵黄花、神奇秀美的崂山挂月峰、波涛汹涌的大海中的狮子岩，以及一片流云、冻麻了脚的小蜜蜂、贴在石碑上扇动着双翅的花蝴蝶，都化成神奇动人的艺术形象。这些艺术形象显示出独特的色彩和情调。而这种色彩和情调既有反映和概括现实生活的深度与广度，又能给读者以奋发向上的感染力量。

孔孚山水诗所形成的清新自然、含蓄隽永的艺术风格，用"清水出芙蓉，天然去雕饰"的诗句去概括是十分合适的。他的《宾日亭小憩》，着意追求"不着一字，尽得风流"的含蓄美，艺术魅力蕴藏在优美的艺术图画之中。再看《雨后》：

云/把水拧光了//挂在海边的树上晾//所有的雀鸟，/都扑扇开翅膀，/晒

---

① 孔孚：《谈谈我的一组崂山诗的写作》，载《山东文学》1982 年第 1 期。

② 〔德〕歌德著，朱光潜译：《歌德谈话录》，人民文学出版社 1978 年版，第 10 页。

它们湿漉漉的羽毛。//风也湿湿的，/飞不多远，/落在太平宫的飞檐上了。//也晒它的翎羽呢！

这常被人称为“纯美的诗”或“小摆设”。然而，聪明的读者却能神思飞越，“曲径通幽”，领悟它的真谛。有人读了《雨后》就说，他在这首诗中“看到了诗人之情，求美之趣，净化人的心灵之思。”① 诗人作为社会的人，去写人间山水，怎能脱离“人间烟火”呢？

邀现代科学进入山水，是孔孚山水诗的一个创造。诗人打破传统审美观念，把现代科学写入山水诗，意在反映我们的时代美，表现社会主义的山水美。你看，云彩里的人们，燃起篝火，映着红红的脸膛，烹调着山鸡蘑菇，呼唤着同伴的到来，与葡萄架下侧耳谛听的雷达构成的画面多么和谐！呼啸而来的银燕（飞机），似乎惊醒了蔚竹庵东南的鹰嘴石。汇集在月子口水库中的泉水，“我要发光”的呼声，与山村小水电配合得又是何等的默契！这一幅幅的写意山水画，丝毫不露雕琢的痕迹。读者自会在具体的艺术画面中去寻觅、去联想，从中挖掘时代的异彩。

诗，应是历史的回音壁。诗人是灵魂的歌手，也是美好未来的向导。孔孚把山水放到历史发展的长河之中，置于广阔的背景之上加以开拓和描绘。他没有仅仅奉献给读者欢快的春水，万紫千红的鲜花，还告诉读者前进路上有“晨雾”，有“眼里闪着一丝幽光的蛇”……以唤起人们的警惕之心。而只有如此，人们才能朝着美好的未来更清醒地前进。

孔孚山水诗中透露出的社会内容，可以使读者听到生活的呼唤，扪得着时代的脉搏，体察到人民的喜怒哀乐。这正是孔孚山水诗的社会意义所在。“一个天才的头脑里是一片沃土和乐园。那地方幸福得像爱利亚姆仙境，肥沃得像坛普，而且享受着一个永恒的春天，创造性的作品就是这个春天的最美的花朵。”② 愿孔孚山水诗这美丽的花朵开放得更加绚丽多姿！

（原载《山东师大学报·社会科学版》1987年第3期）

---

① 《中国新山水诗人孔孚》，载《美洲华侨日报》1985年9月26日。

② 〔英〕爱德华·杨格：《论独创性的写作》，见《西方文论选》（上卷），上海译文出版社1979年版，第495页。

论孔孚山水诗

刘 强

继《山水清音》出版之后，孔孚的第二部山水诗集《山水灵音》（陕西人民美术出版社1987年6月版）又以138首兼附诗论的宏幅面世。这部诗集的主要特色是“灵美”。灵美除包容灵音之外，还涵盖“隐秘”“神韵”“异趣”“象外之象”等，特别地显现出“灵象”。灵象是灵觉艺术创造的，只有启动灵觉方可以得，呈现一种东方的神秘美。

一、《琵琶泉边》的灵音及弦外音

灵音者，空灵之音耳？不仅如此，更具象一些。它是一种肉耳或许听不到的声音，而心灵可以感应到，或由想象之耳创造出来。狭义而言，孔孚好些诗是诉诸此种灵耳之音的，脍炙人口的篇章不少：《琵琶泉边》《过藏龙涧》《趵突泉边》《灵岩寺钟》等均是。且读《琵琶泉边》：

浮萍上坐只青蛙
鱼都凑近过来
老等闭着眼

这儿的琵琶声是灵音，不仅肉耳听不到，且字面上也隐藏了。具象全部诉诸视觉，据此视觉印象搜得声音。乃十分悦耳动听的琵琶声，使得聒噪的蛙，嬉戏的鱼，以及那时常警醒的老等，全都静下来。一切外物此时都显得神情异常，呈现出一种十分感动的样子，完全进入了一个美妙迷人的音乐世界。大概它们全被那琵琶声撼动心魂，早已忘却了一切。这是一种艺术上的灵美之境，这种忘我的净化之境只好以“灵美”称。诗人创造了一种理想的圣洁心境，人若是有了此种超越尘俗的心境，世事也就洞明豁达了。若要说这首诗没有什么社会的政治的意义，那兴许错了。它的灵美不是使我们的心灵产生了一种热切的向往吗？它引人欣羡和追求那种既有统一意志又有个人心情舒畅的美好的政治氛围和愉悦的社会环境。当然，诗人并没有背负“载道”的十字架。然而，政治和艺术在高层次上和谐归一了，且丝毫不露痕迹。

灵音既然“空灵”，必多“虚”音。虚音者，也是一种广泛的高层次的“弦外之音”。《琵琶泉边》是一首典型的“灵音”诗，通篇写声音却又把它隐藏着，使得众多读者之间对它的灵音有着不同的甚或殊异的阐释。灵音既然是想象之音，读者的想象就可以与诗人的想象迥异。诗既然具有一种“未完成”的美，读者当然可以运用自己的想象，创造出自己“独具只耳”的灵音来。比如诗中那个“老等”的具象，“闭着眼”，谁知道它是否在专心听琴，或许它是“心不在焉”地想它的鬼心思呢！由于职业的习惯，只要它一振翅、一纵身，这种平静、安谧的氛围就会遭到骚动，这就不能不使人产生某种“忧患”意识了。诗的这一层内涵也许为诗人始料未及，乃至是与诗的本义相悖逆的。但读者的想象只要合乎情理，不又是另一层次的弦外之音吗？诗人和读者之间可以有一种“共灵性”，即在创作和欣赏的意蕴和外象上，产生一种内心的共振；除此之外，他们之间还可以存在一种“异灵性”，即读者灵思有可能向着相异乃至相反的方向流走，从另外的或众多的意义上，产生诗人所意想不到乃至为之惊诧的振波来。不仅读者受到鼓舞和振奋，得到一种创造性的精神享受；就是诗人也会从读者的不同阐释中受到启迪，反过来因进入另一新的诗境而自乐其得。

又如《灵岩寺钟》，诗人只有一种感受的暗示，更主要的是诉诸读者的听觉——当然是一种“灵”听，由读者用自己的想象之耳去聆听：

沉默不知多少年了
看见它我就难受

不知是否还活着

轻轻拍它一声

读者自然会联想到，诗人的命运当与此钟相同，被弃置多年，遭受相似的冷遇。诗人不期与灵岩寺的钟邂逅，这“轻轻拍它一声”，倾注着何等深沉的爱！寄寓着何等浓郁的情！焉知诗人不是在叩击自己的一颗心？那么，读者听到了吗？多半是听到了，尽管压抑了许多年，仍然发出清越之音。它的嗓音并不因多年沉默而沙哑起来。听，它不是仍然能够发出时代的强音吗？自然，这是一种弦外之音。然而，再仔细听听，想想，它仅仅是钟声吗？从第三层次上，我们领略到新山水诗的“灵音”呢！我国古典山水诗曾经何其辉煌！然而，后来的“文学革命”有意无意地将它放逐了！再后来，“左”的思想影响让它蹲了“闲情逸致”的冤狱。到了“文化大革命”，更是弃之如敝屣。山水诗的声音喑哑多少年了，现在孔孚来叩击它了，怎能不令人潸然泪下！《灵岩寺钟》的这一层次上的“灵音”，于诗人或许是一种隐藏着的真实感受，于读者则非要启动灵耳方能悟听。但《灵岩寺钟》的这一层次上的“共振性”，却是客观地潜存着的。

上引诗篇，全都“出声音之外”。因是一种“外趣”，初读时往往觉得诗意甚淡。诗味淡淡的，倒显得自然（大约孔孚写诗讲究“冷”，其真实印象在时间的河水里冲淡了的缘故）。待循声细听，继而细品，始“得真味”。这或许就是孔孚山水诗“浓酿淡出”的辩证法吧！

二、灵觉和诗的“神秘”色彩

孔孚是往前走的。他已跳出浪漫主义的窠臼，不再是那种“带有一定原始性”的“喷发涌流”。他主张诗要有一种“渊默的冷”。诗对于他来说，似乎更多一些现代主义“思考的过程”。他涌流的，是“思考者的热泪”。但他的诗，却不只是波特莱尔的那种“思考”。他的诗不是那种单纯的“思考的过程”，他是把思考的过程和心理的过程两相渗透，紧紧地契合在一起的，从而实现了两个过程的统一。这一点，使得他的“思考”比现代主义更内向一些，更深化一些；诗的蕴涵也更隐秘一些。特别是他把诗的心理过程升华为一种“灵觉”和“灵通”，就使得他的现代山水诗，更多了一层“神秘”色彩。

孔孚的山水诗，尤其是《山水灵音》，可以说是一种地道的灵觉艺术。诗不是诉诸一般的感觉，而是诉诸灵觉。灵觉是人与动物相区别的感觉，动物只有视、听、触、嗅、味五种感官感觉，人除了这五种外在感觉之外，还有一种内在感觉，“第六感觉”即灵觉。孔孚写诗习惯于闭着眼睛，切断外在感官的视线，不受外界的干扰，而睁开“第三只眼睛”——想象之眼。这“第三只眼睛”的视觉，也就是“灵视”。诸如《过藏龙涧》《钓鱼台小立》《龙洞独秀峰》《龙洞白云峰》等篇，皆现出灵象；乃启动灵视，“上天入地，回穿历史”而得。

不见那涧绿水，
我钓秋风。

多想捞起那个冤魂，
垂一条思念的绳
——《钓鱼台小立》

传说大禹因龙喜降雨戏水，而罗织洪水发动者罪名，错屠藏龙涧一龙。

诗人为吊悼无辜，而有是作。

“垂一条思念的绳”，肉眼无法见，只有灵视可见。“钓秋风”也只有灵视见。“捞起那个冤魂”，也必得启动灵视方可以见。

灵象由具象经过想象升华而得，它不同于抽象和意象。抽象没有象（具象略去），意象从象中升腾理念（尚存象，抽象和具象契合），灵象却可以灵视见象，恍若眼前实情实景，然而“虚”化了（孔孚称之为“太虚幻境”）。它兴许为现实中有，却又不能用肉眼见。这种灵视艺术富有浓厚的神秘色彩。

孔孚不少写泰山的诗，都富有这种神秘意味。写泰山仅注意其雄浑、庄严，那还是未窥全豹。它也有几分神秘化。且看《无字碑前小立》：

我还是看到了太阳的手迹
风的刀痕

一条青虫

在读

不神秘吗？诗人抓住“无”这一神秘的渊薮，生发出种种幻象。这里隐藏着碑因无字，而惹太阳手痒的神情；通常它是以树枝写字，而岱顶光秃秃，因而只能是望碑兴叹的神态；幸好有云走来，出一缝隙，它可以着笔了的兴奋；以及写来漫漶难识的惬意。还有风那位刻手的种种神情，都隐藏着。那“刀痕”一定也散发着云香的。

就其神秘看，肯定不是一篇散文，而定会是诗。不知那一“青虫”可读得懂？

以上这些，都得于想象那一层次上去见，去嗅。灵觉敏锐的人，说不定还会听到什么，触觉到什么，品味到什么。孔孚发表的一篇谈诗的文字（《灯下话蝶，及青虫》，《当代诗歌》1987 年 7 月）中说到这首诗，谈到它的形成过程，引人入幻。孔孚意在“整体神秘”，这诗是达到了的。

孔孚写山水诗，灵视、灵听，乃至灵嗅、灵味、灵触等，常常是并用和通感的。外在感官对于他只有在观察生活、创作的第一阶段起作用，他的诗是依靠灵觉搜寻来的，并借助于灵觉，创造出灵象和灵美来。且再举《九顶塔下》一例，窥其灵象创造：

一根茎
吐九个葩
射一阵阵唐香

闻太阳耳语
好肥沃的土呵

在这首诗里，灵视、灵嗅、灵听都用上了，并创造出一“九顶塔”的灵象。

说它是灵象，是它已经不拘泥于九顶塔的具象；也不只是一种九顶塔的艺术意象。它是一茎艺术之葩，既是有形的，也是芬芳的，可以诉诸具象；但它“射一阵阵唐香”，则是一种灵嗅，具象无法得，意象不可解。那一左可以看到印度，右可以看到中国，在高空向西行的太阳，以及它的“耳语”，具象亦不能表现，意象也无法纳听。这首诗，使我们活鲜鲜地感受到祖国古典艺术传统的丰厚之美。当代艺术植根其中，完全可以雄踞世界艺术之林。这诗灵性地透出一种可以催发民族自信力和自豪感的“灵美”，读之使人跃跃欲试。

三、对于灵美底蕴的认识

《山水灵音》多佳制精品，值得重视的是，冠之以“灵”绝非随意和偶然，它的确在艺术上通“灵”。但现代山水诗超出陶潜、谢灵运乃至李白、王维之处，更重要的不在于艺术之“纯”；而在于深邃的现实内蕴和精巧的艺术外象和谐归一。技巧上显示灵性尚属易事，内蕴上呈现灵性则难矣！诗有“象趣”“外趣”，当然是一种灵趣，近于“纯美”；但纵使像《天街设宴》写风云、蜂蝶和人一起饮宴，也悄悄潜入了一种爱——对祖国山川的一往情深。诗的思想内蕴的灵性，大概是不以诗人的意志为转移的。孔孚写诗讲究“距离原则”，与实际生活现象拉开一定“距离”，这样能够不拘泥于生活之实，不落于狭隘地摹写生活之窠臼。但这绝不是离开社会现实，而是从更高层次上撷取社会现实蕴涵之灵性。一些不知底蕴的人，误以为“文学离开现实越远越好”，因此误入文学脱离现实歧途，沉溺于个人低唱浅吟。即使是面对现实生活实景，诗和文学也不是可以肆意躲避的。孔孚在一篇文章中写：“离开又靠近；靠近又离开；离而不离，若即若离。”(见附录《九答》158 页）认为这是诗的最佳状态。可见孔孚并非一味情痴于“远”。诗和文学厌弃和反对以前的那种“紧密配合政治中心”的“功利主义”，却不能走向同一层次的反面，而走进“象牙塔”。“载道”的十字架是太沉重了，诗背负不动；但绝不是否定诗美的社会内涵和现实意义。问题在于“道”和“教”的灵性怎样，若不是直说和浅露，而是诉诸灵觉、灵通、灵象，潜移默化，那情形就大不相同了。《飞雪中远眺华不注》（济南华不注山，酷似荷花骨朵，“华不注”即“花骨朵”的谐音)，就是丝毫不露“道”“教”痕迹，艺术上似乎属于那种“远距离”的作品；然而细读，则会发现内涵上蕴蓄着极为深邃的现实主义精神：

它是孤独的，
在铅色的穹庐之下。

几十亿年，
仍是一个骨朵。

雪落着……
看它！在使劲儿开！

诗取一种“远距离”。设计在飞雪中，是因飞雪向下，视觉上可以给人以荷花骨朵向上伸长之感；并因积雪之增厚，远远看来，那荷花骨朵似乎就要炸开。

这首诗妙在构思，隐去了时代背景。从表象上看，距离现实很远；无以道载，无以教说，诗的题旨是极其“隐秘”的。然而，隐秘只是艺术手段，并非目的。“远”实在是为了“近”，为了更有利于深邃蕴含现实容量。它巧借自然和社会两种类似现象相遇合的契机成诗，意在唤醒人们心灵深处的“开放”意识。“看它！在使劲儿开！”不正是蕴蓄和展现了一种时代意识吗？就诗的“距离原则”而言，则正是形远而实近了。《山水灵音》中许多类似“纯美”的诗篇，其“思想性”都是潜藏着的。外在感官兴许一时察觉不出，必得高度敏锐的灵觉方能搜到。只好冠之以“灵美”了。因而，也就只得仰赖读者对于灵美底蕴的洞察力了。

诗集附录两篇关于现代山水诗的论述，旗帜独树，十分精到；可以引读者进入诗的深一层次，感受灵美底蕴，除得思想教益和理性启迪外，还可以使心灵得到净化，审美得到满足。

（原载《文史哲》1988 年第 4 期）

话说孔孚现象

章亚昕

孔孚现象有意想不到的复杂性，有文化心理学的，有审美心理学的，也有人格心理学的——孔孚属于东方神秘诗派，这属于向内转的内向型文化。这个诗派力图走出现代文学的教科书传统，追求诗的空灵玄妙，而中国文化原本是诗文化，这就涉及了文化重构现象。诗文化也就是士文化，诗是士用来言志的，言志是表达士的人格理想，士在宫廷与民众之间，其理想是“雅”，也在宫廷的“颂”与民众的“风”之间。“雅”是空灵玄妙的，它用诗品来象征人品，以风格来表达人格。中国艺术精神最讲究情调，便是出于人伦鉴识的需要。所谓文化重构，是从西方神秘主义回到东方神秘主义，重建诗国的荒废家园。

再说，孔孚山水诗是主动为山水诗传统接线的，接线就是要回到诗的老家，不折不扣，是文学寻根现象，而且，无疑是寻到了主根。冯文炳《谈新诗》说温庭筠“真是令人佩服，仿佛风景也就在闺中，而闺中也不外乎诗人的风景矣”。其实，山水诗的对象不是自然美而是人格美，风景即心境，山水是人伦鉴识的象征性语言，看司空图的《二十四诗品》就可以明白。寻山水之根亦即寻人格之品，它所表达的，其实是一种精神境界。不能说写山水诗便是出世，然而，借自然美来形容社会美的最高层面——人格美，诗就超脱多了，纯多了。

纯诗问题，顺理成章地涉及人格反思现象。我认为孔孚山水诗从本质上说，是在追求纯诗，也就是在寻找诗独有的美。纯诗无为而无不为，它不讲什么道理，没有多少可以解说的意思，所以很难翻译成散文。可是，它以意境表达的精神境界，又展示了某种人格理想。想知道人们活得怎么样，可以看小说戏剧；人应该怎么个活法，得问诗人去。诗独有的美在于人格理想，人格有现实性，也有理想性，人性的魅力在于追求理想性，要进行自我完善与自我超越，诗美就从这里来，所以诗人离不开幻想。孔孚写诗是从有到无，我看，他是悟出了这一层的。人格的理想性不同于现实性，所以是无，可是它又代表未来，有多种可能性，所以无为而无不为。

我可算是服气了。孔孚现象不简单，正说明自己面对着一个丰富的艺术个性。光头绪就理了半天。那么，孔孚的诗到底如何？

从道术为天下裂谈起。

因为诗坛分裂了，没法排座次。红花绿叶白莲藕，三教原来是一家，分家后就不好比。由于互不服气，谁超越谁，都是不服气的表现。在山东，孔孚无疑是一流的诗人，在东方神秘诗派里，孔孚无疑也位居前列。这就行了。无论别人服气不服气，反正是有全国性的影响，道不同不相为谋，大家竞争就是了，还得比谁的后劲大。现在有点像“三国演义”，天下大势合久必分分久必合，是罗贯中的话也是孔孚的判断。天下三分，孔孚取“清”就“灵”。东方神秘诗派偏于隐秀，是着眼于文化重构。

道术为天下裂有三次，一次是王宫之学化为春秋百家，尔后有士阶层的崛起，产生了以“雅”为审美理想的诗文化传统；二次是中西文化撞击下“五四”前后的新文化运动，诗文化转换为小说文化，人们很有兴趣地回顾先秦，也是为了古典文化传统在裂变的缘故；三次即新时期，新文化运动的传统也在裂，裂就有了断层，使思想得到解放，向内转的含义，似乎是诗文化传统在回归，寻根派不满意“五四”的文化断层，是诗意兴味的表现。诗文化不仅是诗，而以诗为中心，审美偏重表现即向内转；小说文化也不限于小说，但以小说为中心，审美偏重再现即向外转。东方神秘主义多取隐秀一路诗风，显示出文化重构的意向。

这只是我从孔孚现象里看到的一孔之见。天下三分，便非一体。就文坛言，新闻化的纪实文学偏重于真，哲学化的纯文学偏于善，商品化的通俗文学偏于美，这是黄子平对文学流失的看法。就诗坛言，真善美三分似乎表现为新现实主义、新现代主义和新古典主义三家，东方神秘主义在文化重构这点上与新古典主义相近，似乎又不可一概而论。相近处在于向内转的同时向后看，仿佛是一种反潮流的逆向运动。人们对此往往抱有疑虑。其实，逆向运动往往是大潮流的表现，道术为天下裂而后出文坛大家，说明个性建构本来就是在传统解构时逆向运动的结果。老子讲道法自然是逆向运动，由文化解体而返回原始的天真；庄子《大宗师》讲颜回“坐忘”，他忘记仁义礼乐“离形去知”而得道，令孔子佩服得五体投地。在文化传统离心的逆向运动中，社会“失道”而个人“得道”，超越文化而生成自我，传统的创造性转换就形成了。逆向运动有无道理，取决于在道术为天下裂时，能否卓有成效地进行艺术个性的建构。我还曾经把诗坛三分解说为新诗运动、反诗运动和孔孚现象所代表的纯诗运动。诗要纯，就不可冷淡了诗文化传统，同时，首要的不是回归而是创造，所以个性建构比文学寻根更要紧，孔孚现象首先是文化重构现象。

孔孚欢喜说无，从而表达了人格的自觉。前面谈到，无不是没有，而是大有，人格的理想性包含多种可能性，不要死抱着人格现实性不放，给自己保留充分的发展余地。孔子被称为素王，素是白的；道家尚玄，玄是黑的。黑白是朴素的颜色，又包容形形色色。所以，诗之无是混沌中见玄虚，庄子的“心斋”是虚的，可以容纳万有，“乘天地之正，而御六气之辩，以游无穷”，在“逍遥游”中获得自由。隐逸诗人的“根”就在这里，王国维的无我之境亦即自由的精神境界，它是在审美的直观中扬弃了人格的现实性，从而有可能通过美育来逼近人格的理想性。于是，“以物观物”便成为山水诗金针度人的精神所在。回到山水诗，那么，孔孚的诗是啥成色？

我说，步入妙境。

现在已经转入文学寻根现象的话题，品评诗人，自然要用印象式批评的尺度。古人胆评诗品与人品，本有能品、妙品、逸品三格，说妙境而不说妙品，是怕出界犯规。现象是和规律、本质相对而言的，谈现象就得把它放在一个大的范围框架里，谈文化寻根现象，关键在于孔孚山水诗的风格，而不在于艺术级别。说妙，是想到司空图“妙造自然”四字，清与灵都是妙的表现，其特征在于性情和人格的表现可以自然地化入情调，达到了“情性所至，妙不自寻”的精神境界。

“道法自然”才称得上妙境，在审美知觉上的表现，是远观、圆览、活参。

远而圆，圆而活，造就了孔孚山水诗的清风灵气。清即不浊，风骨清奇是不入俗流，格调清新是不同凡响，孔孚性近山水，故诗风也清；灵即不滞，诗思灵动乃能远翔，笔不空灵遂见深意，求灵而不滞于物，以心眼观物的灵视就兼有远、圆、活的特色。孔孚论隐于淡，是对清灵诗风的理论阐发，大要不出南宗山水画的“贵远、贵简、贵虚”之论，让“说不出来”的性情，见诸“不说出来”的文字；而诗人笔下清风，有如《答客问》所云，来自清泉的滋润：“请教泉有多少/你去问济南人的眼睛吧//愿闻济南人的性格/你去问泉水吧”，我极看重这首诗，视之为抒情主人公的自由。作为文学寻根现象的孔孚山水诗，主要在艺术上表现为以小见大、计白当黑，看重灵视、强调象征诗人的想象与情思，超过了对自然山水客观形状的忠实描写，在远、圆、活的轨道上，寻诗的意境之根、寻性情之根。关于远、圆、活便要费一番笔墨。

远观可以《千佛山巅拣到一个贝壳》为例，拾贝、问佛、访舜、骑鲸，“游向荒古水天”，是诗思越走越远、愈翻愈奇。山变成鱼、云变成水，诗就活了。看山水要远观，万千游客不会化游兴为诗兴，便在于他们挤得太前立得太近，远观才能拉开审美距离，化观感为美感，把平实的景物化为玄虚的情思。孔孚是用灵视来远观的，把贝壳“放近耳边”是视之以耳，用想象力代替眼力洞察一切。视之以耳不是特异功能，是幻想的心眼打开远观的视野，海涛、生物进化、大自然的律动，实为眼力所不及。灵视一来，诗人不再是凡夫俗子，诗心与天地之心相印证，抒情主人公遂有权小看舜与佛，去“荒古水天”体验原始的混沌。远观不是远视的眼病，是为了看无，不是无中生有而是即有思无，千佛山有鱼化石、佛雕、舜耕传说和鲸背之形，妙在远观之后众有皆无，出现造化的象外之象，也就是与众有不即不离的太虚幻境。这里有孔孚的寻根意识。

圆览可以《飞雪中远眺华不注》为例，远观佳处在乎圆览，圆览是诗人的姿势。“横看成岭侧成峰”，兜起圈子来，静态的造型就变成了动态的音乐，华山变成在雪中渐渐绽开的莲花。“远眺”者因其不在“此山中”，反而得见“真面目”，“横”看与“侧”观均有所偏颇，难免迷离于“远近高低”的取舍。圆览本是读诗时回环复沓的情调体验，在“远眺”山景时亦即对情调直观的统觉。而见莲花开的妙境，正是诗的如意境界。孔孚山水诗是圆的，它以圆览的姿态视华山为花骨朵，以圆转的情调为精神，从而感受到大宇宙内蕴的生命力，表现出圆而又圆的情调体验的审美风度。山水诗人“知性命”，不仅以生命体验入诗，更以读诗的态度看山水，到自然界陶冶诗心，以山水、画境品评人格风神，于是有圆览的灵视。

活参可以《过藏龙涧》为例，天地无魂，是俗人之见，唯诗人能以山水为魂，以天地为心，有活的山水，才有神龙变化的诗。活参即给山水以生命，这首诗用了“藏龙”之术。远观是拉大我与物的距离，圆览是缩小情与思的差距，活参是不认实的态度，唯玄唯虚唯悟，视物为实体当即死在句下。龙木无形，况且藏之！龙形虚，故若有若无，因其无，而无所不在，可以任君活参。它偶现鳞爪，亦不过挑逗想象兴会而已。“藏龙涧”是“水不在深，有龙则灵”，不“藏龙”，便难以入诗。诗人活参山水，读者活参诗章，靠的都是悟性。山水诗的审美知觉是诗化了的山水风景，灵魂在于诗，“藏龙”术是自我性情向山水的移注。远、圆、活，都以人的性情、诗的意境为归宿。

山水诗作为文学寻根现象，孔孚寻的是性情与意境之根。意境是中国诗艺的主干，其心理学的根据则在于古老的性情之学，“性之与情，犹波之与水，静时是水，动则是波，静时是性，动则是情”，情动而诗兴发，诗移情又兼体性，是透过心境来表现人性的艺术。抒情主人公见山水而移情，自能体贴诗人天性，代山川立言传神，远、圆、活的意象把清风灵气尽数注入意境之内，貌似不动情，往往深得体性之妙。寻到性情之学，则孔孚的寻根无疑已经登堂入室，“淡”便是他返璞归真的标志。性情之学大家并不陌生，郭沫若在论证诗是“写”出来的时候，就说心境似海水，灵感似风，波浪是情调，它们构成了“诗的本体”。孔孚抓住这“本体”，就能步入自然美与人格美契合的妙境。那么，他能为诗坛提供些什么呢？

建设纯诗。

孔孚不是现代派，也不是传统派，他说自己是从西往东，西方神秘主义在于意义的隐，东方神秘主义在于意义的化，即化入意境与风格，从而波及人格反思现象。孔孚由隐到化，便有个建设纯诗的艺术使命。他用“减法”来隐来化，诗中兼有象征的韵味和笔墨的趣味。道术为天下裂之后，真善美已三分，诗人欲求全反形狼狈，有别于新诗和反诗，孔孚取纯诗是明智的。请看他的《几个诗的问题》：

诗歌不管怎样神秘，不出“情理虚实”四字。从形式美角度看，不过“虚”“实”关系而已。说到底，是个“有”“无”关系。“从有到无”，诗之道也。

“有”则“有限”；“无”则“无限”。“音”“象”均如此。

还是“无限美”。

“有限”是低层次审美；“无限”才是高层次。

中国诗歌美学精髓，我看主要在道家那里。

大入大出，大往大来，循环往复，螺旋形上升；不会走到头的。道家美学精神是自由、超脱，不会作茧自缚。

即便是不自知结了茧网，也还会“冲出”。“看！一只会飞的蚕！”（木斧《春蛾》）诗人木斧就是这样说的。

诗艺无穷无尽，没有极致。

孔孚写诗用“减法”，是为了处理虚实和情理的关系。形取“虚”而质取“无”，即可由性情之学抵达纯诗之境。“俱似大道，妙契同尘”，无我反能穷形尽相，实现纯诗“虚无”的艺术理想，令山水与人性相互映照。这样的纯诗，会高度耐读和抗译，乃是浓缩与淡出的统一，有如大自然本身，看上去仿佛意淡得讲不出，钻进去又情浓得化不开，若有若无，是无为而无不为。纯诗之美在于人性的魅力。

诗的虚无不是人生的虚无，而是把人格的现实性转换为理想性，因而不是无意义而是寻找意义。诗人也是知识分子，他写诗也要担负社会的良心，不过“铁肩担道义”是取“妙手著文章”的形式。审美总要拉开距离，不要怕淡化生活，诗是人格理想的象征，对读者的美育是通过幻觉来进行的。这是以出世的精神做入世的事业，实有功于人性的健全。无为而无不为就是这个意思，不信，可以去读孔孚的诗。在这里，人格的反思全无教科书的厚重，因其清灵反有春风化人的力量。

寓性情于情调，便产生了孔孚现象。

（原载《山东师大学报·社会科学版》1989 年第 2 期）

孔孚山水诗及其在文学史中的地位

徐北文

以山水为主要表现对象、历千年而不衰的山水诗，正如山水画一样，是中国特有的现象。为什么中国文人特别喜爱山水？为什么新文学运动以后，山水诗不行时了？为什么现在孔孚又提倡写山水诗？孔孚的山水诗是复古还是创新？

欧美文化是基督教影响的文化，中国文化是由儒家结合道家乃至吸取了佛教而产生的“中庸”思想所影响的文化。中国山水诗的出现是在晋宋之际的南北朝时期，大家知道，这一阶段正是佛教已输入并在国内扎根，而何晏、王弼等调和《论语》《周易》和《老子》《庄子》等著作而形成“玄学”的时代。当魏晋的“三玄”之学盛行时，文坛上出现了所谓“玄言诗”。玄言诗是直接说理的，虽然它也合辙押韵，但从文学角度来看是不能满足人们的审美要求的，古人讥玄言诗为“平典似道德论”。以孙绰、许询为代表的这一诗风很快就被庾阐、殷仲文和谢混及其侄子谢灵运的“山水诗”代替了。所谓“老庄告退，山水方滋”，是否山水诗是玄言诗的对立物呢？否，我们看《世说·赏誉》中，著名玄言诗人孙绰游白石山时，评说卫君长：“此子神情都不关山水，而能作文?”可见玄言诗人认为不爱山水的人是写不出好诗文的。不仅因儒家说“智者乐水，仁者乐山”，而且道家的“返璞归真”与儒家的“安贫乐道”“与世无争”相结合的人生观决定了古代士人的审美取向，向往老农、老圃、渔翁、樵夫的形象模式，从而对山水田园一往情深。玄言与山水是一个事物的两面。玄言在师友讲谈中完全可以流行无阻，但搬到诗歌中去就不能持久，文人们就请来了形象，然而是新的形象——山水。玄言并没有告退，而是隐藏了起来，隐藏在山水形象之中。最初的山水诗还是藏头露尾的，如一代大家谢灵运的诗歌，一首中往往是山水与玄言羼混在一起的。到了后来，才逐渐出现了玄言完全隐藏起来的山水诗。总之，山水诗最初不过是玄言诗的变形——或者说是发展。

士大夫们的人生观是一种中庸思想，它介于入世与出世之间，兼济与独善之间，儒道两家与佛道两教之间。当名利场上失败之后就把声色犬马之乐转化为或者淡化为月露风云的山水之乐，或者是相反。然而退隐的生活情趣也可以在名利场中兼而有之，于是就出现了“朝隐”“市隐”这种人物。上朝时就蟒袍玉带，退朝之后就布衣葛巾。在府邸中垒起假山，在山林中建起别墅。这就是山水诗兴起于儒道佛调和的中庸思想出现的晋宋之际，一直持续到五四以前而不衰的缘故。

但是事物并不如此简单，山水诗的发展还有另外的一面。诚然，文士最初写山水诗是把山水形象作为表达玄理的工具，时间长了，古人所谓“久假不归”，今人所谓“弄假成真”这一规律就出现了。例如马是代步的工具，但是马本身固有的美也会打动朝夕相处的主人，于是它可能在主人的眼中工具作用逐渐减少，而成为审美的主体了。山水亦然，文士们利用了山水形象后，也被山水本身的美征服了，自己倒成为表现山水之美的工具。在山水的自然美面前，人们忘掉了哲理玄言，忘掉了自己的身份，正是“江山如此多娇，引无数英雄竞折腰”，米颠于是乎拜石，李白于是乎邀明月。山水诗的盛行，其动力转化为审美情操，于是我国就有很多优美的纯山水诗的成果，它们对山水自然美做了多层次多方面的开拓，提高了中华民族的审美情操。但是纯山水之美只存在于山水客体之中，不存在于山水诗之中，因为山水诗是经过了人的中介的。“水流心不竞，云在意俱迟”“行到水穷处，坐看云起时”“春风又绿江南岸”等佳句的形象之后都有人的情意存在，即使把“大漠孤烟直，长河落日圆”“池塘生春草，园柳变鸣禽”这些句子从全篇摘出来做独立的欣赏时，也可看出诗人的审美修养程度来，仍然是有“人”在而不纯的。当然，相对而言是有纯山水诗的，只要不是把山水作为表达某一思想或某一企图的道具，而是注重表现山水美感的诗，我们就可以把它看作纯山水诗。历代诗人写山水者很多，但倾全力写纯山水诗的则不多见，不但王维、柳宗元等未能做到，即使是逸氏和僧道诗人也难于做到。因此这只能是相对而言，承认某人是以模山范水见长的山水诗人。

为什么新文学运动后，山水诗衰退了呢？（我应声明，这情况只限于新诗，写旧诗的朋友们，如陈三立、柳亚子等仍在写山水诗。）既然要打倒“孔家店”，传统的儒道佛结合的中庸思想当然被排斥，这样就株连上了山水诗。山水诗和中庸思想被“破”了之后，“立”的却是西方思想，有的是欧美的，有的是苏俄的，有的是日本的。但丁、歌德、拜伦、普希金等是不写山水诗的，何况新文学运动是和革命结合在一起的，发展到后来文艺成为革命的宣传工具，这与晋宋时代正相反，是“山水告退，革理方滋”。讽喻诗可以保留，爱情诗还有反封建礼教作用，山水诗算什么呢？新文坛排斥它是必然的。如今文学课本上选读的旧体诗，如果是山水诗的话，也是靠了“歌颂了祖国美丽的山河，体现了爱国主义思想”这条理由而存在的。古今同样是提倡“文以载道”，如果是载道家老庄之道，山水是得心应手的工具，可是载革命之道它就不顺手了。就算是爱国主义可以涵盖一下，也只能是黄山、黄河，阿尔卑斯山、富士山和密西西比河就难以拉进来了。退一步说山水诗仅靠“玄理”而存在，靠中庸思想而存在，丢掉它尚不可惜的话，无奈它还靠山水之美而存在的。大自然——山水是美的源泉，不管是古是今，是中是外，山水是美的，爱美的人类是舍不下丢不开它的，诗歌是不能不表现的。五四以后至“文化大革命”，只是历史的一个瞬间，山水诗则会和历史一道前进。

这就说到了孔孚。孔孚过去不是写山水诗的，记得他曾写过歌颂第一个五年计划工业蓝图的长诗，有时即使写到山水，也不是其重心所在。党的十一届三中全会以后，他才以写山水诗为主，自觉地想做一个山水诗人，并且取得了很高的成就。显然这首先因他本人是个山水迷。我也爱山水，可是和他游山时，就显出我不过是个一般的看客，他却是山和水这二位名角的基本观众。三中全会以前是政治气候不准他写，我相信他对山水之美早就是情有独钟了。如果说孔孚大写山水，是拨乱反正后的文艺政策对山水诗解禁的产物，虽是对的，但还不够。当“文化大革命”如火如荼之际，不仅一些杰出的党政领袖在反思，工农也在反思，不少文艺工作者同样在反思，不过是各有各的专业考虑罢了。在文艺界是考虑当时盛行的文艺理论——反映论是否有局限、有偏颇的问题。于是文艺政策一开放，现实主义就不那么吃香了，西方的现实主义之后的许多流派纷至沓来，有的寻扯新名词术语写评论，有的积极写一些仿作。新诗也是这样，外国的著作一时翻译不过来，就找新中国成立前的译著，求教于三四十年代的而后又五十年代所摒弃的诗人：徐志摩、李金发、戴望舒及闻一多的《死水》与《红烛》等。孔孚也不例外，他研究徐志摩、细读闻一多，又旁及国外的艾略特、庞德等。当诗坛冒出一些新人新作如舒婷、北岛等人以及朦胧诗等流派时，孔孚的新作——山水诗也发表于世了。这些新人新作，包括孔孚在内，有一共同点，即对反映论、工具论的文艺理论的反思，写出了发掘、表现诗体的固有的独特的美，突出作者本人的个性和自己具有的审美倾向。上举的几位诗人和孔孚之所以成就较高，是他们不单纯追求新风尚、不单纯学习中外现代派诗人的名作，却是不同程度地有着“反求诸己”的功夫而使然。

孔孚不同于时下流行的诗人之处，首先是他专心致力于山水诗的创作。五四以后的新诗坛忽略了山水诗是因为时代的局限性，应当为我们所谅解。内乱外侮，处于水火中的人民无暇陶冶山水是必然的。战乱过去仍然不享受大自然所赋予我们的山水之美，就成了缺陷。孔孚及时出来自觉地弥补这个缺陷，而且取得了好成果，他对新诗坛是有功劳的。

说是孔孚把中华诗歌中的山水诗传统亲手引回新诗坛来，使这株奇葩重在诗国中开放，这也只说对了一半。孔孚的山水诗与古代的山水诗相比，是个新品种。如前所说古代的山水诗有两种，一种是作为载道——玄言的工具，一种是力求再现山水固有之美感。总的来说，古代大多数山水诗不出工具论、反映论的圈子。并不是说诗人在这理论的作用下写不出好诗句，但总是受到限制，不能充分展现诗歌固有的美。孔孚则是自觉地摆脱这一框框的束缚的。这在他的《我与山水诗》《九答》等文中已说得很清楚，我不再赘述。当然他也并未完全摆脱掉，如《过藏龙涧》的“就知道你没有死/耳边传来雷声隆隆”。诗句是很好的，但有注脚：“传说原有一条龙，遭大禹屠戮。龙是降雨戏水的，因而就是洪水的发动者，这值得怀疑，我为这魂一辩。”孔孚的这首诗本身是好的，体现了藏龙涧的美的特点，只是有了这个注脚，读者从静思浮想中拉回，要为社会某一现象鸣不平了。诗本身摆脱掉了，但积重难返，还要来说理一番，冲掉这个烙印是多么不容易。但孔孚在很多地方则真正做到脱颖而出，如写泰山顶上的天街：“楼不见顶/街悬在半空//云和人/在一起行走//我追一片云/跑进一家商店里去了//躲在墙上一幅泼墨山水的半腰/还动呢”。这里不是天街风物的再现，也没有寄托着什么“道”，但形象、境界和情趣浑然一体，像大自然固有的一个生物一样，而且是喘着气儿的很美丽的生物。这样的诗境，在历代山水诗中就没有发现过。达到这种水平的诗，孔孚是写出若干首的，这只是一例。他取得这一成就，除本人的素质之外，也不应忽视他艰苦的学习追求。除我国惯用的技法外，他应是受了诸如象征、意象的外来技法的影响。他的诗是新品种，不是通过嫁接而是通过杂交，是把基因通过可控制的试验，经过多次筛选而培育出的新品种。总之，这是精心培育的成果。

新品种的来源，是少不了旧品种的基因的，孔孚不是碧眼金发，是个浅眶黑瞳的中国人，眼眶的深浅会影响视觉的差异，黑眼瞳反映的色彩也许不会是油画颜料而是水墨色的吧。这只是个没经科学验证的比喻，只想拿来说明任何人也摆脱不了自己的祖先，即使生物的新品种也是如此。我曾说舒婷的新诗实际是来自中国的传统诗歌，同样，象征、意象等也没有使孔孚变成个西洋诗人。孔孚是熟读旧诗的，他记忆中的旧诗似乎要比新诗多，只要他不经意，那旧诗的气味会很自然地从他的笔下流出来。有如“晨餐朝霞/夜听潮音/濯足于万顷烟波/肩搭一条白云/有大海这面镜子/沾不得半点灰尘”(《崂山》)。本诗前半的“餐朝霞”“听潮音”即是习见的旧诗用语，而第三行，则直接来自左思的“濯足万里流”。然而当第五行“镜子”出现时，“肩搭白云”的新意象就出来了，使得全诗焕发出崭新的容光，连最后“沾不得半点灰尘”这句也使读者不再计较是否受了惠能的启发了，而得到一种饱饫美意的满足。当然也有个别的则不尽如人意。如把太阳比作铜锣的那二首，就是“小时不识月，呼作白玉盘”或苏轼的“铜钲”的比喻的演绎。但是，孔孚受旧传统的影响，不只是上述的情况，不只是因耳濡目染不自觉地流露，在这方面他也是个有心人，是很自觉地继承传统的。我国历代文艺观，大体分两种，主流是孔子—《毛诗·大序》(来自《礼记·乐记》)—《文心雕龙》—《在延安文艺座谈会上的讲话》；副流则是《庄子》—陆机《文赋》—司空图的《诗品》—严羽《沧浪诗话》—王士祯的“神韵说”。(这是我于几年前在山东省古典文学研究会成立大会上的发言的观点，将另行文论述，不赘。)孔孚正是受了副流文论传统的影响的，而且颇下了一番钻研功夫。可贵之处，他通过中西对比，发现了古代诗人自觉地存在象征、意象的感觉和运用，从而又吸收、扬弃了它。孔孚写诗，自说力求“隐”“简”“淡远”，我看这也是中国味儿。中国古代没有史诗——长篇叙事诗，是个很复杂的问题，姑不深论，但其大量的遗产则是短篇，而且是以意在言外的含蓄为其主要表现手法的。孔孚走这条路子，是一条中国传统的路子，即使是它的副流。而我是想看到副流要和主流汇合而形成新主流的。当然，孔孚的山水诗不是旧山水诗的赓续，而是中国土壤上的新品种。

附带要说一下，孔孚的诗作近来很受注意，在青年中也有较大影响。但我只愿看到他的作品仅是诗坛这个百花园中的新品种之一，而不是把这花园变成单一品种的“香雪海”或“杏花村”。品评艺术的风格，各种风格应是平等的，《二十四诗品》以雄浑为首，如果以先后为高低的话，就不免主观。四五十年前散文界有些论客们高标“冲淡”为散文的极致，也不能服人。孔孚的以“隐、简、淡、异”为特色的诗虽然很好，但不应代替其他风格。昔苏轼评其老友黄庭坚云：“鲁直诗文如蝤蛑江瑶柱，格韵高绝，（使人）盘飧尽废，然不可多食，多食则发风动气。”虽是味道高绝的食品，多吃偏食会影响健康的。正像山水诗一样，它与爱情诗、讽刺诗是平等的，推而论之，山水诗中的各种风格也是平等的。这样，读者就受惠不浅，既有选择的余地，也可以夭桃秾李，大饱眼福了。我甚至也曾劝过孔孚：“如果对纯之又纯、隐之又隐的追求，感到困难或厌倦了时，也不妨退回来。”他自然不同意，也许这正是他的特色，而我也不会劝他变得和我相同，人人都要顺着自己的个性发展下去的。

综上所述，我认为：孔孚使山水诗重返诗坛，在我国诗歌历程上是件值得注意、值得称赞的事，应载入新文学史册。孔孚的山水诗是有成就的，他在我国山水诗传统中培育了一个新品种。而这新品种是中西古今杂交的结果，但仍然是中国的。孔孚创作活动很努力很自觉，他顺着自己喜爱的境界努力前进、探索，他的风格仍在成长之中，年老诗不老，是具有青春气息的。孔孚的诗无论达到多么高的境界，也只是众多风格之一，正像山水诗不能代替爱情诗，腊梅不能代替牡丹一样。

（原载《东岳论丛》1989 年第 2 期）

孔孚印象

宋遂良

孔孚热爱自由，孔孚的灵魂可以说是一颗自由的灵魂。他最害怕束缚，即使是在冬天，他也总是披襟敞怀，不愿扣扣子，不独在家里，某些严肃性的会议，甚至做学术报告，也都如此。他从不戴“手铐”，因为表带给他以束缚之感，他觉得那简直像铐。鞋带也常常是不系的，他还开玩笑地说过：无可奈何的是腰带，因为不扎腰带就要掉裤子。

这种自由的思想，弥散于他的诗中，读者都会感到。《诗刊》去年十二月发的他的《扬州三首》，其中《扬州的风》《扬州的花》是最好的例证。他写“风”：“经它一搔/就胡思乱想//想收它在绿格子里/白费心机//外边黄叶在叫/跑了”；他写“花”：“瞅着身边几个瓣儿/板桥的石头也痒//东风说/谁想开就开”都隐现着扬州特有的自由精神，这比李白笔下的“烟花”，杜牧眼中的“明月”更能体现扬州的神韵。可以说，扬州如果缺乏这种自由的精神，“八怪”是出不来的。写扬州，孔孚可谓得其髓矣！这也可以说是孔孚之髓。时间、空间都莫想绑住孔孚。他在悼念国画大师黑伯龙先生的诗里，竟说他听到这位老师在小语：“刚刚去看过石涛/大千先生在座/商量去找朱耷/一起谈谈‘篱笆’。”死者和生者、死者和死者都可以说话。他们四位不同时代的画家的灵魂还在“商量”着怎样突破“篱笆”，画出新意。死去了的大师尚且如此，后人、生者又该如何呢？令人寻味、深思。这里不仅时空全息，死者之自由精神也与生者自由精神全息。

自由实在是诗人的生命啊。

孔孚好像不太喜欢照相。据他自己说，那是因为他那发胖的“尊容”带有商人气。只有在峨眉金顶云雾中隐现千佛顶、万佛顶双眉时，由他指导摄影师抓拍的一张，他比较满意——这就是印在《山水灵音》封面折页上的那幅。前不久有一位大诗人写信给他说：“你自谑外貌为商人相，不确。照我看是佛陀相，是一尊从痛苦的酣眠中醒来的佛陀。”这话说得极当。孔孚看了像孩子般笑了。

孔孚貌不惊人，但气度过人，长一身傲岸之骨，披一肩狂狷之气，自视甚高。有一年他送一篇诗论参加一个学会的论文评奖，评委们给他评了一等奖，报上去审批时，却批了个三等奖。孔孚十分懊恼，后悔不该参与这种事情，他将获奖证书及奖金原封不动地退了回去，弄得颁奖单位下不了台，几次解释，终未获得谅解。他对于自己的诗，也是充满信心的。他说，我的诗里，最古的、最新的（思想、艺术）全有，不管用什么方法，未必能搞得透。

他还说过一个诗人“得有一颗雄视千古，甚至和上帝一争高下的敢于创造的雄心。这就是‘诗胆’了”……在今天的中国，今日中国之文坛，怕是难以找得出几位像孔孚这样直率、坦荡而自信的作家吧？孔孚天真，孔孚可爱，孔孚是真诗人。尽管你也可以说他狂，说他迂，但一个经过几十年风雨折磨、坎坷大半辈子的人，仍是这样“响当当一粒铜豌豆”似的活着，没有一种强大、正义、内在的精神力量支撑着，怎么能够？

中国文人习惯于温柔敦厚、过犹不及的中庸之道，中国老百姓也做惯了“顺民”和“驯服工具”，今天在圣人的后裔中出一个反传统的孔孚，是多么可贵！

一般人多知道孔孚是诗人，很少有了解他还是位善书者。他的字，非碑非帖，自成一格。春节前有一天几位老友在他那里聊天，偶尔涉及书法，孔孚兴来，取出一张四五尺长的条幅，上书一字，像惊蛇落地，尾部略向右上回收，线条瘦硬，跌宕飘逸。见者皆叹其气势，却不知是何字。孔孚憨笑说：“意。”细细品来，真正是以意写“意”。实抽象又抽象之“意”也，只是也太无法度了一些。这也与孔孚的诗相同，神来之笔，也就只能神会。一年之中，孔孚只拿出一两天时间为酬应老友而闭门作书，写字前必先清心去欲，宽衣素手，闭门神思良久，然后一挥而就，一气呵成；几十张写毕，已是大汗淋漓，如得一场大病，将息数日才能复原，可知其倾注全副精力。孔孚学书，早年曾习过石门、二王、颜、柳、欧、张旭、怀素，如今他已脱出任何窠臼，一任性灵流走。他说，在艺术领域里，有诗人、画家、作家、音乐家，唯独“书”，却要加一个“法”字，叫作“书法家”，这实在是对“书家”的轻视。但他又并不排斥“法”。他写字是从描红开始，经过了临碑、摹帖，品味真迹，相当长一段艰苦历程，可见他对“法”还是相当尊重的。这便是“大入”“大出”。孔孚今日之近于“无法之境”，实从“有法而来”。也是“从有到无”。至哀无文。至亲无言。至人无法。从心所欲不逾矩，他要的还是自由。这也同孔孚诗之追求“无技巧”“无艺术”通（关于这一点，《黄河诗报》去年十二月号《孔孚专辑》发有《复王尔碑》一文，对此讲得透彻，这里就不赘言了）。

孔孚不但是位诗人，而且是一位诗歌理论家。他的诗论《远龙之扪》即将结集出版。其中的《我与山水诗》《九答》《谈提炼》等，都是很有影响的宏论。我新近读过他长达三万余字的《溯观——读〈沧浪诗话校释〉札记》，以严羽的《沧浪诗话》和郭绍虞先生的校释为“靶子”，驳难辨疑，阐幽抉微，于亦庄亦谐中，讨论了诗歌理论界纠缠了上千年的一些难题。且看孔孚在文末是怎样评价严羽和他的《沧浪诗话》的：

> 一、《沧浪诗话》只谈艺术，算得一本奇书。
>
> 二、从沧浪写这本书至今，不管是喜欢还是不喜欢他的人，都说了好多话，争吵不休。可见其分量和生命力。
>
> 三、但它是不成熟的。然而却又是闪光的。
>
> 四、就沧浪本人看，他很像诗界的一个革命党，但脑勺后头却又牵拉着一条辫子。还像波特莱尔所说的那艘借着四面八方风势行驶的船。
>
> 五、美学上他喜欢“远距离”。眼却又有些近视。
>
> 六、舌头有时似乎不属于他自己。
>
> 七、往往是想借根拐棍走路的。
>
> 八、胃也不太好。却喜欢囫囵吞枣。
>
> 九、胆子呢？大。又小。姑谓之“小大胆”吧！

想当初严羽在答吴陵的信中自称他这部《沧浪诗话》“乃断千百年公案，诚惊世绝俗之谈，至当归一之论”，“李杜复生，不易吾言矣”。是何等的自负！哪料得八百年后有个孔孚，竟以“真取心肝刽子手”（严羽自诩的话）的凌厉来批评他呢?

孔孚论诗，大抵有两个范畴。在诗与社会人生关系方面，他是个“艺术派”，“唯美派”。他反对实用主义的“小功利”，但不排斥潜移默化的“大功利”，这就是用诗来启迪人的灵性，张扬人的创造精神。他说一个人的灵性多了，奴性就少了，我们的人民如果多一些灵性，少一些奴性，那我们人民的创造力会是“无穷”的，你想束缚他也束缚不了。什么反封建，实现“四化”，不都在其中了吗?在现实中，孔孚是一个激愤的忧国忧民之士；在诗中，他却尽量追求“超脱”。他说，诗是“精灵”，背不动“十字架”。

谈到诗的本体，孔孚有一套东方神秘主义理论。他在《中国新诗之走向》(载《诗刊》1988 年第 10 期）一文中说：“东方神秘主义将会熠放出神秘之光。‘五四’以来我们是向西方取经，未来可能要来一个倒转。”

他的作为中国艺术精神的东方神秘主义，又可以“远龙”说为核心。前人论画，有“远人无目，远树无枝，远山无石，远水无波”之说，讲的是距离产生朦胧，朦胧中含蕴想象。后来钱锺书先生在论及南宗画和神韵派诗时，顺便说了“远龙也理应是无鳞无爪的”一语（见《中国诗与中国画》，又见于《管锥编·太平广记·张萱》)。对于钱先生四十多年前的这句话，孔孚说：“人多不留意。在我，则视若宇宙彗星，奇异而神秘。这颗彗星落入我的灵府，终生受用不尽。”

由此，孔孚着意在一个“无”字上作诗。他说，“三十年一悟，得一个‘无’字”。他根据道家的宇宙观认为：宇宙、太虚，世界的本源是不变的一个常数，总归于一，亦即归于“无”。孔孚十分尊重读者的“灵觉”和参与意识，认为读者可以根据各自的经验和审美需要，做不同层次的参与。他的“远龙”实验，就是建立在尊重读者、尊重艺术规律、尊重人的精神世界的丰富性的基础上的一种美学追求。孔孚诗的内蕴是非常丰富的，正像一位评论家指出的，他追求的不是“表现”“再现”，而是一种隐现。这一“隐”，就给不同层次的读者留下了广阔的审美创造空间。

我虽然知道孔孚的诗也并非完美无缺，首首都好，但我仍希望有更多的读者喜欢他的诗，平和随意地欣赏他的诗。比如他的一组《夏日青岛印象》，写得多么可爱！其中几句“青岛的风/玻璃似的//人游在街道上/像鱼”，读一遍就记住了，如果把这几句诗以大行草镌刻于大理石或黑色花岗岩片上，着“佛头青”，镶嵌于栈桥之侧，青岛人和游青岛的人看了，该多么的舒服和得意啊……

（原载 1989 年 3 月 22 日《作家报》）

山魂·水魂·人魂

——论孔孚山水诗的主体意识

朱德发

纵观中国新诗发展史，发轫期的“五四”诗坛曾涌现出一批山水诗，虽然它们所蕴含的现代意识和审美价值至今仍给读者以新鲜之感和审美愉悦，但总嫌其浮露，诗味浅薄且技艺粗疏。“五四”以后由于社会解放重于一切高于一切，致使新诗园地的山水诗受到冷落，到了极“左”思潮泛滥时这朵奇葩已面临凋零枯萎的厄运。直至新时期思想解放的春风才吹开了山水诗这朵花蕾，使之重放异彩。孔孚的山水诗，开新时期山水诗风气之先，在新时期山水诗坛上闪耀着灿烂夺目的光彩。他继承了中国古代山水诗的优秀传统，认同了“五四”以来新山水诗的一些美点，特别汲取了西方现代新诗美学和意象派的技法，通过创造性的转换、融合、改制，既形成了自己独特的山水美学观，又创建了超越前人的山水诗篇。

“人化的自然”与“人的对象化”

宇宙间的大海山川，都是未经改造的大自然，即“第一自然”，它吸引了中外古今无数诗人为之吟诗作赋。当代诗人孔孚并没有陶醉于古典山水诗的辉煌，也没有拜倒在外国山水诗人的脚下。他认为“如果不能后来居上，起一些新的摩天大楼，那就是没出息，不肖子孙”（《山水灵音》181页）。诗人的壮志雄心已付诸艺术实践，只要翻开他的山水诗集便会发现，有些诗作的确超越了古典诗歌，他称得上地道的新时代的山水诗人。

孔孚诗集里描绘的山山水水摆脱了第一自然的原始形态，山有山魂，海有海魂，水有水魂，似乎他笔下的万千气象都富有灵性和神魂。这是诗人“按照美的规律”，对“第一自然”进行审美观照，创造的“第二自然”即“对象世界”，是物化的审美意识形态。具体考察，孔孚笔下所创造的山水诗包孕三个层面：一是诗人遵循大海山川的自然属性，按照美的规律来探索山山水水的灵魂并揭示其神秘的性格；二是诗人将自己的思想性格、情感灵魂贯注于自然对象，依托自然对象表现主体意识；三是诗人以主动姿态直接去拥抱自然界，“我”既不是隐身于大自然的背后，也不是消极等待，而是公开地积极地参与大自然，使自我与自然融为一体。不论哪个艺术创造层面，都是主客观的统一体，是主体审美意识和审美情趣的“对象化”，也就是“人化的自然”。孔孚山水诗以高超的技艺比较成功地完成了“人化的自然”和“人的对象化”的转换，可以说已达浑然一体的艺术境界。水魂、山魂、海魂都取决于人魂，因此当我们阅读山水诗掩卷沉思的时候，仿佛一幅幅绚丽多彩的画面幻化为一颗颗神秘莫测的灵魂。如果把一颗颗灵魂汇集起来，便铸成了一位当代知识分子的整体灵魂，这正是诗人的独特灵魂。

不过，孔孚山水诗所蕴含的主体灵魂并非赤裸于山貌水面之上，而是隐藏至深，几乎每首诗都具有象征寓意。但诗人不是采用一般意义上的象征手法，而是现代象征艺术。正是借助于象征，诗人出色地筑起了“人化的自然”与“人的对象化”相贯通的桥梁。所谓现代意义的象征艺术，是指艺术形象与主体意识的高度契合，从宇宙万物中寻觅主体诗情与梦想的准确“对应物”。这种“对应物”所揭示的境界是通向创作主体的深层精神世界，因而其象征意蕴是含蓄、多义和多层次的。孔孚不仅深晓现代象征艺术，而且在山水诗中成功地创造了这种象征体的艺术境界。他认为李商隐《无题》就是一首“象在此”而“意在彼”的“不着一字，尽得风流”的纯象征诗，而这种象征诗具有“整体性”的特点，这正道出了现代象征艺术的主要品格。遵循象征艺术规律，孔孚创造出一首首富有象征意蕴的山水诗，通过山魂、海魂、水魂深刻而含蓄地表现了诗人的主体意识，从而勾画出当代知识分子的躁动不安、奋发向上的灵魂。

孔孚的山水诗并非孕育在艺术的象牙之塔，而是诞生于社会主义新时期，所以具有浓郁的时代气息。新时期是一个人的启蒙、人的觉醒、人性复归、弘扬人道主义精神的美好时代，一切文学创作几乎都环绕着感性血肉的个体从作为理性异化的神的践踏下争取解放的母题旋转，“人啊，人”的呼喊差不多振荡着每个知识分子的心弦；尤其是改革开放的大潮又把思想解放运动推上一个新阶段，尊重自我、实现自我价值既是广大青年知识分子的心声，也是觉醒了的中老年知识分子的心愿。虽然在文化意识形态领域不断地有所批判有所责难，但并没有阻挡住知识者外在宇宙与内在世界的自由空间的不断拓展。在大时代文化氛围的感召下，具有独立人格的诗人孔孚重新燃起正义之火，放出人道之光。由于他的自由意识以及对自由的追求比一般人都强烈，他对新时代的感受和对过去岁月的反思比一般人都深切，于是他狂热地去拥抱大自然，以此抒写胸中澎湃激越的诗情诗意。因为在诗人眼里，唯有大海山川作为“对应物”构成的象征体，才能表现他那开放的自由心态、复杂的人生体验和躁动的思想灵魂。可见，孔孚的山水诗是一种新质的山水诗，从诗魂上与古典山水诗相区别，不论他所表现的什么灵魂——或忧伤或悲愤或孤独或兴奋或乐观，都是以现代意识作为思想根基。

忧伤之魂与孤独之魂

有人说朦胧诗是新时期的第一只春燕，首先喊出了人们胸中积压已久的酸甜苦辣，表现出一颗颗感伤忧郁的灵魂。其实孔孚的山水诗也是较早地表现了忧伤之魂与孤独之魂，不过它不是喊出来的，而是蕴含于象征体中，显得更深沉更凝重一些。

你只有一点不好，
——苦

这不正是我么
皱起额头。
（《和海闲话》）

即便大声哗笑，
也看得出有点寂寞。
海啊，
究竟为了什么？
(《海啊》)

诗人并没有渲染大海是一种巨大的异己力量，也没有歌颂大海是一代代人的养育者，更没有作突兀警拔的动态描写，而是把自己强烈的主观情绪熔铸在大海身上，仿佛大海与自己具有同样的命运同样的体验同样的灵魂，并做了相亲相近的静态描写，着重于它的内在个性的开掘和哲理性的探索。“苦”是大海的本质特点也是它的魂，正是在这一点上与诗人忧伤痛苦的灵魂相应，他心中的苦水如海洋那样深，诗人的灵魂长期被禁锢，苦水是倒不出来的，虽然新时期他的灵魂得到解放，精神获得自由，但那伤痕斑斑的苦魂是很难愈合的，越是心灵受到自由之风抚慰的时候越是按捺不住忧伤灵魂的颤动，这就必然激起诗人对历史、对与自己同命运的当代知识者人生道路的反思。所以即使有时诗人能如大海一样“大声哗笑”，陶醉于幸福快乐的氛围之中，其内心深处却总“有点寂寞”，即有一颗与忧伤之魂紧紧相连的孤独。这正是被压抑或扭曲的个性已经觉醒和得到解放的表现，也是对苦难的过去铭记在心的外在流露。诗人喜欢选取大海作为自我灵魂的对应物来构成象征体，这既表明诗人的性格如同大海一样宽阔豪放，又说明他的忧伤感、孤独感之强烈之深邃也同大海一样。

孔孚和自己同代的知识分子一起欢欣鼓舞地迎来了年轻的共和国，自我独立人格在五十年代之初得到社会的尊重，自身的价值在所从事的工作和诗歌创作中得到一定的显示。孔孚同代的知识分子既在一定的范围内享有精神和心灵的自由解放，又要承受着政治结构和思想形态的压抑。这就使知识分子的人格选择面临着双重价值目标的冲突：一是灵魂的价值，它将人格尊严、精神独立判定为至高的选择目标；一是肉体的价值，它认定只有个体的生存以及与之相联的所从事的事业才是居于首位的选择目标。这双重价值目标的选择本应在自由民主的社会条件下得到辩证的统一，但由于政治与思想领域不断地“风云突变”，使两者的选择相悖离，当代知识者便陷于灵肉交战的心理困境。由于灵与肉这双重价值标准在人生的天平上是等价的，所以在五十年代后期的人生十字口，有些知识分子极力在灵与肉的张力中求得平衡，即在维系个体或事业生存的前提下坚持人格独立；有些知识分子在极“左”思潮的威迫下逐步交出那颗惹是生非的灵魂，遵循着“驯服工具”的哲学，使自我丰富复杂的内心转向自我束缚自我控制；也有些知识分子并不顾惜个体生命价值，而是去追求灵魂的永恒性，为真理而奋斗，顶着极“左”思潮的淫威，做一个正气浩然的具有独立人格的有识之士。我认为孔孚基本属于后一种类型的知识分子。他们思想灵魂受到一次次重创。从“反胡风”中经“反右”到“文革”，铸就了他们超常的忧伤灵魂和孤独心理，虽然他们为消除忧伤感和孤独感建立起一定的心理防卫机制，但那颗被灼伤的正直之心人道之魂是难以平衡的。虽然新时期孔孚及同代的知识分子得到正式的平反和精神上的松绑，但极“左”思潮与封建意识相胶合，如同幽灵一样不时地冒出来干扰思想解放和人性复归。因此说诗人在山水诗中所表现的忧伤之魂和孤独之魂既有历史的伤痕又有现实的体验。“用雷的语言/海邀我起舞//我习惯于孤独/禁不住泪眼模糊”（《海情》之二），这首诗借大海直抒胸臆，虽含蓄不足，但感情激越，充分表达了诗人由忧伤而引起的孤独感之深重，任凭大海用雷一般的语言来邀请，也激发不起他手舞足蹈的欢乐心情。然而诗人对这颗习惯了的“孤独”灵魂并不满意，也想摆脱忧伤孤独情结，和大海结伴尽情地狂舞，以使自我灵魂获得彻底解放。“禁不住泪眼模糊”，正表现了他这种欲挣脱孤独以获自由之魂而不得的矛盾心情。

诗人不仅善于通过大海来折射人魂，也长于借助大自然其他景物寄寓自我意识，抒发“小我”和“大我”的忧伤之感和孤独之情，并通过为客观某种物象的平反昭雪以展示自我深层意识的人道之魂和忧愤之魂。“将军礁”的身上“压一肩痛苦”，待人安慰它“和海说说话，/也许好些”（《将军礁》），这既表露了诗人的人道主义深情，也暗示出自身的痛苦灵魂常常依靠大海的柔情来抚慰。“飞凤岩”虽展开翅膀却老是在那里不动，“它想些什么呢？/也许是只受伤的凤？”（《飞凤岩》）这块岩石有颗受伤的灵魂，徒有张开的翅膀却不能腾空翱翔，失去了争取自由的力量，失去了实现抱负和追求的技能。诗人对它的深切同情正是“飞凤岩”的形体引发其忧伤灵魂的共鸣。试想，处在新环境的诗人多么想展开翅膀，无奈灵肉的创伤太重。美女峰脚下的贝壳晶莹透明，玲珑可爱，大海却把它丢下，“看来一眼都没有看，/让它冷受荒寒。//我也有过这样的经历，/海!”（《贝壳》）这简直是对海发出的强烈控诉。贝壳的命运如同诗人一样，任你质洁灵美总逃不脱无情“大海”的摧残，遭受到不堪忍受的冷落。一个有才华的诗人怎能不为无辜“冷受荒寒”数十年的经历感到惋惜和忧愤？在诗人笔下，太阳艰难地冲出云围也有颗受伤的灵魂（《泰山日出》），某罗汉是个“寂寞的灵魂”（《某罗汉》），另一某罗汉有一对“忧郁的眼睛”（《某罗汉》），“苦罗汉”彻里彻外充满了“苦”（《苦罗汉》），连泉城山色也“现一丝忧郁”（《泉城山色》）；大自然的景物绝非都是如此感伤、忧郁、痛苦、寂寞，这是诗人悲剧审美意识使然，也是自我忧伤孤独灵魂的附显。尤其值得体味的是《过藏龙涧》《钓鱼台小立》两首诗。前者为传说中大禹屠龙的冤魂一辩，后者也为大禹无辜杀龙造成的错案鸣冤。如果没有深刻的人世感受和生命体验，不可能写出《过藏龙涧》这样感人至深的诗篇；如果缺乏现代人道主义意识做桥梁，诗人也不可能把现实的感受和生命体验借助大自然的对应物转化为一首首洋溢着忧郁悲壮审美格调的动人诗篇；如果诗人缺少忧伤孤独的主体意识和现代悲剧意识，也不可能谱写出这么多深沉、凝重、含蓄的当代山水诗。

倔强之魂与奋进之魂

诗人与其同命运知识分子的灵与肉虽然备受折磨和摧残，但他们并没有向逆境屈服，没有由过分忧伤而消极颓废。就是获得彻底平反和真正解放之后，尽管其主体意识不时流露出忧伤孤独之感，但那倔强之魂与奋进之魂却在诗篇里强烈地闪烁摇动，丝毫也没有流露出悲观厌世的情绪和与时代离心的倾向，即使游山赏水也没有抒发闲情逸致，山山水水总是与其内心的忧国忧民之深情相通。这正是中国知识分子最可宝贵的性格。虽然当代有些知识分子的聪明才智不是全部用在征服自然和改造社会上，而是被迫消耗在征服自我、压抑自我乃至扼杀自我上，但是这一源自外部挫折的灵魂自食现象本是这些知识分子自身导演的内部挫折，而孔孚却不属于这类知识者。他在外部挫折或内部挫折中始终保持自己的独立人格和孤独而又倔强的灵魂，到了自由开放的顺境，其倔强甚至孤傲的性格越发放射出光彩。他在《泪柏下小立》一诗吟道：

1

什么原因
使你流这么多泪?
血都渗出来了
凝成琥珀?

2

我也是这样的
一个泪人
就让我陪你一起流
到地老天荒

这株泪柏以顽强的生命力矗立在黄帝陵轩辕庙内，作为炎黄子孙的诗人自有中华民族倔强坚韧的性格，他面对阅尽人间沧桑、受尽内外部折磨的泪柏不禁发生情感上的交流，两颗忧伤倔强的灵魂找到了契合点，尽管心血洒尽眼泪流干，但还是忍辱负重地活下去。“一起流/到地老天荒”，充分展示出诗人那颗泡在血泪里的倔强不屈的灵魂。“一只雄鸡/大喊天门//没有谁理会/它成了块石头//有人见它嘴滴着血/当雷火染红羽毛时”（《金鸡叫天门》），这首诗的象征意蕴更加深刻丰富，耐人寻味。请看，黄山天门坎金鸡之石像一进入诗人的艺术视野，经过主体审美意识的处理，竟变成有性灵的雄鸡，仿佛它也要以独特独立的性格力量和划破夜空迎接黎明的呐喊，冲破禁锢它的“天门”，去争取自由解放并唤醒昏睡的人们。然而它的呼喊并没有得到“上帝天神”的理会，反而把它的赤子之心当成恶意。虽然它变成一块坚硬的石头，但是它的心并没有死，仍充满了生命的活力，当雷火燃烧它的羽毛时即使滴着血也没有屈服或危惧，这就活灵活现地托出一颗倔强孤独的灵魂，同时也可以看出这只金鸡对“上帝”是何等的坚贞和痴情，就是嘴啼着血也决不动摇和改变自己的忠诚和志向。使人痛心者在此，其悲剧亦在此。

新时期文学在忧伤、孤独的音调之后进入一个探索的世界，即探索寻找自己的前景、理想、力量和生命；社会也为知识分子独立性格的发展和聪颖才华的显示提供了更多的民主和自由的环境。因此在探索的思想历程中自身固有的忧伤、孤独、倔强之魂往往转化为奋进之魂，使个体灵与肉的双重价值目标常常和谐地统一在时代发展的总趋势里。诗人在《仙人桥》一诗中唱道："仙能过得/人岂可觳觫/走过去/不学那条蛇/云/不用扶"。由于探索现实人生理想的道路荆棘多于鲜花、险境多于顺境，因而也不知要过多少"仙人桥"，历经多少磨难！不过既然"仙人"能过去，那么作为宇宙精华的人特别是重新获得精神解放具有坚韧倔强性格的当代知识者，岂能知难而退、临险萎缩呢？"我要走过去/不学那条蛇/云/不用扶"，这是何等豪迈的气魄又是何等的勇于冒险的精神！读着这首诗，仿佛听到时代巨人和诗人，孔孚胸中的倔强之魂与奋进之魂在腾跃翻滚！再看，《天街一瞥》一只雄鸡站在屋脊上"向着东方喊"的意象，《天街遐想》听见天河鱼跳挽挽腿"去摸一条"的意象，《天烛峰》"像是照路的样子/东岳神擎一支巨烛"的意象，《谒诸罗汉》那"反叛的一群"的意象，《某罗汉》那不甘寂寞要"偷偷拨开山门"去获取新生命的意象，《千佛山巅拣到一个贝壳》的"跨上鲸背/游向荒古天水"的意象，等等，无不闪动着灵魂之光。不过这里已看不到孤独和忧伤，看到的则是在呼唤光明、求索理想的征途上所表现出的刚毅倔强、奋进向上、不达目的决不罢休的男子汉气魄和新时代的精神风采，充溢着一种浩然之气和阳刚之美。

诗人及同代知识分子这颗倔强之魂和奋进之魂根于对祖国对民族的赤诚之爱。越是具有个性意识、尊重自我、坚持独立人格的人，越是能站在现代理性的高度去热爱生他、养他、育他的祖国和民族，哪怕灵与肉被蹂躏得遍是血印伤痕也不会动摇其对祖国和民族之爱，并且心甘情愿地在振兴中华民族的宏伟事业中使自我价值得到实现。孔孚对祖国对民族的挚爱，不仅渗透在对山山水水等大自然景物的深情赞美中，而且也表现在对民族性格、悠久历史、文化遗产的审美观照中，其兴奋点和关注点是弘扬民族的本质精神：

多少脚步跨过去
多少信念跨过去

抓住铁缆的

是一个孩子

十八盘上
我看见我们这个民族
（《升仙坊上眺十八盘》）

这是首足以体现我们民族本质精神的诗篇，它是对“民族魂”的热烈赞美，而诗人的倔强之魂和奋进之魂是与其同源的。实现四个现代化的宏伟目标如同攀登泰山十八盘，尽管道路艰险，但十亿人民越是艰险越向前，两个“跨过去”充分烘托出这种豪迈的气魄；没有一个落伍掉队的，只有一个孩子抓住铁缆，这不仅暗示出我们向四化进军的浩浩荡荡的队伍是个具有高度凝聚力的优化群体，也表明我们的伟大事业后继有人。

中华民族既有光辉灿烂的今天和明天，也有光荣的过去，总是躺在老祖宗怀里醉生梦死固然是没有出息的子孙，但一味地把老祖宗涂得一团漆黑也是不肖子孙。诗人孔孚具有正确的历史观，当他对历史遗产进行审美观照时既发现了历史灵魂又发现了民族精神，并把它们付诸笔端谱就诗篇。如《天胜寨遗址一瞥》抒写历史上赤眉军起义的军容、军旗和营火，托出一颗永不消失的起义军的军魂；《轩辕柏》赞美中华民族悠久的文化历史，诗人从轩辕柏发现了民族文化的胚芽，并希望用云锦笺谱写五千年的文化史，“让海外游子都能看见”，这不只表现了诗人炽烈的爱国之心，也表现出他渴望祖国统一之愿。名胜古迹是民族优秀文化遗产的重要组成部分，诗人以饱满的激情赋予名胜古迹以性灵，既展示出它们的历史丰姿又使它们洋溢着时代气息，极力发掘这些名胜古迹的历史价值和审美价值。如给“佛爷礁”开“美学”（《佛爷礁》），把“苦罗汉”拯救到“我们这个世界来”（《苦罗汉》），等等。诗人以现代意识重新审视文化遗产，创造出了别具艺术匠心、蓄满现代审美情趣的诗篇。

写到这里，我们可以透过诗人主体意识在山水诗象征体中的显示，或隐或显地看到当代知识分子忧伤、孤独、倔强、奋进的灵魂。这颗灵魂总是同对祖国的赤诚对民族的挚爱有机地联系在一起，这是诗人及其同代知识者独立人格力量之根，又是他们时代感之源。

孔孚说自己是个“为艺术”的诗人，但他没有钻进山水艺术的宝塔，他的心时刻同祖国、同时代连在一起，是一个具有强烈使命意识和忧国忧民情感的诗人。只是诗人并没有把山水诗视为某种思想感情的传声筒，而是极为严格地遵循“美的规律”和象征艺术创造山水诗，以寄寓深沉而强烈的主体意识，所以他的山水诗首先是艺术，即诗化的山水，山水的诗化。当然，这并非说孔孚的每首山水诗都是完美无缺的，如个别诗篇尚缺乏象征意蕴，有含蓄不足、精雕不够之感，但这影响不了他的山水诗所取得的重大成就和审美价值，及其在中国新诗发展史上的独特地位。

（原载《齐鲁学刊》1989 年第 3 期）

传统山水意识与孔孚新山水诗

朱德发

虽然不能说在中国七十多年的新诗坛上尚未出现过山水诗，但像孔孚创作的这样地道的山水诗精品实属罕见。如果说我国悠久的山水诗传统在现代诗歌创建过程中没有得到有意识的继承，似乎出现了“断代层”，那么孔孚山水诗的“文学史意义”就在于填补了二十世纪中国新诗演进所留下的历史缺陷；不仅仅如此，并在弘扬民族山水诗传统的基础上开拓了当代山水诗发展的光辉前景。这里只想从传统山水意识的角度，试探一下孔孚山水诗的继承与超越。

一

在中国古代文学史上，山水自然具有独立的审美主题意义，这是与中华民族的丰富多彩的山水意识息息相关的。追溯山水意识的源头，值得注意的是散见于各种典籍中的远古神话，它生动形象地透露出中国人处于童年时期的山水意识特点：即在对山水自然的神秘观念中有一种自我解脱、自我解放的优良品性。可以说这种泛神论意义上的颇具人性的多元活跃的神秘论，它与西方远古人的凝固封闭的专具神性的神秘论有着本质区别。这是中国没有西方那样长达两千年之久的自然神秘系统的原因所在，也是中国人较早摆脱自然神的阴影以求认识山水审美价值的原因所在。特别到了有文字记载的时代，不仅将山水意识书面化，并表现其审美观念。有的研究者认为《易经》的八卦就是古人山水意识的结晶，八卦构图的最显著特点即十分讲究对偶匀称、错落有致，这正是中华民族山水审美意识的重要特色。一切的所谓阳刚美、阴柔美、动态美、静态美、敦重美、轻流美、特立美、奇陷美、鲜明美、模糊美、清新美、含蓄美等，在祖先眼里皆寓于对偶匀称、错落有致美之中，它是影响着中国人数千年之久的山水审美意识。

倘若说远古时期中国人的山水意识基本上还处在神秘论时代，那么春秋战国开始祖先的山水意识便进入价值论时代，突出地表现于儒家和道家的山水观。儒家经典《论语》，经常赋予山水以人的德性，将山水与德性联系起来，与言志联系起来，特别与仁智联系起来，所谓“知者乐水，仁者乐山”，实质上使山水人格化、气质化。在孔子看来，山水不再是主宰人类命运的神秘的异己力量，而是与人类处于同等地位的可理解的知己力量，凡山水自然具有的美德皆为人有的美德，可以说孔子从理论与实践的结合上开创了我国人本主义的儒家山水观，开拓了人与山水自然融合寄寓的审美境界。与儒家重道德价值的山水观相左的是道家的重个人情感价值的山水观。虽然儒道两家的山水观在肯定人性的存在、肯定人的尊严上有其一致性，但是儒家却要求每个人应从最高道德标准来约束自己，来完善自我；而道家则主张每个人应顺其自然，排斥人为的束缚，来实现人性的逍遥。老子的《道德经》是道家山水观的开创之作，它将山水与“道”联系起来，与“无为”联系起来，与“无私”“不欲”“小国寡民”的社会理想联系起来，特别是把山水与人的追求自然逍遥联系起来，凡是人所希冀的自然之美都赋予山水，使山水人格化和个性化。这表明人的山水意识不只是从神的羁绊中解放出来，更重要的是以人为主体，将人的感情渗透到山水，将人的审美追求寄寓于山水，使人进入同山水相亲和的境界。道家这种重个性重情感的山水观直接促进魏晋南北朝山水诗的兴盛及其山水自然独立审美主题的确立。不论是曹孟德的“日月之行，若出其中，星汉灿烂，若出其里”（《步出夏门行》）的抒怀吟咏，不论是陶渊明的“采菊东篱下，悠然见南山。山气日夕佳，飞鸟相与还”（《饮酒》）的返璞归真的歌唱，还是谢玄晖的“余霞散成绮，澄江静如练。喧鸟覆春洲，杂英满芳甸”（《晚登三山还望京邑》）的清超高远境界的描写，都表明重情感的山水观不同于重道德的山水观，它尊重自我、表现自我，重视人的情感价值；同时还表明在审美中具有独立主题意义的山水自然，实际上是人的主体个性意识的感性显现，是人的精神力量的外化，是人内在心灵世界的直观性表述。总之，无论是重道德的山水观或者是重情感的山水观，都将人性美和山水美有机结合起来，充分肯定人的道德价值或情感价值，这无疑是古人山水意识的重大进步，并大大促进了我国山水诗的发展。

唐宋是我国封建社会的极盛时代，也是古人山水意识进入成熟的本体论时代。

所谓本体论，即人的本体与山水本体的合而为一，审美主体和审美客体的合而为一，达到物我相亲、物我同化、物我合一的审美体验的理想境界。柳宗元将这种境界概括为“心凝形释，与万物冥合”。可见这种山水观念与价值论山水观有所不同，它所强调的人与山水自然的关系已不存在主次之别，而是对应相亲的关系，创作主体与山水自然完全融为一体，不再致力于将自然山水作为道德的象征，也不再注重于借自然山水以抒发情感，而是着重于情趣的陶冶，领受山容水态与人相亲相近的乐趣。如果说在价值论体系中人的自我意识的强化，自然山水的各种排列，都是按照主体的心理逻辑组合而成，那么在物我相亲的本体论山水意识中，自我主体意识被逐渐淡化、模糊，进入心理的最深的潜意识层次，真正达到了主观心理与客观美景高度融合的最理想的审美境界。柳宗元、王维、苏轼、杨万里等不少著名诗人的山水诗，都比较完整地体现出本体论的山水审美观念，拓宽了中国古代山水诗的美学传统。

从远古神话传说的山水意识的神秘时代，发展到孔丘、老庄的山水意识的价值论时代，直到唐宋的山水意识本体论时代，形成了独具特色的丰富多彩的山水文化意识和审美习惯，它直接地持久地深刻地影响着我国山水诗的优良传统和民族特色的形成和发展。孔孚是一位诗论诗作兼备的具有文体自觉意识的诗人，他不仅通晓源远流长的传统山水意识和古典诗歌美学，而且对中国新诗发展的曲折历程也有深入的研究。他认为“新诗从一开始就想走全新的道路，未能很好地汲取古典诗歌美学精髓”；并清醒地看到“我们的新文学运动是从‘反载道’开始，但不久，就又回到了‘载道’，而且气氛似乎越来越浓，后来更强烈配合中心任务”（《我与山水诗》）。可见，孔孚并不热衷于这条“全新的路”，而是以“敢于超越前人”的胆识和气魄，毅然决然地走“艺术派”的道路，当然最终他还是“为人生”的。基于这种美学追求，孔孚对中国传统的山水审美意识和古典诗学做了整体地辩证地研究和汲取，从其诗论和诗作来看他是更多地继承和发展了重个人情感的价值论山水意识和物我相亲的本体论山水意识，凭着他的诗才和灵气创造出一个属于他自己的山水诗艺术世界，在中国新诗发展史上首次确立了山水自然独立性的审美主题。

二

孔孚在新诗世界里所确立的山水自然独立性审美主题，其内涵极为丰富深邃，要以明确的理性思维加以概括和描述是相当困难的，只能是仁者见仁智者见智。这里，就自己阅读的感悟和审美体验，从不同的层面对其主题意蕴做些探索性的阐释。

1. 孔孚的诗集《山水清音》和《山水灵音》都产生于八十年代。这个时期新文学的突出特征是反思，即文学要反思人与社会、人与人、人与历史、人与自然、人与文化的关系，由此一再激扬起人的个性意识，以适应改革开放、振兴中华的时代需要。孔孚山水诗对人与自然关系的艺术把握就是站在这样的新基点上，致使他的山水诗艺术世界中呈现出的物我相亲的审美境界，充溢着现代个性意识和强烈生命意识。山水自然人格主题的确立，就是把人的主观意志灌输到自然的内核中，成为山水自然生气灌注的灵魂。这是因为当主体将心灵定性纳入山水自然之中，其内在矛盾特性便移植到山水自然的无机世界里，使山水自然便活起来，具有了人的性格和灵气。它已超越了传统的本体论山水审美意识，在物我同化的过程中“我”的个性意识获得了张扬。《海情》《渤海印象》等诗写“大海跳起来和我亲吻”“海邀我起舞”，达到了审美主体与审美客体相亲相化相合的境界；然而在这个境界中却活跃着人的情姿、情志和情态，变幻莫测的大海富有浓郁的人情味，仿佛诗人的情感世界在与大海一次次交会中已唤醒了自然界的生命意识。山川自然的雄伟壮丽不仅能激扬起对人性的认识，不仅能体现出人本质力量的折射；而且还可以用自然界残留的生命遗迹或文化名胜与诗人的精神世界相沟通，通过超现实超时代的神思遨游，使人从遥远的往昔记忆中重新唤起对历史人物生命意识或理想人性的审美体验，以便从根本上来补救人性中“近代人格弱化”的趋向，使人性更完美健全。孔孚山水诗中的“漫山遍野的，是赤眉么”，或者是那群“反叛”的罗汉等，这些历史人物或佛教偶像无不具有强烈的叛逆精神和坚韧的个体生命意识；诗人对这些大自然留下的古老、神秘的残骸，给他们注满了生命质感，也赋予了新颖的当代意识，目的是为了呼唤现代人的主体意识并增强其生命动力。

科学家认为，自然界终究要在生命中进化到意识的程度，而这种意识的显现则是人。从这个角度理解，山川自然也具有潜在的生命意识。马克思曾说过："所谓人的肉体生活和精神生活同自然界相联系，也就等于说自然界同自身相联系，因为人是自然界的一部分。"（《一八四四年经济学哲学手稿》）既然人与自然界有着天然的联系，自然界是人的生存空间；那么孔孚继承中国古代山水意识的优良传统，在创造的物我相合的审美境界中极力发掘山水自然的生命意识，这无疑对于人的个性意识的张扬是具有天然益处的。他笔下的大海、岩石、山川、清泉、古柏、云雨、古迹，不仅具有生命意识，而且极富个性。这种强化自然山川个性的审美特征，是否可以理解为这是对现实之中能够与之相平衡的人的个性气质和胆识魄力的一种召唤？读着这些山水诗所感受到的是人与山水自然融为一体的昂扬激越的生命力量，是人与大自然的心照不宣、息息相通的深层对话。虽然山水诗没有直接描写现实社会经济、政治的深刻变化，但其中仍充满了深沉的历史感和强烈的现实感。生命在这样的自然个性的观照面前不仅同样注满了现代意识，而且也在山川自然的个性中感悟到自然生命的美。孔孚描绘的山水自然几乎没有那种"仇生态"，既没有阴森的河谷、毛骨悚然的险滩急流，也没有充满野蛮、狰狞、恐怖、荒凉之气的自然原生状；这里有的是"人化的自然""审美化的自然"，它是诗人根据自己的审美理想创造的"第二自然"或"第三自然"。因此沉浸在山水诗的艺术氛围中，所感到的既有充溢着天然趣味的自然之美，更有于自然之美中闪烁出的对生命真谛深沉思索的智慧之光。我们可以这样认为，诗人赞颂自然美正是为了赞颂生命强力，诗人掘发山川大海的崇高感正是为了树立生命的崇高感。孔孚山水诗中自然独立性主题意义的确立，旨在观照生命，唤醒个性。这既是对传统山水审美意识的继承，更是对它的超越。

2. 山水自然独立性审美主题是多义性的，孔孚山水诗的物我相融的意境中并非都呈现着鲜明的个性意识。如果说传统重个人情感的价值论山水意识中，自我主体意识可以比喻为山水王国中的尊贵王子，那么在物我相亲相合的本体论山水意识中，自我主体意识不再是王子，它逐步进入潜意识中，个性意识淡化了，模糊了。孔孚善于写潜意识中的山水之美，若梦非梦，似见非见，若是非是，似今非今，若动非动，似静非静，若视非视，似闻非闻，主观审美心理与客观美景达到了高度的融合，似乎诗人的创造在此已获得了对人的本体与山水本体的双超越，将人们带进一个玄妙莫测的朦胧神秘的审美境界。如《秋日佛峪某佛前小立》《千佛山巅捡到一个贝壳》《黄山雪霁》《天泉》《天门峰即景》等大量诗篇，无不是“灵视”和“神思”的产物。诗人以敏锐的直觉，唤起一种潜意识的活动，他希望从物我相亲的是实非实似真非真的幻象中，整体性地把握这个陌生神秘甚至不可知的大自然界。像这样的诗境：“崂山站在海边/看扯天盖地的白雨//她也蒙在白茫茫的雨幕里了/隐约露一个发髻”（《白雨》）；“东边太阳/西边月亮//冰盘上/两个果子//沾几滴/露”。（《北隍城夏日某晨印象》）这两首诗究竟要表达什么？空灵深邃，若有若无。审美主体与审美客体如胶似漆地拥抱在一起，从主体艺术思维幻化出一个个意象；而这种对茫茫宇宙的独特把握方式并没有明晰地显示出什么，大自然的奥秘也没有理性地揭示出来，它只完成了由现象客观世界向诗的审美世界的转换，使诗真正具有了诗性和诗意。读着这样的诗，虽然在理智上暂时得不到明确的彻悟，但是它却为人们揭开大自然界或宇宙的奥秘架起座彩桥；特别诗中的隐约可闻的天籁之声和扑面而来的灵秀之气，既能“净化”心灵又能陶冶性情。它的美正是在不能明言之中，它的美正是来自朦胧之中，也许这正是诗人对传统山水意识体系中的神秘主义的认同和实践吧？

品味这类从潜意识的感悟和把握中写出的纯美的山水诗，不禁使人想起《庄子·秋水》篇中的“庄子与惠子游于濠梁之上”，庄子悠闲逍遥，见“鲦鱼出游从容”，达到人鱼皆乐的境界。这并非说孔孚具有庄子这种悠闲逍遥的兴致和情趣，其实他内蕴着深沉的忧患意识，而是说他在诗学上却执着地追求这种审美主体与审美客体相互娱乐的情趣，也就是说物我相亲相乐已成了诗人的一种审美取向和美的享受。正是出于这种审美追求，诗人在观照自然山水时，能以纯粹的物象作为捕捉的对象，揭去了物象上蒙罩着的价值面纱，忘却了直接的实用性和功利性，既不把自然物象作为伦理道德的象征，也不把山水草木视为思想意识的寄托，而是迷恋于山水自然的本体，把自己的灵与肉都融化在山水之中，热衷于情趣的陶冶，着意于领受山水自然与人相亲相爱的乐趣。如《下天都》：“我下天都/云上天都/蟠龙坡擦肩而过//想告诉它那里风很大/已跌下去了”。写人与云的亲切关系，没有直接的功利目的，所追求的只是物我相亲相近的一种情趣。《猴子观海》写主体与石猴的相亲关系，更富有审美趣味，“此狙公可以学诗/收它做个学生”一句，把诗人与石猴之间以诚相待的亲密关系升华到审美的理想境界，美在其中，乐亦在其中。孔孚寻求的正是人的生命与自然灵性相互交感相互交融，在中国新诗苑绽开一朵朵独放异彩的鲜花。

3. 诗人继承传统山水意识精华，在反思人与山水自然的关系时，在把握山川自然独立性审美主题时，在开掘大自然的人格精神和生命意识时，在追求物我相亲相化的审美理想境界时，他并没有完全陷入神秘主义，也没有完全陶醉于“为艺术而艺术”；他清醒地保持着当代理性精神。传统的山水意识及其影响下出现的山水诗，大都具有哲理性。不过传统的理性精神既有精华也有糟粕，像儒家的带有禁欲主义色彩的“理学”、道家的“小国寡民”的政治理想和“鸡犬之声相闻，老死不相往来”的乌托邦境界以及“人生在世不称意，明朝散发弄扁舟”的消极隐逸思想，已被融化渗透进古代山水诗的意境、情趣和山水审美观念之中，这种具有严重历史局限的理性精神应予以彻底否定。需要继承并弘扬的乃是传统山水意识和山水诗中至今还闪烁着哲理光辉和具有积极意义的理性精神。孔孚山水诗正是汲取了后者，并与现代理性精神有机地融合起来。

孔孚山水诗并非每一首都具有“言道”“明理”的哲理性，只能说有一些诗篇呈示出或隐或现的哲理境界或表现出哲理的各种形态。这可分为以下三点：一是理寓于山水之中，并无明显的说理痕迹，总是把情思隐起来，藏于象外。《崂山》：“晨餐朝霞/夜听潮音/濯足于万顷烟波/肩搭一条白云/有大海这面镜子/沾不得半点灰尘”，这首诗仅仅赞美崂山的清新、高洁、壮丽吗？不完全是。透过整个画面可以体悟出哲理意味，特别“有大海这面镜子/沾不得半点灰尘”这句诗有着深刻的意蕴，缘此可以联想到人生社会也干干净净、清清洁洁、不能搞污染；人的思想面貌也必须天天照镜子，决不要被不健康的思想侵蚀，永远保持其纯洁性。《月子口水库》：“水烟苍茫，/空蒙蒙又一个海洋！//多少流泉在这里汇合，/都说：‘我要发光！’”乍一看这首诗只是写水库的苍茫浩荡，从而赞美劳动人民治山治水的伟大功绩，或者说它展示出水库能发电可以加速农村电气化的道理，但我认为这首诗有着更深刻的寓意，试想流泉汇合起来可以变成海洋，它的巨大潜力能够“发光”，如果人民群众汇合起来形成声势浩大的群体优势，不只能创造人工“海洋”这样的奇迹，不是在实现社会主义现代化过程中可以发出更大的光和热吗？这类山水诗不遑其理，甚至讳言其理，然而审美主体却把“理”渗透于山水之中或超越物象之外，显得如盐入水，羚羊挂角，不着痕迹。二是理显于山水之间，它不像上述诗歌那么理“隐”，但这个“显”又不是泛泛而论，只是把“理”作为“诗眼”，有画龙点睛之妙。《天街一瞥》：“天还没有睡醒/屋脊上就站一只雄鸡/向着东方喊”最后一句就是“诗眼”，把全诗的思想揭示出来了。如果只认为雄鸡啼晓仅仅是呼唤光明，那未免太肤浅了；理解这首诗的深刻思想，关键要抓住“东方”二字。雄鸡为什么不向西方喊或南北方喊而偏偏“向东方喊”？这固然因为太阳从东方升起；我认为更重要的是由于在新时期整个中华民族觉醒了，中国人的个性觉醒了，振兴中华民族的大好时机来到了，因而雄鸡“向东方喊”既是欢呼又是呼唤！《钓鱼台小立》：“不见那涧绿水/我钓秋风//多想捞起那个冤魂垂一条思念的绳”，作者无心观赏那涧绿水，也无意体验那秋风送爽；而是感情激越神思飞扬，似乎由远古的冤魂联想到自身的冤案以及社会上的平反冤假错案。所以，最后两句的点睛之笔便揭示出深刻的思想、悲痛的忧愤以及不畏“圣人”权威的胆识和敢于伸张正义的气魄。《某罗汉》一诗最后的“不知这位的名字，相信是个情种”是诗的理性显现，使叛逆精神或个性意识得到了弘扬。这类山水诗的理性成分是在充分的感性材料的基础上，以主体感受予以点明，则熠熠生辉，光照全篇。作者并不以描山画水为满足，往往吐露出主体的感知和情思，致使诗境注入哲理性素质，而这种“理”则是由观而得，由游而出，水到渠成，瓜熟蒂落，故能感人。三是理出于山水本身，而这种“理”大都是山水自然本身的物理性从人的意识中反映出来。即由山水诱发了人的感情，同时也启迪着人的思考，从中悟出世事万物之理。《过奇鬼峰有感》：“一峰峭拔如椎/椎顶上趴个奇鬼/美的地方也有狰狞的面目/我想到太阳脸上的污秽”。奇鬼峰本身就具有雄伟与奇险、美丽与丑恶的双重性，由这种审美客体所引发起的主体审美感知，很容易升华为辩证思维活动，落到纸上便成了“美的地方也有狰狞的面目/我想到太阳脸上的污秽”这两句充满唯物辩证法思想威力的诗，特别后一句精辟警拔，发人深思。《雨中登十八盘》：“一盘雨/一盘风/不知几重天/但见云层层/听得有人喊/日头火样红”。泰山十八盘又陡又高又险，确实是步步登天，这种特点反映到诗人的心灵上必然会悟出深刻的人生哲理，即只有不畏艰险敢于攀登的人，才能冲破前进道路上的层层云、重重雾，达到“日头火样红”的光辉顶点。《升仙坊上眺十八盘》也属于这种类型的哲理诗。这类山水诗，大多因为诗人观赏山水之后，或由山水启示了自己的认识，或由山水诱发了自己的体验，或由山水触动了自己的潜念，随遇而出或者沉思而得，道出宇宙、人生等方面的深刻哲理。不过这类诗，作者并不热心追求，故数量较少。

孔孚山水诗的哲理，有的是诗人从山水的高低、上下、动静、美丑的原生形态而感悟出来的，有的是理存于胸猝然与山水相合，借山川而言之。不管是“悟出”的还是“注入”的，他都能使山水的动势静貌、奇观异象与所言之理，神貌契合，浑成一体。决不能认为寓含哲理的山水诗没有很高的审美价值，它的美学价值正体现在它的理趣美上。清代沈德潜说过：“人谓诗主性情，不主议论，似也，而亦不尽然”，只是“议论须带情韵以行”（《说诗晬语》卷下）。孔孚的哲理山水诗在总量上并不多，但无不是以含情之墨绘景，自然而顺畅地出理，既有形象的可感性又有情感的动人性，其理不抽象不枯燥，而能睿智灿然，理趣盎然。

孔孚在新诗王国里确立的山水自然独立性审美主题，其意蕴的丰富性和深刻性体现于主情型的、哲理型的、纯美型的、朦胧型的、文化型的等多种形态的山水诗中。它充分表明作者对传统山水意识和山水诗的继承和发展是综合的而不是部分的，是全面的而不是片面的，是深层的而不是表层的，是有选择的而不是良莠不分的。正是在弘扬民族山川文化优秀传统的基础上，在改革开放所造成的中外文化大交会的时代背景上，孔孚创造了新型的山水诗，开了一代新山水诗的诗风。从特定意义上讲，孔孚及其山水诗的独特地位，在中国新诗发展史上是别的诗人所不能取代的。

（原载《东岳论丛》1990 年第 4 期）

东方灵秀美的启示①

冯中一

今天，在这九十年代第一春的美好时节，我们聚会于历史文化名城曲阜，隆重举行“孔孚诗歌研讨会”，感到意义是非同凡响，心情是格外振奋！

这次会议共有一百余人参加，气氛之热烈，场面之庄重，真是出人意料。贺敬之同志公务繁忙，而以诗友身份拨冗光临。许多全国著名的诗人、诗评家，克服了重重困难，不远千里前来以诗会友。这都给我们的研讨带来了生气，增添了光彩，真正形成了“群贤毕至”的盛会，形成了“畅叙友情”的雅聚。我谨代表各筹办单位，向到会诸位表示最真挚的感谢，最热诚的欢迎！

这次研讨会，是由孔孚同志工作过或有密切联系的七个单位（大众日报社、山东大学、山东师大、曲阜师大、曲阜市政府、济南市文联、黄河诗报社）联合举办的学术性研讨活动。会议的宗旨规定为：在党中央十三届四中、五中、六中全会精神指引下，掌握“二为”方向，贯彻“双百”方针，为弘扬民族文化，振兴诗歌艺术，围绕孔孚及其山水诗的审美创造，进行经验交流与学术探讨，借以促进新时期诗歌创作的健康发展与繁荣。希望与会同志，都能扣紧这个中心，各抒己见，互相切磋，集思广益，共同提高。

孔孚同志在大众日报社工作三十多年，业余长期从事诗歌创作。1979 年后，

① 孔孚诗歌研讨会于1990 年4 月6 日举行开幕式，本文据当时开幕词稍加修整而成。

调山东师大现代文学研究中心，致力于新诗发展史与创作理论的研究，现在已经离休。他从五十年代就蒙受政治上的不白之冤，大半生坎坷困顿，但是毫无怨尤，一心向党、热爱祖国，始终怀抱一颗赤子之心，坚持对诗歌真善美的追求，特别在山水诗的探索方面，从理论到实践，都有新的突破和独到造诣。他先后出版的诗集有《山水清音》和《山水灵音》，还有很快就要看到的第三本诗集《孔孚山水》，《孔孚山水诗选》也将于年内印出。同时他还发表了多篇卓有见地的诗歌评论，其评论结集《远龙之扪》也将于近期出版。

对于孔孚新山水诗的评论研究，也成了诗坛上持续纵深开展的热门话题之一。较早的评论（1981 至 1984 年间）侧重对孔孚山水诗自然美的渊源、特征进行赏析，通过深入体察其短小精悍、玲珑剔透、清新自然、含蓄隽永的艺术特色，由情入理地感受其潜在的社会意义（如袁忠岳《孔孚山水诗的艺术特点和社会意义》，见《新文学论丛》1982 年第 3 期；侯书良《漫谈孔孚的山水诗歌艺术》，见《山东文学》1984 年第 4 期）。中期评论（1985 至 1989 年），无论从审美视野上或理论的深度上，对孔孚山水诗的研究都有了质的突破和量的增多。有的从孔孚把握自然与人生的艺术观上，序列化地探讨其自然美、艺术美、社会美的个性特征与内在联系（如袁忠岳《〈山水清音〉艺术谈》，见《黄河诗报》1985 年第 5－7 期）。有的从文学史传统与现代诗美的宏观背景上，审视孔孚新山水诗所做的特殊贡献（如徐北文《孔孚山水诗及其在文学史中的地位》，见《东岳论丛》1989 年第 2 期；朱德发《山魂、水魂、人魂——论孔孚诗歌的主体意识》，见《齐鲁学刊》1989 年第 5 期）。有的则从文化哲学的积淀与东方空灵美学境界的高度，体验孔孚山水诗内蕴的生命、灵魂，探索其“求隐”“无象”“布虚”的诗美追求奥秘（如章亚昕《话说孔孚现象》，见《山东师大学报》1989 年第 2 期；刘强《抟虚宇宙：中国诗的文化走向》，见《当代文坛报》1989 年第 8、9 期；伊洛《孔孚的诗——读〈山水灵音〉》，见《诗刊》1989 年第 4 期）。近期的评论（1990 年以后以及这次研讨会提交的一批论文），多提高到东方文化哲学层次，对孔孚山水诗进行多元多向的精辟思考，甚至做出了现代东方神秘主义流派的评估与预期（如王邵军《孔孚：领受天启的诗人》；刘强《大为——论孔孚峨眉诗之“通”“化”及其先觉意识》；袁忠岳《谁识孔孚诗中“趣”》等）。总之，关于孔孚山水诗的卓越成就和深远影响，有两件事实是最有说服力的：其一是山东省首届泰山文艺创作奖（1989 年），把诗歌一等奖的殊荣授予他。其二是 1985 年 9 月 26 日的纽约《美洲华侨日报》，几乎用了一个整版的篇幅，刊登长篇评介，称孔孚为“当今中国诗坛新山水诗派的祭酒”。

众所周知，我国八十年代的新诗，既有抒情主体的复归和艺术的自觉探求，也有多元无序、乱旗飞舞的现代化狂热躁动。恰如郑敏同志所概括的一种心理反映：“这是一个令人焦急、兴奋、不解、恼怒的诗歌季节。”（见《自欺的“光明”与自溺的黑暗》，《诗刊》1988 年第 2 期）就是在这种特殊的诗歌季节里，孔孚同志不骄不躁，默默地催化、成熟并奉献出了别具一格的新山水诗。现在大家都已经注意到，孔孚的这种山水诗，并不是轻描淡写的文字图画，而是从他的生命和灵魂中生长出来的智慧之花，放射出来的感悟之光。别看是轻轻拈来的片言只语，往往作为人与宇宙万物灵犀相通的深层感应和依托，以创造一个恬静和谐、俯仰自如的心灵境界，给人以无限深渺的兴会和启迪。对于孔孚山水诗这么精纯奥妙的魅力，前述各家的评论，都赋予不同赞誉的审美概念。我想为了指向固定、理解统一、称谓便利，关于这种魅力，是否统称为“东方灵秀美”？我们这次研讨会，从广义上说，就是共同创造、共同接受孔孚山水诗的“东方灵秀美的启示”。

这种东方灵秀美的启示，是一个异常丰富而且变幻多姿的审美体系，怎样理出端绪，才更容易自觉悟入而又清醒把握呢？看来，至少应从以下三个方面，分立为审美观照的基本视角：（一）从诗学观上，识辨孔孚是怎样融会儒道释的文化精魂，给天人合一的传统理念以现代意识的渗透，以实现东方古典诗学和西方现代派诗的双重超越的。（二）从创作论上，体察孔孚是怎样使用“减法”，沿着从有到无的参悟，创造“虚”“空”“无极”的艺术化境，以吸引读者取得象征意蕴的神遇与默契的。（三）从风格特色上，把握孔孚是怎样取“清”就“灵”，力求在隐现和幻化中创造一种东方神韵的内在张力和精粹范型的。除这三种视角以外，当然也不排斥逆向思维，本着百家争鸣精神，对孔孚山水诗提出一些批评建议，以便孔孚扬长避短，共同总结成败得失，经验教训。

我们研讨孔孚的山水诗，接受其东方灵秀美的启示，还必须更突出地抓住贯穿其中的活的灵魂，那就是孔孚虚心继承传统又精心创造传统的不断开拓创新精神。这些年来，孔孚山水诗之所以充满锐气与活力，能够常写常新，主要原因在于，把中国传统诗学中的静观、中和、旷达等美学准则，逐渐化为自己新诗机体的原生质，同时又坚实地立足现实，放眼未来，不拘一格地批判吸收西方各种诗派诗风的丰富营养。试读他的登泰山组诗之四《天贶殿壁画“启跸回銮图”下小立》：“挤进神群中去/均木然//蹭了两袖子色彩回来/尾一只蝶”，语言浅显又深奥，句式简易又多变，意象、韵味、境界感都是东方的、中国的，而突兀、跳脱、通感、隐喻等，不是多处闪烁舶来的意趣？它从总体境像到修辞末梢的立体感和流动性，都不露痕迹地呈示着中西合璧的一派灵动和清朗。但需注意，这并不是孔孚诗的多次重复的终结模式，如以后所写《飞雪中远眺华不注》及有关峨眉山的诗，都经历着各自不同的意象—灵象—大化的全息共振的升华。这里面是由于道孕其胎、儒生其心、禅助其趣的不同品格元素调配和多种现代诗歌手法的楔入，而发现、达成随宇宙万物变化的无穷奥妙的。孔孚的这种多思善变的艺术经验告诉我们，诗歌传统并不是历史大道旁的一座座肃穆的坟茔，而是永不凝固的滚滚向前的文化流程，它的生命就在于不断地吸取、创造，一直在卷波扬涛，奔向浩瀚的艺术海洋。我们改革开放的新时代，也并不仅仅限于艺术的引进、追踪，在诗歌上为什么不能像惠特曼的豪放昂奋、泰戈尔的柔静渊默，向世界、向人类精神文化贡献一种东方灵秀美的诗魂诗艺？很希望在这次诗歌研讨中，就这些关系新诗命脉前途的根本性问题，取得正本清源的共识，产生多元催发的动力。

以上所谈，粗疏简陋，目的不在于说明什么问题，而在于表示我们的殷切希望，希望诗林高手、诗评大家，以及诗界的新军新秀们，充分利用这次难得的机会，以诚相见，开怀畅谈，取得缪斯圣殿里一次历史性的圆满功果，达到会议预期的崇高目标。

最后，预祝研究会胜利成功！

祝诗友们精神愉快、身体健康、诗兴如潮！

祝孔孚同志诗意葱茏，在诗的“十八盘”上攀登，再攀登！

（原载《山东师大学报·社会科学版》1990 年第 4 期）

孔孚山水诗的两种审美心态

吕家乡

孔孚的山水诗按内容大体上可分两类。一类是山水抒情诗，写的是由山水所触起的情思——多属有关社会人生的情思。山水是情思的寄托或对应物，甚至只是一个引子、由头，诗中即使没有诗人出面，突出的也还是作者的情怀，而不是山水之美。另一类是山水写意诗，写的是山水景物的形貌、风姿、神韵、灵气，山水的自然美真正成了作者审美把握和审美表现的对象，诗中即使有作者出面，“我”也完全沉浸在山水之中，“我”的心被山水之美所吸引、所渗透。第二类才是严格意义上的山水诗。这两类诗中，孔孚的审美心态不同，创作机制不同，艺术表现所面临的课题也不同。孔孚在这两类诗作中都写了不少好诗，不过它们在诗坛和诗歌史上的位置、价值不同。本文只谈孔孚的两种审美心态。

孔孚自称是一个“儒道互补”的人。他既有强烈的社会责任感和历史使命感，又不能自已地迷恋大自然，常常忘情地沉醉在山水之中。这种复合性格在他的两类诗篇里都打上了烙印，不过，山水抒情诗突现的是前一个侧面，山水写意诗突现的是后一个侧面。

“忽地又一个巨浪压来，/昏沉沉我进入混沌世界。/我被打倒了，/但还是抱紧大海。”（《母与子（二）》）这几句诗颇能代表孔孚山水抒情诗的基本情调。作为一个备受坎坷磨难而且已入老境的诗人，孔孚没有丝毫沮丧消沉。他热爱人生，多次以“天上的荒凉”反衬人间的温暖，饮到甘甜的“天泉”也嫌“少了点泥土味儿”。他热爱群体，对于漂流天际的孤云或强抑痛楚的将军礁，他劝它们“去交个朋友吧”，或者“和海说说话”。他最自豪的称号是“九死大痴”（《过阎王碥与死神攀谈》）。他最得意的自我发现是“我还年轻”，“皱纹并不能说明什么/还有白发”（《慰》、《无题》）。他以披艰历险为乐，连友情也喜欢那种惊雷骤雨式的：“大海跳起来和我亲吻/礁石上我弯着腰”“用雷的语言/海邀我起舞”（《海情》）。对于自然界的雄壮美，他最敏感、最倾心。他发现山是爱海的，“崂山在那里观潮呢，/血，也沸腾啦!”（《和海在一起》）海是爱风的，“有块云打个旗语/鬃毛又在抖动和海闲话”（《寂寞的海》）。“我才知神仙也爱火焰”，因此寺庙位于红叶簇拥之中(《上清宫一瞥》)，云瀑喜欢百折不挠的拼搏，因此才有那惊心动魄的奇观(《云瀑》)。

最能表现孔孚感情个性的是他诗中的遭难者家族。就像艾青的殉道者家族、戴望舒的游荡者家族一样，孔孚的遭难者家族是诗人写起来最为得心应手的，诗人人生体验的各个方面、内心世界的各个层次都借此得到了展示和折射。遭难者家族可分三支，一支是英雄型的，作者满怀崇敬地赞颂他们不向逆境低头的壮烈刚毅气概。这里有《泰山松》：“撑开巨岩/伸出两片绿叶//吸云的乳/长成龙的样子”险恶的生存条件不但没有扼杀，反而锻炼了它顽强的生命力。有《泰山日出》：经过浴血的搏斗，它终于放出了弥天的霞光。有《老柏》：虽然被风刀霜剑折磨得垂死了，“又伸出枝叶一片”。有老龙：它因为兴云降雨蒙冤被杀，但死而不已，仍然矢志不移地在山谷中搅得风起云涌、雷声隆隆(《过藏龙涧》)。有金鸡：它身陷“幽深的古井”，“眼前一片漆黑”，却坚持按时报晓，靠的是“还有一颗心呢/太阳在这里喷红”（《金鸡井（二首）》)。这些意象具有贯古通今的普遍意义，既揭示了前天和昨天的悲剧，又为读者提供了人格理想。

第二支是正在煎熬中的受苦者（他们的痛苦主要不在肉体上，而在精神上）。这里有大海连“一眼都没有看”就把它丢弃的《贝壳》，有被流放到荒岛上去的《将军礁》，有脱离了风沙的《骆驼峰》，有思家而不得归的《观音岩》，有从江南水乡流落到黄河岸边的卧牛山(《卧牛山》)，有骨肉之亲被拆散的对松山(《过对松山》）……诗人对他们各自的处境心境体贴入微，有针对性地或代为呼吁，代给予抚慰，或给予劝勉。骆驼峰离开了习惯的风沙，它望眼欲穿，也许是出于好意吧，于是诗人代它祈求：“放它回风沙中去吧!”卧牛山虽然思念江南水乡，但在黄河岸也大有用武之地，于是诗人鼓励它安下心来，大显身手，“拉两根纤绳，/快去犁海”。诗人的意旨是明确的：既要尊重个体的健康个性和合理选择，又要让个性适应环境的要求，在集体中得到发展。

第三支是走出了逆境的复出者。最早写出的是《一朵小黄花》（1979 年）。它曾被大海母亲遗弃在礁岩上，那时它“羞涩地低下了头”，终于苦尽甜来，“大海把它别在衣襟上/小黄花笑了”。孔孚的自述是可信的，小黄花里确实有他自己的投影（见《我与山水诗——〈山水清音〉代序》）。不过他的心灵的投射是有很大保留的。小黄花被遗弃时“羞涩”“低头”之下的不平怨悱，小黄花重新得到母爱时“笑了”后面的沉重和思索，都被忽略或回避了。只见小黄花由羞而笑的变化，全不见母亲由弃儿到认儿的心情变化，也不能不让读者遗憾。进一步说，孔孚选择小黄花这个意象“代我达情”，可能无形中就有“面具意识”的作用。孔孚很清楚他并不是小黄花，柔顺的小黄花是不容易被遗弃的，被弃的多是被误认为蒺藜的带刺的玫瑰。后来关于复出者的抒写就更有历史内容了。“心似乎要跳出来/泪流满面//又雷声雷气地说话了”（《趵突泉边》），这个趵突泉并不是“笑”着而是哭着重新登台的，它刚刚恢复发言权就“雷声雷气地说话”。现在都不再把“雷声雷气”当作大逆不道了，而是让反思的泪水流在一起，这就是时代的进步。

历史的进步在孔孚的情思构成上最主要的反映就是增加了理性的成分。他除了歌咏火焰般的激情和风雷般的气概外，还赞扬“智慧”和“思索的头颅”，他的诗里不仅开遍了情感的花朵，而且结出了许多智慧的果实。但孔孚毕竟是一个激情超过理性的诗人。他有许多闪光的感悟，却还有待于把这些零星的思想材料给以进一步的概括，他对自我、人生、现实、历史在总体上的把握还是直感的，尚未进入哲理性的反思。他讴歌旭日，同时又感慨：太阳“一步步走上天去，/哎呀，/就不敢正视了!”（《狮峰观日》）这是有深度的。但他的潜台词又是天真的：“太阳不升高该有多好!”其实太阳是不能不升高的，他还未能以这个无可改变的事实为基点建构他的情感方式和思维方式。他虽然声言喜爱“缺陷之美”（《风和海》），但他理想主义的心灵底色仍未洗去，光中也有暗、暗中也有光的两面思维、辩证思维还没有渗入他的意识深层。看到了光，他往往就忽略了光中之暗；看到了暗，他往往就忽略了暗中之光。在他的笔下，秦始皇加给遮雨的松树以“五大夫松”的封号，就惹得松翁和诗人那样怒不可遏(《过五大夫松》)；汉武帝给柏树培了培土，却博得汉柏和诗人那样感激涕零(《汉柏》)；李世民不仅生前功业显赫，而且死后“梦很高”(《九嵕山下望昭陵》)。另外，“善有善报、恶有恶报”的大团圆意识对孔孚还颇有影响。身在浓雾中他兴奋地传布大海的宣告：“就要日出!”（《晨雾》）这还是19世纪雪莱式的浪漫主义预言：“冬天到了，春天还会远吗?”其实另一方面也是不可否认的：雾不是不可能重新弥漫，冬天也不会一去不返。社会和自然界的进程既不是循环，也不是直线上升，而是螺旋式发展。孔孚的《摸钱涧》赋予那个瞎子摸钱的传说以象征意义，他摸呀摸呀，在久经考验之后，终于摸到了铜钱，而且双眼复明。其实有更多的瞎子摸了一辈子也毫无所得，而有的瞎子虽然明明知道结局不会出现奇迹还是兴致勃勃地摸下去，从摸的过程本身就感到了生趣。相对而言，孔孚山水抒情诗的思想深度稍逊于感情热度和生活厚度。

“云和人/在一起行走”（《天街印象》）这两句诗可以代表孔孚山水写意诗的基本情调。诗人和山水云雾之间融洽相处，亲密无间。在这一类诗里，那个壮怀激烈的战士式的抒情主人公形象模糊了，呈现着的抒情主人公是一个沉浸在山水之中的赤子，更确切地说，是一个保持着赤子之心的慈祥老人。我们不难找到一些古今诗人（如九死不悔的屈原）与山水抒情诗中的孔孚颇有精神上的相通之处，却很难找到与山水写意诗中的孔孚相似的古代或现代诗人。孔孚从不像谢灵运那样感到“连岩觉路塞，密竹使径迷”的蛮荒僻远，或感到“眷西谓初月，顾东疑落日”的迷茫惶惑。在孔孚看来，自然景物都是亲切的：天上的日月是冰盘上的两颗沾着露水的果子(《北隍城夏日某晨印象》)；浩瀚的大海是一部文图并茂的好书(《大海是一部书》)；高高的分天岭虽是第一次登临，却有熟悉的“一只纺织娘在纺线”（《过分天岭》)。他承认自然界的灵异现象并对此饶有兴趣：“怎么一下子都活了呢? /那只蛙！那个海豹！那条鲸!”（《雨中眺流清河西山》）这就像一个农民看到田园里突然冒出一片新绿一样，喜出望外，但并无面对神魔般的惶悚或虔敬。

孔孚在山水中没有陶渊明“此中有真意，欲辩已忘言”那样对玄妙禅机的感悟，他领略到的是充满人间风味的意趣。他诗中的自然景观，不论拟人或拟物，都是与人间生活联系着的。在泰山顶上他想用瓠瓜星“佐酒”，想去天河摸鱼，于是星斗、天河的神秘性完全消失了。在峨眉山上，他向明月致意："……你是因此而瘦的么?"这一问就把与月宫嫦娥不可分割的传统的月亮意象刷新了。

孔孚在山水中没有王维"独坐幽篁里，弹琴复长啸"那样的忘形狂放。孔孚不习惯静观自然，常常与自然推心置腹地交流对话（有时用口，更多是用心）。他看到比高崮"脚翘了又翘，/要和巨峰比高。/海在一旁看着，/禁不住哈哈大笑"，这时他不由得鼓掌欢笑。他看到峨眉风"有些孩子气/摸一下佛头就跑"，这时他在分享峨眉风的欢欣。他看到庐山"雾蓑云笠/挑两湖鱼//被风这个浪荡公子/踢翻了……"，他也在惋惜不已。诗人的感情在山水中得到了充分的宣泄和满足，没有必要再弹琴长啸了。

孔孚也没有李白"相看两不厌，只有敬亭山"那样的闲逸和寂冷。孔孚眼里的山水多是成群结伙地喧闹着、活动着。诗人往往是以一个慈爱的长者身份，笑眯眯地照看着这些生机勃勃的儿孙们。他固然为儿孙们的欢蹦乱跳而心醉神迷，同时又本能地尽着保护的责任，把他们每一个细微的表情动作都看在眼里记在心中。当他看到"鄱阳湖上/风大书'波澜'//没有想到/湿了袖子"（《鄱阳湖上》），他能不想着给这个大大咧咧的孩子把湿袖子拧干吗？当他看到峨眉月那样消瘦，他能不为这个积劳成疾的女儿操心吗?

孔孚和现代诗人郭沫若在山水中的心态也不同。当郭沫若《立在地球边上放号》或《夜步十里松原》时，他是在"泛神"的基础上感应了自然的和谐、物我的沟通。孔孚却直接由"我"与景物对话，不需"泛神"的中介。他感到的不是万物之间"神"性的一致，而是千差万别的个性。大自然里有和谐也有矛盾，有欢乐也有遗憾，物我之间可能合一也可能相背，但各种景物都有不可抹杀的个性。山与山各异：崂山有大海做伴，在深情地回忆它的童年；华不注山是孤独的，却在"努力"地冒雪吐葩；泰山的石笋正发出拔节的声音，龙洞的独秀峰总为思念干涸了的绿水而流泪……水与水不同：锦绣川色彩绚烂，锦云川柔媚幻美，锦阳川闪光照人……

在与前人的比较中，我们可以看到孔孚对山水的感受具有一些崭新的特点。

一、他热爱自然但并不盲目崇拜自然。"我"在自然面前既没有征服者的优越感，也没有微不足道的自卑感，作为审美主体，"我"面对山水时总是兴逸神飞的。他常把自然景观由庞然大物降格为细小的东西，以便从容玩味；又把自然景观升格为人，使其灵气活现。于是我们看到了许许多多的古今奇观：“调皮的云，/撩一把水珠，/就匆匆跑了。”（《山雨》）　“我来扶犁，/套九条龙……”（《耕云峰顶小立》）

二、孔孚从不把景物当作孤立的静止的东西看待，总是把景物放在一个纵横交错的网络中来审视，在纵的方面他看到了景物的历史、现状和未来，在横的方面他看到了此物与诸多彼物的纠葛。“崂山在海边沉思/回忆它的童年/那时他把大海当竹马骑呢/敲打着太阳这个铜盘”（《崂山在海边沉思》），如果不了解崂山一带的地质演变史，如果不把崂山、大海、太阳联系起来尽收眼底，怎能有这样的审美感受呢？“太阳说：熟了/月亮说：还生/海笑着不说话/窃喜它的成功/现在它正镂刻第二个桃子/等待崂山托上碧空”（《蟠桃峰》），如果不是对蟠桃峰的来龙去脉、家族亲友都了如指掌，怎能有这样富有诗意的审美把握呢？辩证唯物主义认为任何事物都是在与其他事物相互联系中不断地运动发展的，这种世界观和方法论真是浸透了孔孚的神经中枢，成了他的思维本能，这大概就是所谓宇宙意识、历史意识吧。前面说孔孚对山水有一种“慈爱的长者”的态度，就是来自他的宇宙意识、历史意识。

三、孔孚能够把山水的自然美（孔孚叫作“第一自然”）和人类对自然的加工改造以及人类的创造（孔孚叫作“第二自然”）结合起来；尽管他也不满于工业给自然造成的污染（如《问齐烟》），但他主要是把我们社会主义现代化建设的成就看作对自然美的补充和丰富。“鱼告许我/潜艇像它一样游/导弹大睁着眼睛”（《在碧绿碧绿的波涛下》），诗人借鱼的眼睛做视角，就把潜艇、导弹等海防建设的成就融入大海的自然美之中了。“在云彩里：/雷达用耳朵听，/山葡萄吐它的须。”（《在云彩里》）把雷达与山葡萄同样看待，就把雷达“自然”化了。

如果说孔孚的富有社会内容的山水抒情诗还有古典情趣的残留，那么他的山水写意诗所体现的审美意识却是很够“现代味”的了。换句话说，当孔孚“在历史中行走”的时候，历史意识或还有点欠缺，而当他“和云在一起行走”的时候，历史意识却是很强的。这说明山水写意诗像山水画一样能够用自己的方式体现时代精神。

（原载《山东师大学报·社会科学版》1990 年第 4 期）

孔孚诗心的文化特质

严迪昌

孔孚怀抱近乎痴绝的心性，钟情并专力于山水诗的创作实践，又不时静观默思地进行着相关的理论探辨。他执着谋求的是补苴新诗领域中的不应存在的断缺现象，以接续中国山水诗的生气命脉。显然，这是一种类似炼石补天的意志，而其苦辛勤劬多年，用一己心血所化炼的清逸空灵的晶石，也确已众目共睹地焕耀在诗国星空。孔孚自信、纯真又严肃之甚的追求，令人动容，而诗史上无数备足征信的实例恰恰证明：诗从来属于自信、纯真、严肃的痴心者，一部诗的流变史正有赖他们的创辟始得构建而成。所以，孔孚新山水诗创作的已有成就，他的显豁地呈现的简捷、凝练、清远、灵逸的诗格、诗境固然值得我们深入辨味审察，然而作为又一种新诗发展中的创作现象，孔孚的关于新山水诗的建树，我以为更有必要从“史”的流程角度，从文化因变的层次上细予审视。因为，这或许更富具普遍意义的参照价值，是故绝非只是确认其应有何种历史位置而已。

山水诗原是我国诗歌史上的一个大宗，有着足称璀璨丰硕的流变历程。可是，就在这一领域里，一方面对前哲的创作实践未能全面的考察，即总体把握该题材在诗的形态上的整体演化面貌，特别是在两宋以后的山水诗的轻忽无视，呈现出另一种抱残守缺的习性，另一方面却又在新诗创作中表现为轻慢态度，一开始就弃去了大自然对诗心润养的关爱，人为地中断了一种文化的承传。然而，文化历史长河中，凡属生气不袭的题材或体裁，无论延致几多障碍或曲折，终究不会因之而泯灭。这不仅是简单的“传统不容中断”云云的问题，而实质上是事物本体原力的反弹性或者叫顽强表现力的必然性现象。再换句话说，此乃历史发展的本体需要的择选，更是民族文化形态之一种的主体需要的择选结果。山水诗正是山水文化最为重要的构成部分，而山水文化无疑系华夏文化高度灿烂的生动标志。

其实，山水文化还不只是华夏文化极度成熟期的产物，而且甚至可以说是我们这民族所固有的文化表现，世界各族文化类型中还不曾见有可与并论、可能匹敌的。这当然不是说只有我们的脚下方有山山水水，也不关涉地球的各个经纬度上的山壑溪岭的各有差异问题，我所说的“固有”，是指我们这民族在对山水的认识、审视、发现、感知、妙悟的智能度上，有着某种独异的卓越感悟力和把握力，而这恰恰是我们华夏民族审美的历史积累的丰厚性的呈表。毫无疑问，此乃人类灵智的高度升华现象，对此我们完全没有必要谦退而表现出妄自菲薄。

大自然的山水，作为客体，其自身并未标识出“美在何处”“怎样的美”。美的契合点正在审视大自然客体的人的灵智，而人的灵智的启发原非单一的自发性的生理因素，乃是民族历史文化的积累以及思想演化进程的结果，这已无须赘言。从审视其美，美沁心腑，到纵跃投身山水自然间，从移情山水，融人格于大自然，到人的自然化、心灵的山水化，其间自有一个漫长的历程，而此历程又正是民族文化高精度演进的过程。可以这样说，华夏民族对山水的认知到认同，以至契入物我两忘、主客合一的自觉颖悟境地的这种审美情趣，以及与之相关的表现在文学艺术各个方面的经验的总结，已到了登峰造极的程度。

山水文化的上述这个演化过程，具体说来是发轫于魏晋南北朝，成熟于盛唐，而尤见灿烂在两宋，经元代一度停滞，明清时期又继续有所发展。只需从构成一种文化的高层次现象，即文学和艺术的考察就足可印证，我国的山水诗和山水画的发生发展的演变历程就是实证，而山水诗则尤称这一文化历程上的丰碑。如果说山水画是中国文人画高度发展的标志，那么，山水诗实乃组构进文人画在内的山水文化的内核重心部分。这就是为什么“诗意画”早于“题画诗”，“诗是有声画，画是无声诗”的主侧组合提法被后人广泛接受的缘故。无疑地，诗的人格力量的弹射性和内涵力，特别是溶解山水神理情韵的张力强度和细微浸透性，有其无可替代的禀性特点在。

如此生命力充沛的诗体之一种，如此饱和着人类审美经验的文化载体之一种，怎会允许长期地被扼制或轻侮？既然诗不可能被放逐，也放逐不了，山水诗也就必然要求存在，并谋求发展。这就是本体需要的择选。孔孚专意于山水诗创作，我以为正顺应了这一择选的需求。然而，何以偏偏是作为创作主体的孔孚顺应了这一择选呢？此中难道是偶然的、被动的碰撞所致？当然不是。孔孚醉心于山水诗，着意对新山水诗有所建树，实际上正好是特定意义上的双向选择。每一个诗人作家都是特具个性（包括天资禀赋）并有特定际遇和学养的个体，当他们各自择定自己的创作意向，顽强表现其一己偏好时，都有其固有的文化条件和特定积累，都有他的合理性和必然性。由此而言，山水诗谋求新的发展、演进，即属历史文化的本体需要，而孔孚以山水诗创作成为他后期生命的特定归依，则是其一生文化陶冶的特定襟怀的抒露和追求。于是，双向选择完成，并转化为一种新的创作现象，或者说是山水文化在诗的领域中复苏的现象之一种。而这应该就是我们着意关注，而且是饶有兴味的研讨课题。

此种双向选择的会合点在哪里？火花从何激发？其实说到底，一种文化的择选和一个文化人的选择的交会点、接合部正好就是“文化”，是文化的积累和积累的文化在一个具体的个人心灵中的会合。孔孚山水诗的吟写，就是这样一种华夏文化在诗歌领域的深层酵化现象。我以为把握了这一点，孔孚的诗美观念，他的审美理想，以至具体外化的诗美风格、诗艺表现，都能顺理成章地得到理解。他为什么有这样的追求而不是别样的择选？他之所以与别的诗人相异，而各自分道扬镳，等等，也全可予以解释。

在探讨孔孚山水诗的文化特质时，必须先强调指出的是：孔孚丝毫不讳言传统，也就是不惮于言“古”！我认为这恰恰是他得以变古出新、以新驭古、自辟道路的重要基因。

新诗界大抵颇讳言“古”字，似乎总以为新诗的历史开创自扫“古”反“古”，倘若再言“古”必易得个佞“古”媚“古”之嫌，很不符合新诗的体统，而且总还感到一涉“古”字，不免会发生弃“新”图“旧”、回归“古”道的危险，至少也可能导入新瓶旧酒的窠臼。于是，尽管旧体诗和新诗兼写者有之，辍笔新诗改写旧体者也有之，却很少见有真知灼见地去研讨、反思一下中国传统诗艺的精与芜之处，从而在往昔与今天、未来之间开凿出可以沟通一泓活水清泉的渠道来的作家。其实，视“古”为泥坑或弃“古”如弃敝屣的观念，无疑是偏见，至少也是误解。通常所说的历史无法割断云云，也还只是笼统的判断，从深层而具体地考察，这无法割断也不该去割的乃是积淀在人们心灵深处的文化渊源，那是潜移默化地存在的积淀，谁也无法拒绝和尽加汰弃的。问题倒在于你能否自觉地去意识到其隐性存在，并且使这种自觉去促动如何分解、弃取，由被动地被渗透转为主动地去吞吐、呼吸。这样的主动性表现行为，我以为正好是标志着一个文化人的颖悟性和审视力的。前人说“识、才、胆、力，唯识为首”，而上述主动自觉性就是“识”的具体表现，也是才得以展、胆得以张、力得以发的根蒂所在。孔孚在这方面实在可称是一个有胆识的高手，诗林高手！其“高”就高在善于分解传统的积累，勇于去取，一切为“我”所用，并不断地调整或深化自己的审美视野，在一个渐趋清晰的审美追求的过程上掉臂奋袂前行。

孔孚这一辈诗人，幼年大抵都受过程度不等的传统教育，后来参加革命工作又经过特定时代的熏陶，“载道”说和“反映”论都理所必然地成为艺术观的依托。说来，孔孚还是“至圣先师”的第七十六世裔孙，那已远非囿于家族文化范畴而成为普天下遵行的儒家诗教更不能不对他产生影响。所以，尽管他近十年来致力于诗的纯美的探求，手笔愈益趋于简净，施以减而又减的减法，诗界的友朋仍定评其是“外道内儒”，而孔孚本人也颇为无奈地说“刮骨很难”（《复王尔碑函》）。然而平心而论，伐毛已可，洗髓不必。因为不管前期还是后期儒家，其诗教中“载道”和“言志”之说原亦非尽是沦肌浃髓的毒液，就诗的多种功能性而言，也各有一定的合理成分。何况孔孚自1980年以来，愈见自觉地从诗的美感感化作用角度，去“载道”而不尽去“言志”，而又坚持中国诗歌发展过程中渐相分道离异的与“言志”系列对峙的“缘情”说，力求以后者调剂前者，相辅互补，特别是强调并付诸实践地力捕“兴会”，这样自觉地分解、吞吐、融合，已是难能可贵之极。至于“诗言志”之说，从广义或泛义上说，即从“志”和“谐”的关系的本能断割的含义而言，原亦无多可非议的。

我尤感可贵的是：孔孚直言不讳地表示曾从杨万里那里得到启示。而事实上我从《山水清音》《山水灵音》两本诗集以及此后的作品中，也明显看到有南宋这位大诗人的“诚斋体”的韵味在。也许我只是凭直觉在判断，那就是孔孚的诗的趋向清灵虚逸，在他批判地综兼自司空图以至严羽，再到王士祯的“不著一字，尽得风流”“羚羊挂角，香象渡河”而后形成妙悟、神韵诸说的精义的过程中，杨诚斋的“兴会”诗法实在是一丸酵母，或者说是点浆之卤。

本文不拟详论“诚斋体”的功过得失，我只想提及一点，即杨万里这位由江西诗派入而不由江西诗派出的大诗人，从本质上说是叛离儒家诗教的别具手眼、真懂得诗为何物的高明之士。所以，他的诗与前后代诸大家相比，既较少褒衣博带的官僚习气和头巾气，也就较多兴会所致的情趣性，“载道”的功能在《诚斋诗集》中是被削弱了的。这样，在尊杜甫为“诗圣”的封建诗史上，杨氏固然难得显位，诗史上汗牛充栋的诗家集子的序跋、题赠文字中也没有几个敢自谓或恭维别人说是学“诚斋体”的，而近数十年来，杨万里虽名列“南宋四大家”之一，但远不如陆游走红固在意中，甚至落伍于写过“田园四时杂兴”的范石湖，其原因实在也是不合“反映论”标准，载人民之“道”太少之故。于是，走“诚斋体”道路而变新自见的如清代郭麟、江湜这些相当出色的诗人也一并淹没在我们大批诗史或诗选本之中。似乎只有钱锺书先生的《谈艺录》给了他们应有的关注。

就此一点而言，孔孚已甚少“儒家风范”了。试想，不是痴迷于“诚斋体”式的兴会，怎能兴致勃勃地写出：“看你涌到什么时候/枝头一个柳眼”（《泉边》）；“冬走在水上/化了冰鞋”（《泉边》）；“那要去问风/去问杨花/黄莺的舌尖有时告诉我/再就是鹤云的鱼了”（《泉香——答木斧》）；“天河很近/听得见鱼跳//挽挽腿/去摸一条”（《天街遐想》）……更有“危岩上立一白狐/竖着耳朵”（《夜宿金顶》）；“一行草鞋印儿/香到顶”；“天公勾线/冷月照明”（《峨眉雪晴》二首，以上三首均刊于《当代诗坛》第五期）等等，益发以兴会出灵异出清空。

诗的六义“风雅颂，赋比兴”，历来说“兴”，总以方法之一即“兴起”来解释。说实在的，这个“兴”，对诗人来说太重要了，如果不是意兴所至，兴会神到，换句话说毫无诗兴，怎来诗呢？既然人们承认诗兴勃发，兴致淋漓，兴趣盎然等事实，缘何又在诗学上先谈“意”后谈“兴”，甚而只要“意”不要“兴”，或者硬是要借个物事当话头来“兴起，兴起”而已呢？杨万里敢于心、眼、手相一致地轻捷捕捉住一刹那间的所见所闻、所感所悟，不故作姿态不装腔吓人，自然、灵转、简捷、灵秀地表现一己的心魂波动神态，“无法无盂也没衣”“作家各自一风流”，这是活的诗，充溢生命的精气神的诗。我感到孔孚正是在这一点上喜欢上杨诚斋的。

同时，从兴会、意兴上，又正是沟通“南宗”山水艺术、山水文化的上乘境界的。空灵飘逸，简淡清远，大致是兴会的升华，孔孚悉心解析严羽诗论以至上溯到王维的兴会神到之画，下推及王士祯与赵执信的神韵说之争，以及“远龙”无爪无鳞之美学理想的构思，似均得力于这个“兴会”。一直到他的“东方神秘主义”的提法形成，灵异之美的追逐，我认为都是摆脱了传统诗教中某些羁绊，吞吐其精芜，在走自己的兴会神到之路。顺便说及，“怪力乱神”是儒家之忌，而孔孚去怪而求异、崇灵，其实乃系一种变通，骨子里也是对儒家诗教的一种伐洗。

作为山水诗，清远淡逸的虚灵美的形成，原本是魏晋以来山水文化的结孕所致，其成熟灿烂则是如北宋黄休复《益州名画录》所总结的：“拙规矩于方圆，鄙精研于彩绘。笔简形具，得之自然。莫可楷模，出于意表，故目之曰逸格尔。”这是山水艺术舍形得神、以兴会意趣为尚的相当理论化的概括。而这一文化现象得以高度发展，是经历了数百年的审美实践的，其源头当上溯到魏晋，与魏晋时期的老庄文化思想及人文风习有着一定关系。但是，正由于如此，我读孔孚的诗，总认为与其说他的山水诗简而又简、减而又减，是直接导源于老庄道家思想，还不如说其正是中国山水文化的承传启变来得切实切近些，也丰富滋润些。

这确实是隶属文化审美范畴的事，与他对南宗山水画及画论的兴味以至其本人飘逸简淡的狂草书艺造诣，全属通同的情趣旨归。

我以蜻蜓点水式的拙笔，着重谈孔孚诗的某些文化特质，并还讲了一番“兴会神到”的情趣话题，当然不是在宣扬鼓吹淡化、远离“意”或“道”的创作路子，何况“兴会”之吟，神韵之说，其实也不是与“道”与“意”相背反的诗歌现象和诗学理论。以王渔洋这位神韵说开宗立派的大名家为例，如他的《再过露筋祠》诗，“行人系缆日初堕，门外野风开白莲”云云，不能说不清远飘逸，然而此中却正寓“载道”之意，渔洋是在颂赞贞节妇道。所以，我在本文中没有提及孔孚山水诗的“意”或“志”，绝非等于诗人笔底缺略了这些，而我却在津津乐道肯定这些缺略，事实当然不是这样。他的《飞雪中远眺华不注》《过对松山》《笋城》的即小见大，以虚出实，“意”的深蕴动人，是已为许多论者所赞评了的，我从另一角度谈孔孚诗印象，也就不必尽予述及。写到此，我不由想到明人胡应麟在《诗薮》外编卷四中的一段评骘："靖节清而远，康乐清而丽，曲江清而淡，浩然清而旷，常建清而僻，王维清而秀，储光羲清而适，韦应物清而润，柳子厚清而峭，徐昌谷清而朗，高子业清而婉"，胡氏说了一大堆"清"，并细加辨析，人们当然不会由此认为这十位够上"清"的名家之诗均属淡化"意"，不食人间烟火的。

诗作为文化现象之一种，从来有承继有启变。有承无变必僵化，反之，则难免浅陋狂悖。也是胡应麟说的："法而不悟，如小僧缚律，悟不由法，外道野狐耳。"譬喻都可能有不周全处，然而我想以之作为我印象中的孔孚新山水诗的文化因变特质，以及他变古出新、以新驭古的品性的借喻，或者大体尚合，不致太乖背的。

（原载《山东师大学报·社会科学版》1990 年第 4 期）

略论孔孚山水诗在新时期诗坛的地位

吴开晋

一、新时期诗坛的一朵奇葩

当中国诗坛以崭新的面貌呈现在世人面前时，很少有人注意到，在齐鲁大地，一朵奇异的艺术之花披霞绽放，它就是孔孚的山水诗。

党的十一届三中全会以来，一批中老年诗人高举现实主义的旗帜，创作出许多脍炙人口的佳作，为中国的新诗恢复了声誉。与此同时，一些青年诗人也脱颖而出，以其独特的审美感受，谱写下新颖奇绝的诗篇，也形成一股滚滚而来的新诗潮。上述两类诗作都得到了广泛的宣传和介绍，已载入新时期诗歌发展史中。但是，对于孔孚山水诗却未能给予充分注意。直到八十年代初期，才有冯中一、袁忠岳等同志的评论文章出现，对孔孚山水诗反映生活的方式、独特的艺术把握给予了积极的评价。以后，孔孚同志发表作品日丰，评论文章也渐多，其影响逐渐由山东扩展到全国，甚至远播海外，中国诗坛才逐渐认识到它可贵的艺术价值。一个新山水诗流派正在形成，这是孔孚同志经大半生之奋斗为中国诗坛做出的宝贵贡献。

孔孚同志历经种种磨难，但对光明和美好事物的信念从未消失，这就是他创作山水诗的思想基础。这一点，同其他流派诗人的思想是相通的。但其艺术地把握世界的方式不同，所具的文化素养相异，这就决定了他观察宇宙万物的目光和选取素材的角度及表达方式同前者大不一样。同样受过苦难，同样渴求着奋进和自由，现实主义诗派的诗人们多从直接的生活感受出发，切近现实，或痛斥丑恶，或赞颂美好，多直抒胸臆，写下一批震撼人心的佳作。而孔孚则把目光投向祖国的山川草木，寄情于大自然，把血滴、泪水融进多彩的艺术形象中，隐隐折射出苦难生活的暗影，并把着力点放在表现光明与美好一方，更多地让人去体味艺术之美、自然之美。这一点似乎近于朦胧诗。但朦胧诗所精心创造的，是重叠的意象和总体的象征。其感情虽也隐含在具体意象中，但意象铺展较繁密。而孔孚的山水诗则以极简约的意象去创造空灵的意境美，给读者以更多的思索余地。试比较一下他们关于写大海的诗，便可窥其一斑：

第一首是杨牧的《给复活的大海》(《复活的海》，人民文学出版社，1983年)。杨牧是新现实主义诗派的中坚力量。这首诗是对死亡的海的吊唁，也是对“新生”的海的赞歌。远古时，我国西部边疆本是一片汪洋大海，由于喜马拉雅山的造山运动，地壳隆起、大海退去，于是那儿成了一片戈壁瀚海。但在诗人的眼中，它并没有死，诗人由衷地歌唱：“实实在在，你已醒来。/太阳提起金色的锚，/启碇一个辉煌的黎明；/绿浪摇着牧歌的悠长，/也带着禾稼长长的海带。/遗忘的古莲复活了！/失去的春风复活了！复活了，还有碧苔。”诗人尽展情怀，又用一组排比句子，歌颂海的生命的复活，充分显示了现实主义的艺术力量和鲜明的特征。这也证明，杨牧及其他现实主义诗派的诗人能在新时期诗坛占据重要位置，正得力于他们那些闪着现实主义光芒的诗篇。

第二首是舒婷的《致大海》(《双桅船》，上海文艺出版社，1982年)，这是其诗集的首篇。其实全诗并不“朦胧”，可说是诗人由用浪漫主义手法向意象和象征手法的过渡。全诗充满了奇异繁复的大海意象。全诗的主旋律是：生活——汹涌的海洋。那些暴风、旋涡的意象，正象征着诗人所经历的苦难生活。特别是其中的“傍晚的海岸夜一样冷清/冷夜的巉岩死一般严峻/从海岸到巉岩/多么寂寞我的影/从黄昏到夜阑/多么骄傲我的心”等名句更是广为传诵。这些新奇的表现手段打开了一个新的领域。此后，舒婷等一批青年诗人所写的“朦胧诗”，为新时期诗坛注入了新的血液。经过热烈的争论，朦胧诗终于获得诗坛的认可，并得到了它应有的位置。

第三首是孔孚的《寂寞的海》：

1

没有风

海寂寞得难受

它想

我要死了

眼睛望着天空

2

有块云打个旗语，

鬃毛又在抖动和海闲话……

孔孚在这儿又为我们打开了一个新的艺术世界。这个海，是一匹寂寞的烈马，也是诗人寂寞的心。和现实主义诗人相比，这首诗同样体现了一种渴望战斗生活的激情，但却不是以对大海作直观描述或以直抒胸臆的手法表现出来的，而是用简约的意象折射出来。无风的海，它寂寞得要死；云打旗语，预告风的到来，它又抖动起鬃毛。诗人赋给读者的联想天地是极广阔的。同朦胧诗相比，虽同样运用了意象和象征的手法，但又非常简练、含蓄，正如诗人在《谈提炼》一文中所说的，这里也包含有意象的提炼，即所谓“炼象”。诗人既吸取了西方现代派的一些艺术手法，同时更多地融聚了中国诗词的艺术营养，它是在中西文化的交会中产生的，理应在中国新时期诗坛上占据一个重要位置。

二、对儒、道思想的续承和超越

孔孚的山水诗，虽是在中西文化撞击的大潮中走上诗坛的，但究其根底，更多的还是中国传统文化的影响。具体说，可谓是对儒道思想的继承和超越（当然，其中也有禅宗的影响）。孔孚诗的思想核心是什么？近年争论颇多。我想恐怕还是儒家提倡的那种要求一切符合自然和人类社会之“大道”的积极入世精神，以及道家倡导的要求一切归于“无极”和“一”的那种“天人合一”的超脱世俗的精神。这看来似乎有些矛盾，但体现在孔孚的山水诗中却又是统一的。

孔孚自己也承认是“外道内儒”。他在《复王尔碑函》中说：“虽然我坚决反儒，但由于受儒家影响太深，刮骨很难。此外也还有一层意思，不想尽刮。我的老祖宗那里还是有一点好东西，比如早期儒者从《周易》之‘乾’为首卦那里受益，贵刚尊阳的思想，就刮不得。”（《黄河诗报》1988 年第 12 期）的确，在儒家的思想武库中确有一些值得继承，除孔孚所说的“贵刚尊阳”外，那种朴素的早期的人道主义精神，那种对人的命运和价值的关注，特别是为社会的统一和发展所采取的积极入世的精神，都是我们宝贵的思想财富。在孔孚的山水诗中，对此是有所体现的。诗人所反的“儒”，只是那些为封建统治阶级所倡导的伦理道德和儒家美学思想中“文以载道”的艺术主张。过去有人认为，孔孚的山水诗是纯粹的遨游山水、陶醉于大自然之美中，这是不确切的。诚然，我们不排除《山水清音》和《山水灵音》中有一部分这样的作品，但是，那种积极入世、不甘消沉，甚至要对腐朽的压抑人们个性的势力进行冲击的诗作也是时有所见的，如一首写崂山云瀑的诗：

几次都失败了
倒翻下来
漫溢峡谷

狂怒的云
抓住风的鬃鬣
作最后一次仰冲

快闪开
鹰

从外观看，纯属自然现象，但内里却包有丰富的社会内涵。诗人用的是象征手法，人们可以自由地联想，但谁都可以感受到，作者所塑造的向强大的力量做勇猛冲击的云瀑这一斗士形象，给人一种悲壮美。如果诗人一味采取消极避世的态度，他对几次冲锋陷于失败仍要做“最后的斗争”的云瀑就不会采取这种赞赏的态度，可能会写成挽歌而不是颂歌。

再看《过对松山》：

看那一双双渴念的手
听一声声呼唤

云都要流泪
风也呜呜咽咽

这样的一个家族
怎能分得开呢

大山
你走近一点呵

这里充满多少人情味儿呵！这对松山的松树在诗人眼里是被拆开的一对，诗人渴望大山走近，使它们聚在一起，绝不想叫它们无动于衷长年和风云为伍，诗人那种朴素的人道主义精神，正是和儒家的积极入世精神相通的。

此外诗人的一些咏物诗，特别是一组写罗汉群像的诗，把人生的苦恼忧患都写进去了，可见诗人并非一个仙风道骨不食人间烟火的歌者。当然，对儒家那种压在历代诗人头上的禁锢（封建的伦理道德观念，文以载道的思想），孔孚是反对的，他那颗自由的灵魂，不愿受这种羁绊，从而最终使他走向了道家的灵台。

说孔孚是“内儒外道”虽有道理，但并不完全准确，其实他的骨子里是儒道混合的，而道家的思想似乎更多一些。前边说过，《周易》讲“太极”，老子讲“无极”，是相通的。为达到“无极”，则要“无为”，“无为而无不为”，最后又归于“道”和“一”。这个“一”可太重要了，这“一”就是自然，就是规律，这也是老庄学派最基本的思想。孔孚先喜禅宗，后喜老庄，对后者更为理解和接近。体现在他的诗作中就是追寻自然、热爱自然，要把一颗自由的灵魂投入无限广阔的大宇宙中，主张和自然的化一，而贬斥对人的种种异化，这在新时期诗坛上也是独树一帜的。如几首写山石的诗：

笋城

在后石坞。怪石嶙峋，丛立呈笋状。

听得到拔节的声音……

再过三千万年，

它们都是泰山。

飞雪中远眺华不注

它是孤独的

在铅色的穹庐之下

几十亿年

仍是一个骨朵

雪落着

看它！在使劲儿开

这两首诗中都蕴聚着一种要冲破束缚、达到自由的强大力量，不论是笋城的山石也好，还是华不注山也好，它们都渴望着成为天地间巍巍的大山或开出灿烂之花。这两处的山都有一颗不羁的灵魂，它们要和天地相一致、共存在。这也正是诗人那颗自由灵魂的物化。这里恰恰体现了诗人接受道家思想积极的一面。同样，著名的《骆驼峰》中那匹渴望回到沙漠中奔跑的骆驼；《过鹰嘴石》中那只想和银燕一齐巡逻的李苦禅的鹰；《观音岩》中倚门望着南海思念故乡的观音石；乃至《过藏龙涧》中那条屈死的龙，都有一颗要解脱束缚奔向自由的灵魂。自然，道家思想中也有那种小国寡民、鸡犬之声相闻、老死不相往来的消极遁世观念，他们抨击现实世界的丑恶，却要回到原始的乌托邦境地。对此，孔孚又以儒家的积极入世的思想加以抵消了。因此我们可以说，孔孚山水诗，其思想内涵是对儒道思想的继承和超越，是在中国传统文化丰厚土地上长出的一枝新的艺术之花。

三、标志着东方隐逸诗派的崛起

近年来，孔孚山水诗和昌耀、安谧等人的边塞诗及小叙事诗在艺术表现方面，吸取了东西方文化中的某些精华，体现出一些共有的带有东方神秘主义色彩的特征。他们追求隐逸、含蓄、空灵和对意象的淡化，人们称之为东方隐逸诗派，或东方神秘主义诗派。他们的作品不同于某些新古典主义诗作。后者虽也是在继承传统文化方面所做的新开拓，但是它们多半是把现代人的观念借助于近似古典诗词的形式和诗风表达出来，并不带有隐逸和神秘色彩。二者的创作指导思想也有明显的差异。新古典主义试图借助于几千年的传统文化特别是古典诗词在艺术上所取得的成就，来为当代新诗打开一条新路，使新诗能为更多的读者所接受；而东方隐逸诗派在艺术上则是为了达到其思想上所追求的与大自然的和谐一致而采取了种种新的表现手段。他们要求自己化入无限的自然中，但并非要成为自然的奴隶而被大自然所主宰，相反，他们把宇宙万物皆看成同自己一样符合大道的一种存在，创作的目的就在于隐现其中之美。他们对儒家长期宣扬的“文以载道”是反对的，但也不是主张“为艺术而艺术”或“艺术至上”，而是要把对人生的体验溶解在具有隐逸美的艺术形式中去。“物物而不物于物”，一切客观物象皆可调遣于笔端化为独特的艺术载体。他们崇尚“法天贵真”的美学思想，提倡不露人工痕迹的天然美，所谓“大巧若拙”“大朴不雕”是也。

所谓隐逸，一是指感情的藏匿，不像浪漫主义诗派那样淋漓尽致地抒情，而是把感情隐进具体意象中；二是指具体物象的简约或省略，给读者留下更多的思索空间，不像现实主义诗派那样对客观物象做具体描写。试举孔孚的几首新作为例：

冰桌一瞥
落一只
鸥
冷餐

这是写庐山飞来石的。因为冰川变动留下的巨石，故称之为冰桌。全诗只三行六个字，可谓精练之极。面对这一大自然奇特景观，浪漫主义诗人该有多少诗情可抒发啊！而现实主义诗人到来，也会对这自然景物做真切细致的描写。但孔孚却用寥寥数字包容进自己对大自然变迁的无限感叹。“落一只鹞”，极言其高；“冷餐”，又言其清冷。全诗组成一幅具有独特韵味的水墨画，凌空巨石，飞鹞啄食，周围是无限的世界和浩瀚的太空，那境界是何等高远而恢宏，那着笔和色调又是多么简约而含蓄，这首诗充分体现了隐逸诗派的创作特点。同样，远古的冰川，化为巨石，兀立云空，一只不知从何方飞来的鹞鹰在啄食什么，这不又带有一些神秘味道吗？

双阳桥小立闻太阳语

诗人
不要等了

我喜欢
一

这一首更具有神秘色彩。诗人兀立双阳桥头，希望能从波光的折射中看到两个太阳，没有等到，却听到了那一个真实的太阳的忠告，说它喜欢“一”。这“一”是指“一”个，更是指那个大的统一体，即是大宇宙的本源。太阳的话也是诗人的心声，他们共同喜爱的正是第一自然中不灭的本体，也即是大道和规律。这里边又有多少哲理的内涵啊！但却隐藏到诗人假托的太阳的嘱告中去了，其隐逸性和神秘色彩可见一斑。

东方隐逸诗派还有个明显的特点，即追求诗的“空灵美”。他们讲“虚”、讲“玄”，但却不是故弄玄虚，而是通过自己心灵的体味去揭示大自然的奥秘和美之所在，孔孚的许多名篇，正是依其灵通之感官去接近自然，从而把握自然之美。如《海声》：

在风的手指上

月亮的情网里

心的峡谷中

三个跳动的意象创造出一个令人遐思的美的境界。这里诗人调动了他的触觉、视觉、听觉感受，以全身心的灵觉创造了属于听觉的海声如何化为触觉和视觉之美，并把它化为自己澎湃的心潮，从而和大海融为一体，终于化入无限广阔的自然界中。再如《渤海印象》：

我寻找黄河

连条线也不见

在这里它缩成一个音符

颤动着

诗人如同高空摄影家，把渤海摄入镜头，那入海的黄河自然难见。这里诗人不但以其宽广的胸怀感受到了大海的无限，而且以其灵觉之耳目，听到和看到了黄河如音符般的颤动，又反衬出大海这组交响乐的宏大博深，可谓神来之笔。

总之，孔孚的山水诗为我们开拓了一个新的美学领域，为东方隐逸诗派的崛起树立了旗帜。当然，就孔孚的个人创作来说，诗的质量并不平衡，有些诗似是即兴之作或是深思不够，尚未达到应有的美学境地；还有的诗语言虽精，但用典甚多，一个短句用数十字的注释解典，就有点打断读者的诗思。这些白玉之瑕需慢慢剔除。今天我们需要说的是，为了当今诗坛的繁荣和发展，应给予孔孚山水诗（及整个东方隐逸诗派）足够的评价，充分肯定其创作经验和在诗坛的地位，这是我们义不容辞的责任。

（原载《东岳论丛》1990 年第 4 期）

谁识孔孚诗中“趣”

袁忠岳

一

我在1982年曾对山水诗下过一个定义，说“山水诗以表现山水的自然美为宗旨”，并指出“孔孚在诗中所追求的首先就是这种山水的自然美”。今天，忽然感到不确了。倒不是说这个山水诗的定义不对，山水不应在诗中占据主位，成为主要的审美对象；也不是说孔孚诗与这一定义有什么距离，没有表现出山水自然的美。谓之不确，是觉得“自然美”的概念太笼统，哪一首山水诗不表现自然美呢？仅凭这一点，很难把孔孚诗与其他山水诗区别开来。尽管我论述了孔孚诗的诸多美，如绘画美、诗意美、人性美、悲剧美等，把自然美多角度地展开，千方百计地想把握其不同于其他山水诗的特征，但总觉得并未真正抓到诗的痒处。直到有一天无意中觅得一个“趣”字，才觉得心地豁然，原来孔孚诗的痒处，在得山水之趣也。自觉比自然美更切他的诗脉，更合他诗的特质。一个“趣”字，把一切美都包括了；而美却无法提示这孔孚诗特有的“趣”。

“趣”是中国诗论中特有的概念，也是一种富有民族风格的诗之审美追求。这在西方诗论中是没有的，尽管他们的诗中未尝没有“趣”在，只不过不像中国古代诗人那么自觉意识罢了。“趣”作为诗之审美，最早是宋人严羽在他的《沧浪诗话》中提出来的，上承钟嵘的滋味说，后又为主张性灵神韵的一派诗人所发扬光大。明人高启说："诗之要有三：曰格、曰意、曰趣而已。格以辨其体，意以达其情，趣以臻其妙也。"（《独庵集序》）把趣看作诗之上品佳作不可缺少的要素，相当于严羽所说的入神，"诗而入神，至矣，尽矣，蔑以加矣！"这应是"趣"之一义，说明它是诗的一种上乘品格，决不可等同于插科打诨之趣。但认为"趣"是佳品所必具，则未免有些泛化。还是谢榛的说法妥当，"诗有四格：曰兴、曰趣、曰意、曰理。"（《四溟诗话》）也就是说，有的诗重感兴，有的诗重趣味，有的诗重情意，有的诗重哲理，"趣"只是某类上品佳作的要素，就比较客观，无泛化之弊了。但这"趣"是什么，却很难说得清楚。袁宏道在《叙陈正甫〈会心集〉》中有过解释："趣如山上之色，水中之味，花中之光，女中之态，虽善说者不能下一语，唯会心者知之。"玄妙、神秘仍使人丈二和尚摸不着头脑。不过我们还是可以得出结论：（一）"趣"不能离开其依附对象（如：言、象、情、理）独立存在；（二）言、象、情、理本身并不就一定有"趣"。那么，怎样才能使言、象、情、理有"趣"，成为言趣、象趣、情趣、理趣呢？这就是问题的关键了。

我觉得，"趣"应是一种美，与一般的美不同在于：它是大自然中的生趣与诗人体验到的人生乐趣二者主客统一的结晶；读者欣赏时又必须用一种积极参与的态度，在直觉美的同时，有一种克服障碍的快感。这样一种更富生气、更有意味、更加奇妙、更为神采飞动的美，就是"趣"。这是一种高品格的美，并不是任何人都能企及的。袁宏道说："世人所难者唯趣。"孔孚却于山水中得之，我们又于孔孚诗中得之。这不能不引发我们极大的兴味去研究它。

二

根据我们对"趣"的理解，结合孔孚山水诗的实际，可以把"趣"分为奇趣、隐趣、谐趣三种品格。它们同时也是达到"趣"的三条途径。

奇，也就是孔孚说的"异"。异于常，就奇，就有"趣"。孔孚称之为"异趣"，苏轼称之为"奇趣"，都是一回事。苏轼说："诗以奇趣为宗，反常合道为趣。"他把奇趣看得是很高的，并指出奇的手段是"反常"，奇的目的是"合道"。所谓"合道"就是求真，一种更为内在更为本质的真。为摄神髓，而置躯壳于不顾，怎能不异不奇呢？如孔孚诗句："人，/游在街道上，/像鱼。"看似无理反常，却表现了青岛空气澄澈如柳宗元文中小石潭的水，生活于如此清新空气中的人其乐自得，又如庄子《秋水篇》中濠梁之鱼，其真何如？

奇的内涵包括突兀、险峻、巧妙、神秘、怪诞等，犹如园林中的怪石奇树，书法中的拙笔狂草，绘画中的泼墨变形，有悖于习俗的审美习惯，却出人意料地产生更为强烈的审美效果。在孔孚诗中，这种奇趣俯拾即是：太阳能当铜盘敲，月亮能撒一片网，湖能着了火，泉可有香味，智慧能出芽，忧郁长成树，风会有翅膀，山则有生命……云更是出没无常，既能钻进人的衣袋，又能潜入人的心灵，还能挂在海边树上晾。静能化动，无能生有，世界万物互相变幻，这一切全靠诗人大幅度想象。想象的翅膀不能只在相似的事物间来往穿梭，而要在极不相似的事物间翱翔，找出内在联系来。奇趣必须遵循新批评派的异质原则与远距原则。孔孚诗自由往来于异时空，把过去、未来，天上、地下相沟通，那就超越异质、远距原则，具有全息性了。如《香积寺路上》："黄叶捕捉一只蛱蝶，/山路落满松针。//鸟儿们不知哪里去了，/只见一野狐逡巡。//蓦地有天竺之香袭来/白云中游数尾木鱼"。黄叶怎能捉蝶？野狐到此作甚？天竺之香遥隔时空，怎会传到这里？木鱼非鱼，怎能在白云中游？几乎字字有疑，句句是奇。但正是这些奇句打开了我们的视听局限，感受到了从建寺至今的兴衰变化的全息。黄叶捕捉蛱蝶，不仅仅是蛱蝶停在黄叶上的写照，也是生命被吞噬的象征；木鱼在水中游，也不仅仅是变声为形的通感，而是生命复活的隐喻。时空在天竺之香中倒转，生命在死灭与复活中轮回。那条独来独往于兴衰变化中的野狐，不正是参透生死的诗人自己吗？它作为主体客观化的替身，多次在孔孚诗中出现，或为玄，或为白。在崂山它偷听仙人谈话，把一条长长的尾巴拖入黄昏；在泰山，它手拈连翘，引诗人自我入黄花洞；在峨眉，它立于危岩，竖耳聆听寂寞……诗人多么想真的变成那只自由来去于四维空间、不生不灭、深通灵性的野狐！它们使孔孚诗染上一抹神秘色彩，而与我们后面讲到的禅趣相通。尽管有如此多的奇趣，孔孚仍不无遗憾地说："在我的诗里，'异常'还不够多。"（《山水清音·序》）他在为难以彻底摆脱肉体束缚、习俗局限而苦闷呢！

如果说奇趣是用想象的奇来引起读者欣赏的趣的话，那么隐趣则是用激发读者自身的想象来引起其欣赏的趣。离开诗人的想象，奇趣就无从产生；离开了读者的想象，隐趣也就不存在。这样说，并不是隐趣就不需要诗人想象了，而是要把想象隐藏起来作为手段，达到在读者头脑中唤起想象的目的。孔孚是很注意这一点的，他自述“在隐藏一点上，我比法国象征派要走得远。不只是情隐、理隐，连前台的那个‘象’，也想要它隐”（《谈山水诗》），是个彻底的隐逸派。所谓“隐”，也就是藏于言外、象外、诗外，由此生趣，与笼于云雾、朦朦胧胧的隐美，还不是一回事。举诗以明之。孔孚有两首诗都是写崂山一景仙人髻的，其一为《白雨》：“崂山站在海边，/看扯天盖地的白雨。//她也蒙在白茫茫的雨幕里了，/隐约露一个发髻。”崂山拟人，隐于雨中，身披白纱，微露发髻，逗人想象其袅娜身姿，朦胧中神态是很美的。这是隐美，还不是隐趣。其二为《仙人髻》：“只雕出一个发髻/山就升起了//看着这件未完成的作品，/海老是惋惜//一片云跑来说/看我的”，你一下子看不明白。这是怎么回事？云那么热心想干什么？它有什么妙法？等你恍悟，原来云是想把未完成部分遮掩起来，如披纱然，微露发髻，借人想象把未成品完成，你就不禁赞叹云的机智，而觉得有趣了。《白雨》中描述的朦胧景象，在《仙人髻》中完全置于诗外，由读者思而得之。这是两种不同的隐，前者予人美感，美中有趣；后者给人趣味，趣中有美。美与趣虽然难以截然分开，从这两首诗中我们还是可以尝到不尽相同的滋味的。同样是美的表现，曲比直、隐比显是更有趣味的。因为隐与曲给美的获得设置了一定的障碍，费一番周折得来的美，自然更有意思了。英国湖畔诗人柯勒律治说过：“诗（或者说得更确切一点，一首诗）是一种以获得智力上的愉快为目的的作品。”（《诗的定义》）他所说的“愉快”，也就是我们说的“趣”。美可以一眼看出，趣则要读者积极参与；美可以是纯感性的，趣则渗入了智性因素。

隐趣不仅在象上，更在意上。写唐太宗陵墓昭陵，诗人为什么要嘱咐山灵“保护好他的耳朵”？访“无忧泉”没有访到，为什么却听到“有唏嘘之声地下传来”？秦始皇兵马俑，在地下走了两千一百八十五年，怎么仍“传来那个人的脚步之声”？等等，都需想一想，才能体会到那深长意味，趣就蕴于这想一想之中。

三

在“趣”审美中，谐趣是更为核心的要素。奇趣、隐趣与人的想象机制有关，更多地属于技术性操作；谐趣不同，它涉及人的气质、天性及对待自然、人生的态度，不依靠任何技巧而自然生趣。奇趣、隐趣可以学得，谐趣则不可以学得。朱光潜先生说："从心理学观点看，谐趣（the sense of humour）是一种最原始的普遍的美感活动。凡是游戏都带有谐趣，凡是谐趣也都带有游戏。谐趣的定义可以说是：以游戏态度，把人事和物态的丑拙鄙陋和乖讹当作一种有趣的意象去欣赏。"（《诗与谐隐》）这"游戏态度"就是谐趣的本质，幽默、风趣、诙谐、玩笑均由此生发。不过，在对待自然与对待人生上，"游戏态度"的表现不全相同，孔孚更有自己的特点。

对自然是"入"，即要进入自然，成为大自然的一员，"侣鱼虾而友麋鹿"，游戏山水。如看到郑文公碑上一只白色蛱蝶一张一合，就问："也想拓个字儿么"，发现蜜蜂落在雪花石上掀动翅膀，就想："冻麻了脚吧"，海上日落，那是太阳喝醉了酒，跌"在天的尽头"；山中下雨，那是云在恶作剧，"撩一把水珠，/就匆匆跑了。"这种谐趣，既来自生机勃勃的山水生趣，也得自豁达旷放的诗人天性。诗人在大自然中遨游，如鱼得水，正如他在《客扬州　梦鲥鱼》一诗中写的："赠我鳞衣/掉尾江中//忆明珠的声音：/香糟？还是清蒸？"诗人如此快活地忘却自我，快活地戏波江中，甚至快活地跃上餐桌，自嘲自乐，怎不使人羡慕而忍俊不禁呢？

对人生是"出"，即超越人生。伊斯门说："诙谐像穆罕默德走去就山，它的生存是对于命运开玩笑。"（《诙谐意识》）山不来就穆罕默德，穆罕默德只好去就山，用一种戏谑态度对待命运的捉弄。命运是不讲客气的，未入人生者不知命运的厉害，不懂什么是忧患；经受过命运捉弄的入人生者，才懂得忧患的滋味。忧患意识较之无忧无虑，在精神上是高一层次的。但只有入而后出，保留全部人生滋味的积淀，而又敢于"对于命运开玩笑"的人，才能达到更高的超越境界。我在谈孔孚诗的悲剧美时，并没有认识到这一点，也没有深味到蕴含于孔孚诗悲剧美中的诙谐。朱光潜把诙谐分成两种：一种是"豁达超世"的"悲剧的诙谐"，一种是"滑稽玩世"的"喜剧的诙谐"；说后者"不免流于轻薄"，前者才是"至性深情"。孔孚的谐趣就是属于前一种的。那沉默多少年，拍一拍不知是否还活着的钟；那思想得苦，把芦苇的头发都熬白了的秋风；几经雷电，又伸出枝叶一片的老树；成了佛也没摆脱那苦的罗汉……都蕴含深沉的人生苦况，又都以谐趣出之。既然是入而后出，也就能出中有入，如朱光潜说的："超世而不忘怀于淑世"，而与那种不食人间烟火的遁世区别开来。由此来把握孔孚诗的悲剧美与谐趣。

当然，达到“趣”的途径不止奇、隐、谐三种，孔孚的诗趣也难以从这三方面说尽。但是通过上述三方面的论述，我们对“趣”的主要品格有了较为明晰的把握，从袁宏道“不能下一语”的直觉，上升到了能姑且说之的理性阶段。我们发现，无论是奇、是隐、是谐，均有离俗、反常、新颖、突出等与众不同的特点，其美感是从与人们审美习惯相悖的方向产生的，但又都保持着适度的张力，过犹不及，太奇，太隐、太谐，又无趣了。另一方面，这种相悖又要给人以不相悖的感觉，也就是要达到妙趣天成，一切出于自然。清代的刘熙载在《艺概·诗论》中说：“常语易，奇语难，此诗之初关也。奇语易，常语难，此诗之重关也。香山用常得奇，此境良非易到。”说的是“语”，对“趣”也是适用的。“用常得奇”，用常得隐，用常得谐，才是目标。这也就与西方现代派的审丑区别开来了，它们也是与人们审美习惯相悖的，但并不考虑适度与“用常”。只有注意到这二者的审丑，才与“趣”相通。

奇趣、隐趣、谐趣在诗中可以有所侧重，但难以截然分开。在孔孚诗中更多的是综合运用，而且又合于天趣。如《云情》：“友人赠我一幅《黄山云》/老是不安于壁//架上我的那本小书/一天也流出云气”。画中云动，书里云淌，这是奇趣。可是前者为何“不安于壁”，后者为何偷偷流出，诗中未说，而用一句“全明白”了，让大家去领悟，这是隐趣。当你想到，原来云也有恋情，靠到一起就打破诗画界限，互相吸引和爱，不觉莞尔笑了，这就尝到了谐趣。而这一切写得那么自然巧妙，无人工气，又是天趣了。

四

一首诗中的“趣”往往是综合审美效应。这不仅表现在横的“趣”的品格，如奇趣、隐趣、谐趣、天趣上；也表现在纵的“趣”的层次，如言趣、象趣、意趣（又分情趣、理趣）上。言、象是表层之趣，情、理是深层之趣，互相结合，不好孤立地以某一层为趣。

如从言趣说，不包含象趣、意趣的纯言趣那就是文字游戏，最多表现为一种聪明，审美价值是不高的。只有传达象趣、意趣的言趣，才有艺术生命力。孔孚写霍去病墓前的石蛙，前两句是：“轻轻几声线条/一块石头活了”；这“轻轻的几声线条”就有些蹊跷，可以说几笔线条，怎能说“几声线条”呢？但是前者适用于一切石雕，后者才适用于石蛙。因唯有蛙鸣才是全身运动，需要扩张体形。雕刻只能用模糊不清的线条来表示其运动，诗歌则同时还能听到其发声。不用往下读，蛙就已一跃而出。一个“声”字，点活了石头，点活了诗，言趣中有象趣。写汉武帝陵墓诗中“几棵白草/愁一般高”句，也是反常之笔。正常写法是“愁如陵上草一般高”，李白就是这么写的，“白发三千丈，缘愁似个长”。古人诗大都是把虚的愁实化，如李煜的“问君能有几多愁，恰似一江春水向东流”，李清照的“只恐双溪舴艋舟，载不动许多愁”。不过那样写，把无形之愁定了型，凝固了起来，再长再重也是有限的。孔孚把它倒过来，让实物虚化为愁，看起来违反了逻辑，却使愁经历了化虚为实、又返实为虚两个转化过程，既获得了实的外形，又打破了物的局限，写法比古人又高了一筹。那陵上草莽莽苍苍，随愁而长，已是超现实主义之草了。这言趣不仅表现象趣，更蕴含情趣。从象趣看，写荷叶灵巧，会在湖面“竖一个绿耳，/听风听雨”，写杜鹃花开得热烈，竟烧熟了“当空一轮红日”，写泉水清冽多泡，喝过后，“一张口，/就吐出珠子来了”等诗句，应该说是纯以象为趣了，但又何尝没有俯仰山水、娱情自然的情趣在内呢？更不要说原就融进诗人情思、富有意味的象趣了。

表层之趣离不开深层之趣，深层之趣也离不开表层之趣。如情可直抒，情趣则必由象出。当然，象出之情不一定都有趣，情趣较之情，品格更高。《龙洞白云峰》写白云思念那条龙，这是情。风从虎，云从龙，无龙，云何从？它怎能不孤独，不思念？但这是一般抒情诗都能表达的。唯有写到由于思念的执着，风吹它也不走，不知不觉中轻飘飘的云，化成了白皑皑的岩石，诗才进入趣的境界，感到情趣盎然。情趣高出于情又生于情，没有强烈的生的欲望，没有对人、对生活、对自然难以压抑的爱，是不可能于静中见动，从非生命的物态中看到生命的腾跃，从而产生富有情趣的想象的。透过那“一步也走不动”的观音岩，那“眼都望穿了”的骆驼峰，那“羞涩地低下了头”的小黄花，我们触到了诗人处于生命热力包围中的那颗爱心。

如果说情与趣是亲家，容易结合，那么理与趣就是冤家，难以相容。严羽说：“诗有别趣，非关理也。”就把理与趣对立起来。其实，关键不在理的内容，而在达理的途径，用逻辑思维当然不行，用形象思维就没有什么不可以。清代潘德舆在《养一斋诗话》中说："理语不必入诗中，诗境不可出理外。"郭绍虞也说："讲得死成为理障，讲得活便是理趣。"（《〈沧浪诗话〉校释》）他们说的前一句都是指逻辑思维，后一句都是指形象思维。其实，这种区别还不够。理趣更多的是从现实人生体验而得，不是从某个理念出发思考的结果。从理念出发，即使用形象思维，也是理念的图解，或可成为哲理诗，难以达到理趣的境界。孔孚诗中的理趣都来自深切的人生体验，像"于波涛中吟/霹雳中活"的泰山松，"声音有些痛苦/但很响"的春雷，"没有水/活了五千年"的陶盆中的鱼，"几十亿年/仍是一个骨朵"的华不注山等，都有他切肤之痛的人生感悟在内。

理是人们得之于客观的主观认识，当它存在于客观时，并不纯粹以理的方式，而是以感性的方式；故而并非人人都能得之，唯善感悟的诗人才能得之。这种感悟所得之理，仍然是非逻辑的，即清代叶燮所说是"不可言之理"。为了保持理的丰富性，其表达也仍必须用感性的方式；为了便于人们领悟，这种感性方法又应更为浓缩纯净，与客观存在的感性方式不完全相同，如：可以取相似形，也可以变形，甚至完全相异（如咏物诗、寓言诗等）。孔孚的表达方式是寓理山水，成为感悟人生与领略山水的一种自然契合，是顺自然之性，而不是与自然之性相逆。

当理趣成为对人生的一种超脱，而又取类似公案的感性方式时，它就是禅趣。禅趣并不是禅，"禅门宜默不宜喧"，"不立文字"，诗还是要说的，也免不了要立文字，不然，诗都不存在了，还谈什么趣？不过，有一点与禅相通，那就是崇无尚虚，"无一物中无尽藏"，这是禅识，也是孔孚的艺术观。"菩提本非树，明镜亦非台"，只是视万有为无；孔孚还从这无中看到了"大有"。"从有到无"，是为了万物无牵于身，万虑无挂于心，从实世界的种种拘囿中解脱出来，并非为了离开人间，而是意欲用澄净的身心，更好地拥抱世界，"抟虚宇宙"，这就是"大有"，既是孔孚所追求的艺术境界，也是他所企望的人生境界，二者应是合一的。没有艺术的人生，怎能有人生的艺术？反之亦然。孔孚诗既是其艺术理论的实践，也是其人生境界的具化。禅趣从此而来，贯注于他的全部诗作，这是对禅趣的根本认识。

禅趣的具体表现是诗的公案化，如《定心石小坐》一诗所写："文殊问我/如何//回答/以脚"，这是典型的公案。问的是心，答的是脚，答非所问，又恰如所问。脚载心，脚不定心如何定？脚又随心，心不定脚又如何定？只能以不定为定，定为不定，禅机所藏甚丰。不过，诗究竟不同于公案，同于公案又不是诗了。诗是审美的，讲趣的，故更多是取类似公案的顿悟方式，并运用“减法”“隐象”等“从有到无”的表现手法，这就与隐趣相通，加上奇趣的神秘，谐趣的超脱，构成了孔孚诗中禅趣的特定内容。它有禅悟而不玄妙，它爱自然却不遁世，他恋人生又不受羁束，符合朱光潜说的“趣味是对生命的彻悟和留恋”，与禅既同又异。孔孚以这种人生态度写诗，也以这种诗的方式生活。他的诗中趣，融汇着自然之趣与人生之趣，并且以他艺术的存在方式为根本，决不能仅仅看作是摆弄技巧的雕虫小技的。

（原载《山东师大学报·社会科学版》1990 年第 4 期）

试论孔孚山水诗的造境艺术

孙冰红

孔孚是活跃在我国当代诗坛的著名山水诗人。现已出版有《山水清音》（重庆出版社 1985 年出版）、《山水灵音》（陕西人民美术出版社 1987 年出版）二种诗集。另有《孔孚山水》与《孔孚山水诗选》。他的诗近年来在国内外引起强烈轰动。在美国，诗人被赞誉为“当今中国诗坛新山水诗派的祭酒”。在国内也诗评四起，大有形成“孔孚现象”之势，一大批诗歌理论家专门研究他的诗。1990 年 4 月在山东历史文化名城曲阜召开的“孔孚诗歌研讨会”上，贺敬之与其夫人柯岩到会祝贺并发了言。来自全国的著名诗人与诗评家 20 余人在会上发言，对其人其诗从多方位多角度进行了坦诚热烈的研讨，并预言随后将在全国掀起一股“孔孚热”。

诗歌是语言的艺术，更是造境的艺术。评判一首诗的优与劣，就在于意境的有无深浅。境显则轮廓分明，境隐则含蓄深永。孔孚的山水诗，小而新，且气韵生动，别具一种动态的造型美。它既写出了山水之美，又写出了山水的性情和内在魂灵，有其独特的风格和审美趣味。如果说，孔孚的山水诗写出了山水之神，获得了韵外之致，这便得力于诗人高妙的造境艺术。

一

孔孚的山水诗，求远求纯，追求纯净淡美的诗意。

诗是心灵对话的一种方式。它来自诗人对自然的静默关照、评价和体验，是人类通过自然对自身凝视和审视的结果。所以，事实上绝对纯净的诗是没有的。英国诗人华兹华斯说得更好："诗起于经过在沉静中回味来的情绪。"从孔孚的诗作来看，大体上可以分为两类：一是诗人追求主体与客体相融合，即我入客境或客入我境，以情造境，以景化情，最终达到情景交融的审美意境。试读《寂寞的海》《海情》《海呵》《一朵小黄花》诸诗则不难领会；二是诗人在物象中有所感悟，有所体察，既想把自己瞬间的情感体验和审美趣味传达给读者，又不想直接倒出来直白地呈现给读者。这就是"求远"，即诗人与所描写的物象保持一定的距离。因为事物的深层底蕴以及欣赏者的文化层次和经验趣味之不同，诗人往往需要对客体现象做深入的透视和把握，所以暂时脱离物象与之拉开较大较远的距离，俯视物象，从而对物象有全面而准确的理解和体味，进而达到一种纯净的诗美。这也就是古代诗论所说的"以虚写实，虚实相生"。采用这种艺术手法写出来的诗，初读起来，好像诗人所写的意象与所要传达的情、所要状的物没有多少联系，但细细玩味，美却尽在其中。如写泰山天街的《天街印象》一诗：

1

楼不见顶
街悬在半空

云和人
在一起行走

2

我追一片云
跑进一家商店里去了

躲在墙上一幅泼墨山水的半腰
还动呢

这里的“楼”“街”“商店”“墙上的一幅泼墨山水”，均为现实之景；如果诗人依照现实之景写出，那只能是以物观物，以实就实，反而写不出“天街”的灵动飘逸之美，因为“天街”本为人的想象。诗人的巧妙之处就在于以现实生活中的街景来写想象中的“天街”之景，以“远”的手法，把人的视角从“天街”移到现实之街，避实就虚，间以“云”这一“天街”特有的意象，便把天街写得活灵活现。

孔孚刻意求纯，不惜求远，并不是说他就相信有什么真正的“纯诗”“纯美”。他的求纯，用他的话来说“只不过是与‘象外有象’相对而言。当我静观一山一水、一草一木时，那些郁积都来了，这就不能不渗入进我所凝视的对象中去。为了尊重自然，我不愿强加它人的东西，这就只好费一点心思，把自身的情和理念设计在‘象外’”。① 这里，诗人所谓的“人的东西”，就是指诗中所表现的精神的主题、目的、讽喻、真理诸因素。要求在诗歌创作中，切忌或者尽可能地不把人的思想、观念、意志等理性的东西硬贴在诗上，并力求使它们为诗歌的整体追求服务。

罗伯特·潘·沃伦认为：“诗要纯，诗作却不然。至少，许多诗作都不可能太纯……因为诗作所含的所谓杂质，远远地超过了需要。”② 在这里，沃伦明显地区分了“诗”与“诗作”两个重要概念。诗是一种抽象概念，强调“诗”的美学内涵，即我们所说的诗意诗美，也就是诗人的整体追求；诗作指的是具体的诗歌作品。我们只能尽可能地把一首诗写得纯净透彻。马拉美认为纯诗是指“对象本质的纯，它的不受外物感染的自由。”③

这里，沃伦所谓的诗的“杂质”、马拉美所谓的“外物的感染”，正是孔孚所谓的“人的东西”。《天街印象》一诗中所有的“楼”“街”“商店”等实象，就因为诗人的充分调动，合理想象，起到了为诗人所要传达的天街空灵飘逸之境服务的作用，完整的诗息也并未因这些实象的现实规定性而受到损害。所以，诗歌求纯，并非无理念，而是像孔孚所说的“烟火气”要尽可能少一点，这样就更接

---

① 孔孚：《我与山水诗》，见孔孚著《山水清音》，重庆出版社1984年版，第19页。

② 〔美〕罗伯特·潘·沃伦著，张少雄译：《论纯诗与非纯诗》，见《国际诗坛》第二辑，漓江出版社1987年版，第37页。

③ 同上。

近山水诗的品格。

二

孔孚写诗，喜欢简出淡出，追求“简远高逸”。孔孚的简，不是因无而简。而是因有而简，不是无中生有，而是删繁就简。那么怎样才能做到高度的凝练、概括与升华呢？诗人认为“意高”才能“笔简”，这就是说，诗要写得简练，诗人首先必须具有高远、深邃的思想境界。孔孚本人就具备这样的思想修养。其次，诗要简约，具体到诗中，就是诗人把喷涌的情思、丰富的象征，既要用简约的意象写出，又尽可能地藏于象后，给人留下丰富的想象空间与思索余地。如他的《汉柏》一诗：

秋雨滴沥
老泪纵横

想是又想起了他
看这秋风

读这首诗，就宛如读一段中国历史。看到汉柏，自然让人联想到给予它生命的汉武帝。而诗人面对秋风冷雨中的“汉柏”，又怎能不使他“想是又想起了他”呢？那么“老泪纵横”者，是“我”？是“他”？还是“它”？或者三者兼而有之？其中所蕴含的诗意情思，显然是复杂的、多重的。思人怀古，本来就让人黯然神伤。而况岁月如流，人事沧桑，尽在不言中，这又怎能不引发出诗人深重的叹息、抱怨“这秋风”呢？这样写，就自然地表现出历史的高度和思想的深度，“汉柏”既是一颗普通的树，又是历史的见证人。多少世纪过去了，“汉柏”依旧年年，秋风秋雨依旧年年。要讲它的故事，可能会费很多的篇幅，而诗人独具匠心，仅用“秋风”“秋雨”这样简单常见的自然意象，用短短的四行诗，就把历史与现实、天地与人生巧妙地结合在一起。给人以“无可奈何花落去”的历史惆怅感。

孔孚写诗喜欢那种淡而又淡的意境美，有时简直淡到几乎不像诗，如谈家常话一样。这一方面与诗人的性情有关，一方面与诗人的主观追求有关。作为一位富有激情的诗人，他对人对物表现出极大的关怀与忧虑，易于触动，所以他自己说他是个“泪人儿”。读他的诗，便于平淡中有一种宣泄的美，流动的美。你好像觉着自己是被诗人涌动的情思拽着去体验那奇意佳境。然而诗的平出淡出，并非平淡无味。也并非意象模糊零乱、情趣浅薄或粗疏无意，而是表面的质朴与内蕴深厚的完美统一。孔孚在自己的创作实践中，大胆地追求平淡，并取得了相当的成就。例如《渤海印象》：

雾散去

风划一个舢板
上边站着太阳

仅短短的三句诗，即勾勒出渤海诗美的写意图，给人以身临其境的亲切感。读着它，我们好像已经站在渤海湾清凉的沙滩，大口大口地呼吸着早晨咸涩的海风，看着大雾在日出的光芒中渐渐散去。此时的海滨微风吹来，大海轻轻地摇荡着停泊在岸边的舢板，而太阳正从大海的深处升起……这样优美的意境，恰似法国印象派大师莫奈的名作《日出》。语言的平淡自然，质朴无华，也好似信手拈来。

再如《秋日佛峪某佛前小立》：

闭着眼
他在笑

掌上放一片红叶
秋蹑手蹑脚

孔孚写佛像的诗很多，大都以人之心境猜度佛之心境，而这一首尤为轻松活泼。你看佛“闭着眼/他在笑”，多么生动又多么传神。它不仅画出了佛可爱的尊容，而且意趣逗人。“掌上放一片红叶/秋蹑手蹑脚”，既写出了诗人游历的节令，点了题，又表现出了人的情怀。语言的平淡，恰似日常话语。此外像《摩空阁一瞥》《和海在一起》《茂陵即景》等诗皆为简出淡出的成功之作。

三

孔孚写诗，讲究布虚求隐，追求扑朔迷离、隐秘空灵的美。

我们说，诗的真髓不在作品的实处，而是在它的虚处，袁枚《随园诗话》云：“诗之灵在空不在巧”，“凡诗文妙处，全在于空”。在创作过程中，如果诗人只把注意力集中在景物上，拘泥于现实之象，必将遮掩读者的视线，也就达不到空灵之美。所以诗人当“不以虚为虚，而以实为虚，化景物为情思。”① 这样，在解读诗作的过程中，读者不能直接从文字后“去问”“去意”，追寻“虚”后之“象”，然后才品尝到那“不胜其甘”之“趣”之“味”。如前面所举《天街印象》一诗中的“云”这一意象，便是全诗“诗眼”所在。是它把我们从现实之街景引向天上之街景，并引发了读者无穷的想象。诗的最后简直是神来之笔，说它（指“云”）竟跑到商店里躲在墙上“一幅泼墨山水的半腰”，而且“还动呢!”这里着一“动”字而境界全出。再如《天胜寨遗址一瞥》中的“红叶”与“泪珠”的设计，都是诗人精心所为，看似摹景状物之笔，实际上其中隐藏着历史上一个赤眉军宿营厮杀的故事。

“布虚求隐”，这不仅与山水诗的渊源有关，而且也与中国古代文人对自然山水的认识有关。山水诗，起源于晋宋玄学盛行的时代，它的前身是玄言诗。人与自然的亲和，可追溯到周朝初年，那时人们开始从宗教的桎梏中解脱出来，自然山水的神秘威严也渐渐消失，使人们感到自然山水对人类的实际生活很有帮助。这时的自然山水在士大夫的眼里不过是比兴的手段，文人墨客多以此为象征，托物言志。自然山水，更多的是人的精神寄托之地。到了晋宋时代，人主要以山水为美的对象，自觉地追寻山水，寄情山水，是为了满足人对美的要求。山水诗在元代一度停滞，明清时期又继续发展。孔孚是一位自觉的诗人，他敢于突破传统，贵于创新。既学习古人，又不拘泥于古人，就像他所说的“敢于接受古人的

---

① 范希文：《对床夜话》，转引自李壮鹰著《中国诗学六论》，齐鲁书社 1989 年版，第 71 页。

挑战”。在人类历史的浩渺烟云中，山水自然虽历经人间风雨而有所变化，但主要的是审美主体的人，因时代的不同而有所变化。每一个时代的人都有自己的人生标的、价值准则和审美趣味，这就决定了在不同的时代，山水自然给人的启示也不同。旧山水诗大都摹写自然韵致，追求天人合一的化境，可以说是把人客观化；而在孔孚的诗里，就不仅如此，人在山水中无处不在，处处体现了人的力量，可以说是把自然主观化。如孔孚写大海的一首题为《无题》的诗：

1
不见大海
不知道我们这个星球的美丽
2
喧闹是另一回事
它还年轻呵
3
皱纹并不能说明什么
还有白发
4
但寂寞也是真的
万古而幽蓝的寂寞
5
旅途很长很长
谢谢你，红纱灯

诗中的情与理皆在“大海”这个象外，甚至连大海也都隐去了。其一，写大海之美丽，隐去了我；其二，写人间世情，隐去了理；其三，抒写人生，既隐去了理，也隐去了象；其四，写人的精神，隐去了我，也隐去了象；其五，抒写人生的感受，隐去了我、理，也隐去了象。这五小节单列的诗，虽各组意象不尽相同，但并在一起，用“大海”这一大象串起来，则抒写了诗人真切的人生感受。

写山水诗要隐，但又不宜隐得太多，隐得太多则流于晦。这一点，孔孚的体验比较深刻。他说："要'曲径通幽'，贵在于'通'。如果不通，不管你有意设计出怎样的'幽境'，都没有用。"① 所以，在必要的时候，就得"插路标""搭桥儿"。如上文所举《无题》中的"皱纹"与"白发"的设计，一方面是指引读者；另一方面是让隐藏之象能飞出来。在诗歌创作中，道出道家的"言不言"，说出禅家的"说是不说"，便获得了诗歌的神髓：这正是孔孚毕生所追求的诗境。

四

孔孚的诗，求异贵灵，追求的是一种"异趣""灵异"之美。孔孚求异，并不是为了异怪而求轰动效应，也不是故作高深，让人雾里观花，而是苦心经营，刻意求精。他是怀着一颗艺术家真诚的"诗胆"与"艺术之胆"进行着冒险的实验和探索。他追求的是：加强语言的陌生感，强化诗歌张力，从而引起读者的注意和心理的持续紧张，以及情绪上的兴奋感，并因此唤起读者沉睡的创造力和丰富的想象力，积极参与诗的创造，再次感受与诗人同样的创造的快乐。

法国诗人科克托说："他坚持一种艺术，这种艺术永不停息地探寻新东西，谴责过去，紧跟时尚，超越已经变成'美'亦即习惯的过去的东西。这种攀登使艺术良心永不止息。"② 诗人阿波里奈尔在其《新精神和诗人》中论述道："诗充满危险和陷阱，是一种冒险的实验，但却是一种必冒的风险，在这里勇气比成功更重要。诗人必须时刻专心致志地制造惊诧。旧诗与新诗真正的区别就在于制造惊诧对读者采用挑衅进攻的手法。但是，探索未知并力求以怪诞的语言来表现它的诗人是孤独的，他将受到嘲笑或被放逐。"③ 这两位法国20世纪初期的现代派大诗人论述的正是诗的革新需要探索的勇气和胆识。孔孚多年来在山水诗创作方面的探索与努力，不仅承继了我国传统文化的一个支脉，弥补了我国山水诗创作的空缺，而且使诗国这一朵奇葩得以再次绽放出永久的艺术魅力而载入文学史册。

孔孚在《书卷崮一瞥》中写道：

---

① 孔孚：《我与山水诗》，见孔孚著《山水清音》，重庆出版社1984年版，第18页。

② 〔德〕弗里德列希·胥果：《现代诗歌结构》，美国西北大学出版社1974年版，第5章第12节，陕西师范大学公共外语教研室成守焕教授代译。

③ 〔德〕弗里德列希·胥果：《现代诗歌结构》，美国西北大学出版社1974年版，第5章第4节，陕西师范大学公共外语教研室成守焕教授代译。

像是有人翻阅过一样
一本书掀开在峰顶

有只乌鸦落在上面
夕阳把它染得火红

诗中“乌鸦”这个意象就异而怪，但本诗的意味尽在“乌鸦”。“书卷崮”是自然实象，因为是个美丽的传说，所以诗人说：“好像有人翻阅过一样/一本书掀开在峰顶”便顺理成章，不能说太虚。但它毕竟只是个美丽的传说。诗人已拉开“书卷崮”这一实象并对它进行了生动而完整的诗意把握。既是书，上面又怎能落只“乌鸦”？这就又回到了实处，从而让人觉得前两句不仅自然，而且妙趣横生。

求异之外，孔孚的诗极讲究“灵视”。他说：“据说马拉美写诗只写十分之七，留下三分让读者去猜，我的一些山水小诗隐藏起来的可能不止十分之三，肯定还要多。我觉得这里有趣，有心继续隐下去。两只眼睛看不见，还有第三只眼睛——‘灵视’呢？”①“灵视”，这是人类“精神的眼睛”，他洞察人类丰富隐秘的精神世界。

“灵视”，马拉美称之为“绝对的凝视”。“灵视”或者“绝对的凝视”是诗人非个人的在一瞬间对人类精神世界的映现或大曝光，是诗人通过由对宇宙自然的观照凝思而引发的对人类自身心灵的观照凝思。如上文所举“乌鸦”的意象，就是诗人通过一瞬间的心灵映现而获得的，就是靠“第三只眼睛”得来的。再比如《天门峰即景》第三：

扶着天门
望我的家乡

---

① 孔孚：《九答》，见孔孚著《山水灵音》，陕西人民美术出版社1987年版，第189页。

想告诉孩子们
天上十分荒凉

还有《在云彩上》：

我是在天上了，
只有我和太阳。
看得清清楚楚，
他有些忧伤。

怎么安慰他呢？
我的心也很荒凉……

在前一首诗里，诗人从“天门”联想到“家乡”，最后得出“天上十分荒凉”的结论；在后一首诗里，诗人“在天上”看到太阳“有些忧伤”内心不觉“也很荒凉”，这感觉都是诗人依靠“灵视”的结果，也是对自己的第二故乡永恒精神世界无限探索的结果。诗人的这些感受虽然异得出奇，但并不让人感到不适和突然，读者反而被诗人这一奇特大胆的想象力和由此获得的意趣灵异之美征服。它来自诗人对宇宙自然、生命与死亡的深刻思考，富有极深的哲学意味。

五

对诗歌语言潜能的挖掘及诗歌张力的积极建构，也是孔孚造境艺术的一大特点。“诗语足以感心。”（《汉书·礼乐志》）“感人心者，莫先乎情，莫始于言。”（白居易《与元九书》）可见，语言在诗歌创作中的重要意义。但语言文字毕竟只是一种符号，当它只有为诗人传情达意服务时才有实际意义。“对诗人来说，文字不主要是‘符号’或一望而知的筹码，而是一种‘象征’，它本身和它的表现力都具有价值；文字甚或可以是‘一物’或‘一事’，贵在有声音有色彩。”① 诗

① 〔美〕韦勒克·沃伦著，刘家愚，等译：《文学理论》，生活·读书·新知三联书店1984年版，第85页。

人要挖掘语言的潜能和表现力，使语言“具有价值”和“有声音有色彩”，那就必须寻找“客观对应物”。关于此，T·S·艾略特曾论述道：“艺术形式里表达情感的唯一方法是找到一种‘客观对应物’，换句话说，一系列客体、一种情景、一连串事件，将是那种独特的情感的公式；这样，当那必然要在感觉体验中告终的外部事实给予了人们，情感立刻就被唤醒了。”① 孔孚对语言文字有深刻的感悟力和极强的表现力，他炼字造句，不仅简约，且凝练传神。如《摸钱涧》一诗：

石头　石头　石头
他摸

蹲着　跪着　爬着
他摸

风　雨　雪
他摸

希望老了
他摸

圆圆的
一个

一个铜钱
天呀

泪水流出来了
门关不住了

① 《意象派诗选前言》，漓江出版社1986年版，第43页。

呵　呵

光

摸钱涧，本来是一个美丽的传说。相传徐复阳幼年双目失明，元朝元治年间来到崂山，拜李灵仙为师。有一天，师傅把一枚铜钱丢失山涧，让弟子找回，徐复阳就天天去摸。整整摸了三年，终于把铜钱摸了回来，他的眼睛从此也恢复了视力。用诗表达这样一个感人至深的传说故事，诗人是通过“摸”这一动作把“石头，石头”尽是“石头”这一空间意象，与“风，雨，雪”这些表季节特征的景物即时间意象，以及“希望”“意志”等表人的理性世界即精神意象三者串联起来，表其寻找的艰难与不易。在这里，表象是徐复阳摸找铜钱，隐象是徐复阳克服重重困难寻找光明。纷繁的意象与复杂的内涵皆通过“摸”这一特征性的动作而指归到诗的整体意图——即对光明的追求上。诗人不仅给“石头”“摸”这些词语注入了丰富的内涵，而且强化了诗歌的张力。

诗的张力，是就诗的整体意义而言的，是建构诗的意境的重要手段之一。艾伦·退特指出：“我们说的诗的意义就是指它的张力，即我们在诗中所表现的全部外展和内包的有机整体。我们能获得最深远的比喻意义并无损于字面表述的外延作用，或者说我们可以从字面表达开始逐步发展比喻的复杂含义：在每一步上我们可以停下来说明已理解的意义，而每一步的含义都是贯通一气的。”① 退特在这里使用的两个术语——“外展”和“内包”，即我们通常所说的“外延”与“内涵”。退特所讲的张力是就诗的“整体效果”而言，是诗中感性与理性的结合。② 文学创作或欣赏，都要同时经历感知、想象、情感和理解的审美心理活动，而诗歌中的张力正是审美心理活动在情绪上的反映。

在《摸钱涧》一诗中，摸找铜钱的表象与寻找光明的隐象在诗中并存的现象已构成诗歌的张力。其它的内涵因素，比如主题上颂扬人的坚强意志以及追求真理的精神，结构上的紧凑与诗句上的节奏等都紧紧围绕着寻找光明这一主象而展开。这种诗作的多义性正因强化诗歌的张力所致，也是构成诗歌丰富的内涵与深远的意境的奇妙之所在。

---

① 赵毅衡编《新批评文集》，中国社会科学出版社 1988 年版。

② 同上。

以上从五个方面对孔孚的造境艺术做了粗线条的勾勒。我们说，孔孚精妙高超的造境艺术，一方面源于诗人积极向上的生活态度、丰富的生活积累和强烈的社会忧患意识。一方面源于诗人可贵的献身艺术的精神。诗人坎坷的一生，使得其诗不仅具有自然美、艺术美，更富于社会美：不仅具有很强的生命主体意识，而且渗透着强烈的时代精神。这正如朱光潜先生所说："深人所见于物者亦深，浅人所见于物者亦浅。"孔孚"默默地"惯了，他"默默地"做着承继历史开创未来的工作。他是"默默地"走向诗坛的，并将继续"默默地"生活，"默默地"创造。

（原载《陕西师大学报·哲学社会科学版》1990 年第 4 期）

一次有益的学术探讨活动

——孔孚诗歌研讨会综述

启 嘉

孔孚是全国著名山水诗人，1979 年调我校工作后，诗情勃发，佳作迭出，今已出版《山水清音》《山水灵音》等诗集，在国内外产生较大影响，引起不少诗人与诗评家的关注。鉴于此，我校和其他孔孚生活过、工作过或关系密切的大众日报社等六个单位共同发起并举办了孔孚诗歌研讨会。地点在历史文化名城、孔孚的家乡曲阜，时间是 4 月 6 日到 10 日。全国各地诗人、诗评家、诗歌报刊编辑、专家学者共 100 余人参加了大会。中宣部副部长、文化部代部长贺敬之与其夫人柯岩同志以诗友身份到会祝贺并发了言。省委宣传部副部长、大众日报社社长韩喜凯同志出席了大会并讲了话。开幕式由《黄河诗报》主编桑恒昌主持，省作协副主席、我校中文系教授冯中一致开幕词。

我校领导对这次研讨会非常重视，校党委书记崔惟琳、副校长娄礼生亲自到会，出席了开幕式。第二天，管梅谷校长又亲临大会探望孔孚及我校与会人员。研讨会后，校党委会全体委员专门接见了孔孚，并听取了冯中一教授与中文系副主任朱德发教授等关于研讨会情况的汇报。整个大会发言热烈、坦诚、踊跃，来自全国的著名诗人与诗评家公刘、忆明珠、阿红、张同吾、严迪昌、叶橹、高平、雷霆、唐晓渡等 20 余人在会上发了言。我校教师及研究生共计 10 余人与会，张蕾教授、朱德发教授、宋遂良副教授、袁忠岳副教授等还在大会上发言。会议共收到论文与发言稿30余篇。西南师范大学新诗研究所写来了贺信，因故未能出席的诗人、诗评家李瑛、张志民、杨子敏、孙玉石、谢冕、骆寒超、黎焕颐、牛汉、王尔碑、流沙河、曾卓、木斧等或写了贺信，或致电祝贺。

贺敬之同志在发言中畅谈了他喜欢孔孚诗的原因：一方面是孔孚诗里有他一贯喜欢的东西和相一致的地方，另一方面又有很多和他不一致的地方，所以才喜欢他。他还谈道，有些看起来是不相同的东西，实际上还是相同的，如孔孚的“隐现”“神龙见首不见尾”等，就和“再现”“表现”都不同，但终究还是主张“现”的，是要“龙”的，也就是表现现实生活的，从孔孚的诗中可以读到他个人的人生经历，坎坷的生活道路，并可感到一种信心，一种力量，他的血液里流着我们祖先的传统的民族精神。这都是与会者的共识和一致的看法。大家对孔孚的“减法”“求隐”“求趣”“用无”“用奇”等诗歌理论主张与实践进行了饶有兴趣的探讨，觉得这些说法与写法有浓厚的东方审美特点，深深地植根于儒、道、禅、佛等多元构成的古文化的土壤。有的同志侧重于从禅、道文化上找渊源，有的同志则偏重于儒文化上寻根，多数同志则用“外道内儒”来概括其诗其人。也有人谈到孔孚诗并不固守传统，而是向西方现代派开放的，学了他们的一些手法，加以化用，不露痕迹；有的则指出孔孚诗中有些东西本属于东方的，如今又把它们从西方诗人手中拿了回来。

会上发言热烈，各抒己见。有人从史学角度考察了孔孚诗在山水诗的发展中所占地位，认为他为山水诗接了线，填补了新诗空白；有人从文本、语言的角度，揭示了孔孚诗中“隐”与“显”的旨趣悖论；有的由诗及人剖析了孔孚性格中的矛盾——他的传统意识与现代色彩，他的坚强与脆弱，他的入世与出世。有人提出孔孚的山水诗是非主流诗派，为什么能在国内外产生如此引人注目的影响，并称之为“孔孚现象”，这是值得研究的。

与会者的看法也不完全一致。有的同志提出“减法”运用也是有限度的，并非越减越隐越好，认为不能把诗美因素减掉。有的认为孔孚诗典故与注解太多，影响审美。另外，在如何看待孔孚诗的“热”上，也存在着分歧：有的认为这股“热”方兴未艾，有的则觉得过热不一定好。作为朋友，大家对孔孚诗今后的发展表示了关切与期望。研讨会开得很成功，不少同志反映，能如此坦诚，如此深入地讨论一个诗人及其作品的诗会，是并不多见的。

（原载《山东师大学报（社会科学版）》1990年4期）

从孔孚的诗艺追求说到康定斯基的“无物象的形式”

岳 甲

孔孚以其执着的艺术追求和不懈的艺术探索，终于在诗歌创作上闯出了一条新路，形成了自己诗作独有的现代东方神秘主义的艺术特色，为我国新文学史填补了山水诗的空白。他那灵性飘逸、富于生命活力的诗篇华章，赢得了海内外诗歌界朋友们的称道、赞许和推重。可在对孔孚的众多议论声中，有一种说法，说孔孚的诗不像山水诗。明明孔孚以山水诗人著称于世，他的诗怎么会不像山水诗呢？什么样的诗才算山水诗呢？莫非山水诗的写作还有一个规范的格式（即范式）吗？

诗无定法。创作最忌从框框出发。然而，人们往往习惯于用已有的成法规范约束新起的创作。如果将中国古典山水诗的典型样态作为范式并以此为标尺来衡量孔孚的山水诗，那么孔孚的山水诗的确有些逸出了常轨。中国古典山水诗在长长的历史发展过程中，与山水画结下了不解之缘，彼此互渗、相互影响甚深，造成了“诗中有画，画中有诗”的艺术格局。形成了“诗画本一律”的理论。西方也有“画为不语诗，诗是能言画”的说法。不过和西方自古希腊以来用人体做艺术的主要对象不同，中国的诗和画都爱以山水境界做表现和咏味的中心。中国画论中有“外师造化，中得心源”的说法，中国山水画固然都表现着画家的气质、性情、甚至人格，但同时也都再现了山水景观的客观特点，即使大写意的山水画也莫不如此。尽管山水诗人凭依性情，可以自由地挥洒抒写，不必“模山范水、泥于自然之实”。然而中国古典山水诗和山水画一样，总受山川实景物象的局限，物象实出，要摹写出自然景观的诗点，像王维的“大漠孤烟直，长河落日圆”这样的山水诗名句，它所给出的是多么鲜明的北国大漠长河的物象特点。在读者面前展示的是多么雄浑奇异的壮观图画啊。中国艺术精神是反对为景而景的。山水诗人都是借山川景物抒发自己的一片诗心。一切景语皆情语，情景要交融，主体精神与客体物象要契合。然而古典山水诗的主客体契合多是通过创作主体对景观客体审美观照后的选择、排列、组合实现的，尽管这里有夸张、想象、联想的作用，但主体不会抹杀客体的实际特点，诗人只是将独自发现的并与自己心灵契合的自然景色描写出来，个人的主体情志、意绪是以审美选择获取的山川景观物象为依托的，并且将其隐藏在象后，实在按捺不住，也有出之以抒情的，当然也是在写景基础上的抒情。这就有寓情于景和即景抒情两种方式。无论是寓情于景还是即景抒情，都离不开写景，都具有物象特点，因而都能画得出来。杜甫的一首很有名的山水诗，叫《绝句》，这样写的：“两个黄鹂鸣翠柳，一行白鹭上青天。窗含西岭千秋雪，门泊东吴万里船。”此诗是杜甫听到安史之乱平定消息后在成都草堂写下的，诗人的情感思绪没有直说，全都寓于目之所视的景观物象中。诗共四句，四句四个景象，四个景象组合构成了一个整体意象。这儿，从单个景象整体意象，都突出了诗人眼中实景物象本有样态，因而都是可以画出的。古典山水诗抓住了外物的具象特点，形成浑然一体的画面，常常给人一种亲临其境的感觉，导人进入画境，使读者在给出的山水景观中品味天地诗心、受到诗情感染。马致远有一首小令《天净沙》：“枯藤老树昏鸦，小桥流水人家，古道西风瘦马，夕阳西下——断肠人在天涯！”这首山水小诗，是古典诗中很难得的全意象诗。读此诗，整幅景象历历如在目前，令人步入其境，置身其中，深味其情。

孔孚承认我国古典诗歌的辉煌成就，但他“气度过人，长一身傲岸之骨，披一肩狂狷之气”,① 绝不拜伏在古人脚下，敢于超越前人，锐意探索创新，打破陈规，跨过“诗画一律”的藩篱，以与古典山水诗相异的创作路数，起自己的“摩天大楼”，营造个人的“太虚幻境”，他在《谈提炼》一文中谈到自己的诗艺探索时说：“近年来往深处去，悟得诗画有异，决心自立门户。纯洁诗的净域，要画

① 宋遂良：《孔孚印象》，见《作家报》1989年3月22日。

家画不出。”① 要画家画不出，是孔孚所要追求的最高的诗歌艺术境界。他不仅以此否定诗画一律的理论，而且也以此显示了他与古典山水诗的根本不同之处。

孔孚有些山水诗，用传统山水画法确实难以画出。像《龙洞白云峰》一诗：“老是站在崖畔/思念那条龙//风吹它不走/不知自己已化作岩石//面色苍白/忧郁都长成了树”。意象不能说不鲜明，可诗人是将客观静态的景物化为富有动感的生命意象，且赋予了很强的心理活动，山水画家可以画出那个实际的龙洞白云峰，却很难复现孔孚这首诗的意象。

孔孚的山水诗之所以画家画不出，其原因就在于孔孚不像古人那样走进山水、捕捉山水景观的物象特点，然后予以艺术的再现，他所关心的是山水的神韵。孔孚非常钟情于山水，对祖国的山川风物有一种超常的爱，甚至能进入一种沉醉迷狂的状态。然而，他走进山水，并不受自然景观表面现象的局限，总能走出来，颇有离实蹈虚的本领。他总是在深层次上痴迷于山水，在别人看到自然景观特点的地方，他则进一步把握其神韵，苦苦追求主观情志与客体物象意蕴的契合点，在意蕴深处达到物我相会、情感交流的境界。他捕捉到并表现在诗里的就是与自己情思契合浑一的山川景观的神韵。像《龙洞白云峰》一诗，就明显地表现了孔孚诗的这一特点。六句诗都不照直描摹白云峰的物象特点，却又句句都是诗人奇思妙想从其固有特点中获得的，不写其特点，可更深地得其神、得其情、得其骨、得其魂。这山川的神、情、骨、魂恰又和诗人的情思通融交会，达成一种神契，从而成为诗人人格的象征。从白云峰对那条龙思念的那种痴迷、那种坚定的意象中，可以感到诗人追求真善美执着而不动摇的人格精神。孔孚的诗与寓情于景的古典山水诗不一样，大都可以看作象征诗。颇多象征意味的孔孚山水诗，其意象既不属于第一自然，也不属于第二自然。如他自己所说，是属于灵视所见的第三自然。

孔孚在艺术创作方法上，既不同于现实主义的再现，又不同于现代主义的表现，而是取神秘主义的隐现，强调意象虚出。他在《中国新诗之走向》一文中提出诗“向‘虚’处走”，并认为“虚象、留白，乃‘小虚’”。“除此之外，还有‘大虚’‘无象’。看来是‘无’，实则是‘有’。那一‘无象’之外，实则隐藏着

① 孔孚：《谈提炼》，载《黄河诗报》1988 年第 1、2 期。

‘众象’。所有的情和理，都藏之于‘隐象’之外，第三个层次，无疑这是诗之最高境界。”这就是他所称作东方神秘主义的诗。在创作中，他接受了西方象征诗、意象诗的影响，出现了不同于古典的全意象诗。和西方象征诗、意象诗意象多实出也不同，他所追求的意象叠加的全意诗则是“隐象”“虚出”的纯意象诗。《钓鱼台小立》就是这样的一首诗：“不见那涧绿水/我钓秋风//多想捞起那个冤魂/垂一条思念的绳”。四句四个意象，皆虚出，取的是隐象：“那涧秋水”本是实象，用了“不见”二字，就将其“抹”去了；“秋风”不可见，如何钓得，“钓秋风”就只可意会：“捞起那个冤魂”，看似实象，但冤魂是虚的，前边再冠以“多想”，看似的实象也只是心中所想，并不实有，“垂一条思念的绳”，更是想象中的事。

为了达到看来是“无”、实则是“有”的“太虚”“无象”的诗歌艺术境界，创作中他特别注意提炼，惯用减笔法。他曾说：“写诗技术上我为自己规定了一条：一下笔就要节约二十行去。这就逼得你非反复提炼淘洗不可。诗的语言应该是：句上有句，句下有句，句中有句，句外有句。那不写出来的外句，还不一定是四句，说不定是多句，出一句而略其他，就是提炼。这种提炼，比单独某一句诗的语言炼得更为纯净，更富于本质性，似乎更难。这得胸中有整体才行。也可以说是‘整体提炼’吧？”① 这使我想起海明威的冰山理论。海明威说：“如果一位散文家对于他想写的东西心里很有数，那么他可以省略他所知道的东西，读者呢，只要作者写的真实，会强烈地感觉到他所省略的地方，好像作者已经写出来似的。冰山在海里移动很是庄严宏伟，这是因为它只有八分之一露在水面上。”又说：“我是试图根据冰山的原理去写它。关于显现出来的每一部分，八分之七是在水面以下的。你可以略去你所知道的任何东西，这只会使你的冰山深厚起来。”② 在相信读者、大胆省略这一点上，孔孚与海明威是一致的，但海明威作为小说家所写出的八分之一，还是具体的实象，而孔孚作为诗人留下的绝不是实象，他力要做到的“不只是情隐、理隐，连前台的那个‘象’，也想要它隐。”③

---

① 孔孚：《谈提炼》，载《黄河诗报》1988 年第 1、2 期。

② 崔道怡，朱伟，等编：《“冰山”理论：对话与潜对话》（上册），工人出版社 1987 年版，第 85、79 页。

③ 孔孚：《九答》，见孔孚著《山水灵音》，陕西人民美术出版社 1987 年版，第 189 页。

他曾与法国诗人马拉美做比较，据说马拉美写诗只写十分之七，留下三分让读者去猜。孔孚说他所隐藏的不止十分之三，还要多，还要隐下去，眼睛看不见，靠“灵视”去捕捉。孔孚为出隐象，从整体提炼的角度出发而用减笔法。在具体运作上，他特别注意两点：一是将可以入画的山水具象删除。《峨眉月》一诗的初稿是：“蘸着冷雾/为大峨写生//斜一飞檐/于空蒙中//一老猿看画不知毛人”。修改时，他认为后边四句是山水景观的具象。不必灵视，即可看到，是画品，非诗格，于是全部删掉。二是出一句而略其他，使诗的意象成为大有的虚象。这首诗后四句删去后，换上了一句“从有到无”。这句单看是抽象的，但紧承前边的两句，就成为具体可感的诗句，成为藏着大有的隐象了，从诗的意象层次看，可以说是冷雾弥漫，将峨眉山覆盖，使其由可见的实体变为不可见的存在，这一句诗映现了这一变化的实际过程；也可以理解为峨眉山月“写生作画”的过程——画幅上先画峨眉山的形体，然后再画雾将其遮掩，峨眉山的物象形体从有到无了；进一步联想，此诗创作过程恰如峨眉山月写生作画，原来四句皆实出有象，修改之后的一句变成了无象，这不也是从有到无吗？扩展开来，这一句还隐含着诗人关于诗艺从实向虚、从有象到无象的美学见解；还隐含着有关创作从有法到无法、从有技巧到无技巧的艺术哲理；再扯远一点，从艺术创造想到人生真谛的探索，人们从繁杂的万象纷纭的现实存在到洞悉宇宙人生奥秘的大化境界，不也是从实到虚、从有到无的一个过程吗？

由于孔孚流连山水、并不停留于物象的外在特点，而是启动灵视，捕捉物象的神韵，创作上又强调隐象、虚生、用无、大胆省略，高度凝练，达到情隐、理隐、象隐，造成一种空灵玄妙的艺术境界。所以他的山水诗，往往是象外有象，味外有味，意象情韵都是既确定又不确定，“惟恍惟惚，恍兮惚兮”，既可以把握，又难以全部把握。个别意象是确定的，似易把握，但整体意象就有些模糊，不好把握。其中丰富的内蕴、深藏的情思，并不严加限定，似可意会，却又难以言说。虽则如此，却并不排拒读者，与某些所谓现代派作品不同，他总要给你开启一个窥伺其堂奥的门户，引你进去领略品味。在引人进入诗的境界上，孔孚和古人好像没有什么两样。不过，古典山水诗是偏于导人进入给出的山水境界中去陶冶性情，孔孚的山水诗则更多的是将人从山水景观中带出来品味人生。这一切或许就是孔孚山水诗令画家画不出的原因，硬入画笔，其间颇多的情韵和饶有的意味会被抹杀，前边所举那首诗中“从有到无”的丰富意蕴就恐很难复现。正是这画不出的特点，使孔孚山水诗与古典山水诗区别开来。

我以为绝不能因为有这些区别而不承认孔孚的诗是山水诗。他的创作毕竟是源自山水，而且他的诗虽不写山水景观的特点，而出现在他的笔下的山水物象的神韵却又无不是诗人从山川物象特点悟出的。如同海明威所说的那样，由于作者写的真实，读者会强烈地感觉到他所省略的地方，我们会从孔孚营构的山水诗的神韵意象中读出句外句，能感知到他所未写出的山川物象的特点。如他的《飞雪中远眺华不注》：“它是孤独的/在铅色的穹庐之下//几十亿年/仍是一个骨朵//雪落着/看！它在使劲儿开”。这儿的意象是诗人飞雪中远望华不注时灵视所见到的山的神韵，并不直出山的特点。但从其虚出的意象中，我们还是能够约略把握到华不注在苍茫雪野中四无凭依、挺然直立的本有样态。

还应指出的，本文所讲的中国古典山水诗再现物象、可以画出的特点，是指一般情形而言的，不应该将其绝对化。我国古代艺术理论中还有神韵说，在画论诗论中还有“虚实相生，无画处皆成妙境”、“妙在形似之外”、“不着一字、尽得风流”一类的说法。因而古典山水诗也不尽是实写物象特点的，也有很注意布虚留白、离形取神，切入物象内蕴，出隐象，达成空灵艺术境界的。王维有些山水诗句，像“空山不见人，但闻人语响”，就很空灵。凡此，也是难以画出的。孔孚就是继承了传统艺术精神的这一方面，并推向了极致，在古代是局部，他是整体；过去是小虚、留白，他则是实虚、无象。

创新发展是艺术应有的品格，况且孔孚毕竟是在山水诗领域里在继承前人的基础上进行大胆探索、做出了很大开拓的。对此，不能无端指责，用一种固定的框架格式将其套死，而应给以充分的肯定和高度的赞赏，这样才有利于新诗的繁荣和发展。

孔孚一意追求画不出的诗境，这是否有些过于偏执、是否会有画地为牢、作茧自缚的后果，姑且不论，我想进一步讨论的是，诗人能够彻底打破诗画界限、纯洁诗的净域吗？用虚出隐象营造的诗歌意境就一定画不出吗？

现代西方绘画中有一个抽象派，他们作画也不摹写客观对象。其代表人物克利指出："艺术并不描绘可见的东西，而是把不可见的东西创造出来。"① 现代抽象画派的先驱和奠基人康定斯基则更完整地提出了"无物象的表达形式"的理论。他认为摹写客观物象的现实主义传统绘画，只能给人一种庸常的外表美，可是在客观物质形象的背后，还存在一种非物质的、纯精神的实在。这种实在则是艺术的本质和灵魂。为了这种非物质的、纯精神的实在就必须将艺术从物象的束缚中解放出来。他认为画家应该"寻找一个对于他最合适的表达形式，这就是'无物象的'表达形式"。这无物象的表达形式，即抽象画，"是比有物象的更广阔，更自由，更富内容"。② 康定斯基反对摹写客观物象、强调用无物象的表达形式表达物象背后的精神实在的绘画理论主张，与孔孚不要物象而用隐象写其神韵的创作追求，在艺术精神上显然是一致的。

正像孔孚在山水景观中悟得的神韵，是靠了灵视，且与诗人自身情志相契合一样，康定斯基在物象背后追寻到的所谓非物质的、纯精神的实在，也是依赖于他的主体精神，并与其内在情志相拥抱的结果。当他沉浸在大自然的美景中时，总能在各种色彩、线段和形体结构中感受到一种音乐情趣，总能听到一种音响。他曾这样描绘他小时观看莫斯科落日景象的感觉："太阳将整个莫斯科熔为一团，宛如一支疯狂的号角，震撼着心灵……那仅仅是交响乐最极致的一个音符。""整个莫斯科像巨型的管弦乐队一样鸣奏着最强音（f f f）……"③，较好的音乐素养使康定斯基在自然景物背后感受到一种音乐精神。而孔孚却总是在无生命的山川景象后面感受到一种生命意绪。如《龙洞独秀峰》中的诗句："滴着泪/望涧中的云//自从脚下少了那弯绿水/她瘦了"。这纯然是一种生命意态。独秀峰何曾有生命，诗人通过自己的感受，使其生命化了。康定斯基后来作画，常将自己从现实对象中感受到的那种音乐情趣作为现象世界的精神本质，通过线段、色彩等组合成无物象的形式给以象征性地表现，有着十分抽象、十分神秘的特点，比较费解。而孔孚将自己感受到的山川风物的情态意绪作为对象的神韵，用高度凝练简约的诗句表达时，也有象征，也有神秘性，却不抽象，并不难懂。

---

① 赵乐甡，车成安，王林主编：《西方现代派文学与艺术》，时代文艺出版社 1986 年版，第 545 页。

② 宗白华：《宗白华美学文学译文选》，北京大学出版社 1982 年版，第 297 页。

③ 赵乐甡，车成安，王林主编：《西方现代派文学与艺术》，时代文艺出版社 1986 年版，第 541 页。

仔细对照分析，会发现孔孚的诗艺追求与康定斯基的抽象画论有不少一致或相类似的地方。既然如此，康定斯基通过一种无物象的表达形式能将一种抽象神秘的精神本质表达出来，那么孔孚山水诗并不抽象的神韵意境在现代画家的笔下就有将其复现出来的可能性。尽管康定斯基走得很远，发展到用点、线、面构造几何图形作画的地步，直接搬用他的点线面构造法营造孔孚山水诗的鲜活生动的生命意境，恐怕是很难的。但孔孚诗论与康定斯基画论的相通性一致性的存在，总会导致这种可能性变成现实性的。有一幅曾给康定斯基以很大震动和影响的画，那就是莫奈的《干草堆》。康定斯基从那幅画上“无法辨认出那是干草堆……”他只“感到这幅画所描绘的客观物象是不存在的”。[①] 莫奈不是抽象派画家，而是印象派画家。这说明：不再现客观物象早在印象派画家那里就能做到了。我想有康定斯基的理论、有莫奈这幅画的启示，迟早会有人发挥绘画的神奇力量将孔孚山水诗的意境画出来。

孔孚认准了诗画有异，孜孜以求地要创作画不出来的山水诗，然而在艺术精神上却又与现代绘画走到一起（或接近起来）了，真是饶有意味、耐人琢磨的事情。

（原载《山东社会科学》1991年第2期）

① 〔俄〕瓦·康定斯基著，查立译：《论艺术的精神》，中国社会科学出版社出版1987年版，第5页。

论孔孚山水诗的历史意识

谷辅林　刘洪勋　唐宜荣

我们用艺术观照生活的时候，如果切准时代的脉搏，并“用历史观点来思考”（高尔基），就可能获得深邃、凝重的蕴含。孔孚的山水诗，玲珑、精妙而灵美。他的不少诗作，在致力探寻自然美的同时，也显露出社会美的魅力。尤其是那些烙着时代印痕的反思性篇章，随着他的灵视与灵思的流转变换，使我们感受到一种内在的历史性的深沉以及对人生的思考。孔孚把社会美悄悄地揉进并溶化在自然美之中，不仅增加了山水诗的价值，而且构成了独特的与社会对话的方式，即挖掘其内在的历史悲壮感。在艺术上，他借古鉴今，上下求索，形成了一种神秘为其表，凝重为其里的美学风格。我们不难发现，在孔孚的诗歌世界里，山水是外在的中介，而历史意识才是他演奏的主旋律。

一

孔孚在其山水诗中，采取了多视角的方式反思历史。叹息人生之坎坷，展示情感的波荡，一吐心中块垒，多为诗人所好。古代的诗人即时常感叹“行路难”“世事艰”，孔孚也慨叹人生之艰辛，追求之痛苦。但他是带着劫难后的创伤和解放后奋起的情绪来审思的，因而当他回视那段辛酸人生时，有时也难免凄凉，郁悒。《贝壳》《寂寞的海》就直抒自己被冷遇的遭际，寂寞的痛苦，显现了时代阴影加给人们的心理重负及情感创痛。然而这种伤感的悲叹并非其主要情调，诗中更浓烈的是那种甩脱阴雾的疏朗情调、奋发心绪。诗人所急迫的是更快的崛起，自我价值的确立。诗人用“老柏”写照自己的人生感触，虽历经历史风雨，年老身残，但却顽强地“又伸出枝叶一片”，寄喻着诗人劫后残年，争取再吐新绿，“为祖国加几条绿线”的壮志。诗人立足时代中流，从而展示出身历劫难的一代人的心态和思索，他们不仅体味到人生的艰辛，历史的曲折，而且更痛感被冷视而导致的生命的消逝，个人价值的流丧，因而也便产生了那种更急切的奋进情绪，带着创痛搏击的韧性，在解脱禁锢后，仍要“作最后一次仰冲”（《云瀑》）。这种思考强烈地透示着诗人的前瞻历史精神，将自身的挫折、不幸置于历史流变中来审思，从而获得宏放的胸怀，走出了那种悲叹命运坎坷的狭隘历史意识。

当诗人把视角投放到时代潮变、社会情态上的时候，他并没有陷入那种时代变化波击下的个体情绪中去，却至终具备一种跳出旋流，高瞻远瞩的理性精神及灵变性眼光，因而也就避免了唯心的机械的感性反思失误，从而获得一种远阔、疏朗的情怀。

面对那些富于历史内蕴的古迹文物，神妙传说，诗人显示出鲜明的个性化的想象力、判断力，以现代人的历史眼光去反思往昔，观照人生与社会。在《过藏龙涧》《钓鱼台小立》等诗篇中，诗人对古代圣哲可谓是大胆冒犯。思奠那条被大禹错屠的龙，但愿那痛苦地翻腾在深涧中的冤魂永远警示着后人。审视历史遗迹不能离开辩证的观念，时代的意识，但更重要的是真知灼见。诗人对我们丰富的古典艺术创造，敢于在众议中独发己见。他对天贶殿壁画神像，一反沿袭的见解评说，用“一路蜂追蝶逐……”的“两袖子色彩”盛赞其色彩的绝妙，而对其造型却不以为然，认为“均木然”，无生趣可言（《天贶殿壁画“启跸回銮图”前小立》）。在历史精神中反思现实，在反思中重新发现历史的底蕴，这也许是孔孚山水诗中有关古迹传说的生命意义所在。某些古迹传说，一进入孔孚诗篇，便立即体现了某种时代情绪，蕴藏着深沉的历史哲理。

孔孚对人生、社会、历史及往古遗迹进行了多向反思与展现之后，又在历史的进行中体现了当代的山水个性，开掘了当代山水的丰富情致，从而让“现代化精灵”介入了他的诗篇。诗人将“电站”“喷气式”“导弹”等能够体现当代文明特点的事物自然化，让它们巧妙地化入自然景框中，从而创造了当代生活境态下所独有的山水诗。一方面打破了传统的纯自然山水入诗的审美心理定式，做出开创性的尝试，另一方面，又在自然景观的演变与被改造中捕捉其当代意义，从而展现了历史的进展以及人类在自然中的伟大创造精神，显示了历史沿革的阶段性特点。不过，毋庸讳言，在这方面，孔孚的有些诗还化得不够潜隐，没有达到真正意义上的自然化处理，以致在一定程度上影响了某些山水诗形象的纯美精妙。由此我们似可意会到，孔孚山水诗的价值乃在于努力经营灵巧瑰丽的自然情趣中醇化社会美的魅力，这种社会意义并不就是一种单纯的思想聚结，而所重的当是诗人自我的时代感叹，与对祖国的内在挚情。这样，不仅可以赋予他的山水诗以爱国的精魂，而且这种深沉的历史感，会使他的诗韵味醇厚，余音玄远，具有凝重之感。

二

经过上述的审视之后，我们把目光往历史的纵深处移动，会从孔孚的山水诗中体味到更多的东西。它并非明日黄花的余香残缕，而是一种极富个性创造精神的文化重构现象。因而从诗的历史流变来审视孔孚山水诗，我们便可发现其变异和隐含其中的强烈的创造性及历史超越意识。对于灿烂的文化遗产，孔孚并没有冷漠视之。司空图的“不着一字，尽得风流”，严羽的“弦外之音”“象外之象”，以及宋元、明、清山水画家们的贵远、贵简、贵虚之论等等，都使他倾倒并获益匪浅。但他并没有被动地趋同接受，而是始终以一种跨越之态来审视。他说过：“我们的古典诗歌，自然是辉煌的，但我们不能只停留于陶醉，靠炫耀老祖宗的家底以自慰。我总觉得，我们这些后代人应该克服自卑心，奋发图强，敢于超越前人。”“只有立足于发展和创造，敢于超越古人和外国人，在艺术上做艰苦磨砺，我中华之新诗才真的有可能出现崛起”（《谈山水诗》见《山水灵音》）。正是这种历史超越精神，使得孔孚山水诗没有困于前人的圈子，而是以它独特的异彩闪耀诗园。

发轫于南北朝时期的山水诗，最初并不是致力于发掘山水之美，却是被视作玄学名理的印证或点缀，或者说，是对“平典似道德论”的玄言诗的反驳，随着其势态的壮大，虽然对山水诗的审美情感有多层面的开拓，然始终未能逃脱作为反映士大夫入世或出世心态的工具的命运。中国士大夫向来持儒、道、佛兼容并补的“中庸思想”，得意时则沉溺于声色犬马之乐，一旦失意便崇尚佛老，登临山水，玩赏朝霞夕霏、月露风云，以排遣自我失落、苦闷的消极情绪。虽不乏“池塘生春草，园柳变鸣禽”（谢灵运《登池上楼》）那样独出机趣的“名章迥句”，然而终难见到诗人的内里真情。

而孔孚则以“远距离”审视山水的姿态，浓酿淡出，走出渲染个性化情绪的狭隘圈子，将个人情感、社会历史感触、时代意绪与山水神韵相糅合，破除了那种“志深轩冕，而泛泳皋壤；心缠机务，而虚述人外”（刘勰《文心雕龙·情采》）的虚饰，开拓了山水诗的内里容载空间。因而他的山水诗也率先获得了实在而深沉的历史感、丰厚感。我们欣赏孔孚山水诗内蕴的实在，并非倾向于山水诗的思想化、理念化，诗人自己也同样不喜欢“思想过于显露的诗，总想隐起来，藏于象外”。展现灵妙的情调，避实就虚，从有到无，在自然情致中显示社会性的意蕴，方是山水诗的至境。这迥异于那种渗透着狭隘自我情感的排遣性的山水诗，而蕴含着对社会历史命运，对人生遭际的深沉的思考。因而，孔孚山水诗具有一种深远的历史哲理意味，在清淡中透深沉，在平静中显波澜，奏出奇妙的“弦外之音”。

而这种潜隐的历史感与时代情绪又展示得比较自如。当然，诗贵想象、贵含蓄，但山水诗不仅要隐秘、纯美，又要生发出自然的灵秀，从而表现出一种艺术把握的洒脱、活泼。在艺术上孔孚也同样具有超越历史的突破精神。诗人自己说他追求山水诗的“隐”“纯”“异”“简”“淡”，实则他的山水诗的情味是在深邃内蕴与灵巧艺术外象的和谐归一中所体现出来的，这就有别于那种传统的“有句无章”的山水诗作，而达到情、理、境的内在交融，进入某种“浑成”的境界。

古代山水诗，由于视山水为点缀，重在有意识地展现玄理，因而山水的清新往往被淹没在外化的玄理中。这些诗往往得力于其中的一两个名句，往往无法将那些枯燥的玄理情趣化。而孔孚山水诗却很少有能够割裂出来的名言佳句，总是以灵象的聚合来融成深远的意境。比如那首较有韵味的《天街印象》，由实而虚，空灵精妙，始终是在一连串跃动的意象递变中，显示出自然的美妙情趣，其中任何诗句摘出来都难以传达其神韵。

三

要在山光水色之中映现历史风云，表现富有个性色彩的历史感想，自然就应该使表现形式显得巧妙自如，而力避生涩或生硬的联想，这就须找出寄托历史精神的对应物，孔孚善于把自己的时代慨叹、人生感受、生活哲理逐渐潜入灵视和山水之间的审美距离中，化入自然情调，变成一种理想性的意象或思考，平淡中寓深沉。他有时“习惯地闭上眼睛，让灵视发挥作用”，去创造“太虚幻境”，发掘自然的灵气，以寄寓自我的思考。那棵“两千年风刀霜剑，不知几经雷电”的“老柏”，展示了诗人多少追古思今的感慨，从它的“两千年”的曲折命运，我们如果展开“灵视”，将会得到很多的启示。它或许触发了诗人自我坎坷命运的感叹，写照了他身残志坚的个性，道出了诗人劫后新生，再吐新绿的心声。而在《仙人髻》中，一片云面对那件令人惋惜的大自然的未成作品，喊出“看我的!”则显示了一种前仆后继的创造精神。我们展开“回穿历史”的宏观思考，是否可以感悟到，诗人要把已荒疏多年的山水诗“接上线”，继续加以创造呢。诗人或许本无此意，但那种情绪、那种意念却有意无意地在诗中留下痕迹。从“泰山”“灵岩寺”“秦中”等组诗的那些古迹文物中，我们可感受到，诗人对古人、今人、人生、社会及历史演变……做了广泛多向的展现，并没有依傍古传，而是发掘了它们新的时代内蕴。

这些都带有鲜明的历史反思特点。或可认为，诗人通过对历史性自然风物的思考，以排解自己那种涵盖社会、历史、人生内蕴的时代情绪，寄托自我的历史感受。而最为巧妙的还是那些内向、含蓄，浸润着诗人的历史性感触，令人进行多方面思索的作品，即那些“弦外之音”之作。诗人往往以一种动作、一种声音……去触发人们的联想，但那种动作或声音又显然是诗人自我的时代感受所激发的不由自主地表现。诗人去拍那个“沉默了不知多少年”的钟，他想了些什么呢？是排解那种被冷置多时的寂寞，还是叩问久已销声匿迹的山水诗？抑或感慨其他什么？读者尽可以融合自己的历史感受及人生体验去做广阔的想象。那一声轻拍可引发多少“弦外之音”啊！再如诗人在读大海这部“书”时，体味到了什么？那恼人的胡乱把书页掀起的海风又可以引人深思良久。

诗人通过不同的巧妙手法，赋予自然山水以新的生命意识，拓展了自然风物的蕴含性，“象外之象”中潜隐着时代意绪，“弦外之音”中萦绕着历史感喟。在艺术情调上，借鉴古今，独酿新意，以神秘、凝重见长，显示出一种“上天入地，回穿历史”的智巧、洒脱。

四

艺术家的思考如果不是拘于自我的悲欢而浅吟低唱，而是一边注目自然，一边注目人生、社会及历史，那么他的思想也必然会是深远的。孔孚山水诗中的深沉历史意识不仅是他深思的结晶，同时也承续着历史的某种优良精神。

我们的文学既有“载道”的传统，又有“兴、观、群、怨”的明察态度；既有“致君尧舜上”的进策功利心理，也有“忧黎元”的怜民挚情。那种前瞻后顾、感时伤怀、反思时变、关注国事民瘼的历史意识也从未缺乏，并且积淀成一种传统的优良思想因素。孔孚于山光水色中审视时代动态，在山水灵音中透视历史、现实和未来，这其中自然秉承了那种历史的忧患情绪。

然而，孔孚的这种忧患并非单纯历史残绪的转化，而是溶入了自我的深层思考与探索，寄寓着发人深省的意向。孔孚山水诗的历史感是诗人通过自己的灵视与灵思远距离眺望山水，并和他多年所沉积的时代情感、人生体验以及心理变化相撞击而闪烁出的火花。诗人一生遭际曲折，体会尤深，因而也就容易积下时代性的情绪体验。所以当诗人审视山水古迹时，往往受这种时代感慨的影响，在他的诗中表现出对人生、社会的历史性思考。这种思考一般说不是直浅地显露，而是经由诗人精心设计的“象外之象”自然地表现出来。正是通过诗人情绪的感染，人们在深思中才产生内在的共鸣，激发起与诗人大致相似的心境和感触。

历史的坎坷与不幸，不仅使诗人将自我的人生慨叹转化为一种内在的理想情思，而在情感上则又浸染着沉郁悲壮的色调，显示出一种反思历史时的内在沉重性。尽管孔孚极力淡化、纯化其诗作，力求轻灵些、虚空些，以便显示出山水的灵美、清淡，但在那些具有历史性、时代感的追古思今之作中，我们难免感受到一种沉郁情绪，它带有诗人对人生与社会哲理性思考的冷静（体现为外在的平和、轻灵），又带有沉郁的悲壮感（体现为内在的热烈或深沉）。《无题》中的那只勇蹈光明而被撞死的小鸟意象，不但流露了诗人感到追求艰难的情绪，而且还表现了追求者的一种崇高与悲壮的进取精神。《天胜寨遗址一瞥》在体现诗人对赤眉军思奠之情的同时，还展现了那场气势宏大的赤眉义举的壮烈。这种历史悲壮感既表现了诗人的使命意识（他说“我写山水诗，就是基于对祖国母亲之爱”——《山水灵音·九答》），又表现了他富有悲剧色彩的审美倾向。可以窥见，诗人在选择审美意象时，总是受制于那种曲折迂回的人生经历和时代感慨的。不过，孔孚终究没有消沉，他的诗不仅让你获得美感，而且内透催人奋发的感染力。

孔孚山水诗的主要成就在二十世纪八十年代。站在这新时代的制高点上，俯视现实，反思过去，把自我的人生感受、社会体验、哲理思考融入迸发着生机的自然山水中，使作品获得一种深刻的历史感，这就使得孔孚山水诗成了具有超越意识与探索精神的一面当代山水诗的旗帜。不过，我们也感到，作为诗的最高格，应该尽量从具体的情绪制约中摆脱出来，升华为一种具有普泛意义的超时空的哲理意识。如果从历史流贯的全方位来考察，孔孚的不少诗作未免有些拘于现实，在审视历史时，虽然也在一定程度上拉开了距离，但却仍然缺乏那种极富超越气魄的终极意识（如陈子昂的“前不见古人，后不见来者”那样的“怆然泪下”之作）。也可以这样说，孔孚虽然写灵了社会中的自然山水，但尚未写灵宇宙意义上的山水。但愿孔孚能有更大突破，但愿孔孚山水诗在当代诗坛上闪耀出更加夺目的光芒。

（原载《临沂师专学报》1991 年第 3 期）

孔孚山水诗的审美方式及其境界

——兼谈中西山水诗观物态度之差异

孙基林

孔孚先生怀着近于宗教般的爱心，徜徉在自然山水之间，浑然于宇宙大化之境，以一种独特的人格与艺术风范，为我们建构起天地自然与社会人文浑融合一的审美空间。他的山水诗，无疑独辟新诗之蹊径，把本来只属于辅次或背景范围的自然山水，上升为审美观照的主体，使新诗第一次呈现出古典艺术那空灵静穆的品格和美感。

诗人总有一种看取事物的基本方式和态度。作为以自然山水为观照主体的山水诗，自然更应该有一种与自然山水相交游际会的审美方式与运思态度。说到底，这是一个出发点问题，也是如何观物、怎样观物、把自然放在一个什么基点上的问题。孔孚先生的观物态度可以说是置“离而不离”之间，既不做临摹式的写实、泥实，也不施以主观性的变异、组构。他是在保持一定距离的基础上，避实就虚，将事物虚化、灵化，从而以虚观物。孔孚先生在诗学中多次论及“布虚”“传虚”“距离”等艺术概念，他说：“我则喜虚，若有若无。”他认为，“距离”即是“不泥于眼前之实”，而又要“离而不离，若即若离，恍兮惚兮，似是而非”。① 而“抟虚”的目的，就是进入“灵”的层次，去触摸那个真实而本质

① 文中所引孔孚诗论，分别见《九答》《谈山水诗》《复王尔碑函》等。

的世界。在我体会，这里所谓的“虚”，既是“物虚”，又是“我虚”，但又没有失却“物”与“我”的交会，而是由物我达成的一种空灵状态，由此形成了以“灵视”为基本感物视境的审美方式：一旦“灵视”开启，物与我、客与主、自然与心灵便会浑然于一片化境之中，眼前所现出的一切，均是那般的原真与澄明。诗人曾这样说过：“我的一些山水小诗题目往往是某时某地‘即景’，‘一瞥’或‘几瞥’，其实均非当时当地眼前景物之再现，大抵借助于灵视，重新进行虚实设计。”比如《天胜寨遗址一瞥》即是诗人“闭上眼睛，启动灵视”所呈现的一幅风景：“漫山遍野/军旗还是营火？//一个泪珠/从红叶上滴落”。读后，你能说这是“天胜寨遗址”，还是当时的实景？是赤眉，还是红叶？是泪珠，还是露珠呢？你只感觉虚虚实实，既是又不是，现实与幻象，“离开又靠近；靠近又离开；离而不离，若即若离。”在这种诗的状态中，事物和事物、自然和人已达成了通体的融合，犹如一片化境，难于分别。

对客体事物采取怎样的观感态度，以什么样的视境契入于自然山水的真实存在，这决定着一个诗人的思维运作、审美选择乃至于文化归属。山水诗中的自然山水是否或应该做本来面目的具足的呈现，或者说人与自然山水以什么样的方式、形态呈现，对此却有着迥然不同的体认和表现。一般说来，山水诗人的审美观物方式有这样两类：一是诗人怀抱着二分对待的心态，对人与自然做主观分别的看取，视它们为相互对立的两级，因而施以逻辑性的分析与认识；另一类诗人则相反，他们拥纳一种人与自然的整体亲和意识，将自然与人放在对等的位置上，并两相静观，由此互为化入，浑融一体。这里引述禅宗里的一桩公案，或许能给予进一步的参证。据说老僧未参禅时，见山是山，见水是水；既参禅后，亲见知识有了入处，便见山不是山，见水不是水了；而今禅悟之后得个休息处时，依然见山只是山，见水只是水。① 前者所谓“见山是山，见水是水”，是说一颗没有被理智甚至情感浸染的纯粹之心所见到的山水，山是山，水是水，它是无生命的自然，不过存在于那里罢了，与我无涉；既参禅后，获得了一定的知识，便“见山不是山，见水不是水了”，这是因为一颗理智的分别之心，将自然山水看成了与我们对立的意象，自然不再具有自足存在的本性，而变为某种理性的载体，

① 参见〔日〕铃木大拙《禅与生活》与叶维廉《中西山水诗的美学含义》。

甚至于随意切割的物什；只有进入禅悟之境，才能真正窥见自然的本来面目，山水既是山水，亦是生命，自我在山水之中，山水亦在自我之中，二者彼此化入，根本合一。这种禅悟的观物态度与我们所论及的对待事物的整体亲和意识大体近似，这正是中国文化主客圆融的一体观；而亲见知识之后的观物运思便是那二分对待的思维方法，这是西方文化看取自然的理性对立意识。至于禅宗公案中说及的人与自然两立无涉的观物形态，在我看来，无论西洋还是中国古典的文化与艺术，都未曾给予过多的注意，只是在近年的文学实验中初露端倪，至少理论上是如此。

由此不难看出，孔孚先生山水诗的审美观物方式与中国传统的观感心态及指向是一致的。孔孚先生一再说及他受老庄影响最深，先前也曾与禅宗有缘，并且也不否认骨子里仍顺延着孔门的血脉，即所谓“外道内儒”。但是无论庄禅还是儒家，在其基本的心态取向上都是同一的。可以说，在绵长的历史之河，儒、道、佛共同汇聚成中国最古典的也是最永恒的灵魂：天人合一意识。由儒家经典《周易》最早生发的这一思维定式，几近成了中华民族的前喻心态，只不过儒家更重现实的人事伦常，道家更重理想的生存状态，禅宗更重神秘的宗教体验罢了。这种民族心理大半得之于漫长的农耕时代未被污染的田园山水的化育滋养，明丽静美的自然只有与那纯然的稚心才能相融相合，互为生命地依恃着而不被理性地分立为两极。著名禅学家铃木大拙曾这样描述中国人的心灵：“你所接触的人们，都是和你一样的普通人，不再面对抽象的观念，不再面对精密的辩证。山脉高耸入云，河流注入海洋。春天草木发芽，鲜花盛开。当月光静静地照着大地时，诗人们带着几分醉意歌颂着永恒的和平。这是多么平淡！多么普通！但这就是中国人的灵魂，而佛教就在其中成长。”① 不仅佛教在这片土地上生长为中国化的禅宗，我想即便是其他的精神形态，置于这片陶然忘机的自然之中，也会被中国古典的灵魂同化，你会不期然地抛却名言分别的逻辑，抛却理性强加于事物的分析与限定，然后走进自然，并与之合二为一。

西方人的灵魂恰是另一种形态，自古希腊开始，柏拉图就把世界划分为二，一是感官世界，即瞬间生灭的现象世界；一是理念世界，即永恒不变的真实世

---

① 〔日〕铃木大拙《禅与生活》。

界，并认为感官世界只是理念世界的影像，而诗又是影像的影像，根本不能触及真实的世界。这种理性优越性一直阻碍着西方人进入自然山水之中，所以，直到十八世纪之后，西方才算有了独立的山水田园诗的出现。然即便如此，山水诗人们的观物方式也仍没能逃离西方二分对待的思维模式，如华兹华斯所说："无法赋予的智心——将无法感应万物。"① 由此可见，纯然自足的山水景物，依然不是西方诗人们观感的重心，他们终不能与自然山水相与往来和认同，而只是凭着有分别的理智，将自然山水的具体性抽象为无生命的存在。但尼生有这样一首写花的短诗："墙上的花/我把你从裂缝中拔下/握在掌中，拿到此处，连根带花/小小的花/如果我能了解你是什么/一切的一切，连根带花/我就能够/知道神是什么/人是什么。"这是典型的西方式的观物心态。他站在与自然对立的位置，而征服"小花"的目的，就是为了获取有关人、神的意义。这里还有一首日本女诗人千代写花的俳句："啊，牵牛花！把小桶缠住了，（我）去要水。"这首含蕴着禅味的小诗，正是东方人观物心态的活现。当她那个早晨发现放在井旁的水桶为盛开着的牵牛花缠绕着时，她一定为那美妙的情景感动了，"啊，牵牛花！"这就是诗人所能表达的一切，她已陶醉在天国般的美丽里，与这花、这美融为一体了。她没有扯下"牵牛花"，一如但尼生，为了保持自然生命的美丽与原真的存在，她宁愿丢下小桶而去"要水"。在对照中我们分明地体认到了东西方不同的观物心态，若把孔孚先生的山水诗放在这样大的背景网络中审视，我想会是更有意义的。请看他的《一朵小黄花》，"礁岩上一朵小黄花/羞涩地低下了头//大海把它别在衣襟上/小黄花笑了"。这首诗表现的当然是东方民族与自然的整体亲和意识，它们物各自然，而又相互化入，共存于山水万象之中，而诗人也同时融入物象做凝神的谛视，忘我的交会，使得我既在小花、大海之中，而小花、大海也化为我生命的一种姿态，而直陈于读者目前。孔孚先生一再谈及人的灵性和事物的灵气，这种灵的境界事实上正是人与自然事物的浑融合一所达到的空灵状态。孔孚先生之所以格外欣赏"通感"和"象征"，就是因为在这种艺术世界里，"各种感官可以默契旁通，乃至宇宙万物，无不是一片生灵贯注，息息相通。"这正是一种天人相通、宇宙整合的东方式的生存和艺术境界。

---

① 转引自张汉良《中西诗视境的差异》。

孔孚先生山水诗的审美观物态度，是在东方文化的精神土壤上生长起来的，其基本点在于尊重自然山水的自足存在，物物齐观，物我齐观，人与自然浑融合一。不过若往深处分析，这种“天人合一”、主客圆融的中国式的感物心态，依然存在着两种观感方式，即所谓“以物观物”和“以我观物”。理学家邵雍认为：“以物观物，性也；以我观物，情也。”① 性者，事物的本性，亦即事物存在的本来面目，情者，即观物者的情志。所谓“以物观物”，就是观物者首先变为事物本身，然后再由事物本身出发静观事物的本性，由此任何事物不染理智地从自在现象中纯然呈现，如王国维所说：“以物观物，故不知何者为我，何者为物。”② 而“以我观物”，则是观物者将自己的情态意趣投之于事物之内，使事物转化为一种感悟的形态，“故物皆著我之色彩”③。但是，“我”的这种感悟性仍与西方诗观物时的分析性、逻辑性有着本质的区别。中国古典的山水诗可说两种观物方式同时并存，一面是道禅美学无我契入、物物静观的纯粹感，一面又是儒家美学以我契入、观物兴现的济世性。孔孚先生以“灵视”为根本的“以虚观物”方式，达成了古典山水诗两种观物形态的汇通。当他的观物态度偏于“物虚”时（即与事物拉开某种距离，不拘泥于眼前景物的写实），便会形成“以我观物”的基本定势；若偏于“我虚”时（即把自我上升到“灵”的层次，一如庄子的“心斋”“坐忘”），事物便可做客观的现出。因此，孔孚先生的山水诗，既有纯然山水自足象现的“象趣”，也有感悟状态中山水所启悟的“理趣”，不过，无论“象趣”，还是“理趣”，都还不是孔孚先生所忘情的终极状态，他于诗追求一个“隐”字——情隐、理隐、象隐。“隐”即虚，观物时只有“物我两虚”，才能“转虚宇宙”，进入“太虚幻境”，最终达到“无”的极致。

站在生成论的角度，如果说孔孚先生“以虚观物”的审美方式只是诗的起点，那么“无”便是他诗的归宿和终极境界。孔孚先生说“三十年一悟，得一‘无’字”，“第一上帝的创造是‘从无到有’，诗人（第二上帝）则是‘从有到无’”。“无”本是老庄哲学思想的精髓和核心，它既构成了天地万物生成的本体论，同时又是人生艺术化的至境。这里说“无”是本体论，因为在“有”之前，

① 转引自《中国美学史资料选编》（下册）。

② 王国维《人间词话》。

③ 同上。

就已经有了本位的“无”，《老子》说，“天下万物生于有，有生于无”,[①] 这里的“无”是天下万物生成的根源和第一原因，这恐怕也是孔孚先生所谓“从无到有”的真义所在吧，如他笔下的“崂山”，从眼下客观的角度看当然是“有”，但在“太古年代，太远，山无石，水无波，连那山那水也不可见，只能于想象中现出那一‘似有’而‘毕竟无’的虚象”。显然，这“无”是“有”之前浑然恍惚、莫可名状的东西，但它绝不是“虚无”。老子说：“有物混成，先天地生。寂兮寥兮，独立而不改，周行而不殆，可以为天下母。吾不知其名，强字之曰道。”[②]“道生一，一生二，二生三，三生万物。”[③] 可见，“无”亦即是“道”，是这个莫可名状、衍生万物的“道”的根本。那位使佛教中国化的先行者之一的东晋和尚僧肇虽曾一度坚执于体现佛教根本立场的万物“虚空”观，但他在阐释“体用”论时还是回到了老庄万物皆根源于“无”的基本立足点，所谓“即真即有无齐观，齐观即彼已莫二。所以天地与我同根，万物与我同体”。[④] 据说孔孚先生很欣赏僧肇，恐怕也有如此的因缘吧。但要说明的是，老庄的“无”或“道”，既不是虚无，也不是纯粹的静止的本体，它是变动不居的原始生命力，并体味着主体人的人格理想和生存方式。庄子所赞誉的至人，逍遥在“乌有之乡”，可谓一颗自由的灵魂复归到最原始的“无”的境界。当然，孔孚先生对“无”的理解显得更为深入和致用，他理想的“无”不是回到无象无体的原始状态，而是要达到高一层次的生命通灵的原真化境。因此说，“从有到无”，绝不意味着简单的回归，在孔孚先生看来，这是更高层次的艺术审美，也是更高层次的人格理想和生命状态，是超越时空、超越有限的宇宙意识。《无字碑前小立》和《峨眉月》是诗人两首直接通“无”的小诗，前者从“无”中见到了无限量的“有”，后者却从“有”看到“无”，一句“从有到无”，顿现出通体透明、万象流转的空灵无迹。“无，大有”也；有，又超越到无限。有无一体，无为而无不为。真是一片大和谐、一片大宇宙的天地化境。

中西山水诗观物态度、审美方式的不同，必然导致其终极境界的歧异。一般

---

① 《老子》40 章。
② 《老子》25 章。
③ 《老子》42 章。
④ 僧肇《涅槃木无名论》。

说，西方大都着眼于追求形而上的意义，而中国则是在具象真切的流转中迹近“无”的化境，十九世纪末及二十世纪西方非理性主义思潮，虽然使诗的具象性和暗示性得到了强化，但并没有从根本上动摇那人与自然的二分对待关系。孔孚先生虽然对波特莱尔们的整体性象征深感兴趣，但同时却也洞析了那流于说明的弊病，这正是西方式思维的根性所致。就说象征派诗人马拉美所建构的艺术世界吧，那是与孔孚先生笔下的“无迹可求”的艺术化境决然不同的。马拉美是怀着对传统语言不能再现真实世界的深深失望开始他的诗歌创造的，但他最终不仅没有如禅宗那样偏于“不立文字”，反而更赋予语言以一种创造性的本体功能。叶维廉先生曾说，马拉美在绝望之余，曾极力要把语词从理性束缚的外物之上解放出来，让它们像完全孤立的事物，被移放在绝对的“无”里，放在寂的空白里颤动；在这个空境里，马拉美同时否定了物象和传统的概念语言。① 马拉美自己也说，“当我找到了空无，我已经找到了美”。② 由此可见，马拉美所面对的“空无”，一面是物象已从生生不息的自然界抽离出来，变为孤立的，无生命的实质上的“无”；另一方面则是语词既从物象上和逻辑秩序中抽离，无疑便呈现为零散、孤立的“无”语状态。然后，诗人便在这一片“空无”之上，按照主观的理性设计，重新建构、组合，创造出另一种符合主体逻辑的物质秩序。事实上，这是一个与真实世界无关的理性化，概念化的世界，马拉美只不过在西方那人与自然二分对待关系的思维网络中重新设计自己罢了。查尔斯·查德维克把马拉美的诗歌创作称为“从无中生有”，他认为，马拉美一方面“有意识地将头脑里一切以现实为基础的意象排除干净”，使之呈现“虚空”状态，一面又“有意识地建立他的‘不存在的花’和‘纯粹的观念’的意象”③。可见，无论是他的“无”还是“有”，都是与真实存在的自然山水无涉的抽象悬置物，而孔孚先生的“有”“无”却是有生命的山水自然本身，只不过“有”是有限，“无”是无限的“大有”罢了。孔孚先生正是从这有限的自然超升到无限的宇宙之中，在“微尘中显大千”，在“刹那间见终古”的，也正是这流贯一体的“无”，表现了孔孚先生的东方精神。

（原载《烟台大学学报（哲学社会科学版）》1991 年第 4 期）

① 参见叶维廉《语言及真实世界》。

② 同上。

③ 〔英〕查尔斯·查德维克《象征主义》。

孔孚山水诗论

邓继焦

自恋与超越的倾述

孔孚山水是一个自成一体的发展序列，是杂多的统一，是渴望被理解和认识的心路历程的艺术陈述。

若从表现形态来看，孔孚山水可分为三类。一类靠意象经营，着重凸现自然山水“性情”的某一侧面，突出情趣，可称山水写生诗；一类是具象呈现的“有寄托诗”，这是他诗作的“重头戏”，也是他本真灵魂所在，可称山水写意诗；一类是以虚象呈现的山水象征诗，是理性持久参与和渗透后的审美顿悟。

无论如何，我们不能忽略产生孔孚山水的属于他个人旨趣的如下的基本前提：他对自然有着原发的近乎质朴的审美兴趣。“看你涌到什么时候/枝头一个柳眼”（《泉边》），看似在写“柳眼”对“泉”怡然自得的旷日持久的全息打量和审美意趣，实则就是孔孚对自然亲和的具象。当他以开放的直觉去遇合自然山水，就会在忘我的审美打量中超拔山水的灵性。在他笔下，有对自然风景形象化的趣味描摹：比高崮“脚翘了又翘/要和巨峰比高”（《比高崮》）；有对自然的伸延性想象：“下弦月跳到水里/捋那根线……”（《灵音·泉边（之二）》）有对自然的夸饰性描写：“云丢失了条带子/来找//跌落到水里了/尽情地泡”（《锦云川》）……如果说这些带有写生意味的静观之诗所流露的人文色彩还很淡薄，那么，他的山水写意诗即使在对自然的审美调侃中也更多地投映了个人的生命底色："崂山在海边沉思/回忆他的童年/那时他把大海当竹马骑呢/敲打着太阳这个铜盘"（《崂山》），在童趣的流露中已显现出诗人意识的悄悄渗透。如果他以并不轻松的心境去打量自然，即使是对自然景观的瞬间捕捉，也仍不时令人觉出它们是诗人意念的单纯的"传声筒"。如："狂怒的云/抓住风的鬃鬣/作最后一次仰冲"（《云瀑》）。其中"狂怒"带强烈感情色彩，"最后一次"表动作趋向，"抓住""仰冲"拟动态特征。这活脱脱是不甘沉沦和失败而追求的寄寓。可见，他的写生诗多属对自然外观的直接捕捉，他的山水写意诗则是理性统摄下的有意识想象。当然，有意识想象也能表现情趣。如《天街印象》对被诗人追赶的云"躲在墙上一幅泼墨山水的半腰/还动呢"的虚象的刻意设置，或如《天贶殿壁画"启跸回銮图"前小立》中"蹭了两袖子色彩回来/尾一只蝶"这样有意识地化用古诗句"踏花归来马蹄香"的意境，都映照出他审美想象或再造的精神愉悦。由此不难看出，当诗人撇开一切利害关系，即使只有瞬间的解脱，也能驰骋自由地想象。

如果说孔孚先生的山水写生诗中无意识表现了他对自然"无隔"的凝神静观，那么，他山水写意诗的有意识想象则体现了他人生返观和生命烛照的独特色彩。如果他较多地投入了自我，他的那些最不具山水特性的诗篇就成了他深层心灵的写真。他写那"渔人""眉宇间有痛苦的记忆/波涛赋予他灵魂"，在槲荫下"安详地补网"，"眼里蹦跳着耀眼的银鳞"（《一渔人》），这时他不但在对渔人的静观默察中经历了一次悄悄的"内模仿"，而且在反求诸己的自我熔铸中体验了自我认同的无可言状的悲凉。这是他有意为之的自我寄托。这种寄寓色彩还常从他偏爱的隐喻和暗示中流露出来。"我被打倒了，/但还是抱紧大海，"（《母与子（二）》）勾勒出他强烈的精神依恋；"大海把它别在衣襟上/小黄花笑了"（《一朵小黄花》），昭示了他得其归属的快慰；"又雷声雷气地说话了"（《趵突泉边》）又是生命失落后重又青春勃发的形象展现。与此相对，他时常把艺术触角伸向记忆中的灾难岁月，奏出哀婉的抗辩，其中尤以对生命的受冷落和遭摧残的抗辩为重。《贝壳》中"冷受荒寒"的贝壳和"我也有过这样的经历"的比照和自我凸露让我们知晓：他在目睹山川风物时常会很敏感地联想到他凄凉的过去。因此，他要在沉寂中挖掘生命的原力就不难理解了。当他看到寺庙中那沉默已久的钟就

“难受”，忍不住“轻轻拍它一声”（《灵岩寺钟》）；在《寂寞的海》中，他对“寂寞得难受”的海的求助表示同情和理解，并欣喜地打量它的骚动和新生。这里，他拟物主义的自况就是他力求传达的“显意识”。凡此种种，比起即目入吟、触目成真的山水写生诗来显然多了社会人生的比照成分，富足有余而空灵不足。若说“眼处心生句自神，暗中摸索总非真”的话，那么比照成分无疑是加给典范意义上的山水诗美的一副沉重的枷锁。

不管上述他拟物主义的自我打量和内心固着显得多么哀婉，也不管他颇具阳刚之气的乐观精神是否过于理想化，它们实际上完整地展现了他自我超越的心路历程。他赞赏和祭典小鸟扑灯的悲壮牺牲(《无题》)；他欣赏泰山松“于波涛中吟/霹雳中活”（《泰山松》）那种生命的潇洒和力度；他听得见“成长”“拔节的声音”（《笋城》），并对其未来报有美好的期许；他也对星石在梦里还“夹着眼”（《星石》）的自强不息投去流连的一瞥。在最为人称道也颇令他自喜的《飞雪中远眺华不注》中，他利用“华不注”与“花骨朵”的谐音相通展开联想，展现了生命开放和伸延的孤独、艰难和悲壮，只是起句“他是孤独的”略显直露。

他若不回避深层灵魂，又找到恰当的客观对应物作形式载体，他就会不违本心地传达出深层灵魂的寂寞。当他对“即便大声哗笑/也看出有点儿寂寞”的海发问：“究竟为了什么”，他其实是在问自己。这就是他复出初期创作的基本倾向：在主体与客体的对应中实现情感包孕，在对自然的表层描摹中蕴含深层的社会人生内含。他往往强化自然本身包容性的某一侧面，使其正好与他当下心境达成同构，从而使“物着我色”的描摹成为他深层心理的具象。

如果孔孚先生不再固着于赏玩生命的苦难，他不但会欣然于自然生存的透明：“人游在街道上/像鱼”，而且会以超然的心境静观生命的全部美丽。“天地忽低忽昂/老觉得是在浪上/臂膀成了双桨”（《渤海印象》）：这里，开阔的生命意识和超越的坚毅确实助长了他想象的升腾。《陶盆中的鱼》中“没有水/活了五千年”的拟象就是中华民族五千年艰难生存和挣扎的整体概括。这是他突破自我后所发散的最辽远最宽阔最优美的精神光源。深潜的悲悯与表达的简洁和朴拙达到和谐统一，令人读后余味悠然。

孔孚山水诗的尴尬和孔孚先生的困境

不无悲凉意味的是，正是山水诗使孔孚先生曝光于新时期诗坛，又正是山水诗在成全他的同时也让他沦入困境。

这无法不让我联想到山水诗作为一个特殊的诗歌品种在文学史上的产生背景及其一般生存境况。我国古山水诗从其鼻祖谢灵运肇始就是以对现实的逃避和人生的遁逸为标志而开始其时断时续的漫漫旅程的。它的出现既是在自然美的发现之后文学的自觉在自然中的美学伸延，又是在佛道思想冲击下封建正统思想相对放松其意识钳制时对“文以载道”正统文学观美学反叛的必然体现。不过，一俟社会情势需要统一的意识形态时，正统文学观念就必然配合性地加快其先前一度放松的文学大一统的进程。作为封建贵族文学之一的古山水诗一开始就处于出世与入世、“言志”与“载道”的矛盾之中，从未得到连续的独立自足的发展。而且，诗人作为社会文化人不能独立于社会而存在，即使超脱如王维也是过着亦官亦隐的生活，以入世作出世想，因而，山水诗的纯净度必因诗人的社会化而形成自限制。从创作实际来看，除极少数诗人如谢灵运毕生致力于山水诗创作外，在别的诗人那里，山水诗仅是他们主创作的“针头线脑”。无论如何，我们只能从文人心灵自留地和变相的出世之慨的层面来领会古山水诗的精神实质。

新诗以对政治抒情的日益强调几近淹没了山水诗的文学史实正好印证了山水诗的生存艰难。其实，若不以绝对意义上的“纯”作为衡量山水诗的唯一标准，孔孚先生所言山水诗在现代“断线”的说法就并不确切。确实山水诗在新诗中无论就数量和质量而言都很可怜，但仍不时有一些并不专意写山水诗的新诗人的偶尔为之，使它并未从新诗大家庭中彻底消失。它就像不得公婆喜欢的小媳妇一样忐忑不安地藏于新诗大家庭中隐蔽的角落；为了在新诗大家庭中占有一席之地，它有时不惜乔装打扮甚至改头换面。当然，同样不可否认的事实是，中国新诗人确无一人提出新山水诗的美学主张，也无相应的文体自觉。因而，若从文体自觉程度来看，无论怎样评价孔孚先生的山水诗美主张的开创意义都在情理之中。但关键在于判断一种美学主张的实际效果只能依据其客观的创作实践。为此，梳理一下孔孚先生创作实践的实质内涵就是不可或缺的了。

如果对孔孚先生的艺术道路做一纵向考察便会发现：他新时期毕生致力于山水诗创作是经历人生大痛后理性抉择的结果，是一个逐渐自我凸现的过程。穿透他明显的烙有社会使命感痕迹的意识烟云，昭示于人前的孔孚山水创作的复合原因正是他个人遭际、社会历史和文化传统交汇扭结在他身上的必然体现。他自幼酷爱自然，接受山川风物的陶冶既久，养成了山水诗创作必需的性情的隐逸倾向。同时，他晚年才在山水诗创作中大展宏图，又是文学发展矫枉过正的必然在他身上的偶然体现：当主导性文学倾向独霸文坛之时就是许多个性化文学选择悄悄孕育并等待收割的时候。对新山水“断线”的发现更催生了他颇具豪迈气概的“接线”意识。具体而言，新时期以来，他是以坎坷的生命抒发自然地接上了他二十世纪六十年代山水诗创作之“线”，并由此以较丰富的文人学识开始文人山水诗的创作。在他灵魂的凸现过程中，山水诗因其毋庸置疑的隐秘和精粹的文体特点便于蕴藉地包含饱经忧患的老人的情志，对他日益显示出巨大的诱惑力。不可否认，在美的直觉捕捉上年轻人占有优势，但静中有动、动中有静的山水世界是一个需要静观默察、用心体悟的世界，因此，若以全部人生经验去对它进行审美观照，老年人便理所当然地享有无可争辩的“特权”。因而，在山水其形、人格寓里的山水诗创作上，成功的天平将必然倾向老年人一端。这如同天启般的“神谕”实际上已被孔孚先生视为常识，成为他勉为其难又满怀自信的自我激赏。他已高年仍不倦于笔耕，这本身就带有西西弗推石上山那样知其不可为而为之的神圣和庄严。他是在和自己较劲。他的艺术追求既是对生命失落、青春复活的想象弥补又是一场不可遏止的艺术自竞赛。

可见，如果仅仅用社会使命意识解释他的创作热情是难以真正说明问题的。很难想象一个作家不是或多或少因为内在生命的抒发而能为并非全然社会化的艺术创造贡献持久的热情。即使孔孚先生明确表示创作为了“接线”，那也只表明他明确的社会使命意识与自我生命实现的潜隐动机达到了统一。像他这样一个饱经沧桑的老人，唯有艺术殿堂的营构才能疏放他千疮百孔的灵魂。正是这种灵魂自救的精神原动力驱使他一旦得开明和宽容的时代东风就一发而不可收并自我延续衍成序列，也正是他不断提供的文本序列逐渐展示出他的独具魅力，成为我们把玩他对生命失落的艺术弥补和对情感郁结的想象突围的全部美丽和困惑的依据。

这样，回到他新时期创作伊始的情感起点就不是没有意义的了。“感谢你多情的眼睛，/劈开暗夜的利剑呵！”（《大渔岛灯塔》），获得了第二次生命确应庆幸和感谢。其后是对“我还年青”（《慰》）的自我告慰。接踵而至的是生命和灵魂的安放。《母与子（二）》和《一朵小黄花》就分别表现了他强烈的精神依恋和重获认同后的快慰，《月子口水库》中许多流泉都说“我要发光”的拟象就是他精神回归后有所作为的真实心声的表露。不过，即使他这时已有明显的山水诗创作的意旨，也看得出他还并无文体的自觉意识；其创作实践也因个人心境的隐喻和暗示相对牺牲了艺术的清纯和凝练。或许他并未意识到他哀婉的倾诉的潜隐动机，但他的人生积淀确已悄悄渗透到自然景观中了。确实很难设想他此时就写出毫无“思想性”的作品，果真如此，那反而有悖常理了。毫无疑问，这与当时一般朦胧诗的旨趣颇为相近，只是忧怨和自我哀怜的成分较重。这无疑让他不失时机地加入了文学反思时代的艺术大合唱。不过，虽然它们以山水为形式依托，较之一般朦胧诗更有艺术个性，但当时并未引起重视。无疑，以强台风般的朦胧诗为代表的以情感强刺激为主要作用方式的诗潮淹没了这个“丑小鸭”般的独特音符。只有当他在情感包孕的同时又在形式自觉上迈出更为独特的步伐后，当诗坛喧嚣和纷乱过后一片沉寂，中国诗坛往何处去的问题在综合和总结各种已有的新诗素质的更高、更自觉的层次上重新提上议事日程的时候，他的艺术实践才以逐渐凸露的个性引来顾盼和青睐。其国粹色彩确实引人注目。他期望以“大出”实现“大入”，这样，他不但可以自慰于没有躲进“象牙之塔”，而且可以暗自庆幸于艺术追求的高品位，领略独辟蹊径的自矜和快慰。简言之，一旦他以山水诗加入诗坛大合唱，他也就开始了在精神回归和渴望认同中确认自我，并进而以传统山水诗为形式范本进行新的探索。只要迈出了第一步，他就由不得自己；他已经而且必将继续像着魔一样朝他认定的方向赶去。

“和海说说话/也许好些”（《将军礁》），这是孔孚先生对将军礁的“开导”，也是他的自我暗示。“用雷的语言/海邀我起舞//我习惯于孤独/禁不住泪眼模糊”（《海情》），可见自然确能让他感到亲近。但他投向自然的又常常是怎样的目光啊！如前所述，他最潜隐的心境是寂寞和孤独。这样，登山临水不但成了他对自我习性的捡拾，而且确是他人生艺术化的“放浪形骸”的解脱之道。因而，创作就成了他全人格遇合自然山水之后的艺术升华。不管他寄寓个人意愿、融贯社会历史和民族境况，还是演绎禅意道境、捕捉率性而为的童趣和灵性，我们都不难看出这是他沉寂多年后的生命追怀、找寻和略具放浪色彩的情感弥补。颇有意味的是，当他将孤寂的心托付到自然之中，他对自然和生命的歉意就让他觉得如不创造一个艺术的“第三自然”便问心有愧。于是，仅仅是普遍意义上的生命享受之一种的登山临水就被他赋予了浓重的生命实现和艺术超越的“功利”色彩。在对自然的畅游和畅想中，他逐渐将疲倦的目光从喧嚣的人世移开，启动“灵眼”进入心造的幻影。因此，登高不但使他体验了对凡俗生活超越的快捷，而且成为他传达精神超越的载体。于是，自然之游和生命实现就这样顺承自然地铆合了。由此，为他理性的焦灼和急迫所驱，他写出“十八盘上/我看见我们这个民族”（《升仙坊上眺十八盘》）这样简单比附的句子就不足为奇了。他的焦灼和急迫完全可以理解，但艺术从来都是客观而公正的。这种略带迷狂的比附和偏执的寄托，既成为他乐此不疲的抒写方式，又成为他不能充分融入自然、挖掘山水灵性的内在局限。

看看孔孚先生以他几十年人生积淀直面自然时自然对他的“规避”是很能明白他的苦衷的。虽然他在一些诗中展现了不乏天真和童趣的浪漫灵魂对自然的想象占有，虽然他不忍把心分成两瓣分投给“山的脊梁，海的灵魂”（《东海路上》）——在他眼里，山水具有同样的灵性，但他又常常面对自然的“背离”。不过这并非因为自然“冷漠”，而是他执着现实人生的精神素质使他即使身处自然也画地为牢。因而，当他反顾内心时，自然的奥妙也就常常从他眼皮底下悄悄溜走，像一个个不肯轻易就范的精灵。正是在沉思的外化中，他自我意念的明确、坚定昭然若揭。《摸钱涧》中对传说中徐复阳摸钱三年不辍终至复明的极力铺叙让我们听出了他的“画外音”：千万别松懈呀！他随时都在给自己加劲。这种理想主义的戏剧性处理表明他多么不愿相信苦难和追求会没有报偿。这是他聊以自慰的自我确认和许诺。一个自信而倔强的老人！因而，当看到“樱花呵，你能否早一点开放/冲破时间的篱笆”（《问樱》）这样的诗句，我们怎能无视诗人那一双向自然“求助”的急切的眼睛？这种不能忘却自我的对自然的显意识呼唤，带来他多数时候与自然不可消融的心理距离。如结合作品就十分容易看清这种心理对峙。虽然“云潜入我心灵的峡谷，/在这里洒下雨点。/顿时觉山泉鸣溅。”（《流云》）但自然只能暂时给他温暖；他决不愿学隐士在自然中消度余生，也不相信人生能有什么大解脱。他只是单纯而茫然地留恋人世。他看那想飞的佛是“只能听到翅膀的扑打/不知红尘深到齐胸……”（《黄石崖某佛前小立》），对“十分荒凉”的“天上”(《天门峰即景》)，他也像苏轼对“高处不胜寒”的“琼楼玉宇”一样送去有保留的一瞥。更富戏剧意味的是他有时主动求静也不能：“想静一静心/坐在你的身边”，但他“哪里想到/跳得更厉害起来”（《静心泉边》）。这毫无责备之意的调侃是不是只表明他原本就没打算在自然中求得真正的解脱而只是想借机“静一静心”而已？他是否已感到了某种难以言说的悲哀？无奈之余，他常作天真状：“俯身作牛饮/一张口/就吐出珠子来了……”（《泉边(之一)》），他既流连于山川风物的感官愉悦，又对其进行诗意升华。这是他依靠自然而又不往灵魂深处去的最绝妙也是最无奈的“绝招”。除此，他是很愿到能让他这个“泪人”老泪纵横的去处的：“就让我陪你一起流/到地老天荒”（《汉柏下小立》），这时，他才算和汉柏真正物我合一了。可见，面对自然，他总是那么易动真情。

当我们看到孔孚先生带着疲惫的神情迈着艰难的步履不辞劳苦地在自然中寻找他心灵的对应物时，我们不能不为他捏一把汗。这也不能不让我们再次想起山水诗普遍的生存困境。不过，日月如梭，江山更替，孔孚先生身临其境的新山水诗的困境另有一番特殊的意味。生活于现代的孔孚先生，吟啸山林已不能成为他主要的出世方式，而仅是他暂时的休闲、解脱之道；他也以此为山水诗创作摄下记忆的影像。即是说，登山临水是他人生入世中的“隐逸”，斗室笔耕是他艺术遁逸中的“入世”。这种二元互渗的艺术方式已成为他“劫掠”自然后返归内心的艺术创造的基本心律。自然，以此心理准备去艺术地打量和把玩自然，不免会发现它并不总是那么“脉脉含情”。他无所逃无所隐于天地间，既不能像陶潜那样“悠然见南山”，心灵与自然风物达到真正的同感同构，也不能像王维那样亦官亦隐，以出世代入世，在人境的自我封闭中体验和顿悟自然风光的禅意。不能释然于心的人生郁闷使他也不能像杨万里那样以人性复活的热闹和喧哗去烛照自然，而是更多地让山水灵性与人文因素形成对应，并常采用寄寓的方式：在喧哗中寓寂寞、在平静中见骚动。明显的诗人之“我”的凸现常常是我们看不到充分的山水灵性的第一道障碍。而且，唯物主义世界观对自然神观念的胜利冲击已使他不再心仪李白心中那种虚幻的神仙世界；他根本就不相信佛世的幸福，而是呼唤罗汉“到我们这个世界”来(《苦罗汉》)，他心中已不再存有一个泛神灵的境界。因此，他已不再能像古人那样即目入吟、触目成真或者尘沙见太古、一瞬接永恒，在拟物主义的物我交融中真正实现自我心灵的泛化。他的山水创作多是借山川风物完成其极端内向化的个人情志的寄托，人生经验的浓重阴影已使他窒息到不能充分抖展想象的翅膀，对生命失落的艺术补偿已成为他艺术追求决定性的支配力量。我时常禁不住想象他在搜索记忆和贯通灵视的心旅中陷入沉思的迷狂和孤傲的偏执。翻阅“两音”，不难发现他老年人的情志特点得到了充分体现：这些诗作多数是人生经历对自然的投影，是勉力而为的老年诙谐，是意识闸门有意关闭后闪现的返璞归真的童趣的灵光。

孔孚先生的局限和悲哀是现代人的宿命——在文明的遮蔽中，现代人已日益远离自然；他们登山临水只是对自然偶尔为之的客串。

依孔孚先生自己所言，除少量山水诗外，二十世纪五六十年代他所写的多是政治抒情诗。这不但表明他同当时大多数作家一样具有作为社会性角色的自觉，没有完成个体价值和个性人格的孕育和催生；而且这也成为他新时期山水诗作仍包含社会容量的内在根据。当他被时代大潮裹挟着经历了他意料之外的并非他情愿的人生磨难，当他经过生活的磨砺直面生命的失落时，用山水诗寄托人生意愿显然就成为他自我捡拾的最为蕴藉和明智的文学选择。但在这种情况下，即使他的社会显意识已经退居其次或者作为诗作的精神意蕴已有所隐匿，也并不表明他已脱胎为一个纯粹的山水诗人。而正是自济与济人，正是山水诗形式对艺术纯度要求颇高的审美范式和艺术的社会指向的冲突形成内在制约，成为他疲惫和困惑的逻辑前提。

不可否认，伴随情感的困惑，孔孚先生也正进入文体悖谬的怪圈。人生遭际的困厄、生命失落的沉重、推己及人的投向社会历史和民族生存的人道目光与他求“隐”求“纯”的艺术倡导，反差之大一目了然。如果二者各执一端，那么谁也别想偏安一隅。这种倡导只是表明：在自我凸现的过程中，在对古今山水诗人的超越中，他已逐渐走向审美和文体的理性自觉，而日益丢弃山水诗外在的“染色体”。但过于沉重的主体心灵无疑将使这一追求自始至终带上沉重的锁链。且不说他的山水写生诗和山水写意诗离不了具象，就是那首对人生动荡和生命追求做整体呈现的《渤海印象》也免不了要以意念中的“浪上”和“双桨”来呈现象。无论他的意念隐得多么深，我们总能感到诗人自我的存在，如将“臂膀成了双桨……”一句前被他隐去的“我”补上，我们就会明白这是他独特的生命感受。这样看来，他的所谓“隐”只是抽去一些语法交代，尽量设置一些迷宫而已。从内容与形式的统一来看，过分的求“隐”求“简”只会使诗无从索解，即使能勉力靠虚象设置传达出深潜的情思，仍不免露出理性过分支配和操纵的痕迹。而且，如果日益让诗成为技术操作或某种僵死哲学的文学注脚，只会让应该弥漫着山水灵性的山水诗成为干瘪的“木乃伊”。

总而言之，孔孚先生的山水写生诗、山水写意诗和山水象征诗分别复演了中国古今山水诗以谢灵运、陶潜和郭沫若为典范的艺术实践。他集传统之大成，体现了传统向现代的变形伸延。当然，在第三阶段他走得较远。他禅道风范其表、入世精神其里，在拟物主义和托物言志的艺术追求中完成生命寄托。在自我展示的序列中，他的艺术追求渐趋深化，并日益凸现出继承和超越中的独特个性。当然，这三阶段在他那里并非呈直线式发展，而是有先后交叉。在山水写生诗中，他极力扮演一个禅道自我；在山水写意诗中，他迷恋和不能忘怀本真自我。禅道自我使我们看到他对自然的幻化改装；本真自我对自然不平则鸣的生命投影则使我们更多地看到他对自然的意念改装。前者对应于他登山临水的人生艺术后的精神超越的第一层次，后者是第二层次，是深层灵魂对自然的还原。前者让他忘却本真自我，并较多给他以艺术的启迪；后者则主要让他在自我寄托的倾述中心境渐趋平静和透明。基于这两方面的共同积累，他的大“出”大“入”的艺术灵魂才偶或在更高层次上高翔于自然的影像之上。但艺术超越依然那么孤立无援，自然又那么切近而遥远，它永远只是艺术的手段和点缀。孔孚先生必将会继续在困惑和难堪的自我挣扎中并非直线地完成他的艺术探索。

（原载《青岛海洋大学学报（社会科学版）》1994 年第 3 期）

“空灵之现代派”的活标本

——评《孔孚山水》

袁忠岳

孔孚写山水诗是1979年以后的事，他从东部沿海的崂山写起，一直往西走，写泰山，写黄山，写庐山，写峨眉，写到帕米尔高原，到了顶，就不写了，那已到了1992年。这十来年的时间，他爬的山，海拔越来越高；他写的诗也越来越凌空蹈虚、超拔尘世。济南出版社出版的《孔孚山水》正是他艰步奋上、临近极顶时写的，留下了一行简隐空灵的足迹，“香到顶”。

中国古代诗学是很看重诗的简隐空灵的。唐代司空图认为：“诗家之景，如蓝田日暖，良玉生烟，可望而不可置于眉睫之前也。”宋代严羽则说，诗之妙在“透彻玲珑，不可凑泊，如空中之音，相中之色，水中之月，镜中之象，言有尽而意无穷。”还有袁枚的性灵说、王士祯的神韵说等等，都是把诗看为从现实大地升腾而起并飘浮于其上的烟霞流云。孔孚诗的简隐空灵，承继了我国古代诗歌的这一审美传统，又蕴含着他的创作经验及其在与诗亲近过程中对诗质的独特体会。

诗是不喜欢太实的，拘泥于实为诗之一大忌。在这一点上，中西方诗学是有共识的。西方现代派提出的超现实主义，不也是为了让诗从太“实”的泥沼中跳出来吗？所谓梦幻、荒诞、变形、无意识、陌生化等等，不都是为了拉开诗与现实的距离吗？不过，其所采取的方法与中国传统有异相悖罢了。前者是现代主义的“表现”，后者是古典主义的“再现”。孔孚的诗与这二者都不一样，既不是“表现”，也不是“再现”，而是东方神秘主义的“隐现”。他是这样解释的：“就其‘超脱’‘纯净’而言，它有些类似‘超现实主义’。但将避免其晦涩。因为是以‘空灵’现。‘灵觉’扇动着它的翅膀，在那里飞动呢！那是空灵之现代派。”（该书196页）这‘空灵之现代派’是否是当年闻一多先生说的“中西艺术结婚后产生的宁馨儿”呢？我想是的，《孔孚山水》即是这“空灵之现代派”的活标本。

“隐现”与“再现”“表现”有什么不同？一是呈现的方式不同。“再现”“表现”都以呈现为主。“隐现”则不直呈于诗，而由读者想象得之；二是呈现内容不同，“再现”是现客观，“表现”是现主观，“隐现”是主客观皆现（当然是隐现）。

我们举峨眉雪景为例。古诗中这样写：“万仞白云端，经春雪未残”（唐·郑谷《峨眉山》），“峨眉山西雪千里，北望成都如井底”（宋·苏轼《峨眉山》），“春夏未消千古雪，阴晴常见一溪云”（明·杨慎《峰顶卧云庵》），写雪之高、之寒、之久，只是停留在象现的层面上，难入腠理，你分不出与其他高山崇岭之雪有什么区别。这是“再现”手法的局限。

如果西方现代派来写峨眉如何？惜无实例，但可用一旁证。在一个美国人编选的《西方超现实主义诗选》中，有位叫罗·佩德歌特的诗人，写了一首题为《十二月》的诗，倒也是写的冬天，不过与山无关，就两行：“我会酣睡在/小小的杯里。”简约风格如孔孚，但与十二月有什么联系呢？也许因为天冷，诗人幻想酣睡杯中，该是何等的暖和舒适？如果理解为杯是酒杯，睡是沉醉，倒还有“绿蚁新醅酒，红泥小火炉。晚来天欲雪，能饮一杯无。”的意思。可惜这样联想未免牵强。过度的主观随意，是这类表现诗的毛病。

再看孔孚是怎么写峨眉雪晴的，也是两句：

两弯白眉/一颗红痣

试想，天际有一硕大的人面佛像探头而出，这是何等的壮观！但在读者脑海中浮现的却是红日映照峰顶积雪的辉煌景象。自然化人，人化自然。为什么以佛像出之呢？不仅因为二者形似，更由于峨眉是佛教圣地，无处不在的佛的氛围（佛像、佛迹、佛光……）与峨眉的自然风光融合不分，浑然一体，引起诗人联想，也是诗人对峨眉外形内蕴心领神会的结果，那么这个佛像之后不是还隐藏着一个“我”吗？这样的雪景主客相融、形神统一，绝不会与其他雪山之景相混，却能给人一种空灵超拔的美感。隐之妙即在于此。

《孔孚山水》中“隐现”的方法是多种多样的，如，同写峨眉雪晴的还有“天公勾线/冷月照明”“风被压住了/它太野//腌你一冬”“一行草鞋印儿/香到顶”等，都是用的“隐现”的方法，但有的隐于象外（第一首），有的隐于言外（第二首），有的隐于感觉之外（第三首）。不同隐的方法，闪现了峨眉气质神韵的不同侧面。从来没有一个诗人写峨眉，能像孔孚那样写到骨子里，写出峨眉苍冥神秘的精神内蕴与风貌气质。

围绕“隐现”，孔孚还有一套相应的理论主张，如“从有到无”“减法”“远龙”“灵觉”等。在这本诗集中都有精到的论述、形象的阐释与生动的体现。若是把这些理论与诗集中的诗对照着看，细细琢磨，默默参悟，你就会对“空灵之现代派”有一个深切而具体的了解。如能这样，你所得到的就不仅仅是诗道了。

（原载《东岳论丛》1996 年第 2 期）

是“儒道互补”还是“儒道转化”

——关于孔孚诗歌与传统文化的通信

陈　炎　孔　孚

陈炎致孔孚信

尊敬的孔孚先生：

您好！惠赐两部大作收到，非常感谢！

此前，我曾拥有一本济南出版社出的《孔孚山水》，那是我在街头书摊上买的。说实话，当时我之所以买这本书，与其说是出于对您这位大诗人的仰慕，倒不如说是被其不俗的装帧吸引。您的大名，我当然熟悉，但我自知没有诗心，不配读诗，故而不敢假充研究者或爱好者，所以在济南和曲阜召开的有关尊诗的两次讨论会我都没有参加。然而那天在书摊上，我却在一地花花绿绿的书刊中发现了这本洁白而素朴的诗集。翻开其与众不同的封面，里面仍然是与众不同的：每一页雪白的纸上，都只有三五行简短的诗句，给人以计白当黑、大音希声的感觉。于是我未及细读，当即便买下了这本书。根据自己的习惯，在买回一本新书后，都要先看看它的后记。这时我才发现，原来书的装帧是按照您自己的意思而设计的，于是我在未读大作之前，似乎已经理解您的美学追求了……

然而尽管如此，您的诗我却读的很少很少，因为这些诗不能“读”，只能“品”，就像那西湖龙井一样，虽有一股淡淡的幽香，终不若雀巢咖啡那样提神、刺激。而俗人俗趣的我，在这个雀巢咖啡的时代里，便自然失却了“品”的闲暇与情怀了。说到“闲暇”，不由得使我想起了一位朋友前些时写的一本书的名字，叫作《闲暇无价》。当初我以为只是胡侃，现在想来，似有深意。在这个“时间就是金钱，效率就是生命”的社会里，人们不缺吃，不缺穿，最缺的恐怕就是闲暇了。这闲暇，看似是对生命的浪费，但却给人以想象的空间和创造的活力。而这种自由的想象与创造，则正是文学存在的根本依据。最近，我谢绝了几家报刊索要文学随笔的稿约，说是太忙，这也是实情，不过更为重要的是，我在接到您赠书的那天似乎突然发现，自己在不知不觉的忙碌中，已经离文学很远很远了。不错，我有时也要读一些文学作品，但那多半是出于职业的需要，为了写文章、搞研究而读的。可以想象，当文学的阅读也要考虑到“投入与产出比”的时候，文学还能有什么诗意？当大家都在为稿酬、为职称而将短篇抻成中篇、将中篇抻成长篇的时候，有谁能够像您那样一字一句地将自己苦吟而得的诗句删去？

闲暇的丧失不仅削弱了人们创作的活力，而且剥夺了人们欣赏的情趣。一位日本留学生告诉我说，日本男人晚上经常要出去喝酒、跳舞，这并不是因为他们有钱，而是由于他们白天工作压力太大，晚上需要发泄一下而已。这很容易使我联想到每晚那永远是打打杀杀的电视剧，尽管人们明白这些东西无聊透顶，但仍要借助于侠客的刀光剑影或美人的娇容玉体来消遣、宣泄一番，并以这种方式将敏感而脆弱的神经磨砺得坚硬而又迟钝。可以想象，这种钢筋一样的神经又如何能够接受您笔下那过于空灵的诗句？因此，我对于您关于“二十一世纪，‘远龙’将成为中国诗坛之风尚”的预测深表怀疑。相反的，我认为您绝对是一个生不逢时的天才，也就是说，您的诗绝对不会成为“六幺水调家家唱，白雪梅花处处吹”之类风靡一时的东西。且不言未谙世故的少男少女会被诗坛上的流行歌手席卷而去，即使是绝大部分“文忙”（文化忙人）又有何心绪来品味您的诗句？但是，我同样坚信，天才总归是天才，因此您会拥有一批为数不多但却死心塌地的读者，他们不仅在白天而且在梦中也能背诵您的诗句。然而遗憾的是，我不是其中的一员，至少在目前还不是。因此，我不敢、也不配和您谈诗。

但是，为了趁表示感谢的机会向您请教，我还想谈一点有关文化问题的思考，这与您的诗作不无关系。显而易见，您的诗在很大程度上得之于中国传统文化的素养。在《远龙之扪》一书中，您多次谈到禅宗与道家对您的影响，这一点也多被明眼的评论家所论及。但是，在谈到儒家时，您的态度却基本是否定的，您说："美学、哲学上，我多的是道家的东西。……虽然我坚决反儒，但由于受儒家影响太深，刮骨很难。""我们的儒家，从某种意义上讲，就是'文化强人'。他把诗引入歧途，就不止是'二百多年'了。""命里注定，儒家只能走圣贤路，迈着方步。儒家是不愿意飞的。""中国新诗一旦挣脱了'儒'的羁绊，将会显示出无限生命力与冲刺力。"要在以前，我会完全赞同这些观点的，因为儒家在艺术上的负面影响，似乎已成为海内外学人共识。但是，最近当我试图用系统论和结构主义方法来研究传统文化时，原来的这些观点便开始产生了动摇，至少显得不那么全面了。按照现在的观点，我认为在中国文化的整体结构中，儒家的作用是"建构"，道家的功能则是"解构"，正是两者不断的"建构"与"解构"共同促进着中国文化（包括文学）的演变和发展。

从文化源头上讲，儒家的最初努力就是企图通过内在的伦理与外在的礼乐使我们的祖先由原始的人变为文明的人，以铸造中华民族的文明形象。在孔子看来，人如果不讲伦理、没有礼乐，那么与动物又有什么区别呢？所以，《论语·颜渊》曰："克己复礼为仁。"要求人们"非礼勿视，非礼勿听，非礼勿言，非礼勿动。"打开《周礼》《仪礼》和《礼记》，我们看到，儒家为人的衣食住行和言谈举止所制定出的行为规范与典章制度，其复杂、精细程度是举世罕见的。应该承认，在文明社会的初始阶段，儒家的这种努力并非没有道理。事实上，它也的确在华夏文明的建构过程中起到了应有的作用。但是，正像恩格斯在《反杜林论》中指出的那样："文明每前进一步，不平等也同时前进一步。随着文明产生的社会为自己建立的一切机构，都转变为它们原来的目的的反面。"而道家的创始人，则以其敏锐的目光在儒家的君君臣臣之中发现了不平等，在礼乐的进退俯仰之中发现了不自由。于是，作为儒家的对立面，老子和庄子正是在批判仁义、解构礼乐的过程中建立着自己的自然哲学。黑格尔在《小逻辑》中指出，纯粹的逻辑起点只能有一个，那就是"有"，即不加任何规定的"纯有"，倘若连这个纯有也不复存在的话，那么以后一切的逻辑环节都不可能出现；但是，当这个"有"纯而又纯，不带有任何规定的时候，它便转化为自己的反面，出现了另外一个逻辑范畴——“无”。过去，我一直以为黑格尔这里是在玩弄文字游戏。现在看来，并非如此。如果我们拿这两个范畴来思考中国哲学的话，那么儒家的学说就是“有”，道家的学说则是“无”，而且“有”在前，“无”在后，二者不可易位。因为说到底，道家的“解构”是针对儒家的“建构”而来的，如果没有儒家所建构的这套礼乐文化，道家的非礼非乐又将从何说起？倘若没有儒家所建构的这种远离自然的生活方式，道家的回归自然又有什么意义？过去，我们常常称赞道家所具有的反异化的人文精神，而把儒家的学说看成是一种异化的产物。其实，异化与文明常常只不过是一枚银币的两面花纹而已，若无儒家的异化，道家连“反”的对象都没有，而“人”之无“文”，也就真的成了“卧则居居，起则于于”，“与麋鹿共处”的野兽状态了，何来“人道”之有？

从美学的角度上讲，素朴本身并不美，只有返璞归真才是美。听说国外有一位音乐家，创造了一部题为《2 分零 41 秒》的作品，实际上就是让听众在没人奏乐的舞台前静静地坐上 2 分 41 秒而已。显然，这部作品的真正价值就在于对丝竹管弦的反动而已，如果没有其反动的对象做对比，它本身并没有存在的意义。譬如您那本素朴而洁白的诗集，只有在花花绿绿的书刊之中才显出独特的魅力，倘使在彩色印刷术发前之明，其素朴仅仅是素朴而已。我想，老子所谓“大音希声，大象无形”，庄子所谓“静而圣，动而王，无为也而尊，朴素而天下莫能与之争美”都只有在这种“解构”的意义上才能够成立。人们在加拿大的“天体浴场”中是赤身裸体的，但这种赤身裸体与太平洋荒岛上的野人不同，其意义就在与习惯于遮羞蔽体的文明人相对比，前者是自然的，后者只是追求自然而已。顺便说一句，您一定知道，关于服饰的起源，历来就有两种不同的解释：一种意见认为，服饰的遮蔽功能，最初是来自羞耻心，以避免异性的过多注意；另一种观点则刚好相反，认为用服饰来装点身体的某些部位，最初恰恰是为了引起异性的注意。由于时间的久远，要证明谁是谁非是相当困难的。但从服饰的现代意义上看，这两种功能似乎同时存在，并且复杂地交织在一起。从另一个角度上看，服饰的繁与简，同样都具有美学意义。

回到咱们的问题上，我认为儒道两家的“建构”与“解构”，正是以繁与简这两种方式共同装扮着中华民族这位千姿百态的文化美人。比如说吧，汉武帝实行“罢黜百家，独尊儒术”的政策，于是便有了辞赋的兴盛，其《子虚赋》《上林赋》，可谓铺张扬厉、雍容华贵到了极点。您不能不承认这在当时也是一种美。然而物极必反，否极泰来，无论是社会风气还是美学趣味，都不可能永远停留在同一点上。曹魏以降，玄学振兴，道家代替儒家成为占主导地位的意识形态，于是在艺术上便有了萧散简约、自由奔放的“魏晋风度”。当然了，按照大多数文学史家的观点，汉赋常常只是作为批判的对象。然而在我看来，它却是中国文学所必不可少的一个阶段。没有汉代的铺张扬厉，就没有魏晋的萧散简约。从艺术思潮来看，前者是“建构”，后者是“解构”，当前者的“建构”进入了一种“异化”状态之后，就需要后者来加以“解毒”，而后者的“解构”又只有在反叛前者的过程中才可能进入一种新的层次，从而使魏晋的“简约”不同于先秦的“素朴”。从审美类型来看，前者是杨玉环，后者是赵飞燕，各有各的美，也各有各的缺陷。不难想象，漫长的中国文学史，如果只有一种类型的美，那将会是多么的单调……

具体到诗歌问题上，窃以为应该将您那句“从无到有”与“从有到无”的名言改造为“儒家的创造是‘从无到有’，道家的创造则是‘从有到无’。”这当然不是对您以“减法”作诗之经验的否定。作为一个具体的诗人，您完全有权力选择道家独特的文化立场，而不必面面俱到。但是，作为一个21世纪的当代诗人，我却衷心地希望您至少在理论上能够从中国文化的整体结构出发，跳出儒、道之外来看待这一问题。这样，您不仅可以对儒家在历史上的美学贡献给予更多的肯定，而且可以在创作上更加自觉地明确自己要“减”的对象究竟是什么，以及在“减”的过程中如何保持被减对象的“意义”。您曾经不无遗憾地说，“由于受儒家影响太深，刮骨很难”。而我却觉得，您所推崇的，以及您自己创作的诗，最好的，还恰恰是这些“刮骨未尽”的东西。比如您最喜爱的陈子昂的《登幽州台歌》吧，从其“前不见古人/后不见来者//念天地之悠悠/独怆然而涕下”的诗句中，我们难道不曾感受到“子在川上曰：逝者如斯夫！”式的历史感和忧患意识吗？再从您喜欢的王尔碑的那首“亿万年鱼的泪晶莹了海//海很宽/不要去填”来看，这里面难道就没有一点儒家的文化积淀和入世情怀？还有您自己的那首“不见那涧绿水/我钓秋风//多想捞起那个冤魂/垂一条思念的绳”，恐怕也不全是老、庄的东西吧。《庄子・大宗师》说：“泉涸，鱼相与处于陆，相呴以湿，相濡以沫，不如相忘于江湖，与其誉尧而非桀也，不如两忘而化其道。”照此说来，人与人之间不应该有什么是非观念，也不需要有那么多的亲情、友情和温情，那么，还有什么样的“冤魂”需要您去“思念”呢？然而，正是这种超越个人情感的文化观照、正是这种超越现实利害的历史思念，使得这些诗篇具有了很高的文化品位。这使我想起中国历史上的许多文化名人，从嵇康到鲁迅，他们都反儒，但骨子里又都去不掉儒家的入世精神和社会责任感，并以“知其不可而为之”的态度完成着自己悲剧的人生。如果诗歌完全“减去”了这种人生的“意义”，岂不是过于“空灵”，过于“虚玄”？因此，我认为道家作为儒家的“解构”，是要超越儒家艺术中虚假的、琐屑的、束缚人的东西，而不应该抛弃其社会的、人生的、文化的内涵，否则，道家就真要升天了。换言之，您那尊无鳞无爪的“远龙”，虽然可以无拘无束地游在天上，但其魂灵则必须来自人间，唯其如此，它才是人类精神的象征，它才能引起人们的观照和共鸣……

儒、道之间所形成的这种艺术的张力，不仅表现在内容上，而且表现在形式上。从共时的形态来看，同是盛唐时代的诗人，杜甫受儒家的熏陶很重，因而在格律方面就比较严整；李白向往道教的神仙状态，因而便多采用形式自由的古体。我不知道这种联系和区别是否具有普遍的意义，但显然是一个值得研究的课题。而且更为重要的是，我们不能简单地在李、杜的自由和法度之间进行非此即彼的取舍和判断。从历时的形态来看，诗歌艺术的历史就呈现在建立形式和打破形式的不断变化之间。过去，我们曾简单地斥责齐、梁时代的诗歌探索为“形式主义”，其实若没有这一阶段的形式探索便很难想象唐诗的繁荣。更进一步讲，您今天所说的“叛韵”也只是对于原有韵律的一种超越，它和不懂音韵的“大白话”完全不是一个层次的东西。还是那句话，它是“返朴”而不是“素朴”……

本来想给您写封短信，没想到拉拉杂杂竟说了这么多。您肯定不耐烦了，心想：这后生小子真也不知天高地厚！好心送他两本书却惹出这么多的废话来！实在抱歉！按照中国人的习惯，用电脑写信是不太礼貌的，尤其是给长者。不过我知道您深通书法，所以不敢以拙字辱先生之慧眼。请您海涵！

本来也想回赠您两本小书，但实在拿不出手，且西方的东西您也不感兴趣，遂将近日在《哲学研究》上发表的《论儒、墨、道、法系统》一文奉上，也算是先生赠我以珠玑，我送先生以瓦砾。这不由得使我想起古人关于做学问“北人穷其枝叶，南人得其英华”那句话。对此，王晓毅曾将它改为“学人穷其枝叶，诗人得其精华”。我自知比不上王博士，故而连枝叶也穷不得，所以称不上“学人”；至于“诗人”嘛，晓毅兄曾有特指，说：诗人者，孔孚先生也！

恳请先生指正！给您拜年！

学生陈炎于1995年春节

孔孚致陈炎信

陈炎君：

收到了你的长信。大约有七千字吧？单单这一数字，也就够令人肃然起敬的了。当今这个世界，能有几人坐得住呢？写信上千字？况是写给一位未曾识面的老朽呢？

我想你是看到了我对于儒家过于苛刻，而建议我：从中国文化的整体结构出发，跳出儒道来看待这一问题。说这样，不仅可以对儒家在历史上的贡献给予更多的肯定，而且可以在创作上更加自觉地明确自己要减的对象究竟是什么，以及在减的过程如何保持住被减对象的意义。这段概括，不知是与不是？

你的思维很严密，从理论到实践提出了一个很完备的问题。这一问题朋友们多会感兴趣。也是我所思忖的。

我特别关心的是“而且”以下的提示：“用减”是否得当。自然这与前边所提出的问题是相联系的。为了诗，也为了争取你对我进一步了解，想说说自己的一些想法。

正襟论道，非我之所愿。我喜欢闲聊，想到哪，说到哪。你很诚挚，我也是个直肠子，就随便扯扯，如何？

你来到我心里，始于晓毅说到你喜欢我的一首诗。晓毅甚至背诵得出你喜欢的句子：“这山谷多么寂寞/空有多情的风”。那是写灵岩寺一只哑了的钟。我真是高兴！为又得一知音。且是搞美学的著名学者。近中还看到《读书》上你评介晓毅《嵇康评传》一篇文字，开头也引用了我的诗。这也使我感到欣慰。说明你真的喜欢上了孔孚。晓毅为把这首诗印到扉面上去，费了不少周折。因为他看到这诗时，书已临近发排了。孔孚能有这样痴情的朋友，心里怎能不暖煦煦，一江春水向东流呢？

你和晓毅所喜欢的这类含蕴世情儒家层面的诗，我也喜欢。自认为算得“上品”。但是我也不得不说，这还是在“有限”之内，尚非我之全部诗作的“上乘”。尽是儒家一个面目不行。都在儒家这个层面上，诗就窄了。停留在文化层面，也还是“有限”，亦然窄。

诗该是“无限”。过去、现在、未来，全在其中。我总认为：诗是道家的事。于是就来了宇宙层面，来了“无鳞无爪的远龙”。我的第一个集子《清音》，第二个集子《灵音》中，这种东西已经有了。只是很少。多的是“人生”。虽非有意“为”之，但终归是“为”了。这是没有法子的事。因为孔孚是人，且受儒家影响极深。我的第三个集子《蛾眉卷》，无疑已进入“无”境。这是由“悟无”到“用无”，自觉超越的结果。

你认为：道家作为儒家的“解构”，是要超越儒家艺术中虚假的、琐屑的、束缚人的东西，而不应该抛弃社会的、人生的、文化的内涵，否则，道家就要升天了。我只能同意你这句话的前半句，因为后半句难以成立。古往今来，大概没有人能“抛弃”得了社会的、人生的、文化的内涵。怎么可能呢？作为现世界的人？超越而已！

如果说“弃”，只能是“扬弃”。在《复王尔碑》一信中，我曾提到“反儒”问题，说到“刮骨很难”。但接着又说：“不想尽刮。因为我的老祖宗那里也还是有点儿好东西。比如早期儒者从《周易》之以‘乾’为首卦那里受益，贵刚尊阳的思想就刮不得。”此一阳刚之气，已化入我的灵魂、血液，并视之为美，从来没想丢弃过。说到底吧，就是想丢，也丢不掉的。在我的诗里，不管是第一本，第二本，还是第三本，无一灰色，即可以说明。第三本书《蛾眉卷》，对儒家世情虽有所超越，进入“无”境，但这恰恰是“大有”，那一时空流动中的“现时”一截是含蕴其中的。自然是隐得很深，不大容易把捉。《易》从宇宙那里抽象出阴（——）阳（—），以阴阳涵盖一切，我正是遵循阴阳秩序，“构建”宇宙自然和社会道德一体化“框架”的。“构建”“框架”这种词儿，我不怎么习惯。总觉得硬了一点，不适于诗。但脑子里缺少合适的词汇，借西方的嘴一用。信中你说到清醒“保持”住“被减对象的意义”，我想这一阳刚之气，便是“被减对象的意义”。我曾对人说过，我对于我的家乡那个古城没有多少好感，唯独对那些古柏感兴趣。它们有的肚腹都空了，有的被雷火烧焦，但依然绿它的不止。有的仅伸出细细的一枝，也还是拼命地绿。我对一位陪我的朋友刘君说："看！儒家的阳刚之气，在那枝头上呢！"刘君善解人意，出口成章："信哉斯言！也是在先生笔头子上呢！"此言大致不差。阴中有阳，诗就会活得精神，而且生生不已。所以我说，你不用担心在我这里会发生"道家升天"这种事。不会的。

即便在老子那里，也不会。单说《道德经》那一"德"字，就透露了消息。你的那篇宏文《论儒、墨、道、法系统》，就说到道家也有"外王"的一面。"外王"，就是"无不为"吧？这"外王""无不为"，就是阳。所以老子虽然贵阴，但阴中也有阳。不然，就不会从他指间流出那个"道生一，一生二，二生三，三生万物"了。如果他那里只有一个阴，无论如何是出不来生生不已的。有趣的是，老子也搞宣传。花费那么多唇舌，出五千余言，那是为了什么呢？所以，命里注定，道家不会升天。

其实，升天也没有什么不好。在地上走腻了，能到外宇宙散散步，也很有意思。说不定会看到什么，灵觉到什么。我在一首《赠钱锺书》的诗中写："你随便行走/不在意地撒一路珠子//一玄鸟啄衔一颗/种于太空//有暗香阵阵/透过云层"，也还是执着于人生。"透过云层"四字，暗示了那"暗香"是情及人间。写这首诗时，我的思维不在多维，脑子里只有我们这个星球。而我是应该想到外层空间，情及那里的高级生命的。湖南的刘强君有篇文章让孔诗之暗香扩及到外宇宙，超越了孔孚。诗评家比诗人高明，是有此权利的。这种"升天"的诗，未必不可以有一点儿。让我们这个星球上的人开阔一下眼界，未必不是件有趣的事。也还有，大可以启迪人的灵性。不知怎的，我就爱想入非非。不是在梦里，我真的想飞。

扯得远了。但又不远。又远又近。这也合乎诗的态势。诗就是离而不离的。前边说到的看起来远离世情的我的第三集子《峨眉卷》，其实离开得并不怎么远，有的甚至是很近的。举个例子：台湾著名女学者唐亦男于去年召开的海峡两岸谈玄会上发言之煞尾，就曾引用了一首并不在我心坎上的峨眉诗，说这诗"预言"了这次会议。借孔孚之"无"，唐先生巧妙地出"有"，对这次会议做了评价。孔孚只是写蛾眉白水普贤寺一带山涧之琴蛙操琴，与海峡两岸谈玄完全是风马牛。然而却又是相及。唐先生我看是以不说出来为方法，达到了她不大容易说得清楚也不便说得清楚的目的。真是尽无言之美之能事！这一方面说明唐先生独具只眼，另一方面也得说是诗走到了宇宙层次这一步。如果这诗不在“无限”层次，无论如何，二者是拉扯不在一起的。在宇宙层面上，风马牛相及。这是因为宇宙全息。

刘强君在题为《风马牛相及》一篇文章中，引《万佛顶夜立》一诗，也说到过拙作具有预言性。他这样写：“孔孚先生的峨眉诗，其中蕴蓄和潜现的思想是超前的，对历史具有预应和预感性。他之对于人类、宇宙的超前思索，使人震惊。在峨眉诗中，大自然全息重演了人类社会和人类精神的某种先导信息。”我基本上同意他的这一论断。五百年或一千年之后，也许会有人看出孔孚的某一首诗活灵活现对现世所发生的事情做了预言。这不奇怪，因为宇宙本身具有全息重演规律。写到宇宙这一层次，一切尽在其中矣！重要的是诗的灵性，调动人之潜能，倒不在乎预言不预言。道家美学这条路子上的诗，是愈减愈大，愈减愈多。减到了“无”，就是“无限”。从这一点看，也可以说是“保持”住了被减对象的意义。

李心田兄说过我“底气、中气足”。我笑回以“上气不接”。大病之后，更是如此。休息了几天。再写。

前边主要说到诗中的“用减”问题，以及社会人生、自然宇宙两个层面。现在想来说说与之相联系，也是你所关心的我同儒家的关系问题。在给周继旨兄的一封信中我曾写道：“儒家之‘有’风光了两千多年，已到了极处。如今该是向道家之‘无’转化的时候了。”概言之，这便是我对于儒家的态度。

萌生这一念头，是从诗之反思开始的。我看诗之“现实主义”已经实到了不能再实，难以再往前走了。“深化”喊了多少年，未见成效。只能是否定之否定，往“虚”处走。前几天袁忠岳兄出一篇文章，列举近二十位老诗人的近作，称之为“东方智慧型”。所引之诗，皆超越“实”“有”之作，而味道无一不浓。很有意思。我的大女儿看了，说是“大趋势”。从“实”走向“虚”，从“有”到“无”，实大势之所趋。自然，并非所有的老诗人晚年注定会走到这条路子上来。也并非所列举之老诗人所有的诗作都达到了这一境界。只不过是说呈现出“解构”儒家这样一个趋势而已！

这就出现了这样一个问题“无鳞无爪的现代东方远龙”是否有可能成为二十一世纪中国诗之艺术风尚？对此，你表示怀疑。而我，则认为极有可能。

打量世界风云，也看出一点儿眉目。独联体所推行的经济政策，我看就是放任主义。这是道家的东西。我们也搞，比如农村前几年实行包产到户，搞特区实验，行的就是“减法”“用无”，应纳之于老子的“无为无不为律”。我看这同古典经济学家（马克思主义三来源之一）亚当·斯密主张的经济放任主义是一码事。亚当·斯密给近代西方带来一个资本主义。老子的“无为”主义，也曾一段时间给中国封建主义带来过繁荣。如西汉前期秦末大乱之后，当政者就是利用这一原理，坚持“与民休息”的黄老学派政策，使西汉始建期六七十年的社会得以稳定，恢复了社会经济的繁荣。胡适晚年也看到，老子“无为”哲学是世界思想史上自由放任主义学派的老祖宗。(胡适:《中国古代政治思想史的一个新看法》。转引自伊洛:《谈谈“用无”》。)这里要说一下的是：中国现行政策与独联体有所不同。这一问题说不清楚。我只是觉得独联体转得过于陡，而中国则平稳一些。更为重要的是中国多少有“儒”的参与，因此阴气就不是那么盛。经过阵痛，独联体经济我看是有可能上得去。中国比较聪明，所以一直保持着比较健康的发展势头。前几年，英国的撒切尔，日本的中曾根，不同程度地也搞经济放任主义，看他们不断地从肩上往下卸包袱便知。这都说明道家思想的生命力。自然，这些政治家们未必都读过《老子》。但他们每人都是一个小宇宙！宇宙全息，有悟性的人是可以“通”的。

既然当今“用无”已呈现为一种明显的趋势，则“远龙”将成为中国二十一世纪诗之艺术风尚，实为事物发展之必然。你所看到的少男少女们被诗坛上的流行歌曲席卷而去，只是现象。严格说，流行歌曲是不属于诗坛的。不能说流行歌曲没有一点儿意义，但总是极浅极浅的层次，代表不了我们这个时代的精神。真正代表我们这个时代精神的是哲学，是不局限于“现实”涵融整个时空的真正的诗。这才是本质性的东西。问题不在于多数，少数。一万年之后，真正的诗的读者，我想也不会是多数。这也是本质。我总认为，诗这种东西，和之者永远也不会成为多数，似乎命里定了。过去我说过，真正的好诗应是“大雅大俗”“阳春白雪”“下里巴人”的统一体。现在看来，不过是愿望，理想主义，根本做不到的。我曾因我的诗作有工人、小学生读者，兴奋不已。现在想来，这些工人、小学生，也是工人、小学生中的极少之极少数。前几年，有人私下里议论：“孔孚的诗是贵族文学。”我想，可能是这么回子事。不过这“贵族”二字，当有不同于《辞海》的解释。如果说“贵族”，那些工人、小学生，也应视之为“贵族”的。未来的一个世纪，还有一百年呢！这段时间不算长，也不算短。一百年呀！什么事情都有可能发生。况“远龙”乎？也还有二十二世纪呢！二十三世纪呢！即便再过五百年也罢！“远龙”必将成为“大气候”。儒家的根基太坚实，撼动它不那么容易。我写过一首《春雨》：“没有云/也是要落的//仰起脸来/等待着”，暗示的就是时候到了。中国诗从儒家之重“实”“有”，向道家之贵“虚”“无”转化，其势不可挡。

我看，你过于强调了“系统”“整体结构”，似乎忽视了“转化”；虽然也说到“解构”。我的想法是：应该强调矛盾的特殊性、矛盾的主要方面，强调质变。落到诗，则是儒家之“现实主义”（借现代词汇一用。其实，儒家没有什么“现实主义”不“现实主义”。）向道家之“神秘主义”转化。儒家之“现实主义”是“小功利”“小为”，道家之“神秘主义”才是“大功利”“大为”。作为一个诗人，应具有哲学家的洞彻性，立足于矛盾的主要方面，勇往直前，以期取而代之。

艺术上体现“多元”，让杨玉环、赵飞燕两种美并肩，是文化部部长的事。作为一个具体的人，三郎只能是喜欢杨玉环，刘骜只能是喜欢赵飞燕。也还有，周作人只能是喜欢吃苦茶。不好要求他们“兼爱”。至于一个具体的诗人，就更是要偏执，甚至偏执到狂。唯“狂”方看出拼命的劲头。我偏执狂，你偏执狂，诗坛就有看头了！就有了竞赛，就会向前发展。在这种宏观处，就是要“着”。执着于某一艺术原理，在别人看起来是钻牛角尖。流派有排他性。诗来不得折中主义。折中主义是一步也走不动的，如波特莱尔所说的靠着四面八方风势行驶的那只船。

前几天徐北文兄来看我，谈诗扯到李贺，他说希望“比李贺还李贺”。接着又说，希望孔孚“比孔孚还孔孚”。他也是倾向极端。几年前，他看我狠命地“减”，不断地往隐深处走，曾为我捏一把汗。说过“走走看看，不行，就退回来”的话。看来现在他有了新的认识。大概是看我有些累，未及深谈。他希望我“比孔孚还孔孚”，说得我心花怒放。我还没有告诉他，在整理《孔孚集》一书时，我把《春日远眺佛慧山》一诗中的“知性”也减去了。这就走得更远了。不知北文看到这般“损之又损”，该是一种怎样的心情？还会希望“比孔孚还孔孚”

否？这首诗的本来面目在《孔孚山水诗选》中可以看到，“用减”后仅余“佛头/青了”四字。很想听到你的意见。

陈炎君：就到此为止吧！已不知所云矣！也不知该怎么收底。糊涂一盆，报子一盆也！脑子里少逻辑这根弦儿，奈何！奈何！

谬误一定不少。能再推心置腹谈谈才好。打住。

近安。

孔　孚

1995 年 4 月 5 日 – 10 日

（原载《诗探索》1996 年第 2 期）

也谈儒、道及诗

——读陈炎致孔孚信有感

杨守森

陈炎在致孔孚先生的信中提出，儒道在共同促进着中国文化的演变和发展，故不该过分否定儒，希望孔孚对儒家在历史上的美学贡献给予更多的肯定，以有利于诗的创作。陈炎主要是从历史功利的角度肯定儒家文化价值的，作为学术性理论性概括，这无疑是正确的。但据此论诗，特别是论孔孚的诗，怕是需要进一步探讨的。

诗与理论，到底是两码事。理论需要客观、辩证、严密，诗则需要激情、自由、个性。而个性，本身就是一种选择。选择就免不了偏执。正如孔孚自己所说，诗人应是“偏执狂”。诗人不是理论家，如果诗人处处顾及这样一种辩证平衡，那就势必扼杀了诗的生命。

且，儒学对于中华民族精神个性的影响及历史贡献，虽不可否定，但之于诗的意义，就该另当别论了。

儒家是一种理性文化、范式文化、守成文化、世俗文化。之于诗，重“载道”，重“教化”。而诗是个性的、自由创造的、是常常要超越理性与世俗的。恪守规范，拘泥现实，往往也就没有诗了。如杜甫的诗，更富于诗之品性的上乘之作当是自由奔放的《登高》《观公孙大娘弟子舞剑器行》《旅夜书怀》《登岳阳楼》等篇什，而不是重在“载道”，近乎实录的“三吏三别”之类。但两千多年来，由于政治的原因，儒学被视为文化正宗，自然也就压抑了诗的发展。孔孚正是从这个意义上，视儒为“文化强人”，责其“把诗引入歧途”。的。

而道家则是一种自由文化、开放文化、超越文化、未来文化、宇宙文化，包含着宇宙衍化的大智慧，呼唤的是旷达超逸的审美人格，而这些，正是诗所向往的。所以，孔孚才那么痴情于“道”。

其实，就与儒的关系而言，孔孚本身也是很复杂的。

作为生命个体，孔孚身上凝结着二重人格。

凡熟识孔孚的人，都会感觉到，作为普通人的孔孚，儒味其实是很重的，有着深重的忧患意识、入世情怀和社会责任感。一谈起社会现实问题，常见其慷慨激昂，愤愤不已。他自己说“刮骨未尽”，实际上，就儒味的关注现实，忧患意识而言，他根本就没有刮过，也是不可能刮的。

但作为诗人的孔孚，便显得超然多了。如他自己所说：“美学、哲学上，我多的是道家的东西。”

相对于儒家的“建构”而言，道家确是在“解构”。但就“道家”本身来看，亦同时在“建构”，在建构一种超然物外的人生态度，一种超脱死生的精神境界。正是从这个意义上来看，孔孚的诗无论怎样“减”，怎样“无”，怎样“空灵”，怎样“玄虚”，都不可能丧失“人生的意义”。何况，诗人毕竟是血肉之躯，何况，诗人的日常人格中有着浓重的儒味，这就决定了孔孚无论怎样崇“道”，诗中也不可能抛弃社会的、人生的、文化的内涵。

王国维论诗，主张诗人应“入乎其内，出乎其外”。孔孚先生的双重人格，倒是正切合了王国维所说的理想创作状态。孔孚先生正是通过自觉地反儒、叛儒，进入了“出乎其外”的境界，上升到了宇宙空间，使诗具有了包孕更为丰富的全息意味。他的《峨眉月》《乾陵》《飞雪中远眺华不注》《钓鱼台小立》之类作品的成功，或许正是得力于这种创作状态。

关于孔孚先生的诗歌创作，陈炎信中涉及的有一个问题，倒是值得研究的，这就是删减之“度”。孔孚先生以为：道家美学这条路子上的诗，是愈减愈大，愈减愈多。减到了“无”，就是“无限”。但这“减”，毕竟要有一个美学“尺度”。

举个例子看，先生那首《天贶殿壁画“启跸回銮图”前小立》，初为：

我挤进神群中去/均木然//蹭了两袖子色彩回来/一路蜂追蝶逐……（A）

先生后来改为：

挤进神群中去/均木然//蹭了两袖子色彩回来/尾一只蝶（B）

按减法，当还可再改为：

挤进神群/木然//蹭了色彩回来/尾蝶（C）

按减法论，（C）自更减；但就诗感，自然不如（B）。可见，减是有个度的问题的，减之过，就伤诗了。这里，好像还有与“度”相关的语体美、语感美之类问题需要考虑。

实际上，不论怎样删减，彻底的“无”是不可能的。在诗中，不过是以有象代无象，以小象代大象，以在场之象代缺席之象而已。如先生那首《海声》，虽然“海声”无象，但“在风的手指上/月亮的情网里/心的峡谷中”，诗的每一句，也还是象。另如陈子昂那首《登幽州台歌》，看似无象，实际诗中还是可见“怆然涕下”的诗人自我之象。“大象无形”，“无言之美”，似只能作为一种极致意味的美学追求，而不可能全然如此。作为具体作品，总是要有“形”有“言”的，否则，也就没诗了。禅宗有所谓“不立文字”，但禅毕竟不是诗。且“不立文字”，本身就是文字，就是“言”。孔孚先生，当然是深知并且早就重视了这一点的，亦曾明确说过：“一味地求隐，最后可能什么也看不见，那就不妙。解决这一问题，我采取的方法是‘引路’”（《我与山水诗》）。在创作实践中，先生也是很好地把握了这一删减之“度”的。只是觉得，这“度”，作为诗歌创作的一个重要美学原则，还需在理论方面进一步探讨。

（1995年6月18日）

漫说《孔孚集》

王尔碑

今年一月，中国社会科学出版社出版了《孔孚集》（仿四库全书分类法），装帧古朴、典雅，布面精装，606 个页码。这是当代著名山水诗人孔孚先生的自选集，收入诗 300 首，诗论 30 篇。诗作多为小诗精品，意境辽阔。诗论家袁忠岳先生，称之为“空灵的现代派”。并说他的诗既非古典主义的“再现”，也非现代主义的“表现”，而是东方神秘主义的“隐现”。诗论，鲜明地展现了孔孚先生的诗学观、症状学观，他对“从有到无”“减法”“远龙”“灵觉”等系列体验，做了精辟、形象的论述。其诗、其诗论，具有道家哲学、美学气息，继承传统，又发展了传统，堪称独树一帜，近年来，曾在诗界、哲学界、玄学界引起重视。被著名学者钱锺书先生誉为“开门户”。《诗刊》“名家经典”专栏，曾选登了他的成名作、代表作、新作 57 首，引人瞩目。

《孔孚集》的出版，展示了当今出版界尚有浓厚的精品意识。全集四十万言，无一错字。内文编排疏淡，体现了作品的境界。且书中无照片、无序言、无题签、无简介，洗尽铅华，确是一部了无尘俗的珍藏本。

人间要好书。纯文学也有人爱。下里巴人、阳春白雪，各有各的读者。《孔孚集》问世，山东《大众日报》《齐鲁晚报》《山东师大报》台湾《世界论坛报》，先后发了出版消息和评论文章。叶慈先生说：“无可置疑，《孔孚集》是东方神秘主义诗学的经典之作。它的出版，在中国新诗史上具有创辟意义。”

这本书50元一本，但真爱诗者并不嫌其贵，还深怕买不到呢。孔孚先生买了三百本，拟赠亲朋好友，后经宋遂良教授开导、说服，不赠书了，改为卖书。为此，宋教授写了《买书记》，发在《齐鲁晚报》上。山东平阴县读者雷庆龙，读了这篇文章，于深夜搭车赶到了孔孚先生家买书。济南市一位87岁的写旧诗的老太太，也打着伞，冒雨寻到孔孚家中买书。闻讯买书的，还有省内外诗歌爱好者、山东省委副书记、《大众日报》总编辑……《孔孚集》在济南很快卖完。谁说今日物质世界滚滚红尘中没有伯乐？没有纯诗的知音？

孔孚先生一生清贫，实无力自费出书。这本《孔孚集》，乃是他在北京的老友、哲学家辛冠洁先生一手操持出版的。孔孚先生在《后记》中感叹辛先生是“自讨苦吃”。并说：“在这个世界上，心里老想着为别人做点什么、自讨苦吃的人，怕是不多了。”而辛冠洁先生此举，纯粹缘于惜才。他爱孔孚的诗，爱到了痴迷的程度。自云：“大醉一月。”一个月内，曾给孔孚写17封信。甚至一日两寄。可叹世有庸才践踏天才，唯天才珍惜天才。世有文人相轻者、攀龙附凤者，而辛孔之间，一脉情缘，纯粹为诗。可见诗不会老。诗可以给人无瑕的生命。两位老人，童心永驻，友谊纯真，当今世所稀也。

（原载《诗探索》1996年第4期）

致孔孚

——兼谈山水诗“求隐”“用无”的极限

马立鞭

孔孚先生：近好！

我们虽第一次通信，但您别具一格的山水诗我久已心折。前年曾写过一则题为《新诗写作的虚与实》的诗话。（1994 年 11 月号《阅读与写作》）举的诗例就是洛夫先生的《第十二峰》和您《东岳风情》六首之一的《天街遐想》。现在您千里迢迢寄赠这本厚厚的兼收您的诗与文的《孔孚集》（中国社会科学出版社 1996 年 1 月出版），使我得窥全豹。

应该说，我们此生的经历极相似。也许正是同时代人和有相似遭遇的缘故吧，我们的诗观也有惊人的相似处。比如，我们都服膺司空图和严羽的诗主张。我们都认为诗应该写得隐蔽些，洒脱些，空灵些。因此，您求隐、求异、求简、求淡、求纯、求趣，您用减、用无、用奇的论述，您对审美“距离”说的推崇，以及“再现自然，我以为不是诗的任务”（355 页），“作为山水诗，总是少一点‘烟火气’为好”（378 页），“我是一个韵的叛逆者”，“诗还是散一些好”，“古典诗歌不少使人陶醉的，关键不在于韵，那多半是由于情美、象美、境美”（398 页），甚至您为“不受现实干扰”而“闭着眼写诗的习惯”（442 页），认为“诗是近于‘无法无天’的”（342 页），等等，我都能投赞成票。不用说，您的创作乃是您诗主张的自觉实践。也正是这些超凡脱俗的识见，使您的山水诗能独树一帜，使您成了已拥有经典作品的名逾齐鲁的名家。

曹雪芹在《红楼梦》里曾借人物之口说：“诗从胡说来。”您谈及“诗禅相通”时也说诗人常“说谎”。这里所谓“胡说”与“说谎”，自然特指诗的“蛮不讲理”，特指诗人想象的离奇与怪异。可以说，您的有些诗也已“谎到家”。在您的诗里，太阳可以站在小舟上（《渤海印象》），月亮会撒网（《在海边》）。您登泰山，觉得“天河很近/听得见鱼跳//挽挽腿/去摸一条”（《天街遐想》）。您游峨眉，曾“拉云一起/留一小照”（《万佛顶留影》），还说那里的风也像顽皮的小孩，“摸一下佛头就跑”（《峨眉风》）。您不说夕照染红了湖水，而倒着说“鄱阳湖着了火/夕阳在看热闹”（《鄱阳湖一瞥》）。您也不一般化地说西风吹红了枫林，而说“四围山色中，/红叶却闹成一片。”（《上清宫一瞥》）千多年前李贺曾以“羲和敲日玻璃声”惊人视听，千多年后您呼吸着青岛街头清新的空气，也说“青岛的风/玻璃似的”（《夏日青岛印象》）。我想，正是这些极富个性的奇思妙想，您的作品才拥有别人无法仿效的“孔孚味”。您把“求隐”与“用无”的笔墨情趣，发挥到了淋漓尽致的境地。

如果，以神、妙、能三字品评您的诗，那么，我以为，《海情》（15 页一首）《在海边》《崂山》（41、43 页两首）《雨后》《夏日青岛印象》《天街印象》《天街设宴》《天街遐想》《千佛崖五瞥》等十首可列为神品。《渤海印象》（26 页一首）《上清宫一瞥》《云瀑》《天门峰即景》《灵岩寺钟鼓楼前小立》《泉边》（147 页一首）《夜宿洗象池》《峨眉风》《千佛顶夜立望万佛顶》《万佛顶留影》《鄱阳湖一瞥》《扬州印象》《瘦西湖听鹂馆小坐》《烟雨瓜州古渡小立》等十四首可列为妙品。诗不难于成而难于妙，其余诸篇，则只能划归能品。自然，神品与妙品之间，也难截然区分，妄断在所难免。姑作为一己之见，坦诚相告。

有这么多的作品只能视为能品，不必奇怪。诗历来是差的多好的少。《全唐诗》近五万，可谓洋洋大观，真正称妙的不过三、五百首而已。值得认真探讨与总结的是这些诗未能入神入妙的原因何在。我想，正如那些入神入妙的诗所以能入神人妙，首先是由于正确诗观的引路；这些诗未能入神入妙，第一号罪人恐怕也来自认识上的偏差与误导。

对此，您的挚友孙静轩曾提过忠告：“您过于偏爱了诗的隐蔽性。”自然，问题不在对隐蔽性的偏爱而在于“过于”；但没有引起您的重视。您仍然执着于

“无鳞无爪”的“远龙”诗说，声称要再走远些瞧瞧。您仍然坚持“减之又减，以至于‘无’”的极端化主张，耳热于“比李贺还李贺”“比孔孚还孔孚”的怂恿，并称“无鳞无爪”的“远龙”诗说，“实为钱锺书先生创辟”。(490 页)

是的，钱锺书先生在《中国诗与中国画》一文中，谈及“远人无目，远树无枝”时确也接着说过“远龙也理应是无鳞无爪”的话。然则，您却把钱先生说此言时曾特别提醒的不能把它与“云中之龙时露一鳞一爪”之说混为一谈这非常重要之点忽略了。(参见《旧文四篇》第 18 页) 钱先生所以要讲明这一点，是因为前者语出王维《山水论》，是从技法角度对人的视力有一定限度的说明，亦即对一幅画应合理处理远近比例的一种强调。而后者引见赵执信《谈龙录》，记叙的是十七世纪我国诗史上的一场争论。结论是诗贵有虚有实，亦即应以有限（云中露一鳞一爪）表无限（全龙）。钱先生那句话原本是据“远人无目，远树无枝”的合乎逻辑的推理与引申。所以虽同以“龙”与“一鳞一爪”或“无鳞无爪”为喻，讨论的却并非一回事。

由于这不该混淆的混淆，使您对“求隐”与“用无”，对“不即不离”亦即虚实问题的认识上前后自相矛盾。360 页您曾说：“过分的虚，什么都看不到，那就是失败。讲‘神似’，不能完全离开形，总是要有点实的东西点一点，引引路才行。”425 页您又说，过去您还不知把使您终身受用的审美“距离”说的“距离”拉多远。近两年您已逐渐把握了此间的“度”，那就是“离而不离”。“离而不离”也就是“不即不离”。这是说，您完全已弄明白该在正确的路上向前走多远。然则，当您一执着于“无鳞无爪”的“远龙”探索，却又把“求隐”与“用无”，把虚实比例处理推向了极端，只讲“不即”，不讲“不离”，即不留一点实的东西引引路。前后岂不矛盾？近年西方抽象派画界也曾有人把一只空无一物的画框往雪白的墙上一挂，声称这是幅最杰出的绘画作品。但有正常判断力的人都知道，这完全是对观众的一种愚弄。

其实，即如您认定的已经“完全‘遗形’”的《春雨》，虽然此诗措辞上也正如您说的“不仅‘雨’，连云丝儿也无”（“没有云/也是要落的”）但事实上也并非“全无”而是“有”。因为，题也是一行诗，这诗题《春雨》也就是此诗最大的实处所在。正因为有这个实指的诗题，此诗才既不可解又可解，既未确指又已确指。即是说，正是有这诗题的配合与引路，诗的第二小节“仰起脸来/等待着”才成了读者可意会的关于信念的象征性意象。再如集子里提到的岱顶那块“无字碑”，也可作如此解。即碑虽无字，但一代帝王汉武帝的文韬武略却是举世皆知，这也就是最大的“有”。正是如此，才使这块无字碑具有“不言言之”之妙，成了古今碑林史上的一段佳话。所以，这样的碑，也唯有刘彻辈可以偶尔为之，却不是人人都可以仿效的。总之，艺术的“无”，说到底乃是巧妙的“有”。390 页您说：“我的一些山水诗题目往往是某时某地‘即景’。”我想，正是这类实指性的诗题，才使您的山水诗具有一虚一实的结构特色，使您放胆“求隐”“用无”时能避免一虚到底的灭顶之灾。

然则，还应提到，正如《附录》里您的好友辛冠洁先生说的，读您的诗一般读者仍然还存在着“懂三成”或“懂五成”的问题。且撇开读者的理解力，就诗作本身言，您的不少诗确也还存在抓不到该题的痒处，亦即状写过于浮泛之弊。这自然与观察的匆忙，感觉的未能独得有关。此外，减法用过了头，不见入微的神态刻画，亦即在“用无”时未能兼顾与“求趣”的统一也是原因之一。诗无动人的神态揭示，便味同嚼蜡，山水诗也不例外。如果说《天街印象》与《天街遐想》这些脍炙人口的诗的长处在此；那么，一些简约有余，情趣不足的诗的短处也在此。题为《春日远眺佛慧山》的四字诗“佛头/青了”即是典型的一例。

好了，信已写得太长，该搁笔了。我也是个不会拐弯抹角的直肠子。肚子里有了什么话，就藏也藏不住，总想一吐为快，也不管别人愿不愿听。因此，失礼处，失敬处，特别是言之不当处，希能见谅，并望指正。

遥祝

体健！笔健！

马立鞭

1996 年 10 月 24 日重庆

（原载《写作》1997 年第 2 期）

随意道来

——在孔孚诗歌研讨会上的即兴发言

公　刘

女士们，先生们：

我上台来不是演讲，是闲谈。

我和孔孚先生神交已久，却一直缘悭一面；昨天乍一初会，彼此都格外激动，忘记了此地是山东曲阜，应该尊孔复古，拱手长揖，倒是引进了一个洋礼，热烈拥抱起来。这样做，简直有点“数典忘祖，全盘西化”的嫌疑了。不过，请且慢扣帽子；据我所知，在西方，在他们的知交好友间，热烈拥抱过后，必继之以相互先亲左脸，后亲右脸，再亲左脸，如此往复者三，才算是完成了全过程。孔孚先生和我，并没有比着葫芦画瓢，因之，要说“西化”，顶多也只能说是“化”了一半，够不上所谓的“全盘”。何况，究其实际，无论孔孚先生还是我，早就都在先知先觉地实践着“弘扬民族文化”的时髦口号了。孔孚先生自不待说，他是孔门血裔，大成至圣先师的七十六世孙，擅长的又是纯粹东方式的山水诗；我虽然没有他那份幸运，姓的不是孔，写的也主要不是山水诗，但是我的名字出自《诗经》，却也确凿无疑。而《诗经》的超级大编审，正是孔老夫子，于是，我也就和这位主宰了中国人的文化心理长达两千年之久的精神帝王，多多少少地攀上了一层关系。咱们中国人，历来不都看重“关系”吗？如今到了20世纪90年代，“关系”就显得越发重要了，以至于都创建了一门名叫“关系学”的新学问了。因此，我想，不管人们怎么分析，孔孚先生也罢，我也罢，充当一名起码的爱国主义者，料想还是及格的罢。

孔孚兄通知我来参加这次盛会，我之所以欣然应命，星夜兼程，其间也有一点爱国不敢后人的意思。不过，我在给他的回信中，早已有言在先：不带论文，只带耳朵，比着先师的老虎画猫，他述而不作，我座而不谈。不料想，才一报到，便硬是拗不过主持人桑恒昌先生和各方好友的软泡硬磨，只得权且退一步答应，到时候随便说上三言两语交差，但是，像这样随意道来，毕竟是仓促上阵，肯定会闹笑话出洋相的，还望方家们不吝指教才是。

我初步考虑到的，大致包括下面四点：

第一，像眼下这样的孔孚诗歌研讨会，理当早开，但居然拖到今天，未免太迟了。然而，迟，总比继续拖下去不开强。因为，孔孚先生独树一帜的新山水诗，确实填补了我国自有白话诗以来70余年的一大空白。提起空白，就会教人产生联想，我们经常在报纸上了解到，我国又在什么领域，填补了什么空白，写报道的人很自豪，读的人也很自豪。这当然都很正常。不过，我认为，诗人孔孚所填补的空白与众不同，他填补的是精神空白，其难度，其价值，即便不说是超过，至少也不亚于那些科学技术专家们所填补的物质空白罢。可是，这一成就，却极少得到舆论界的深刻理解与正面宣扬，因之，世人也就极少知道；为此，我愿借这个讲坛大声疾呼，我们的文艺单位、学术单位和出版单位，都应该理直气壮地为孔孚发布战报、介绍他的辉煌战果，说明他的重大意义！

其次，有必要在各种见解交锋、交融的基础上，对孔孚先生创造的新的山水诗的主要特色，做出完整、准确、深刻的阐述。我以为，还必须划清两条界限。浅层次的是，必须划清真正的山水诗和车载斗量的旅游诗的界限。我这样说，并不是要排斥旅游诗，但是，恕我直言，旅游诗，充其量不过是山水诗的一撮尾巴毛。深层次的是，必须划清新山水诗和目前活跃于诗坛乃至文坛上“假隐逸派”——这是我杜撰的名词——的界限，这种假隐逸派，猛一看去，倒也是些山水性灵文墨，然而，只消由文及人地一琢磨，破绽就露出来了，事实是，尽管他们仿佛也成日抱膝长吟，摆出一副与世无争、清高自诩的样子，但是，他们只不过窃取了一星半点闲适恬淡的皮相，骨子里却是身在庙廊心在市场，既钻营仕途，又追逐金钱的。问题的严重性在于，对他们的姑息宽纵，时间实在太久太久了，须知，让这一类冒牌货鱼目混珠，其结果，必定是香臭不辨，徒然败坏了孔孚山水诗的名节。

人所终知，孔孚有个著名的美学主张，叫作“减法”。这和古人关于炼字炼句的箴言是一脉相承的。马雅可夫斯基也说过类似的话，诗人应该用一吨重的语言矿砂，烧结一个字眼。当然，孔孚兄的这个说法，是更直截了当，更通俗易懂了，写成理论文章，当不难做到深入浅出，教更多的人理解和接受。不过，我想，这个所谓的减法，又是不能绝对化的。减，是有度的。这个“度”，就是诗的想象空间，不能减得仅剩下干巴巴的几条筋。目前，似乎已经开始出现了不好的苗头，值得我们注意。

再次，是否不妨言语，在诗集出版不景气，学术空间沉闷的当前，我们召开这样一个研讨会，可能会触发正反方两个方面的结果。先说好的方面，以会议为契机，孔孚山水诗当会获得更广泛的认同，而孔孚本人，也会被拥戴为新山水诗的“祭酒”。但另一方面，又有可能导致误解，缺乏锻炼的青年朋友，将错认为山水诗是某种避风港，于是乎群起效尤，七手八脚，直把山水诗写得滥而又烂完事。如果竟是这样，那就自非孔孚之幸，也非新诗之福了。

我欣赏孔孚诗学与孔孚，但我绝不模仿孔孚，跟在孔孚背后亦步亦趋，便当孔孚的袖珍本或赝品。他写他的，我写我的，大路朝天，各走一边，我以为，唯其如此，才有真正的百舸争流，殊途同归，才能实现真正的多元并存，共同繁荣。

最后，人人都夸孔孚的诗写得空灵，有人甚至认为，中国山水诗中的唯一特长，即在空灵，而且，似乎也唯有孔孚一人继承了空灵，对此我不敢苟同。我觉得，第一，空灵，未必是我国山水诗的唯一特长；怎么理解空灵？正面的美誉是超脱，负面的嫌疑是逃避。第二，即便是唯一特长，也未必就可以不加批判地继承。“空山不见人，但闻人语响。返景入深林，复照青苔上。”（王维）“众鸟高飞尽，孤云独去闲，相看两不厌，只有敬亭山。”（李白）“千山鸟飞绝，万径人踪灭。孤舟蓑笠翁，独钓寒江雪。”（柳宗元）诚然，这些诗，都因为揭示了某种天人合一物我两忘的境界，得以千百年脍炙人口。然而，世事演变到了今天，技术主义至上，拜金主义猖獗，又有谁，还能找到这样圣洁的境界呢？可能，在深山老林中有幸还残存着个别几处，但总的说来，正如人们叹息的：发现一处，就意味着毁灭一处。看着我们周遭的生存环境吧，权力污染，财富污染，心灵污染，食物污染，大气污染，水质污染……无一不是山水诗的对立面，无一不是山水诗的杀手。没有了青山绿水，没有了活泼的万类生命，有何山水诗可言，空灵又在哪里存身！所以我说，摆在孔孚兄和一切山水诗人面前的任务，恐怕首先是得和这些破坏性因素做坚决的斗争，然后，才有指望写好山水诗。这，就是我所说的无法沿袭、套用空灵二字的关键所在。

刚才，为了讨论空灵，我引用了几位古代诗人的杰作，却故意遗漏了山水诗鼻祖孟浩然先生的作品。因为，我打算在结束闲谈时，援引一下他的一首实在不空灵的诗，来说明现实和人的复杂性。在唐代，孟浩然先生是有名的高士，但偏偏动了跑官的杂念，他托人把自己引荐给了玄宗皇帝，并即席赋诗，可是，倒霉得很，诗刚献到“不才明主弃，多病故人疏”的当口上，玄宗皇帝就生气了，说：“朕未尝弃卿”起身拂袖而去。这件事，就孟本人而言，可谓是自取其辱，我们在惋惜之余，也不妨一掬同情之泪，那个时代原本就是以诗取士的时代嘛。何况，对比当今某些文人骚客的秽言丑行，应该说，孟浩然的行为还是颇为高雅的。杜甫便十分景仰这位诗翁，他曾经动情地赞美过，“吾爱孟夫子，风流天下闻……”我不知道，所谓的风流天下闻，包括不包括这段煞风景的故事在内？我只是忽发奇想，倘若唐玄宗器量大一点，哪怕是假装得器量大一点，也像杜甫那样“爱”一下，“闻”一下，承认和恭维孟浩然先生的才气，那会是个什么样的结局呢？想来，至多不过是再添一个吃闲饭的，“供奉翰林”，却失去一位文学宗师吧。

一般说来，诗人总是天真的，连杂念都起得天真。仙风道骨的孟浩然先生也不例外，所以，他压根儿就没有想一想：坐在面前的这个李隆基，他果真是“明主”吗？假如是，有必要去求他吗？假如不是，那么“弃”又何妨！

昨天，孔孚兄告诉我：会议一结束，他将立刻找个地方避一避。我非常赞成这一明智的决断。我猜，大约孔孚兄也觉察到了某种干扰吧。说起干扰，我以为诱惑也是一种干扰。比如，什么山水诗可以成为主旋律之类；试问，哪朝哪代的山水诗构成过当时的主旋律？纯属欺人之谈！孔孚兄比我年长两岁，是货真价实的兄长。愿孔孚兄奋勇前进，我虽不才，自当紧随其后，同步迈进。

浪费了各位的宝贵时间，谢谢。

1990 年 4 月 7 日下午山东曲阜

（原载《诗探索》1997 年第 3 期）

与大宇宙心会

——孔孚诗美观“以虚观虚”

刘 强

著名女诗人王尔碑在《致孔孚》中说：

> 你好像永远生活在一片净土，不受外界任何干扰，真是个“山崩于前而色不变”，名位享乐不为所诱，简直玉石之人！所以你必有大成就，必有所独创。

诗人孔孚便是这样一位宇宙之子。

他是一位“寂”人，默默地。

“寂”，是孔孚人和诗的状态。

“寂”，是超越于“冷”“热”之外，潜蕴着生机之光的一种渊默境界。

“寂”，潜着个“自由”，也有个“专注”问题。“寂”，是一种大宇宙性格。所以，孔孚说：“我要的是‘凝神’，与大宇宙心会，没有个‘默默地’，哪行？我的经验是：这种时候，诗最易受孕。”“寂”，是孔孚与大宇宙“心会”的状态，是诗的状态，也是一种宇宙态。

“孔孚诗歌研讨会”在曲阜开过之后，孔孚独自到锦绣川水库去了。他“默默地”惯了的，还得回到“默默地”。

他一个人在那里住了半个月，默默地散步，默默地和山对坐，同水对坐，竟日如是。晚上就默默地对星对月，以至对露。有些凉了，才回到屋子里去。也不开灯。再默默地坐下去，直到深夜，很深。

游山玩水，他总是独来独往。在峨眉七日，对悬崖，对险峰。有一次，险些回不来了。他说："果真是那样，也没什么。来于自然，回归自然就是了，说不定我会永眠于哪个山谷。"

去崂山三次，他都是只身一人。因为阒寂无人，他就可以放肆，浑身上下只穿一件内衣，裸得像个"野人"。鞋子自然不穿，袜子自然也是不拢的。赤着脚行走，他觉得和大自然特别亲近。尽情地任风吹、日晒、雨淋，一连大半个月。

孔孚为什么喜欢"默默地""独自一人"？这个问题我想过，回答是性格！他是一种宇宙性格。与大宇宙心会，在于心会也。

孔孚以其"寂"，与大宇宙心会，诗而后受"孕"。

一、以虚观虚

与大宇宙心会，是一种"虚观"。

孔孚"默"化之后，启动灵觉，"虚"了。

"第三只眼睛"睁开，万象冥会，宇宙成了"虚"宇宙，艺术宇宙。

诗，便受孕。

与大宇宙心会，是以虚观虚。第一"虚"是诗人"虚"，第二"虚"是宇宙"虚"。诗在高层诗美观上受孕，美是高层次的。

"以虚观虚"是孔孚的诗美观，代表着东方诗美观的转变。诗美观由恒久的"以物观物"转变为"以虚观虚"，这是一种根本的转变，由此扭转一个时代的诗风。

"以虚观虚"，当成为21世纪的诗美观。

与大宇宙心会，是"以虚观虚"的象现化。

与大宇宙心会，是一种心性思维。

1. "象罔"：心性思维

心性思维是独立于抽象思维和形象思维之外的一种思维方式。庄子把它叫做"象罔"：

黄帝游乎赤水之北，登乎昆仑之丘而南望，还归遗其玄珠。

使知索之而不得，使离朱索之而不得，使喫诟索之而不得也，乃使象罔，象罔得之。

黄帝曰："异哉！象罔乃可以得之乎？"

"玄珠"不是玩具，而是"道"，权作诗美之"道"。当然要启动思维去找。"知"是抽象思维；"离朱"，形象思维；"喫诟"，理性思维。它们都找不到"玄珠"。"象罔"乃心性思维。黄帝用心性思维把"玄珠"找到了。"远龙"是孔孚的"玄珠"，我这里设想它或许也是黄帝的"玄珠"呢。

心性思维以心象沟通抽象和具象，其主要特征是想象，以想象抵达思维的目标。它从以下三个方面和其他思维方式相观照：

（一）不是机械地复制客观外物之象。

（二）对外象的把握是主动的。

（三）营建心象。

这里主要在第二点，象现的主动把握上。

如何实现对外象的主动把握？心性思维主要靠"兴会神到"。孔孚从王士祯那里取来了"兴会神到"，他的《夏日青岛印象》，便是"兴会神到"之作：

青岛的风
玻璃似的

人游在街道上
像鱼

孔孚说："我那个'青岛的风/玻璃似的'，下笔时还经过一番经营设计，抽象又回到具象。而后者：'人游在街道上/像鱼'，就没有这种绞脑汁的经营，是一下子就来了的。我自己也不知道怎么会出来这种莫名其妙的意象。实在是心做不了主，它来了，我倒是高兴。那个'人'里也包括我呀！能游在青岛那一透明得像玻璃似的风的河流里，我感到无限的快活，觉得自己就是一条鱼。加一

‘像’字，还是照顾了人呢!”

孔孚说“心做不了主”，而其实又是“心”在那里做主，只不过是自然而然地做主。抽象回到具象，是用“心”经营过的，象外之象呢——人如鱼的自由活泼（思想解放的大环境），也是“心”里吐出来的。只不过已经到了“化”境，见不出心做主的痕迹了。

所谓“神来之笔”即此，自主又不自主。

好一个“兴会神到”，便是心性思维。它即是想象的自由发挥。在这里，想象是自由驰骋的，它不被客观外物牵鼻子走，它不老实，不是是什么说什么，不说青岛的风透明、清澈、纯净，有些儿反光，像是见得海浪和绿树婆娑的影子，不是这样机械地复制——照直说，“玻璃似的”便是以想象说。这个“风”也是有“象外”的，可以涉及社会和政治，在原稿中不是有个“经过过滤”吗？那就涉嫌“抽象思维”了，诗人删掉这一句，心性思维便净化了，出有限而入无限。而更重要的在于出了后面两句，诗完全跳到“象外”，叫你读者和诗评家怎么解释都可以。这就是“大象”，宇宙之象，人鱼全息。一种令人钦羡的最高人格精神！这里的“人鱼”不是游在水里——那就有限了，而是游在宇宙中，自由自在的无限呀!

“兴会神到”在很多情况下似乎“莫名其妙”，而就是这种“莫名其妙”，才是真正的主动把握。不露痕迹才可以称得上“主动把握”，露了痕迹就被动了。想象的翅膀一展开，诗“心”便主动了！“兴会神到”便是无拘无束地展开想象的翅膀，没有任何拘束才是最大的主动。

“兴会神到”是一个自觉的过程，是一种最高的自觉。当然，它的表现方式又是邂逅，不期而遇。这才构成心性思维方式。而不是那种瞎碰盲撞，无头苍蝇似的。无头无绪的盲目自发，那不叫思维方式，也出不了好诗。

我们举出孔孚《天胜寨遗址一瞥》，看出心性思维的自觉过程。

漫山遍野
军旗还是营火？

一个泪珠

从红叶上滴落

一位初学写诗的青年找上孔孚的门，向他请教。那位青年家住泰山脚下，不知多少次爬过扇子崖西汉赤眉军营地旧址——天胜寨，觉得那里有诗。但眼前看到的，不过是乱石、荒草、实在没的可写。问孔孚是怎样写出《天胜寨遗址一瞥》的?

孔孚说："只盯着那几片小平地、乱石、荒草，诗是不会来的。"

这就是庄子的黄帝找玄珠了，有个思维方式问题。天胜寨的诗，抽象思维难达，形象思维也难达，"象罔"——心性思维则可达。

孔孚向这位青年诗友谈了创作《天胜寨遗址一瞥》自觉启动心性思维的过程。

这首诗题目"一瞥"，却是回家以后写的。按孔孚的路子，是闭上眼睛，启动灵视。有情在前引路，很快他就看到了眉毛染得通红的义军朝他走来。那"赤眉"特别使他动情，就决定在这最动情的一点着墨。

直写是乏味的，能找一个"对应物"来才好。他便又借助于灵视去搜寻，终于看到一片红叶。那是45年前他在扇子崖下看到的尖细而长的一种，与"赤眉"是相贴的。得来这一"对应物"，他喜欢极了。灵视似乎也受到鼓舞，异常兴奋。就在这时，那片红叶幻化成"赤眉"，一霎时满山遍野。呼啦啦的红色军旗也出现了！很快又幻作营火！一片红！鲜亮地展现在诗人的眼前。于是，便出现诗的前两句："漫山遍野/军旗还是营火?"现实呢？还是梦呢？不。不是梦！孔孚明明看到了：有一个泪珠，从红叶上滴落。顺手便写出诗的后面二句："一个泪珠/从红叶上滴落。"

这时才点出"红叶"，让它潜映前面的幻象。

那从红叶上滴落的，自然是露珠。但是在孔孚的眼里，只能是眼泪。念无数英雄豪杰之牺牲，草木都流泪，人何以堪！就不必写了。

后两句滴落出的是一种精神！一种惊天地泣鬼神的英勇无畏精神！

于此见"象外"，中华民族的大魂魄！

这首诗的创作过程，典型地表现孔孚在诗美观上的转变：他是以虚观虚。

以虚观虚不是离开现实生活，恰恰相反，它是植根现实生活。这首诗的萌发，包孕四、五十年的生活积累和沉淀，这才在“情的牵动”下，“与大宇宙心会”，使诗受孕。前一“虚”是启动灵视及整个灵觉，上天入地四处寻找；后一“虚”是灵物——经过心性思维改造过的了“物”，“物”的层次升级了：一是非眼前之物，45 年前见的红叶幻化成“赤眉”、军旗、营火；二是物物全息，灵变了，露珠变作了泪珠。

“以虚观虚”，以灵觉观灵物，全部的灵觉活动。但它是从生活中积淀而来，绝非离开现实生活，而只是跳脱现实生活。“以虚观虚”，并非离开“物”，而是跳出眼前之“物”，不受“物”的拘役。

如果不是跳出眼前之“物”，就只能像那位青年诗友那样：眼前见到的不过是乱石、荒草，没的可写。那位青年诗友是泥实于“物观”了。

以上是孔孚创作《天胜寨遗址一瞥》，启动心性思维的一个自觉的过程，绝不是自发的，但又是一种“邂逅”，不期而遇，因而不露痕迹，所谓“羚羊挂角，无迹可求”。

孔孚还就此诗的创作，对心性思维做了总结。他说：

> 这一切，自然都是我情到、眼到（灵视到），主观的设计。目的是为了传神达情。
>
> 以上过程说明：(1) 一开始我就离开了天胜寨遗址的实景，穿越历史，回跨到一千九百六十多年前的新莽末年去，因此看到了赤眉军。(2) 我又没离开天胜寨，因为那啸聚的义军正是在这里宿营。我不愿直写赤眉军，而找一个“对应物”来，借红叶幻作三个捉摸不定的意象，显然离开了天胜寨实景。(4) 但尾节那一红叶又是实的，又没有离开。(5) 天胜寨并没有红叶，我写诗的时间又是盛夏，就这一点说，又是离开了实。(6) 但附近的扇子崖有，又是靠近的；且时间总会往前走，经霜一染，那像眉毛一样的叶子总会变红，因此又并不失实。(7) 本是露珠，而偏写“泪珠”，又是离开了实。(8) 但二者滴垂的样子相同，难以分辨，又近于实。正是：离开又靠近；靠近又离开；离而不离。若即若离。我认为这正是诗的状态。

接着，孔孚又说：

我想就应该是离而不离，若即若离，恍兮惚兮，似是而非。我的一些山水小诗题目往往是某时某地“即景”“一瞥”或“几瞥”，其实均非当时当地眼前景物之再现，大抵借助于灵视，重新进行虚实设计。……写天胜寨遗址用“一瞥”，也是这样。真的一瞥就“瞥”出诗来，那诗就太好写了。

孔孚说的“情到、眼到（灵视到），主观的设计”，“大抵借助于灵视，重新进行虚实设计”，指的便是“心性思维”。情到、眼到（灵视到），是从现实生活中来，不是唯心论先验论。他总结的《天胜寨遗址一瞥》创作过程8条，便体现了心性思维的三个方面：

第（1）条说的不是机械地复制客观外物之象；

第（2）（3）（7）等条说的是对外象的把握是主动的，“兴会神到”；

第（3）至第（8）条说的是营造心象的过程，具象和抽象两相融汇，离而不离，恍兮惚兮。

所谓心性思维，便是自觉的心象活动的过程，心象在思维过程中得以营建。诗，不是无思维的产物，而是心性思维的产物。心性思维，也可以说是想象思维。这是因为，心象的营建主要依靠想象。

二、比王维走得远

孔孚说：“于隐秘一点，我比王维走得要远。”

这话说得很轻，分量很重。

孔孚否定掉了中国诗的一个模式：“王维模式。”孔孚之前，说得稍开一点，中国诗自古至今，或许都有个“王维模式”的问题。

孔孚一句话，轻轻地给否掉了。

这可是不容易，诗坛承受得起吗？

王维模式便是“以物观物”。

孔孚则认为，诗不能止于“以物观物”，得向前走，“以虚观虚”。于是，整个诗美观来了一个根本的转变。

天地开阔多了，宇宙才真正地无限。

1. 诗美观的根本转变

“以物观物”是诗美观的一大进步，它避免了浮躁的直抒和浅露。

诗人站出来直说，“直陈其事”那就太浅，乏味。诗忌直露、说穿，伸胳膊露腿，捶胸顿足，非诗之所为，非诗之态。

“以物观物”，诗人自己隐藏起来。

“以物观物”，实际上是以我入物，物我谐一。我不露出来，我在物中，我亦物。或者说，我站到“物”的角度去看，看到的“物”是我也是物。我的眼光即是“物”的眼光，我即物，物即我。

简单地说，“以物观物”乃是：“我物物我。”

毛病在哪儿？总体上实，有限。

“物”的眼光，本身便是实的，“物”的实。实则有限，难以出“虚”。

“以虚观虚”，以灵觉观灵物，则来了一个根本的转变。前一“虚”是灵觉，后一“虚”是灵物。我之灵觉，不是一般感官感觉。不是我入物，而是“物”入我之灵觉，“物”为我之灵觉所改造。这是第一“虚”，由“以物观物”的我入物，颠倒过来为“物”入灵觉，“物”被灵觉改造，因而成“虚”。第二“虚”乃灵物之“虚”，不是眼前的“物”，升华了的灵物，不出实象，出虚象，因之是“虚”。

“以虚观虚”从“入”处就对“以物观物”做了根本的改变，“观”的方式不同了，不是入于物去观，而是“物”进入灵觉被改观。

“以虚观虚”的“出”处，改变就更大，不只是“物我谐一”，“物”已不是眼前实物，而是“虚”物，灵物了。灵物呈“虚象”，非原来的“物象”，已是灵象、大象了。

以前，“以物观物”不仅奠定了诗美观的模式，也奠定了诗美史观的模式。

现在，“以虚观虚”，不仅从根本上改变了诗美观，也从根本上改变了诗美史观。

2. 王维走的隐秘路子

唐代三大诗派，杜甫是现实主义，李白是浪漫主义，王维是象征主义的隐逸派诗人。

王维是禅宗七祖神会禅师的弟子，但他始终在朝为官，也并不怎么笃信一切皆空的禅学，不过他倒是得一些隐秘空灵的禅意。杜甫曾称王维“高人王右丞”，当是指他诗中少人间烟火味的“逸气”。人生活在红尘之中，烟火气是滤不尽的，这就只好隐藏起来。王维走的就是这样一条路子。

孔孚对王维的评价大体上有三点：

一是王维写的是山水，但山水的象外却无不隐藏着诗人自己，甚至折射一个时代。比如他前期的作品《终南山》一诗，那雄伟壮美的终南山象外，就有一个繁荣昌盛的盛唐和积极进取的诗人形象在那里隐现。后期的诗又是另一种情况：往往隐藏着他对黑暗官场的厌恶之情，寄托或者暗示着自己对于现实的态度。如《戏题张五弟諲》“我家南山下，动息自遗身。入鸟不相乱，见兽皆相亲。云霞成伴侣，虚白侍衣中”。这首诗写和谐的自然界，实则是对不合理的社会的揶揄。

这说明隐逸派诗人王维，他的诗始终也不曾离开社会现实。诗的外象是“少人间烟火味”，但其内核是社会现实，内蕴着十分深刻的社会现实精神。

二是王维于隐藏一点上，比李白要深。王维《酬张少府》诗写张少府问起仕途穷通的道理，他却以“渔歌入浦深”漫应，以不答答之。禅家问答，就是这样的不着边际，让人去悟。是有点儿神秘，但出味，比明确答复好。李白的《山中问答》：“问余何意栖碧山，笑而不答心自闲”，也想着不答的，但他勒不住自己的心，结果还是答了：“别有天地非人间”，似有味，但经不起细品，等于说白了。

三是王维有他致命的弱点，就是诗的象观多突出。究其原因在诗美观上，王维限于“以物观物”，必然有限，必然落于实。

3. 孔、王比较：以“虚”超“实”

试比较王维的《过香积寺》和孔孚的《香积寺路上》。从这两首诗看出，孔孚有意和王维比赛，看谁走得远。

王维《过香积寺》写：

> 不知香积寺，数里入云峰。古木无人径，深山何处钟？泉声咽危石，日色冷青松。薄暮空潭曲，安禅制毒龙。

孔孚《香积寺路上》写：

蓦地有天竺之香袭来
白云中游数尾木鱼

这两首诗的共同特点，都在于“隐”，都“毫无一些烟火气”。二位诗人都写香积寺，却都把香积寺隐藏了。王维以深山闻钟，将香积寺隐了，也没有让和尚露面。孔孚呢，他不仅隐了寺，隐了和尚，也隐了钟。也就是说，王维诗中有“物”：“深山何处钟”。古木、危石、青松，以及云峰，也都是“物”。寺隐藏了，总体“实”。环境出，钟出，仍然“实”出。末二句，诗人自己也站出来了，说是日暮伫立潭边，见潭水澄定，照澈凡心，一切名利妄想皆为制服了。这就等于直说。

王维还是很欣赏自己的“尾巴”。

本来，诗中有了古朴、原始的空灵，反弹社会现实的尔虞我诈也就够了，又何必自己站出来发感慨呢?

这又是“以物观物”带来的毛病。“以物观物强调以我入物”，但诗人的“我”总是不听话，心控制不住，往往要跳出来，压是压不住的。

孔孚不同，他是“以虚观虚”，出来的是虚象，“木鱼”不会真从白云中游来，它只能灵视见、灵耳闻，不存在一个“物我”跳出的问题，没有实我跳出，若要出也是出一颗灵魂，那又是虚象。

这里的“鱼”是从天竺之国的香积佛那里游来，灵嗅而得“天竺之香”。

诗人之“我”没有“物”化，也没有跳出来。我们只能于灵视中见一颗自由的灵魂，在宇宙中自由地翱翔。

这颗自由的灵魂，是诗人的，也是读者的。

“以虚观虚”的好处是：灵觉入，灵象出。

“天竺之香”，灵嗅；“袭来”，灵触，“游数尾木鱼”，灵视。全息灵觉，灵通。

自由的灵魂翱翔宇宙中，灵象。

这就避免了“以物观物”带来的很多麻烦。轻松多了，适意多了，自由了，跳出“有限”了。

王维《终南别业》：“行到水穷处，坐看云起时。”诗好，无中见有，有中还无。但前后诗句照应，则落于理，仍然跳不出“有限”。

孔孚《峨眉雪晴》：“两弯白眉/一颗红痣”。出峨眉大象，佛化，宇宙化，宇宙和人全息。是佛？是人？

都是。

大象，无限。

读者自能感受到一种内在精神的勃发。

一颗不羁的民族魂魄！

王维《终南山》：“白云回望合，青霭入看无”，以云霭之回望、入看见山之高远，诗句伟岸，象外有象，见层次。可是，诗人在结尾处跳出：“欲投人处宿，隔水问樵夫”，一下子跌落下来，把前面的雄浑气象给打掉了。本是无限，大气象，一落而为“有限”，“看山只是山”了。

只因王维是“以物观物”，限于状一种盛貌，“物观”破坏“象外”，落得个“原象毕露”了。

孔孚“以虚观虚”，另一首《峨眉雪晴》诗可作观照：

一行草鞋印儿
香到顶

如果说《终南山》诗“白云回望合，青霭入看无”状一种盛貌，象外繁华着一个盛唐。那么，《峨眉雪晴》诗“一行草鞋印儿/香到顶”则状一个宇宙，无羁缚的大象。象外升起一个信念，照亮一颗大灵魂，无限。

王维诗终是“物象”，孔孚诗乃灵象。

王维诗喜欢验证，“象”上总要装一条尾巴。本来出“无限”的诗，叫他一“征”便实了，小了。如《汉江临眺》：“江流天地外，山色有无中”，一颗博大无羁的灵魂于象外可见，气象万千，已出大象。可是，他偏偏要来注释一下：“郡邑浮前浦，波澜动远空。”“波澜”便是对“江流”的验证，如此一“征”，不仅“江流”没了雄浑气象，小了；山色也只能见出微茫，“有”“无”之大境也破坏了。

孔孚的诗自觉地“割尾巴”，不留“验证”在诗里。如《万佛顶一瞥》：

火山岩上
站一小草

似乎在听什么
思想什么

诗人以“不说出来”为方法，达到“说不出来”的境界。这一棵小草是一棵信息草，传递宇宙信息，大象。小大全息，宇宙全息。一棵小草，一个宇宙。小草是有思想的，它一定听到了什么？它不说，不可说。如果说，或许惊动世界，震撼宇内。

孔孚不给“小草”注释，比王维注释过的“江流”大多了。一是无限，一为有限。

“以物观物”就是这样，诗人常常站出来演绎、说明一番，大煞风景。王维诗中有画，也是“以物观物”的结果。王维的《青豀》，诗中有画，一句一画；王维的《渭川田家》，一幅农家闲适图画。这都是“以物观物”、“物”“画”合一的结果。诗的本色被画淹没了，诗成了“文字画”。

孔孚诗“以虚观虚”，以灵视观，灵觉艺术，叫画家画不出，莫可奈何。《峨眉山月》原做出两个画面：“斜一飞檐/于空蒙中”；“一老猿看画/不知毛入……”他在修改时将画面删去，写生之具象尽扫。王维诗中有画，说明王维“以物观物”的模式，框诗于画，抹掉诗的本质特性，诗不到家。孔孚吸取前人的经验教训，他的《峨眉月》得“以虚观虚”之“天机”，定稿为：“蘸着冷雾/为大峨写生//从有/到无”。这叫画家如何画得？因此，辛冠洁写《孔孚净域赞》说：“李杜王呆了/范宽没辙了。”范宽善画雪山，知覆盖法，也可以说是“减法”，连他这么个灵透的画家都没辙了，谁还能画得呢？

“与大宇宙心会”，“心会”也是“虚会”。

《庄子·人间世》说：“无听之以耳而听之以心，无听之以心而听之以气。耳止于听，心止于符。气也者，虚而待物也。唯道集虚。虚者，心斋也。”“气”也是“心”，即空灵明净之心，灵心。“虚而待物”，便是进入了“灵”的层次。“心斋”者，心无杂念，一个“寂”人，一颗“寂”心。

庄子说的“虚而待物”，就有了“以虚观虚”的初衷。“心斋”之后，便能“与大宇宙心会”，通心。“以物观物”是实而待物，囿于“物”，有限。“以物观物”实际上难以实现“物我两忘”，而只能是一种“物见”或“我见”，都是实见，只能是“入物”，且为“小入”。小入则小出，露尾巴。“以虚观虚”，则在“灵”的层次上实现了“二虚”的合一，跳出“物”的囿围，入灵的层次，大入大出，无限。

与大宇宙心会，默默地，抵达无限。

（原载《诗探索》1997 年第 3 期）

寂人：一个创造者

——诗人孔孚论

刘 强

1994年10月，著名女诗人王尔碑写了一篇《泉城访孔孚》：

> 读你的近作《西部日落》，大漠、黄昏、风沙、落日悲壮的背影，渐渐扩散成一个血色的黄昏，染红了半个天空。然而，你不是落日。你是孔孚，无休无止的创造者。

年届古稀的孔孚先生捧读至此，泪水一下子决了口，他痛痛快快地流了一个下午的泪。说："能成为一个创造者，是我最大的幸福。"

他把王尔碑看作"荒荒宇宙同行中的'诗侣'"。

孔孚，"一个创造者"，是地道的。

他说，诗人"得有一颗雄视千古，甚至和上帝一争高下的敢于创造的雄心"。

孔孚的诗，最富创造个性。他的诗创造乃诗宇一座高峰。

他是一个"寂人"人，写宇宙两个字：

圆
寂

这是他最小的、也是最大的一首诗，题为《大漠落日》。这是一种宇宙态，也是他自己一种心态。他常常让自己深入“寂灭之深渊”，认为这样诗便容易受孕。他的创造便是“宇宙孵卵”（《高原夜》）！他永远迎接新生。

一、一件历史的事

1996年1月，诗与论合璧的《孔孚集》，由中国社会科学出版社出版。这是一件历史的事。

这是孔孚的老友、中国哲学研究所教授、中国孔子基金会副会长辛冠洁先生“全感情投入”操持下出版的。《孔孚集》的面世，在诗坛掀起一次波澜。它的名称仿四库全书分类法，罕见的大气，很显规格。布面精装，典雅别致，素朴堂皇。600余页码的诗集，当今难得。选诗300篇，与《诗经》篇数暗合。孔孚在《后记》中说：“无意中碰上这一数字，我心窃慰。”报刊宣传称《孔孚集》为“一部经典著作”，“美轮美奂，堪称一流”。

《孔孚集》是孔孚继出版《山水清音》《山水灵音》《孔孚山水/峨眉卷等》《孔孚山水诗选》等诗集并诗论集《远龙之扪》后，诗与论汇选的一部大成总集。不少诗家慨叹：人生出此一部书足矣。

《孔孚集》诗与论各半。前半部为诗三百篇，后半部为诗论。诗的部分，减那些浅实味短的旧篇出去，加近作《帕米尔》《西部日落》《玄思》三组进来。绝大部分又进一步“用减”，不少等同新作。从有到无，臻于无限。著名学者钱锺书先生对孔孚诗早有“开门户”之誉。著名诗人贺敬之认为，孔孚诗并诗论，对于“五四”以来的诗，是一个“新的突破”。著名哲学家辛冠洁则推重孔孚诗为新诗史上的一个“里程碑”。论之部分，除《远龙之扪》原有篇目外，又加入不少新章。诗人与哲学家辛冠洁往还手札，引人注目。信笔写来，至性至情。“贬李杜”“蔑王维”，七纵八横，见俯瞰文化大灵魂之心。

孔孚诗并诗论以创造为本，既继承传统，又超越传统，更见21世纪诗之曙光。其“用无”已引起中国哲学界浓厚兴趣。或许能开21世纪诗界、哲界之世纪风。对于孔孚学的研究，更可望进入新的台阶。“圆/寂”不仅是日落，也是日出。倒过来便是“寂/圆”。它是宇宙全息的象现，它是《孔孚集》创造的象现。

二、创造——开门户

孔孚是个“寂”人，一种宇宙性格。

他的创造个性也呈一种宇宙性：见出灵魂的自由翱翔！

寂寞扇动翅膀
一匹马咀嚼荒凉
——《帕米尔》

这匹马便是诗人孔孚，他是匹拓荒的马！他是积极的，也是自觉的。他觉得“寂寞”，但并不消沉。扇动理想、憧憬的翅膀奋飞、创造，咀嚼着、思索着拓荒！

他自觉地意识到，他的诗创造是拓荒。

圣湖马法木错漾了
山鬼们鸟兽散了

一头牦牛
反刍着光
——《高原月》

孔孚“亦马亦牛”（《题己》），他又是这样一头牦牛，真正意义的“牛”！他意识到自己的“使命”：反刍光。这又是他诗创造的使命：诗坛的“光”，人间的“光”，宇宙的“光”，他当“反刍”的。这里，“月”也是“牛”，“牛”也是“月”。牛和月全息，不是吴牛喘月。而是全新的创造，牛和月彼此都在给宇宙“反刍”太阳的“光”！

始终是积极入世。人、牛、月，都吮吸和“反刍”着太阳的“光”。

“反刍”，是一种创造。

孔孚“反刍”的是艺术之“光”，是诗之“光”。

孔孚对自己诗的创造个性以四字概括：

抟虚宇宙

他要去“实”就“虚”，“以虚观虚”，创造另一个层次的宇宙。孔孚担当的使命是，“抟虚宇宙，以唤起我中华民族之‘灵性’”！他要拯救人的灵魂，“抟虚宇宙”是要造大灵魂，“灵性”灵魂！诗能否救苦救难？似有颇多的争论。孔孚说，“不能指望它扭转乾坤”，但诗要拯救灵魂，“于人之生命中注入‘灵性’”，造大灵魂，这恐怕是诗要做的。“抟虚宇宙”，足以概括孔孚诗的创造个性、创造品格和创造精神。借钱锺书先生致孔孚信（1986 年 11 月 24 日）一语：“才人手眼，洵不同凡响也！”

孔孚是吞吐宇宙万象的创造者。

读《帕米尔》，见孔孚侧卧在那个世界顶端的天地之交：

天地间侧卧
等一个消息

是等日出的憧憬，还是等日落的壮美？或许都不是。或许是天翻地覆，乾坤瞬变，一个开天辟地的创造讯息？一个期待已久或突如其来的消息？

孔孚和帕米尔是一个象现，大象现。孔孚是帕米尔。

孔孚不是创造自己。他是在创造一颗大灵魂，一颗自由地翱翔在宇宙间的大灵魂！

一种最高的人格精神！

他有时候是“鱼”：“人游在街道上/像鱼”（《夏日青岛印象》）。宇宙间自由的“人鱼”！他甚至是“四亿年前的鱼”：“湿湿的眼睛湿湿的心/默默地对默默地”（《赠钱锺书》）。这是大化了的很重感情的宇宙鱼！

他有时候是“玄鸟”，啄珠的玄鸟：“一玄鸟啄衔一颗/种于太空”（另首《赠钱锺书》）。他把他的爱种于太空。他把他的心种于太空。他把真、美、善种于太空。但见“远龙”在太空遨游。

清晨我看到我的心
一副山的颜色

它说我不走了
即跑步入列
——《别帕米尔》

他属心宇宙，属心大自然，和宇宙自然相融。一颗大宇宙、大自然之心，博大无比。

他不是无所作为的："越过生的界限/他生长"（《札达白杨》）。

他是不畏艰难困苦的。他是帕米尔高原上一尊"冰瀑"，从不屈服，拥一种不可阻挡的力量。《乔格里冰瀑》写：

溯流而上
试试它的力

冻在洪荒中了
摇着尾鳍

多么生龙活虎、壮烈的一幕！

一幅生命永恒的景象！

一种不屈不挠、向上叩的伟力！

孔孚的诗创造、吞吐宇宙万象，那气势，那场景，那活力，足可想见了。

宇宙"圆/寂"。一"圆"，一"寂"。其实，就是无限，就是生命，就是升起新生命的前兆。孔孚的诗创造，就是一种宇宙生命。

1990年4月，在历史文化名城曲阜召开的"孔孚诗歌研讨会"，有来自全国各地的诗人、专家、教授80余人参加，规模颇大。著名诗人贺敬之（当时任中宣部副部长、文化部代部长）出席了这次研讨会并讲了话，会后正式结集出版《孔孚山水诗研究论集》。这次研讨会确认了孔孚诗创作对中国诗坛的建设性意义，却不如孔孚和一些朋友们预期的那样好。美中不足的一个问题是，仍然框孔孚于山水诗界内，乃至成为某种成见式的栅栏。只有贺敬之等几个发言对此做了突破。

把孔孚的诗框定在山水诗的圈子内，实为一种眼光的偏狭。

孔孚的诗创造是“宇宙性”的。

题材的外在物象是“山水”，却不是孤立的山水。山水也是宇宙一个部分。孔孚以山水为吐纳对象，然而“写山不是山，写水不是水”了。它超越了“山水”题材的樊篱，不再是眼前山水的那种“小识小受”之美，已经大化宇宙了。

辛冠洁说，孔孚不只是山水诗人，“是一位整个诗人”，“孔孚诗可以说篇篇是大诗。本来诗就是诗，不必以大小论。但是，有的文章却说孔孚的诗是山水诗。有鉴于此，我才偏说是大诗。”他进一步说，孔孚的诗是“全民族的，是东方的、世界的，是亿兆人的财富”，“是照亮我们整个民族精神的曙光”！

孔孚由寄情山水，到感受、吐纳山水的灵性，到成为“山水人”，形成他的宇宙性格，进入“寂”人状态，是默默地变化的。这有一个心灵净化即“寂”化的过程。恐怕不只是“宇宙万象越来越让孔孚感到困惑，感到错愕”这种外部因素，并且是被动的因素所致，而主要是内在的因素，一种宇宙精神在孔孚心灵中升起。山水的灵性通达他内在精神的灵性，两种灵性相吮吸而达成契合谐一，“内宇”和外宇全息。如果说，孔孚对外宇曾有过迷茫（困惑、错愕），那么经过他把外宇和内宇相参，他便默默地自觉了，外宇和内宇全息了。

孔孚不只是“自然的倾听者、参悟者、探索者”，如果只是这样，诗感知世界的疆域不会“无形”间拓展。

孔孚自己是一个宇宙。他与宇宙山水通灵之后，整个身心都“宇”化了。他自己便是一个神秘的渊薮，恍兮惚兮，扑朔迷离。“冷”和“无”不只是他的“语言策略”，甚至也不只是他的语言。宇宙内外，他大入大出，已经没有界限可以框定，语言已经框定他不了。

宇宙，寂人，对于他是同义语。寂人就是宇宙，宇宙也是寂人。因此，不只是宇宙万象向他来袭，被他历验和参悟，而是他吞吐宇宙万象，“吐吸天香”。

他走得远了。他走入宇中，内外二宇合一。荒荒宇宙一人行：他和荒荒宇宙默契，成一人行。他便是荒荒宇宙，一人行。而不是“孤绝一人前行”。

他属于无限。

山水通灵。对于孔孚来说，在于他的灵魂和宇宙的灵魂是一样的：自由不羁，一颗大灵魂！著名评论家宋遂良教授著文说：

> 孔孚热爱自由，孔孚的灵魂可以说是一颗自由的灵魂。他最害怕束缚，即使是在冬天，也总是披襟敞怀，不愿扣扣子。

孔孚就是这样一种宇宙性格：不受束缚，披襟敞怀，不扣扣子。这样与山水通灵也易。

1983年7月22日，钱锺书先生有信寄孔孚，称誉其诗为“开门户”。这是一个睿见卓识，钱先生好眼力！“开门户”三字，怎么理解都不为过。“开门户”，一语千钧！

与孔孚诗创造出“抟虚宇宙”相比照，“开门户”的意义就更清楚了。孔孚“抟虚”，就是“开门户”。以前的中国诗坛是“抟实”，孔孚“抟虚”，“翻出如来佛掌心”！掀翻“实”的祭坛，开了“虚”的门户。孔孚“抟虚”，把整个的诗美观颠倒过来，由以前的“以物观物”模式，跳脱到、升华到“以虚观虚”，诗的“物观”转变为“虚观”，整个诗美观根本改变了，转型了。

“开门户”，是开“以虚观虚”的门户，是开“抟虚”的门户，是开大宇宙的门户！扭转一个时代“贵实尚有”的艺术风气，开21世纪诗风大转型——“抟虚”的新风，开宇宙风！

开“无门之门”“生宇宙”的门户！

当大声感喟：信哉，钱先生斯言，也通灵！

三、“远龙”：根本的创造

1994年1月号《当代小说》杂志于“老残茶馆”专栏，载《一个诗人给予一位哲学家的冲击》和《一位诗人对一个醉汉的回应》，即辛冠洁和孔孚两地书。这在中国诗坛和哲坛掀起了一次谈有说无的波澜，把孔孚诗及诗论的研究推向一个新的峰巅，进一步升华了孔孚诗及诗论在中国诗坛的地位，大胆地提出了“里程碑”的新论，指认孔孚是“一位中国近代诗史上里程碑式的诗人”。辛冠洁《大诗赞》写：

缚得远龙的诗，大诗小中见大，不

大的是大的也是小的
小的是小的也是大的

要在乎
角度

辛冠洁还认为孔孚诗是“代表这个时代”的“融诗”，评及徐北文教授《孔孚山水诗及其在文学中的地位》一文的论述，“冲淡了这一点，甚可惜”。并说“谁掌握了时代精神的精华，谁就代表这个时代（倒不在乎什么主流派，副主流派，潜流派)”。为此，他又写了另一则《融诗赞》：“凝诸山石水龙不就是山水诗/循着山水缚住心底的龙是融诗”。这里，核心是“远龙”。辛冠洁以如椽大笔，把以“山水诗”框定孔孚的局限拨开，为“循着山水缚住心底的龙”的“融诗”正名。“远龙”、“玄珠”、“道”、孔孚“融诗”，一个东西，都展现时代精神。

孔孚的“远龙”，受惠于钱锺书先生“远龙”之说。“远龙也理应无鳞无爪的”，“龙而亦‘远’，则无‘鳞’无‘爪’”，见之于钱锺书先生《中国诗与中国画》，又见于《管锥编·张萱》。孔孚说：“人多不留意。在我，则视若宇宙慧星，奇异而神秘。这颗彗星落入我的灵府，终生受用不尽。”

“远龙”，成为孔孚实现其美学理想的创作方法：东方神秘主义的“远龙”。

孔孚自己也是一条神秘主义的东方“远龙”。

“远龙”，在于它的神秘性，一个神秘的渊薮。

一抹乌云
睡了

枕着海
——《海上》

这是一条神秘的“远龙”。一个神秘的渊薮，全息着事物的变化，那是看不见的。乌云卧空，是睡了吗？枕着海，会出现什么情况呢？

北斗星
伸勺子舀
——《在海边》

这又是一条神秘的“远龙”。它是在收获，还是在提携？它是惠与，还是求助？还是宇宙就是这样一条神秘的链子，把万物维系在一起？仍然是一个神秘的渊薮，让人参悟。

我寻找黄河
连条线也不见

在这里它缩成一个音符
颤动着
——《渤海印象》

还是一条神秘的“远龙”，宇间遨游。

它，只能诉诸灵觉。一个美妙的音符，在颤动。见得着民族航船的桅杆，听得出祖国的变奏交响乐。诗人君临宇外一个制高点，他的灵魂在自由翱翔。他不掩饰思乡之情，袒露着他的赤子之心。颤动的音符，有美妙的乐音向世界播放，那是大音。

“远”，长远，高远，深远，一个美学的“距离原则”。“远龙”，恍兮惚兮，出无象，只可灵视见，灵觉悟。

“远”，既是一种象现的创造，又是创造象现的方法。“远龙”，它是创造的根本，又是根本的创造。神秘主义的东方“远龙”，从现实主义跳脱出来，实现了超越和升华。人们并没有忘记，孔孚的诗创作是从二十世纪五十年代初期的现实主义走出来的。可是，“它回不去了”。

东方神秘主义，并不是要脱离现实，现实是脱离不了的；而是要超越现实主义的“实观”“物观”，实现自己的“灵观”“虚观”。它要超越“小功利”，不再像过去那样“头痛医头，脚痛医脚”，而是要实现大功利，一“灵”医万病。东方神秘主义也是要积极入世的，它是要“大入”，而非“小入”；它还要超越现实主义的“入”而“出”，实现“大出”。东方神秘主义“大入大出”。

“远龙”出灵象，本质是“无”。“远龙”是“无”的实验。孔孚“三十年一悟始得之”。

现实主义“贵‘实’尚‘有’”，东方神秘主义并不排斥，但它比现实主义有所超越，它是“大实大有”。东方神秘主义“贵‘虚’尚‘无’”，实现“大虚大无”。孔孚先生预言：

“有迹象，二十一世纪，‘远龙’将成为中国诗坛之风尚。”

（原载《理论与创作》1997 年第 6 期）

孔孚诗歌语言艺术简论

蔡世连

在20世纪80年代“归来的一代”诗人中，孔孚算不上声名显赫的一位，但由于他对诗歌艺术的不懈探索以及他的独创性风格，一度赢得广大读者的赞赏。他的诗“求隐、求淡、求简、求纯”，曾被人称之为“高淡白”。因此，在90年代初的一次全国性的孔孚诗歌研讨会上，不少人曾预言，90年代将出现一场“孔孚热”，对孔孚诗歌的研究也将成为“显学”。人们之所以会做出上述预言，不仅在于他在山水诗的写作上所做出的超越性贡献，更重要的在于他的诗歌将传统与现代结合起来，从而使汉语在诗歌中获得新生。

可惜的是，在20世纪90年代的整体浮躁中，人们追求的是火爆刺激，而不是什么“高淡白”，孔孚不但没有热起来，反而逐渐被人冷淡、被人遗忘，即使他的逝世也未能重新激起人们的兴趣，他就像一颗迅速划破天际的流星，似乎从此从人们的视野中消失。历史进入21世纪，诗歌汉语写作的问题逐渐引起人们的重视，在这种文学背景下重新考察一下孔孚给现代诗歌提供的经验，也许会为走出当前诗歌的困境提供一些有益的启示。

几年前，我曾在一篇短文中预言，孔孚诗歌最终是会走进中小学课本的。这绝不是对诗人的贬低，相反，这将意味着他的诗歌的永恒。因为，他的诗不仅具有纯净健康的内容和平中见奇、朴中蕴秀的风格特征，更重要的在于其语言的独创性——那种既陌生又熟悉、既具体又抽象的语言显示的新的美学趋向和生命活力。

传统诗歌理论认为，言——象——意是诗的由浅入深的三个层面，言生于象和意，它只是写象尽意的工具和手段。但现代文艺心理学的研究证明，言——象——意的正向性运动和意——象——言的逆向性运动，以及象——言——意的变向性运动同时存在。孔孚诗歌不仅追求象外之旨言外之意，同时还追求一种象外之象，一种大音希声大象无形的艺术效果，他对诗歌艺术的深层变革正是通过对语言内部深层结构的变革实现的。

我国曾是一个诗的国度，唐诗、宋词、元曲至今仍是耸立在我们面前的三座诗歌高峰。虽然前人的诗抒写的只是前人的情感体验、时代精神，但是这种情感体验一经转化为语言，便成为一种物质化的精神存在，它为后人提供了丰富的精神养料和艺术经验，也为后人的创造造成了极大的精神桎梏。这是因为，前人的诗歌已为我们构筑了一个假定性的、语言性的社会存在，这种语言存在像隔离层一样阻碍了我们和现实的真实的感性联系，使我们正像《日喻》中的瞎子无法直接把握太阳的多样属性那样，无法正确感知外在世界。同时，这种语言存在还作为一种思维定式，诱引着我们的感知能力，使之滑向一种固定的轨道。正因如此，鲁迅甚至不无偏激地认为好诗到唐代已经作完，后人非有孙悟空翻出如来佛手心的本领，便难以再出新意。对于这样一个严峻的问题，孔孚是感受极深的，他在一篇创作谈中，把这比作“古人的挑战”，并自信自己已经积极地回应了这种挑战。读他的诗，人们可以清楚地看到他在这场应战中所留下的痕迹——特别是语言搏斗的痕迹。他的诗歌语言也正如那浴火的凤凰一样，经过一场烈火的锻炼获得再生。在《九答》中他曾经谈道：“诗，我学杨万里的‘活法’。钱锺书先生在论杨之‘活法’时写‘古代作家言情写景的好句，或者古人处在人生各种境地的有名轶事，都可以变成后世诗人看事物的有色眼镜，或者离间了他们的感受范围……他们好像挂上口罩去闻东西，戴上手套去摸东西，’说杨万里悟到这个道理，‘不让活泼泼的事物做死人的牺牲品，把多看了古书而在眼睛上长的那层膜刮掉，用敏捷灵巧的手法，描写了形形色色从没有描写过的以及难以描写的景象。’（《宋诗选注》）这段话很动人，我一字一句地记在心上，只是眼上那层膜较厚，一时不易刮掉，难以完全从古人书里跳出来和大自然建立嫡亲母子的骨肉关系。想不受支配，往往还是受支配。”孔孚在这里悟到的其实乃是语言本身存在的既使事物敞亮又遮蔽住事物这一根本矛盾，他要建立新象创造新意，就要努力去掉语言的遮蔽，他所引的钱先生的那段话实际上正是一种中文版的陌生化理论。文学语言陌生化的追求植根于对语言的现代认识：语言乃是一种历史文化符号和社会价值体系，对创作主体来说，既是一种思维通道，又是一种思维障碍，文学的个性化必然意味着对语言的顺从和反叛的矛盾展开，而陌生化即在于对语言的反叛。在陌生化理论中，这种反叛只不过被赋予不同的名称而已，德国戏剧家布莱希特称之为间离效果，俄国形式主义者称之为反常化，杨万里则叫作活法。孔孚在语言上把求异作为自己的自觉追求，并把钱先生那套所谓刮膜的理论一字一句牢记心中，正是抓住了语言陌生化的本质。对作为社会价值体系的语言来说，求异，就是尊重自己的感受体验和价值判断，而不要戴着前人语言的有色眼镜、口罩、手套去看、去闻、去感触，这样才能如俄国形式主义者什克洛夫斯基说的那样“唤回人对生活的感受，使人感觉到事物，使石头作为石头被感受”，这样的语言才能有超语言的审美功能。祖国的山山水水，特别是名山大川，已被前人的眼光抚摸过千遍万遍，上面无不罩着一层语言的雾障，如果没有求异的自觉性，很容易落入前人的窠臼，就连李白那样狂放不羁的诗人都难免被牢笼。比如在李白的一首写华不注山的诗中写道：“兹山何峻秀，绿翠如芙蓉”，这“峻秀”“芙蓉”便都是拾的别人的牙慧，所以孔孚认为“颇像出自中学生之手”。孔孚笔下的山水之所以出新，就在于他不仅用一个现代人的眼光，而且更重要的是用个人的眼光去审视这历史存在的山水的，因之，这山便褪去了古董的锈色而焕发出现代光彩，脱去了大众化衣装显示出个性的棱角。比如，同是写华不注山，孔孚在他的《飞雪中远眺华不注》中则摆脱了“峻秀”“芙蓉”的老套，突出了个人的感觉、体验：

它是孤独的
在铅色的穹庐之下

几十亿年
仍是一个骨朵

雪落着

看！它在使劲儿开

且不说诗中体现出的那种孤独感和执着追求精神是诗人灵魂的写照，就连“骨朵”“使劲儿开”这自然朴素而又精巧传神的词句也体现出诗人自己那坦直的个性。《天贶殿“启跸回銮图”前小立》《过藏龙涧》《钓鱼台小立》《乾陵》更是明显地与前人唱反调。神佛罗汉，在前人是顶礼膜拜的对象，而在孔孚的诗中则成为被调侃、同情的平民，太阳有时则被他写成一个晕晕乎乎的醉汉、挺温和的老哥，有时则写成带露的果子、划小舟的舟子。这都体现出他在不同时空的个人体验，从而显示出不同的美。

事物的美本来是多方面的和变动发展着的，但是，作为历史文化符号和思维模式的语言存在却往往给事物以确定的时空秩序并给人带来固定的思维模式。求异，就要反抗语言存在的固定性和机械性，所以俄国形式主义者特别欣赏托尔斯泰在他的小说《量布人》中用马的眼光看私有制人类社会，在《战争与和平》中用一个非军人的眼光看战场，以及他描述事物所使用的名称，不是该事物中已经通用的名称而是像称呼其他事物中相应部分那样来称呼它。我以为在这方面，孔孚走得还要远。为了造成审美视角的转换，他不仅突破了以人观物的老套而以物观物，而且还有时以物观人。于是，鱼可以告诉人海底的信息（《在碧绿碧绿的波涛下》），狐在用人的眼光看人（《过二仙山》），《汉柏》在遥想大汉雄风，《峨眉珙桐》冷眼看云。在谈到自己创作经验时，他多次提到喜欢拉距离、远观。这时空的距离到底拉到了多大呢？看他笔下的黄河只是一支跳动的音符，太阳月亮只是两枚果子，大海成了一条蓝色的毯子或者一只舢板，舜啊禹啊都还年轻等等，人们可以知道他这种远观已经超过了地球上的物理时空和现实时空，也许这正是他所追求的“宇宙意识”或大宇宙时空吧，我国古代诗歌中虽然也有对日月星辰的描绘及对山水城郭缩小比例的描写，但那毕竟都是修辞性的夸张（如把山写得如螺如髻）及在地球上的登高远望而已。李贺“遥望齐州九点烟，一泓碧水杯中斜”，说是梦天，从天堂看人间，但那天堂不过仍和地狱一样是人间的幻影，人间的一部分。孔孚诗歌中的时空意识既是现代科学发展的结果，也表现了他对这种大宇宙时空的特殊感悟。被人们看熟了的山山水水，一旦纳入这种大宇宙时空的构架内，将会打破旧秩序，重构新秩序，从而也显示出一种新的美质。

造成时空秩序重构的另一种途径就是用变形、通感、象征等方式，故意改变时空秩序，不求形似，但求神似。比如《骆驼峰》，本来是面向大海的，但诗人却让它凝视落日；《天胜寨遗址一瞥》中的红叶，并不存在于诗人一瞥时的那个天胜寨，而是存在于四五十年前的扇子崖。

语言的陌生化的另一个重要途径，就是吸取人民群众口头上的活的语言。这种语言带有很大的即兴特点，具有连说加手势的感性特征，与现实保持着更加真实的联系。与那些烂熟的书面化语言相比，它虽然有点野味，但却具有较强的生命力和文学色彩。正是由于这样，它对约定俗成的社会化语言才具有更大的变异性、偏离性，也更接近艺术语言。诗歌发展史证明，每当一种语言形式式微时，都是从民间语言吸取血液而再生的，“新的艺术形式的产生是由把向来不入流的形式上升为正宗而实现的”（什克洛夫斯基《作为手段的艺术》）。孔孚诗歌语言平而奇、朴而秀的一个重要原因，即来自对活的口头语的采用。山水日月风云是前人写烂了的题材，而如写月的“皎洁”“光华”，写山的“雄伟”“峻秀”一类字眼都是用烂了的字眼，然而孔孚以前人写烂的题材作诗，却几乎从没用过这类字眼。前文已谈到，这完全是出于他的一种自觉追求，为此，他批评过李白的那一首写华不注的诗和杜甫写泰山的诗。其次对话体、准对话体的诗歌在他的诗中占很大比例，即使那些非对话体诗歌，其实也都潜藏着对话的叙述方式——比如那些具有或安慰、或批评、或同情、或调侃语调的诗歌，大都像朴实的家常话。“他睡了/梦很高//山灵/请保护好他的耳朵”这是殷殷的叮咛；“你牵白云来吧/我的胸谷，要建一个湖”这是热情呼唤；“雨停了，/太阳在擦脸。/很高兴的样子。//他从来不照镜子，/虽然天天路过天池……”这是善意的批评。这不都是些人人都能说得出的句子吗，但又何等的情真意切！再者，被他用减法损之又损的诗句，却保留不少带后缀“儿”的词汇（如“带点儿疯狂”“使劲儿在开”“有点儿寂寞”），带时态助词“了”的句子（如“眉毛胡子都湿了”“我要死了”“海败北了”“嗓子都哑了”）以及方言土语（如“老等闭着眼”“仍是一个骨朵”）。这一切，使他的诗通俗、自然、亲切，而又显得活生生水灵灵的。不少读者在他的诗中品出了禅趣，其实，参禅并不在于静坐修行，而在于从挑水砍柴的俗人俗事中参悟，这才是活参。孔孚很欣赏严羽“以禅说诗”的理论，看来，他也是深得其中三昧的。语言陌生化是一种新的美学趋向，它为文学自身的发展带来了新的活力，但也不可避免地带来了新的矛盾和难题。陌生化追求根源于创作主体的个性化追求及对语言的反叛，其审美效果则追求着对读者的隔离以唤醒读者的创造力。这样，还原原则就成了语言陌生化的一个基本原则。一些生活流诗歌以及采用客观化冷漠化甚至非人化叙述的小说，显然在向客观还原，而一些信奉弗洛伊德、荣格等人心理学的意识流派、荒诞派、魔幻现实主义派的诗歌和小说又主要向主观还原。这就带了语言的芜杂、晦涩和冷僻，使文学失去了读者。孔孚诗歌语言的创造性之所以可贵，就在于他不仅坚持着陌生化实验，而且还在探索中成功地绕过了上述暗礁。他的语言异常简洁、平易，可以说是一种典型的冰山式语言。我以为一个根本的经验即在于他对语言的抽象化、典型化的自觉追求，这不仅补救了陌生化造成的弊端，而且也使他的语言实验呈现出另外一种新质。

也许由于抽象化典型化的提法太一般化了吧，孔孚采用了更通俗也更个性化的表述：求简、求淡、用减法。这种思想来自道家美学中的所谓“损之又损”以至于无的观念。而尚无是为了达到万有，这种以少总多的原则其实就是典型化。营造意象，他求隐求纯，这其实就是用减法的基本含义。求隐求纯就要筛选、淘汰、精练、升华，就要进一步抽象。表面看，这是一种异化，一种反还原，是和陌生化相对立的，其实，这正是抓住了还原的真谛，是一种高层次还原。这是因为，一，还原并不是一无遗漏地全面还原——事实上这样谁也做不到——而是有选择的局部的还原；二，还原也不是单层次的，而是多层次的还原，象和意，情和理，形和神都应还原；三，还原不过是从过去欺骗性的语言世界向真实性的感觉世界还原，但最终还是要创造一个语言世界，比如孔孚把那朵高雅化也普泛化的芙蓉还原成一个代表个人体验的花骨朵。这一切就决定了还原并不排斥理性的参入，不排斥抽象。“这里有个‘抽象’问题，自然离不开理念。属于形而上，没有法子。”（孔孚《复王尔碑函》）孔孚主张创作“随意，又不随意”，最后达到“随意而不逾距”。随意就是情感的自然流露，不随意就是要对情感进行理性的引导、规约，“随意而不逾距”乃是一种高境界，是情和理、虚与实不自觉的协调和配合。其实，谁在创作上一味讲非理性，不是欺人就是自欺。新时期文学中语言的芜杂晦涩现象的产生，即在于对还原原则的非理性误解。

艺术是人类心灵自由的象征，艺术的还原和抽象，最核心的是意的还原和抽象。中国艺术精神重神韵、气势、格调、韵味，强调神似，正是抓住了艺术的本质。所以，中国艺术（特别是诗、书、画）也称作线的艺术——抽象艺术。从语言角度考察，孔孚诗歌很少铺陈其事而直言之的赋体，你想在他诗中寻找对事物的细腻、繁复、逼真的描述是不可能的。大概正是由于这种原因，有人批评他的诗太理性化。但是，他的诗也很少那种简单的以他物比此物的比体，更少有直接的抒情说理，情、理、象都做了深深的隐藏，所以有的读者说他的诗富有禅趣。他的诗多是兴体，牢牢抓住情兴这个核心，从情出发，经过抽象再回到情兴，往往三言两语、寥寥几字就勾画出一种形神飞动的艺术形象。只要能表现情兴，传达神韵，他宁可省略背景的交代、氛围的渲染、过程的铺叙。他的诗歌，也正是一种线的艺术，具有高度的象征意味和抽象性。

（原载《济宁师范专科学校学报》2003 年第 6 期）

逍遥于“出儒”与“入儒”之间

——孔孚山水诗与儒家文化

魏　建　贾振勇

孔孚原名孔令桓，是孔子后裔，生长于曲阜。初读孔孚山水诗，你会觉得那些玲珑剔透、含蓄隽永、短小精悍的诗篇，几乎没有儒家“诗教”的影子，也看不出其内在质素与儒家精神的明显承传，相反，却处处流溢着“出佛出道，亦马亦牛”的另类风韵，以及在现代艺术层面上展示的生命灵致和美学风度。况且，他总说：“诗是道家的事。”① 然而，孔孚在小就耳濡目染故乡文化的长期积淀。那庄严、肃穆、凝重的儒家文化，既然已经内化为齐鲁大地及其以外的所有中国人的文化心理结构，怎能不左右生于斯、长于斯、歌哭于斯的诗人孔孚呢？孔孚新山水诗为我们提供了一个“接线”② 的有趣的文化话题，他的“接线”与儒家文化传统究竟是一种怎样的精神联系呢？

一

我们知道，以儒学为旗帜的传统理性精神，在塑造中华民族性格和文化——

---

① 孔孚：《孔孚集》，中国社会科学出版社 1996 年版，第 555 页。

② 张蕾：《漫说孔孚的诗和诗论——在孔孚诗歌研讨会上的发言》，见冯中一主编《孔孚山水诗研究论集》，山东文艺出版社 1991 年版，第 130～139 页。

心理结构方面起着极为重要的作用。在这种精神的规引下，“厚人伦，美教化”等原则被尊奉为文学艺术的终极目的。然而，文学艺术有着不同于意识形态等其他外在规范的规律和特征。在“厚人伦、美教化”等原则所规定的话语系统中，文学艺术的本质特征和规律必须承担现实的、社会的、政治的职责和义务，“文以载道”便是这种美学观念的直接体现。这种观念时至今日，仍以各种变体延续着坚韧的生命力、有着不同凡响的影响力和延展性。孔孚对此有着深刻而鲜明的认识：“我们的儒家，从某种意义上说，就是‘文化强人’。他把诗引入歧途，就不只是‘二百多年’了。这里有个社会背景之下长期形成的民族文化心态问题。……命里注定，儒只能走圣贤路，迈着方步。儒家是不愿意飞的。”① 孔孚新山水诗的崛起首先是对这种“文化强人”的反拨和超越。

在充满灾难和忧患的20世纪中国，新文学自诞生之日起，便以悲壮的襟怀，承担起兼济天下的使命，感到忧世、拔剑起篙莱，闪烁出极为感人的人文光彩。但是，它的功利目的负面效应也束缚了文学艺术内部规律性特征的调整和发展。山水诗传统的中断，一个重要原因就是，它难以适应追寻新世纪曙光的现代人的思想和感情。“五四”时期的文化激进主义者揭竿而起，打倒“山林文学”，高唱文艺救世之歌。然而，它的功利价值趋向却扼制了文学艺术自身的健康发展，相对束缚了文学艺术的性灵，新文艺拖着启蒙与救亡的沉重的翅膀。正如孔孚所说：“我们的新文学运动是从‘反载道’开始，这确是一大功绩。但是不久，就又回到了‘载道’。而且气氛似乎越来越浓。后来更强调配合中心任务。作为主要以美为特征的山水诗，自然难以承担这一任务。”②

孔孚新山水诗及其美学观念对这一传统的背叛历程就是以向“诗教”的发难为开端。孔孚如此解释：“写山水诗其实也是‘为人民’的。大可不必担忧。这与‘载道’‘诗教’不同。诗的力量，在‘感’，而不在‘教’。如果说‘教’，那也是寓于‘美感’之中，一种特殊的‘教’：潜移默化。过分地强调‘教’，诗往往流于概念，难免滞顿。”③ 纵观20世纪新诗史，大多数诗人往往借鉴外来文学艺术的思想观念进行创新，汉语新诗创作的“不中不西”的倾向一直是一大

① 孔孚：《孔孚集》，中国社会科学出版社1996年版，第494页。
② 孔孚：《孔孚集》，中国社会科学出版社1996年版，第370页。
③ 同上。

疑难病症，也就一直难以立足世界文学之林。孔孚既反中国传统的“诗教”，又十分强调中国传统美学的精神力量，以地道的汉语言表达纯正的东方美学精神，确立了新山水诗在当代文学界独树一帜的地位。

孔孚新山水诗对中国古典诗歌理论和山水审美意识继承可上溯到道家美学思想。这是孔孚新山水诗获得独立地位的文化基石和理论根据。他坚定地认为：“中国诗歌美学精髓，主要在道家那里。遗憾的是未能得到很好的发扬。”① 在中国传统文化体系之中，道家美学思想作为儒家美学思想的对立和补充，相反相成地共同塑造了古代中国文学艺术的审美理想。如果说，儒家强调为社会、政治服务的实用功利目的，强调情感的抒发应符合世俗社会的价值标准，那么，道家强调的是人与外界对象的超功利的无为关系，强调的是一种内在纯粹的精神和美，并且，强调艺术创造过程和欣赏过程中的带有神秘色彩的美感规律。如果说，儒家对后世的影响在“内容”方面，即写什么，那么，道家则更多地在“形式”方面，即怎么写。道家抓住文学艺术的内在规律和特征，显示着一种空灵的人格境界和审美态度。孔孚新山水诗深得道家美学思想的个中三昧。孔孚曾这样解释道家美学思想：“‘恍惚’恰恰是一种美呢！道家的‘道’，就是‘恍惚’。‘道之为物，唯恍唯惚，其中有象。恍兮惚兮，其中有物。’在于有无之间，似有若无。”② 道家美学思想具有艺术生成力和原创力，自由、洒脱、超然、遗世而独立的道家美学精神，构成了孔孚新山水诗深厚的传统精神根基。所以，孔孚新山水诗的“接线”，不仅是题材、主题的续接，同时也是道家美学精神的现代复活。

禅宗是孔孚新山水诗所倚重的另一大精神支柱。禅宗传入中国后，经与儒、道结合，成为最“中国化”的佛教派别。禅宗之所以兴盛，一个极为重要的原因就是，它从高深莫测的宗教文化领域走进了世俗生活状态和文学艺术的广阔天地。“直指人心，见性成佛”，佛心即是平常心。无论是平民百姓，还是文人雅士；无论是山野民歌，还是诗词歌赋，佛无处不在，无处不有。佛心无雅俗文野之分、高低贵贱之别，禅宗的这种世俗化价值取向，使人们对艺术化人生境界的向往超过了对宗教教义的迷恋，因为天国和极乐世界就在人间。对中国传统文化来说，禅宗的贡献不是改造社会的力量，而在于深刻影响了后世的人文精神和文

---

① 孔孚：《孔孚集》，中国社会科学出版社 1996 年版，第 493 页。

② 孔孚：《孔孚集》，中国社会科学出版社 1996 年版，第 322 页。

学艺术创作倾向。以禅喻诗，以禅论画，“当头棒喝”，“见山见水”等，都给后人的艺术创作以极大的启示。

孔孚新山水诗与禅宗的内在联系至少表现在以下几个方面：一、佛教荒诞不经的想象力和幻想力与诗的创意有相通之处。二、佛门所喜用的神秘主义思维方式也是孔孚之所爱。三、禅宗所追寻的境界与孔孚新山水诗所追求的，有相似点，需要“灵觉”去发现“空灵美”。四、对于佛，孔孚新山水诗表现了入乎其内，出乎其外的艺术精神。应该指出的是，禅宗思想往往寓于中国传统诗话中，这种诗话传统对孔孚新山水诗的影响也是相当大的。

我们知道，禅宗精义与老庄哲学在对待人生和自然的态度上，有着极大的相似之处。它们都采取一种准“泛神论”的视野，追求个体与自然的融会，追求“物我两忘”的人生境界，都希冀从山水自然之中汲取灵感和妙悟，借以摆脱俗世的烦扰和束缚，追寻心灵的自由和解放。从某种意义上说，佛道更具有一种强大的自然亲和力。孔孚新山水诗之所以能构成对儒家美学思想的反叛，也正是从佛道美学精神中获得了力量。

孔孚还钟情于中国历代诗论、诗话和山水画传统。关于前者，他的《溯观一读〈沧浪诗话〉札记》可见其浸染之深，这里不再论述。我们重点谈论一下后者。在中国古典文艺领域，历来讲究诗画相通，所谓“诗中有画，画中有诗”，即是诗画相通的高级境界。中国古典山水画的特色在于，它不是追求外在世界的写实和形真，鄙夷模拟，而是在对自然景观或人物的高度概括和把握的基础之上，力求表达出一种内在风神韵律，展现高度人文化、精神化的自然山水，蕴涵着传统文人画家的审美情趣、审美理想和价值趋向，表现了独与天地精神相往来的人文精神世界。孔孚说过：“我写山水诗，很重要是受惠于绘画。”① 的确，阅读孔孚新山水诗，你仿佛沉浸在八大山人、苦瓜和尚那些简古空灵、萧散简远、优雅孤傲的山水意境之中，寥寥数笔，不着痕迹，令人心旷神怡，身不能至心向往之。孔孚山水诗似乎是描绘纯粹客观的山水自然，表现一种“诗情画意”或“观念意绪”，但是，如同朱耷、石涛的几块石头，几只翠鸟，几棵枯树，这一草一木、一虫一石之中容纳了大千世界，蕴涵了宇宙人生，含不尽之意于言外，传

① 孔孚：《孔孚集》，中国社会科学出版社 1996 年版，第 322 页。

达出一种生活的风神和人生的理想，孕育了一种气韵生动的精神境界和人文遐思。这异曲同工之妙之中，显示着孔孚新山水诗浸润日久的深厚的中国文人的一种独树一帜的人文精神。

二

应该看到，孔孚新山水诗对以儒家“诗教”为代表的美学观念的叛逆，并不表现为狂热的反理性传统倾向。孔孚曾经说过：“虽然我坚决反儒，但由于受儒家影响太深，刮骨很难。此外也还有一层意思：不想尽刮。我的老祖宗那里还是有一点好东西的。比如早期儒者从《周易》之以‘乾’为首卦那里受益，贵刚尊阳的思想，就刮不得。”①

孔孚在新山水诗领域所反叛的是“载道”的十字架和“诗教”的束缚，而不是别的。在孔孚新山水诗的世界中，尽管礼仪之邦温柔敦厚之风更多的为“与天地精神相往来”和“赞天地之化育”的风姿卓绝、萧散空灵所代替，但是，孔孚毕竟是孔子后裔，这种精神血脉是什么也代替不了的。孔孚是一个“入世”极深的诗人，正如他的一位老友所言：“表面看，他的诗是虚无缥缈，远离尘寰，其实对人生他所希冀的是大入大出。”这可谓是以出世的精神做入世的事业，无为而无不为。在某种意义上说，孔孚新山水诗的“出佛出道，亦马亦牛”的精神风韵，恰恰表现了儒家“赞天地之化育”的源初人文旨归。孔孚反“诗教”，实质上是为了剥离自“五四”以来新文学的功利传统强加于文学艺术之上的枷锁，是为了剥离异化的儒家教条对儒家源初人文精神的根本精神向度的遮蔽，是为沉重的现代中国文学艺术寻求灵动的翅膀。

孔孚新山水诗一方面构成了对儒家“诗教”的僵硬的美学观念的反叛，另一方面也构成了对儒家源初人文精神的现代复归。“出佛出道，亦马亦牛”是对人生的大入大出，是在领悟了佛道精义之后对人生入世精神的一种高层次的肯定，是与儒家源初人文精神旨向殊途同归，是离经不叛道的一种艺术价值努力。

孔孚新山水诗出现在有着数千年文化传统的20世纪的齐鲁大地，体现出丰厚而空灵的人文情怀，显然不是偶然的。尽管儒家文化精神历经数千年的风风雨

---

① 孔孚：《孔孚集》，中国社会科学出版社1996年版，第468页。

雨，几遭扭曲异化，但是，在产生它的齐鲁大地，其灵魂不死。它的根本精神向度可以被遮蔽、可以被扭曲，但它的丰盈的人文情操却深深地浸润着这块土地，一遇到适宜的风气流转的机会，它就显示出不屈的生命力。孔孚新山水诗秉承这种地气之灵，以与“诗教”截然对立的面目追求着真正的人文精神。表面上看是反儒家，而事实上是借此刮骨疗毒，只是要刮去那些僵滞的教条，恢复儒家未被异化的人文精神。所以孔孚才说：“不想尽刮。”

孔孚有这种对传统文化游刃有余、从容不迫的拿来气度，他的新山水诗世界和诗论体系，都表明他的创作历程是一次在儒释道互补互摄的文化传统和人文精神之河中的“逍遥游”，是传统文化精神的凤凰焚于烈火之后的再生。这一再生是在强大的颇具灵性的理性主义精神氛围中传统人文精神的再生。从某种意义上说，孔孚新山水诗是向“虚”处走的灵觉艺术。这种向“虚”处走的艺术方式也深刻体现了孔孚新山水诗的文化底蕴和价值倾向。孔孚新山水诗标举“东方神秘主义”，在诗论方面，提出了“灵觉”“减法”“用无”等诗学术语，并且一以贯之于新山水诗的创作之中。孔孚新山水诗以传统人文精神为深厚的文化根基，经过儒释道的互补互摄，开辟了新山水诗艺术的新境界。孔孚新山水诗借助佛道精神，入乎其内，出乎其外，凭借“灵觉”的艺术翅膀，实现了儒家源初人文精神的现代再生。

三

怀着某种理解和印证的意图，我们选择了《蜀岗平山堂后石涛埋骨处默立》（以下简称《默立》）来分析孔孚新山水诗的文化底蕴和艺术价值。《默立》一诗不仅体现了孔孚新山水诗独特的文化内蕴和艺术技巧，不仅是向“虚”处走的一个典型注脚，还是孔孚新山水诗承传儒家源初人文精神的一个典型例证。

1

也许就在脚下

那支笔

冷得

发抖
2
万人争看
山色有无中

真正的诗歌，倾诉着人的灵魂的颤动，表达着人的存在的共同精神。所谓欣赏，不过是灵魂在某种程度上的契合与共鸣。诗意的交流，是一种“非对称性”交流，诗歌作者的意图和语境在诗歌成为制成品后，会逐渐淡化，留给读者的是富于“空白”的诗歌本体。对于缺乏艺术灵气的凡胎俗眼来说，俯身于诗歌的灵魂之上，体验到的往往是头晕目眩，诗性的智慧只能靠诗性的心灵来感悟。阅读孔孚新山水诗，似乎应该讲究“灵视”，讲究“六根互相为用”，心中有灵觉之光。

孔孚崇尚钱锺书所言“理之在诗，如水中盐、蜜中花、体匿性存，无痕有味”的境界，追寻的是“无鳞无爪”的“远龙”，在诗艺上“求隐，求纯，求异，求简，求淡”，在精神向度上，追求超然尘世之上的人格独立。孔孚山水诗往往慧眼独具，曲径通幽，令人耳目一新、豁然开朗。《默立》一诗，正体现了上述诗学操作原则：以尽可能少的语言材料和结构特征，将朦胧、复杂的内在意蕴和外在具象，组织成有内在秩序和内在韵律的艺术整体，使之形成富于含混和张力的诗境，体现出“道器合一”的艺术旨趣。从而道“不可道之道”，名“不可名之名”，“不立文字”又不离文字，几近于“羚羊挂角，无迹可求”之境。故阅读这样的诗歌，让人难以循法人意入境，只能以心会心、意会神领，在充满隐喻和象征的语言结构之中，寻求言外之言、弦外之音和象外之旨，得鱼忘筌，开拓新的语义世界和精神境界。

全诗从“虚”处着眼，选择了那些富于象征和暗示的语言符号，避免了指称性和描述性语言符号的过于“实”，摆脱了日常语言的硬性规定和对应关系，形成了一种虚虚实实、实实虚虚的语言表达策略。诗人身临其境，满目山水，却不刻意造境，避免过实的外在物象的描述，而是营建一种含混而充满张力的诗境，“情、理、虚、实”的氤氲相生，阴阳化合，天人合一，诗性智慧如汩汩山泉，沁人心脾，余韵无穷。

“也许”一词虚实相应颇具其妙。身历国破家亡之变的“苦瓜和尚”石涛，身世浮尘雨打萍，从宫廷王室后裔到山川草野小民，沦落天涯，身前凄凄惶惶，身后孤魂游荡。然而，就是这么一个开有清一代感伤主义之精神先河、继往开来之文人画风的大师，却湮殁于赫赫然的蜀岗平山堂一个角门的下面。鲜有凭吊，唯有乱石重叠、杂草丛生、哀虫悲鸣，令人饮恨而吞声，抚一抔黄土而长啸，扼腕而长叹。而“冷得/发抖”，一个“冷”字境界全出。一种茫然而沉实的沧桑剧痛跃然纸面，力透纸背，令人在缥缈虚浮的意境的思绪之中生发出一种沉痛的深渊体验。仿佛，石涛那笔墨恣肆、意境苍远的山水人物画卷中潜藏的孤独、寂寞、悲凉，以及不屈不挠而又感伤至极的人格精神，也通过这一“中介”传达。深深地震撼我们的灵魂，勾起我们难以名状的深重思索。

万人争看

山色有无中

一方面，诗人啸傲山水之际，对于扬州“热”了醉翁先生、东坡居士这样官方色彩浓厚的名士，而“冷”了苦瓜和尚这样的草野隐士，愤愤不平，不平则鸣，一鸣惊人。另一方面，我们以为，在山色有无、万人争看中，诗人（隐于诗中的叙述主体）仿佛与石涛那颗哀伤愤慨、傲岸不驯的艺术灵魂在进行一种深刻的精神对话。石涛一生“搜尽奇峰打草稿”，令山水与自己神遇而迹化，胸中自有丘壑。有一颗“法自我立”的画胆。诗人寄情山水、虚观全龙、笑傲江湖，有一颗“抟虚宇宙”的诗胆。石涛以独特风格的精深造诣，一反陈习，开一代画风，令后世折腰者无数。诗人以“无鳞无爪”的现代东方“远龙”，自立门户，追随者日众。正是在这样一个超越物理时空局限的艺术精神对话中，全诗向我们传达出一种复杂、自信而又难以言传的巅峰体验。在这个真实而又虚无的“宇宙”之中，仿佛一只精神不死鸟扇动美丽的羽翼向我们翩翩飞来。在这里，诗人那浓烈的人文情操、浓郁的人世情怀，那灌注着诗人热血的人文山水，在诗歌的高峰体验之中，留下了深深的印痕。

钱锺书曾致信孔孚：“你的作品完全可以摆擂台、开门户、独立自主，不待任何人的借重也。”孔孚新山水诗确有独特的艺术魅力，它的“灵觉”之光出现在凝重敦厚的齐鲁大地之上，显得格外耀目。孔孚山水诗看似遗世而独立，实际上包孕着诗人流动着热血的灵魂。诗人以无比的赤诚，钟爱着人文化、精神化的自然山水，在自然山水的吟咏歌哭之中，寄托那份“以出世的精神，做入世的事业”的人文情操。孔孚新山水诗展现了一齐鲁文人的真诚的人格世界的追求，绝不囿于腐儒酸儒的本本主义，而是借古开今、推陈出新、独出心机，以“反儒”的姿态恢复了儒家“士志于道”的源初人文动机，孔孚新山水诗以独无重复的艺术个性和艺术情思，获得了与天地精神相往来的自由超脱。

（原载《齐鲁文化研究》2006年版）

继承与突围

——孔孚山水意识与传统山水意识之比较

曹丙燕　张晓兵

一、山水诗的缺失与孔孚的出现

人类是自然之子。大自然的灵山秀水孕育了人类的灵性，启迪了人类的智慧，而人类在对自然的观照中又将这种灵性、智慧和情感溶注其间，所以自有文学创作以来，山水就以不同的姿态呈现在文学作品中。尤其在中国，山水文学源远流长博大精深，特别是山水诗经历了璀璨丰硕的流变历程，成为古典诗歌史上的大宗。朱光潜在《山水诗与自然美》一文中写道："在中国，山水诗是从晋宋时代陶潜、谢灵运等诗人才形成的诗歌的一种特定类型。到了唐代王维、孟浩然、韦应物等诗人，山水诗就达到了它的成熟期，在诗歌中成为一种强有力的传统，由唐宋一直到明清，几乎没有一位重要的诗人没有写过大量的山水诗。"① 葛晓音在《中国山水田园诗派研究》中把陶、谢、王、孟、韦、柳为代表的山水田园诗奉为"代表了中国文人审美理想的典范"② 的诗歌样式。但是这种延续一千

① 朱光潜：《山水诗与自然美》，见伍蠡甫主编《山水与美学》，上海文艺出版社1985年版，第205页。

② 葛晓音：《中国山水田园诗派研究》，辽宁大学出版社1993年版，第349页。

几百年的强有力的传统，这种最能代表中国文人审美理想的诗歌范式，到五四新文化运动就从整体上终止了，从古代诗歌转进现代诗歌，虽然题材意义上的山水诗并不罕见，但是并没有形成一个以山水诗命名的诗歌流派；虽然也有些诗人从事过山水诗的创作，如刘大白、贺敬之、蔡其矫等，但没有哪个诗人被冠以山水诗人之名。这是一个无须论证的事实。新诗史上的这一缺失现象正成为孔孚山水诗出现的诗歌舞台和诗学背景——“寂灭之深渊，宇宙孵卵”（《高原夜》）。

1979 年从碱滩放羊归来的孔孚，应邀撰写《现代新诗发展史》，在对大量史料的阅读研究中，孔孚发现了一个一直存在而又被忽略的问题，山水诗“似乎从‘五四’新文化运动起几乎断了线。”① 这一发现促动了孔孚自觉为山水诗接线的使命意识。1979 年七八月份，孔孚重新拾起诗笔，与大海的偶然相遇，激活了他埋藏在心底的山水情结：“那是一见到海，排天巨浪搅动起我多年沉淀在心底的郁积，自然地喷发，……那时我痴痴地望着海，心潮随浪涛翻滚，海潮上来，退也退不出，浪花打湿了我的衣服、睫毛、稿纸，我只觉得是母亲和我亲吻，那些诗，多半是和着眼泪一起流出来的。”“这是我学写新诗以来第一个高潮”，对传统文化现代性走向的深沉思考，兼之怡情山水的自然秉性，使孔孚为传统山水诗接线成为一种必然和可能。已近花甲之年的孔孚，用他的灵心妙笔，在诗歌园地默默耕耘，到他去世的十几年时间里，他为诗坛和世人留下了诗集《山水清音》（重庆出版社）《山水灵音》（陕西人民美术出版社）《孔孚山水/峨眉卷等》（济南出版社）《孔孚山水诗选》（明天出版社）和诗论集《远龙之扪》（山东文艺出版社）。在诗人逝世之后，他的夫人用四年时间重新整理孔孚的诗文及诗论，集结成《孔孚诗》《孔孚文》《孔孚论》（山东文艺出版社）。孔孚成为第一个被以“山水诗人”命名的现代诗人。当读者和诗坛把孔孚定位为现代山水诗人的时候，至少说明了两点内容：首先，孔孚的诗是“山水诗”，继承了传统山水诗的共性；其次，孔孚的山水诗是“现代山水诗”，蕴含着异质于传统山水诗的东西，这是孔孚要努力实现的对传统山水诗的突围，也是现代山水诗能够存在于璀璨的传统山水诗面前的意义所在。对传统山水诗的继承与突围正是孔孚对现代诗坛的独特贡献。本文首先从山水意识角度切入对孔孚山水诗的探讨。

---

① 孔孚：《远龙之扪》，山东文艺出版社 1992 年版，第 56 ~ 59 页。

二、传统山水诗中的山水意识

自然山水是古今中外文学的永恒主题，它以何种姿态呈现于文学作品中，首先取决于创作主体的山水意识。山水意识不仅蕴涵着作家对自然景观的独特感受，也积淀着民族心理、传统文化等诸多因素。西方人偏重于把对山水景观外在的形态美的欣赏，当作一种身心的享受，而我们则把山水景观作为一种精神的寄托和超脱，偏重于景观与自我的融合同化。法国汉学家侯思孟说："在古代世界的两端，人都在寻求真理，但方式截然不同：在中国，人走向大自然的怀抱，在欧洲，人却背离大自然，转向自己的内心世界。"① 中国古典山水诗的基本精神就是物我同化天人合一。首先，自然山水在作品中是独立的审美对象，同时达到主客体的交融。例如同样是写景的句子，我们把"池塘生春草，园柳变鸣禽"视为山水诗，而把"昔我往矣，杨柳依依；今我来思，雨雪霏霏"看作比兴，就是因为在谢灵运的诗句中，自然景物由"背景"变为"前景"，有了独立的本体意义和审美意义，而后者却是抒情主体情感的衬托。从作者的观照方式上看，"杨柳依依""雨雪霏霏"在诗中是被看的风景，读者通过叙述者的视角再看这些风景。而在"池塘生春草，园柳变鸣禽"中，叙述者是潜在的，大自然的无限生机，生生不已的宇宙生命，在这悄然变化的景物中呈现，诗人的情感意志隐于风景之后又蕴于其中。

山水在诗中由衬托的地位升腾为主体的美感观照对象，有赖于魏晋时期老庄哲学中兴和唐代禅宗精神的直接推动。老子把"道"确定为宇宙的本源，认为"道"无限、超验。不能用一般的方式把握，只有"致虚极，守静笃"（《老子》第十六章），即主体心理处于绝对虚静的直觉状态时，才能观照它。庄子发挥了老子的这一看法，提出"心斋"和"坐忘"。《庄子·人间世》说："唯道集虚，虚者，心斋也。"这就是要排除主体心中的功利物欲。《庄子·齐物论》中说："天地与我并生，而万物与我为一"，在此，庄子泯除了物我之间的距离，主体与外物相互会通交感，入于凝神境界，物我界限消解而融合，浑然一体。于是山水自然便成为老庄哲学最理想的体现者和承载者。魏晋文人进一步发挥，把自然美与人格美并论，他们在观照自然的时候，也把自然当作和自己具有同等人格的对

① 〔法〕侯思孟：《山水在中国思想史上的作用》，见臧维熙主编《中国山水的艺术精神》，学林出版社 1994 年版，第 261 页。

象来认识、欣赏。在他们眼中万物都蕴含着“道”的灵性，一切都浸润着“静照在望求”的哲学精神和美的风神。当他们抱着这种审美态度去关照山水时，自然会移情山水，对山水进行审美的自由关照。尽管此时的山水诗中常常镶嵌着玄言尾巴，但诗中山水的面貌却发生了变化，山水描写虽然是自然之道的证明，却孕育着生动的气韵，能反映出大自然无所不在的生机和灵性。

盛唐时期禅宗融会庄子哲学及魏晋山水文学艺术，以其独有的宗教精神赋予自然山水别样的特质。同时禅宗山水意识的认知理念调整了人们的自然意趣，使得诗人们面对自然山水生发出一种宗教理趣。与道家的“物各自然”相似，禅宗提出了物各有佛性的理论。“青青翠竹，皆是法身；郁郁黄花，无非般若”（《景德传灯录》）极为形象地说明了自然物象都是佛性真如的体现，感觉中的物质世界都是精神本体虚幻的表现形式，正所谓：“山河天眼里，世界法身中”，禅宗将人、自然、佛性置于同一认知层面上，既清除了主体对佛性的神秘感，又给自然存在物，包括山水赋予了一种超自然存在的特性，正是这种特性，使得盛唐诗人笔下的山水多了一种灵气和永恒的生命意识。在主客体关系上，佛家的“安禅”理论，将主体置于一种近似“物化”而又高于“物化”的绝对清净境界中，慧能云：“菩提本无树，明镜亦非台。本来无一物，何处惹尘埃。”在清净无心的状态中，主体不再是对自然的回归，而是伴随自然之“无心”向佛性的回归。《放光经》云：“菩提从有得耶？答曰：不也。从无得耶？答曰：不也。从有无得耶？答曰：不也。离有无得耶？答曰：不也。是义云何得？答曰：无所得，得无所得者，谓之得菩提也。”① 这是一种既无超越，亦无被超越的生命体验，它摆脱了寻常的“有”“无”之辩，使人心与佛性处于一种绝对“无心”的生存境界，实现了自我与万物的绝对同一。正如德国汉学家 W·顾彬的分析：“受佛教禅宗的影响的对主观与客观的扬弃，外在世界同自我世界互相交错，几无区别，二者是平等的，并没有划分本质与现象（景 = 情 = 景 = 情）。景物中的平等一致成为精神的宁静点，脱离开现象偶然性的所有存在都还只是其本质。”② 所以在以王孟为代

---

① 石峻，楼宇烈：《中国佛教思想史料选编》（第 2 卷第 2 册），中华书局 1983 年版，第 175 页。

② 〔德〕W·顾彬著，马树德译：《中国古代文人的自然观》，上海人民出版社 1990 年版，第 211 页。

表的盛唐山水诗中对山水所蕴含的佛理禅趣的“体悟”，“即物即真”和“即我即真”的宗教悟性成为诗人艺术灵感触发的契机，“我”的色彩被淡化，物我各归于真，各以其应有的本然状态存在着。如王维《鸟鸣涧》：“人闲桂花落，夜静春山空。月出惊山鸟，时鸣春涧中。”孟浩然《题大禹寺义公禅房》：“户外一峰秀，阶前群壑深。夕阳照雨足，空翠落庭阴。”在这里自我形象被淡化了，自然物象被淡化了，自然物象不再是自我情感的载体，而是与“我”同在一种超脱状态，物我共同进入一种超存在的存在。盛唐诗人正是在禅宗意识的影响下，在自然审美过程中，完成了山水文学以“空”“静”为美的意境品格，与具有彼岸色彩的天人合一精神。

三、孔孚的山水意识

孔孚是一个有着深厚的传统文化修养的诗人和诗论家，他对大自然的选择和切近秉承了中国传统艺术精神。孔孚的诗歌也达到了天人合一、物我相亲的境界。在他的诗里，山水是与人化在一起的，山即是人，人即是山；水即是人，人即是水。客观的山水世界与人的主观世界通过意象浑为一体。如《大漠落日》：

两个火人
都老了

笑笑
分手

“落”的不仅是太阳，也是一种生命的轮回。在诗中，落日与老人是同构的，“火”既是落日的颜色，也是夕阳之中的老人的颜色；既是一种自然颜色也是燃烧过的生命的颜色；既是时间概念也是生命的一种状态。落日并不是一个比喻，也不是一个象征，他自身就是宇宙流转的生命，在某一时间，老人与落日相遇，他们以平等的姿态相遇，相互对照，在无言的“笑笑/分手”中，包含着对历史生命的深沉感悟，超越自然物象，达到精神的契合。不过在这种物我合一的艺术境界中，我们也感受到了孔孚山水诗不同于王维等人的澄空寂寥消隐自我，无论如何孔孚是当代人，当代生存环境和文化格局都决定了现代人很难再有古人那种“行到水穷处，坐看云起时”的悠然闲适。孔孚笔下的山水烙着鲜明的庄禅哲学的印痕，但他不可能全然回归到几百年以前的庄禅佛道。在传统山水诗中自然物象被直接赋予了“道身”或“佛性”的性质：目击道存、山水即道，即物即我。而在当代自然物象失去了“道身佛性”的神圣以后，其如何被赋予独立的审美意识，这是现代山水诗应该思考和解决的问题，当然也是认定孔孚山水诗是否是“山水诗”而且是“现代”山水诗的关键。

孔孚的第一本诗集《山水清音》产生于二十世纪八十年代初，那是压抑和扭曲的人性再度被唤醒的时期。孔孚从那个被扭曲的时代走过来，而且遭受了非人的磨难，不可避免地要带有时代的反思精神，所以在他的山水诗，尤其是《山水清音》《山水灵音》里，充满了强烈的主体意识和生命意识。孔孚说：“自然即我。”① 在物我同化过程中，我的个性得到张扬。所以在孔孚诗中自然意象带有某种客观性，但又渗透着诗人的主观情感与精神，例如“即便大声哗笑/也能看出有点儿寂寞”的大海(《无题》)；“几十亿年/仍是一个骨朵”的孤独的“华不注”(《飞雪中远眺华不注》)；调皮而富有灵性的泰山的云；多情而又饱含文化底蕴的扬州风月；充满禅机佛趣的峨眉洪椿；充满生命感悟的大漠落日。诗人对自然、历史、文化、生命的感悟与探索，都在这些自然山水中找到了契合。孔孚诗歌中所呈现的天人合一境界，很难简单地归为“人化自然”或“自然化人”，而是一种物我同构。他笔下的山水是人格化的山水，他们与主体同为宇宙生命的存在形式。受庄禅哲学影响形成的古代文人物我相亲的山水意识，大都存在着道家“忘忧”和禅宗“禅悦”痕迹。孔孚热爱自然，但“不返回自然，而是邀请自然进入我们的生活。”② 他的山水诗既体现了精神向自身的复归，又将这种复归在实践中融入山水自然之中。

苦难的生活最容易产生逃脱哲学，所以无论是陶渊明还是王维都是在仕途受挫以后，回归田园，移情山水。孔孚在“文革”期间遭受了磨难，但他并不是“看破红尘”后对自然的返归，而是邀请自然进入我们的生活，因为孔孚相信，物皆有“情”，有“思想、精神、记忆”，“情无处不在，无时不有。”相对于道

---

① 孔孚:《孔孚文》，山东文艺出版社 2001 年版，第 118 页。

② 孔孚:《孔孚文》，山东文艺出版社 2001 年版，第 127 页。

家的"物各自然"，孔孚提出"物各有情、有理。"① 这种物我同构的思想显然不是源于道家的"忘忧"也不是佛家的"禅悦"，而是源于现代宇宙全息思想。"从宇宙全息的高度来看，一切物质系统乃至整个宇宙是绝对同质同构全息的。"② 物我之间、物质与精神之间存在着"精神——物质全息同构律"："精神的宝塔是仿照物质的宝塔建造起来的，主体大厦是按照客体大厦的模式建造起来的，精神的产物总能在物质世界找到它的原型。"③ 在《答〈未名诗人〉》一文中，孔孚说："读《现代物理学与东方神秘主义》一书，方知物理学也有与诗相通之处。"也许这启发了孔孚的宇宙全息思想，在《孔孚文》的多篇文章中涉及了他对宇宙全息理论的思考。

在孔孚看来不仅生物界是全息的，"非生物界亦全息。低级混沌状态里已包含着高级的组织性的东西的信息，否则混沌状态决不会无中生有地发展出来，曾在自身中潜含着的东西。"④ 人与宇宙也是全息的，"人之身体时时处在与宇宙中一切客体的全息联系渗透之中；人一方面接收着宇宙的信息，同时又向宇宙发射出自身的信息；银河系、总量系等的信息也存在于主体之中，不仅作用于我们的肉体，也存在于我们的精神世界之中，从而转化为自觉信息。"⑤ 所以"人的智慧实际上是宇宙的智慧。宇宙创造了人和一切。不同（异）人的思维实际上是宇宙的思维。美的法则，无情、无智慧，能吗？……人的理性，正是自然理性的体现者。"⑥ 自然也是有情感有智慧的，人的理性、人的情感、人的智慧也正是自然的理性、情感、智慧，二者异体同构。孔孚这种宇宙全息的思想反映在他的山水诗中，人的情感、智慧、理性既是山水的情感、智慧、理性，反之亦然。所以主体就是客体，客体就是主体，二者浑融。所以在孔孚笔下的物我交融尽管充满了生命意识、主体意识，山水有情有性有智慧，但这已不是简单的山水抒情或象征。例如《过白云寺》："荡一黄叶/一蚱蜢在撑"，写泰山的《无字碑前小立》"一条青虫/在读"。对于皇皇宇宙，一只蚱蜢，一条青虫微如尘埃，但是无论是"蚱蜢

---

① 孔孚：《孔孚文》，山东文艺出版社2001年版，第101页。
② 王存臻，严春友：《宇宙全息统一论》，山东人民出版社1998年版，第289页。
③ 王存臻，严春友：《宇宙全息统一论》，山东人民出版社1998年版，第276页。
④ 孔孚：《孔孚文》，山东文艺出版社2001年版，第98页。
⑤ 孔孚：《孔孚文》，山东文艺出版社2001年版，第104页。
⑥ 孔孚：《孔孚文》，山东文艺出版社2001年版，第101页。

在撑”还是“青虫在读”，都是宇宙之舞，演绎宇宙生命的全部内涵。再如《万佛顶一瞥》：

火山岩上
站一小草

似乎在听什么
思想什么

这里，“一棵小草”成了整个生命的全息元，它包含了整个宇宙的信息。佛经说，在每一粒灰尘里都呈现出无数的佛。整个宇宙的潜在思索以“一棵小草”的“听”“想”显态化了，生命在一种类似“火山岩上”的动荡不安中站立思索。这并非隐喻而是展示了一种存在的状态。一棵小草与人类、与生命全息。

在宇宙全息思想下，孔孚笔下的山水不再斤斤计较于物我对立，主客对立，不再有现象与本质的二分，有限与无限的二分，达到了物我相亲的境界又没有泯灭自我。在这一现象背后根本的不同是，传统山水诗赋予了山水自然以道身法性，而孔孚山水诗则以宇宙全息思想赋予山水自然同构于人的情感、智慧和理性。正是在这个意义上，孔孚形成了自己的山水意识，继承传统又不同于传统。

（原载《聊城大学学报（社会科学版）》2007 年第 5 期）

追寻澄明之境

——读孔孚先生的山水诗

杨守森

一

山之空灵，水之纯净，构成了山水诗的精魂。

在无所不在的政治、经济、科技之类文化力量的浸染之下，在现代人的视野中，早已没有了澄明如镜的山水。与此同时，本是自然之子的人类，在日益坚固的文化硬壳面前，其自由的耳目遭到了严酷的修整与锁闭，其聪慧与灵性被置换为盲从与麻木。人，无可奈何地沉沦于自己建造的符号迷宫，成为浑浑噩噩的无家可归者。

从历史上来看，这种文化的硬壳早就触痛过一些敏感的人类先哲的神经。在中国春秋时代老子的“道可道，非常道，名可名，非常名”，“为学日益，为道日损”的慨叹中；在两千多年前西哲柏拉图关于“理式世界”的猜测中，亚里士多德关于“存在是什么”“本体是什么”的疑虑中，就已包含了这种智慧的痛苦。20世纪以来，随着人类现代文明的急剧进展，这种智慧的痛苦更加彰显，终于衍化成现象学、分析哲学、存在主义之类的哲学思潮，以及对“形而上”思维方式拒斥与抗争的偏激情绪。

人类，在痛苦地期盼着“生命的还乡”。

对于哲学家而言，这种痛苦，常常决定了其进退两难的尴尬选择，甚至导致他们走向病态的疯狂；而对于有作为的诗人、作家而言，这种痛苦，却又正是使之渡往艺术彼岸的舟楫，正是个性生命得以呈现的契机。孔孚先生正是这样一位洞彻幽妙，在山水的皱褶里，在风月的氤氲中，在草木的葱茏中，苦心孤诣地追寻澄明如镜的生命故园的诗人。

二

在孔孚先生的诗作中，没有粗粝杂乱的时代轰鸣，没有喧哗纷争的人间噪音，有的只是仿佛与世无关、超然物外的寂寞与孤独、恬淡与幽静。孔孚是在用他的诗笔，挥散“本真生命”的灵光，而力拒“此在沉沦”的轻浮喧嚣。在他的笔下，汹涌的大海，化作了一部“洒金的蓝色封皮”的书；奔腾的黄河，缩成了渤海浪花中一个颤动的“音符”；嘶唳的风，挂在了太平宫的檐上，晒起了“它的翎羽”；在风狂雨暴的黄山天都峰上，诗人“俯视雷电”，居然听到了“婴儿啼哭”；还有分天岭上，草丛中那只兀自忙碌着的“纺织娘”；泰山无字碑上，那只旁若无人，潜心研读的“青虫”；二仙山上，那只“长长的尾巴拖进黄昏”的“玄狐”……都给人蛮荒出世，荡尽尘埃之感。这是世界之门的洞开，又是对生命故园的守护；这是秩序世界的消解，又是生命向大地的回归；这是确定性现象之“有”，却又昭示了原初世界澄明之“无”。

正是为了追寻这种澄明之境，诗人以高超卓绝的笔力，以“抟虚宇宙”的大家气概，解构着既定世界的格局，粉碎着大与小、动与静、有与无的二极对立，再造着全新的人类空间。大海的波涛浩渺壮阔吗？但在他笔下那只对着大海，“眯细着眼/不知作何想”的蜘蛛眼里，却只不过是自己网眼中的几滴水珠而已(《网》)；大海的声音高亢吗？但却听不见，而是融进了“风的手指”“月亮的情网”“心的峡谷”(《海声》)；他写香积寺中本无生命的木鱼，居然能够攀上云端浮游，从而幻化出另一个听觉世界(《香积寺路上》)。

孔孚不是哲学家，但他凭着诗人的直觉，同样敏锐地意识到：遮蔽性，几乎是人类语言的宿命。我们会发现，在他的潜意识中，似乎时刻存在着对语言的敌意与戒心。但作为诗人，他又不像某些哲学家那样，困顿于“说不可说”的无奈，而是以豪迈进取的乐观姿态，高扬起“尚减”“用无”的旗帜，撕扯着语言的遮蔽，悠然自得于“说不可说”的诗意创造。他的许多成功之作，正是这样一番“删减”“去蔽”的产物。如他的名作《峨眉山月》，先是写成：“蘸着冷雾/

为大峨写生/斜一飞檐/于空蒙中/一老猿看画/不知毛入……”后改定稿为：“蘸着冷雾/为大峨写生/从有/到无”这后者正是因其删去了限定性、遮蔽性、可视性之具象，才诱人进入“虚无”之境。而恰是这“虚无”，反而见出了峨眉“敞开”之幽深美，“不可说”之玄妙美。

孔孚主张，要进入这样的诗美境界，要瞑目塞听，切断尘缘，以“灵视”而得。而肉身俗目，由于尘世的长期濡染，已往往不易击穿习惯语言锻制而成的世界外壳，而只有“灵视”才能无孔不入，才能觉知世界的另一种面目。诗人这儿所倡导的“灵视”，实在又不谋而合于西方现象学思维中所主张的“悬搁”策略。但现象学力图借“悬搁”把握世界，自然不无偏颇；孔孚主张以“灵视”出诗，可谓切中诗缘。

三

孔孚写的是山水小诗，但见出的则常常是博大壮阔，澄明深邃，或幽妙神秘的境界，从而构成了其激动人心，遐思不尽的艺术魅力。

你看他笔下的黄河：“我寻找黄河/连条线也不见//在这里它缩成一个音符/颤动着”（《渤海印象》）；你看他笔下的轩辕柏：“以长春绿/写五千年历史”“青天已铺好/字不妨大一点//让海外游子都能看见/这云锦笺”（《轩辕柏》）。坐落在济南市区西北，黄河南岸的卧牛山，实际是一座并不怎么起眼的小丘，在孔孚眼里，却竟是这样地气吞山河：“看着黄河/它出神/想着那条江吧”“春来也//拉两根纤绳/快去犁海”（《卧牛山下》）。看这小诗中，展现的是何等博大的襟怀！

当年，中国诗坛上的“战士诗人”郭小川，曾以气势非凡的想象、夸张铺排的语言，落笔于长江、大海、昆仑山、大兴安岭、茫茫沙漠、南方的甘蔗林、北方的青纱帐这样一些“大物象”，创造出一个个气势磅礴的诗歌境界。孔孚则喜以十分简约的语言出之，由一朵浪花、一棵树、一座小山之类“小物象”落笔，而创造出的，却同样是波澜壮阔的艺术境界。窃以为，在中国当代诗歌史上，写大境界最为出色的，大概要首推郭、孔二人了。相比而言，郭诗是“以大见大”，呈现出粗犷豪放之美，但有时因其“理趣”过露，诗味未免清浅；孔孚的诗，则是“以小见大”，呈现出幽深旷远之美，加之诗人精当的语符锤炼与格局构制，无疑使之更富于诗歌自身的质地和魅力。

孔孚称自己的一部分作品为“纯诗”。如“东边太阳/西边月亮//冰盘上/两个果子//粘几滴/露”（《北隍城夏日某晨印象》）；“青岛的风/玻璃似的//人游在街道上/像鱼”（《夏日青岛印象》）；“云/把水拧光了//挂在海边的树上/晾”（《雨后》）。在这类作品中，似乎看不出另外有什么寓意，用诗人自己的话说：“不过是想体现一点灵趣。仅此而已。”① 但正是通过这“灵趣”，通过其中淡远澄明的诗境，读者不仅会得以尘埃荡尽的精神享受，亦会因惊异于诗人的卓绝创造，而得以智慧的熏染。

孔孚的山水小诗中，亦不乏深沉与凝重之作。与一些受“后现代”时风影响，盲目追逐“深度模式削平”的年轻诗人不同，作为一位饱经沧桑的老诗人，孔孚仍在执着地探寻着人生的价值和意义，表现了对人文精神与终极价值的深刻关怀。他常常在简约的篇幅和单纯的意象中，凝铸进人生与历史的情思。他写书卷崮：“像是有人翻阅过一样/一本书掀开在峰顶//有只乌鸦落在上面/夕阳把它染得火红”（《书卷崮一瞥》）；他站在据传是当年大禹屠戮一条“恶龙”的钓鱼台上，展开的诗绪是：“不见那涧绿水/我钓秋风//多想捞起那个冤魂/垂一条思念的绳”（《钓鱼台小立》）。对于饱经风雨磨难的当代中国人而言，这类诗中隐含的历史意蕴，是不难体味到的。他多次这样写过太阳：“青苍苍的海上/铺条玛瑙路//太阳走了/像喝醉了酒//果然跌倒了/在天之尽头”（《海上日落》）；“走近太阳/才知它很冷//一步一步/沉入蔚蓝//回头是岸/已不可能”（《狮泉河道上》）。其中，除了引发读者历史的感喟之外，不是还可以品味到一种人生的况境和价值的追寻吗？从这些诗中可以看出，诗人虽力叛儒家传统的“载道”主张，但却并不否认“理”之于诗的作用。诗人自己也曾这样明确讲过：“诗创造之本身，也离不开‘理’。不管你自觉不自觉，从始至终，都有一个‘理’在那里张罗。”“诗起于情动，那开始的一刹那，暗中就有‘理’在拍打它的翅膀了。”② 只是这“理”，不是某一外来之“道”，而是诗人由情而生的感悟，是一种源自内心的独特发现，是一种合于诗理的“理趣”。显然，正是这水乳交融的理趣，增加了孔孚山水诗的浑阔韵味。

孔孚的山水诗中，还有一种令人遐思不尽，幽深奇妙的神秘美。

在黄山天都峰上，于狂风暴雨占领了大宇宙的暴戾氛围中，诗人俯视雷电，居然听见“有婴儿啼哭”（《登天都峰值大雷雨》）；在峨眉息心所，居然“来一山灵/摩我的心”（《夜宿息心所》）。雷雨声中，何来婴儿啼哭？山灵究为何物？还

---

① 孔孚：《远龙之扪》，山东文艺出版社 1992 年版，第 90 页。

② 孔孚：《远龙之扪》，山东文艺出版社 1992 年版，第 7 页。

有，在无人读懂的泰山无字碑上，诗人写一条青虫“在读”。这“青虫”来自何方？它从碑上读到了什么呢？在藏龙洞中，伴着阵阵松啸林吼，游丝上也荡一条“青虫”，这是泰山无字碑上那条青虫吗？它怎么又跑到藏龙洞来了呢？它怎么总是如此地感兴趣于那些历史上的难解之谜呢？还有，诗中不时出现玄狐，二仙山上，它把“长长的尾巴拖进黄昏”；钻天坡上，它在“合十”祈祷；峨眉金顶，它立于一片危岩，竖耳倾听着人间的秘密；在泰山曲径，它竟“手拈莲翅”，引诗人“入黄花洞中”。在崂山的岩洞中，它又一次出现了：“用人的眼睛看我/头上顶块破布/我几乎笑了出来/问它是牝？是牡？”从孔孚的诗中，我们几乎走进蒲留仙笔下的“聊斋”世界了。诗人笔下反复出现，仿佛悟透了天地玄机，洞彻人间幽秘的“玄狐”及其他扑朔迷离的怪异之象，无疑使孔孚的山水诗，平添一种兴会通灵的奇趣，一种玄妙莫测的神秘美。

对于这种神秘美，诗人自己是格外看重的，多次这样讲过：“诗确有一种神秘之美……这种神秘性，我把它看作是一种近于‘灵’的‘异趣’”；诗应该“合于‘无之生发’，合于‘通变’，合于‘神秘美’。”神秘当然难解，诗人的看法是，有的诗，本来就无须解，“只是审视其美，觉得有‘趣’，就够了”①。

实际上，这种神秘美，也正是诗人“灵视”万物，“抟虚宇宙”的创作主张的产物，其中包含着诗人独到的审美探寻。诗人正是力图通过不受对象世界拘束的“灵视”目光，穿透有与无、生与死、灵与肉、物质与精神、古往与今来、时间与空间的壁垒，去追索宇宙本原的生机，去体悟人间万象的律动，去亲近大千世界的永恒，去感受有限生命的自由。而这正是孔孚山水诗的审美价值，也是一切好诗，好的文学作品应有的审美价值。

四

诗坛的常规似乎是：风起云涌的诗潮，往往是由热情奔放的青年人在推波助澜。中国当代诗坛亦不例外，新时期以来，从“朦胧诗”到“第三代”，多是一些灵性未泯的青年人所为，而大多中老年诗人则显得落寞失措。在这样一个反差强烈的中国当代诗坛上，孔孚的成功算得上一个奇迹。诗人自称是“五十四岁以后才真正写出一点诗来。那是山水诗。”但却正是属于老年之作的这些山水诗，不仅令国内许多本来自视甚高的青年诗人刮目相看，而且在海外诗坛也引起了不

① 孔孚：《远龙之扪》，山东文艺出版社1992年版，第69页。

小的震动，美国纽约的《华侨日报》曾称颂孔孚是“当今中国新诗坛山水诗派的祭酒”。

那么，孔孚是怎样获得了他的成功呢?

孔孚是一位孤独者。

在他的诗作中，最常见的意象是：大海礁石上，孤零零开着的一朵小黄花；面对大海，兀自结网的一只蜘蛛；一片云，一只玄狐，一只白色的蛱蝶，一只蜜蜂，一只纺织娘，一只蚱蜢，一条青虫，一个贝壳，一个绿耳，一株小草；在《天胜寨遗址一瞥》中，他甚至只写“一个泪珠/从红叶上滴落”。在孔孚的诗歌语符库存中，最受垂青的，大概就是这个笔画最简单的汉字“一”了，使用频率最高的，也是这个“一”。常常出现于诗人笔下的，便也直接是与“一”相关的“寂寞”与“孤独”了。

孔孚常常一个人寂寂独行于山水之间。

孔孚曾为自己写过一个斗方，上书两个字：“寂人。”

孔孚曾写过一篇自况意味的散文，题目是：《寂人，默默地……》。

孔孚的孤独，不是生活的孤独。相反，在他人生的旅途中，尽管有过坎坷，但他又是幸运的：他有一位相濡以沫、贤惠，且又有着很高文化品位和艺术修养，可以兼为诗之同道的夫人；有同样懂诗、爱诗、写诗，且亦不乏成就的儿女。

诗人自己对生活更是充满了执着和厚爱。即使生病住院时，也常见他在病房的桌子上，用瓶子浸一些叫不上名字来的小野花，令孤寂的病房总是充满着浓郁的春意。他的孤独，绝不是来自对生活及命运的怨怼与仇视，而是一种哲学意义上的生命的孤独，是诗人独具姿态和精神视角的生命形式的呈现，是一种真正属于诗和诗人应有的深刻的孤独。

生活的孤独，是缘之于人生的被动与无奈，可以使人迷茫失意，可以销蚀人生的热情、勇气和信心；而生命的孤独，则往往缘之于个体超尘拔俗的睿智和关怀万物的胸襟，可以使人昂扬振奋，可以激起人强健的生命活力，可以唤起人博大的爱欲和情感。“它是孤独的/在铅色的穹庐之下/几十亿年/仍是一个骨朵/雪落着……/看它在使劲儿开!”(《飞雪中远眺华不注》)看这孤独的山，没有寂寞和悲哀，没有困惑和失意，而是有着怎样不羁的、顽强的生命活力啊！而在那“使劲儿”开着，似乎要顶破那“铅色的穹庐”的花“骨朵”中，我们看到的，不正是诗人自己昂然不屈的生命形象吗?

五

与孔孚相比，不少年轻诗人犯了一个包含着诗艺之真正奥妙的常识性错误：以既定语言格局的写生化具象堆砌诗行，营构诗篇。这不仅无助于解除人类遭受语言遮蔽的痛苦，唤醒人类本真的灵性，反而会加固感性世界的外壳，进一步麻木和钝化人的心智。这些人也许根本就没有意识到：随着历史的累积，语言已不再仅仅是人类文明的有效构件，而同时也在阻拒着人类与世界的亲和关系。人类当然又不可能弃绝语言，因此，在现代文学活动中，借“有言”之文本达“无言”之境界，更应成为切近诗艺本质的策略。孔孚无疑是深谙这一策略的，所以他一再声称，诗的奥妙就是“灵视”、就是“出虚”，就是用“减”（简）用“无”，就是要达到“无鳞无爪”的“远龙”之境界。

在中国当代诗坛上，也曾另有一些年轻诗人（如“非非主义”诗派），虽然借助西方现代语言哲学，明悟了诗语与既成语言的根本差异，但却往往只是致力于破坏既成语言世界的格局，无力为读者重构一个以“有”为标志的崭新的意义世界。所以，“非非主义”的诗，看上去，虽然呈现出阻拒性、陌生化的语体特征，但遗憾的是，连同读者自身，也往往被完全地阻拒在诗歌艺术的大门之外了。而孔孚则借助于用“无”用“简”“灵视”“出虚”之类的艺术策略，在挣脱习惯语言铸造的世界外壳的同时，又在洞开着通向澄明之境的大门。

与那些往往更感兴趣于外来诗潮的年轻诗人不同，孔孚自己多次讲过，他的诗更得力于民族文化的智慧，尤其是得力于禅宗之惠和道家影响。我们知道，在禅宗和道家的文化视野中，孜孜以求、潜心以“悟”的便正是与“真诗”不谋而合的澄明剔透的生命世界。《五灯会元》十七卷载著名禅师青原惟信曾自述其“禅悟”过程历经了这样三个阶段：

> 见山是山，见水是水；
> 见山不是山，见水不是水；
> 见山是山，见水是水。

从诗的角度看，这三个阶段，便正是诗人挣脱现实、排除杂念、进入“灵视”的“澄明之境”的过程。在第一阶段，自然还不过是肉眼俗目所见的外在山水；而在第二阶段，由于杂念障目，则根本不见了山水。在某些所谓新潮诗作中，诸如："郊区的一所大学/下午四点左右/工地上的大楼已砌到三层/路的另一边/是半年前竣工的宿舍/设计和正在建筑的一样"（韩东《郊区的一所大学》）之类，之所以枯燥乏味，便是因为诗中体现的仅是第一阶段"见山是山，见水是水"的层次；而另有一些诗，如"水里浸过三遍，火里烧过三遍/水深火热的麦子有坚硬的牙齿/十四支麦穗交叉使金子流血/黄金的面具插满麦芒不再生辉"（周伦佑《埃及的麦子》）之类，之所以叫人莫名其妙，难以进入诗境，便是因为诗人虽然在力图穿透客观物象的外壳，但走向了另一个极端，心智迷乱，放弃了对山水本原的诗意追踪，其中"不见了山，不见了水"。而在孔孚的山水诗中，我们可以看到，有山有水，但又不是第一层次的山水，而是处于澄明之境的幽深层次的"真山真水"。而这才是"真诗"的境界。

六

凡是读过孔孚诗文的人，大概都不难得到这样一种印象：这是一位狂狷不羁，孤傲自负，有时甚至是目空一切的诗人。诗人在《题已》一诗中写道："出佛出道/亦牛亦马/何须千手千眼/拷虚宇宙"，仅从这一篇诗的"宣言"中，从"拷虚宇宙"的气魄中，我们便足可见出诗人的"狂"。在《金顶宝光》一诗写道："太阳太偏心峨眉了/看它正画圆呢""我立于环中/若光明树"，这"若光明树"的"我"之形象，便亦恰是"目空一切"的诗人人格之写照。

孔孚的狂狷与孤傲还表现在：绝不盲从什么权威定论，迷信什么古圣先贤。

宋代那位著名诗论家严羽，曾自诩其《沧浪诗话》"断千百年公案，诚惊世绝俗之谈，至当归一之论"，"李、杜复生，不易吾言矣"①。孔孚则专门写了一部阅读札记，多处揭破"沧浪"颜面，指出：严羽由于过分迷恋书本，视野不宽，所谓写诗要"直截根源"，却并没有真正探到大千世界那个"源头"，甚至对那个源头分出来的流，也不甚了了。在结束语"总的印象"中，孔孚还以幽默的语调调侃这位沧浪先生说：美学上喜欢远距离，眼却有些近视；舌头有时似乎不属于自己；胃也不太好，却喜欢囫囵吞枣。宋代著名诗人黄庭坚的"点铁成金"之论，为不少人称道，孔孚则针锋相对地指出，这不过是一个"偷巧"理论，并讥讽道："铁自有铁的用场，何劳你先生'点'！你先生倒不如去创造点别的什

① 郭绍虞：《中国历代文论选》（第二册），上海古籍出版社1979年版，第430页。

么，即便不是金也好。”①

在中国古代文学史上，谢灵运的《登池上楼》、陶渊明的《饮酒》之五、杜甫的《望岳》，一直被视为名篇佳作。孔孚却这样认为：谢诗只“飞鸿响远音”，“卧疴对空林”尚可取，余皆不足道②；陶句“采菊东篱下，悠然见南山”，平平淡淡，初级“自然”而已，尚非“自然”之高层次③。杜诗也并不像某些诗论家说的那样了不起，煞尾一般化，开头也没精打采，近于废话。孔孚还径直宣称：“评得神乎其神，我就不信。老实说，我是不怎么服气的。前年我写过四十来首泰山诗，就是不甘落在《望岳》之后。是否能超过杜甫，这很难说。但不服输，在山水诗一方面和老杜竞赛之心，却有。”诗人还讲过，他的那首《飞雪中远眺华不注》，也是有意和李白竞赛的产物。他认为，李白当年游历下时写下的那首关于“华不注”的《古风》，实在太一般了。“开头两句，颇像出自中学生之手。”中间似乎实在没得可写，便不得不拿用惯了的“仙人”“白鹿”“青龙”来填塞。“所以这诗我不能说好。超过他，我自认为有希望。”④ 李白另外的不少诗作，也被他视为“小虚”。而他要追求的，则是“大虚”。他要抟出一个“虚宇宙”。

这就是孔孚。这就是孔孚的“狂”。显然，这“狂”，不同于“狂妄”。这是一种建立在卓尔不群的“诗识”“诗胆”基础上的“狂”，是一种源于不屈的艺术雄心之“狂”。期盼我们中国的诗界、文化界，多一些这样真正有底气的“狂人”。

七

自成一家的孔孚山水诗，已卓立于中国当代诗坛。与诗相比，他的诗论，也许更值得重视。透过他的诗论（主要见于山东文艺出版社出版《远龙之扪》），我们会感到，这是一位清醒的，真正懂诗、爱诗的诗人。他对诗歌艺术的精髓，有着超绝前人、深刻独到的见解。其中，特别值得重视的是他提出的“东方神秘主义”“远龙之境”之类的诗学主张。

---

① 孔孚：《远龙之扪》，山东文艺出版社 1992 年版，第 2 页。
② 孔孚：《远龙之扪》，山东文艺出版社 1992 年版，第 34 页。
③ 孔孚：《远龙之扪》，山东文艺出版社 1992 年版，第 35 页。
④ 孔孚：《远龙之扪》，山东文艺出版社 1992 年版，第 97 ~ 99 页。

孔孚对“东方神秘主义”的解释是：既不同于现实主义的重“再现”，也不同于现代主义的重“表现”，而是重“隐现”。即在诗歌创作中，既不拘泥于“实象”之模拟，亦不注重于“意象”之创造，而是要遵从自由超脱，不拘于象，从有到无，“无”即“大有”的中国道家哲学智慧，设法以“无象”隐“有象”，以“大虚”隐“大有”。与之相关，他明确主张，诗应超越画，真正的好诗，画家是画不出来的。画得出的诗，说明仍然囿于实，仍是有限，而好诗应是无限的。宋代大诗人苏东坡曾赞誉唐代诗人王维“诗中有画”，孔孚的看法则是：“那只能是王诗还不到家。”① 在孔孚的一些成功之作中，我们的确会感到一种超越画境的奇妙。正如他自己谈过的，如“我钓秋风”，“垂一条思念的绳”（《钓鱼台小立》）；“在风的手指上/月亮的情网里/心的峡谷中”（《海声》）之类能够给人以无穷遐思的“出虚”之境，无论多么高明的绘画大师，怕也没辙。而这种“无象”“隐现”“大虚”，便正是诗人醉心以求的“远龙”境界。

在孔孚看来，这“远龙”之境才是诗的高妙所在、诗魂所在。深隐着东方哲学智慧的“远龙”，本应呼风唤雨、耕耘拨浪于中华民族的诗之长河，但遗憾的是，千百年来，由于儒家成为中国历史上的“文化强人”，这一诗之河道被淤塞了，与诗之本质相悖的“写实”“载道”竟成为诗界主潮。诗人注意到了中国文学史上这样一种怪异现象：某些精于诗道的先贤，虽然从理论上了然“从有到无”的诗道，但在实践中却往往又推崇那些立足于现实教化的儒家诗教风范。如宋人严羽，虽在理论上强调“别材”“别趣”“以禅喻诗”，但在实践方面，却仍推崇“人生派”的杜甫；神韵派领袖王渔洋，虽私下里对杜甫不以为然，公开场合却对门下弟子声称：杜诗“究竟是归宿处”。在诗人看来，这一淤塞之艺术河道，必须重新开掘，以使“地下之潜流得以涌出，洋洋乎流于东方”。现在，也许是时候了，诗人曾自豪乐观地预言：“东方神秘主义无疑将会熠放出神秘之光”，“西方诚然是日子过得富，但其艺术家底并不怎么丰厚。迟早有一天，会有第二个庞德，向东方做第二次朝圣。那时他们所惊异的，将不是唐龙之一鳞半爪，而是‘无鳞无爪’的神秘主义现代东方‘远龙’。”②

据诗人自称，他的“远龙”之说实受惠于中国当代著名学者钱锺书，是钱锺书先生在《中国诗与中国画》一文中论及南宗画、神韵诗派时谈及的，惜乎一直

---

① 孔孚：《远龙之扪》，山东文艺出版社 1992 年版，第 148 页。

② 孔孚：《远龙之扪》，山东文艺出版社 1992 年版，第 192 页。

不曾为美学界、文艺理论界注意。诗人在《远龙之扪》中曾经这样谈及初睹钱先生“远龙”之说时心灵之震撼：钱先生之高见，“人多不留意。在我，则视若宇宙彗星，奇异而神秘。这颗彗星落入我的灵府，终生受用不尽”①。正是由“远龙”视角出发，孔孚力叛基于“载道”的传统诗歌价值观，认为诗歌的美学价值主要是“灵美”“灵性之美”。“诗不是《人民日报》社论。不能指望它扭转乾坤。它只不过是想：能于人之生命中注一点儿‘灵性’而已!”“我们的‘使命’，就是使生理的官能感觉全部升入‘灵’的层次；并疏之使其‘通’；抟虚宇宙，以唤起我中华民族之‘灵性’。”与传统的“载道”相比，这似乎是“无用”，实则包含着“大用”，用诗人自己的话说，这就是：“我们的人民如果少一点儿‘奴性’，多一点儿‘灵性’，其创造力将会是‘无限’的。”②

诗人钟情于“远龙”，不仅以殉道精神努力实践于诗歌创作，以精妙新奇的山水诗独领风骚于中国当代诗坛，且抓住中国古代文论中的“远龙”脉绪，联系佛、道、禅中的有关见解，于诗歌理论方面，进行了卓有见地的揄扬与阐发。

八

与一般诗人不同，孔孚是诗人，又是一位学者。这位祖籍曲阜的孔门后裔，自幼便受到了良好的文化教养，对于中国传统文化，特别是对于构成中国人文精髓的儒、道文化，有着较为深透的感受和理解。加之切身的诗歌创作体验，以及后来专门从事过的诗歌研究工作，使他清醒地意识到“中国新诗，一旦挣脱了‘儒’的羁绊，将会显出无限生命力与冲刺力。”但与诗人积极入世，关心现实，疾恶如仇，向往真理的人格态度相关，从整体上，却又并不否认诗歌匡世济人的作用，这就是，力图通过令人着迷的诗美境界，纯化人的心灵，唤起人的灵性，提升人的文化品位，使之进入一个拥有无限生命空间，与天地万物生息相通，谐和一致的高妙境界。在孔孚看来，这种有着清醒的理性自觉，却又并不直接载什么“道”的境界，才是诗歌的大境界。

关于具体创作过程，诗人所主张的“灵通”“灵视”“妙悟”之类，虽似于禅宗之道，但与禅宗又有着本质差异：禅宗之“悟”，四大皆空，意在虚无，之于人生，毕竟有着看破红尘、逃遁现实的消极面。而孔孚倡“悟”道“灵”，其

① 孔孚：《远龙之扪》，山东文艺出版社1992年版，第182页。
② 孔孚：《远龙之扪》，山东文艺出版社1992年版，第188页。

意不过是说：写诗时，要设法排除外在干扰，实现“大出”，进入“大虚”，切近“大实”，去触近包孕无限的生命之根与宇宙本原，去再造一个风云际会，灵通八方，恬淡澄明的生命空间。

艺术，是自由与限制的统一，是戴着镣铐跳舞。没有了限制，实际上也就没有了艺术。孔孚的许多诗作，看起来妙趣天成，浑朴自然，甚至给人随意为之的印象，而实际上则是诗人呕心沥血、苦苦探求的结果。与“远龙”追求相关，在诗之谋篇布局，遣词用语方面，孔孚严守“简约”原则，每一首诗的创作都经过了一个字斟句酌，反复提炼淘洗的过程。如《古德林漫步》一诗，结尾原为两句：“字间杂有鸟语/鸠摩罗什吃惊”，后改为只留一句，径以“字间杂有鸟语”作结。诗人自己这样分析其中道理：“出鸠摩罗什一象，就是有了规定。‘吃惊’似乎有味，但也是规定。不如落到‘字间杂有鸟语’这活处好……再说，也不一定就是‘吃惊’。佛祖就是高深莫测，你看不出的。道士则多半会是高兴，因为鸟儿在给佛经开玩笑。而诗人们，则可能什么也不是，只不过是觉得有趣；那神情也不一定一律。形形色色，岂不更好！何必拉个天竺和尚来呢！……尾象在这里，显然是塞。删此一象，而众象生，是合算的。”① 仅此一例，即可见出诗人在创作过程中，投入了怎样严肃细致，精益求精的匠心劳作。

孔孚先生的独特贡献正是在于：以深厚的文化根基，以独立不羁的人格精神，以关怀万物的宇宙胸襟，以对诗之真谛的清醒理解与把握，以赤诚与执着的艺术热情，以令人感动的殉道精神，创造出了真正具有本体构成价值的“诗美”。孔孚诗歌艺术的成功也表明，随着现代文化科技的发展，随着文学艺术格局的不断拓展，诗歌这一最为古老的艺术品类，尽管已不再格外炫目，但其自身并没有失去光彩，只是“人间要好诗”。

（原载《理论学刊》2007 年第 7 期）

---

① 孔孚：《远龙之扪》，山东文艺出版社 1992 年版，第 145 页。

论孔孚新山水诗对王维山水诗的继承与变革

李芳宇

孔孚先生是著名的山水诗人，在诗界产生过广泛影响。他在古代山水诗人中对王维评价很高，但也对其有不满之处，因此本文将以王维山水诗为参照对象来具体考察孔孚新山水诗对传统的继承与变革。

一、山水诗在现代的“断线”

以山水为主体的自然对于中国传统文化来说，有着非常深刻的意义。自然山水成为中国古代士大夫们的心灵栖息地和精神家园。中国的山水诗体现着传统“天人合一”的思想，呈现出中国诗人独特的审美创造。

中国山水诗兴盛于晋宋时代。玄学的兴起让人们开始对自然关注起来，而玄学对自然山水的理解又将人们从哲学的领悟引向美学的感受，玄言诗中随之出现了不少描写自然山水的片段，但必须“庄老告退，山水方滋”①。晋宋之交，谢灵运作为我国第一个大量创作山水的诗人完成了从玄言诗向山水诗的过渡。山水诗在王维和孟浩然的手里发展到了顶峰，由于王、孟受禅宗思想影响，山水诗呈现出独特的空灵、静穆和冲淡之美。到了宋代的苏轼又将妙理奇趣寓于明朗清新的山水世界，表现出强烈的哲理意味。而明代的袁宏道不像前辈的山水诗人那样追

① 陆侃如，牟世金：《文心雕龙译注》，齐鲁书社1995年版，第673页。

求物我两忘、物我同一的意境，而是在山水中表现自我，展露性灵，在山水灵音中寻找人生乐趣。当历史进入现代以后，我们却发现山水诗“似乎从‘五四’新文学运动起就断了线!”，虽然像牛汉写过《半棵树》、杨炼写过《大雁塔》这种题材意义上的自然景物诗，但由于“树”与“大雁塔”本身不是诗的主要表现对象，也不是诗人主要的审美对象，所以不能称之为山水诗。孔孚发现这一山水诗传统“断线”以后，激发了要为山水诗“接线”① 的责任感和使命意识。对传统文化的深沉思考以及钟情自然山水的天赋秉性，使孔孚为传统山水诗“接线”成为一种可能与必然。

二、孔孚的山水美学

中国的山水诗有着上千年的历史，如何使现代山水诗有新意，并超越传统山水诗，孔孚先生经过不断的探索和思考，建立了自己的山水美学。它既有对传统的继承，也有变革和超越，在变革中可能也有用力过猛之处，但瑕不掩瑜，孔孚先生创作的新山水诗还是得到了海内外许多读者的认可和欢迎，同时他这种执着探索的精神亦非常可贵。

1. 对禅宗空灵之美的追求以及对佛教神圣性的消解

由于王维受佛教禅宗影响，其诗充满空灵静寂的意境，同时又能体现禅宗随缘任用、自由无碍的境界，素有“诗佛”的美誉。其《辋川集》组诗既精致描绘了自然山水的幽静之美，又蕴含了对自然万物都充满佛性的感悟。“青青翠竹，皆是法身；郁郁黄花，无非般若”，人置身于自然之中，触目菩提，就会洞彻自然宇宙的规律，发现本心的清净与澄澈。而《终南别业》中的名句“行到水穷处，坐看云起时。”更显示出王维达到了任运自然、随遇而安的禅宗境界。“行到水穷处”一般人可能要扫兴而归，而诗人则于“水穷处”坐下来“看云”，并不因一“穷”而扰乱心中的自在平静，心中无所滞碍。诗人“之所以能如此超然，不仅仅是个性恬淡所致，更主要是吸取了南宗‘任性’‘无住’之旨”②。

孔孚也曾受到禅宗影响，“我写诗先受禅宗之慧，这一点心里有数”，在诗歌境界上亦追求空灵之美。试看小诗《大漠落日》：

---

① 孔孚：《孔孚论》，山东文艺出版社 2001 年版，第 127 页。

② 赖永海：《中国佛教文化论》，中国青年出版社 1999 年版，第 270 页。

寂

圆

在空旷寂寥的西部大漠上，暮色苍茫，一轮圆圆的落日绚丽而壮观，完全没有“夕阳无限好，只是近黄昏”的凄凉和落寞，而圆寂作为一个词又象征着佛教圆满的涅槃境界。此诗于空灵之外还蕴含着壮丽、豪放与完满之美。

《秋日佛峪某佛前小立》：

闭着眼

他在笑

掌上一片红叶

秋蹑手蹑脚

此诗将佛陀慈悲仁爱的形象刻画得惟妙惟肖，同时又有着“拈花微笑”般的神秘，还充满着随缘自适般的超脱，任春去秋来，青叶泛红，而我心依然，不为境转。这是诗人在写佛还是在写自己呢？

孔孚诗中有很多对寺庙、佛像的描写，但并不都对其赋予宗教的神圣，有时也充满了戏弄和嘲讽。如《苦罗汉》中的“成了佛/也没摆脱掉那苦”。《过华严寺》中的“如来佛在山谷中游荡/湿透了僧衣”。《千佛山巅我捡到一个贝壳》中的“佛是个孩子/问他徒然//他哪里知道/老闭着俩眼”。《过莲花寺遗址》中的“寺荡然无存/这菩萨比莲花命苦”等等，又显示着孔孚对佛教神圣性的消解和对传统文化的调侃与叛逆，也是诗人身处现代社会而具有的鲜明时代性使然。孔孚诗中既有禅宗境界的空灵、圆融之美，又有着对佛教神圣性的消解，从而不同于王维在诗中体现了他全部的禅宗式的人生境界。

2. 造“有我之境”

以王维为代表的禅意山水诗构造了典型的“无我之境”，如“木末芙蓉花，山中发红萼。涧户寂无人，纷纷开且落。”（《辛夷坞》）生命就像芙蓉花一样自在自由、自圆自足，没有悲痛、失落的感伤之情，在这首诗里看不到诗人波澜起伏的心情，却能让人感悟到神秘宇宙的生长规律和随缘任运的禅宗境界。

而孔孚在他的《我与山水诗》一文中却宣称“我的诗里可以说是处处‘有我’。我就不相信有什么‘无我之境’”，孔孚诗中的自然意象体现着诗人的主观情感和精神气质。例如：“没有风/海寂寞得难受”（《寂寞的海》）；“即便大声哗笑/也看出有点儿寂寞”（《无题》）是海寂寞还是人寂寞？是人令海寂寞还是海令人寂寞？恐怕诗人自己也无法说得清吧。“他是背着身的/似乎压一肩痛苦”（《将军礁》），又是礁痛苦还是人痛苦呢？或许诗人在礁石中看到了自己，曾经也是这样弓着身，背负着痛苦，然而并不放弃，等等，孔孚笔下的山水是人格化山水，诗人与山水合而为一，体现着孔孚的山水意识：“自然即我”。与其说孔孚在写山水，不如说他在写情怀、写自己。诗人不是在“‘返回自然’，而是邀请自然进入我们的生活”①。读孔孚诗最深的感受不是自然景色之美，而是诗人的感情之美。清醒的自我意识使他时时意识到自我的存在，由我对大自然进行审美性的观照。同时也代表了现代山水诗的一个结构特点：以心象来组织物象。因此虽然现代山水诗可能较古代少了客观、逼真的描写，但却可以获得心灵的深度。

3. 求隐

刘勰《文心雕龙·隐秀》曰“隐也者，文外之重旨也”。如王维《竹里馆》“独坐幽篁里，弹琴复长啸。深林人不知，明月来相照。”正体现了中国古典诗学所崇尚的含蓄、蕴藉之美，诗人独坐在幽静的竹林里，没有悲喜之情，只有空明与澄净，清幽与绝俗。

孔孚对隐更是情有独钟，他说“从古典山水诗画中，我悟出一个‘隐’字，认为诗是隐藏的艺术，不仅是情隐，理隐，连那个‘象’，也应该是有些隐的”。而笔者以为孔孚隐得不是情，而是理与象。因为“有我之境”怎能将诗人的感情隐藏起来呢？而只能说诗人在尽力将炽烈的感情做淡化处理罢了。在孔孚看来，古典山水诗的理隐得还不够。如王维的《过香积寺》：

不知香积寺，数里入云峰。
古木无人径，深山何处钟？

---

① 孔孚：《孔孚论》，山东文艺出版社2001年版，第127页。

泉声咽危石，日色冷青松。
薄暮空潭曲，安禅制毒龙。

通过描绘山林古寺的幽静环境，营造了空灵幽僻的意境，而最后一句“薄暮空潭曲，安禅制毒龙。”却留下了佛理尾巴，纪晓岚曾批点《瀛奎律髓》言“诗宜参禅味，不宜作禅语”①，因此从审美的角度看此诗不如《辋川集》纯以景含理更富诗意。再看孔孚的《香积寺路上》：

黄叶捕捉一只蛱蝶，
山路落满松针。
鸟儿们不知都哪里去了，
只见一野狐逡巡。
蓦地有天竺之香袭来，
白云中游数尾木鱼……
大雨中过雷神峡，
没有路。
霹雳只能在峡谷中走。
我与雷神同行，
拄一根断枝。

全诗没有说理，亦不空寂，“白云中游数尾木鱼”和“深山何处钟”都暗示了香积寺的幽僻，而前者却比后者具有更强烈的动感和生命感，体现了孔孚与王维不同的艺术风格。只隐理，孔孚觉得还不够，在2001年出版的《孔孚诗》中对这首《香积寺路上》进行了修改，只留下了“蓦地有天竺之香袭来/白云中游数尾木鱼”两句。将“黄叶”“蛱蝶”“山路”“松针”等具体的物象全部隐去，体现了孔孚独特的“深度隐藏”② 的美学追求，修改后的作品既体现了幽寂、蕴藉之美，又蕴含了灵动与朴淡。

① 钱锺书：《谈艺录》，生活·读书·新知三联书店2001年版，第640页。
② 孔孚：《孔孚论》，山东文艺出版社2001年版，第118页。

在隐象上，笔者以为孔孚先生走得过远了。文贵以有“象外之象”，若本来无象，何来“象外之象”呢？

小诗《峨眉月》原稿为：“蘸着冷雾/为大峨写生/斜一飞檐，于空蒙中。/一老猿看画，/不知毛入……”

修改后为：“蘸着冷雾/为大峨写生//从有/到无”

诗人在将物象隐去后仅留下“从有/到无”使读者无法进入文本，而且“从有到无”仅有哲理却无诗味，与其隐理旨趣又相悖谬，同时从审美角度看“因为一则它是被赤裸裸说出的，二则它是一个使用频率不算低的固定词组，其语感的锋芒或光晕早已钝化，几乎很难激起通常意义上的审美反应”①。而王维的《山中》：“荆溪白石出，天寒红叶稀。山路元无雨，空翠湿人衣。”则仅仅通过物象、实景就将有无之辩证关系表达出来了。作品从整体上勾勒出山中萧瑟空灵的秋景，又暗含冷暖、干湿的色调变化和对比。就内蕴言，前两句实中含虚，有中含无；后两句虚中含实，无中含有。虚实有无彼此呼应，互相生发。“空”以“翠”而显色，“翠”以“空”而透明，其缥缈虚悬，不可捉摸又通过“湿”这一极亲切自然的日常经验而凝附于“人衣”，变得具体质实，可感可触。司空图说“不著一字，尽得风流”并非是不著一字，而是不多著一字罢了。因此，不管是隐象也好，隐情、隐理也好，都要适度。

4. 布虚

孔孚对“古典诗多实出”② 不满意，表示“我则求虚，虚中见实”。③ 若以画论诗，则王维山水诗多是工笔画，而孔孚山水诗则是写意画。王维的“清浅白石滩，绿蒲向堪把。”（《白石滩》），“明月松间照，清泉石上流。”（《山居秋瞑》）等无不是用实笔对自然景物进行精确而具体的描绘，亦不乏生动与活泼。而孔孚敢于向这些古典名句发出挑战，因为他坚信“大自然已造就山水，用不着吾来为它画像”，④ 而去追求“第三自然，这是一种我感觉过的，思考过的，按照我的意

① 唐晓渡：《孔孚山水诗中的旨趣悖谬》，中国作家网，2016 年 7 月 4 日。http：www. chinawriter. com. cn/zjzl/zjk/tangxd/zxzyzp/1335 －9328. htm

② 孔孚：《孔孚论》，山东文艺出版社 2001 年版，第 123 页。

③ 同上。

④ 孔孚：《孔孚论》，山东文艺出版社 2001 年版，第 125 页。

趣创造的诗的自然",[1] 因此这种诗的自然无法以实笔描绘，只能以虚笔出之，在虚中求实，追求空灵之美。所谓“虚空之中藏大千”，虚可以超越一切有形、有限的现实之实，达到无穷、无限。游于虚乃是道家思想所要求于审美意识的核心。孔孚曾说“中国诗歌美学之精髓，我看主要在道家那里”。[2] 他对道家游于虚的审美特点深有所契。

如《泉城山色》“绿得有些倦/现一丝忧郁/思念着雨……”有些倦怠并带着忧郁的绿究竟是一种什么样的绿呢？显然这是一种诗意的绿，是诗人根据自己的意趣和感悟创造的绿。从思念着雨来看，我们又能想象出这是干旱中的绿，完全不同于“山路元无雨，空翠湿人衣”中湿润的翠绿。在《佛峪栌红》中“佛觉得脸烧/岩鹰不敢回巢/秋风慌里慌张/隔山借来松涛”。诗人没有直接写佛峪中的栌是怎样的红，只以“烧”和“慌里慌张”两个动词就非常形象生动地表现出来了，而这种曲笔虚写能充分调动读者的想象力，更符合审美要求，类似这种虚写在孔孚的诗中随处可见。其实虚笔的形成要比实笔难度更大，它需要诗人调动全部的审美想象力、理解力、感悟力去发现自然的丰富意蕴，寻找自然、历史和诗人的最佳契合点。布虚是孔孚现代山水诗超越古典山水诗的显著特点。

5. 动化自然

王维山水诗大都重静穆之美，追求物我两忘、空寂寥落的意境。即使像“雨中山果落，灯下草虫鸣。”（《秋夜独坐》），“明月松间照，清泉石上流。”（《山居秋暝》）这样看似有动感的句子，实际却是以动衬静。动词“落、鸣、照、流”给人以立体的空间感，这种由运动引发的空间感带给我们的却是静止的美感，这就是中国古典诗歌意境动静结合、以动生静的独特存在方式，而孔孚笔下的山水一改清寂的面貌，呈现出活泼灵动的色彩。可以这样说，孔孚所追求的空灵美实际上是空不足而灵有余。小诗《天街印象》：

我追一片云
跑进一家商店里去了

---

① 孔孚：《孔孚论》，山东文艺出版社 2001 年版，第 126 页。
② 孔孚：《孔孚论》，山东文艺出版社 2001 年版，第 147 页。

躲在墙上一幅泼墨山水的半腰
还动呢

云的调皮可爱充满了灵性，而天街之景的灵动也就蕴含在这一片飘忽不定的云中。而“这山谷多么寂寞，/空有这多情的风……”中空旷的山谷本是能给人一种空寂幽静的感觉，却又因多情的风而充满了灵动，恐怕这是孔孚先生自己也未意识到的吧！

孔孚山水诗中的自然物充满了生命的灵动，并且常用叙事的手法表现情节和戏剧性的冲突，给人一种新奇、丰厚之感。像《夜宿洗象池》则是一出典型的戏剧：

诗佛一床
我与普贤抵足

话谈不拢
各做各的梦

月亮在外边喊我
“快来洗洗”

第一小段似在叙述情节，第二小段则产生了冲突，第三小段是冲突的化解。这种充满戏剧性的山水诗是孔孚独特之处，是对王维山水诗的变革与超越。

三、对自然异化的忽略

中国文化以“天人合一”为根本核心，中国古典诗歌尤其是山水诗主要表现人与自然的和谐。在物我浑融、空灵澄澈的意境中给人以精神的慰藉，为人们寻觅一处精神的家园。或许是孔孚受这种思想影响太深，在他的诗中也深刻体现了这种“天人合一”的文化思想。而对自然中的洪水猛兽缺乏关注，对自然被人类异化的现象缺乏感受，因此孔孚诗中的自然就其本身来说，与古典诗中的自然并无多少差别。虽然他的诗中也表现过工业现代化带给自然的变化，如“多少流泉在这里汇合，/都说我要发光”（《月子口水库》），但那仍是正面的影响，仍属于和谐的范畴。日益发展的现代工业文明正在渐渐侵害我们曾经建立的精神家园，这种自然与人类的不和谐是否也应该成为我们诗歌书写的对象呢?

自然和诗人同为宇宙的存在方式。一旦诗人的心灵诗意般地向宇宙敞开时，其触物而生的情感会伸展到宇宙的各个角落，并向纵深处延伸。王国维先生在《人间词话》中说“诗人对宇宙人生，须入乎其内，又须出乎其外。入乎其内，故能写之；出乎其外，故能观之。入乎其内，故有生气；出乎其外，故有高致”①。而孔孚先生正是这样一位既能入乎其内，又能出乎其外的诗人，正如他在《我的诗》一文中所说的“艺术上力争一个‘高’境界，‘远’境界”,② 实际上他确实做到了。

（原载《沈阳大学学报》2007 年第 6 期）

① 王国维著，李梦生评释：《人间词话》（学生版），汉语大词典出版社 2004 年版，第 148 页。

② 孔孚：《孔孚论》，山东文艺出版社 2001 年版，第 121 页。

孔孚：为了断了线的山水诗“接线”

吴正荣

孔孚（1925—1997），原名孔令桓，生于山东曲阜。60岁时出版第一本诗集《山水清音》，其余诗文集有《山水灵音》《孔孚山水》《孔孚集》等。孔孚是一位被社会忽视了的诗歌大家，除了诗本身，他从来不是个得意者，一生最高的荣誉是个省级三等奖，到死也只是个副教授职称。哪怕到了1991年，他的诗仍是少人问津，该年出版的《孔孚山水诗选》印刷量仅有224本。他生活中的一切，似乎正如他简单的小诗一样，几乎虚化到什么都没有了。然而简则简矣，孔孚的诗从内容到形式上都直接体现着中国文化的精髓：从道的高度来作诗，展示神秘的内在生命境界。

一、孔孚山水诗的创作理念：减法

中国山水诗在“五四”后成为空白，孔孚要做的是为断了线的山水诗“接线”，他确实也做到了。他的诗很简单，简单到几个字，一读其诗便入其境，不需要逻辑去分析，其实也根本无法用逻辑去分析。正如古代山水诗中的禅味一样，不讲任何思维形式而直接契入。孔孚认为自己的诗受道家影响最大，至于儒家，他基本上持贬驳态度。有趣的是，出生于山东曲阜的孔孚是孔子家族的后代。他希望“刮骨”，将所受儒家影响刮掉。“尽是儒家的一个面目不行，都在儒家这个层面上，诗就窄了。停留在文化层面，也还是‘有限’，亦然窄。诗该是

‘无限’。过去，现在，未来，全在其中。我总认为：诗是道家的事。于是就来了宇宙层面。”显然，孔孚创作的理论是道家“为学日益，为道日损”思想的运用。也即“减法”。将写诗提升到“为道”的境界，减去所有的表相及装饰，呈现生命的最本然状态。于是，诗也就是灵性本真的自然显现。

从这个角度来看，有人认为孔孚的现代山水诗是学西方的现代主义，同西方舶来的朦胧诗是一样的，这极大地误解了孔孚。他的诗未加任何修饰，苟有修饰，还用“减法”将它减得很短小很直白。其中“隐”的境界，抽象的东西完全是中国本土养育出来的言有尽而意无穷的精粹。孔孚的诗完全是中国传统文化之于现代的产物，他的诗中充满了山水的灵性，极力在实践他的“远龙”理想以及他的“东方神秘主义”。例如《春日远眺佛慧山》：“佛头/青了。”只有四个字，不能再减了，道须载象以传，孔孚未否认文字的表意功能。但只用了足够传载第一直觉的句子。又如《万佛顶留影》：“拉云一起/留一小照//刚刚洗好/风抢走了”。万佛顶云雾缭绕，活生生地与人亲近，忽而与风相戏而去。再如《峨眉月》：“蘸着冷雾/为大峨写生//从有/到无。”莫说月冷无情，今夜峨眉如画，除了她谁还能绘出？画，就是痕迹，就是相的存在，也就是神韵。

二、东方神秘主义：直觉的呈现

真正的山水诗绝非逻辑推断的产物，山水本来就是灵性的等义词。孔孚作为山水诗人并深入研究诗歌理论，深刻理解写山水诗的心理机制已超越了寻常心灵思维，那是一种没有任何修饰、任何障碍的直觉状态。处在这种状态下，人由灵性做主，常有不可思议的奇迹发生。《庄子·天地》中有一段文字便是说这种状态的：“黄帝游乎赤水之北，登乎昆仑之丘而南望，还归，遗其玄珠。使知索之而不得，便离朱索之而不得，使吃诟索之而不得也，乃使象罔，象罔得之。黄帝曰：‘异哉！象罔乃可以得之乎！’”文中几个名字皆深有寓意，玄珠喻道，知即理智，离朱代表眼，吃诟代表着高明的言论，象罔是那种心灵通达，不受任何外相干扰的状态。庄子认为，道虽然无所不在，但要找到道，靠思维、感观和言论是不可能的。只有用自己的“神”才可能与道相合，这个神已不是具体的某个东西，所以它不受限制。孔孚创作，最注意这种“心与神会”的神秘主义状态。他追求的是“凝神”，是与大宇宙精神相融合，并刻意酝酿这种状态的产生。常人认为他说的是“灵感”，事实上，这种摒除外物，保留最纯净的心的状态可以长久存在，就是修炼到“天人合一”或“悟道”的境界。这种境界一旦出现，写诗作画有如神在操控，行其该行，走其该走，绝对是最上乘的路数。这种状态也就是由那种神秘的“神”在操控着的直觉状态，即孔孚所谓的“东方神秘主义”境界。

这个道理于佛于道都说得很清楚，佛家认为人的本觉妙明之心被无明所障，若发明本心，则世界上主与客的对立便取消掉了。此时，人的灵性做主，是人最具智慧的状态。道家或直接称其为“道”，将日常中的所谓知识“损之又损”，则“道”体自显，则泯然与一切相合，即所谓天人合一。这种状态下写出的文章自然无不合道，无不是上乘。譬如《夏日青岛印象》，据孔孚自己说，便是这种“心与神会”状态下的产物。“青岛的风/玻璃似的//人游在街道上/像鱼。”

他说：“我那个‘青岛的风/玻璃似的’；下笔时还经过一番经营设计，抽象又回到具体。而后者：‘人游在街道上/像鱼，’就没有这种绞脑子的经营，是一下子就来了的。我自己也不知道怎么会出现这种莫名其妙的意象，实在是心做不了主。”

三、生命境界：主客融合时灵性的流淌

叶维廉说：“我们称某一首诗为山水诗，是因为山水解脱其衬托的次要的作用而成为诗中美学的主位对象，本样自存。是因为我们接受其作为物像之自然已然及自身具足。”不论他的定义恰当与否，山水诗的确是以山水为本位。不过，这样并不等于山水中早已具足一切而不需要人的主观介入。孔孚饱受禅宗和道家的熏陶，对这个问题的认识是清晰的。山水有其“性”，然而所有事物的存在意义都不能离开人这个主体，禅和道的最高境界不外就是人的“性”和外物的“性”取消对立，达到“性”的统一。所以如果主体是“隐”而非消失的话，纵然隐得再深，它也仍存在。然而当主体是主动亲近客体，达到更深层次的介入融合，诗歌同样也会有其不俗的生命力。例如《在云彩上》：“我是在天上了，/只有我和太阳。//看得清清楚楚，/他有些忧伤。//怎么安慰他呢？/我的心也很荒凉……”

该诗的客观美固然已具足，但诗人的主观情绪应该说也相当强烈。主和客是一对悖谬，孔孚不可能发觉不了他的这首诗“我”的成分过重，有违他往日的

"隐"。主客二者的存在是一种事实，不容选择。所以从道的高度来讲，所要达成的目的就是取消主与客的对立。在事物的最本源处看待问题，得到永恒的美之所在。如《泉边》："掬一捧泉水/洗一洗眼睛//心也绿了"。其中的主体味道依然很浓，但主体成了整个山水中的一部分，想分也难了。在孔孚的创作实践中，主体已然隐得很深，甚至已和客体完全融合。"相"已成"道"，诗的灵性因此传达而出。

孔孚追求的是宇宙层面的价值，其实也就是生命的本源问题。这种价值的实现必须以达到个体和宇宙精神的统一为前提，具体体现在诗歌创作实践中即是取消主体和客体界限，绝对统一。当读者审视诗歌，力图找到某种可以评判的主客价值时，是，又不是，却又是，主客根本无法区分。这种"心与神会"的境界让孔孚的诗走得很远，特别是在山水诗"隐"的方面已达炉火纯青。他说："于隐秘一点，我比王维走得要远。"我们试加比较王维的《过香积寺》和孔孚的《香积寺路上》。《过香积寺》："不知香积寺，数里入云峰。古木无人径，深山何处钟？泉声咽危石，日色冷青松。薄暮空潭曲，安禅制毒龙。"《香积寺路上》："蓦地有天竺之香袭来/白云中游数尾木鱼。"

王国维论词说有"有我之境"和"无我之境"，以上二首皆属无我之境，没有人，只有生命的流动。两首中都充满了禅味。不过，王维说了句自己的修心之语"安禅制毒龙"，毕竟还有有形而修，造了"相"。然而公允地讲，真空妙有，本为不二。读王维诗不难发现，他造的"相"正是禅宗的"无相者，于相而离相"，并非真正的执着于相，他是个典型的出入生灭二门，不受空有限制的修行得道居士。而孔孚的诗中的确没有暴露出这种所谓的"问题"，但文字本来就是"相"，孔孚在理论上也陷入了一个误区。然而当他身心俱寂，完全入于诗歌，他在那个时候已然挣脱了外在的束缚，虚化了自身，个体无限地与宇宙的生命本然融合，生命成了"无相之相"。

总言之，孔孚极力剥落诗的"相"是为了凸显诗歌最原始的生命之美。损而又损，以达到"道"的直接体现。他的诗也不纯粹为了诗，他是站在人类文化的顶峰去寻求生命的真实。因此，孔孚山水诗的真正意蕴是在"为道"而非"为诗"，其山水诗是生命层次上的受孕，体现着传统文化中的"宇宙精神"。

（原载《名作欣赏》2010 年第 4 期）

山的脊梁，海的灵魂

——读孔孚山水诗有感

高 雪

孔孚是中国新山水诗的代表诗人，他的诗曾在海内外产生过广泛影响，《美洲华侨日报》称他为“当今中国诗坛上新山水诗派的祭酒”。他为现当代诗坛留下了第一部玲珑精美的新山水诗集《山水清音》，并著有自成体系的诗论《远龙之扪》。读了孔孚的山水诗，我深感相见恨晚。他的新山水诗短小精美，气韵生动，不亚于传统山水诗。他的诗论融合古今中外，取长补短，在儒道文化的浸润下吐蕊播芳。读后，我为诗中那澄澈明净的山水之美陶醉，被诗人那超凡脱俗的气质风范吸引。

诗如其人，读了孔孚的诗再思索孔孚其人，不少评论者认为用他那首《高原夜》中一句“寂灭之深渊/宇宙孵卵”形容他最为贴切。因为他的创作心态是一种宇宙态，他常常让自己为作诗而深入“寂灭之深渊”，他的创作过程便是“宇宙孵卵”，如此诗才容易孕育新生。用孔孚此诗评价其人当然无可厚非，可我觉得用其《东海路上》中那句“山的脊梁，海的灵魂”形容他也颇为恰切。

山有山的沉稳，水有水的灵动，山水之美具有独立于大千世界的清朗明净。然而当今社会物欲横流，熙来攘往，我们的正统文化正被日益冷落，精神文明也被日益遮蔽。纵使山水之美亘古不变，有些愚昧无知的现代人也不懂得珍惜。人们的心灵已日益远离自然，偶尔登山临水只是对世俗生活厌倦后的转目小憩。而诗人孔孚凭山观海，在他笔下，万千气象都摆脱了世俗的喧嚣和熙攘，山山水水都富有灵性和神韵。在孔孚心目中，山情海韵才能表现出他那无羁无绊的自由心态与饱经沧桑的人生体验以及躁动冲突的思想灵魂。

试看《东海路上》：“一边波涛把我吸引/一边青山牵我衣襟/我怎能把心分成两瓣/又忍不得使哪个伤心/唉！你们本该就是一个/山的脊梁，海的灵魂”。诗人忘却了尘世的喧嚣和熙攘，他与山为伴，与海为伍，徜徉于碧海青山之间并怡然自得。当文人骚客们在市场文化下为退却还是坚守而犹豫徘徊时，孔孚毅然独自一人行乐于山水自然，对大千世界的诱惑视而不见，因为他澄澈的心灵早已越过了世俗的樊篱。他视功名利禄如粪土，抛庸碌是非于脑后，不管大千世界如何纷繁复杂，他只顾自己径直往前走，执着于属于自己的那一方碧海青天。

孔孚的山水诗短小清新，灵秀超逸，令人读来心旷神怡。许多精美诗篇既写出了山水之美，又写出了山水的性情和内在灵韵，诗虽小，然诗中体现的独树一帜的艺术风格和审美趣味都堪称一流。

试看《大漠落日》，全诗只有两个字：“圆/寂。”读完，王维的千古名句“大漠孤烟直，长河落日圆”瞬间跳入我们的眼帘。细品来，孔孚并不是对王维名句的模仿，而是推陈出新。他仅用两个字就向我们展现了大漠落日的无穷魅力，我们可以凭借自己的想象和联想来填充这幅大漠落日图为我们留下的空白。此诗以小见大，令我们情不自禁地从中生发出关于生命的哲思。我们完全可以根据自己的心境来品读此诗，可以悲壮凄美，可以慷慨凄凉，可以畅阔寂寥。如孔孚所言：“读者可以根据自己的生活经验，知识面，艺术情趣去见。这正是我所追求的那种‘刹那间见终古，微尘中显大千，有限中寓无限’，‘小中见大’的诗境。”①《大漠落日》已不仅是一首山水诗，它还表现了诗人对社会和人生的深刻哲思。简淡清远、超尘绝俗的精妙诗境，让我们从世俗中打开尘封的心灵，凝眸静思生命的沉重与轻盈。

孔孚新山水诗是对传统山水诗的继承与超越。他的新山水诗中所表现的山水之美及所揭示的现今山水自然审美主题，具有丰富深邃的审美内涵，若以明确清晰的理性思维对其进行概括和描述难度极大，我尚力不从心。在此仅浅谈一下自

---

① 孔孚：《孔孚集》，中国社会科学出版社1996年版，第363页。

己的阅读感悟。

试看《崂山》一诗：“晨餐朝露/夜听潮音/濯足于万顷烟波/肩搭一条白云/有大海这面镜子/沾不得半点灰尘”。这首诗不仅赞美了崂山和大海的清新壮丽，还于山水之美中隐现出哲理趣味。诗中“餐露”和“听潮音”都是常见的传统山水诗用语，“濯足于万顷烟波”是引自西晋左思《咏史》中的“濯足万里流”。最后一句“有大海这面镜子/沾不得半点灰尘”令人耳目一新、心旷神怡。诗人或许是受到了慧能“勿使惹尘埃”的禅境启发，从末句回味全诗更觉意蕴深长，读来令人想到人生和社会也应纯洁清净，即使简陋的日子里也应树立百折不挠的信念，要抵得住纷繁世态的诱惑，临乱世而不惊、处方舟而不躁，在喧嚣浮躁的社会中保持一颗淡泊宁静的心。

“在所有的文学体裁当中，以诗歌与本民族传统文化的关系最深、最富有韧性。”① 孔孚写山水诗并非闲情逸致，他在青山绿水中审视时代动态，在山水清音中透视人类社会的过去、现在和未来，其诗作中自然秉承了传统文人那种自觉的历史忧患意识。他说：“一首好的山水诗，未必不能折射一个时代。”②《母与子》便是其爱国赤子之心的鲜明写照——“见到海/眼泪就流出来了//我怕是海的儿子/泪水也咸咸的呀”。诗作虽短小，其中却淋漓尽致地渗透着诗人对祖国母亲的挚爱，滚沸着诗人痴情于华夏山水的满腔热血。

仁者乐山，智者乐水。孔孚是用一颗仁智之心去观摩祖国的山光水色，去体悟冥冥宇宙和悠悠万古，他是中国新诗史上“山的脊梁，海的灵魂”。

（原载《青年作家》2011 年第 2 期下半月）

---

① 李怡：《中国现代新诗与古典诗歌传统》，北京大学出版社 2008 年版，第 11 页。

② 孔孚：《孔孚集》，中国社会科学出版社 1996 年版，第 370 页。

自觉找寻“被放逐的美”

——关于孔孚、孙国章诗歌创作的对话

张丽军　乔宏智　计　昀　等

主持人：

张丽军：山东师范大学文学院博士、副教授

参加者：

孙国章：著名诗人、原《当代小说》主编

赵林云：著名诗人、山东政法学院教授、济南市作家协会副主席

耿成义：《中国成人教育》编辑部主任、编审

马　兵：山东大学文学与新闻传播学院博士、副教授

严纪照：著名青年诗人

王夫刚：著名青年诗人

宋　嵩、常思佳等山东师范大学文学院博士、硕士研究生

时间：2013 年 4 月 4 日晚 6：00—9：00 点

地点：山东师范大学文学院会议室

一、孔孚诗歌的个体阅读接受史

张丽军：我第一次接触到孔孚诗歌大概是 2006 年左右，刚来山师工作的时候。当时读了无比喜欢，觉得孔孚先生是位高人，其诗歌过目不忘，一下子就入

心入脑。关于写济南的诗歌，如《春日远眺佛慧山》："佛头/青了"，《飞雪中远眺华不注》："几十亿年/仍是一个骨朵"，既有鲜明生动的形象性又有着蕴藉丰厚、耐人寻味的哲理性。让我动起研讨孔孚诗歌念头的机缘，来自去年春天在济南大学举办的孔孚书法展览。牵线人就是《中国成人教育》杂志社的耿成义先生。看了孔孚书法艺术之后，我又一次大为震惊。会上，遇到孙国章先生，得到先生的赠书。孙国章先生的诗歌和随笔，同样让我读来激动不已：诗歌和散文都写得很好，情感无比真挚，充沛丰富深邃。去年夏天，山东文艺出版社总编辑张海珊老师帮我找到了韩济平老师设计编辑的非常精美的、三卷"透视本"孔孚文集（山东文艺出版社2001年版的《孔孚诗》《孔孚文》《孔孚论》），既有孔孚原始手稿的书法视觉美感，又有语言文字建构的诗思之美，令人爱不释手，读来妙趣横生。这是我对孔孚和孙国章先生诗歌作品初步接受的各种机缘情况。我先抛砖引玉，请诸位老师和朋友谈谈各自对孔孚、孙国章先生诗歌的阅读和接受。孙老师请您先谈谈。

孙国章：再过十几天，孔孚老师就离开我们16个年头了。孔老师于1997年4月27日去世。十多年过去了还有这么多人想着他，喜欢他的诗歌，以研讨的形式纪念他，说明孔孚诗歌的价值得到了大家的认同。我认为文学艺术，包括诗歌，应该有两个维度：一个时代维度，一个时间维度。凡是优秀的经典作品，都在时间的维度上有存在价值，与时代并没有多少关系。比如曹雪芹的《红楼梦》，在"文字狱"比较严酷的时代，他用十年时间写下的《红楼梦》，200多年后才被大家发现，成为现在在国际上也叫得响的作品。诗歌同样也是这样，孔孚的诗随着时间的延伸，价值也会越来越明显。现在还有点冷清，这是因为当下以速度和资本为核心的商业社会的时代使大家忽略了这种有价值的诗歌存在。现在俗文化流行，经典的文学艺术被边缘化了，这也是一种正常现象。以前我们总把诗的功能夸大如"时代号角""匕首""刺刀"等，都是为现实政治服务。我认为那是不正常的。把诗歌的功能过分夸大就会使诗歌成为"非诗"。诗是什么？用孔孚先生的话说，它不是《人民日报》社论，不要希望用它来扭转乾坤。它只是给人注入一点灵性，减少一点奴性而已。这是孔孚在诗论《远龙之扪》里提到的。只有中华民族的灵性充沛了，我们民族的创造力才会无限大。诗歌就起这样一个作用。所以说诗歌和哲学一样是"无用之用"，是"大用"。所以大家不要把诗的功能过分夸大。现在诗歌不受重视，边缘化，我觉得这是回到了诗歌应该在的地方。诗不可能处于时代的中心。

赵林云：我在山师跟着袁忠岳老师读诗歌批评，研究诗歌理论。袁老师真正在中国诗坛崭露头角是20世纪80年代中期写三论孔孚的诗歌。我在山师读研三年还亲自到孔孚先生家里去过，也当面聆听过他对诗歌的精辟见解和充满激情的论道论诗，也算是跟孔孚先生有特殊的缘分。刚才孙老师谈到孔孚诗歌的懂与不懂，这在20世纪90年代是一个常谈的话题。我第一次写的第一篇关于诗歌评论的文章叫《闲谈莫论懂不懂》，就专门写的诗歌怎么能看得懂看不懂。大概有两三千字。我这篇文章是孔孚先生看了、改了之后推荐的。这也是我发表的第一篇关于诗歌的评论。我对孔孚先生的为人、诗品感同身受。

我跟孙国章老师的缘分建立在1992年的一场中日足球对抗赛上，建立了忘年交。我在2007年开始重新写诗的时候，孙国章老师也对我的诗歌创作给予了极大的鼓励、肯定和赞扬。这也是我这些年在诗歌写作上比较勤奋的一个动力来源。

耿成义：我最早接触孔孚先生不是通过诗，而是字。早年在山师举办的一次书法展上，看到了孔孚先生的一幅“宇宙意识”的作品。当时我就被这幅字震撼了。我在现场也第一次见到了孔孚先生，才知道孔先生右臂在幼年的一次事故中失去，他的字、诗都是以左手完成的。“宇宙意识”这四个字盘结回还的线条里传达出来的信息，久久地振荡着我的内心。这是我看一般的书法作品所从没有过的感受。后来偶尔在一些中文系老师的家里，也见到了孔孚先生小幅的字，觉得这是一个了不起的人。内心开始对孔老师产生一种特殊的关注。

当时我毕业留校在中文系当辅导员带83级，里面就有位同学以孔孚的诗歌做毕业论文。我与孔先生的交往中谈论最多的还是他的字。我从他的字接触他的人，又从他的人反过来接受他的诗。孔先生晚年病重住在千佛山医院，我去看望他，曾提出办一场“孔孚文化展”。孔孚先生却严词拒绝将自己的字纳入展览。孔先生本身是孔家后人，但是他自觉汰除儒家的成分，这是他了不起的地方。去儒之后出佛出道，以纯美、深邃提升他的艺术境界。平时的孔先生一年中只抽出一两天时间集中写字，用以酬答推脱不掉的亲朋好友的要求。在他去世前的一年，他集中了一个暑期，自言在一种神秘力量的驱使下，完成了百余件杰出书作，这甚至都令他自己惊异。我才粗略地意识到，当初他之所以拒绝把书法纳入

"文化展"，是他自己也没有预料到终将完成的从书法到书道的飞跃。从这个角度讲，我觉得孔先生是一个有超强自制力的、有超强文化自信力的大家；过于唯美的人对自己往往严苛到一般人不能承受的地步。这大体就是我个人的孔孚接受史。

从当代接受史来讲，事实上孔先生目前在公众中的影响力及其所处的地位，与他所具有的独立文化价值是不相称的，但也应该是自然的。他在《孔孚集》后记中明确说过他的诗一减再减，"如此用减，注定会失去读者"，但为了那些"不会甘心徜徉于文化层面止步，而希望进入宇宙大境"的极少的少数读者，这种减也是值得的。所以孔先生从他自身来讲也没有想过希望他的诗能成为大众都来读的诗，他自身的高度也不是大众都能够接受的。1994 年在太湖有一次两岸哲学家云集的谈玄会。当时孔先生因为住院没有参加，他的大女儿去了。会上听完哲学家们的发言，他的大女儿按捺不住即兴朗诵了孔孚的几首诗，当时在会上引起了极大的轰动。搞哲学往往需要穷尽十几、几十年的时间，用几十万言阐论的思想，而孔孚先生往往用几句话就做到了去其枝叶、得其英华的效果。当时的一大批哲学名师都一致觉得这是一个让人震惊的诗人。这个诗人的作品不单单是一个诗的表达，他的内心有让人难以企及的哲思。

马兵：我最早读孔孚先生的诗歌是在高中，那时《齐鲁晚报》刊登的孔孚先生的诗歌我都会找来读。孔孚先生的诗歌为我们提供了一个思考的角度，即现代汉诗的源头是否应源于小诗短诗。我在出版社工作时编辑过一部诗集《现代小诗三百首》，主编是西安的诗评家沈奇，他在序言中特别提到了孔孚先生的那句名言，即"刹那间见终点，微尘中显大千"，他认为短诗才是现代汉诗的源头。我们看胡适的《尝试集》收录的基本都是短诗，然后 20 世纪 20 年代就出现了一个短诗创作的热潮，包括冰心、宗白华，而且自此后短诗这一脉在整个中国新诗历史的发展中就从未中断过。从这个角度看，孔孚诗歌的一个重要意义在于他为短诗正本清源了。

严纪照：我很荣幸能来参加这次孔孚诗歌的讨论会，我接触孔孚的诗歌已经在新世纪了，这个时期孔孚诗歌讨论的高潮已经过去，开始回落。那个时候网络诗集已经开始兴起，而且整个诗坛泥沙俱下，所以我也没有真正去重视孔孚和孙国章的诗歌，但是我还是很喜欢孔孚诗歌的，我十分欣赏他诗歌的语言。他的诗歌减法的运用让诗呈现出一种纯粹的美，这也是我一直乐于追求的美学风格。有段时间，我的一些同学以玩笑的形式调侃“孔孚体”。当时我就在思考孔孚诗歌一定有它存在热度的原因和独特处，所以我开始重新认真去读他的诗。

宋嵩（博士研究生）：我说说我对孔先生的接受史吧。我姥爷和孔先生是住在一个院子里面的，也就是现在的山师一宿舍。我记得之前这里有很多的著名先生，只是我小学的时候没有太关注，所以也没有怎么认识他们。我记得孔先生逝世是在1997年，那时候他在病床上还提了一幅字送给我姥爷，写的是“无边落木萧萧下，不尽长江滚滚来。”我觉得孔先生书法的独特魅力不是一般人所能够欣赏的。其实他的诗歌和他的作品是拥有共通之处的，就是他不是为大众写的，而是为能够欣赏他的艺术的人写的。

宋温馨（硕士研究生）：我们几个接触孔孚比较晚，我是在2012年4月的孔孚书道会上知道孔孚先生的，所以是先接触了孔孚的书，后接触了孔孚的诗。要理解孔孚的书，必先理解孔孚的诗，他的诗与书是相通的。初接触孔孚的书法作品，我觉得除了有强烈的视觉冲击之外，别的无法理解，而且质疑书法作品竟然可以这样写，在读了孔孚的诗以后，才懂了他的书。孔孚的书法作品不同于中国传统的书法作品，讲究笔力遒劲，讲究笔画饱满有力，讲究字的法度，他的作品很多都是半无墨状态，有的千里飞白，有的一泻直下，通过夸张、变形、易位和组合等技巧来增强点、线、面之间的强烈对比，带来强烈的视觉冲击，在线条与虚实之间，又出现很多的散粒，就像宇宙粒子一样，很有大宇宙的风范。像他的书法作品《江清月近人》《齐鲁青未了》《至人无法》《叩寂》《悟无》《意》等，很多单字取法于大篆甚至更早的甲骨文字、象形文字，单幅作品的韵味不仅在于单个拆开来的字，更在于整体的美感，让人抬眼就窥见了宇宙洪荒，他的书法作品是充满大宇宙意识的。这和他的诗歌是一脉相承的，他的诗拆开来都是极平常的字，妙就妙在组合的瞬间，灵气洋溢，大彻大悟。

二、为中国山水诗“接线”：孔孚诗歌的发生与演变

张丽军：孙老师，孔老师的诗您最早是什么时候开始读到的？

孙国章：那是1978年。我在《泉城文艺》做诗歌编辑。当时我们到胶东去，正好孔孚在胶东，在那里相识。我那时35岁，看到这样的诗感觉很新鲜。跟孔老

师认识以后我也开始写诗，我前后用了近8年的时间才悟到了一些他作诗的真谛，原来诗可以这样写。我们原来读的都是贺敬之、郭小川这样的颂歌诗，所以要想凤凰涅槃是非常痛苦的过程。现在你们是好时代，一开始就接触很多全新的东西。当然你们现在也有你们的问题，赶上了市场经济的时代。我们那时候是阶级斗争为纲，现在可能是金钱为纲，这是两个不同的时代但同样对文学艺术造成了一定的伤害。

有人说欣赏天才的人也是天才，张丽军老师能够抓住孔孚的价值来研讨，说明张丽军也是一个天才。为什么现在孔孚诗比较冷清，我觉得原因有两方面。一方面，从大的方面讲，我们的民族受儒家思想影响太深，儒家文化中有许多文化英雄，对我们的影响很大。而孔孚的诗是接到老庄、禅宗那里，所以我们用儒家去理解它，往往理解不了，总在懂与不懂上绕圈圈。实际上诗不存在懂与不懂的问题，晦涩的诗看不懂那是另外一个问题。孔孚的诗大家仔细品读都能读出它背后的意思。另一方面，从当下的社会语境来讲，商业社会俗文化盛行，电视剧等大众传媒那不是真正意义上的艺术。现在的我们大都成了电脑的奴隶、电视的奴隶、广告的奴隶，精神上出现了缺失。孔孚是一个天才诗人，是一个艺术家。从历史上讲天才诗人都是比较受冷落的，不可能被大家所认识，尤其诗歌这种艺术。晚清有诗人说过这样一句话，“写诗有三两知己看懂就可以了，是为懂得我的人而写的”。这句话在一定程度上虽然有点偏执，但也说明了孔孚的诗想让更多的人去读懂并了解也是不大可能的。凡是这种天才型的诗人或画家，像凡·高，在生前没搞过一次画展，而身后一幅画就卖两亿多美元，35岁就死了，当时根本没人认识他。如莫扎特，他不被世俗所容。我对孔孚也是这样理解的吧。从我写诗来讲，虽然我已是古稀之年，但我的诗歌创作仍然在路上。希望大家更多地就孔孚的诗来进行探讨。

张丽军：在张永健先生主编的《中国当代抒情小诗五百首》（长江文艺出版社，1985年版）有较为详细的孔孚简介。这里面说孔孚1947年毕业于山东师范学院（山东高师），教过中学和师范。1949年初到解放区，长期任《大众日报》文艺编辑，1950年开始发表诗作。1955年因胡风问题受牵连。1957年被错划为“右派”。1979年平反后，调入山师从事现当代文学研究工作，拾笔写诗专写山水诗。两组崂山诗分别获《星星》诗刊创作奖，1981年山东省文联文学创作奖。可以说，孔孚的诗歌创作是开始于20世纪50年代，发展繁盛于改革开放的新时期。20世纪70年代末，在新时期思想解放的思潮推动下，孔孚和艾青等诗人一起重新“归来”。不同的是，孔孚因为到了高校（山东师范大学中文系）从事诗歌研究工作的契机，而在对百年中国现代新诗发展脉络的梳理过程中，发现了中国古典山水诗“断线”的问题，从而自觉开始了当代中国新诗独特性存在的探索。应该说，孔孚到山师工作，是他人生历程及其诗歌创作过程中的一个重要转折点。

孙国章：孔孚的诗从胡风问题时期就开始遭遇不测，后来“反右”，“文化大革命”，直到1979年平反，人生当中风华正茂，24年时光被扼杀了。这种人生挫折非常深重。但是孔孚的很大一个优点是始终热爱真理，拥抱真理，从这个角度讲，诗人的第一品格就是真诚。所谓真诚就是时刻和真理站在一起。孔孚1979年平反后受田仲济老师邀请来到山师大研究中国现代诗史。其间，他发现中国山水诗从“五四”以后就“断线了”，没有山水诗了。因为1949年以后政治的、意识形态的高度统一，使得属于贵族文学的山水诗渐渐消失。孔孚发现这个问题后，决心要将山水诗从“五四”以后“接上线”。孔孚的第一部诗集是《山水清音》。第二部是《山水灵音》。《山水清音》里面虚象不多，但那种纯净、真诚已经很明显了。读完后我发现原来诗歌可以这样写。如写大海“见到海，我的眼泪就流出来了。”第一部诗集纯粹、干净、真诚，但作为艺术的虚象相对较少。孔孚压抑了多少年的情感恨不得一下子喷涌出来，所以相对就比较直接。而《山水灵音》的虚象就相对多了一些。孔孚最后写峨眉的诗可以说已经比较自觉地认识到诗应该是出虚诗，无非就是虚实相结合的问题。

马兵：孔孚的诗歌讲究“凝视”，这自然会让我们想到深受里尔克影响的冯至，冯至的诗歌是一种“目击道存”式的诗歌，特别强调“目击”的一瞬对一种阔大时空意识的捕捉。而孔孚诗歌重“凝视”，我认为它与冯至的“目击”诗学观念形成一种有意识的对应关系。更有意思的是，孔孚说他写诗是闭着眼睛去写的，“闭眼面向”的凝视是一种向虚空的凝眸，这是非常值得我们去关注和思考的一种诗学观念。

孔孚诗歌很好地运用了减法。这种减法由炼字炼句到最终的炼意让我们知道了什么才是诗歌语言的硬通货。仔细比较一下孔孚诗歌第一次发表的样子和经过一次次修改之后再发表的样子，就会发现他剔除了诗歌中很多不必要的东西，最后留下来的，都是具有恒久意味的东西。这些删去的不必要的东西正是戴望舒所谓的“炫奇的装饰癖”，是“不永存”的。作家毕飞宇说过“名词多是小说语言的硬通货。”而诗歌的语言的硬通货则是更自由和多样化的，孔孚就以他的不同的诗歌给了我们答案。他诗歌里存下的有时是形容词，有时也是名词。余光中在评价戴望舒的《雨巷》时有一个观点，说《雨巷》中的“彷徨”“忧伤”等词的运用，都是情绪所附加的，也就是说，戴望舒给予我们的美是情绪附加的美，不是诗歌本身的美，这些语言不是真正属于诗歌的本源语言。而孔孚先生是让我们看到了情绪净化之后的东西。

王夫刚：孔孚先生对我的一个大的启示就是“写作的减法”。“有则有限，无则无限”的写作理论在孔孚先生的创作中得到了很好的彰显。我们看他的诗歌，不断地删改，最后形成非常凝练的艺术表达。很多批评家就运用“空灵”二字评价孔孚的作品，但是诗歌十分复杂，我们很难穷尽诗歌所有的魅力。孔孚先生走了一条独属自己的艺术道路，今天大多数人在一般情况下对孔孚先生的质疑是没有的，对他的写作成就也是敬意有加。我年轻的时候读孔孚的诗歌不知道怎么去理解“有则有限，无则无限”，“无则无限”是不是就是指“一字不著”？显然不是这样的。我们的情感世界很复杂，若不用诗歌表达出来，就不会是一个诗人；若不用思想把它表达出来，就不会是一个哲学家。作为诗人，情感肯定要通过有形的东西表达出来，在孔孚先生这里，就是通过不断地删改实现诗歌的简洁。诗人孙文波前段时间出版了一部诗集，就叫《新山水诗》，他的诗歌洋洋洒洒，和孔孚先生的诗风刚好相反。若把这两个诗人的诗放到一起去品读的话，我们会得到截然不同的收获。作为叙述诗的代表诗人孙文波，他的诗歌从细微之处展现情感。所谓叙述，也就是刚才孙老师所说的“再现”，把一个具体的场景详述出来，叙述诗若写好了所能达到的艺术高度也是值得我们去肯定的，像20世纪九十年代的叙述诗就有它的可取之处。

耿成义：我注意到孔孚先生的诗自身在发展。他在1987年的一篇答问里面，有人问他写诗的座右铭。他回答“情，兴，趣”。他在20世纪80年代创作的诗更多地体现了这三个字。到了后期，“峨眉”是一个新的转折，“帕米尔”又是一个新的转折。这两个阶段，就把他的“情兴趣”状态转化成了最后要表达的宇宙意识。“峨眉”阶段宇宙意识在他的诗里还没有出现，更多的是说有道无。如《峨眉月》那首诗："蘸着冷雾/为大峨写生/从有/到无。"

孙国章：他问过我对他的诗集有什么看法。我说我最欣赏的是《峨眉卷》，他很高兴。对《灵音》和《清音》，他觉得还是比较浅。

耿成义：在《峨眉月》这首诗里，从有到无，在一般人眼里"有"和"无"是一对抽象的哲学概念，但是他这里面既是个物象也是个意象。大雾过来，原有的万物都被大雾遮蔽了，从有到无。这里已经融汇了一个诗的意象和一个玄思的意象。二者完全融在一起。我们已经分不清他是在谈玄还是谈物象谈景象。"帕米尔"之后他又是一个明显的转折，就是天地宇宙的意识。如果说之前20世纪80年代在海边的一些诗中还有一些热度，峨眉开始有一些寂，到了帕米尔是一片空。孙国章老师文章里提到过，"孔老师说我的帕米尔诗歌写完，我的诗也就不写了"。

张丽军：孔孚在20世纪50年代出版过一本诗集叫《泉城诗潮》，他说自己的诗集到70年代末是一个路数，那种看到海就要流泪的情感还是充分的，湿润的，到了80年代就节制一点了。在《我与山水诗》的自述中，孔孚说1979年7、8月，一见到海，就是自然地喷发，50年代中期情况，在大渔岛一天写十一首，而在1979年一个月零五天写一百四十多首，出现了新诗写作的第一个高潮。1980年秋天，孔孚的灵岩寺之行诗思奔涌；同时他啃了一年的理论、文学史、绘画史，发现中国山水诗的"中断"，冒出"接线"的念头，开始自觉地写诗。1981年崂山、泰山之行孔孚说"有意约束"自己的诗思。孔孚诗歌到了20世纪90年代确实发生了一个很大的变化，像1992年《大漠落日》的大漠组诗、帕米尔高原诗歌等，已经达到了成熟、圆润的艺术品质。

孙国章：孔孚说"我在不断地往深处引"。

张丽军：对。而且感到越来越成熟。不仅是"圆/寂"，他写大漠落日的还有另外几首诗歌，那种思考既有意象方面的，又有更多的一种融通的东西呈现出来。所以他的诗歌到后来也就不写了。

孙国章：所以我也跟他说，老孔，你的诗歌还再往深处引，引不下去了就别引了。他说他还再走走看。

王燕（硕士研究生）：就我个人的阅读体验来讲，我比较喜欢孔孚精简到极致的诗歌，这类诗虽然短小但却给我带来极大的震撼。例如《大漠落日》的"圆

/寂”，在初读这首诗时我经历了惊奇、不满再到折服的三个过程。两个字何以成诗？孔孚竟如此作诗？惊奇中略带不满，可是细细品味之后又被此诗的大境界折服了。“大漠孤烟直，长河落日圆”，诗人王维抓住边塞一系列典型的具象进行刻画，带给我们的一种奇特、壮丽、雄浑、开阔的体验。可是孔孚把这可以引发诗人千言万语的图景沉淀为两个字，一字圆，可看作描景，荒凉、阔远的沙漠之上有一轮圆日，此落日可近大可远小，可红彤可惨白，任由读此诗的人想象飞腾；一字寂，可看作情与景的融化，空阔的沙漠唯有一落日，这寂可是观日之人心中的空寂，可是作诗之人心中的孤寂，可是读诗之人心中的寂寞，任由诗人、读者的情感流动。由这两字诗，我又隐约读到一种生命的转动：每天都是一个生命的轮回，日出到日落就是一个生命由诞生到死亡的一个浓缩，大漠落日的圆寂是诗人在步入老年之际对那生命安详陨落的一种泰然，此时无声胜有声，是对本真生命静观之后的一种尊重。这让我不得不佩服孔孚诗歌“无言之美”的精致。

三、“抟虚宇宙”：孔孚诗歌理念的独特思考

张丽军：作为一个诗人，孔孚的诗歌独创性在哪里？他的诗歌理念是什么？这是我们需要追寻和追问的最重要的东西。显然，孔孚不是从天上掉下来的，其诗歌创作有一个发生发展和繁盛的不同艺术阶段。同样，孔孚对诗歌内在规律的探寻和独特领悟也有一个从传统文化的继承和创新，再到“悟道”、自觉写作的过程。孔孚诗歌理念的一个来源是对传统诗论和中国写意画论的继承。孔孚非常欣赏司空图的“不着一字，尽得风流”、严羽的“羚羊挂角，无迹可求”和王士祯的“神韵说”等诗歌理论；同时，自觉从南宗山水画学习个性、传神、象外之意，在石涛、朱耷等人画作中汲取灵感，认同贵远、贵简、贵虚的精神境界和创作理念。在《孔孚山水》著作里，孔孚说他的老师国画山水大师黑伯龙先生，师出石涛，尚“简”，晚年凌高境，对自己有很深的影响。

孔孚的可贵在于，他不仅继承，而且还进行艺术反思，勇于提出新思考。他认为山水诗，非“闲情逸致”，而是“呕心沥血”，可以折射一个时代的。在解读杜甫诗“三吏”“三别”中，孔孚评价这是人民性的巨制的同时，更认同杜甫后期的“澄江平少岸，幽树晚多花。细雨鱼儿出，微风燕子斜”的“纯美”的诗，映现出了诗人杜甫的“求美之趣”。不仅如此，孔孚还发出了尖锐的诘问“难道

人民只有血泪，不会欢笑不喜欢美吗?”（《孔孚论》）孔孚已经从对大自然感情的自然生发，转换到了对当代山水诗体独特精神价值之美的新理解和新发现。孔孚很快开始了从唐人王维的“第一自然”、人所改造过的“第二自然”转入到艺术的“第三自然”的追求了。

孙国章：在专著《孔孚集》中，有个代自序，就四句：“出佛出道，亦马亦牛，何须千首千言，抟虚宇宙。”这是孔孚对诗的一个总体的认识，尤其是最后的抟虚宇宙。孔孚非常推崇陈子昂的《登幽州台歌》：“前不见古人，后不见来者。念天地之悠悠，独怆然而涕下。”这首诗没什么“象”，但有浓厚的宇宙意识。从抟虚宇宙来看，孔孚诗有一个特点，在处理虚实方面达到了一种灵觉、灵视。后来他不再满足于从“五四”接线，而是接到了老庄禅宗那里。所以我认为孔孚的最大优点就是返回古典的这种艺术追求非常强烈。虽然他是孔门弟子，但他在艺术方面却是归于老庄、禅宗。老子主张“为道日损，以至于无”，无即大有，就是无限。过去的诗歌写得太实，并且有很多“非诗”的东西存在。一实，就有了规定性了，变小了。而无是无限，没有规定性，可以给读者留下更多的空白，让读者去进行二度创作。这样诗才有味。比如他写帕米尔高原的一首诗是这样的：“天地间侧卧，等一个消息，寂寞扇动翅膀，一匹马咀嚼荒凉。”这里面充满了宇宙意识，高度的概括，高度的抽象。后来孔孚为什么又转向写书法了呢?因为书法也是高度抽象的艺术。在书法领域中，他也践行了自己的宇宙意识和抟虚宇宙的理念。

孔孚的诗歌精神内核在于他悟到了“道”——“抟虚宇宙”。所谓“抟虚宇宙”，实际上就是一个从有到无这样一个过程，在诗中要摒弃那些实实在在的东西，并且出虚不能光出小虚。他说过这样一句话，凡是那些一看到就叫人叫好的诗，往往是前境。真正出大虚，在深层次上达到一个无象的境界，这种诗往往一开始读不进去，但越读越有味道，能够发现在诗歌意象背后一些隐藏的东西。所以孔孚说诗是一种隐藏的艺术。他的各种思想和情感都是隐藏在后面，不能直接说出来。直接说出来往往就没有诗味了。所以他的创作从有到无。我把孔孚老师称为“仅次于上帝的诗人”。

宋嵩：看孔孚的诗歌给我印象深刻的有几点。第一点就是我认为孔孚是一个童心很重的人，赵老师刚刚说到了孔孚先生的照片，他满带着笑容，头上还插了一朵花，就像是一个顽童一样，我想，只有拥有像这样的顽童的心灵才能写出具有童真趣味的诗来，如他的一首大家都没有提到的诗歌《过锦阳川》："一个小姑娘，涉过，脸上阳光亮着"，接下来又有："咽下寂寞的心，一阵通热"，在孔孚的早期诗歌中，经常会出现"寂寞"之类的词眼，特别是他写烟台海边，写崂山的一些诗。这个时候，孔孚刚刚被昭雪，回望"文革"时期自己所走过的道路，内心难免会有一种寂寞之感。但是在这首84年写的《过锦阳川》中，"一阵通热"，这就说明他的心已经温暖起来了，虽然那些写海的诗歌还是给人很寒冷的感觉。最后这首诗写道"夜里，我可以走路了，不必再手提星月"。心里拥有阳光，所以走路就不会害怕。最近有一个很受关注的散文家叫李娟，她有一篇散文《走夜路请放声歌唱》，说自己在茫茫的大草原中，走夜路难免会孤独害怕，这时候就放声歌唱，这样就不再害怕，不再孤独。其实孔先生《过锦阳川》中所体现的心态和这篇散文还是很接近的。一个小孩，脸上阳光亮着，其实是孔孚内心充满了阳光，我想，只有一个小孩才能拥有这样的心态。他的诗有很多都是和大自然对话，他自言自语，这很像一个孩子所为，我们经常会看到一个小孩蹲在树下，和小虫子对话。只有拥有这样心态的人才能写出这样美的诗。我想，像孔孚先生这样拥有童心的诗人已经不多了。我要说的第二个问题就是孔先生诗歌中语言的"硬通货"，那就是他对动词的运用。我认为孔先生可以算是最擅长使用动词的当代诗人之一了。

宋温馨（硕士研究生）：孔孚的诗，让我感动的有三点。第一就是他的诗大气。孔孚的诗歌语言极简洁，用司空图的那句"不着一字，尽得风流"来概括最恰当。俗话说，一滴水可以反映太阳的光辉，一粒沙可以窥见沙漠的浩瀚。孔孚的诗虽然短小，但是精悍。语言自然流淌，但是仔细品读能发现字字都是精雕细琢。他的诗里动辄"抟虚宇宙"或者"侧卧天地间"，"冻在洪荒中"，《大漠落日》只有两个字"圆/寂"。在孔孚的心中，宇宙虽大，但是人在宇宙面前不是卑微的，人也不是宇宙之首，万事万物都是和宇宙洪荒和谐共处的，他的诗透着一股自然的大气。

第二就是他的一颗返璞归真的童心。"童心说"最早见于明代李贽的一篇散文，"童子也，人之初也；童心者，心之初也"，童心就是真心，是心灵的本源，它抛却一切世俗功利的牵绊，本真地看待周围的一切。孩童的眼睛是最纯净的，在他们眼中，所有的一切都是有生命的，都是可以和他们的心灵相交融的。孔孚历经了肉体和精神的双重创痛之后还能保持一颗天真的童心观察着他周围的一切，小至无名的小黄花、蝶、石、泉、鸟，大至海、川、山、云、月、宇宙群星，都像他心中的小精灵一样，像他的诗《海情》：“大海跳起来和我亲吻/礁岩上我弯着腰//爱也是带点儿疯狂/眉毛胡子都湿了”，《夏日青岛印象》：“风栖息在礁岩上/大海发出鼾声//夜/一针一针地缝”，在他的心中，大海、礁岩、风都是有生命的，和人一样的，它们也有情感有喜怒。这些诗儿童可以读，成年人可以读，老年人读了更有体悟，这是非常不简单的。还有一点我同意前面一位老师提到的，孔孚诗歌里的所有意象，像山、水、云、月，这些绝不仅是为了营造意象而使用的特定意象，而是描写这些意象本身是为了表达心中的特定感情，或者说这些意象恰巧契合了诗人所要抒发的感情，所谓“寄情于山水”，说的就是这个道理。

第三是诗里浓浓的禅意。他的诗歌不管是语言，还是留给人的想象空间，到处充满浓厚的禅意。一定程度上，孔孚是个精灵，他对宇宙和自然进行“灵视”，有一种空灵之感。他的诗歌里所体现的大“无”也就是大“有”，这种“无”和佛教经文中所追求的“无”是相似的，像《大漠落日》：“圆/寂”，《帕米尔》：“天地间侧卧/等一个消息/寂寞扇动翅膀/一匹马咀嚼荒凉”，自然的壮阔，生命的浩余尽显，让人有一种在恢宏壮阔中悟道的宁静之感。

辛晓伟（硕士研究生）：实话实说，我之前对孔孚先生了解并不多，真正的接触是在魏建老师的课上。他在介绍山师中国现当代文学学科历史的时候，魏老师对孔孚先生的诗歌给予了极高的评价。然后我才拿起孔孚先生的诗歌作品，这一读之后，我仿佛一下子就进入了先生描绘的山水世界里面去了。我常想，如果我也看到同样的景物，我又能写出点什么来呢？我觉得孔诗如一杯清茗，需要慢慢去品，一时半会儿咂摸不透，品过之后，就会觉得美妙无穷。孔诗短小、精美、灵动，给人耳目一新的感觉，仿佛是在猎取景物镜头的忽远忽近中捕捉最微妙的瞬间。我读孔孚先生的诗歌，有以下几个非常强烈的感受：第一，诗歌意象跳跃性很强，诗人巧妙地运用联系，突破定式思维，将有关联的意象组合在一起，初看好似显得有点莫名其妙，实则背后“玄机”很深厚，例如《古德林漫步》。第二，那就是孔诗里面的修辞手法用得很妙。像代指、比喻、拟人啊，尤其是拟人。

刚才师哥谈到的孔诗里面动词运用得最好，这一点我很赞同。在孔诗中，拟人手法的运用主要通过动词来体现。例如："浮上来了""太阳伸出了手臂"，这里的"浮"和"伸"，就十分具有韵味。第三，那就是很多人都提到的减法的使用。这是孔孚先生诗歌创作的一大特色。孔孚先生创作一减再减，不断简化。但是，诗歌的韵味并没有减少，简约而又不简单，又有哲人的味道，韵味十足，例如《白云寺微雨》。所以说，我觉得孔孚先生是特立独行、深入诗歌天地的诗人，是一位灵魂深处的歌者。这是我在读孔孚诗歌的时候的一点感受。在谈及他的诗论时，我觉得他提倡的诗歌创作距离原则很值得我们思考研究。"与现实拉开距离，艺术形象就愈含蓄"。

常思佳（硕士研究生）：孔孚在当代诗歌追求理性、追求自我释放、追求急风烈马、追求苦闷凝思，少了带着三百残兵从杀战中归来建构自我理想的气魄，多了血气方刚想摧毁一切偶像英雄的艺术气氛中，寻找着属于自己的诗歌道路，更想为中国当代诗歌寻找一条带着古典诗歌光韵的诗歌艺术之路。福柯说过"思想存在于话语的体系和结构之上。"为什么现代人的意识总是出现危机，文学这种用话语来表达思想的方式也能反映出现代人的危机出在何处。"文革"结束以后我们该用什么样的态度去反思，该去建立怎样一种新的大众文化？是建立一个苦闷的社会心理机制还是建立一个宽容豁达的心理机制？我相信面对这样的选择所有具有知识分子责任感的文人都会选择后者。但可惜的是，"文革"结束后，一段短暂的英雄主义思潮被只有平凡履历的善妒者们打翻在地。从此之后，文学借着破坏者、捣乱者的东风走向了展现社会黑暗、倾诉社会不公的"示丑"之路。作家是社会的良心，其本职就是该将社会的真相展现出来给大家看，但作家必不可少的就是悲天悯人的情怀，正义、宽厚的立场是不该动摇的。徐敬亚义愤填膺地在《崛起的诗群》最后这样写道："成群结队，吵吵闹闹地走过去的人太多了！摆开艺术家的架势唬来唬去的人太多了！"中国历来是流俗浩荡的国家！横卧文坛、指手画脚的得势者总是周身本事的庸才子。而想要得势的人的数量总是偷偷地在增加。徐敬亚作为一位极为推崇先锋诗派的学者也同样看到了鲜花里的苍蝇。破坏者多数依靠的是冲动，而冲动又给投机者以滋生的土壤。激情过后坚持者少，唯有建构才能成就百年基业。一座未完成的冲天巨筑，虽只有钢铁般的脊柱也足可以嘲笑脚下那群外表华丽而摇摇欲坠的低矮小楼了。孔孚的诗歌从不缺少理论的根基，“诗就是不能太真实”，孔孚寻求的就是给后辈诗作者以中肯的意见，期待着后辈在他建构起来的诗歌脊柱上添上血肉。

如今的大众文化已经日渐成为琐碎日常生活与商业生产的结合体，这不仅仅是商业会社会所造成的，对利益的追逐似乎是一个社会性的问题，但思想侵蚀之力远比科技发展之力来得坚实。西方的激进式的革命与破坏也许并不适合中国，东方观念之形式并非一日之功，它深深扎根于民族性格之中，孔孚的诗歌也正是激发了深层民族性格中对中华民族诗美的向往。

严纪照：随着年龄的增长，我从孔孚的山水诗中获得了不同的感受。但我个人认为他的诗中所展现的山水不是外在的山水，而是他主观内在情感的呈现，是他对世界、宇宙、时间、生命的各种复杂感受的凝结。

王夫刚：孔孚先生的作品至少是一个中立的东西。谈形式基本上还是一个表层的话题。

孙国章：我认为诗歌创作由感受到美感，成为诗，这其中有个转化。谁转化的好，谁是高手。谁转化不好，就低劣。关键是在这种由感受到美感的转换过程中幻象处理得好不好。孔孚在这个问题上他是大家。所谓抟虚就是你怎么把这个人生啊、自然啊、宇宙啊，包括你个人经历，对人生的看法、认识、感受，抟是抟弄的意思，把他粉碎，然后抟弄成一个整体。把现实先粉碎，然后再造出一个美感。就像他写泰山，并不是真正的泰山，而是他心目中的泰山。这个再造非常重要。我觉得他这一点非常值得欣赏。这种再造达到一种恍兮惚兮的感觉，迷离恍惚。海明威写小说有个“冰山理论”，孔孚的诗歌也是这样，有隐藏。

我们在一起对孔老师的诗探讨一个问题。就是他受了那么多的磨难，为什么在诗当中没有什么表现呢？为什么他不写那个东西，而写山水呢？后来我明白了。他这个苦难到了一个大化之境了。什么人生啊，苦难啊全都化成一体了。

张丽军：全化成一体了。没有任何具体的人世纷争，全是说海水是苦的还是甜的。那是一种体验和情绪的呈现与表达。

孙国章：他高就高在这个地方。虚实啊，情理啊，都成为一体了。

四、学习与创新：孙国章诗歌与孔孚关系思考

张丽军：国章老师，您怎样看待您的诗歌和孔孚诗歌的关系？

孙国章：我曾经问过孔老师，是不是自己写的诗太像他了？他回答我说："问题很值得注意，但是，你并不像我，从形式上来说确实是像的，但是在内涵上来说我们俩是不一样的。你的诗歌山水只是你的符号，你主要还是抒写自己的认识，而我是真正写山水的。形式对诗歌来说不重要，重要的是内涵。"

赵林云：孙老师的诗早期是跟着孔孚先生学，但是晚期跟孔孚先生比更多了一种激情，一种浪漫的诗人情怀。孔孚先生的诗更多的是承接中国传统的道家精神、自然精神、一种清静无为的、空灵的感觉。20 世纪 90 年代初我在山师读研究生的时候，通过孔孚先生的诗我就思考过这么几个问题，到现在也没有想明白。当时我们在宿舍里开"卧谈会"，有一位同学在雨天创作了一首带有调侃意味的——"孔孚体"诗歌，题目叫《雨》：夏天，撒着尿，来了。从形式上看，这与孔孚先生的诗歌倒有一点点接近的地方。这说明那时候中国诗歌界包括北京对孔孚诗歌的关注那是空前的。后来我就思考，实际上孔孚先生在追求一种减法，他跟我讲的时候也反复说这样一种思想。维特根斯坦认为不能言说的东西如果说出来也就消失了。但是文学艺术又是必须表现必须说的。那么其简练能到什么程度为止，后来我自己就得出一个结论，一首诗再短其行数也不能短于题目的字数。我也没有能力从理论上去界定它。就是说题目是四个字，行数不能少于四行。否则就没法理解了。包括孔孚的书法和字也是在减。而且减的笔画极细。笔锋的变化，用笔的笔法的变化细到不仔细看都看不到。他的诗也好，书法也好。在你试图进入，试图接近的时候，在这样的一个过程里面对你的诗歌经验、艺术经验是一种挑战，一种检验，一种诱惑和吸引。这也是孔孚先生的诗歌的魅力之一。

第二点比较重要的也是我一直认可的就是他诗歌里面表现出的那种自然精神。孔孚之后再没有看到好的山水诗。这种自然精神不光在诗歌里面，在绘画里面，在书法里面也在逐渐消失。中国的传统书法很多是从自然里面得到启示的，但是现代人学习书法更多的是从帖到帖，从碑到碑，很少有人能够从自然里面学习书法，获得与书法有关的启示并与自己的临习结合起来。很多画家画山水不爬山，不进山，不认识树，不认识植物，极少写生。我觉得都是一种自然精神的失落。在这种情况下产生的艺术品可能更多的是从概念到概念，很空洞。孔孚诗歌中的这种自然精神非常重要。我个人来讲最喜欢孔孚先生的一首诗是"我追一片云，跑进一家商店里去了”。一下把我打动了。当然“佛头，青了”，还有写泰山的一些作品想象力极强，空间感的变化也非常强烈。

孙国章：孔孚写山水反对模拟，反对再现。他写的山水是孔孚的山水，而不是自然界的山水。例如写峨眉的一些诗歌，是对山水的一种再造。

马兵：孙国章先生的诗歌，就诗歌的形态上来说，可以说形神兼备地传承了孔孚诗歌的短诗，特别是那种“一刹那间”的灵悟，特别相似。但是仔细去比较，我们可以发现他们还是有很大的不同：首先，他们的底色就不一样，这从诗歌的题目中就可以看出来，我们看孔孚的诗歌题目，要么是很中性的题目如《峨眉山》，要么是容易带出“有我之境”的题目，以“我”观万物，“我”在诗歌的底色是“玄虚”和“清寂”的。而我们看孙先生的诗歌，诗中除了“我”之外多了“你”，比如他的诗歌题目有“想你的时候”“你的心”等，增加了一个“你”，就增加了一种情绪，一种交流的渴望，感情的热度也体现出来了，所以孙老师的底色是热的。当然，孙老师语言的表达还是很有节制的，但我们却能从其诗歌的体式和字里行间体味出这种热力。比如说孙老师有一首诗《雨夜一瞥》：“搂在天上/昏黄/潮湿了灯光//门/昏昏欲睡/进来一个不速之客。”结尾的“不速之客”不期而至，但是依然是处于一个交际的状态，是有交流的，而孔孚的诗歌呢，当然也是有交流和对话的，但这种交流和对话不是面向别人的，而是面向自我的，面向宇宙的。

接下来我还要谈谈关于诗歌“大与小”的辩证关系。我认为短诗是十分难写的。像孙国章老师、孔孚老师的诗歌都是很容易模仿，但是很难学得精。有很多人的短诗虽然短但是却淡而无味。像我们所熟悉的冰心的诗歌。冰心的短诗其实就品相一般，她虽然模仿泰戈尔的清新，但是却模仿不了他的幽深。短诗能够写出幽深的味道，能够给人玄妙的美感是很难的。短诗更大的意义就在于它的回声，短诗所呈现给我们的诗行只是一种引线，阅读是点燃，而在我们内心所激起的反响，才是一种内心之火的引爆。

在中国的现代诗人中像孔孚、孙国章先生能把短诗写得如此炉火纯青的是十分少的，大部分诗歌还是只是停留在形式的短，缺少那种隽永、永恒的韵味。

王燕：作为孔孚先生的学生，孙国章被誉为“纯情诗人”，他师承孔孚的“用减”，在这个基础上又有所开拓和创新。他的诗歌有着浓烈的情感，借以用减的笔法，更显浓烈。例如《失眠的夜》中“疯子在街上游荡/擎一颗苦胆”“烟头/把夜烧得千疮百孔”，将失眠的痛苦和失眠背后的情感苦楚用其诗行表现出来，情感比较浓烈。较之孔孚的诗歌，孙国章的诗歌将纯诗之纯更近了一步，例如《湖畔》中“鱼/向月亮游去”，《海边》中“月亮织网/捞鱼的梦”，他没有孔孚被强加于无意识中的外在社会负担与自我主体意识凸显的创作矛盾，所以他的诗歌比孔孚更加纯净，更加体现纯而又纯的灵趣，给人以一种繁华落尽之后的清明之感。

孔孚在与友人的书信中，曾经说过“过去很长一段时间美被放逐，谈美色变”，他经历了“美被放逐”的阶段，这对任何一位追求美和追求自由的诗人是不幸的一个历史时间段。然而同样是在与友人的书信中，我们读到了这样一段包含历史记忆的文字：“我与《诗刊》情深，始于一九五七年。那时‘反右’已开始了，《诗刊》拿出三分之二的版面配合‘反右’，却极不协调地发了我之‘唯美’组诗。那是冒风险的。”在拒绝美的时代语境之中，在“写真实”的文学思潮中，他的唯美诗作与时代极不协调，他和刊登他的诗作的《诗刊》即使冒着历史的风险，也没有泯灭那追求美的信念。孔孚的山水诗在自觉找寻中国新诗史上“被放逐的美”，重拾起中国诗歌的高贵与尊严，而他的学生孙国章先生则始终坚守和延续着孔孚先生对美的追寻信念，始终珍视着诗歌这重拾的尊严。

辛晓伟：很多人都提到孙国章先生的诗和孔孚先生的诗有异曲同工之妙，在我看来，他们两人的诗歌都在寻找空灵，追求玄虚，然后总能上升到哲学意味，这对于我们处理人与大自然的关系很值得借鉴。

五、“诗歌园地新品种”：孔孚诗成就与局限探索

张丽军：孔孚先生带给我们巨大的思考，这包括对中国新诗走向的思考，对山东诗歌发展道路的思考。作为一个诗人，我们今天如何看他的价值？关于他对中国传统诗歌的继承与创造，以及他所追求的大境界，这正是今天我们很多诗人所稀缺的。

今天是一个精神空间被严重挤压的时代，很多作家甚至走向了单一的个人化抒写的道路，而孔孚走出了这一点，他不仅写个人，而且通过写个人来谈自然，谈宇宙。中国古代文人就有这样旷达的心境：“吾心即宇宙，宇宙即吾心”，而我

们当代却失去了这么珍贵的东西。孔孚诗歌就在寻找这种境界，开启人和宇宙对话的审美视域和精神境界，走进生命的灵魂深处，这也是他给我们的一个重大启示，我们要向中国古人学习，追求人生的大美。另一个他对我们的启示就是诗歌的语言。诗歌需要炼字炼句炼意，孔孚已经抵达炼意的境界了，我认为到达这个境界已经是不再仅专注于炼字炼句了。字和句都要服从于对意的表达。我们今天把他评价为山水诗人，这种评价太低了。山水是外在的相，而孔孚已经超越了这一层面，他是借山水传达对生命对世界的思考。

王夫刚："山水诗"只是为了表达上的需要，并不是说孔孚先生的诗歌就是"自然山水诗"。因为作为我们评论家来说，往往需要用一个最简洁的方式去表达它。比如说刚刚那位同学所说的"微型诗"，其实按形式来说它就是微型诗，可是它的内涵是远远超越了微型诗的。

张丽军：对的。我特别注重孔孚对宇宙意识的领悟，这种大的境界的表现不是一般诗人能企及的。那么从语言来说，他为什么要写这样的短诗，其实他是拥有为中国诗歌接线的意识，把中国传统文化与现代诗歌连接起来。作为一个诗人或者作为一个艺术的创造者，能有这样的接线意识是很了不起的。他的这种担当感，使命感，是我们当代诗人、艺术家，还有我们研究者需要秉承的。这涉及我们的胸怀和意志，或者说我们的文化自信力，这具有很大的开拓性。这是我要谈的两点。其实我还要说一个被我们很多人忽略的东西，那就是孔孚的散文。虽然他的散文篇目不多但是我在品读完之后却深为震撼，如他的《锦秀川水库半月居小记》，这里面写了他半个月在锦绣川的完全"自然化"的生活，让我很惊讶。我瞬间就想到了梭罗，他在美国居住了两年零三个月，他写出了瓦尔登湖的美景，表达了人对大自然的关照和理解，这种生态的思想和我们所看到的孔孚的散文是有相互应和的地方的。但是孔孚所呈现的是一个独特的中国人的生态思想，这里面有人和山水的对话，这种人和物之间的对话在孔孚的散文中表现得非常真切。他的散文中的鸟和石头都充满了灵气，大自然是一种灵性的存在，真的非常优美。这种富有生态意识的散文在今天是有它很大的存在价值的。

孙国章：《远龙之扪》实际上也应该算是散文。他写关于《沧浪诗话》的文字很干净。

张丽军：我感觉孔孚的散文价值意义很大，里面有一种理论思考在。他的

《锦绣川水库半月居小记》里面那种对自然物象的哲理性思考，意义非常值得探究。

当然，还有一点我要说的是，我们一直都是谈论孔孚诗歌的优点，那么他的诗歌就没有任何局限吗？比如他在谈论有限和无限的关系时，这种“从有到无”“无则无限”的意识是有待思考的。那么“有”和“无”之间是不是还有一些关键的节点，甚至孔孚论文集《远龙之扪》里谈到的：“无鳞无爪”，他谈“隐象”，甚至有时候龙也不重要，就像“蛙声十里出山泉”一样，青蛙不出山也同样会呈现出一种意境，对于象和意的传达，龙之意的有无也不重要。那么孔孚诗歌中，这种“象”的过度的删减是否会有碍于诗歌美感的表达？这是可以思考的。

王夫刚：对于张老师说的这一点，我想稍微谈一谈。我们可以说孔孚先生的诗是借鉴了我们古典的东西，他的炼字炼句炼意都有向古典诗歌靠拢的倾向。但是我们现在要考虑一下中国新诗的诞生背景是什么？为什么一百年前会有了中国的新诗，我们中国古典诗歌两千年的历史，有一个漫长的传统，是一笔丰富的财产，为什么到了“五四”前后的时候就诞生了新诗？因为古典诗歌到了一定的程度已经发展不动了，因为它已经太完美了，要什么内容有什么内容，要什么风格有什么风格。“五四”前后新诗诞生了，最早的我们可以看到胡适先生的《两只蝴蝶》，今天我们看来它就是一首打油诗，但是在当时来说它就是新诗的涅槃，包括后来郭沫若先生的《女神》，今天看来它在艺术上局限性非常明显，但在当时所产生的作用大得惊人。新诗进入20世纪八十年代以后，可谓百花齐放，与时俱进，孔孚先生不为时风左右，在诗歌创作上坚持自我，这是一个优秀诗人必须具有的品质。通过缩减字句而获得诗意的扩张不算新意，但孔孚先生的可贵之处在于，他在这条路上无限挖掘，直至用自己的作品构成了某种可供公共参考的个体尺度。例如他写《大漠落日》，八十年代北岛也写过一首很短的诗，叫《生活》，比《大漠落日》还短，就一个字：“网”，对北岛来说，这首诗给人意外之感，但对于孔孚先生来说却截然相反，这说明什么呢？他对“有”和“无”之间的理解，应该由他本人做出一个真正的诠释，但是很遗憾，孔孚先生已经离开了人世，他也没有具体的文本对他的这些理论做出一定的解释。当然，或许他认为做这样的事情是一种画蛇添足，艺术的复杂性真的很难言尽。当代有一个著名的诗人叫柏桦，现在在成都，是一个非常有影响力的诗人，他的诗歌对“古典”的呼唤也很强烈。几年前他写了一首长诗《水绘仙侣》，总共两百多行，但是他出的这本书有将近三百页，他为这首诗做了差不多一百个注释，这一百个注释有十几万字，这其中，作者把为何要这样写，为何要用这一个词等都做了详细的解释，我读了之后获益很大，因为一个阅读者是完全不能穷尽诗歌的，其实就算是诗人自己也不能穷尽诗歌，特别是那些当代诗人。比如说孔孚先生的《大漠落日》，就两个字，但是若要让他坐到这里解释这首诗，用一节课的时间，或者用两节课的时间，我想他完全能够做到。想给别人一杯水，自己心里一定是有一桶水，这句民谚对诗人不会例外。现在很多诗人的功课是没有做好的，自己也解释不出这样写或那样写的缘由，有的诗人称自己写的诗是“梦境”，梦境脱离了常规，当然就解释不了了。孔孚先生没有对他的诗歌标准进行适度阐释，我觉得可以算是一点点小小的遗憾。

孙国章：我记得孔孚先生说，凡是有交代说明的诗歌，一概不要。

王夫刚：这是一个仁者见仁，智者见智的话题。孔孚先生的这本诗集，需要收入他的几百首诗，几十篇诗论，或许孔孚先生自己认为所有的解释都是多余的，没有必要的，但是若是从一个给研究者以方便的角度看，一定的解释是很有必要的，它至少为我们打开了一扇走进诗人内心世界的窗。

孙国章：徐先生曾经写过一篇评论文叫《孔孚山水诗及某在文学史中的地位》，他认为孔孚诗歌是“诗歌园地的一个新品种”，孔孚是独特的。

张丽军：总的来说，他是一个创造者，一个探索者。

孙国章：但是孔孚诗歌的诗歌经验带有普遍性。再一个从他的诗里还能悟到写诗一定要凭直感。直感能直接进入到事物内部，它就排除了逻辑、推理这些东西。搞研究也是这样。写诗就是要悟，搞学问要物证。像《红楼梦》这种书要是按照逻辑去推理，那就麻烦了。有些东西没法解释。

张丽军：刚才夫刚和孙老师提到的是很有道理的，即诗歌的发展路数是多样化的。我觉得对孔孚的意义，你赞同也罢，反对也罢，争论，本身就是价值，它引起我们的思考，引起当代人的思考。这就是他的意义。也就是说它依然还在发生作用，引起我们的一个触发点。中国新诗到底应该怎么走？他的优点和局限到底在哪里？引起我们当代诗人的思考，这就是他本身的意义和价值。

孙国章：刚才夫刚所说的度应该怎么把握，这也是值得商榷的。《大漠落日》“圆/寂”这首诗很多人不太欣赏。至于那首“佛头/青了”他是既要留，又要减。不断地在留和减之间徘徊了好长时间。后来说为了诗的美感，还要减，再减就有人看不懂了，那也不管了。这是挣扎了好长时间的。

张丽军：这就像刚才提到的冰山理论。一个诗歌所达到的高度还在于他的哲学方面。他对世界的理解达到了一个更高的层次。象也是一种外在的东西，像孔子说：“述而不作”，不需要来作，我自己已经感受到成为内在的东西了。但是根据禅宗来说，“教外别传，不立文字”。这是“明心见性，”一句话就找到道了，不需要你说什么。捻手微笑就可以了，就找到道了。但是作为文学来说它依然需要文字，它并不是矛盾的，而是说文字呈现出诗歌的形式。诗之为诗，它依然跟哲学还是有所不同的。

耿成义：孔先生的心量很大。我刚才提到了文化自信的问题。通过孔先生的诗歌、诗论和他的字，构成了一个完整的孔孚。孔孚的诗我们现在来看，我们越看越觉得它和我们古典诗歌的脉络这么相同。但是又完全不是古典诗歌，他自己也明确说我这是在做现代诗、白话诗。但是我们一般的白话诗里面又没有人能够融纳这么丰厚的传统，并且他的诗里面又不仅仅是传统，还有新思想。孔先生对传统的任何一个大师都是平等相观的。他可以说杜甫的诗“岱宗夫如何”这是中学生开头，说李白很多也是重复、因袭。他对任何的一个大家从来没有膜拜过，这是孔孚自身定力的一个表现。我们从他的诗里面既读到了传统，又有现代有玄思、哲思，特别是到了后来这些诗里面，机敏如禅宗里面的话头、机锋，深邃如大哲的宏论，但是，这分明是难得有二的绝妙好诗。所有的这一些融合在一起，我觉得这是需要深入研究、剖解的一个问题。如何调用新的文化研究方式，怎么把孔先生这些恢宏博大的内容给阐发出来，会有太多太多的题目值得我们深究。

孙国章：这些年中国的旧体诗风很盛，孔孚就反对写旧体诗。他认为旧体诗是一种返祖现象。

张丽军：我觉得刚才耿老师说得对，他写的是新诗，而且我觉得理解孔孚要从他的文化人格来理解。孙老师的书里的一篇文章叫《壮志难酬——遥寄徐北文老师》，里面有一句话：“他曾对孔孚先生说过，折腾了一辈子，也就是一个济南名士啊！”这句话很有意味，“这种只能对老友倾诉的心里话，透出几许无奈，几多苍凉。”我从这读到另一种意味。就是说徐北文认为折腾了一辈子，在别人认为就是个济南名士。那么我在想，济南名士又如何？对于孔孚来说一个济南名士就足矣。他可以和任何人并驾齐驱，可以和李白杜甫并肩而立，御风而行。

孙国章：徐北文这里是自己说自己。

张丽军：是自己说自己。但我觉得这里头透露出一种无奈，好像我还可以有更多的东西。但我觉得对于孔孚来说就做一个济南名士，或者说做一个诗人也就足矣了。足以鼎立天地之间独立自足存在。

孙国章：徐北文和孔孚在20世纪50年代都是济南的才子，后来都被打成“右派”。所以当时他们都是凌云壮志，光在济南这个地盘上觉得确实很委屈。

张丽军：一个人的文化自信、对自我的诗歌质地的信心，这是一个诗人能够走多远的一个很重要的维度。

六、孔孚诗歌的当代价值和精神启示

孙国章：前一段时间电视台给孔孚做了一个片子，逄春阶准备在《大众日报》搞一个栏目看一看对这个片子有什么反应。让大家写文章。我后来想写的，但看了看那个片子做得实在不行，太简单，我就没写。再一个，对孔孚的以前的评价，包括出的那个评论集，总的来说评价的不高。从技术层面上提的意见多，但从精神层面上还没到一定高度，所以我那篇文章就没写。怎么把握孔孚也是个比较困难的事情。因为这些老先生的优点和价值，远远没有被呈现和阐释出来。

张丽军：是啊，由于时代近距离的关系，我们远远没有认识到孔孚的巨大价值。孔孚不仅在找寻着个人诗歌创作领域的突破与超越，而且还在思考为中国现代新诗和传统古典诗歌“接线”，打通古今诗歌内在精神意蕴，自觉追寻一种具有“东方神秘主义”的中国诗学美学特性的精神结构气质和审美表现形式。孔孚这种自觉的中国诗学美学的审美追寻与建构，是非常值得尊敬的，是非常有意义和价值的。这不仅关涉中国诗歌美学的精神内核问题，而且触及了中华文化的思想理念和精神表征问题。费孝通在谈到东西方文化的差异和互通时说，“各美其美，美人之美，美美与共，天下大同”。我们不禁追问，中国文化、中国艺术的独特之美是什么？我们能否三言两语表述出来，被大家认同，这依然是很难的。孔孚作为一个诗人，已经在诗歌审美道路上，通过诗歌这个艺术载体，自觉地开始了对中华审美文化独特性、对中国诗学美学独特性的思考和探索。我认为对孔孚诗歌价值的判断和认定，应该站在这个高度来认识和理解这位不世出的当代中国诗人。

除了诗歌之外，我还想再一次强调的是被忽视的孔孚散文创作及其当代价值。孔孚的散文，不多，仅有几篇，“美文”式艺术散文。但是，这几篇已经足以传世，已经足以与美国的梭罗的生态散文媲美，里面包孕了中国生态智慧和审美情趣。

赵林云：对于当前研究、回顾、怀念孔孚诗歌的当代意义，我觉得更重要的是一种自然精神、山水精神和传统文化精神。孔孚先生的诗在立意上，在用词上，在技巧上，在传统文化中的深邃的道家精神与语言文字的结合上，过去研究的也很多了。目前的学术方法可能会有新的发现，但我觉得更多的是孔孚先生对自然精神、山水精神、传统文化这样的一种传承，一种挖掘。能够对当下的中国的文学艺术诗歌与自然的剥离有一定的启示。这样孔孚的意义可能会更强大一些。

耿成义：孔先生的现实影响和他的价值是很不相称的，我就想比附一下陶渊明。从内容上是不好比附的，二者表达的内容并不一致。但是从陶渊明的传世来说，我就想到了孔孚老师的传世。经典的传世也有一个曲线，所谓传世曲线。陶渊明在世时，从他的社会地位到诗歌地位都不是当朝的制高点，一直到了五、六百年之后，到了唐朝有些诗人如王维、王绩、韦应物等，有意识地在追摹陶渊明，但也只是将陶作为魏晋当中重要的诗人之一。再之后到了宋朝就是因为有了苏东坡，苏东坡推崇陶渊明，大量模拟陶渊明的诗。也就是在宋朝，陶渊明在中国文化史上的崇高地位开始奠定。这是陶渊明的传世曲线。我想孔老师的传世是必定的，他自己也有这个自信。

王夫刚：20 岁的时候，我把孔孚的诗集读了几遍，但是随着时间和历史情境的流转，我们不同年龄对诗歌的理解也会变化，对孔孚先生的评价也会越来越成熟。很遗憾，当时因为种种原因，我未能拥有一个和孔孚相见的机会，但是通过对他诗歌艺术的理解，也能够实现对他人生的理解。包括他的书法，我们都知道，孔孚先生是用左手写字的，他能成为一个书法家并非偶然，我们看到这本书，孔孚先生的手稿集，一般的手稿是作家抄一份就称为手稿，这不是，孔孚直接写然后删改，直接留下来了。这本文学书，哪怕不看他的诗，只看这个手稿就值得珍藏。

张丽军：韩济平设计编辑的三卷“透视本”孔孚文集，即山东文艺出版社2001年版的《孔孚诗》《孔孚文》《孔孚论》，把孔孚手写的诗歌思考、修改过程以直观形象呈现出来，有着很大的诗学研究价值。

王夫刚：孔孚先生的硬笔写得这么好，他的毛笔也很不错，我说这些的目的是什么呢？我们研究一个诗人不能单独去研究他的诗，还要研究他其他的方面，如他的世界观、人生观，他的书法、性格等。从他的书法，我们可以看出他是一个很严谨，而且是一个很有趣味的人，这对成就他的文学和书法都是有重大意义的。他从早期的炼字炼句到后来的炼意，也就是在意象上如何表现出自己独特的风格。孔孚先生的创作非常成功，他所贡献出来的文本作用巨大，孔孚先生的山水诗，不仅仅在山东，在中国都有一席之地。今天我们谈论到历史的时候觉得很可笑，因为我们永远不知道五百年之后会发生什么。陶渊明的成就从历史的维度看既有它的必然性，也有它的偶然性，所以我们避免对未来做过多的评价。孔孚先生编的诗集刚好选了三百首诗，这个“三百首”也显现了孔孚对自己的自信，但是这样也是很有道理的，我们不知道孔孚诗歌在未来会处于一个什么样的位置，但是有一点可以肯定的是，一定有它的位置，只是位置大或小的问题。在我看来，孔孚先生对当代的新诗贡献是很大的，而且也体现出他出身孔孟之家却有超越孔孟之家的独特的艺术追求，这给我们后来的人带来了很大的启发，如我们该写什么样的诗，该怎样去写诗，等等。艺术之路没有捷径可走，画家必须临帖，除非你是一个天才。我有一个朋友在北京开会时遇到一个气盛的年轻人大谈自己写诗三年获得的成就，朋友说：“没有十几年的写作时间不要和我谈诗”，因为艺术的成熟一定要经历这样一个时间的历练过程，你看孔孚先生的诗歌，也是需要不断地删减改才能形成现在的文本，诗歌的形式表达需要不断完善。总之孔孚先生的写作思想，他的艺术魅力，他所走的属于自己独特的道路，都给我们后来的诗歌写作者提供了必要的启示。我们今天谈论孔孚的诗歌，其实是在谈论孔孚的历史，这个历史是现在的历史，也可能是未来的历史。

严纪照：就我自己的亲身经历来说，前段时间我去爬山，爬到山顶上向远处眺望的时候心灵感觉特别不一样，我们生活在都市，很少有机会来到郊外，走到水边去感受不同的生活，山水对我们当下的人来说，对舒缓我们的精神压力确实有很大的作用。山水诗对于我们大多数处于世俗的人来说是很珍贵的，它让我们能够拥有回归自然的渴望，能够使我们的心灵变得平静、安宁，能使我们洗去一切凡俗，真诚去面对自己的真心。孔孚诗歌的一个重要特点就是“以自然入境”，就是他用自然入他的境。我对这种减法很痴迷，他的诗使我们放缓了阅读的步调，使我们思考这首诗发生的背景、山水景色、景色里负载的各种情感、宇宙中人生中的各种道理，更重要的是他的诗歌释放出一种温暖和温情，从而使诗歌下降，回归到人性，回归到人的本心。我说的这种下降和孙先生说的上升是殊途同归的。

宋嵩：我想说说孔孚先生的诗歌对城市文化和生态文化建设的意义。孔孚的诗歌对济南的文化地理学的建设是一个非常重要的存在。虽然从古至今有很多的文人都写到济南的文化地理，但是我们现在一提到有关济南的文学作品，想到最多的还是老舍的《济南的冬天》，除此之外好像就没有什么了。其实我们有像孔孚诗歌这样好的文化资源，为什么不充分运用呢？“世界上本没有垃圾，只有放错位置的资源”，我的意思不是说孔先生的诗歌是垃圾，而是说他的诗被我们封存起来了，甚至忽视、淡忘了，我们应当重新把他发掘出来。现在各个地方都在搞地方文学地图建设，如北京文学地图、上海文学地图。孔孚创作了这么多的山水诗，像他诗歌中的很多景点我们今天很少有人知道，我在畅想我们文化部门、政府部门是否也可以借助这样的契机来搞一个“孔孚山水游”呢？这不也是一个非常好的文化旅游的创意吗？一方面把济南的美好风景挖掘出来了，另一方面重新发现快要被我们遗忘的孔孚先生，这样一举多得的事情我们为什么不去做呢？

常思佳：真正的艺术家并非一开始就被广泛认可，他们的价值也并非几年之间就可显现。孔孚也正预见到了这一点，他曾写道：“批评界常听到‘公允’一词，对此二字我颇怀疑。数量固然可以说明问题，但也不尽然。真理有时倒是在少数人手里。”在诗美建构的道路上，孔孚进行的也是一场革命，只是这场革命在现代人眼里似乎成了古旧诗风的卷土重来。革命只是一时的冲动，而革命的最终目的是构建一个更加美好的王国。当代诗歌向何处去？我相信先锋绝不是诗歌的出路，建构才能成就时代之音。孔孚这场孤独的战役不该消失在诗歌史中，任何一种转瞬即逝的文学建构都不该被我们轻易遗忘，他们的背后都有着我们并不知晓的文学本质。

宋温馨：对孔孚先生的评价，我借用惠特曼的一句话：在路易斯安那我看见一棵活着的橡树正在生长，它孤独地站立着，有些青苔从树枝上垂下来，那里没有一个同类，它独自生长着，发出许多苍绿黝碧的快乐的叶子。其实孔孚先生就像是这棵树，他的生命是孤独的，他在金玉满眼的世界里两袖清风，两手空空，只给我们留下了这些辉煌的诗篇。他是寂寞的，但是我相信他是快乐的，这棵快乐的橡树有着无比强大的根系。它的根和中国古典、中国现当代文化是紧密联系在一起的，它的根又深深地扎在了中国古典文化的土壤之中。

辛晓伟：时下新诗驳杂，多无病呻吟，缺少诗美。我们需要一些带有能够叩打灵魂的诗作。在孔孚先生的诗歌中，我能够感受到人对天要持有一种敬意，甚至是敬畏。我们是大自然的子民，要怀有一颗充满敬仰的心去对待它。我想这对于我们拓展人的精神世界空间，在垂直方向上理清各种关系很有借鉴意义。最后我还想说的就是孔孚诗歌中的宇宙观念，“抟虚宇宙”这是一种何等的魄力！这是一种至高的境界与状态。同样对我们今天的城市文化、生态文化建设有参考价值。我们一定要从更高更长远的层面来看待问题、思考问题，不为眼前蝇头小利动心，这就涉及人们理解问题的通透程度。怎样把问题看得更透彻一些，那就要有宇宙意识。所以我说孔孚先生是一位永不过时的诗人。

张丽军：清代赵翼在《题遗山诗》中说：国家不幸诗家幸，赋予沧桑句便工。作为生命个体，孔孚的一生经受了太多的磨难和曲折。但是，正如孙国章先生所言，孔孚没有在诗中诉说苦难，没有去控诉那个时代，而是把痛苦的生命体验、满腔的生命热情和对艺术挚爱的激情，统统化为不尽的艺术情理哲思，升华为不朽的诗歌。

济南多名士。济南钟灵毓秀，蕴含着齐鲁文化博大深厚的精神气质结构。作为一个当代文学研究者和同一片精神地理天空下的文学热爱者，我深深意识到我们对孔孚等当代山东作家、济南名士的研究、阐释是很不够的。到今天为止，没有一本孔孚传记、没有一本孔孚研究专著，仅有中国知网20多篇研究论文，这对于一个有创造性、开拓性诗人是远远不够的，这无疑是极为遗憾的。没有天才是遗憾的；有了天才不珍惜，无疑是更大的遗憾。孔孚史料的当代整理与文学研究、孔孚传记的写作、孔孚全集的整理出版都需要当代研究者来完成。

从孔孚20世纪70年代末重新进行诗歌写作到今天，已经过去了30多年。正如耿成义先生所言，文化是需要不断层积的。学术也是薪火相传的。今天的孔孚、孙国章诗歌研讨，既是已有的孔孚诗歌研究的延续，又是孔孚诗歌研究一个新起点。这是我们的期盼也是我们的小小的意愿：为孔孚诗歌提供当代人的精神见证，为后来人提供孔孚诗歌存在的精神踪迹。衷心感谢来参加研讨会的各位朋友！

（录音：乔宏智；文字整理：乔宏智、计昀、张丽军）

（原载《百家评论》2013年第2期）

文化视角下的孔孚山水诗

杜玉梅

中国具有悠久的诗歌传统。诗歌在中国社会的发展历程和文化生活中始终处于特别显著的位置。从中国文学历史的进程来看，每一次时代的脉动和思想变革都打下了诗歌的烙印。诗，已经成为华夏民族带有深厚文化积淀的智慧结晶和维系民族情感的纽带，成为中国文化和中华精神形成的根源，并且在中国文化基因的序列组合中根深蒂固，成为人们理解生活、净化情操、表达情感的重要载体。数千年来，一批批才华横溢的诗人用璀璨丰硕的诗歌传承着源远流长的中华文明。从这个意义来讲，中国诗歌强大的文化包容性、与中国文学走向同步的自觉性成就了中国文化的蔚为大观。

作为文化现象的一种，诗的承继与转变从未间断。诗体的演变从某种程度上折射出一个民族的文化因素、民族心理和审美情趣。孔孚山水诗的文化因变特质，使其具有了“变古出新，以新驭古”的品性。① 因此从诗与文化发展的关系出发，从文化的角度解读诗体流变中产生的创作现象，孔孚的新山水诗值得我们深入地审视。

① 严迪昌：《孔孚诗心的文化特质》，见冯中一主编《孔孚山水诗研究论集》，山东文艺出版社 1991 年版，第 33 页。

一

孔孚被誉为“中国新山水诗的祭酒”，是20世纪80年代后期最具艺术影响力的山东诗人。孔孚原名孔令桓，字笑白，出生于山东省曲阜农村。他儿时不慎被铡去右手，发奋用左手写作。1947年，他毕业于山东师范学院，后执教于曲阜师范学院，开始从事诗歌创作。1979年，他接受了田仲济教授的邀请，调入山东师范大学任教，从事诗歌研究工作。他晚年专攻山水，独辟蹊径，成为“现代东方神秘主义诗歌”的开拓者。先后出版有诗集《山水清音》《山水灵音》《孔孚山水/峨眉卷》《孔孚山水诗选》《孔孚集》《孔孚诗》、诗论集《远龙之扪》《孔孚论》《孔孚文》等。

在撰写《新诗发展史》的过程中，通过对中国诗歌发展脉络的梳理和考察，孔孚吃惊地发现中国古典山水诗传统在新诗史上的“接线”使命感。从此，他逐渐以写山水诗为主，自觉地想做一名独树一帜的山水诗人。在强烈的艺术自信激励下，在孜孜以求的创作探索中，孔孚的山水诗成果斐然。

1979年，孔孚进入了诗歌创作的喷发期。大海的排天巨浪搅动起诗人多年沉淀在心底的郁积，酣畅淋漓的诗思汇聚成精美、清新、玲珑的山水诗。从1979年到1982年，在短短的四年之中，他创作了数百首山水诗。诗人自己这样描述：“那些诗，多半是和眼泪流出来的……”“往往是一首诗没写完，格子里漾出了‘水’，又忙着写第二首。写完第二首，再回头完成第一首……”① 1985年，在时年60岁的好友、中国著名诗歌翻译家、西南师范大学外语系教授邹绛的帮助下，重庆出版社出版了孔孚的第一部山水诗集《山水清音》。这也是中国新诗史中的第一部山水诗集。紧接着，1987年第二部诗集《山水灵音》出版。诗集的出版令孔孚百感交集，在《艰难曲折的路》一文中，他欣喜地称之为“老来得子”。著名学者钱锺书先生治学严谨、为人超然洒脱，平庸之作自难入其法眼，他对孔孚的山水诗却青睐有加。钱锺书主张：“格调之别，正本性情”②，他在《诗可以怨》一文中把中国古老的性情之学称为“先秦以来的心理学”，即：“性之与情，犹波之与水，静时是水，动则是波，静时是性，动则是情。”③ 或许是因为孔孚的

---

① 孔孚：《我与山水诗》，见孔孚著《山水清音》，重庆出版社1984年版，第11页。

② 钱锺书：《谈艺录》，中华书局1986年版，第5页。

③ 钱锺书：《七缀集》，生活·读书·新知三联书店2002年版，第122页。

“隐现之思”与钱锺书的“性情之学”在艺术上的契合，钱锺书在信件中推誉其“摆擂台、开门户”，进而结为忘年之交，并亲自为诗集定名为“山水清音”，欣然在扉页上题字。

二

在中国悠久的文化发展史上，自然山水作为独立审美主题的源头，可以追溯到远古时期的神话传说，散见于各类史料典籍之中。远古时期的山水观囿于人类对自然的原始认知，大多赋予山水神秘的色彩和人性化的表现。到了春秋战国时期，价值论成为山水审美主题的主要观点。儒家将山水与人的德性联系起来，所谓“知者乐水，仁者乐山”。道家重视人的情感，排斥束缚，主张自然逍遥。这种向山水之间寻求人的自然逍遥的追求，将人类的美好情感寄寓山水，达到人与自然亲密共处的和谐境界。道家的山水观直接促进了魏晋南北朝时期山水诗的兴起以及山水审美主题的确立。唐宋时期的山水观日趋成熟。与价值论的山水观不同，唐宋时期的山水观在人与自然的关系处理上不再有主次之分，而是主张人与山水的对应相称、平等亲和。即不再将山水作为道德的象征，也不囿于表情抒怀，“一切景语皆情语”，情景交融，着重于领略山风水貌，陶冶诗情雅趣。“如果说价值论体系中人的自我意识强化，自然山水的各种排列，都是按照主体的心理逻辑组合而成；那么在物我相亲的本体论山水意识中，自我主体意识被逐渐淡化、模糊，进入心理的最深的潜意识层次，真正达到了主观心理与客观美景高度整合的最理想的审美境界。”①

作为中国传统文化的重要内容，山水文化发轫于魏晋南北朝时期，至唐朝发展成熟，两宋时期更加灿烂，虽然到了元代一度停滞，但明清时期又有所发展。山水文化追求“物我两忘”“主客合一”的审美情趣对中国文学艺术的发展影响深远。山水诗是山水文化最为重要的组成部分和核心内容。

山水诗始于六朝，兴盛于唐，是以自然美为直接美感对象的诗体，追求虚静空灵的美学标准。刘勰在《文心雕龙》中写道：“宋初文咏，体有因革，庄老告

① 朱德发：《传统山水意识与孔孚新山水诗》，见冯中一编《孔孚山水诗研究论集》，山东文艺出版社 1991 年版，第 13 页。

退，而山水方滋。”① 纵观中国古代文学研究史，诸家对此论述的解释争论颇多。但是，如果把玄言诗与山水诗放入中国文学史的大背景下来观照，探讨中国山水文学的发展和演变史，南宋的山水诗无疑开一代诗坛之新风。作为山水诗的开创者，谢灵运的诗一改魏晋以来的晦涩之风，充满恬静淡然的自然意味。他的诗意境新奇，字斟句酌，喜用典故，辞章华丽，秾丽至极。“永明体”代表诗人谢朓，主张“好诗圆美流转如弹丸”（《南史·王昙首传附王筠传》）。因此，他的山水诗情景融合、深婉含蓄，又能够音律和谐、朗朗上口。谢朓与谢灵运并称“二谢”，虽均见长于模山范水，但是诗的意味迥异。谢灵运的山水诗依稀还带有玄言的色彩。谢朓的山水诗常借山川景物抒发个人情怀，达到了情景交融的境界，对后世诗风影响深远。钟嵘在《诗品》中说，谢朓的诗歌“至为后进士子之所嗟慕”。山水诗到了唐代达到前所未有的艺术高峰，或工丽齐整，或质朴自然，或幽然淡远，或荒寒清冷，唐代山水诗的风格变化映射出朝代时局的变迁和诗人的不同际遇。有“诗佛”之称的王维，被后人推誉为南宗山水画之祖。他的诗多以画入诗，笔调恬静，善于在光景变幻中营造浑然天成、幽远静美的意境。苏轼评价他的作品为“诗中有画”，“画中有诗”。孟浩然与王维并称“王孟”。他的山水诗语言平淡，意境悠美清远，“野旷天低树，江清月近人”（《宿建德江》），天空与原野的空寂更显示出存在于苍茫天地间人的孤单，只有那一轮清淡的月影作陪，“言有尽而意无穷”，以景入情，物我相通，神韵绝伦。柳宗元的山水诗精致婉转，雅淡简洁，处处显示出诗人清峻高洁的品格。这些著名的山水诗人及其作品的审美观念，拓宽了中国古代山水诗的美学传统。

虽然新诗在创建的过程中并不是有意识地去继承山水诗的传统，但是孔孚山水诗的构建并非对新诗的补苴罅漏。他对传统山水诗学的继承不只是耳濡目染地自然流露，更多的是有心地、自觉地继承。“孔孚的山水诗，是对传统山水诗文体的重新建构，因此，诗人具有自觉的文化整合意向。也就是说，他的山水诗虽然是新诗的一个文体类型，但是在美学精神上自觉地汲取了传统文化的审美遗产。”② 这种自觉首先表现为高度的文化自觉，即对传统的正视和对创作的执着。

---

① 刘勰著，王志彬译注：《文心雕龙》，中华书局2012年版，第65页。

② 章亚昕：《孔孚对古代山水诗传统的继承和超越》，见李少群，乔立，等著《齐鲁文化演变与地域文化》，人民出版社2009年版，第889页。

审美主体的水平取决于诗人的修养，而诗人的文化修养不仅决定了他的文化价值观，也决定了诗人创作的视野和想象的空间。而诗歌艺术修养的前提就是在前人的影响下，开辟自己创作的前进道路。因此，朱德发认为孔孚作为当代著名山水诗人“继承并超越了王维等古代诗人开创的山水诗美学传统”，孔孚的山水诗“无不是自然山水美与其审美心灵相契合的艺术精品，……他的不少山水诗并不热衷于在物我相融的审美意境中张扬个性意识的追求，而感兴趣于在物我化合的艺术境界中表现若梦非梦、似真非真、若是若非、似今非今、若虚非虚、似实非实的朦胧审美感受，仿佛人化了宇宙、宇宙化了人，进入了全息审美境界，客观自然美与主体审美心灵达到高度融合，似乎诗人的艺术创造在此已获得对人的本体和山水本体的双超越，将人们带进一个玄妙神秘的艺术殿堂”。①

作为一种诗体，山水诗充沛的生命力，使它成为饱含民族审美经验的文化载体。孔孚醉心于山水诗，执着于山水诗的创作。诗人特有的创作个性、特定的际遇与学养与山水诗谋求诗体演变的要求相契合，并发展成为新的值得关注的一种文化现象。在这个层面看，孔孚的山水诗是文化传统与诗人诗歌理想、文化积累、创作意向发生深层发酵的结果。传统诗学成为孔孚山水诗坚实的文化支撑，而孔孚因借鉴古典诗学为探索诗艺寻到一条新出路。孔孚山水诗以“减法”“用无”的创作手段见长，其作品飘逸淡雅，抒情寓志于山水之中。孔孚极爱南宗山水画。在他们“贵远、贵简、贵虚之论”里，他发现了自己的“隐逸”之道。“不着一字，尽得风流”，让“说不出来”的性情见诸“不说出来”的文字。他非常看重诗人的灵魂，追求升华了的艺术“第三自然”。在与山水的交融中，以自然牵引心灵，用灵魂感应自然，捕捉刹那间飘荡的灵光，达到了“情性所致，妙不自寻”的境界。亲自然而得灵气，近山水而清诗风，格调清闲高雅，内涵深邃悠远，灵而不滞，不同凡响。比如：

我追一片云/跑进一家商店里去了
躲在墙上的一幅泼墨山水的半腰/还动呢

① 朱德发：《中国山水诗论稿》，山东友谊出版社 1994 年版，第 13 页。

虽非天街风物的再现，但形象、境界、情趣浑然一体，竟是活生生地立在那儿呢！别去苛问是有是无，在诗人的笔下，无字碑上的青虫、郑文公碑上的蛱蝶、分天岭上的纺织娘、琵琶泉畔的蛙，那分明就是全宇宙的灵性所在！

孔孚的诗清风峻骨，韵味空灵。在诗歌的艺术表现上，以“求隐”“求纯”“求异”“简出”“淡出”为审美追求，并在作品中表现得十分鲜明。他标举“东方神秘主义”，其中又以“远龙”为核心。《飞雪中远眺华不注》是其代表作品。

它是孤独的/在铅色的穹庐下
几十亿年/仍是一个骨朵
雪落着……/看！它在使劲儿开

小华山，位于济南北部，靠近黄河，史称“华不注”。历史上文人墨客多有描绘。同样写山，孔孚却不落窠臼，以现代的审美体验重新审视这山水之间，重视表达个人的感受，看似寻常实则奇崛。他不着痕迹地摆脱了“峻拔”“芙蓉”的老套，化腐朽为神奇，以小见大，以虚入实，意象深蕴动人，一个“开”字迸发出大自然最原始的生机和力量。诗行中透出的兀傲刚劲，是诗人高古精神追求的写照，而“骨朵”“使劲儿开”这些平白朴素又精巧传神的词语，恰恰体现出诗人直率豪爽的个性。再如《无字碑前小立》：

我还是看到了太阳的手迹/风的刀痕
一条青虫/在读

“刹那中见终古，有限中寓无限。”诗人独具慧眼，分明“无字”，却看到了“太阳的手迹”和“风的刀痕”，只是又有谁能够读懂这旷古的奇文呢！天子、顽石、山风、青虫，大自然与人契合交融，打造出天地间气势恢宏的亘古奇观。

孔孚的山水诗意象丰富多彩，亦幻亦虚，却又不离奇晦涩、哗众取宠，多有“兴会”之笔。北宋黄休复《益州名画录》所总结的“拙规矩于方圆，鄙精研于彩绘。笔简形具，得之自然。莫可楷模，出于意表，故目之曰逸格尔”，高度概括了山水艺术舍形得神、以兴会意的精要之处。比如在一首描写狐的崂山诗中，狐“头上顶一块破布”用“两只人的眼睛”看我。这只狐乃“兴会”之笔。像描写崂山的《崂山云海》《仙鹤岩》，写秦中的《再谒黄陵》，写峨眉的《峨眉月》《峨眉白风》《象池夜月》等，都洋溢着一种淡淡的神秘之美。

三

孔孚与山水诗的不解之缘，要从他的童年说起。在孔孚童年的记忆里，珍藏着村子中央静静流过的大河，珍藏着在月朗星稀的夜晚和邻居小朋友去水里摸月亮的趣事。单纯、质朴的农村生活，给了他耿直的性格，也在他幼小的心灵上打下了深刻的烙印。特别是对于大自然，他有一种自然而然的亲近感。他的家乡曲阜是历史文化名城、人文宗师孔子的故里、儒家文化的发祥地，有着深厚的历史底蕴和“诗学传家”的文化传统。从孔孚记事起，不会种田的父亲却会教他背诵一些唐诗，特别是像“星垂平野阔，月涌大江流”等一些山水名句，总是在他孩提时代的心中幻化成五彩斑斓的画面。这种热爱大自然、与大自然为友的思想在他的诗句中也得到充分的体现。正如他在《母与子》中写道：

见到海/眼泪就流出来了
我怕是海的儿子/泪水也是咸的呀

对大自然深深的眷恋，一腔滚沸的赤子之情溢于言表。在他的笔下，一山一水、一片闲云、一朵小花都有血肉、有情感，闪烁着奇异的光彩。这也充分体现了诗人敏感而又独特的艺术直觉力和灵敏的捕捉力。

作为孔门后裔，孔孚自幼接受着良好的文化教养。他长期浸润于齐风鲁韵的文化氛围之中，对于中国传统文化，特别是构成中国人文精髓的儒、道文化，有着超出常人的深透感悟和见解。一方面他认为“中国新诗，一旦挣脱了‘儒’的羁绊，将会显出无限生命力与冲刺力”，另一方面他与诗人积极入世、疾恶如仇、坚持真理的人格态度一致，也并不否认诗歌匡世济人的作用。所以有研究认为孔孚的新山水诗既“入儒”又“出儒”“离经不叛道”①，在继承中国传统典籍文化

① 魏建，贾振勇：《齐鲁文化与山东新文学》，湖南教育出版社1996年版，第271页。

的人文灵魂的同时，力图通过绝妙的诗美境界，纯化人的心灵，唤起人的灵性，达到天地万物生息相通、和谐一致的高妙境界。在诗人看来，既具有清醒的理性自觉，又可以不必载“道”的境界，才是诗歌的大境界。

孔孚长期工作生活在济南。济南又称泉城，这就注定济南人与泉有千丝万缕的联系。“济南名士多”，实因泉水滋润得其灵气，又因泉水著名吸引四方名士。泉水文化的潜移默化幻化为诗人的“灵视”，以泉为心，诗思飞扬，有了诗的灵气。他在《答客问》中这样写道：

请教泉有多少/去问济南人的眼睛吧
愿闻济南人的性格/你去问泉水吧

这首诗以简驭繁，泉水与心境交相呼应，恬淡空灵，超脱于象，遗形遗声。

生于斯、长于斯、行吟于斯，孔孚山水诗的清灵之音洒落在齐鲁的山川大地。济南的千佛崖、崂山的莲花峰、泰山的十八盘……他用简洁明快的语言分行书写着熟谙的气息。《夏日青岛印象》是其中较有代表性的一首：

青岛的风/玻璃似的
人游在街道上/像鱼

人像鱼，游在街上，意象随意而欢愉，新鲜且快活。诗人自称为“兴到神会”之笔，情兴所至，并非刻意求奇。

四

孔孚山水诗与古典山水审美传统的自觉对接，还表现在其对道家美学精神的汲取，尤其是诗体的构成方式受到道家的深刻影响。与儒家强调“文以载道”的价值观不同，道家的美学精神尚无，“大音希声”“大象无形”“无为无不为”更加强调审美的内在性和纯粹性，“天地有大美而不言”。孔孚曾经这样阐述道家的美学思想：“‘恍惚’恰恰是一种美呢！道家的‘道’就是‘恍惚’。‘道之为物，惟恍惟惚，惚兮恍兮，其中有象，恍兮惚兮，其中有物。’（《老子》21 章）在于有无之间，似有若无。”①

“在所有的文学族类中，山水诗最突出地表现了人类对自然的亲和与审美关系，而作为古老东方民族的中国人，在这方面又是有着特别独到的深邃的体验的。东方文化中所蕴含的过多的对自然的理解和关怀倾向已构成了它区别于其他民族文化的特点。”② 道家自由、洒脱、超然的美学思想，具有强大的艺术生成力和原创力。作为中国文化传统体系中的重要内容，道家美学精神成为中国文化与文学发展生生不息的动力。对于道家美学思想的开掘整合，古为今用，成为孔孚独步当代诗坛的文化根基和理论依据。孔孚的山水诗实现了人的生命张力与自然灵性的交互、交感、交融，在中国新诗的艺苑中独放异彩。

“以追光蹑影之笔，写通天尽人之怀”，这是“中国艺术的最后的理想和最高的成就”。③ 在贯通中外诗歌艺术的道路上，孔孚山水诗择善而从，努力“得其英华”，为我所有，表现出高度的文化前瞻性。孔孚山水诗在诗坛引起极强的反响。《山水清音》被《中国新诗大辞典》列入“五四”以来新诗名著条目。纽约《华侨日报》在《中国新山水诗人孔孚》一文中称他为“当今中国诗坛上新山水诗派的祭酒”。1997 年 4 月 27 日，与病魔顽强斗争了数年的孔孚“推开无门之门”(《玄思》)独自走了。友人记忆中的他总是同样的神态：那头颅是昂着的，那富有深邃洞察力的眼神里，荡漾着自信、自豪和对于过去年代的审阅，以及对于未来岁月的顽强信念。人们似乎又看到：“石头　石头　石头/他摸//蹲着　跪着　爬着/他摸//风　雨　雪/他摸//希望都老了/他摸//圆圆的/一个//一个铜钱/天呀//泪水流出来了/门关不住了//呵　呵/光”（《摸钱涧》）

（原载《中国文化论衡》2016 年第 2 期）

---

① 孔孚：《溯观——读〈沧浪诗话校释〉札记》，见孔孚著《远龙之扪》，山东文艺出版社 1992 年版，第 10 页。

② 朱德发：《中国山水诗论稿》，山东友谊出版社 1994 年版，第 285 页。

③ 宗白华：《中国艺术意境之诞生》，北京大学出版社 1987 年版，第 162 页。

孔孚“减法作诗”的艺术得失

——从小诗《春日远眺佛慧山》说开去

郭 帅

时间，迟早或已经证明：孔孚的相当一部分山水诗，是二十世纪中国汉诗的精品。以孔孚为代表的山水诗，“标志着新诗创作进入了对传统文化与审美意识进行重新反思、整合的阶段”① ——总体而观，兹不为过。孔孚及其诗歌，形成了一个有趣的现象：他既可谓“诗名晚成”，因他年近六十才开始创作山水诗；又可谓“诗名早成”，因他的山水诗在短短几年间便在海内外诗坛颇具影响。孔孚的山水诗，魅力何在？何来？孔孚本人概括为“减法作诗”。本文便择颇具争议的小诗《春日远眺佛慧山》，一探孔孚“减法作诗”的艺术得失。

（一）

《诗刊》杂志在1996年第5期，以《名家经典·孔孚诗选》为题，刊登了孔孚57首诗。一期刊物刊登某位诗人的诗作50首之多，这在当代诗歌史上是罕见的。《诗刊》的这个举动在诗坛引起一片震动。有的论者认为《诗刊》此举用力过猛，“损一个人最好的办法是把他捧到不相称的高度”，“这种名实难

① 董健，丁帆，王彬彬：《中国当代文学史新稿》，人民文学出版社2005年版，第577页。

副的颂扬与抬举显然贻笑大方”——显然，该论者对孔孚山水诗的成就及地位并非十分赞同。继而，该论者以“神、妙、能”品评57首诗，仿佛瞬间高下立分：“入神入妙者充其量不过二十多首而已，大量的仍是未能入神入妙的平庸之作。”在该论者列举的所谓“平庸之作”中，首当其冲的便是《春日远眺佛慧山》一诗。①

巧合的是，时隔十年之后，诗人伊沙选编影响颇大的诗集《被遗忘的经典诗歌》时，于孔孚千百首山水诗中，独选一首，恰是《春日远眺佛慧山》。在该诗集的序言中，伊沙庄重地宣布：“我们在此强调的已经不是‘遗忘’，而是‘经典’”，“只有‘经典’，才能抗拒‘遗忘’。”② 由此可以认为，伊沙选择《春日远眺佛慧山》，正是将它当作了抗拒“遗忘”的“经典”之作。而伊沙在随文介绍中，不胜感慨地说：“孔孚是位极易被人忽略的诗人，他出版第一部诗集的时候已近60岁了，用力实践的又是‘山水诗’。但凭此一首，他就足可以入选了，而且应该长久地被人记住。”③ 依伊沙所言，这首诗代表了孔孚全部的创作，并一举奠定其“经典”地位，这首诗该是何等出类拔萃。

多么奇怪！面对同一首诗，短时间内竟然出现了一毁一誉的两极评价，毁之者视其为“平庸之作”的代表，誉之者赞为“被遗忘的经典”。然而，无论毁誉，二人皆是个人化的印象式评价，都未能对这首诗进行充分的美学分析。而且，后来的诗评家也无人对这首诗进行审美判断。无疑，这些行为共同将《春日远眺佛慧山》的艺术价值悬置起来了——那么，这首诗的艺术水平到底高也不高？基于此，笔者认为很有必要对这首诗进行细读，了结这一文学悬案，以正视听。

这首大名鼎鼎的《春日远眺佛慧山》仅有两句四字，且无标点无注释：

佛头
青了④

乍看这首诗，有人可能发问：既然是远眺一座山，为何只见佛头不见山？是

① 马立鞭：《孔孚山水诗之弊》，载《阅读与写作》1997年第4期。
② 伊沙：《被遗忘的经典诗歌》（上卷），太白文艺出版社2005年版，第1页。
③ 伊沙：《被遗忘的经典诗歌》（上卷），太白文艺出版社2005年版，第12页。
④ 孔孚：《名家经典·孔孚诗选》，载《诗刊》1996年第5期。

不是诗人“减法用过了头”?[①] 诚然，海内皆知孔孚善用减法作诗，而且在这首诗中亦有所使用，但是他并没有将“山”凭空减去，而是减了一半，留了一半。且不说到过佛慧山的读者知道佛在山中、见佛如见山，即使没到过佛慧山的读者，阅毕该诗，也应挠头一想：青从何来？难道真的是佛头变青了？非也。这涉及一个虚实转化的技巧，即此处的“青了”乃实指春日草木初萌的佛慧山山色，借以虚指佛头。诗人减去了山之形，留下了山之色，是佛慧山之色将佛头“染”青了。

那么，佛头是佛头，山色是山色，山色如何将佛头“染”成了青色？回答这个问题，又涉及特殊视角所造成的审美空间结构的问题，这也是该诗最为传神之处。且不说题目中的“远眺”暴露了诗人的视点——远远望去，佛慧山一片葱荣，佛头在草木的掩映之中变作青色，乃是正常的视觉所及——单是此诗的结构设计，也给那些粗心的读者以巧妙的暗示：此诗共四字，分作上下两行，这种有意为之的诗行结构和层次，实际上与诗人远眺时所见的景物形成了同构关系，即佛头与山色形成一前一后一上一下的构图关系：

佛头——佛头实物（在诗人眼中，佛头为前一层次景物，佛头作为佛的局部，位于作为整体的山色之上）

青了——山色（在诗人眼中，山色为后一层次景物，山色作为整体在佛头之下）

以图示之，则为：

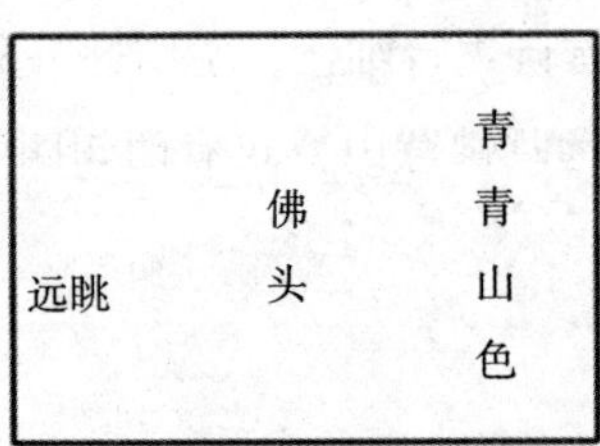

由上分析可以看出，在现实中，佛头作为局部，是出现在作为整体的山色之前和之上的。而诗句中，“佛头”也确乎是在“青了”之前之上。两相契合。诗人以诗歌结构再现了实际景观中的结构关系，以诗歌语言准确而传神地速描了诗

① 马立鞭：《致孔孚——兼谈山水诗“求隐”“用无”的极限》，载《写作》1997 年第 2 期。

人以个人化视角（远眺）所看到的景物，几至“作诗如作画”的境界。以上对《春日远眺佛慧山》一诗进行空间构图的分析，是否有牵强附会或者过度阐释的嫌疑呢？换句话说，孔孚诗歌中，是不是只有这孤单一首构图如此巧妙或曰巧合？答案是否定的。孔孚山水诗中有大量的作品，以匠心独运的结构再现了诗人眼中的瞬时画面，如《大漠落日》：

圆
寂①

粗读这首诗，一种想象便浮于脑海：一轮饱满的落日平静地沉入沙漠地平线。这既是诗人眼中所见景物，也是诗歌的特殊结构所昭示的某种诗界新思维奇观：“圆”的是落日，“寂”是地平线，“圆”字以示形，“寂”字以示声——与现实风景形成同构关系。仅此二字，便将“大漠落日”这一瞬时性景观的貌与神进行了诗意淋漓的表达。

在孔孚的山水诗中，以诗歌结构比附山水风景的诗作还有很多，不再列举。这说明，孔孚对《春日远眺佛慧山》一诗的结构安排，是有意为之的，这符合他作诗的惯例。再者，据孔孚所言，他作山水诗，“很重要的是受惠于绘画”，“那些寥寥几笔，简古空灵的写意山水，都给我以启示”②。而中国山水画很注重的便是构图，以“构图写意”，往往能够传神。孔孚受惠于山水大家大痴、石涛、八大山人等，在山水诗中亦“构图写意”，有何不可？

就算“佛头青了”简单四字在文字表面上运用了如此烦琐的艺术技巧，那么有人若问，单凭这四字又有何深意可言？笔者认为，大有深意，而“意”还在这“佛头青了”四字之中。

试想一下：远眺某山，为何先见佛，后见山？为何先写佛，后写山？佛在群山中，按照常理，无意识地远眺景物时，应该先见整体（山）后见局部（佛）才为准确。孔孚作诗颇为讲究，为何此处有意违背常理？诗人并非有意违背常理，

---

① 孔孚：《大漠落日》，见孔孚著《孔孚集》，中国社会科学出版社 1996 年版，第 290 页。

② 孔孚：《求索——谈谈我一组崂山诗的写作》，见孔孚著《孔孚集》，中国社会科学出版社 1996 年版，第 365 页。

而是因为他在眺望之时有一心理预设。这涉及一段佛家趣闻：相传宋时苏轼恒与好友佛印谈禅。一日，佛印问苏轼：你看我如何？苏轼观其衣衫褴褛，答曰：如粪。苏轼反问：看我如何？佛印答曰：如佛。苏轼以为得意，告于苏小妹。不料小妹讥曰：汝心中有粪，见佛如粪；佛印心中有佛，万物皆佛。苏轼遂恍然。这个故事广为流传，教诲世人心怀慈悲，若秉一颗佛心，则眼中万物皆有佛性。笔者通观孔孚山水诗，稍做统计可知，直接谈佛论道的诗歌，在孔孚所有诗歌中占据半数！加之诗中化用佛语道意者，则此比例远超半数。笔者不识孔孚其人，也不轻信人之描述，但单从他的山水诗中，足可以知道：此人有一颗佛心，或至少心怀佛性，否则，这几百首关乎佛道的诗歌是锥心刺骨而难为的。所以，笔者认为诗人孔孚在创作《春日远眺佛慧山》时，先见佛后见山是出于一种心理预设，这个心理预设，便是如佛印般：心中有佛。

因此在诗歌中，先见佛后见山的安排，正暗暗道出了诗人的天性。心中有佛，则所见皆佛，佛心佛性早已成为诗人身心修养之一部分，当他远眺佛慧山时，无意识之中，他的眼光便落在了佛的身上，可见佛性之于孔孚山水诗创作，到了可谓“如水中盐、蜜中花、体匿性存，无痕无味”① 的境界。同时，这也印证了孔孚山水诗所标榜的“减法”工序，以及所制造的隐、纯、异、简、淡的审美效果。

然而，即便是诗人提倡“减法”作诗，但诗歌本身是抒情的文体，再减也不能将诗歌的本质减去。那么，问题又来了：这首诗表达了怎样的感情？

这个问题真的不好回答。单从字面读这首诗，“佛头青了”，只是一次景物的客观摹写，没有什么显性的情感可言。即便是诗人佛心使然，也只不过是以独特的审美感受力攫住了瞬间的景物，或造空灵之境，但感情孕于何处？然而笔者认为，《春日远眺佛慧山》一诗恰恰具备抒情特质，而且堪称妙趣。妙就妙在“佛头青了”仅仅四字，不只是对现实景物的客观描摹，更创造性地化用了佛家典故。

佛家典籍中，相传佛长出头发的时候，头发的颜色就是青色的。后来，人们便用“佛头青”来比喻春天草木萌发的青黛色山峦。如林逋有诗云“春水净于僧眼碧，晚山浓似佛头青”，便是以“佛头青”喻指傍晚群山朦胧之色的美景。孔

① 魏建，贾振勇：《逍遥于“出儒”与“入儒”之间——孔孚山水诗与儒家文化》，见王志民主编《齐鲁文化研究》（总第五辑），山东文艺出版社2006年版，第295页。

孚在诗中也用了“佛头青”这一典故，喻指春日佛慧山之葱荣。但不同的是，在《春日远眺佛慧山》中，这个比喻的本体和喻体——青山和佛头青——同时出现了，这直接造成了相互反向的比喻逻辑：在典故中，以“佛头青”喻指山色；在现实中，佛头无色，以山色之青比喻佛头之色。将诗中这个反向的比喻逻辑首尾相连，则形成了一个奇妙的循环结构：山色青了，它造就了现实中的“佛头青”；现实中的“佛头青”转化为典故“佛头青”；诗人转而用典故“佛头青”比喻此时的青青山色；青青山色造就了现实中的“佛头青”——即本体—喻体—本体相互指代的循环结构。在这个“青青山色”与“佛头青”的相互指代循环中，起推动作用的正是“佛头青”这个典故。

所以我们看到，一个典故，便使“佛头青了”与“山色青了”融为一体。诗人在春日远远地眺望佛慧山，呀，满眼皆是青色，连佛头都青了——一种突然的瞬间的微小的惊喜袭上心间。诗人心怀佛性，又通佛理典故，所见又是佛，佛又与山色一体，达至物我合一、天人合一之境。有论者认为孔孚山水诗多为“无我之境”，而从此诗看，此言谬矣。这首诗看似无“我”，而“我”实则已与山与佛一体，陶然醉乎于至大至空之境中了。

不必怀疑笔者在此有什么过度阐释之嫌。孔孚深谙佛理，尤擅禅宗，在他的《谈提炼》等诗论中，《妙法莲华经》《金刚经》诸种经典信手拈来。何况，“佛头青”是一平常典故，在古诗词中经常出现，想必他定然熟悉，而后化用之，并非误打误撞之巧合。

正如孔孚所说：“诗之妙，在于难以言说。佛言‘不可说’，此语最好用于说诗。”①《春日远眺佛慧山》之妙亦难以言说，远超笔者之解读。限于才力，笔者之细读止于此处，却自信已在短短四字之间撩得孔诗风采之一二，是虚实相生之技巧，是作诗如作画之追求，是拈花微笑之佛趣，是天人合一之高境足矣！然而不得不说，单从意境而言，该诗凝练了诗人的艺术素养和心性修为，一般人难以穷尽此中趣味。或者说，诗人并非为他人赏读而作，而是对自我佛心的一次轻轻擦拭。所以，一些心态毛躁的诗评家在这首诗面前表现出审美无能的丑态，是完全可以理解的。

---

① 孔孚：《几个诗的问题——复刘强》，见孔孚著《孔孚集》，中国社会科学出版社1996年版，第496~497页。

（二）

以上为笔者对《春日远眺佛慧山》所进行的文本细读工作，旨在“小处着眼”，发掘这首小诗的奥妙所在。然而正如佛家所言，“一花一世界，一叶一如来”，这首诗形制虽小，但其中所包含的孔孚山水诗之艺术得失，不可谓不多。从“佛头青了”四字，亦可以窥看孔诗之整体风貌。

所谓“山水诗”，其义有广狭之分。广义的“山水诗”，是指“描写山水风景的诗”，以“呈现耳目所及的山水状貌声色之美”① ——这是众所皆知的。山水入诗的历史，自中国诗歌诞生之日便开始。而狭义上的“山水诗”，一言以蔽之，即自觉地以山水景物作为独立的审美对象的诗歌。如此一来，真正的山水诗的出现，据孔孚认为，应该是曹操的《观沧海》了②。无论广狭，一般地认为，山水入诗，应该见山见水有整体可言，一枝一叶一山一石如何称得“山水诗”？但在孔孚山水诗中，并不尽然。

孔孚恰是反其道而行之，“减法”之语，是孔孚自出机杼。这个手法，贯穿孔孚所有山水诗中，他的其他诗歌理念诸如“隐”“远龙”“诗贵神秘”“灵觉”“炼字炼象”等，无不统摄于“减法”之下。可以说，他的诗歌就是“减法的诗歌”。但是，这种“减法的诗歌”并不是将诗歌越减越小。正如孔孚所言：“于诗一道，我喜‘减法’。减之又减，以至于‘无’。‘从无到有’，诗之道也”，“‘有’则有限，‘无’则‘无限’。‘无限’才是高级审美。”③ 孔孚对诗歌做减法，反而是“愈减愈大”。春日远眺佛慧山，所见景物应该很多，但是，诗人减去了佛慧山，减去了其他意象，减去了修饰语辞，减去了抒情主人公，甚至减去了情感，独留“佛头青了”四字于纸上。这四字，留白无限，无时间无空间，无过去现在未来，无具体可感之冷热声色，无我无他，但其中既有春望之惊喜，又有包容天地的佛理之蕴藉，还有其他幽微难名之意。凭此四字，发人深思。

恰如《春日远眺佛慧山》，孔孚山水诗，总是意在以“精简”，制造一种空灵

---

① 王国璎：《中国山水诗研究》，中华书局 2007 年版，第 1 页。

② 孔孚：《我与山水诗》，见孔孚著《孔孚集》，中国社会科学出版社 1996 年版，第 368 页。

③ 孔孚：《答〈文学评论家〉》，见孔孚著《孔孚集》，中国社会科学出版社 1996 年版，第 500 页。

之境。而空灵，足以概括其大部分山水诗的整体美感。这与诗人孔孚的知识谱系是难以分开的。他自称是“儒道互补”，依笔者观察，孔孚本人的儒家文化印记更为明显。但究其诗歌，则道家释家之气尤重。佛道两家在“境界”方面的主张极为相似，都认为至大至空至无为最高境界。在孔孚，则更是如此，他认为“虚象、留白，乃‘小虚’”，“还有‘大虚’：‘无象’。看来是‘无’，实则是‘有’。看是‘无象’，实则隐藏着‘众象’。所有的情和理，都之于‘隐象’之外”，“无疑这是诗之最高境界”。① 可见，孔孚认为“空”就是“虚”，“虚”在诗中是“无象”，而真正的“无象”是“无象之象”，与“境”相通。正如诗人所说，“诗之‘无境’，不泥不滞，通变幻化，妙不可言。”② 欲达“无境”，最好的方法还是努力“出虚”，即用“减法”。正如《春日远眺佛慧山》一诗，“佛头青了”一语道破春日天机，实乃“无境”。《轩辕柏》一诗，也可视为“无境”之典范：

以长春绿
写五千年历史

轩辕笔
高捉管

该诗减去了轩辕柏树的风貌，甚至没有一个实象，所写都是在实象的基础上驰骋的想象。而此想象即“无象”，乃诗人所苦苦追求之“大虚”。笔者认为，这首诗应该倒过来理解：轩辕笔，高捉管，以长春绿，写五千年历史。即轩辕高高地捏着这只柏树，蘸以它浓郁的绿色为墨，书写五千年历史——这是一种怎样的情景？轩辕何人？以树为笔何状？以绿为墨是哪般？如何写五千年历史？这些“无象之象”皆已超越正常想象之边界，达于“至大”“至空”之境，正是孔孚所求之“大虚”。读罢此诗，又并不给人以凌空蹈虚之感，那棵五千年寿命的轩

---

① 孔孚：《中国新诗之走向》，见孔孚著《孔孚集》，中国社会科学出版社 1996 年版，第 499 页。

② 孔孚：《答〈文学评论家〉》，见孔孚著《孔孚集》，中国社会科学出版社 1996 年版，第 501 页。

辕柏分明透着一股子穿越时空的灵气，又使人有一种浑厚的历史沧桑漫于心怀。在这类追求“无境”的诗歌中，意象是单薄的，但感情是磅礴的。而在这些感情中，虽然诗人承认自己有一种对祖国山河的热爱贯彻始终，但是这种宏大的总体性的感情不足以支撑起千百首诗的具体情感内容，因而这些磅礴的感情在诗歌中的呈现是多义的、暧昧的或未可知的——这种特殊的感情呈现，也加重了孔孚山水诗的空灵的美学特征。

孔孚山水诗所求“空灵”之“空”，直接得益于他的“减法”。而所求“空灵”之“灵”，则直接得益于他的“加法”。在孔孚的山水诗中，实象被减的少之又少，以至于“无象”，“无象”就显得“空”；“加法”是指诗人在“无象”中所添加的想象，孔孚称之为“出虚”。所以要达到空灵境界，必须“多多出虚”，以填补实象的空缺。一减一加，两相结合便生“空灵”之境。事实上，“减法”与“加法”是殊途同归的：减去实象以造成空境，加的是虚象，以强化空境成为空灵之境。很多论者片面地注意到了孔孚诗歌中的“减法”对“空灵”境界的塑造，但是只有减法，则只会造成“空而不灵”。所以，孔孚山水诗既空而灵，还因为诗人驰骋天际的想象力。

《春日远眺佛慧山》以“佛头青了”四字，不动声色地描摹了春日山间的某种趣味。这种趣味，是由诗人亲眼所见，经由诗意转化而来。在孔孚的山水诗中，绝大部分诗歌具备这种趣味，可称之为“生趣”，此乃孔孚山水诗的另一整体美感。之所以如此命名，原因有二。第一，正如“佛头青了”，这些景物皆是诗人慧眼所见，并经慧心打磨，才具备了“生趣”。读孔孚山水诗，笔者常困惑于诗人观察世界的视角与位置。“佛头青了”是诗人远眺所得。然而在更多的诗歌中，诗人并不遵循现时视角，而是选取一种超级非常规的视角，诗意便如天马行空一般来。如《黄海之滨小立》：

大海是个蓝毯子
各国朋友坐在周围

来呀
干杯

诗人在黄海之滨小立，看到的绝不可能是“大海是个蓝毯子，各国朋友坐在周围”——视点必须定于太空之上，才能得此景物。所以诗人在进行诗歌创作时，不拘泥于“黄海之滨”的视角，而是换用了“太空”这一超级非常规的视角，将黄海乃至太平洋比喻为蓝色毯子，横生妙趣，完美地完成了陌生化的过程。在一些诗歌中，诗人甚至将他所在的视角和位置也一并减去了，所选视角令人匪夷所思，所呈现的景物却有异样之趣。如《北隍城夏日某晨印象》：

东边太阳
西边月亮

冰盘上
两个果子

粘几滴
露

乍一看，这首诗运用了白描手法，全是实象。但细看之下，不由得令人困惑：太阳月亮、冰盘、果子和露珠有什么关系？在这首诗中，“东边太阳”和“西边月亮”是实象，是诗人正常视角下看到的景物。而“冰盘上两个果子”，完全是诗人以实象“出虚”，是诗人的想象：“两个果子”即太阳和月亮，“冰盘”就是天穹，最后一节中的“几滴露”，大概就是清晨的几颗残星了。在这首诗中，诗人的视点至少已经超出了太阳系，只有足够远，才能将天空看作一只盘子，才能将太阳月亮看作两个果子。诗人独立在清晨的天空之下，如何神游物外？如何抟虚宇宙赏玩星辰？皆不可知。正如诗人所说，“诗本神秘，不必那么科学”。

在寻觅别趣的过程中，诗人启用了他的特异功能，即他之所谓“第六感觉”，即“灵觉”。这种感觉“与五种官能感觉并排”①，可见常人之所未见，思接千载视通八极。事实上并没有诗人说得这么玄乎，所谓灵觉只是诗人在进行诗歌语言转化时所运用的视角，但是这种视角之奇异，非常人所能至，常常令该视角中的

① 孔孚：《几个诗的问题——复刘强》，见孔孚著《孔孚集》，中国社会科学出版社1996年版，第496页。

山水景物生趣盎然。孔孚追慕严沧浪所言之“别趣”，这种“别趣”在孔孚诗中便是“生趣”，如“闻太阳耳语”的九顶塔（《九顶塔下》），如“踩着一条金鲫”的锦绣川(《过锦绣川》),如“俯视雷电”的天都峰(《登天都峰值大雷雨》)，如“冻住了鹰”的云彩(《云谷冻云》)……

第二，正如“佛头青了”，诗人一支诗笔摹写出了景物内蕴之趣味，再现了山水万物之生命本质。狭义的山水诗，并不是借景抒情或寓情于景。在山水诗的诗歌逻辑中，山水并非死物，而具有活生生的生命意识。正如有的论者所言，真正的山水诗人“迷恋于山水自然的本体，把自己的灵与肉都融化在山水之中，热衷于情趣的陶冶，着意于领受山水自然与人相亲相爱的乐趣”①，真正的山水诗，就是赋予山水景物以生命与个性，以诗歌语言去拓写它们的体温和呼吸，简而言之，就是将山水景物写“活”了。这里的写“活”了，并不是以拟人的修辞将山水“人格化”这么简单，而是通过提炼，升华出山水景物独具个性的生命样态——这才是“生趣”二字精要。这种诗歌在孔孚山水诗中比比皆是。如《峨眉风》：

吹三千灵窍
善写狂草
摸一下佛头就跑

结尾一句“摸一下佛头就跑”真乃传神，将峨眉风之乖俏灵动的生性露了出来。再如《在海边》：

月亮撒一片网，
鱼，都提上来啦！
北斗星，
伸勺子舀。

以前两句做铺垫，后两句中，北斗星倾斜于海上天空，不正像伸着勺子从大

① 朱德发：《传统山水意识与孔孚新山水诗》，载《东岳论丛》1990年第4期。

海里舀水嘛，兴许还真带着几条小鱼呢！

这种生趣，读来新鲜奇异，主要是诗人的童心使然，仍是“减法”——减去了旁逸斜出的感受。正如诗人所说，“在学诗的路上，现在我可以说是刚刚开始”，“仍然像一个孩子，感到一切都很新鲜”①，否则不会将惯常的景物写的如初见般生趣活泼。

通过对《春日远眺佛慧山》一诗整体的美学观照，我们发现了孔孚山水诗中普遍存在的两种美学路向，即空灵和生趣。这都得益于孔孚诗歌所独创性地运用的“减法”。不可否认，“减法的诗歌”是孔孚的一次有益的诗歌艺术探索。但即便如此，从审美传统与文学史的宏观角度而言，还是应当对孔孚山水诗持客观态度，时时辩证看取。

与古代山水诗比较起来，孔孚山水诗的弊端会主动地露出来，主要的还是自然美感的缺失。古代山水诗，重在意境，意境之间，既重“境”之营造，也重“意”之凝练。如王维这首《鸟鸣涧》：

人闲桂花落，夜静春山空。
月出惊山鸟，时鸣春涧中。

意象多达七种，有动有静，有声有色，存无结合，时空饱满，所造之境给人以幽静之美感，其意蕴也纳于这幽静之中，自古为人称颂。反观“佛头青了”，诗人用了减法，把能减之物尽减了去，但是，美感在哪里？自然景物之美在哪里显现？“佛头青了”美吗？笔者认为意虽无穷，但美感有限。毫不客气地说，孔孚的几乎全部山水诗，轻“境”而重“意”，淡去了山水景物本来的美感。当然，这是诗人所刻意追求的，他认为“‘实’则现露，浅是难免的。而‘浅露’是难以调动读者，唤起兴味的”，所以他的山水诗努力“向‘虚’处走”②。所谓往向“虚”处走，主要的方法就是“减法”，即将“实”景减去，减到“空”，留其意、趣、理、神。这好比剔除血肉，只留骨架，或者连骨架都不留，只留魂魄。

① 孔孚：《求索——谈谈我一组崂山诗的写作》，见孔孚著《孔孚集》，中国社会科学出版社1996年版，第365页。

② 孔孚：《中国新诗之走向》，见孔孚著《孔孚集》，中国社会科学出版社1996年版，第498页。

平心而论，这样的“减法”是很大胆的，而且容易成诗。古代山水诗，对诗中多个意象进行提炼，同时注重意境的营造，可谓苦心孤诣。而孔孚用了减法，在他的诗歌中几乎看不到四个以上的意象，大多数是一个意象，寥寥几笔，炼出其意，就可称其为诗。正如有人所批评的，与古代山水诗相比，这种方法是讨巧而简单的，有雕虫小技之嫌。

从动机看，孔孚的山水诗略过了山水本貌，直取其灵魂神趣，虽然很多诗歌做到了，但是，也有大量的诗歌并不成功，可谓损益互见。事实上古人也在追求这种灵魂神趣，追求“格、境、趣”，但他们的追求是建立在扎扎实实的山水景物之上的，因而更加朴实，同时也更加有效。单就此而言，孔孚山水诗之“减法”，诗句凌空而来，不接地气，往往依靠题目出示实际景物方能领会诗趣，所以其得失还要详论。

这种“减法”，以抛弃大部分山水实美为代价，因此必须高度地炼字炼象炼意，才能弥补或者替换。一首诗容易，但千百首诗写起来殊非易事，正如孔孚所承认的，“炼”之火候难以掌握，这有形无形中增加了诗人写作的难度。笔者看到，他的诗有时会因为过多地删减了意象，过多地提炼了山水的灵魂，而显得太奇太瘦太精太虚。所以，他的山水诗呈现出两个极端，一个极端是写出山水之神韵，另一个极端是令人如坠雾中，不知所云。即便是那些非常好的诗歌，其诗意也并不在语言和景物本身，而在景物所蕴含（或借用）的佛道深意或个人化的思想旨趣，重“意”而不重“诗”，加之形制短小、无韵律可循，容易使人拾读，也容易使人遗忘。

所以，无论在形制、语言、意象使用、技法，还是在诗歌理念上，孔孚的山水诗几乎已经独立于中国古代的山水诗审美传统，或如钱锺书所言“自成一派”，但这“自成一派”并非十足褒义。当孔孚以他自己的山水诗观念去看苏轼、李白、杜甫乃至王维等人的山水诗时，常常并不满意；而观《沧浪诗话》《人间词话》《诗品》时，亦颇有微词——可为“自成一派”说的佐证，而他过于注重“减法作诗”的笔法，则将诗歌越写越“瘦”，见骨不见肉，美感让位于哲思——这也是“自成一派”。这一味地“减法作诗”，最终影响了孔孚“山水诗”的美学本体特征，直至影响了孔孚在当代诗歌中的定位。

（原载《百家评论》2016 年第 4 期）

孔孚：当代中华美学精神的传承者与创造者

张丽军

在中华文化走向复兴的征途中，我们重新阅读、审视、欣赏孔孚的诗歌、散文、诗论，分析其中所蕴含的当代中华美学精神意蕴，是有重大价值和意义的。事实上，当代山东诗人孔孚以及他的气势磅礴、恢宏辽阔、意象优美的诗歌和明丽清新、自然质朴而又蕴藉深厚的散文，并不为当代大众所知晓。正如著名美学家陈炎先生所言，“孔孚是位生不逢时的人，他在一个文化贬值的时代投身于文化，在一个没有诗意的时代选择了诗歌，在一个金玉满眼的世界里固执地寻觅一种素朴而纯洁的境界”。毕竟，时代翻开了新的一页。一个新的倡导文化复兴、文化自信的新时代到来了。在这个倡导中华美学精神的时代语境里，没有孔孚、不谈论孔孚是一种极大的损失。就实际情况而言，孔孚的文学成就与目前的文学地位、文学研究、影响力是极不相称的。孔孚不仅是一个山东的诗人，还是一个中国的诗人，乃至是东方文化、东方神秘主义诗歌的杰出代表。只要是了解孔孚的人，无不为他的诗歌，为他诗歌里的境界、格局、气度、胸襟，为他诗歌中所呈现的磅礴气势、深刻哲理、深厚情感所深深震动。

孔孚诗歌所蕴含的东方美学价值是非常有启发意义的。作为一个山东的诗人，孔孚先是在《大众日报》工作，后来在山东师范大学中文系工作。他的诗歌具有实践性的品格，又因为在高校里工作，所以又具有深厚的艺术理论素养。正是这两个方面的结合，使孔孚老师的诗歌的格局、格调、艺术性都非常悠远、独特、深厚，从而塑造了孔孚独特的文学创作和诗学成就。孔孚的诗歌从源流上来看，是承传了中国山水诗的传统，又具有当下的独特的审美品格，再加上孔孚独特的审美印记。这样一来，孔孚的诗歌就深深地打上了他个人的精神烙印。孔孚在创作“中国新山水诗”的同时，又在进行着新美学理论的创造、凝练和独特的思考。

孔孚的诗歌有一种浑然天成、磅礴大气、吐纳宇宙的艺术格局与审美气度。孔孚对大海、对泰山、对峨眉山、对沙漠等一些大的事物有独特的审美偏好，其描绘、感受、呈现、思索是独特的，并通过具体精微的细节与生动灵性的意象呈现出来。孔孚的诗歌描写的一些像大海一样磅礴的意象，写得非常精美。这得益于他善于提炼细节的艺术能力。他的《海上》“一抹乌云/睡了//枕着海/”。诗人在看大海的时候，看到了一抹乌云，海天相接的时刻，乌云枕着大海睡了。《渤海印象》，“雾散去//风划一个舢板/上边站着太阳”。这种磅礴的意象让我们想起“五四”时期郭沫若的诗歌中的力之美、崇高之美。孔孚的诗歌更加具象化，有诗人独特的诗意思考。孔孚笔下的意象已经不只是一个外在的，而是一种内在，即把风动态化，就好像风有了生命情感，这就是诗人眼中的世界。再比如说《母与子》，“见到海/眼泪就流出来了//我怕是海的儿子/眼泪也咸咸的呀”。母与子，“我”与大海，当见到大海的时候，“我”的眼泪就流出来了。这是诗人和山水相通的情感。他与自然世界的情感联系的表达在于“我”的泪水也是咸咸的呀。眼泪的咸和海水的咸是一样的。诗人抓住很小的细节，以小见大，从而打通了他和世界的内在精神关联、内在的生命通道。诗人写西安的《香积寺路上》，传说天竺有众香之国，佛名香积，所以取名香积寺。诗人在香积寺中突然有了一种感觉，好像有一种遥远的天竺之香向“我”袭来，“白云中游数尾木鱼”，诗人笔下的意象是非常灵动的、活跃的、具象的。《香积寺路上》：

蓦地有天竺之香袭来，
白云中游数尾木鱼。

孔孚对中国标志性、地域性文化地理空间的心灵抒情，传递出了其对中国文化地理空间的独特热爱和深沉厚重的生命热爱与审美体验。帕米尔高原、新疆大漠、四川峨眉山、山东济南、青岛等地方，都有他的审美发现和诗意创造。孔孚的诗歌非常精炼，说济南的佛慧山“佛头青了”，一句话就把山的意象和春天万物生发的独特的意象一下子就传递出来了。他在《飞雪中远眺华不注》诗中写济南的小华山，“几十亿年/仍是一个骨朵”。华不注以一个花骨朵形象，几十亿年矗立着，在等待着开放。今天，“雪落着/看/它在使劲儿的开”，短短的几句诗歌，就把这座山的几千年历史、独特的地理外貌和它具有的那种精神内涵深刻地呈现给我们。孔孚写大明湖“竖一个绿耳/听风听雨”，“蜻蜓立于圆/蜂醉于蕊”(《大明湖一瞥》),蜻蜓立在圆圆的荷花的花头上边，而蜜蜂在花蕊里边沉醉。在这个动态的、生机勃勃的时空语境里，孔孚老师说“天地一色/济南开了”。荷花是济南的市花，大明湖里又有特别多荷花。从更大的空间上来看，整个济南市在春天像花一样盛开了。在《答客问》中，他写到“请教泉水有多少/去问济南人的眼睛吧”，人的眼睛作为人的精神灵气的呈现，用它把城市的泉水和这个城市的内在相关性呈现出来。“愿闻济南人的性格/去问泉水吧”，这个《答客问》问地非常好：要问济南有多少泉水去问济南人的眼睛，要问济南人的性格，去问泉水。泉城这座城市和泉城人的内在的精神气韵融合圆润统一。孔孚写灵岩寺的钟，“沉默不知多少年了/看见它我就难受”，这种沉默、忧郁的历史感，几千年的历史在这里呈现，历史的丰厚在这里痛苦的积累、沉静。“不知是否还活着/轻轻拍它一声”。透过这首诗，我们可以感受到作者很童真的、很快乐的感觉。拍一拍千年的钟，它是否还活着，能否还和我们心心相通。

“说/不可说//推开/无门之门”。诗歌《玄思》，表达出了孔孚自己对于诗歌的独特阐释。孔孚作为一个传承中国山水诗歌传统的诗人，在当代文化背景下对传统山水诗进行续写和创新，说平常人没有说的东西，推开没有门的门。孔孚认为自己的诗虽然写得很短、很小，但是“小诗，未必不能小中见大，微尘中显大千。刹那间见终古，有限中寓无限”。这就是孔孚的诗歌理论，小和大，微尘和大千，刹那和终古，有限和无限相互贯通。他认为“诗歌是有灵性的东西”。中国古人视天地人为三才。天的灵气、大地的灵气和人的灵气相结合，互相激发、阐释和映现，而不要给这种灵气加上枷锁。孔孚诗歌写出的就是这灵气。事实上，这种灵气的涌现不是凭借技巧的，而是无技巧、无象、无艺术的。正是因为没有艺术渲染，才达到了诗歌的最高境界，不泥不滞，通变万化，妙不可言。诗人用灵觉去发现人生。灵觉常用，人的灵气才能变得栩栩如生，唤醒潜能，其创造力是无穷的。所以，孔孚认为诗歌的写作是对人的成长、独立人格的建立非常有意义的。孔孚希望通过诗歌创作、阅读和欣赏使人的生理官能升入到灵的层次，抟虚宇宙，来唤起我们中华民族的灵性。这是诗人的一种文化自觉。如果我们的人民多一点灵性，其创造力是无限的。这是孔孚写作中国当代新山水诗的另一个更高的使命，即通过诗歌，传达一种美育，打通人和世界的联系，唤醒人的灵性，从而增强人们的想象力和无穷的创造力。孔孚不仅诗歌写得好，他的诗歌理论还倡导一种远观的、灵性的、追求无限的、抟虚宇宙的中华美学精神境界。

事实上，孔孚散文的写作水平也很高，审美境界独标一格，语言风格自成一体，自然质朴而又明丽优雅。遗憾的是，他的散文作品同样被遮蔽，不为人所知。孔孚写的《锦绣川水库半月居记》《锦绣川水库半月居记之二》呈现的审美感悟、流畅文笔、哲理情思，让我想到美国伟大的散文家梭罗。在今天，梭罗被称为“绿色生态文学”的精神导师，我认为孔孚就是中国的“梭罗”。孔孚的文章充满了对大自然的崇拜，文章极其优美，他文章里诗意的情思甚至要胜过梭罗。孔孚在他的散文里提到，在锦绣川水库，每次去附近的山上，都会捡很多石头，把石头背回家欣赏一段时间，然后再把石头放回到山中去。“我”喜欢它，但不独自占有，“我”要让它回到大山的怀抱里，去自然地孕育生长。这种感觉特别动人，这和梭罗在瓦尔登湖上所说的欣赏每一片叶子、每一个生命是一样的。他们所寻找的都是一种万物相通、万物一体的具有灵性的哲理情思。相比之下，孔孚的语言更加优美，更具有诗意。

作为一个中国现当代文学的专业研究者，自从来到山东师范大学文学院工作，我读到孔孚老师的诗歌，就感觉到这是中国当代诗歌几十年来非常杰出的，乃至是优秀的世界生态文学与中国东方神秘主义的文学经典。孔孚的诗歌呈现的这种“抟虚宇宙”“亦佛亦道”的大格局、情调、气韵、哲思，是呈现中华美学精神的中国当代文学杰作。遗憾的是，我们对于孔孚文学作品阐释做得很不够，在中国知网上的研究论文不过二十多篇。作为一个当代的文学研究者，我们有责任把表现孔孚对中华美学精神、对中国山水诗传统的传承与创造以及独特诗学理论阐释出来，把他的诗歌价值、艺术价值、哲理价值发扬出来，一代代传承下去，以此来推进中华现代文化的创造性发展和创新性转化。

（原载《文化大观》2017 年第 3 期）

关于创立东方隐逸诗派的通信

孔孚、安谧、昌耀

安谧致孔孚信

孔孚兄：

信收到。关于“派”，我有以下的想法。

1. 隐逸与象征颇为接近。我是说“象征”一词的含义似更广一些。所以提它，一是便于一些评论者的接受，而“隐逸”一词，当然与我们的诗，特别你的诗更为贴乎，但它易为人所误解，马上会使人想到远离生活，甚至可引伸为对当前政权不满的意思。再者，中国当代诗人，真正称得上隐逸派的只是个别人，它容易被人误解，让人吓住。我记得咱们首次见面时，我提过象征派的意思。我想，它是容易被人接受的，而且不少诗人，特别是目前的一些青年诗人，有不少人能包括在里面。广而大之，凡现代派差不多皆可包括。你再考虑一下。

自然有“新”字，可有所解，正如你信中所说到的。

忽然想到昌耀，如是“象征”，他也许接受。树一派，没有一两个影响大的诗人是难被人承认的。你说呢？

2. 关于《宣言》，还是多用意象语言来阐述，太清晰了不一定好。或者有的明朗有的故意含糊，使人想得深些广些。

有一点你讲得很好：求同存异。任何一派都是如此。它有发展，变化，固守于某一点上不仅不可能，而且会变成绳索。当然也不可很松散，否则树派就没有意义了。

象征一词，指定使你有些别扭，因你对隐逸已考虑长久，其时松动一下，不一定会“豁然开朗”呢。上面的话忽东忽西，我想到哪说到哪。

所说吉林的那年轻人写诗不错，不妨跟他联系一下。年轻人思想活跃。

你全部具体想法我都赞成。我的诗只是部分的可纳入隐逸派。近三五年的，任何一种创作方法，都与经历有关。历史把我们引到这里来了。我不少诗里都隐隐流露些忧思，比你的诗也明显得多。你诗多是乐观开阔的。

前些时雷霆说今冬明春想召些中年诗人在山东聚聚，谈诗。

我提“象征”除以上考虑外，还因最近我读过一本叫作《艺术魅力的探寻》的书，此书不少观点是新的。与我们接近。它把艺术的魅力最后归结到作品的意蕴及象征性上，特别是后者。此书后面，评了中国古典诗数首，多为隐逸诗。他（该书作者）特欣赏“千山鸟飞绝，万径人踪灭。孤舟蓑笠翁，独钓寒江雪。”他给此诗以极高评价。此诗还不算典型的隐逸诗吗？

点评你的诗的同志，叫薛景泽。年轻人，《诗选刊》的编辑，与我很熟。联系时，可写：呼和浩特内蒙古人民出版社《诗选刊》编辑部。

昨日纪征民自包头来，看了你的《山水清音》及《选刊》的几首诗，书未来得及细读，《选刊》上的细读了，他说“绝了”！并托我向您索书一本，我揽下了。你给寄一本书吧。最近他也出了一诗集《驼峰上的雪》，其中《母亲的哀歌》（长诗）由澳大利亚一诗人兼电影导演译成英文在西方介绍了。纪征民是我的故友，当然也该是你的老友了。

近来家里的事不少，难以坐下来写作。山东一趟，只写了十来首小诗。

我将给昌耀去信。

你该好好注意身体，尽可能不要独自远旅。肩肘痛，我去年去河南时也得过，现在未痊愈。此病多活动肩部自然会好的。疼一点也要活动。我听了医生之嘱，现在好多了。我们已到了老年，工作悠着点干就行了。不必像一些人那么拼命，就你现在的作品足够一家了。

你的字别有风韵，给我两幅吧，每幅一张宣纸的四分之一就行了。

《济南日报》做的工作不错，把当地确有才能的作家推举起来，是给山东父老兄弟做了件大好事。许多人特别一些报刊有关人员还不大明了内中的社会及历史意义。如果《诗报》《山东文学》也这么做一做就好了。可是我们说呢，又怕别人误解。你也该多做些类似的工作了。特别对一些年轻人。

就写到这里吧。

问候大嫂。

安谧

1985 年 8 月 17 日

孔孚致安谧信

安谧兄：

两信收读，关于“派名”，兄之想法最好也草寄昌耀一纸，听听他的意见。《济南日报》专访虽然已把“新隐逸派”公诸于世，但写明是在“商量”中。“待进一步酝酿”才能确定下来。还是可以改动的。

定名“象征”亦可，“隐逸”“象征”二者接近，意大利之“隐逸派”，就是纳入“后期象征主义文学”的。我早些时候的想法就是致力于“象征诗”。

中国象征诗的年龄很老很老，《易》之后就出现了。遗憾的是半隐半露，“象”之后多拖着个“征”（验证，说明）的尾巴，实在是煞风景。在《读〈沧浪诗话校释〉札记》这篇文章中，我就写“决心把这‘象’尾巴割了去，不让它再难看”。根据近几年来孚写作实践看，是不难做到的。我深信中国象征诗可以“返老还童”走进隐秘的境界。这自然需要我辈共同勠力。

新诗第一个实验写象征诗的是李金发，他学法国象征派生吞活剥，不成器。以后有“创造社三诗人：冯乃超，王独清，姚蓬子”之说，但难以看得出。就说那位王独清，不如说他是“浪漫主义诗人”更合适。戴望舒确实下了力，他是中西合璧，真的写出了几首好诗，但遗憾没有坚持下去，而且人单势孤，未能形成多大的影响。我就是有意接上戴望舒，振兴和发展中国象征诗。朋友们多知道我执着于山水，目的在于接上古典山水那根线，而想不到还另有“野心”，说出来有点“狂”，所以一直埋在心底，现在不能不向兄泄露了。这几年我就是默默地写，想写出点东西，让作品来说话。虽然我没有声张，评论界有的朋友却已经看到了。带论文去您那里请教的包头的那位卜建新就注意到了。他先认为是“现实主义”，很快就感到不对，嗅出象征气味很浓，不知他的文章后来怎样写。山师大今年一位毕业生，毕业论文题目是《论孔孚山水诗之象征表现》。据说写出了水平，在大学生论文评奖中得了奖。还有一位搞比较文学的同志，也有意就“象征主义”角度写文章。因此定名“象征”我不会觉得别扭。可以说名副其实。

怎么会想到“隐逸”呢？这是因为我不太满意老是拖着条“征”的尾巴的中国象征诗。既想隐藏，又来点明，在我看来这是对诗的破坏。我们的古典诗论家，如唐司空图，宋之严羽，似乎注意到了这个问题，所以提出“象外之象”“韵外之致”“味外之旨”“羚羊挂角，无迹可求”。意思就是隐“征”于“象外”，象在此而意在彼，让人去把捉。西方象征派刻意追求暗示，接近于此。既然要求把“征”隐藏起来，只见“象”而不见“征”，标“象征”就不太确切了。作为一个诗派，有“正名”这个问题。

几十年学诗的过程中我悟出了一个“隐”字，认为诗是隐藏的艺术。“隐秘”才是诗的特质。咱们走的路子，说到底是一种“隐秘主义”艺术方法。借用钱锺书先生评严羽《沧浪诗话》的话说就是“以不说出来为方法，达到说不出来的境界”。既然如此，何不到底呢？

“逸格”难求，的确是。但不是不可以到达。不妨加此一字，勉我辈攀登。

一般说，理论总是高于创作实践，“眼高手低”是正常现象。司空图提出“不着一字，尽得风流”，严羽标举“羚羊挂角，无迹可求”，但拿他们的诗来看，却很少有够格的。王渔洋倡“神韵”说，但他的诗却难得见。我辈总比他们好一点吧。《济南日报》专访评语不差，不过我们不好这样说。兄喜欢王维，我也是。历史上真正够得上“隐逸”一格的，只此一人耳。这片荒芜的土地，正好需要我辈来耕耘。“隐逸”，只要艺术上追求含藏深化，走“隐秘主义”的路子，诗有一点“隐秘”（神秘）意味，我看就入门了。能见“空灵”就是升堂入室了。走到“空灵”这一境界的诗，可能是极少数，但我们是在向前走。今生难得，我们的灵魂也还是在往前走。往上攀登，而且一定会是苦苦的，不是么？

至于易被人产生“遁世”误解，怕是难免。“象征”同样有这个问题。因为很容易使人联想起西方象征派。那是典型的“遁世”，名声也不好。80 年有一次我和臧克家说起徐志摩、戴望舒，他很激动，说与他们当时那是“你死我活”的斗争。讨论朦胧诗时写的文章，仍被视为“逆流”。有此想法的，怕不只是臧诗人一人。这是没有办法的事。但我想，总是要看事实吧！看我辈是否“遁世”。我辈大半生为人误解，处之泰然可也。有点风浪也不要紧，有识见的评论家会出来说话的。相信读者也会有分辨的能力。

啰嗦了以上一些，再请兄考虑。也可以复印一份，连同兄之意见一起寄昌耀，请他斟酌。

关于提到的其它各项，我的想法是：

一、今冬酝酿成熟，明春宣布不迟。春天是万物萌生的季节，顶芽适其时。

二、暂时拟不宜人多，昌耀兄参加，有我们三人就可以了，年轻人眼高，未必看得起我辈。我们如果搞得好，说不定他们有的会来入伙。很想给吕贵品写一信，就有此顾虑，下不了笔。等等看吧，怎样？

三、拿出好作品，确是第一重要。这就需要有一点积累。今后三四个月，自己满意的新作最好不外寄。除发新作，也可以考虑发一点旧作。亦可以考虑同时发表，最好结合发一点诗论。

四、阵地是大问题。《黄河诗报》有推出流派的设想，此事想和孔林、恒昌一谈。争取一角之地。但是否能成，实无大把握。山东这地方，难。九月下旬，可能去川，也可以和白航商酌，《草原》《青海湖》兄和昌耀兄也可以做做工作。

五、舆论支持不可少。但重要的是看我辈是否有冲击力。

六、酝酿成熟，婴儿落地时，我们三个最好一聚。地点以阵地所在省市为宜。

七、非常同意兄之意见，《宣言》不写太清楚，还是模糊一些好。应和我们“隐秘”的追求一致。我们三人最好各拟一份，择其善者，或加以抽取综合。

此外还想到是否要结一个诗社，以谈诗的名义把“派”亮出去。均请兄和昌耀兄定夺。

身体不好，这封信写了几次，就到这里吧。

紧握！

孔孚

1985年8月31日

信还没发出去，得昌耀兄一信。他说建立“新隐逸派”一事兄信中未言其详，因此不得要领，希望我进一步说说。前寄兄之拟《宣言》草稿，我没留底，兄抄寄昌耀一份吧。到这时才想到信要留底，将来也许要发它一下。

又，纪征民兄处，马上寄一册书去。兄要之字，一定写，但要拖一拖。又及。

9月1日

孔孚致昌耀信

昌耀兄：

二十六日信收读。看得出你不是拒绝的态度。真是高兴。“新隐逸派”有你参加，我们三个人就可以把“派”亮出去。你如果不参与，只有安谧和我，那就得停一停。你是关键性人物呢！

兄之诗作，从一复出，我就注意到的。安谧和我常谈到喜欢你的诗。你的诗是杂一些，但总的倾向是“隐”见“空灵”。怎么会不入格呢？

王维的诗也不全好，浅实现露，甚至在诗中谈佛理，都是存在的。主要是看总的倾向。看走势。

兄说到还喜欢偶尔弄弄泼墨，焦墨，可以理解。这要有个过程，会变化的。

我复出之初，也有一点浪漫主义的喷发，后来就离弃了。只要走入“隐秘”这道，那泼墨，我看慢慢地你会离弃。

你，安谧，和我，我们三个人的诗作，是有些不同。但其同的趋向是“隐”。是在“同”这一点上，使我们想到携手建立一个诗派。虽是一个诗派，但彼此不可能一样。不同是正常的。有不同，才见丰富、活力。我们可以在“隐逸”这一总的规定下各自发展。将来有可能成为几个分支。我们自己也不会一成不变，风格也不是固定的。将来如果有新的创辟，离“隐逸”而他图，那倒是更好，看发展吧！

前些日曾草拟《宣言》，请你们二位过目，安谧兄会寄你的。那东西要改或重写。安谧兄的意见很对，是不需要太清楚，还是模糊一些好。符合“隐逸”的标准。

关于“派”名，安谧兄有“象征”之议，为的是怕被人产生“遁世”误解。取“象征”亦可，但总觉得还是“隐逸”好点。又写去一信，和安谧兄商量，这事也想听听兄的意见。索性抄一纸呈上。所谈各项兄之想法均想知道。盼信。

即颂

秋祺

孔孚

1985 年 9 月 2 日

昌耀致孔孚信

孔兄：近好。

得知兄五十多日中饱览了峨眉、青城、庐、黄等胜地，已归抵山东。（定已沾了不少“仙气”，）谨致祝贺！

看得出你的兴致极好，访问足然是成功的。为你高兴！

改为“东方隐逸”甚妥。除“东方”而外，似乎再无更合适的词可与“隐逸”匹配的了。你做出的解释也是可以成立的，我不仅赞同，而且以为“尽善尽美”。多亏你一语“道破天机”！

近接安谧兄信，谈及备稿 150 行左右，于年初寄他，拟冠以派名在《草原》发表。我正愁于如何张罗。临阵磨枪当然是不会理想的。因之我觉得还是稳一点，不拘于新作了，亦可以旧作选出，效果会好一些。尊意如何？今年我的“库底”都算打扫干净了。目前尚有三、四家刊物无法交账。

理论总是高于实践的，我愿从你及忠岳教授多闻“隐逸”之说，多获教益！所需材料我想在拙作出版后奉呈。（据出版社估计，明年一月份“可能差不多”。）拙作定数已得多少尚未询及，反正我已向出版社承担经济责任，由我个人包销一千多册（稿酬以书折付）。我争得了北京、上海两家书店门市部同意，他们各已答应寄销五百册，半年后结算（若未销完可以退货）。

你在 1985 年 8 月 31 日致安谧的信的复印件一并挂号奉上，请查收。

你在致谧兄信透露有“墨宝”相赠事，那么，我可否也有望“得兄一幅”？

握手！

昌耀

1985 年 12 月 17 日

心悠悠以扪“远龙”

——访诗人孔孚

蒋登科

前记：1989年秋天，我在西南师范大学（即现在的西南大学）中国新诗研究所读研究生三年级，正在准备毕业论文。当时，每个研究生有500元访学费，主要用于到外地收集论文资料、拜访有关专家。10月下旬，我凭学校开具的介绍信买了火车票，先乘坐火车从重庆到了北京，拜访了艾青、臧克家、卞之琳、张志民、周宏兴、丁国成、朱先树、钱光培、张惠仁等诗人和专家，到北京图书馆（即现在的国家图书馆）查阅了一些资料，后乘火车在10月底到了山东济南，住在孔孚先生家里，他除了为我联系了山东的几位诗人、评论家，包括冯中一、袁忠岳、吕家乡、吴开晋、章亚昕、桑恒昌、牟迅、谢明洲、王邵军等之外，还陪我谈诗，收获不小。回到学校之后，我把和孔孚先生的一些交谈记录整理成一个访谈稿，寄给孔孚先生，之后就没有了下文。2017年底，山东师范大学文学院的张丽军教授主持举行了纪念孔孚先生座谈会，我因为路途遥远，没有能够参加会议，但在会议的微信群里遇到了孔孚先生的女儿孔德铮女士，她手头居然保留了我当时整理的采访手稿和给孔孚先生的一封信，承蒙她的帮助，把手稿的扫描稿发给了我。重读近30年前的稿子，许多往事重新浮现在心头。下面就是根据当时的稿子整理出来的文字，除了改正了个别错别字，基本保持了原貌；关于孔孚先生的介绍，也是当时的。他后来出版的多部诗集、论著都没有罗列进去。访谈稿虽然不长，但我们依然能够感受到孔孚先生在诗歌艺术追求上的一些独到之处。

蒋登科 2018 年 2 月 7 日，于重庆

孔孚，诗人，原名孔令桓，山东曲阜人，1925 年生。儿时不幸被铡刀铡去右手，由于残疾，生活中遇到不少挫折，也受了不少屈辱。后来，他靠长兄的支持读完了小学、中学、大学，1947 年毕业于山东省立师范专科学校。1949 年到解放区，并开始诗歌创作。1950 年发表诗作《列宁永远活着》，署名“孔孚”。1957 年因“胡风事件”被错划为右派，“文革”中备受折磨。1979 年调到山东师范学院从事诗歌研究工作，开始山水诗创作。他遍游祖国名山大川，写出了一批别具一格的山水诗，不以意象取胜，而以灵气渗透，深受诗界好评，出版诗集《山水清音》《山水灵音》，诗论集《远龙之扪》也即将出版。诗集《山水灵音》获得山东省“泰山文艺创作奖”（1989 年）一等奖。

（一九八九年十月三十至三十一日，济南，山东师大孔孚寓所）

蒋登科（以下简称“蒋”）：这两天，在您家中，我比较系统地阅读了您的诗作、诗论，以及一些评论您作品的文章，对您的艺术追求有了一些了解，但是，我还想向您请教一些问题。说句真话，这两年关门读书，又住在远离山东的四川，读您的作品多是零零散散的，您的诗在诗坛上产生这样大的影响，这是我原先没有估计到的。

孔孚（以下简称“孔”）：是啊，许多人都没有估计到，人们喜欢我的诗，看重我的诗，这也许是新诗必须靠向纯艺术的一个信号。你现在能看到，那也是不错的。

蒋：您说到“纯艺术”，这个词是不是有点危险？不少人，特别是一些年龄较大的诗人，都忌讳使用这个术语，您不担心吗？

孔：没有什么担心的。其实，“纯”也只是相对的，“纯”而不纯嘛！人本来就是一个小宇宙，与一切都有联系，诗要“纯”到什么程度？脱离人吗？当然不行。“纯”只是向一种境界靠拢，那就是“无”的境界。

蒋：这个“无”字挺有意思，但听起来也有点含糊。您所说的“无”是不是

来自中国古代的道家哲学所主张的“道”?

孔：正是这个意思。中国古典哲学主要有两家，道家和儒家。儒家讲求“阳刚之气”，以“乾”为天，贵“阳”贵“实”；而道家讲求“阴柔之气”，以“坤”为首，贵“阴”贵“虚”。我的诗贵“虚”尚“无”，主要是从道家哲学来的。

蒋：您能具体谈谈对“虚”“无”的看法吗?

孔：我所说的“虚”就是摆脱“实”的困扰，太实了，飞不起来，那算什么艺术，算什么诗?艺术必须有距离感。所谓“无”，不是“没有”，恰好是一种包容万有的境界，过去、现在、未来完全包容在一起，这样一来，诗的永恒性就自然而然地体现出来了。我的诗讲求“隐”“纯”“异”“简”“淡”，都是源于“虚”“无”两个字。

蒋：那么，您说山水诗有没有时代意义、现实意义呢?

孔：山水诗写山水，但中心仍然是体现人的。山水诗不应该局限于一个时代，应该把过去、现在、未来联系在一起。人，自然，以至整个宇宙都是相通的，写山水同样是写人，就是揭示“宇宙全息”。当人，诗人生活在一个时代之中，他本身就包含有时代因素，不可能绝对地与现实、时代相脱离，他把握的乃是经久的、具有永恒意义的“现实”，在这样的追求下写诗，诗自然就会变得“虚”起来。诗人写诗不应该老是想着时代，应该放弃一切束缚，导入“无”的境界。

蒋：您所说的“宇宙全息”同古代的“天人合一”有什么异同?

孔：其实是一个意思。“宇宙全息”是个新名词，与“天人合一”是一样的。就是说，宇宙间的万事万物，你中有我，我中有你，是相通的。不只是人，自然也如此。

蒋：这个问题就复杂了，在这个前提下，诗人应该怎样处理人、自然以至整个宇宙的关系?

孔：其实并不复杂，它们实际上是一个东西，是相通的。人与一块石头有共同的内涵，一粒芝麻与整个宇宙也是这样。这就是它们之间的深层关系。因此，把表面联系与深层联系结合起来，它们之间的最佳联系就是“若即若离”。写诗也是如此，面对客体，不能靠得太近，太近了就会显得太“实”，就要受局限，当然也就不能达到展示永恒性的目的。

蒋：我发现，您的诗很少用意象，并且越到后来越少，是不是就是因为这个原因？

孔：是。我觉得“意象”一类的东西显得太实，受到它的缠绕，就难以步入“无”的境界，就是包容万有的境界。“意象”有几种类型，有的有“意”有“象”，有的有“意”无“象”，有的有“象”无“意”。我主张有“意”无“象”，这是诗的最高境界。

蒋：说到境界，我觉得，就一首具体的诗而言，它应该是诗体现出来的一种“气氛”，是一个整体，您在诗中是如何达到这一目标的？

孔：境界应该是一个整体，一首诗总不应该七零八落吧。我写诗时，总喜欢用最简单的文字来构成这个境界，不像有些诗人，故意提炼几句哲理性的诗行，以示深沉，其他都是废话，诗的整体感不强。我讲求整体效应，与“宇宙”相对应，一个人是一个整体，一座山是一个整体，一棵树也是一个整体。我讨厌讲废话，诗应该写得精粹些。

蒋：从我们刚才的谈话中，我有一个感觉，您的艺术主张大多源于中国古典哲学和美学，但又有新的发展。请问，对继承，您有什么看法？

孔：继承是必须的，但最大的心理要求就是弃绝奴性。你看见了，我的书房里就只挂了我自己写的一幅字：“跳出少陵巢臼外”。那是我的座右铭。古人有成就，应该学习，但我是辟新路，不与他们为伍。就说李白吧，说到底，他的诗仍就是“贵实尚有”，这不行。不过，一般人不敢这样提，因为李白是大家，那些人有奴性。你们年轻人有很好的条件，脑子里没有框架，正好摆脱奴性，可以在最大的自由空间里创造。

蒋：一些年轻朋友有顾虑，怕自己的观点与时尚不合，也怕打破过去的看法，使自己显得前后不一致，遭人谩骂。

孔：这就是没有摆脱奴性。怕什么谩骂，我也遭人骂过，至今还有人想骂我。只要自己认为是正确的，符合艺术规律的，就大胆地谈，大胆地写，不能有后顾之忧。前后不一致又有什么关系？这正说明你是发展了。畏缩是不行的，只要进入了“无”的境界，别的事情根本不用理会。

蒋：前一段时间，我在《黄河诗报》上读到了您的文章《溯观——读〈沧浪诗话校释〉札记》，洋洋洒洒三万多字，内容颇多新见。这两天又读了，更佩服您敢于向名家挑战，敢于打破“定论”的气魄。

孔：那篇文章是我针对郭绍虞《沧浪诗话校释》写的读书札记。郭绍虞是大家，但他对《沧浪诗话》的校释完全尊古，没有独创和发展，这里面就有奴性存在了。对于古典文艺理论，我们应该有所突破，有所发展，用今天的艺术标准去衡量它，这样才有利于创作。就《沧浪诗话》而言，是一部奇书，严羽很大胆，第一次提出了“妙悟”之说，“兴趣”之说，针对当时的仿古、效古之风树立新说，这不简单。但是他的例证多借用当时的流行之说，有出入，不确切。还有自相矛盾之处，他当时是为反苏黄的学唐风气而写《沧浪诗话》的，但又引用了一些唐诗做正面例子。不敢破时尚，有奴性，我把他称为“小大胆”。

蒋：中国古典美学很丰富，虽无系统大论，但闪光的东西比比皆是，现在许多人、特别是一些青年朋友，对“古”不感兴趣，真有点可惜。

孔：有些人大量把西方的东西拿来，而对中国古典文学、美学一点也不感兴趣，认为古代没有什么可学的，最多是断章取义地看一点。实际上，他们错了，认真钻一钻，可学的东西多得很。

蒋：我有一个感觉，我们这一代人虽然起步比较早，在艺术思潮的感受上也比较敏感，但一睁开眼就是外国的，对古典文学和美学了解、理解甚少，甚至可以说很缺乏这方面的修养，真担心今后在艺术观念上会走向片面。我就常常为此而烦恼。

孔：只要认识了这一点，抓紧时间补一补，那还是不错的。最可怕的是自己无知，又认识不到或者不敢承认。

蒋：上次为了写作关于您的那篇文章，我专门用了一段时间阅读中国古代文学理论，特别是老庄的论著及其评价，还读了徐复观先生写的《中国艺术精神》，很有收获。

孔：你写那篇文章是用了工夫的，也有些新的看法，谈“启示”，很有意义。你在文章中提到了蓝海文的“新古典主义”，在继承和发扬古典文化的精神上，我们有相通之处，但二者在本质上是不一致的。我主张，诗人对具体的东西，既“入”又“出”，即若即若离，而“新古典主义”的主张则更多地是“入”，缺少“出”，只“入”不“出”，跟传统、现实贴得太近，这不行。你也可以再写篇文章谈谈，把问题说得更清楚一些。

蒋：我的看法是，“新古典主义”只是强调民族精神，目的是为新诗指出一个“路向”，不是具体的文艺思潮，这个“路向”是什么样子，只有靠诗人们自己去摸索。您主张“东方神秘主义”是对蓝海文的“新古典主义”的具体化，可以看作是这种“路向”上的一支，二者并无实质性的区别。

孔：这个问题还需要研究，我总觉得“新古典主义”发扬的是“文以载道”的主张，与我的主张不一样。

蒋：我还有一个没有弄清楚的问题。您的诗不落巢臼，可谓独树一帜，按理说，是很现代的，但您在很多地方都只把您的山水诗称为“新山水诗”而不称“现代山水诗”，这是为什么？

孔：我有点回避“现代”这个词，“现代”把诗坛搅得很乱，我不想介入。并且，“现代”更多的是具有西方意味，我的诗是东方的，我主张“东方神秘主义”。“新”字可以说明这一切，一方面，我的诗很传统，是古代艺术精神的升华；另一方面，它又很现代，是宇宙意识的艺术化；用“现代”一词不能概括它的特征，还是用“新山水诗”好一些。

蒋：您是否也受过西方影响？

孔：受过，但不多。比如说“意象”吧，我过去就接受过，但当时也是有选择的。后来，我发现这类东西并不鲜，并且有局限，与我的“虚”“无”境界矛盾，就基本上不用了。我总是相信我自己的主张，强调创造。

蒋：您谈过，宇宙间万事万物都是相通的，我突然想到了“通感”这个词。过去，人们说是感官的作用，您觉得这说法有没有道理？

孔：我写诗，从来都是调动一切感官。在外表上，人的眼、耳、鼻、舌、身是分开的，但实际上，当人达到了“无”的境界之后，这些器官又完全是相通的，共时态地相通。我用灵耳听，用灵眼看，用灵鼻嗅，用灵舌去品味，成为“灵听”“灵视”“灵嗅”“灵味”，统称为“灵觉”。这样，我的感官就不存在什么“挪用”了，它们自然而然地沟通了。感官的共同作用统称为“会感”——这种“会”是“灵会”，灵会即通感。之所以有人说“挪用”，是因为这些人奴气太重，缺少灵气，其感官是勉强地凑合在一起的。

蒋：难怪有位朋友说，您登山观水时的情态都与一般人不同，是在用“灵觉”寻求诗情吗？

孔：是啊，我写山水诗，入山观水，就容易进入我追求的境界，一般人是不行的。

蒋：如果这样说，您怎样看待诗人们所谓的生命意识？不就显得更玄乎了吗？

孔：诗是什么，诗是去反映吗？不是，诗只是给生命注入一点儿灵气而已。这种灵气能让人的生命永存。我就是要在自然之中找到这种灵气，注入生命之中，这也算是生命意识吧。

蒋：有了灵气，生命就永存，就处于无限之中了，对吗？

孔：对。有限的生命只是一种初级生命，无限的生命才是高级生命。我所说的“无”，作“无限”讲更确切一些。现在，人们似乎还没有发现有限之外的无限，认为人死了，生命就不存在了。事实不是这样，人们的生命应该是永恒的，人死了，灵气仍然存在。

蒋：最近，您的诗集《山水灵音》荣获山东省“泰山文学创作奖”，值得庆贺。从一些读者来信中，我也发现您的诗很受欢迎，有人把您发表的诗全部收集剪贴下来，有人把您发表的诗全部背诵下来，有人为买您的诗集四处奔波，有的甚至把您的诗集复印下来寄给您，担心您自己都没有。这种现象很少见。您的诗集在出版上没有什么问题吧？

孔：恰好相反。开初，有些报刊认为山水诗只是小玩意儿，放在边边角角作为补白，甚至干脆不发。曲折多着呢！当我编好《山水清音》的时候，出版社说诗人第一次出诗集只能两人合集，我不同意。写山水诗的人很少，与其他品类的诗放在一起，不太合适，并且，我坚信自己应该是独立的。后来，你的导师邹绛先生主编《中国现代格律诗选》向我约稿，我给他讲了这个情况，他便转告了杨本泉同志，最后，我的这本诗集才得以在重庆出版。认识了我的诗的价值的人，肯定会感谢他们，我也很感谢他们。后来，我在北京参加一个会议，去看纪鹏，给他谈了这个情况。当时，与他同室的文大家听了，便约我给他一本书稿看看，我就把《山水灵音》给了他，这本书最后由不出文学书籍的陕西美术出版社出版，全靠文大家的帮助。在书中，我没有谈及这些情况，一般读者是不会估计到的。

蒋：我也没有估计到。

孔：我最近刚刚编好诗论集《远龙之扪》，就是你读过的那本，可我还没有联系出版社，我不会拉关系，只有慢慢地等待。有朋友说，这部书出来之后，肯定会引起诗坛上的反响，但那只有等到出来之后，什么时候能出，我自己也不知道。

蒋：我想，终究会出来的。好诗、好论终会有人读。您年纪这么大了，身体也不太好，还这样刻苦，实在难得。我觉得，您的艺术观正在影响一批诗人，就您自己的创作而言，后来的诗越来越“纯”，人们会看出这一切的。

孔：我常说，我没有中年，精力最旺盛的二十多年被葬送了。真正写诗，是近十年的事，我仍在继续创作，还要写下去。我去了许多地方，还想出去走走，四川也还要去，还打算去九寨沟，走进真正的自然。

蒋：欢迎您到四川！那里的山山水水能因您的诗而流芳千秋，那也是我们四川人的光荣啊！最后，我想再问一句，您把诗论集定为《远龙之扪》，“远龙”二字不太好解，能谈谈吗？

孔：“远龙”即我的艺术追求，就是“无”的境界，我要不断地向它靠近，所以用它做了书名。

蒋登科致孔孚

孔孚老师：

您好！

在济南，得到您的热情接待和热心指导，获益匪浅。这段经历使我改变了过去的一些看法。感谢您，感谢师母，从我的内心深处。

回来之后，我就着手资料的整理，花了许多时间，才理出个头绪来。我把这次访学向几位导师作了汇报，几位导师十分满意，称我是真正干学问的，希望我继续努力。我记住了您的希望，也记住了导师的委托，一定会坚决地走下去，走一条自己的路。

寄上这篇访读录，请您指教。这只是初稿，定有许多不全面，不准确的地方，请老师就在上面修改、补充，作为我今后研究的基础，也算是第一手资料吧。如果有可能，今后这方面资料多了，还可以出一本“诗人访谈录”一类的小书呢！

目前在写论文的同时，我还抽空思考了一些别的问题，《溯观》一文的读后感已写好寄给牟迅，不知道他有什么看法。我还思考了您的诗的“整体效应”问题，想谈谈您的一首诗的整体感，以及“宇宙全息”的美学等问题，目前不能成篇，等过一段时间才能抽空写出来。

胡兴把您写给他的信给我看了，我给他谈了一些问题，很好。许多朋友都爱您的诗，邹老师因为我带回这么多的信息而高兴。我给刘强写了篇《“孔孚热”及其他》的短文，谈了您的诗在读者中的反应，他编了个《文艺窗》，希望他发一发，可至今无回音。

寄上两张照片，做个留念。明年的会可能去不了，这是我最大的遗憾。这段时间，我极力“怂恿”师兄弟找导师想办法，争取去参加，他们正在行动。

有机会，我还想去山东走走，山东的诗太好了，山东的人也太好了。

今年发了近八万字，老师们比较满意，但同学们争议较大。这些我不管，走我自已的路。

把文字修改之后请寄还于我，我再作处理。我想把您的艺术主张宣传一下，扩大更多的影响。

盼早日回信，一定问师母好！保重身体！

此致

敬礼！

登科

1989年11月30日

孔孚书法研究

荒荒宇宙一人行

——说孔孚

王邵军

九六年春夏之交，71岁的孔孚先生以平静的心境，迎来了他创作历程上的两件大事。

一是《孔孚集》的面世。这是孔孚的至交好友辛冠洁竭力怂恿，全感情投入操持的一本见规格的书，为孔孚迄今最完整的一本创作集，分诗及诗论两部分。诗之部分精选旧作300首，这无意中与《诗经》暗和的数字，令诗人感到欣慰。诗又进一步“用减”，其中不少等同新作。论之部分，也有新的文字加入。这本书由国家权威的中国社会科学出版社出版，厚厚600余码，至朴至简，罕见的大气。

二是“孔孚书展”在山东美术馆揭幕。书家孔孚的字，独标一格。大片空白世界，疏疏落落笔墨。清虚、浑朴之气象，再现宇宙洪荒，观者无不赞叹。对传统书法来说，犹如石破天惊。孔孚自撰的《写在前面》，对书展有画龙点睛之妙——“孔孚，写诗，也是个书痴。早有意七十岁时把诗放下，写字。汉字‘书艺’无疑已登峰造极，是否还能向前挪动哪怕是小小一步？几十年余为此苦恼，经受折磨。1995年9月，突然兴发，至于狂迷。‘书艺’向‘书道’，层次之转换，得以实现。时年恰恰七十。‘书道’，亦‘从有到无’也！荒荒宇宙一人行。且听历史之回声。”

九六年春夏之交的孔孚，可以说达到了他精神追求的巅峰，然而一切又显得那么从容，似乎是清风徐来，水到渠成。

人们熟悉孔孚的名字，大约从二十世纪八十年代初开始。那时，他是一个风头正起的山水诗人。落难者孔孚，在经历了人生的波波折折之后，54 岁时复出文坛，寄情山水，一发而不可收。开始在《诗刊》《星星》等处发表山水诗作，并出版了《山水清音》的集子。一方面有拓荒的意义，一方面确实因为其山水诗的精美独到，很快被人称为中国新山水诗的“祭酒”。著名学者钱锺书先生为《山水清音》定名题签，《中国新诗大辞典》以“五四”以来“新诗名著”存目。

山水开启了诗人的心智，宇宙万象越来越让孔孚感到困惑，感到错愕。大约从八十年代中期开始，他的创作默默经历了一个变化，这变化最终将孔孚推到了孤绝一人前行的境界。标志之一是，在他的新作中，为人们熟悉的已知的自然不见了，一个陌生的、扑朔迷离的大宇宙展示在人们面前。它未知而又遥远，是恍兮惚兮神秘的渊薮。诗人不再像先前那样君临一切，代山川立言，而更多地成了一个自然的倾听者、参悟者、探索者。在这里，诗感知世界的疆域被无形中拓展了。另一个标志，是孔孚明确提出了他的语言策略——“冷”和“无”。如同在认知上他承认人的认识力有限一样，在语言表达上，他同样为语言能不能为宇宙世界存真感到困惑，他强调诗要用“减法”、“用无”。要“冷”，一种“渊默”的冷。因而他的诗形式几乎简朴到了极点，力求在“无”“减”中，展示自然宇宙之博大、无垠，显示自己对造化的历验与参悟。承认认知的有限，承认语言的局限，孔孚比他的同代诗人们走得更远，走得更孤僻。但却给他的诗带来了更渊默、更澄澈的大境界。他不但在创作，还在理论上创造、完善了一整套的“用减”、“用无”、“抟虚”等诗歌语言，因而给当代中国诗坛带来的影响是可想而知的。钱锺书讲孔孚的诗有“开门户”的意义。也有人称孔孚为现代东方神秘主义开山人。

孔孚也是一个“书痴”。他早年受过严格的书法训练，习过石门、孔宙、二王、颜、柳、欧、张旭、怀素。但他对“书法家”的“法”字却颇有微词，而自称“书家”。书家孔孚善书，但并不多写，每年只拿出两天，写些字还还人情。对写字，他常有意犹未尽之感，希望能有一天痛痛快快癫狂一番。他在等待机缘。

从宇宙中，孔孚神启般地领悟到了万物创生、存在的要旨，寻得了与万物万象参悟、体认的方式。这些，先是借他的诗，得以传达并达到极致。之后，他进入一段时间的创作停歇期。

他静默地等待，等待井水枯干了再冒上来。终于，1995 年 9 月间，一次新的悸动袭来，又将他的字推上了一个新的境界。书道，终得以实现。

当你面对孔孚的一幅幅八尺大作，不能不感到阵阵惊愕和不安。生命的线条至清至淡，至朴至简，黑白世界彼此隐约可见，而又不甚分明。没有浓墨，没有朱印，没有刻意布局。然而却浑然如一，透射出幽深、洪蒙之象。同诗作一样，孔孚书艺的特点，仍是强调“大道至简”、“用无”，似乎“惜墨如金”。在谋篇上讲求与心灵同构，随兴而至。因而他的书作饱含张力，简约的笔墨唤醒大片空寂的生命与自然蓄势同构的整体姿态，饱含更多的宇宙原始的信息与空间。

书法诞生已有几千年历史了。几千年来，人们的临碑临帖，陈陈相因，使书法越来越失去其初创期的盎然、跃动的生命感。有识之士在探求书法新的进路。有人指出，可多向古文字汲收创造的活力。孔孚则径直从创造的本质上进行了一次真正的超越。这超越便将他生命的信息无保留地注到其作品中去了。也许有人会说他的书作有些“曲高和寡”“走得太远”。但就其进路的独特和所体现气象、境界的渊默与勃发而论，可以说，孔孚的书作已经进入了当代中国书坛探索的最前沿地带。

孔孚为“寂人”，十分之贴切。唯“寂”，才有淡泊、宁静之心，唯“寂”，才有智者的澄澈与参悟。唯“寂”，才有虚涵、静渊之大境界。印刷精美的《孔孚书展》折子上有帧照片，上面是半仰脸的孔孚，仰面看天，口半开朗笑，大大的智慧的头颅，头发自前后渐稀，一对睿目半闭半开，似乎是一半在看，一半在悟。下面的字是“佛头/青了”。真真是神了！这要归功于摄影家和设计家，尤其是设计家，实在是大手笔。

大千世界，熙来攘往。文化人在讲退却，讲抗争、坚守。而孔孚却好像对其视而不见。因为他澄澈的心灵早已越过了庸碌是非，他只顾自己往前走，管领着属于自己的那一片天空。他在用他那颗智者之心去体悟荒荒宇宙。

（原载《走向世界》1996 年第 4 期）

历史的超越

——孔书散论

王庆利

公元1996年5月22日，对处于摸索状态的中国当代书坛来说，是一个非同寻常的日子。这一日子给中国书法界乃至整个文化学术界所产生的深远影响将是不可估量的。当人们怀着迫切的心情走进山东省美术馆展览大厅，步入那片空灵博大的孔孚天地，一波波阵发之灵气迎面扑来时，每个人的心中都不同程度地感受到一种震撼。人们发现他们正面对着一个崭新的世界，这个世界即便在想象中也不曾存在过，而且从自己的心灵之眼和它遭遇的那一瞬间起，它就掸击着自己生命中一些固有的观念，并迅速给生命带来了某种秩序上的紊乱。以致一位看过孔孚书展的著名设计家慨言：“看了孔先生的大作，写字的不知道该怎么写，画画的不知道如何画，评论家失语了。”

这种现象的出现绝不是偶然的，它是一种特定的历史阶段和文化背景的必然产物。孔孚书展的创造性举措和其中所蕴含的独特的审美价值，从根本上触及了传统书法艺术之外的许多未知领域，引人们的视野至一种全新的境地。正是由于孔书的参照，我们发现了自己的贫乏和不足，多少年苦心经营的艺术大厦在孔孚面前似乎一下子矮了许多。孔孚是个很好的导师，同一切人生或艺术的伟大导师一样，他叫我们懂得了什么才是真正的自由和创造。因此，面对孔孚，面对那一幅幅让人震惊的巨作，我们不得不重新回到一些似乎早已过时的话题，并再一次开始对这些话题思索和追问。

在这方面，孔孚显然已远远地走在了时代的前列，甚至超越了自己所处的时代。对现在的他来说，这一系列的问题和因此而带来的行为上的枷锁，已被生命的智慧解开。对于书法，他已经无需再追问什么，他的生命已上升到那种通灵的境界。但无论怎样，他毕竟走过一段和我们今天相同的路。而那时，毫无疑问，这些问题就像现在困扰我们一样地困扰过他。

从他过去所写的一首题为《一位书法家与风的对话》的诗里，我们可以追索到他的心迹。

什么时候
你能把我们中间那个字刮走呢？

风摇摇头
写“海”以赠

表面看来，作者似在为能否摆脱书法创作中既成法则而追问，但说到底，他探讨的乃是书法艺术的本质问题。作为一门艺术，书法为什么不能脱离那些因循守旧的所谓“法则”，自由存在和发展呢？传统书法的误区不恰是受了这些“法则”的束缚和限制，才造成历代故步自封的局面吗？通观整部中国书学史，孔孚不无悲哀地看到：千古书坛，真正具有开创性的大家太少了。而且即便是在这为数极少的大家当中，由于受各种条件的限制和影响，也几乎无一例外地表现出对传统的最终依赖性。米芾可谓中国书学史上少有的天才，可他晚年所走的那条回归之路不就是这种依赖性的产物吗？

用孔孚的话来说：这种依赖性，归根结底就是一种“奴性”。而人之创作就是要驱除生命体内的这种奴性，转而给生命注入灵性。在孔孚看来，人的生命只有在灵性之光的招引下才能找到真实的自我，实现人生的价值。诗人书家都是第二上帝，他们首先应该具备一种向传统挑战的勇气。我们看到，作为书家的孔孚，其内心深处早就向传统书法发起了挑战。矛头指向“法”，也同时指向了整个书学史。他要走出一条自己的路——“无法”之路！

孔孚是个诗人，诗和书是他生命灵府中盛开的两朵花。三者之间，在彼此独立的同时，又存在着很大的互补性。作为诗人的孔孚，他以“寂”“无”致“远龙”的诗歌理论和他在新山水诗创作领域所达到的杰出造诣，早已为世公认。这无疑给他的“无法”——书作“无艺术”追求是一个动力。在他看来，写字同写诗一样，应该遵循一条“从有到无”的原则。“有”则“有限”，“无”则“无限”。从法则的占有到法则的超越，进而进入一种无技巧、无艺术的境界，最终归于大道，与宇宙同化。如果从这种意义上对“法”进行重新审视和再界定的话，那么，所谓“法”，就不再是任何一种具体的规定性的“小法”，而是横贯乎宇宙的“大法”，是“道”。

从这里，我们可以看出以老庄为代表的道家哲学对他的巨大影响。他曾经豪迈地向世界坦言：“儒家之‘有’风光了两千多年，如今该是向道家美学之‘无’转化的时候了。”而“谈有说无，六朝之后哑然”，他要做的就是“开凿这淤塞的河道，使地下之潜流得以涌出，洋洋乎流于东方”。荒荒宇宙，一人独行。孔孚是个智者，更是一个勇士！

然而作为一个书家，孔孚明显感到了自己的不足。他还没有足够的智慧和力量来完成自己历史性的超越。“从有到无”，这该是一段多么艰难的呕心沥血的过程，怎样才能实现这“有”“无”之间的转换？唯一的途径，就是用“减”法。减之再减，方可渐近于“无”。可是，沿袭了几千年的书法传统，今天看来，就好像一座森严壁垒的围城。如何去减，又该从何处减起呢？孔孚沉默了。他开始体会到一种生命蜕变的痛苦，创作暂时进入了潜伏期。但灵感和激情却依旧慢慢凝聚着。人们发现，孔孚默默独处，在同宇宙对话。在大自然的怀抱里，孔孚真正体会到了一种无拘无束，放任自流的创造精神和生生不息的天地力量。这一时期的孔孚是绝少拿自己的书作轻易示人的。笔者在山师一待五年，其间虽对先生动向极为关注，而积年所见，亦不过四、五。至于应酬，除至交好友，绝无例外。他对自己的作品要求之严格，几乎达到了苛刻的地步。甚至有好几位朋友撰文介绍其在书艺方面的突出成就，他都不同意发表，原因是还没有创作出自己满意的作品。踏入生命暮年的孔孚，仍在不断地否定自己，鞭策自己。这需要多么大的勇气和毅力啊！

直到有一天，时常住院急救的他，忽然听到了冥冥之中的那声呼唤。一种神秘的声音浸透了生命的每个空间，将他带向一种光明朗照的人生极境，于是，创作的激情迅速淹没了他。这位年逾古稀的老人在一种近乎狂迷的状态下重新拿起了笔，一股股灵性之泉，便一下子从生命的无名深处涌出，弥漫了每根线条！

令人难以置信的是，这种狂迷的状态，在孔孚的生命里竟然持续了一月之久。一个月的纵情挥霍，近百张巨作问世。这对于一个无右手支撑又失去了两条肋骨的老人来说，其艰难程度可想而知。但“也许正是病魔昭示的紧迫性，将孔孚自身的神性唤发出来，让他在生命的极限中追求无限的生命本质意义”（李志华语）。一个月是短暂的，可生命在这一个月所放射出的灿烂光华，已瞬间照亮了整部书史。

孔孚自云：“三十年一悟得一‘无’字。”现在这一“无”境，在他的笔下，已创造性地呈现于人们面前了。从“悟无”到“用无”，孔孚实现了生命的又一次飞跃。在他的作品里，不再有匀称规则的汉字，不再有千古不易的笔法，不再有熟视无睹的造型，不再有万人同面的章法构成，不再有雕琢传统的痕迹。早年的影子固然已荡然无存，连枚小小的印章也已悄然减去。一切都在“减”，都在被抽象，都在遵循着某种天启被重新分解、组合，而这一切又都是那么和谐地统一于所创造的生命之中。

于是线条更纯净了，内涵更丰富了。一个“意”字，在孔孚的笔下虽然被“减”成了“似断还连”的一根线，却由此而蕴藏了无限的空间。在诗歌创作上，如果说孔孚的杰出成就是其力倡“炼象”“炼境”之结果的话，那么他生命中所流溢出来的这一根渊默灵动的线，又何尝不是其“炼线”之结果呢？面对孔孚的线，我想起了罗丹的一句话“通贯大宇宙的一条线，万物在它里面感到自由自在”。

“静故了群动，空故纳万境。”但哲学上“用无”，出“无限”的人，纵观古今，除孔先生外，恐怕绝无仅有。这一点，我们从他作品那匠心独具的空间构成中可以看到。为了使作品体现以“空无”纳“万有”的创作原则，孔孚对汉字进行了大胆而自由地解析、变形和夸张，使每个字都蕴藏着丰富的空间，而字与字之间，又构成一个和谐统一的整体，形成了一个更为宽广博大的黑白世界。也同时给生命和灵性建构了一个理想的栖身之所。不然的话，那奔来笔底的天地万物又如何像现在一样跃然纸上呢？

毫无疑问，孔孚成功了。在生命的古稀之年，他以自己不懈的努力，完成了书法艺术从“有”到“无”——“书艺”向“书道”层次的转换，给古老的书坛带来了勃勃生机，也同时带来了审美观念的巨大飞跃。在他的作品中，传统不再作为一种固有的模式而存在，而是一种生动活泼的创造性元素，一种自由不羁的精神，一种源远流长的生命血液！孔孚是幸福的。但他又是何等的疲惫啊！

有人说，孔孚的作品中有一种超验的力量。50年后，人们才能真正理解他，发现他的价值。我不同意这种观点，因为类似的说法，在凡·高那里有过，在石鲁和黄宾虹那里也有过。但历史发展到今天，又有几人真正理解了宾翁和他所开创的黑色山水呢？而伟大的文森特·凡·高在多少人的内心深处，不仍然是一位令人望而生畏的精神病患者吗？因此，所谓的理解，在我看来，不过是在误会的基础上又加上了更多的功利主义色彩所造成的一种假象。真正的大师，永远迥立于红尘之外。

（原载《岱宗学刊》1997年第2期）

大道至简

——观孔孚书展

董　时

站在孔孚一幅幅巨作前面，我惊呆了！灵魂为之震撼。

清虚、浑朴、幽深之气扑面而来。连小小的朱印也没有，纯然黑白世界。大片空白在简约的线条耸动下至清至淡，反衬着书面上寥寥数字而至精至简，浑然如一，喷荡着超乎艺术美感的气势。这已非书艺层次的语言所能描述，分明是书道层次之作了。

在这里，“大道至简”“用无”成为主要特征。极精练之用笔唤醒大片空白的生命。不是“计白当黑”，而是以白胜黑。正是这种特殊的黑白关系，形成了孔书的独特风貌。“御风”二字书于八尺巨幅，刚健而飒爽，灵动而风神，黑色占空间不多，整幅作品意满气沉，精光四射。其至简之“道”在内容与形式两方面得以体现，又达到高度统一。自作诗“佛头/青了”，仅仅四字，却饱含着无限的信息与想象空间。信息容量与文字简约之比，在诗史上绝无仅有。书作亦渊默灵动，勃发无限生机。写海，写山，《高原夜》《香积寺路上》等，无不如此。熊秉明慨叹：为什么一味写唐诗，不写新诗？现在有了。总之，不以笔画，也不以字，而是以作品整体同你说话，向你传递一种精神，一种力量，一种灵气。

书艺层，以其可感性的审美为价值。书道层，却是对感性的超越而达于灵觉。古人讲“玄览”，“上学以神听之”，就是超乎感官之上，属于灵目、灵耳之灵觉，即宗白华的“灵的境界”。观照的对象也超乎生活层面，而是“睹无者，天地之友”（《庄子》）。作品中舍弃艺术美，而趋于“无”，实则达于“天地”层面而“大有”，信息形态不同而信息量巨大以至于无限。倘若艺术审美尚能移情，那么书道则可以默化灵魂，换“心”。被孔孚书作推开来——在这里不能寻求一笔一画之得失，只能向后站，站得远一些，感受其整体性氛围。在经受巨大冲击之后，你一定会精神痛苦，乃至于煎熬。这正是新的“心”诞生的历程。不久——抑或很久，据说孔子尝了文王的菖蒲酒，三年后才品出味道——你会从诸多感性的乱丝中站起来，领受更高的人生境界，透过苦涩品味到清冽与醇厚。

书道并非哲学观念的具象化，而是对书艺深切的把握与超越。尽管孔书大有“拆骨还父，拆肉还母”之概，但仍可看到传统的影子，尤其是小王（王献之）。而且孔孚本人许多方面与小王也很相似，诸如“书性过人”，对书之执着与自珍，书境的超前。小王外拓用笔即跳动在孔书之中，亦同样基于强烈情感的抒发而创作，甚至达于“迷狂”。如小幅作《叩寂》即与《鸭头丸贴》笔魂相通，都以提笔中锋为主，婉转、流畅、飘逸、凝重之势油然而生。同时，用笔的创造性实质在作品中亦得到最充分的展现，极长而柔软的纯羊毫长锋，抽提、顿挫、波动、震荡、逆转、竖斜偏侧掷触无所不用，甚而用其极。但种种用笔并未露出不协调的怪音，反而加强着作品的力度。“黄河……天际来”，“天”字捺画之起笔侧逆而入，甚为奇特，然而与整体天衣无缝。创作的自由精神与创作的最终追求，过程与目的，达到完全一致。这正是作品整体性的要义之一。

作为第二要素的结构，获得更多样的存在样式，可以说没有两幅相同之作，没有两个同构之字，都极尽变化。八尺长条的向上气质，大条幅而横构的别致，诗句的错落、斜行等，都耸然铭心。字的变化更是出神入化，“意”字把草书写法抽象化到一条极简单的曲线，却意味淡远无穷。

但是，如上这些书艺角度的探讨，仅是把握孔书的辅助而已。要真正领悟其真谛，应该舍弃这些书艺层次的语言，而以自己的心灵去发现与之相通的东西。每个人都会获得前所未有的启发与灵动，获得向上的推动，找到一条精神登攀的垂直线。其作品的垂直气质是多么有力，又多么可贵！垂直线使文明得以支撑。仅作水平方向追求，则是人堕落的开始。有着如此沉重肉体的我们，是何等需要这条垂直线！这是人之精神登攀的指向与轨迹，也是一切精神创造的生命与价值。立起这条垂直线，是孔孚书作最可贵的品格，是其书作的最高价值所在。

不仅如此，孔孚书作的展出是个历史事件。他的书作是历史的超越。从汉代算起，汉字的书写由致用而达于求艺，近两千年之久，书家都在书艺层求发展。时至今日，竟出现了完全舍弃思想本质而仅作形式构成的现代主义探索。这一方面表明世界文化潮流的影响与汉字书艺容量之巨大，同时也表明书家对传统书艺的某种失望与自卑。自然，沿传统发展而有成者大有人在，而且这也永远是条康庄大道。但为此而苦恼的求艺者却没有发现第二个方向，即垂直向上的，超越书艺的书道层。古代大家所达到的书道层之作，是不自觉地对书艺的超越，而达到某种精神境界。由于不自觉，其所展现的精神即不够充分，对其感受、把握也不一致，例如书圣父子。孔孚则是完全自觉追求书道创作的第一人，他找到了书艺发展的第二条道路，并成功地打开了大门。从理论上讲，经过至情的旭素，至理的颜柳，又经过写“意”的米黄苏，理应在南宋就出现书道追求。但“历史常常走错房间”，民族的分裂和外部的压制扼杀了民族文明，从而毁掉了从属文明的文化，书艺从此跌入深谷。今天书道层次从历史深层走出来，是带着多少历史的沉重呵！

中国传统书艺被认为是人格主义的，日本现代派则是人性主义。这种人性主义是西欧人道主义贫乏的表现，从毕加索开始即出现了人性的分裂，仅仅是人性最低层次原始生命力或曰兽性的冲动（伊福部隆彦语）。而中国古代的书艺是人格修养的一种方式，对人性亦有压制的一面。人性可被视为兽性、人格性、神性三层次，依次上升。上述两种情形都是不完整的人性，都有着深刻的人性本原上的缺陷；而孔孚书作则是完整人性理想之作，既有原始生命力的迸发，也有崇高伟大的精神，而通体充盈着人格光辉，三者统一，贯穿着一条上升的力线。这是对古代东方、近代西方哲学的超越，是东西方文明的冲撞、融汇，也是东方对于世界的精神奉献。

如此力作出自孔孚，有其深层的原因。首先，这是书艺故乡深厚文化土壤培育的结果。儒道释三家在孔孚身上都有深刻的影响，骨子里自然是儒家底蕴。尽管由于时代和个人的反叛，“刮骨疗毒式”地批判，也并未连“骨”丢掉，那里深藏着儒家的精髓。例如其诗作、书作中的阳刚之气，即是。孔孚是向往道家的。老子的“道”“一”，庄子的“渊默”以及大乘佛理之“空”“无”，对于他有极大的吸引力，所谓“出佛出道”，就是“入佛入道”之见证。这似乎是他精神追求的归宿。其由书艺向书道层次之转换，晚年得以实现。一个没有哲学的民族是浅薄的（中江兆民语）。中国有百样的贫乏与不足，但有哲学。中国的根基与希望全在于此。守着财富不用，终归是乞丐。孔孚为我们做出了榜样。

其次，这是诗人气质与追求在书作中的表现，从某种意义称之为诗人书，是可以成立的。诗与书是其哲学精神之“道”的两翼，三者互相生发，相得益彰。“无鳞无爪”“远龙”之诗，现之于浑莽之书，都源于“虚”“一”之“道”。诗是其精神的声音语言版，书则是黑白文字版，三位一体。其创作激情也完全是诗的，诗人的。

第三，是由于孔孚的人生经历以及对这些经历的超越。青年时期孔孚做编辑，写诗，即显露出不凡的才华，随即被打入另册，饱受种种磨难。孔孚自幼钟情山水，耳顺之年遨游祖国名山大川。自计七十岁把诗放下，写字。一场大病，从死神手中挣脱出来而“从心所欲”之后，已经超越种种诱惑，心灵净化到至简。由这颗心喷发出来的，自然是这样的书道作品。那一幅幅撼人心魄的巨作，就是他的心啊！

“思考着未来，生活在未来，是人性的一个重要部分。”（卡西尔语）孔孚是未来的。这又令人想到小王的历史境遇。独领风骚达一个世纪，却被唐太宗别有用心地贬抑（米芾语），至今未得“再发现”。孔孚的道路，注定知音者稀。但即使“中国缺少大批评家”，擦擦眼上的灰尘，同时代的人也应该发现其光辉的亮点——一颗升起在东方的星。

（原载《岱宗学刊》1997 年第 2 期）

历史的超越

——说孔孚

耿介耳

我知孔孚，不是先入其诗，而是先知其书，再读其诗的。当我读了孔孚的诗，便粗略形成一个判断：孔孚断非一个单单的诗人或书家，他的以“寂”“无”致“远龙”的有无之境化百代而仅存，他的抟虚宇宙的气度致诗、书以玄以远。孔孚合该是位哲人。

“谈有说无，六朝以后哑然。”孔孚决意“开凿这淤塞的河道，使地下之潜流得以涌出，洋洋乎流于东方”。他的大入大出、大往大来的自由气派所流溢出的深厚底蕴，令众多哲学家心旌大动，出现了“东林之举宪成，复社之盼梨洲”的形势（辛冠洁语）。哲学名家辛冠洁先生频频致函孔孚，以遣发自己读孔诗并诗论的兴奋和迷醉。1994 年 5 月海峡两岸哲学界巨子云集太湖“谈玄”，孔孚先生因病未能参与。但他的诗与诗论到了，给了哲学家们从未有过的激动，竟至台湾著名女学者唐亦男以吟孔孚的一首峨眉诗为谈玄会做了结语。诗与哲学相系一起，诗能触发众多哲学家的灵感，恐属现代文化史之仅例。

孔孚自云：三十年一悟，得一“无”字。其所写之山水，已然是大化至境。孔孚山水已从“禅”那里走了出来，臻于“道”了。

孔孚力图为东方文化生命注入灵性，而孔孚的生命是寄寓在他的一切言行诗书活动中的。看孔孚书，正如读他的诗。其自觉“用无”，空灵旷远之境，前无古人。我惊讶孔孚的诗、书是如此谐和天成。应该说，孔诗只合用孔书出之，方臻清绝静虚之妙。

两年前，我曾动意为先生筹划一个力求展示其大境界的“孔孚文化展”。先生总是摇头，说他的字不好入列。当时我不明其所以，就放下了。去年九月，大病初愈的孔孚被一股无可名状、不可遏制的激情催发，痴迷颠倒，挥毫濡墨，30日得书作百余幅。当先生拿出积月创作的几十幅八尺巨书时，我惊呆了，这正是孔孚数十年所寻觅的“书道”新境！在书艺向书道转变的痛苦过程中，先生对书的要求高度绝不亚于诗。我这才明白，在孔孚先生的书作尚未完成自我超越之前，是不会轻易公之于世的。现在是时候了。孔孚书之得大境界在于他通贯古今文化、书史，在于他不拘成法、独迈流俗的艺术胆识。更为重要的还在于他的“灵悟”“灵觉”。这绝非读五车书，“铁砚磨穿”所能奏效的。孔孚的字信息量之新之大，给予当代书坛之启示影响，目前尚难以估计。

孔孚的诗用“减”而得“无”境，极尽无言之美。他的书也进入了这样的净域。我们看到：连印章也减掉了，纯然墨白世界。字幅多一行，其线条也在减。孔孚轻墨，墨色也在减，多的是“半无墨。”走进展室，你就会感觉到置身于云烟之中，极尽“惚兮恍兮，其中有象；恍兮惚兮，其中有物”(《老子》)之妙。先生言，某日落款也要减。孔孚先生素心如水，喜静寂澄明，朝朝暮暮，默默独处，“对山对水，对风对月，对星对露”。也正因了这样的心境，才有了一个包容无垠的孔孚宇宙在，才有了在他的诗、书中所映出的那种无滞无碍、自由超常神态。

读孔孚书，须读孔孚诗，知孔孚人，方会孔孚意。话虽如此说，但真正能道出孔孚之精魂，大难。语言似乎无能为力。古典书论中的套话，在孔孚面前全没有用处。对于“书道”层面之作，怕是得出“说不可说”的另一副语言面貌方可。而孔孚说：“不如无言。”

（原载《岱宗学刊》1998 年第 1 期）

笔落惊风雨，书成泣鬼神

——记诗人书家孔孚

张传旭

《峨眉风》

吹三千灵窍
善写狂草
摸一下佛头就跑

第一次读到这首诗，眼前一亮：把风和狂草联系在一起，真是新鲜，对书法没有深刻体验的人，断然写不出这样的诗句。第一次见到了诗人的书法，真就像他的诗那样："见到海/眼泪就流出来了!"

孔孚对书法的热情，始于孩提时代。抽象而枯燥的《孔宙碑》竟然能使一少年入迷，"心随笔意流走、往往是进入字行中去。为着那字，常常是迟到，挨没趣。"他受了泰山经石峪《金刚经》的吸引，竟然每个星期天都要去爬山，"在那片流水淙淙的石坪上，我赤脚来回走，迷失于字的峰谷间。耳边似闻金风阵阵。"我们从诗人自己叙述中分明地感受到他对书法的一片赤子之心。除了山东的碑刻，他还对书法史上的名作如颜真卿的《争座位稿》《祭侄文稿》，王羲之的《兰亭序》等，下过苦功，精心临摹。孔孚对于诗歌主张"大入大出"，从他的作品

“石燕拂云晴亦雨，江豚吹浪夜还风”，“跳出少陵窠臼外”中，分明看出诗人对于书法传统所深入的程度。

诗人不但有沉潜传统的功力，更有“跳出少陵窠臼外”的勇气。“写诗如不能超越唐人，那我们这些人干什么，那就不如不写诗。”“哪怕是向前挪动小小的一步”（孔孚语），这是他对于诗歌的理想的追求，也是他书法创造的宣言。敢于超越，大入后大出，可见出一个艺术家的胆识与胸襟。“不恨臣无二王法，恨二王无臣法”，在孔孚眼里，佛头也是可以摸着玩的。

“狂风吹我心，西挂咸阳树”，只要是看过孔孚这幅狂草的人，无不被他的激情感染：酣畅淋漓的大笔饱蘸着峨眉山的冷雾，挟着大海的风雨，飞动圆转，出神入化。真是写出了李白的情，写出了李白的心。历史上有无数的书法家写过李白的这首诗，写出点气势的不能说没有，但能表现出这炽热情感、天真境界的，真是前无古人。假如让李白自己用书法的形式来表达他诗歌的情怀，恐怕等到“李白指瘦”也难以写出。像下面这些作品，“无边落木萧萧下，不尽长江滚滚来”；“潮来天地青”；“见到海/眼泪就流出来了//我怕是海的儿子/泪水也咸咸的呀”；“掬一捧泉水/洗一洗眼睛//心也绿了”，不论写的是古人的还是孔孚自己的诗句，我们都深刻感受到，诗人在创作书法作品时，对文字内容精心地挑选，对其中情感的深入体悟，力求做到文字的内容、书家的情感与书法形式的完美统一，书法史上的皇皇巨迹，像王羲之的《兰亭序》、颜真卿的《祭侄稿》、苏轼的《寒食帖》莫不如此。看了孔孚的这些作品，无不使我们强烈地感受到诗人咚咚的心跳，急促的呼吸，情来不可止，势去不可遏，人、书、诗通过“情”融为一体，没有间隔，通过“笔”，使得上下四方，古往今来，天地并生，万物为一。

诗人在书法的构成形式上不但力求情感与形式的统一，同时力求形式与所书写诗歌的意象的统一。如“恨不能挂长绳于青天/系此西飞之白日”；“一行草鞋印香到顶”；“蓦地有天竺之香袭来”；“白云中游数尾木鱼”；“北斗星/伸勺子舀”等条幅巨作，单行布局，文字并非传统的鱼贯而下式，而是大胆易位、组合，变形，迫使中轴线做大幅度的摆动，惊险奇绝，让人不能不和“青天、长绳”“草鞋印、香”“白云、游、木鱼”“北斗、伸勺子、舀”等意象联系在一起，力图调动起视觉、听觉、嗅觉等所有的感官，显示了作者丰富的想象力和独创精神。这种形式与意象相统一的探索，在二十世纪八十年代“现代书法”兴起时也有人做过尝试，但他们是返祖归根，结果因丧失了书法本身的特质而回到了文字画的老路上，今天已无人问津。而诗人与之不同的是把握住了书法“囊括万殊，裁成一相”之“象外之象”的本质特征，在如何处理“寓万象于一相”“由一相见万象”的关系上，诗人做出了前无古人的探索，大大超越了之前的现代书法，使得古老的书法真正获得了现代感。

诗人在诗歌艺术上追求简、纯、淡、虚的境界，也即诗人所谓“远龙”的境界，“无鳞无爪”而包容万象，书法形式单纯而同时兼有巨大的包容力，这样的境界实与玄学的精神正是一脉相通，书法与玄学的双峰于魏晋时期同时高耸入云，也证明了这一点。但书法形式上的简、纯、淡、虚，往往容易流于内涵的空疏、虚无、枯寂，富于佛学精神的日本书家良宽与我国近代高僧弘一的书法可以说代表了这一派的极致，虚淡之极也空疏之极，盖因佛家一悟之后，万法皆空，万象皆无；而诗人则不然，“一悟之后，万象冥会”，“思接千载，心游万仞”，“可喜可愕，一寓于书”，孔孚的书法似简而腴，似淡而淳，似虚而实，诗人书法与佛家书法在这里形成了鲜明的对比。同时兼有玄学的精神与文学的想象力，这触及了书法的本质之所在。

孔孚在艺术上化儒家至大至刚之气于道家虚无之中，天人合一，物我两忘；既有佛家呵佛骂祖之不盲从盲信的精神，又有儒家上下求索、“虽九死其犹未悔”的执着信念。真正的艺术家都是独孤求败的大侠，没有向死而生的精神，没有对生命的深刻体悟，岂能有艺术上的突破？历史上黄庭坚的书法在顿悟生死之后突飞猛进，孔孚在生命的最后时刻，留下了他艺术上的绝唱，岂是偶然？“荒荒宇宙一人行”，“独立苍茫自咏诗”！

《诗经·秦风·蒹葭》：“蒹葭苍苍，白露为霜。所谓伊人，在水一方。溯洄从之，道阻且长；溯游从之。宛在水中央。”逝者如斯，我们目送诗人孤独的身影，远随嵇康、右军、李白们而去，广陵散的回声也在车水马龙的嘈杂声中隐没不闻了。

大道不器

——说孔孚的字

李志华

作为诗人的孔孚先生的创作常让自认为了解他的人也大吃一惊。孔孚的灵府里似有某种超常的东西，这也可以从近中即将举办的他的“书展”得到印证。孔孚，原名孔令桓。1925年生。山东曲阜人。长期任《大众日报》文艺编辑。生活道路坎坷。1979年调山东师范大学。

孔孚为诗之道，贵创造，喜用减。痴于书的读者也可以从这次“书展”中领会其“创造”“用减”之妙。你会看到，连一方小小的朱印也没有，纯然黑白世界。

孔孚痴于书，这在他的诗、论、散文中屡屡谈及。他是在书法临摹上下过很大功夫的。但他一再强调，临摹只是书技，不是书艺，更不是书道。应该是“大入大出”，至人无法。如果说“法”，那是宇宙大法，就是“书道”了。

他还早就说：七十岁把诗放下，写字。去年九月，时常住院急救的孔孚突然兴发，写起字来。冥冥中好像有一种什么力量在推动着他，不能自已。持续时间之长，近一个月。如此之大冲动，这在过去是没有过的。因为没有那么大的书案，有些八尺大宣，是铺在地上跪着写，爬着写的。正巧当时还患着肩周炎，又加缺两根肋骨，可以想见其艰难痛楚。然而对于孔孚来说，却又是最大的幸福。他多年为之苦恼的“书艺”向“书道”层次转换之夙愿，终得以实现。时年恰恰七十。

孔孚书风大抵是从碑到帖，然后“非碑非帖”（伊洛语）。他对点线质感和形式构成的感觉非常敏锐，常常写出一些极为夸张的字来。匀整的汉字在他的笔下被重新变形、组合、易位，充弥特殊意味的空间意识和灵动的张力效应，如惊蛇入草，渴骥奔泉。有人称其书为文人字、诗人字；或讥之为野狐禅；或认为不中绳墨，没有法度，怪异。孔孚不置可否，多的是回以苦笑。他似乎更中意于“野狐外道”的讥评，因为他从来不愿往正统派里挤。

出身孔孟之乡的孔孚，是提倡道家美学的。他极力主张一种从“有”到“无”的美学思想的转化，这不仅指诗，也指书。我们看到：不仅是诗，于字上孔孚也完成了美学的转型。一位深通书理的美学家断言：孔孚的诗有多高，书就有多高。似乎从中窥得了某种“天机”。其诗与书虽异构而同质。所谓“大道不器”也!

还要说一句：读孔孚的字，要紧的是“灵性”。孔孚说过：诗不能扭转乾坤，它只不过是想于人之生命中注一点儿灵性而已。此言也适用于他的字。但愿孔孚的字能给予读者更多的灵性。孔孚先生在古稀之年身体病弱的情况下，仍以坚韧的毅力创作了一批书法新作，并于1996年5月23日在省美术馆公之于众。这是他一生对书法的感悟与理解的一次总结。

大通的境界

——孔孚先生山水诗及其书艺略论

吕文明

第一次看到孔孚先生的作品时我大吃一惊，心灵深处某种久违了的感觉立即悠然地生发：世界上竟然还有这样的书法作品，我在他笔墨氤氲的意象阐释中突然有了一种很深邃的感觉，一种用欲望之眼永远也看不穿的感觉，只有静下心来闭上眼慢慢地体味才会由衷地感觉到作品中流动的生命美感。作为书法爱好者，我在几十年如一日的临摹创作中一直在寻找一种深刻的印记，然而在这种对深刻的追问中我一次次地感到无可奈何，可今天这种感觉竟让我心惊肉跳，是心动了。佛家有云：我心即菩提，我的心动了，那我心中的菩提树也就在那笔墨的感染中摇曳生姿，所以，从那一刻起，我感觉自己的书法有了一种大突破，我开始向深邃的空间追问书道和宇宙的真谛。

后来又读孔先生的山水诗，那种感动又进一步深刻，这才是大道的境界，原来诗还可以这样写。“蓦地有天竺之香袭来，白云中游数尾木鱼”，你瞧，这是怎样超然物外和心静如水的感觉；还有更精彩的，“出佛出道，亦马亦牛。何须千手千眼，抟虚宇宙”，孔先生把这首诗作为自己的座右铭，一句“抟虚宇宙”足以让他执当代诗坛之牛耳流芳后世百年。这时，我突然有了一种感觉：孔孚先生的身上有一种大通的境界，四通八达，通天掣地，通晓古往今来，通会宇宙万物。佛家讲“慧”“通”，通的境界来源于顿悟，而顿悟起始于厚重的积累。孔先生的大通包含着很丰富的含义，首先是艺术与生活的相通，孔孚先生的书法和诗里都流露出浓重的生活气息，诗中的生活气息表现在他对于山山水水的描写和感悟，而书法中的生活感息却是他对于书写内容的大变革。熊秉明先生慨叹：为什么一味写唐诗不写新诗？现在有了。话虽简单，但这个评价很高，他对孔孚书法进行了犹如其山水诗地位一样的定位：也是鼻祖。其次就是书法与诗歌的大通。古往今来，书法与文学能同时达到高境界的人不多，我个人认为，这样的大通表现是书法界和文学界千年难遇的盛事，屈指算来，三千年的中国书法史无非是东汉的蔡邕、东晋的王羲之和北宋的苏轼，往后就不好找了。这其中我最推崇苏东坡，因为蔡邕是纯艺术的大通，没有禅道的参与；王羲之的大通仅仅表现为一件《兰亭序》，缺乏一种普适性；只有苏东坡，他在佛道儒思想的互通中实现了他书法与文学的同时奇崛，但他的两种艺术表现形式又有着截然不同的区别，他是千年难遇的艺术天才，其天赋的灵性、厚重的文化积累和对于玄学思想的独特感受都让他在大通的境界里自由自在纵横驰骋。而孔孚先生却是在佛道或者说非佛非道思想的引导下把书法和诗歌完全贯通起来，所以，看孔先生的书法就会想到他的诗，读孔先生的诗就会想到他的书法。第一次看书法作品“佛头青了”四个字的时候，我便立即想象得出他在写《春日远眺佛慧山》这首诗时胸中的淡然与快乐，那长长的陡峭的歪斜长竖分明是胸中久久期待的抒怀与欢畅，然而在这种欢畅中孔先生又保持了作为一名学者和思想家的矜持与内敛，正是这种矜持和内敛才让我们看到了他在无拘无束中的深邃与深刻。

了解孔先生艺术经历的人都知道，他 1979 年 54 岁时才开始写山水诗，对于文坛来说，54 岁已经是一个迟到的年龄了，然而他却在这种迟到中把他的山水境界表达得淋漓尽致。所谓大器晚成，这样的词用在先生身上肯定是不恰当的，虽然前贤中有一个老苏可以作为我们评价先生的参照，然而还是有一点儿不尊重。可事实又的确如此，有谁能想到 54 岁之后的孔先生会有那样多的杰作问世呢？从最东边的大海一直写到西部的帕米尔高原，他的诗如激流的泉水，一涌而出，我不知道当时先生自己的感受，对于我这个接收者而言我读到一半就已经承受不了了，他怎么会有如此敏捷、通达而又沉着的思维？这不像是他的一时之作，然而事实就是这样，54 岁之后的孔孚先生用他数十年的积累和本身的天赋把他的境界在诗歌领域表达得淋漓尽致。无独有偶，对于书法孔先生依然是这样厚积薄发。

对于1995年以前的孔孚，大家只知道他的山水诗很好，是一代宗师，却很少有人关注他的字，他虽也写字但却没有太多地写。1995年7月大病一场之后，孔孚像突然从墨海深处走出，他蘸满了如椽大笔一路写来，30日得佳作百余幅，从此人们开始知道了书法界的孔孚。这仅仅是巧合吗？我不这样认为，但孔先生又的确是在经历大劫之后而开始他的书法与诗歌创作的，这是遭逢劫难之后的重生，是哲人在磨砺中的思索与追寻，这种追寻在先生的心灵深处完美融合而产生了一种十分难得的艺术感觉，尤其是晚年的孔先生更是把这种融合达到几乎尽善尽美的地步，也就是我们所谓的大通境界。读孔先生的诗犹如欣赏书法，看其书法犹如读其诗，他徜徉在书法与诗歌两种艺术形式中，逍遥自在，是“乘天地之正而御六气之辩以游无穷”了。

我平日里最喜欢拿汉朝的两种艺术形式作比较，一种是汉赋，一种是书法，我总有这样一种感觉：汉朝的书法和汉赋是在同一种哲学美学思想的指引下而达到十分相近的艺术巅峰效应的。这当然是我的一家之言，还没有得到充分论证，然而这种感觉影响了我对孔先生的书法与诗歌的评价。现在可以这样说，孔先生的山水诗的境界有多高，他的书法艺术创作的境界就有多高，因为它们也是在孔先生个人的同一种思想指引下完成的，而且这两种艺术形式又有那么多联系和相近的地方。今天在这里举办孔孚先生书法作品展暨书法理论研讨会，我作为后学是怀着十分虔诚的心来学习和感悟的，我相信在座的各位和我一样一定会有所收获。

（原载《山东文学》2008年第3期）

非碑非帖

伊　洛

说来已是十四五年前的事了。二十三年远行归来，只剩孑然一身。戚友怜我晚年孤寂，都张罗为我再安个窝。老友孔孚是他们中间最积极热心的一位。

当我又重安一个家时，孔孚送来一小幅字。秀才人情纸半张！当时并没有很在意。但打开看时，吃了一惊。我不认识写的是什么字。除了落款，其余一个字也不认得。又不好意思问，就把它放下了。记得好像也没有挂一挂。

但我喜欢这幅字，因我觉得他写得不俗，而又颇为出格。写得无拘无束，洒脱自在，有字外的趣味。

这一不满三尺的小幅，只写了两个字——踏雪。还是孔孚后来告诉我的。虽只两个字，却淋淋漓漓，笔酣力饱，足足写满了一个幅面。这两个字其实是写给我同我新婚的夫人的，因她的名字中含有一个梅字。我们见面的那天，天正落着大雪。有趣的是，字是下雪之前早已写好了的。

后来我把这幅字裱了，挂出来。凡看到的人，包括一位八十多和一位九十高龄的老先生，都是很识字的长者，也都和我一样，不认识幅上的字，一个也认不出。他们都悄悄问我，我姑且支吾：“不要管他写的是什么了，只要看了不觉得难看难受也就是了。把它当一幅随便一涂的画来看也可！”他们都悠然神秘一笑。是不是碍于主人的情面不好多说，看来不是。都说：“是好字，耐看。有种说不出的味道。”简直异口同声。好像他们都从字上看出一点什么神秘的东西。

有位收藏颇丰的鉴藏家也喜欢上了这幅字。三番两次要追根问底，我只得如实给说他。他研究了一番说："这样写，还是合乎书法道理的!"

后来，我把字幅挂了些时，又收起。孔孚问为什么。

"怕人把它当成野狐禅!"我说。

"我不就是野狐外道吗？好！好!"孔孚哈哈笑了。

因为看字，尤其这一幅字，时间渐久，印象也随之突出、明朗和具体起来。

最初，我把读孔孚字，尤其是我收藏的这一幅字的印象告诉了孔孚："非碑非帖。"

孔孚听了很高兴，觉得搔着了痒处。话很快传开去，听说，还有人把此四字写进了文章。但我想那与我说的"非碑非帖"，恐怕不是一回事。

《踏雪》确是一幅奇字。我觉得，它是最能体现孔孚那种不中绳墨的性格的。它确是孔孚的字，不是别家的字。这幅字与孔孚其他的字也有不同。甚至还可说它与所有写字的人（不论今昔）的字都不同。没有这样写法的！从构思讲，这样的即兴狂涂，不会有事先的蓝图或成竹。从借鉴讲，也不同类似的悬鹄或样板，纯粹是兴来挥洒，急如电闪，不容思索。恐怕也不会再写同样的第二次。所以是奇。这里就蕴含了所谓"非碑非帖"的个性。

《踏雪》可谓一幅破草，也可称是一幅水墨写意。一个"踏"字，有一个脚丫印。"雪"字有半个被风吹颠倒了的雪片，还留一个迷濛的雨头。这些本来都是象形、会意，都是象征物，还留一丝六书气味，但那条弯弯曲曲从上到下的墨杠，便是雪后的人迹了。空白处自然是满地的雪。这哪里是在写字！简直是南宗大写意的画笔了。字中有画，画中有字。中国文字本起于象形，绘画原本是书契的生身亲母，有何不可！它这一下子打破了中国字的四合院式或豆腐干式的一统天下。这可说是中国字老字样的一个突破吧！是旧书法艺术将有大变化的一声号炮吧！中国字包括草书在内的书法是很少打破这个铁律的。这与板桥以书法入画或以画法入书又不同，一个有意，一个无意也。并且入法也不同，一个借入，一个直入也。这里的"非碑非帖"的意思更明显了。以后，我又反复看和比较过孔孚的字，有一大幅《宇宙意识》，也露出了这个意思，可惜还不如此幅的清晰凸现。孔孚近中作字不少，没有看到，不知如何。

所谓非碑非帖，是一种势头，一种苗头。所谓"但开风气不为师"是也。

中国书法三千年，流传至今广以言之不过碑帖，碑早于帖，但帖学远盛于碑学。碑学至清中叶后的包世臣和清末康有为一度再崛起，篆隶齐举，一时大煞了帖学的威风。帖学则自二王以来已垄断中国书坛一千数百年，末流走入台阁。松雪（赵孟頫）香光（董其昌）柔媚之气到了极点。终于产生了像乾隆这样的皇帝书法家，八面圆光的御笔成为最高法式，消磨尽了锐气和个性。

“羲之俗书趁姿媚”，韩愈自始就反对这个柔靡之势。陈独秀曾批评沈尹默早年的字：“这个人的字，其俗在骨，是无可救药的了。”冯友兰《三松堂自序》也是反对这个颓靡尾波。沈尹默先生后来痛加校正，有了彻底改进。今天就要数启功先生的字了。赵俪生教授是著名历史学家、书法迷兼书法家，他对启功的字最初很佩服，后来就渐渐不以为然了，说：“越写越俗，越写越难看了！”碑学自包、康虽有一些振作，但很快又染了官商的势利气，在店牌堂额上做手脚，面目也渐渐地不可看。总之，碑帖都在趋向式微。俗而媚，像奶油小生，不是不好看，是太讨人喜欢了，也就患了软骨病。

是不是能有一条第三道路？是新碑新帖还是在碑帖之外呢？所以，“非碑非帖”只是一个势头而已，一个理想而已！也可说是一个希望，一个梦想而已。如果连一个希望与梦想都没有，中国书坛将是寂寞的。

汉隶别称八分，是碑版之祖，风行两千余年，与帖并驱争先。韩愈是篆隶大手笔，他的书法真迹，今天已十分罕见。晚唐李商隐咏叹的“长绳百尺拽碑倒”的“韩碑”的起、倒与再起的遭遇，是中国古散文古今体变的大斗争，也是一场惊心动魄的碑帖的百年生死斗争。至清郑板桥另创一种新体，隶楷相参，行草杂糅，风靡一时，调和古今，郑板桥自称“六分半体”，已露出“非碑非帖”之意。惜乎板桥动作不大，移花接木，没有形成长远的大气候，产生领几百年风骚的新品种。

书法的改革，不是一条平坦笔直的路，它是一场艰苦、持续、努力探索的伟大文化工程，不是胡来，也不能胡来，也非一人一时可竟全功。时代呼唤真正有述作意识的书法家的大队伍。中国书法要走向世界，迈向新的世纪，恐怕不宜仍是那套袍褂冠带，需要点新的行头才是，不必怕多姿多样。

孔孚的住室中挂了一个小镜框，书“跳出少陵窠臼外”七字。也就是要打破老祖师爷的成规和权威。初看或许可能产生反感，觉得孔孚太狂，其实是大实话。想想“五四”新文学运动以来，凡写新诗的，谁不是“跳出少陵窠臼外”的呢？不过无人肯说罢了。

我曾看到过孔孚少年时的书法习作，有《争座位稿》《祭侄文稿》和《兰亭序》等临摹本，都清整劲秀，神完气足。孔孚是从小下过苦功夫的，算得是科班出身。孔孚有这方面的潜力，也有闯劲。他曾一再说：“七十岁把诗放下，写字。”好像有什么宿命似的。

去年，孔孚大病初愈，即陷入涂写的狂潮中。听孔孚的夫人说，有些八尺长条、大幅，是铺在地上，跪着写，趴着写，因为没有那么大的案子，要照顾整体，气贯。病后身体虚弱，每写一幅，都是一身大汗。冥冥中似有一种什么力量推动，不能自已。孔孚的字是有点怪，但绝无媚气。这一点是重要的。更重要的还在于“非碑非帖”，让我们拭目以待吧。

有人说孔孚的字胜过某某名书家，我看不必这样比，正像不必把他的诗与其他诗人相比一样。孔孚自是孔孚。孔孚的诗就是孔孚的诗，孔孚的字就是孔孚的字。各有其道，自是一家，如此而已。

1996年1月28日　急草毕

（原载《大众日报》1996年5月29日）

天公勾线、冷月照明

——谈孔孚先生的书法艺术

徐行健

“天公勾线”“冷月照明”，孔孚先生的这两句诗，很好地体现了他书法作品的意象之美。

作为一个杰出的现代诗人，孔孚先生以其深厚的文学涵养和睿智、敏感，深得中国书法这一最具中国传统文化特色的“技”与“道”之理。通过他的思考和实践，经过数十年的努力，为中国书法园地创造出一朵奇葩。

线条、结体、章法是一幅书法作品的三要素，孔孚先生在这三个方面都做出了不同凡响的贡献，而三者有机的结合，构成了他独特的风格和样式。

“线”在西方画中是作为平面空间构成和造型之用，不能单独欣赏。而中国书法中的“线”是作为独立的审美主体来欣赏和品位的。书法是运用毛笔为工具的一种借线条表现汉字的艺术。所以说“中国书法是线的艺术”。一个好的书法家都把追求线的美，让线条达到力量感、立体感、节奏感，努力增强线条的笔墨含量，当作一生所追求的目标。齐白石晚年对自己画的“虾”，最为得意的是表现“虾须”的那些质感和力度很强的线条，对有些人只知赞扬虾的透明感、逼真感，很是“委屈”，他说：“你们看看我的线!”如果我们认识不到孔孚书法线条的美和他所达到的那种高度，先生也会深感无知音了。

孔孚书法的第一大特征就是以细长线条作为主体，这可是最需要真功夫的。

他的用笔力透纸背，入木三分，按石涛的要求是“要锥的透”；其用笔是悬腕、提、按，以提为主，在时缓时疾、顺势涩行中，特别强调速度和力量，大量使用折笔、捺笔中用“顿”和“折”来替代常见的转笔，其字的结构几乎完全被用笔方式控制，充分地展示了他那独具特色的细长线条之美的意味，像白石老人画的虾须。如“兽云搏落日，弓月弹流星”，其气息充沛，精神所至，似飘风涌泉，尺幅之内将磅礴万物归于一。

孔孚先生是以细长线条的优美，表现出其作为诗人的风神状貌。可谓“情驰神纵，超逸优游”“力屈万夫，韵高千古”，那种独立独行、逸伦超群的魏晋风度，正是作者风貌的反映。

“线”的生命力和由此生发出来的笔墨精神，来源于笔力，“骨法用笔”是书画优劣的基本标准，是笔墨美的核心。没有笔力，笔墨就松散，线条就软弱、浮滑、板滞，像烂面条、死蚯蚓，当然就不会有生命力，更不会有精神了。就像一座建筑物用劣材做钢筋，就会成为豆腐渣工程。

孔孚先生的线细到极致，长到极致，用笔的骨力是其根本。正如唐太宗说：“我临摹古人的书法，不学其形势，而是学骨力，学到了骨力形势自然就有了。”真是说到了根本，悟到了书法的真谛。正如黄宾虹、齐白石、李可染等大师研究了一辈子屋漏痕、锥画沙、折股钗，都是为了强其用笔的骨力。

倪云林曾评价王蒙“王侯笔力能扛鼎”，孔孚书法的线条虽细若游丝，却如金丝铁线，他的笔力过人是其达到高境界的基石。线条质量高、笔墨质量高，他才有可能恢复书法艺术自由的创造精神，在现代的环境中，孔孚先生再现了书法的本源，犹如“天公勾线”，很是难能可贵。赵孟頫说：“用笔千古不易”，真可谓绝对真理呵！

赵孟頫的下一句话是：“结字因时而异。”孔孚书法的艺术成就之二，是他以一个现代诗人的审美力和全球视野，站在书法史的高度，对汉字的结构进行了大幅度的解构、重组、夸张、变形、易位，把汉字从数千年来所形成的样式限制中解放出来，使字的结构服从线条之美，让流动的线条成为传导生命力节奏的标记。使字的形体结构，实现了“妙在似与不似之间”的美，也更增强了作品独特、崭新的视觉效应。

孔孚书法，字的结体创新是有根基的。即他的书法基础好，从少年时期颜体的练习到一生的文学涵养，导致他的书法虽有了不起的创新，但又符合大规律，符合书法这一“写意哲学”的风神。而他不像有些“家”们为了创新，为了出名，为了体现现代性，不去好好学传统文化的根基和基本功，而去追求假、大、空和丑、奇、怪。孔孚书法字形的结构是既置身于传统之中，又超越于传统之外的。如果笔墨功夫不到，线条质量和力度不够，任何创新都是立不住的。记得二十世纪八十年代初，孔孚先生曾给他的老友，我的父亲撰写过一副楹联：“城北徐公美，济南名士多”，其章法、结体的独创性有强烈的视觉效应，令观者无不赞叹，有书法爱好者要学其形式，父亲说可以，但必先打好基本功才行。陈师曾当年之所以鼓励齐白石创新，是因为他的笔墨功夫已达到了相应的水平。

孔孚先生的细长线，笔墨含量高、笔力强，才能够在字的结体上做出如此石破天惊的创新，营造了他的书法深邃而美妙的境界。我们才能跟随他优美的长线，在这无限的空间里，领略他那神奇而匪夷所思的用笔，体会到他书法中多方面的审美价值。

有人说孔孚的书法看不太懂，其实，对一个真正的书法大家来说写什么内容并不重要，书法的最精彩之处，在于用笔所产生的线与结体，章法与笔法之间有机的结合所产生之心灵的跃动。作品的内容并非全部，而是书家找到的精神自由之可能，天赋自由之境界。

孔孚先生书法的障碍与隔阂，阅读起来有一种暧昧不明、神秘莫测，给观者以具有文字想象空间的乐趣，也因而意外地具备了诗特质的距离美感，这种阅读体验，颇令人神往。孔孚书法可略过其文字意涵而纯粹欣赏它的书艺。

中国书法作品的章法是“计白守黑”，“留白”在西方画中是没有的，而中国书法是要“留白”的，从老子的“知白守黑”哲思到邓石如的“字画疏处可走马，密处不透风，常计白以当黑，奇趣乃出。”这种审美要求是一脉相承的，这才造就了中国书法在世界艺坛上的独一无二。

孔孚先生的书法，正是最好最充分地发挥了这一特征，并有着自己更深刻的理解和极致的追求，他作品的章法，留白之面积大到极致，除了几条细长线，全是空白，大多数连印章也不盖，却给人以寥廓宇宙，在远天却又蕴藏着满天星斗之意蕴，而这种意境却与他诗中创造的意境相吻合，我们仿佛看到了孔孚先生独行宇宙，甘于寂寞，享受孤独的精神和披风载雨而行的风骨。正是他如此大胆的留白，创造了笔墨所不能企及的意境，可谓“不著一字，尽得风流”的无言之美。更是把先生所一贯倡导的“远、淡、虚、清”的诗意美，用书法作品展现了出来。

欣赏孔孚先生的诗和书法，常常想到“八大山人”的画，一幅白纸，只画一只小鸟、一条小鱼或一枝花，却能光芒四射，占有了整幅的空间，很少的笔墨，几根线条，却“精、气、神”十足，有很强的张力，如果笔墨功夫不够，线条的质量不合格，再小的留白，也占有不了，这就是好多所谓书画家不敢留白的原因。

“虚室生白”，正是这些大面积留白，包含了他丰富、坎坷、苦难的人生，写出了人类的心灵独白，是他心中的一片祥意，体现了他诗中的纯净、空灵和对高尚的追求，也实现了他“轻墨用无”的用墨观，从“半无墨”的状态往前走，出现小虚白，飞白。线条与虚实之间，出现散粒，若宇宙粒子。这是对“笔不到意到”的发展。

孔孚书法的远与近，体悟了杜甫“咫尺应须论万里”的观点，它已经成为中国艺术的审美要素之一。孔孚先生的书法无论是丈二巨幅还是小品，均有此种“咫尺万里”的意境，这是一种极少人能达到的大境界。这无疑来源于深沉的生命体验，来源于他独特的诗意理想，才使他的书法既有远的意境，又有贴近的审美感受，有着一种生命的穿透力和跨越时空的气势，既有自己独特的人生体验又有宇宙情怀。

孔孚的书法是出自个体的，他来自山东的孔孟之乡，从小就沐浴着儒家之养，他又是中国人，更喜爱老庄的道家思想，他是世界的人，吸取着世界文化精髓。他的书法是极具个性的，发射着现代美的光芒，他的书法来源于远古，诞生于今日，是传统的也是现代的，更为可贵的是他的书法是对书法本体艺术上的极致追求，散发着人性的光芒，有着对人生的终极关怀。

他在青少年时期练就的传统书法功底，也将自己在现代诗语所涵养出的诗质美、诗的意境，化入书法之中，创作出一种全新的书法风格，为当今的中国书坛增添了一株奇异的新品种。

孔孚书法艺术风格的形成，来自个体，来自个体自由精神的充分发扬，是在长期的磨炼中在个体的秉性之中自然形成的，并非刻意追求标榜打造出来的。

孔孚先生的书法价值与意义，还在于他为中国书法中的草书体系创造了一种新的风格和样式而独树一帜。

我们知道草书曾经有着悠久而辉煌的历史，但十八世纪以来有所没落，而孔孚是在二十世纪与林散之相继出现的两位风格不同但同样都达到草书高峰的巨匠。就个人风格来讲，孔孚则更加突出。因此，可以说孔孚先生为中国书法的百花园中增加了一棵奇葩。

先生的草书集古今书家之精神，融碑帖于一炉，以自己特有的前无古人的极细极长且刚劲有力之线，以极为夸张大胆解构的结体，以最大可能的留白书写出属于自己独创的草书书体。

先生用的二十长锋羊毫笔，其弹性硬度不及其他毛笔。其吸墨量大，且不宜调停。但他却以极好的功夫，熟练的驾驭掌控能力及惊人的毅力抒写出具有高品质的线条，力透纸背，刚劲飘逸。既体现出帖派的书写风韵，又展示出碑派的古拙生涩的金石意味，整幅作品更具有一种神韵。

孔孚先生自觉地完成了一次伟大的探索，他“跳出少陵窠臼外”，不受任何派别的约束和羁绊而步入了一个“天马行空”任君逍遥的大天地。

先生书法艺术的成功，让我们感悟到，作为书法家，我们在继承中国传统文化的同时，也要学习西方艺术的经验和现代的观念。其实在中国书画里的意象美学、抽象美学本来就有许多相通的东西，正如钱锺书言：“东学西学，道亦攸同。”

孔孚先生以其自身文化涵养和天才的感悟力，致使他对中国书法这一最具中国传统文化精神的笔墨语言，有着深刻的理解和独特的认知。对西方现代美学流派有包容的胸怀和去粗取精的认识。所以他的书法，让我们感受到的是对一般书法的高度升华和超越。他的书法艺术深刻地展示精神上的自由神畅和无限想象，使自然空间与精神空间、视觉感受与内心体验美妙地融合在一起。

孔孚的诗与书法艺术，不仅仅在于具体的风格样式和技法语言，还在于他富有创意的实践和批判体系，技、道合一，构建了一种表现文人理念和审美意境的新框架。

相信随着社会的进步，人们审美力的提高，会有越来越多的人认识到孔孚先生书法的美、价值和意义。

（2013 年 3 月 8 日）

失落的济南名片——观孔孚书法展有感

王子庸

拜观孔先生书法展，极感慨。心得有三：

一，先生书法与诗歌何其统一！

先生诗歌，语言至简，字字珠玑，意境幽邈；先生书法，笔墨至纯，笔笔空灵，境界高妙。

书法与诗歌风格统一，做到这一点是多么不易，毕竟是完全不同的艺术门类。可是先生做到了！

二，先生书法不是蜻蜓点水，偶然兴至，信手涂抹。

这之前，笔者和多数人一样，以为先生书法只是诗人的“性情字儿”，缺少功力，玩玩而已。不是的！先生的书法是有来历的，先生走到“孔体”是有一探索过程的。从早期的应规入矩，到晚年的浑然天成，先生是在有意识地求索自我。

而且，从早期作品可以看出，先生是有极深厚的书法功力的。他后来是大化了。

三，先生书法具有强烈的现代意味。这明显是来自日本现代书法的影响。

这点颇让人惊异。那少字数的墨象意识，那现代诗的单行错落布局，那出人意料的上满下虚章法，还有那极致的空间造型和变形意识，那极力舒展游走的匪夷所思的用笔，无不让人惊艳。

先生是济南的宝。济南的标志不应仅仅是泉水，孔孚更应该成为济南的名片。泉水是自然，孔孚是文化。

有泉水处必有孔孚——那一天，将是济南真正让人刮目相看的日子。

（2007 年 10 月 22 日）

纪念孔孚先生座谈会暨孔孚与中华文化艺术精神学术研讨会发言纪要

时间：2017 年 12 月 28 日

地点：名雅千佛山酒店 1 号会议室

杨存昌（山东师范大学文学院院长）：

各位前辈各位同仁，各位嘉宾，老师们，同学们，各位媒体界的女士们，先生们，再过两天，2018 年的钟声就要敲响了，但是现在还是 2017 年。这一年是孔孚先生诞辰的 92 周年，是孔孚先生去世的 20 周年，所以我们文学院在大家都非常忙的情况下，还是最终决定一定要在 2017 年召开纪念会。在这么忙的情况下，老师们都欣然莅临，在这里我代表山东师范大学文学院的全体师生对各位长辈、各位同仁、各位嘉宾的到来表示热烈的欢迎和衷心的感谢。

我是孔孚先生的学生，我们也没有按照一般的党政机关开会的方式去安排各种程序，我们希望从孔孚先生意愿的角度去考虑，来筹备这一次纪念会和研讨会。大家知道，我们这个地方叫千佛山宾馆，这旁边是趵突泉、是大明湖。这周围孔孚先生都写遍了。我在给一年级同学上第一堂课时总是告诉他们，我们学院有一位诗人，我们学校坐落在千佛山下，大明湖畔，趵突泉边，这一位诗人写了趵突泉，写了大明湖，写了千佛山。他一生酷爱爬千佛山，在千佛山边他发现一只贝壳，于是他写了一首大家都很熟悉的诗。

我来山师上学以后，收集了几十首关于千佛山的诗，但是唯有这一首一直令我感动，他把千佛山几亿年的历史浓缩于一首诗。所以，我们选择在名雅千佛山这个地方开会，这本身就带着对孔孚先生的怀念，带着对孔孚先生作品的理解，带着对孔孚先生的敬意。在这里我还是要向大家简要地介绍一下我们文学院的情况。

山东师范大学文学院的前身是中文系，中文系是 1950 年建校的时候就设置了的系科，60 多年里从中文系到文学院，不断地跨越式发展，在许多方面走在了全国高校的前列，比如说我院早在 1955 年开始招收中国现当代文学专业研究生，是全国首批研究生招生单位。1978 年恢复研究生教育并实行学位制度后，中文系也于首批获得了硕士学位授予权。到目前，我们有博士后科研流动站，有一级学科博士、硕士学位授予权，有12个博士学位授予点，还有1个国家级重点学科，3个山东省重点学科。也许大家已经听说，2016年山东省首次实行一流学科建设工程。在32个一流学科资助里只有4个是文科的，其他的全是理工医农学科的，这四个学科里就包括了山东师范大学文学院的中国语言文学一级学科，这也是山东省唯一一个被列为一流学科建设的中国语言文学学科。

在文学院长期的发展过程里，我们遵照这样几句话来做好我们的工作。

首先是崇德崇文自强不息，把老一代高尚的德行弘扬起来，把文学作为我们心中神圣的追求目标。其次是延续文脉开创未来，我们要把老一代教师、老一代毕业生所打造的这样一种文学院的精神好好地传承下来，发扬下去，这样文学院的路才能走得越来越好。第三是关乎人文以达成天下。我们的责任是传道授业解惑，我们所传之道是文之道，文者是天下至高无上的一个存在。刘勰说："文之为德也大矣！与天地并生者，何哉?"文学院传承这样一种文学精神、文化精神和文明精神，就是要让它在现实的人生中对社会、对历史、对世界产生作用，教化天下，把这种崇高的道德精神和文学精神传达出去。在60多年里，我们始终关注文学创作，关注个体文学的发展，在我们的教师队伍里，有田仲济先生、严薇青先生、冯中一先生、孔孚先生，还有杨守森老师、宋秋雁老师、赵海菱老师，我当然不能一个一个地去点了，他们不单是学者同时也是散文家，是诗人，是小说家。在每一个时代里，文学院的师资队伍都有这样一批作家，在历代毕业的学生里，从著名的儿童文学家宋萧平，一直到现在活跃在文坛的张世勤、南方、蔡东，还有现在仍在我们学院读书的徐晓，他们有的已经成名，有的正在崭露头角。这说明我们文学院始终把文学创作、艺术创作作为教育的一部分，同时也作为一项事业去追求。

孔孚先生是我们文学院的艺术家、作家、诗人中最优秀的代表，尽管他在文学院的时间并不长，1979年54岁的孔孚先生欣然到了山东师范大学文学院。各位先生，我今年刚好54岁，我是1980年到山师的，一进山师我就听到了孔孚先生的名字，在我爬千佛山的时候也经常遇到孔孚先生，我们曾经在校园里，在千佛山脚下长谈，大家知道孔孚先生是轻易不与人说话的。孔孚先生去世20年了，我知道孔孚先生有一首写青州的诗：驮一轮落日/走入暮色中去了//头颅昂起着/高出群星。我一直想着，孔孚先生逝世时的情景大概就是这样吧，他驮一轮落日走进暮色中去，高昂着他高贵的头，比天上的星星还要高。20 年间，我们始终怀念孔孚先生，始终读他的作品，始终教他的作品。说到这里，我觉得我还应该给大家道一个歉，那就是非常遗憾的是，孔孚先生去世 20 年以后，有追思会，有纪念会，有研讨会，有书法展示会，有吟诵会，这些竟然都不是我们山东师范大学文学院主办的，虽然我们也参加了几次。有一句话叫忘记历史，就意味着背叛，如果我们不能记住我们的前辈、记住我们的老师，记住那些为我们引路的人，说严重一点，甚至可以说是欺师灭祖。正是在这样的情况下，孔孚先生诞辰 90 周年的时候，我们就下决心由文学院来主办孔孚先生的纪念座谈会。但是，我们提出这个议案时也像现在这样已经临近年关，所以当时没能开起来。去年在时间节点的纪念意义上没有一个说法，所以直到现在，孔孚先生离开我们 20 年之后，我们终于开了这个会。我们不做背叛者，我们不愿意欺师灭祖，所以我愿意代表文学院对孔孚先生的家人、对孔孚先生的亲朋好友，对各位学者、各位专家、各位评论家、各位媒体人表示深深的歉意。今天这个地方我们没有展示孔孚先生的肖像，我没办法向他鞠躬。我面朝着他不断写过的千佛山，面朝着各位长辈，代表我们文学院道歉。

今天这个会，应该说就是一个自由组合的会。我们听说各位先生都怀念孔孚先生，都在研究他的作品，所以就希望把大家聚到一起，来追思孔孚，来怀念孔孚。当然孔孚研究的余地应该还相当大，孔孚研究的领域应该还相当宽，孔孚研究还应该深入地发展。恰好，我们国家大力提倡弘扬优秀传统文化，所以我们今天学术研讨会的主题就叫做孔孚与中国文化艺术精神或者孔孚与中华美德精神。为什么呢？因为我们感受到孔孚先生在艺术上是一个叛逆者，在他的作品中有着充分的现代意识。但是，孔孚先生的身上流淌的是中华美学精神的血液。他传承下来的是中国文化艺术的传统，大家知道在所有中华文化艺术形式里，最有代表性、最有特色的大概就是诗歌和书法了。而孔孚先生无论在诗歌领域还是在书法领域，都做出了重要的成绩，留下了丰富的遗产。我们结合对他作品的研读来追溯中华艺术精神，我想这会是一个很好的研究领域，也希望我们在座的同学们在选择学位论文研究对象的时候能够选择研究孔孚，能够进一步拓展孔孚研究的深度和广度。追溯中华艺术精神离不开儒道佛，儒家的深情，道家的放情，佛家的趣情，在孔孚先生身上都有所体现。我经常说中华艺术精神体现在“大”上，它追求一种大境界、大人格，即使退隐也追求一种大隐，孔孚先生恰恰就是一种大隐，在天地之间写下了一个大写的孔孚的名字。中华文化在每一个细节上都表现出这种大，比如王羲之在一次聚会之后就能写到“向之所欣，俯仰之间，已为陈迹，犹不能不以之兴怀，况修短随化，终期于尽”。古人云：“死生亦大矣，岂不痛哉。”就是一种大境界。在细小的场面细小的事物上能够发掘出人的精神，能够发掘出生死精神，能够发掘出天地精神，大概这是孔孚先生的一个重要的贡献。

中国文人在生活中也会遇到不容易的事，就像孔孚先生经历坎坷，但是在这种坎坷中造就的不是对社会的恨，不是对人类的失望，反而充满一种温情。这应该是一种大框架，就像苏东坡在《赤壁赋》中所写的那样一个框架，万事万物“盖将自其变者而观之，则天地曾不能以一瞬”。于是孔孚先生不羡慕飞黄腾达，也不怨恨飞黄腾达，而是以一种超脱的情怀，看历史、看社会、看人生、看万物，是一种大的情怀。也许还有很多方面，比如说像范仲淹那样，像张载那样一种担当，在孔孚先生身上也有，只是他的表现形式不一样而已。所以我想对孔孚的深入研究，需要我们对中国传统文化艺术、对中华传统美学精神有一种更深入的理解。我曾经提出五个范畴叫作“境、象、意、兴、味”，所谓境，就是虚实相生，有无相生，情景交融，在情景交融中有无相生。我们大概可以理解孔孚先生最终找到了一个“无”字是什么意思，我们可以知道孔孚先生在他那个无离无走的远人之梦中和世界怎样对话。所谓象就是形神统一，以形写神。我们发现孔孚先生把诗歌的形减到了最低限度，形减少了，但是他那种大气象却仍然存在。所谓意就是情理统一，孔孚先生能够把对宇宙、对人生的哲理思考融化在自然流露的情感中，所以他心有大气。所谓兴就是我们看到任何一种事物都能够超越它，引发出一种强人之感。所谓“味”就是要追求出“象外之象”“景外之景”“味外之旨”“韵外之致”，就是像钱锺书先生说的那样，“理之在诗，如水中盐，蜜中花，体匿性存，无痕有味”。

孔先生所追求的这样一种淡薄中的至味恰恰也是对中华传统的一种极绝妙的书写。最后我想提到孔孚先生的两首诗，一首诗是写大明湖的：竖一个绿耳/听风听雨//蜓立于圆/蜂醉于蕊//天地一色/济南开了。另一首诗，是孔孚先生大雪中眺远华山的。他写道：它是孤独的/在铅色的穹庐之下//几十亿年/仍是一个骨朵//雪落着/看！它在使劲儿开。我们文学院的全体师生，都应该想到这两句诗。

济南已经开了，文学院且待如何，至少文学院也应该像孔孚先生说的那外形像一朵荷花的，像一座孤独的华山一样使劲地开。我们愿意弘扬和继承孔孚的精神和孔孚的艺术，我们要使我们的文学院为国家、为社会、为后代做出更多更有意义的事。也希望社会各界关注文学院，这仅仅是一个开始，我们将会持续不断地把孔孚研究深入下去，持续不断地召开孔孚先生的纪念会和研讨会。谢谢大家。

孔德铮（孔孚女儿）：

我是孔孚的女儿孔德铮。在这里我代表我们全家，向这次会议的主办者，山师文学院，表示衷心的感谢。感谢我父亲生前的这些老朋友们，他们都是八、九十岁的人了，不辞辛劳来参加这个会，令我非常感动。还感谢那些远道而来以及所有在座的朋友们。这么多年来，你们都在为孔孚研究默默地做了很多的事情。像马启代先生，在我父亲去世20周年的日子里，在他主编的《山东诗人》刊物中，拿出了很大一个篇幅做了一个专辑。今天又把这本书都带到了会上，送给大家，在这里我向马启代先生表示深深地感谢。

我父亲走了20年了，20年后，还有这么多人想着他，山师大专门为他召开这么高规格的会议，我想在天上的父亲一定会感到欣慰。

作为孔孚的家人，这些年来我阅读了很多关于孔孚研究的文章，从当中我深刻地意识到，孔孚不仅仅是属于我们一家的，他写了那么多济南的诗篇，他应该是属于济南的；他还写了大海、崂山、泰山、黄山、峨眉山、大漠，从东一直往西写，几乎写遍了祖国的山山水水，他应该是属于我们国家的；我父亲多年以来，一直潜心地研究咱们中国的传统美学、哲学，并把这些融入到他的诗中、他的字中，我想孔孚也应该是属于我们中华民族的；从我父亲“抟虚宇宙”的胸襟上看，他也应该是属于世界的。

作为孔孚的家人，我们这些子女们都才疏学浅，没有能力做孔孚研究的事业，但是把父亲留下来的手稿、卡片、书信等收集整理出来，为研究者们提供资料，是我们义不容辞的责任。父亲走后，在他的床下面我找到了两个大大的纸箱子，那里面有他读书的笔记、思考问题的卡片，还有和众多诗友之间的通信。这里面有钱锺书、贺敬之、汪静之、卞之琳、王尔碑、牛汉、曾卓、洛夫等很多人的亲笔书信，以后这种亲笔书写的文字会很少了，因此非常珍贵。我希望把这些整理出来出本书，让大家在字里行间，了解这些诗人们是如何进行文学探索和情感交流的。

在此我还有个请求：希望在座的早年和我父亲有一些书信往来的朋友们，如果你们手中还有我父亲的信，或者是书法作品，最好能够拍下来，发个邮件给我，我会作为资料好好地保存。

还有，我发现了我父亲有一个从1950年一直到1989年的创作年表。这当中，1979年以后的基本上都收录到了他的诗集当中。但是在1979年以前的就很难找到，希望在座的关注孔孚的朋友们能够提供帮助。我希望找的是1950年发表在《大众日报》上的一首《列宁永远活着》，还有1957年发表在《星星》上的《泉城诗抄》。1957年发表在《诗刊》上的《雷声已经隐去》我找到了，另外还有1962年《山东文学》8月号上发表的《泉城诗抄》也没找到。这组《泉城诗抄》的底稿我印象很深，厚厚的一摞，有20多首的样子，在文革时被毁坏了。我哥哥凭记忆还记得一首：

珍珠泉

没有青色的线线，
没有红色的线线，
是什么把珍珠串联？
一串，一串。

没有金色的线线，
没有银色的线线，
是什么把珍珠串联？
一串，一串。

那是太阳纺的线线，
那是月亮纺的线线，
那是大地的情丝啊！

一串，一串。

我哥哥还记住了我父亲的另一首诗：

春天

春天还在山那边
湖里的水先绿了

春天还在路上
湖里的水先涨了

鸥鸟找不到落脚的地方
它怕白雪被融化了

缆绳还没解开
春天先到家了

这一首我也听父亲说起过，但不知道发表在哪里，后来也没有收入到诗集中。不知了解我父亲的朋友们可知道？请告诉我。

除了这些诗稿以外，我还想收集一些我父亲为学生们改诗的资料。我父亲爱写诗，更爱改诗。对自己的诗多次改来改去。山东文艺出版的透视本中刊出了孔孚的诗稿，上面可以清楚地看到每首诗修改的痕迹。除了改自己的诗以外，他还拿出了大量的时间来为求教的人改诗，无论是认识的还是不认识的，只要看到来信中的诗有点灵气，就下力气帮别人修改。我母亲批评我父亲“好为人师”。

我父亲也说自己“恶习难改”。我想这可能是他长期做编辑和做老师的职业习惯。记得有一次家里来了一位不相识的年轻人，进门紧张得好长时间说不出话，拿出了一摞手稿让我父亲看。我清楚记得那是用大演草本上裁下来的纸，写着歪七扭八的字。我父亲认真地看着，读出了这个年轻人特殊的经历。父亲让我给他倒杯水，让他平静下来说说自己的经历。他说他的手指是自己砍掉的，为了斩断自己的过去。说自己这些天在疯狂地写，不知道写的是不是诗。父亲对他说："你写的能打动我，但还不是诗，可否让我帮你改一下?"在他七八页密密麻麻的稿子上，我父亲用红笔圈圈点点，划来划去。用大大的叉号砍去了多余的部分，仅仅保留了四行，标题也只保留了两个字：

野草
一阵狂风过后
它又挺直了腰
习惯地用手指
划着天空

当他把这些经过圈点保留的字句重新抄写下来，自己反复看了几遍后，他一下子跪了下来。几年以后，大概是1991年，我在香港的图书馆里想找找内地人的诗集，奇怪的是仅仅只有这一本。这位年轻人叫赵锋炎。

像这样帮年轻人改诗的诗稿我见过很多，有些是让我寄出去的。可惜我手中没有这种资料。我想，在后辈拉杂幼稚的作品中发现闪光点，扶持鼓励年轻人成长，是我们做教师的最基本的工作。我父亲在这方面付出了很多，我想留下一点他工作的痕迹。

作为孔孚资料的收集者，我希望得到大家的帮助。我的邮箱：Kongdezheng1954@126.com；电话及微信号：18678951969。

吴开晋（山东大学教授）：

孔孚先生离开我们已经20年了。大家早就听说山东师范大学文学院要举行一次纪念会，我一直渴望参加。这是一次对先生最好的怀念，能把先生的文化精神更好地发扬。这个会定义为纪念孔孚先生座谈会暨孔孚与中华文化艺术精神研究会，非常好。我以前也是孔孚先生的研究者和学习者，是在冯中一先生及家乡和忠岳先生带动下开始的。在座这么多人要发言，我就简单说两点。第一是，孔孚先生在当代文坛的地位应被给予充分的肯定。新时期以来，有些评论家对他重视不够，以孔孚先生为代表的新山水诗没有得到应有的宣传和评论。虽然诗刊和一些主流媒体多少也有些介绍，但是很不够，甚至还不如港台和海外华人文学界介绍得多。比如台湾著名诗人洛夫先生就充分肯定了孔孚的山水诗创作。1993 年，我参加完重庆诗会后，曾和洛夫先生共同乘船过三峡到武汉，一路上多次谈起孔孚的山水诗，他表示很赞赏孔孚先生的有益探索。回来后我写了有关孔孚先生的文章，在台湾的《创世纪》诗刊上发表了，他当时是主编。再如孔孚先生提出的东方神秘主义和“隐逸派”的说法，洛夫先生也深表赞同。我觉得，今天的学术界，特别是一些青年学者，应该多加研究和评论。我年近 84 岁了，还想研究，但力不从心了，靠青年人了。确实，孔孚先生提出的隐现，用减法，讲空灵，就是东方神秘主义的集中表现。我们今天不但要研究他的诗，同时也要研究他的东方神秘主义的艺术精神和诗学主张。

第二点，孔孚先生多次和四川诗人王尔碑女士通信，他在信中说，他是“外道内儒”，他有道家的外在表现，也有内在的儒家精神，他还说，老祖宗（指孔孟学说）留下的精神内髓是刮也刮不掉的。这一点，过去的研究者大多忽略了。何为“内儒”？我认为就是诗中强烈的生命意识。他的禅诗，如《大漠落日》中的“圆—寂”，就体现了生命逝去还可返还的境界。还有《飞雪中远眺华不注》，说大山是几千年没有开放的花骨朵，今天就在雪中“使劲地开”，这不是一种强烈的生命感悟吗？还有他写的《寂寞的海》，在没有风的时候，海寂寞得难受，它曾想，“我要死了，要寂寞死了”，但它眼睛望着天空，有块云在空中表示，雨要来了。“看，它鬃毛在抖动”，大海像一匹烈马，要跳跃起来，沸腾起来了。这就是生命力的表现。他还写崂山中的《云瀑》，它想在山谷中上升，却几次都失败了，它便倒翻下来，漫浸山谷，“狂怒的云/抓住风的鬃鬣/作最后一次仰冲//快闪开/鹰”这不也是一种生命力吗！再如，他写山石中的“骆驼”，说它头总向着西方大漠，向往着回到大漠去奔跑。还有，他笔下向上攀缘的青虫，峨眉山月，冰桌上啄食冷餐的鸟，都体现了一种生命力，这些诗中的意象，外在表现虽各有不同，但内在精神却是一致的。孔孚先生除了讲有禅道韵味的东方神秘主义之外，内在的生命感悟也是很明显的。他并非对社会上的一切事物无动于衷，也不是躲在自己的小天地里学佛念道，而是渴望着对社会有所贡献，渴望着用自己的生命燃烧起他人的生命。这是我学习孔孚先生的第二点收获。今天，在这个纪念会上有这么多专家学者，特别是青年朋友到会，可见孔孚先生有巨大的感召力。我们应全面地理解孔孚先生的儒道佛相结合的哲学思想和东方神秘主义的文化艺术精神，这正是中国传统文化的精华在他身上的集中体现，我们要大力发扬并深入地学习。谢谢大家。

吕家乡（山东师范大学教授）：

我写不出论文来，我写了一篇小文章《四十八年交孔孚》，在《山东诗人》上面发表了。我这里想着提出这么两个话题来供大家参考。一个就是，据我所知孔孚从解放初期写了大概 20 多年的政治宣传诗和政治抒情诗。我在山大上学期间经常看到他在《大众日报》（因为他当时在《大众日报》做编辑）发表一些关于抗美援朝等的政治诗。同时，他也写了一些山水诗，写济南山水的。

到了 1979 年，他不愿意再写那种政治抒情诗了，他也不愿意写诗了，他也不想在《大众日报》工作了，他就应田仲济先生之邀，调到了山师，做诗歌教学和诗歌研究工作。离开《大众日报》的时候，报社觉得孔孚在这里工作几十年，还受了那么多的委屈，他要走了，应该对他表示表示，就说你出去旅游一下吧，费用我们替你报销。孔孚就利用这个机会，到海边逛了一下，他到海边去的时候根本没想着再找点诗的素材，没有，他根本不想写诗了。不料这次一逛诗情爆发了，竟出现了他的第一个山水诗的高潮，从那之后山水诗写作一发而不可收。这出乎他的意料之外，的确是这么一个情况。

我觉得孔孚从写政治诗到无意中转而写山水诗，这一个转化的过程很值得研究。我想，他后来所以写山水诗，而且出乎他自己的意料之外，越写越顺手，应该说是得力于天时地利人和三个方面的协调。由这里我也悟到一点，就是“有心栽花花不发，无意插柳柳成荫”。有些人说这是一个意外，我觉得对诗歌创作来讲可能是一个规律。为什么说是规律呢？因为真正的诗人要倾听他心灵的召唤，没有任何的杂念，既不是为了响应政治的召唤，也不是为了求名求利，而是自己非写这个不行，在这种情况下才出好诗。一旦要刻意进入某种角色，有意地要在山水诗上搞什么名堂，反而可能就变味了。

我这里提出我自己的感觉，我觉得孔孚到晚年，他似乎是老想着在山水诗方面要开创一个什么流派，不但要超越现在的诗人也要超越古代的诗人。据我自己阅读的感觉，似乎他的诗有点变味了，有点匠气了。比如他写了一些扬州诗，有的是属于没有山水的山水诗了。你看这一首：“一袖秦/一袖蜀//扬州风月/邮局寄吧。”我怎么体会也体会不到扬州山水的意味。我觉得他这时有点走火入魔，就是一味求“减”，减到没有山水了。他还写了一组关于帕米尔高原的诗，据我了解孔孚没到帕米尔高原去过，没到帕米尔高原而写帕米尔高原的山水诗，这能是一种“正道”吗？当然凭着想象或者看画报是可以写的，不过我作为山水诗的读者，我不希望一个诗人仅凭着自己的设想，或者凭着画报去写山水诗。画报中的山水是摄影家根据他的审美观念来取舍的，如果诗人根据那个东西写，那跟自己亲自去看那种感受是完全不一样的。比如有这么一首《帕米尔》，“到处是冰的呼吸/冰的语言//海/海/”。据我领会，帕米尔高原大概是冰山吧？到处是冰的呼吸，冰的语言。“海/海”，你可以体会成那是帕米尔的一种内心语言，内心渴望，也可以体会成诗人对帕米尔景象的赞叹。问题是所有的冰山是不是都可以这样写呢？这难道是帕米尔高原特有的吗？这样的写法我就有点存疑。当然我也知道，有名的《岳阳楼记》，作者根本没到过岳阳楼，请他写岳阳楼记的那个人送去了一幅画，他就根据那幅画写了。不过《岳阳楼记》没大写岳阳楼本身如何如何。再说他虽然没见过新翻修的岳阳楼，但是老的岳阳楼是见过的。

我就谈这两个话题：一个是有心栽花花不开，无心插柳柳成荫，这到底是一个意外还是一个规律？再就是没有山水的山水诗，这个合适吗？没有到过这个地方就写这个地方的山水诗，这合适吗？提出这两点来，请大家赐教。

朱德发（山东师范大学文学院教授）：

对孔孚先生我总的一个看法是他的诗歌比较有气魄。孔孚先生已经离开我们20年了，今天大家在这里纪念孔孚先生，我觉得最好的纪念还是来学习孔孚。孔孚虽然不是一个伟大的领袖，可是孔孚先生是一个伟大的奇人。我们中国古代诗歌的传统，在五四运动以后就变了。我是研究五四运动的，但是五四运动当中没有写过山水诗，一直到了新时期思想解放以后，朦胧诗兴起来以后才有了山水诗。孔孚在山水领域里边自觉地来创造山水诗。他创作山水诗已经达到了一个相当的诗歌造诣。我们中国古代的山水诗有一个传统的精神，就像孔孚先生自己所讲的，我们要造一座摩天大楼，如果不是摩天大楼我们就没有出息。孔孚要创造山水诗，营造山水诗的王国，他有这样的雄心壮志，他当年已经57岁了，这么大的年纪还想建个摩天大楼，所以他写了不少山水诗。我觉得这一种精神应该学习，没有这种雄心壮志是不可能创造更多的山水诗的。落实到创作细节上，我觉得孔孚先生在山水诗理论思考这方面有自己的一些想法，这里边有一种必然性。大家可以考虑考虑，孔孚先生这个人是很有才学的。解放之初，他开始写政治诗，在写政治诗的过程当中他的个性受到了压抑，他的才华受到了埋没，经过几次的政治运动，打成“右派”又冲击了他。到了新时期，思想解放了，政治气候变化了，整个社会的思想氛围变了。所以这个时候他被压抑的潜能一下就爆发出来了，这种创造潜能和才华爆发出来以后需要去寻找一个渠道，在哪里来施展才华呢？他选择了山水。他把自己的才能发挥到这个上面了，所以孔孚写山水诗也是自己的才华和个性的第二次发挥，第一次被压抑了没有发挥出来。但是，这个时候他已经57岁了。即使到了57岁他仍然有这样的雄心壮志，就是要创作这样的诗，这样一种精神是非常可贵的。

所以我刚才讲，他在写诗的过程当中，不但通过山水诗的理论来指导创作山水诗，而且用山水诗来探索构建山水诗的理论，把这两者很大地结合起来。可能一开始他没有意识到，诗歌理论和山水诗都能够达到一定的高度，这说明孔孚先生有相当的才华。他对中国的古代文化、中国的文学、中国的古代诗歌有很深的修养，这些具备了才华爆发的时候才起作用。孔孚是孔家的后代，他脑子里边有一定的思想，可是我觉得孔孚诗歌里所流露出来的更多的是道家思想。他自己好像三十年来有一个“无”，无就是老子提出的无。老子爱无胜于有。因此，从道家思想里，他自己领会，是不是可以把这种“无”的思想转化到视觉上，转化为诗歌创造的一种方法呢？因此他就尽量地把诗歌写得经典一些，越经典越好。有一篇文章里面我讲过，孔孚先生是在探索中创新，在创新中探索。孔孚先生每一首山水诗都完美无缺，所以我觉得今天来纪念孔孚先生，也应该很好地来学习孔孚先生。更重要的是，应该学学孔孚先生是怎样传承和弘扬我们中华民族优秀文化传统的。当下我们是提倡弘扬中华优秀文化传统的。孔孚对中国的传统文化进行了择优。孔孚先生这种精神值得学习，所以大家应该研究一下孔孚先生是如何来实践传统的。

李衍柱（山东师范大学教授）：

孔孚先生是我非常尊敬和赞赏的当代诗人，对孔孚诗歌创作的定位怎么来定，我个人看法是孔孚先生首先是当代中国的优秀的诗人，而且是对世界有影响的优秀诗人。我为什么这样说呢，我自己有亲身的感受。他的《孔孚集》是1996年1月中国社会科学出版社出版的，1996年5月孔老师亲自拿着这本书爬到我四楼的宿舍签上名送给我，写了两幅字。我非常感动。我1997年到美国去，住在哈佛路，前后到哈佛燕京图书馆待了40多天。在燕京图书馆的经历给我很大的启发，中国有这么多诗人，我第一个发现的是《孔孚集》，我非常感动。我们身边的诗人进了哈佛。第二本书就是20世纪80年代初由我主编的《中国现代作家谈创作经验》，也都是精装，我非常高兴。我就感觉到，当时中国很多有名的诗人哈佛都没有，偏偏有孔孚的，这个事了不得。这个图书馆是哈佛的唯一的中文图书馆，当时杜维明先生是馆长，我对杜先生说你猜我看到什么，我说美国人还真有眼光，选了我们学校孔孚的诗。那时候《孔孚集》出版才刚刚一年，那个图书馆将来大家一定要去看看。孔孚是一位优秀的有世界影响的当代诗人，应该进入当代文学史，我们自己写的文学史应该写他。

第二点，孔孚的山水诗在中国当代的影响应该进一步研究。当代的山水诗我个人认为孔孚的是最好的，但研究的还远远不够。我在《孔孚集》上看到有好多是写青岛的诗，因为我家是青岛的，所以我对他写青岛的诗特别欣赏。比如说写崂山的诗，把崂山的美动态地描述出来。这里写的是自然生态美，是流动美。我们到青岛、到崂山去，你会感到他写得非常好。他说"一边波涛把我吸引/一边青山牵我衣襟/我怎能把心分成两瓣/又忍不得使哪个伤心/唉！你们本该就是一个/山的脊梁，海的灵魂"。再就是他的诗有意象美，"一朵小黄花/礁岩上一朵小黄花/羞涩地低下了头//大海把它别在衣襟上/小黄花笑了"。这个意象非常美。我感觉写得很好。再就是表达意境美，他说秋天赏秋风非常美，闭着眼想想赏秋风的美也是非常漂亮，所以我认为孔孚的诗歌有意境美、语言美。

最后，我有三点建议，第一点，刚才孔孚先生的女儿讲，她保存了很多珍贵的文物，珍贵的东西，我建议应该尽快搞一个孔孚文学活动的汇编，包括图像，图文并茂，收集收集，好好搞搞。二是现代文学是专门研究现当代文学的，我们专门写一部孔孚传，我觉得这是我们的本职。再就是专门编选一本孔孚研究，包括对孔孚的诗和孔孚诗歌思想的研究。我的发言就这些，谢谢。

于明诠（山东艺术学院教授）：

我是1980年上大学的时候知道孔孚先生的，那时候非常迷恋他的诗。1981年山东省第一届书法篆刻展举办，孔先生写了四个字“书中有诗”，是一件四尺横幅，这一幅作品给我的印象非常深。他这四个字让我对书法和诗的关系有了一些思考。后来我在学习书法的过程中，脑子里时常出现这四个字。2015年我在北京荣宝斋做展览，同时搞了一次讲座，题目就叫《像写诗一样写字》。我的看法是，其实诗中也有书。像写诗一样写字，赋予字的毛笔书写以诗意，就是书法艺术。所以说，孔孚先生对我书法观念的形成，影响是很大的。

1997年春天，我与西安的学者、作家李廷华先生、《齐鲁晚报》赵金庆先生一起来济南拜访孔孚先生。记得孔先生当时住在山师大北院一楼。我们向孔先生请教诗歌，也向他请教书法。我当时拿着自己的一本书法集让孔先生看，他对我讲，我的字挺有趣味，但是太受“法”的拘泥了。我当时很年轻，30多岁，那时候很想表现自己写字的“法”，因此孔先生跟我说的话我其实是半懂不懂的，孔先生给我一份他1996年在济南办书法展时印的一个介绍折页，里面作品非常精彩，仿佛苍茫空旷的宇宙里散落着鸟羽一样的字影，简净而神秘。一年后孔先生去世了，我写了一篇纪念文章，发表在1998年的《书法导报》上。

孔先生有一个观点：书法不应该叫“法”而应该叫“艺”，书艺也是一个阶段，最后应该转化成书道。我看他的字就是这么转化过来的。可能好多人不知道孔先生在年轻时下过非常深的临摹功夫，我见过他临的《祭侄文稿》，临得非常好，称得上形神兼备。他后来展现给我们的作品样式，感觉似乎跟古人的字离得比较远。不像古人不像经典，在某些人眼里就不好看，这是为什么呢？对此大家可以有自己的看法。我个人觉得，书法既不是“好看”的艺术，也不是“不好看”的艺术，应该是一个“耐看”的艺术。为什么说是“耐看”的艺术呢？因为很多朋友在看书法的时候，他们不大理解或者不大关注书法里面的点画、线条的韵味，大家最习惯关注的是这个字外在的样子，这个外在的样子跟你喜欢的样子（比如某种经典碑帖）相符合，就认为它好，或者觉得字的结体章法跟你喜欢的古人经典作品相接近，就认为它好。假如说他写的结体章法是你所不理解的、你没见过的，或者你见过而不能接受的，就觉得这个东西不好。孔先生的字，如果你不看它的结体和章法，单看它的线条点画，是非常靠近古人的，非常靠近怀素和黄庭坚，所以他的书法非常了不起。我觉得孔先生的书法在今天的书法界应该有一个位置，应该让书法界的人知道孔先生不是一般爱好书法，他真的是对书法有深入的研究。刚才几位先生也谈到他有一个主张即东方神秘主义，这个词我觉得非常贴切，放到他的书法艺术上也非常恰当。所以我在很多场合谈到当代书法或者当代书法的现代性时，都喜欢举孔先生的例子。孔孚先生做的就是书法由古典向现代转换的探索。他这个探索不是现代流行的、明显借鉴日本墨象派的那些现代派。而孔先生书法里边的现代性则不是，他的点画、线条、结体、章法以及里面的那种韵味、格调完全是东方式的，充满着东方文化的神秘和境界。

袁忠岳（山东师范大学文学院教授）：

我先代表宋遂良念一下他从老挝发过来的发言，这个不算我的发言。

我们过去习惯于称孔孚先生的诗为山水诗，他的几本诗集也以山水为名，我们也沿用了。未曾被情绪干扰的山水才叫山水诗，也就是说使山水保存自己的本来面目，如鸟鸣山更幽。再比如：江流天地外，山色有无中。孔孚先生的诗歌是山水诗吗？我觉得不是，我们读一下他的诗：见到海眼泪就流出来了/我怕是海的儿子/泪水也是咸咸的。这不是诗人夫子之道嘛。孔孚内儒外道，是一位独立的学者，一位彻底的人道主义者，我们应该把孔孚先生的诗歌放在20世纪发展全局中来看待，要把他和这个时期中国知识分子的命运联系在一起来考察，这样也许就越来越清晰了。

因为时间关系，我写了一个稿子，题目叫《从孔孚的减法谈起》。

说起孔孚的诗，很多人就会想到减法，仿佛这就是他诗的特点和写诗的秘诀，至于这个减法究竟是什么意思呢？其实并不清楚，我把它等同于体验，认为这是应该有的，也就不那么很在意。不错，孔孚最早开始也是说体验的，可是当他改用减法以后，体验已经不能表达他所理解的诗道了，他所理解的诗道是什么呢？那就是从有到无，从有到无是一个过程，这个过程是如何进行的呢？怎样才能从有到无呢？这不就需要用减法吗？而且要不断地减。减之又减，无之又无，有则有限，无则无限。

原来减法是这么悟出来的，里面有来自道家的深刻的哲理。老子曰：无为而无不为。他说从美学角度看，道家无疑更有生命原理，所以减法包含着诗人的生命理念。诗与哲学是相通的，诗人的诗学思想往往有哲学背景，在孔孚看来，减法从这里来说是以“无”来追求的。从有到无是从道家流出来的水，流到古代诗歌中流出了一派。大家说的东方神秘派，应该被承认有一种无言之美，留下三分让读者去猜。孔孚认为还不够。诗如神龙，只见其首不见其尾。用画来比喻诗的时候却说远人无目，远水无波。龙远了也和水远了一样，为宇宙彗星，这颗彗星落入孔孚这里终身使用不尽，还要去摸一摸这条藏匿在神秘之下的远龙了。用孔孚的话就是抟虚宇宙，没有一个过程是完全相同的，境界和气度迥然有别。没有这些思想意识直接进入自以为是的减法操作，也难免被人认为不过如此。对于孔孚来说，泰山上的无字碑是有很深入的对话阐释的，碑有一条青虫昂起头来，有就来了。无不是绝对的空，无中应藏着有。孔孚不仅从自己的创作实践一步一个脚印地履行着减法，还与诗人王尔碑从理论到实践互相切磋，王尔碑赞同，称孔孚为“诗仙”。

当代诗歌能把诗学观念与实践如此浑然统一在一体的，并不多见，只用减法等这些普通词汇来称呼和评价这样一个诗学理论那更是奇葩。

孙国章（诗人）：

时间过得真快，从他心脏停止跳动的时候起，一晃20年过去了，我觉得他是秉持着自由思想、独立精神的一个人。他有充盈饱满的文化自信。他敢于在艺术方面挑战那些权威，对杜甫、李白他都有自己的看法。他不能沿袭杜甫的诗，因为杜甫的诗太过忧国忧民，所以影响诗在某一方面美的感染力。而李白呢，他承认他是天才诗人，诗仙，但是他缺少必要的、有效的节制。所以给人们留下的思考和创造的余地太少。他甘愿挑战这些诗歌界的权威，走自己的路。孔孚的诗我接触最早的就是他到胶东去的时候写的作品。我一看，诗原来可以这样写，我也见过他的书法，感叹书法原来也可以这样写。书法改成书艺、最后书道，这个说法很对。他说艺术不应该有框，正像他本人一样，他是追求自由的，我就是我，谁也代替不了的我。所以他的诗，他的书法，确实是孔孚的。他就是孔孚，谁也改变不了。所以从自由思想，独立人格的角度，孔孚可以说是现在我们知识分子当中，作家、艺术家学习的榜样。我觉得孔孚老师很大的特点和优点就是追求自由。我记得他说过，他不戴手表，表带叫束缚，系鞋带也叫束缚，腰带也可以不系，但他没办法不系。他就这样追求自由。所以我非常同意朱德发老师的意见，他的诗就是他人格的再现，他就是这样一个人，一个自由的人，不受束缚的人。他的诗，他的书法也是非常奇特的。所以我说，孔孚老师的诗写的最主要一点就是自由精神、独立精神。

作为我来说，我只能是在默默地祈祷，让他能够在另一个世界，在干净的另一个世界走得更好，活得更快乐。

张立群（辽宁大学教授）：

非常感谢主办方让我来参加这次会议。接到这个通知我很高兴，对这个会也非常感兴趣。至于其原因首先追溯到2004年左右，我就接触过孔孚先生的诗，写过关于他的一点点东西，这是一方面。其次，最近我在研究一些现代包括当代传记文献的一些内容，我希望能够到会了解关于孔孚先生文献进展的一些状况。比如说年谱、传记，再一个山师大也是我的母校，也想回到母校查一些资料。

回到孔孚先生的话题上来，2004年我在念大学的时候接受国家社会科学基金重点项目《中国诗歌通史》的任务，我主要是梳理从1990年到2000年的诗歌发展，这个过程当中我写到过孔孚。我记得当时是把孔孚放到“诗学文化的多重视野”之“与宇宙心会”这个栏目当中。和他一起置于一个栏目的还有忆明珠和晏明。这部诗歌通史主要是以人为纲来写的，后于2012年在人民文学出版社出版。所写时间从古至今、共计12卷，也许在座的很多同行都没看过。结合这部诗歌史，我们可以说孔孚先生已经被写入历史，我写他的文字大致如下——

孔孚（1925—1997），原名孔令桓，山东曲阜人。1947年毕业于山东师范学院，后曾到曲阜师范学校任教。1950年开始使用“孔孚”为笔名。1957年被错划为“右派”，下放到胶河农场。1979年“平反”之后调至山东师范大学。从1979年开始进行山水诗歌创作，著有诗集《山水清音》《山水灵音》《孔孚集》等。

孔孚的山水诗，不是以游历行吟为结构方式，他的山水诗，更多体现的是传统文化精神的“天人合一”的境界，而在具体的篇章形式上，采取的也是近似于古体诗的小令短制。按照女诗人王尔碑《致孔孚》中的评价："你好像永远生活在一片净土，不受外界任何干扰，真是个'山崩于前而色不变'，名位享乐不为所诱。简直玉石之人!"这种"寂"的说法，不但体现出孔孚的人生境界，也同样体现出孔孚的"大宇宙性格"，一如孔孚的自言："我要的是'凝神'，与大宇宙心会，没有个'默默地'，哪行？我的经验是：这种时候，诗最易受孕。"孔孚的山水诗通常只有数行，讲究"点睛"之笔，在简单的山水意象中，提升出生命的意味。比如，在《夏日青岛印象》中，孔孚就写"青岛的风/玻璃似的//人游在街道上/像鱼"；对于江南的历史名城，他更是以寥寥数笔，勾勒出古今化合的场景："梦都老了/扬州仍很年轻//无可奈何/是瘦"(《扬州》),显然，作者不是以思想取胜的诗人，他的诗更多是以"兴会神到"的方式，体现一种"以虚观虚"的境界，而所谓"得意忘言"的阅读效果，或许就在于诗人将宇宙万物汇集在一些细小的具象上——

火山岩上
站一小草

似乎在听什么
思想什么
——《万佛顶一瞥》

今天来到济南参加纪念孔孚先生的会，听到很多前辈、同行的高论，我觉得应当在坚持以往观点的同时谈以下三点感受。第一个就是孔孚对传统文化继承和融合的过程，我觉得这本身是一个立体化的过程。他的诗、他的书法、他的画的状态，本身是合在一起的。这方面的继承还有转化的成就是非常高的，对此我觉得研究得还不够。同样地，由于他既有转化的能力，又具有非凡的个性，所以说我深信孔孚先生他本人在艺术世界中是寂寞的，但似乎很少有人能够理解这样的一种状态。

第二方面，就具体创作而言，我觉得应该谈孔孚诗歌在今天的创作引领意义。我经常会把彭燕郊、昌耀、孔孚这样的诗人放在一起，我觉得他们是当代史上只有一个就够了的诗人，他们给我们的启示也是多方面的。尽管我们不能要求每一个年轻诗人都像大家这样一个状态，对于今天的诗坛来说，在口语盛行但对口语的理解聚讼纷纭，写作泥沙俱下的背景下，孔孚这样的诗人对我们有着巨大的启示意义。我们应当珍惜这份遗产，通过研究孔孚的诗歌使其具有理论性和实践性，并在不断发掘其价值的过程中为当代诗歌创作提供一个生动而典型的个案。

最后，也是我来参会的重要目的之一，我一直期望能够看到《孔孚小传》《孔孚传记》《孔孚年谱》或者《孔孚年表》这样的一类文献，使我们在研究孔孚创作时有必要的参照并进而丰富孔孚研究的史料。期待在孔孚的故乡不久可以诞生这样的文献，到那时孔孚研究必将更进一步，山东当代作家研究也必将获得更为丰富的内容。

赵林云（山东政法学院教授）：

我是山师大毕业的，刚才听几位老师发言，有一种熟悉和畅快的感觉。这里有两层意思，一是这么多年来，一直在跟几位老师学习说真话，但一直都没有敢学得这么彻底。再就是，当年上学听朱德发老师的课，每一次本子上都记得满满的，听不懂的地方空着，下课再找山东的同学补上。我就是听他老人家浓重的胶东口音上课才学会了听胶东话，现在可以说是畅通无阻了。

我在山师大读研究生的时候，写过一篇诗歌评论，题目叫《闲谈莫论懂不懂》，是说诗歌好懂不好懂的。当时，这篇小文得到孔孚先生的赞扬。他和我的导师袁忠岳先生都鼓励我留校做诗歌研究，但我毕业后却去了新闻单位，直到2013年才又回到高校，在山东政法学院的传媒学院教新闻传播。现在回想起来，当年有一点辜负孔孚先生和袁先生对自己的期望。聊以欣慰的是，这些年来，无论工作怎么变动，我都一直没有离开过诗歌，一直在关注诗歌界，2007年开始重新写诗，也写些诗歌评论。回忆起来，我曾经和孔孚先生有过那样一种交集，曾经受到他老人家的教诲。

今天，我就不再谈对孔孚先生诗歌的具体评价了，只说一点自己的感受。读余华的小说《活着》时，我曾经用过一个比喻，觉得在这部小说里，余华的语言就像是用洗衣粉洗过再放到小说里一样，洁净，纯粹，彻底。孔孚先生的诗也是这样，他的语言和意象，就像是用洗涤剂淘洗过，再出现在诗歌文本中。再一点感受最深的，是孔孚诗歌里的山水精神。我现在十分喜欢旅行，也逐渐去认识一些植物，写一些山水诗，就时常会想到孔孚诗歌的内在山水风范。我认为，我们对孔孚先生诗歌研究得还不够，他的山水诗意象是简洁的，但感情是内敛的，而象征又是深远的，再加上他立足于美学哲学层面的思考非常丰富。这也是我一直在认真思考的。

我们常说济南叫诗城，但相比之下，我们这个城市的诗歌教育水平却显得相对较低。我认为，对于孔孚先生，除了要重新研究他的诗歌艺术内涵与成就之外，还应该深入研究他在诗歌的想象和还原语言本质上的理解与尝试，发挥他在诗歌教育上和在诗歌艺术普及方面的作用。刚才有老师说，现在有很多人不懂书法。实际上，也有很多人不懂诗歌。虽然我们有诗词课文，电视上有诗词大会，有各种途径和形式来教会我们的小学生、中学生念诗背诗，但很多人包括一些教育工作者并不知道，诗歌究竟能给我们带来什么样的艺术与精神滋养。如果我们对孔孚先生诗歌的关注视野，能够在诗歌教育方面得以延伸，其现实意义可能就会更开阔一些。

另外，每次回到山师大，看到山师大文学院在不断地成长和发展，看到文学院更年轻的一些学者在成熟起来，都由衷地感到高兴。在此，我也想借这个机会给山师大文学院提一点诚恳的建议。就像今天一样，希望能够提供更多机会，让老中青诗人和评论家、学者来到这里，为诗歌聚在一起。除了孔孚先生之外，还有一些济南乃至山东的诗歌符号，文学符号，文化符号，比如像诗人桑恒昌先生等，尽管他们原来不是山师大的，但我们的学术研究也可以关注到他们。那样的话，无论是对山师大文学院学术视野的开拓，对年轻学者耳濡目染的有益引导，还是对山东地域诗歌的研究和推广，对济南城市文化品牌塑造等，应该都大有裨益。

前两天冬至，我写了一首小诗。现在，我朗诵下这首诗，作为发言的结语献给大家。

《冬至》

最冷的时刻
藏在别的日子里
是一年里最热的开始

整个中国
都在吃饺子
那是一些被包住的看见

太阳转着圈看向地球
这一天
是眨眼最快的一次

天黑得越来越快
第二天的黎明
似乎也倒地不起

谢谢大家。

赵镇琬（原明天出版社社长、诗人）：

很高兴来参加今天这次座谈会，我是在1972年认识孔先生的。那时候《大众日报》春节要出一个漫画专版，我来画了一版，就认识了孔孚先生。就是在这以后，那年年初三的时候他和老伴一块到我家来了，寒暄以后，孔先生说："镇琬，我看到《山东文学》上发了你的诗我很着急。"我说怎么呢？他说："你的诗越写越长了，我还是说写诗要用'减法'，我跟张炜也说过，写小说也应该用'减法'"。我说我最近还写了一首，让他看看。他说，这首写得还行，比较简短，用的是"减法"。从此我觉得，他说的也是，这个东西不能越拉越长。短小、精悍，又有深意，那是不容易的事情。人家说的"无中生有，有中生无"，那是个功夫，那是种理解。孔先生的作品之所以很有影响，就在于他有自己的思考，在古人的基础上再有新的创意，新的发展。在这一点上，对我们有很大的启示，就是要写出自己来，要活出自己来。孔先生之所以能够这样，是少了一些功利的思考。写诗不在于量，在于质，给人留下的应该是有质量的东西。

说起来孔先生的影响太大了。有人提议说我们既然是个诗国，何不在山东把孔孚的诗刻下来，在广场里竖上一块石碑，那不是比标语口号还要好吗？还有文化气息。所以这个事情可以做，就是没有人做，应该做。咱是不是可以呼吁一下，反正广场这么多，竖上几块石碑不是更好吗？做了以后也可以给后人留下点东西，甚至把我们心里要说的变成实际做的。让孔先生的诗替我们说话、替我们抒发情感。孔先生的字，也应该好好宣传宣传。

总而言之，孔孚先生的影响还没充分地调动起来，我们应该把它视作宝贝来发扬光大，那就需要靠一些具体的措施。还有其他一些可以做的，像组织书法家写孔先生的诗，作品也可以立在街头。要把文化氛围搞得浓浓的，把他的文化艺术精神发扬光大，这也是山东的光荣、山东的骄傲。我就说这些吧。

徐行健（济南大学客座教授、书画家）：

首先说我是来学习的，可能在座的各位中我是认识孔孚先生最早的一个，可以说从 1949 年起，我父亲和孔孚先生就经常在一起谈天说地，高谈阔论。我从小就听他们在讲，虽然那时候七八岁，不大懂。有一次孙静轩先生一早到我家里去，然后孔孚先生还有任远先生都到了。孙先生说他想了首最好的诗，第一句是“雄鸡啊！你不要再叫了”，孔先生就说这个太简单了，就把他否定了，然后他们就辩论起来了。这样的事情是经常有的。那时他们在一起总是在研究诗词、书法等，氛围真是很好。而我现在发现我们文坛、书坛在一起却不谈这些问题了，气氛真是不如那个时候好。我家是住在华大宿舍，父亲是华东大学附中的教师（后改为山东省实验中学），孔孚先生那个时候还在《大众日报》，孙静轩先生在《山东青年报》，忘了任远先生当时在哪个单位了，他们经常在一起谈诗论文。我在我们兄妹五个中是最大的，当时七八岁，非常欢迎孔叔叔来，为什么呢，因为像孙静轩先生从来不关心小孩，理都不理。而孔孚先生却经常带好吃的来，我记得我第一次吃“熏枣”就是孔孚叔叔带去的，所以我们这些孩子们特别喜欢并盼望着孔孚叔叔来。孔孚先生十分善良，我母亲说孔孚叔叔是很“人性”的，济南话说很“人性”就是这个人非常好，能够关心别人，善解人意，他是这样一个人。

虽然他的诗是高大上的，但是他人是那么平易近人，那么善良，那么有情怀，那么有情趣。如果说有的人人品和诗品、画品不是绝对等同的话，那对孔孚先生来讲，他的人品、诗品、书品应该是相统一起来的。

我特别欣赏孔孚先生的书法。20 世纪 70 年代末，当时父亲他们都“平反”了，他就送了我父亲一幅书法：“城北徐公美，济南名士多。”当时我父亲就把它挂起来了。我觉得这幅字非常具有现代感，而他说你们光知道现代感，你们看这个线条品质多好啊！他们那一代的文人看书法先看线条，先看有没有力度，不像现在只关注结体、章法等表面形式美，他们根深蒂固的线条审美意识，源于中国书法是线条的艺术。如果说没有线条做支撑，没有线条的质量，它再怎么变也不是好书法。就像今天山艺于明诠教授讲得很对，他讲到“丑书”，我觉得对“丑书”不能一概而论地说不好。关键是看线条，看线条所表现的力量感、立体感、节奏感，还有那种意味。如果说线条好，“丑书”就不是“真丑”了。我父亲有这么一个观点，说书法的三要素就是线条，过去叫笔画，结体和章法，并且应以线条为中心。结体、章法再好，线条不好就不是艺术品，如果线条好了，别的稍微差点，仍可称是艺术品。所以我觉得作为“丑书”也是这样，真正的丑书是线条不好，结体、章法也不好。线条要真达不到，它就不是书法艺术了。现在有好多人没有基本功，也写不出高品质的线条，他们作的“丑书”就是真丑了。

齐白石说：“妙在似与不似之间。”其实他的画哪有不似的，都似。那为什么还之间呢？之间是什么？其实他那个“之间”是笔墨，是笔精墨妙。我们老是停留在形象思维的表面上来看事物，而不是去探求它的内美、内理。内美作为书法来讲就是线条的美学品格、线条的品质，应有节奏感，有力量感，有立体感。

我觉得孔孚先生太了不起了，就书法来讲，刚才说的书法三大要素，他在三大要素领域，可以说石破天惊地都有创新。首先他线条的美学品格太好了，古今能达到孔孚先生的线条品格的，我觉得极少。比如说怀素，李志华说孔孚受怀素的影响，这个我赞成，但是他比怀素的线条力量感更强，品质更高。怀素向颜真卿请教线条美的时候，颜说：“你先说你的体会吧。”怀素就说“飞鸟投林”“惊蛇出洞”等。颜真卿说：“何如屋漏痕?”意思就是说最美的、最有意味的是屋漏痕，要比“飞鸟投林”等的意象更要好，从此怀素大悟。

现在流行流畅与潇洒，其实真丑的才流畅呢，所有的艺术作品只要流畅了就俗，必须有节奏、旋律、意味，才是美的。我觉得在这方面，孔孚先生正是在"线"上，为我们中国书坛树立了一个标杆，他的线条，这么长，这么细，可以说是前无古人。书法史上，宋代有一个书法家叫吴说，他的代表作是完全用线描式的线条来写的游丝书，但是一看就不行，因为没有变化，没有节奏，全是用游丝描写的字，而且过于流畅，一点意思也没有，可以说远不如孔孚先生的。日本也搞过这种细线的，但是他们的笔墨功夫也远远不如孔孚先生。孔孚先生的线条这么长，而且提笔就能写出来，一般没有几十年的功夫是不行的，不光功夫的问题，他悟到了什么是真正的书法，什么是好的线条。

再一个孔孚先生的贡献就是"留白"，从古至今没有像他的作品留白那么大的。他空那么大面积，他空了就好，齐白石空了就好，别人为什么空了就不行呢？所以说这个"减法"不是每个人都能减了就好的，你得笔精墨妙才行。笔墨的精神是靠什么呢，是靠力量发射出来的。比如一个小鹌鹑，他就画在中间，却令人感觉充满整张纸，整个笔墨发射的力量占满了空间，整个笔墨发射的光芒占满了空间。齐白石几个小蝌蚪能胜过刘大为的千军万马，为什么呢？因为胜在了笔墨功夫。

孔孚书法线条的生命力太强了，他每一笔下去，真是百炼钢成绕指柔，所以他才能够大量地留白，敢于留白，他才能以他的笔墨的精神发射占满整个空间。所以说他在线条与留白上的创新，在中国书坛上，可以说是石破天惊，前无古人的。

我觉得山东书坛对孔孚先生的书法还没有足够的认识，都没有好好宣传，孔孚先生应该是我们山东的一个骄傲，一个代表。也可能是我有自己的偏爱，总是一家之言吧。

刘德久（原山东人民出版社总编辑）：

我是孔孚先生的崇拜者和敬仰者，我敬仰他的人品敬仰他的才学。因为我是当编辑的，编辑就会敬仰学者，崇拜学者。上世纪 70 年代末 80 年代初我就到他家去了一次，那时候他在历山路东边住。后来有年轻的学者来济南找到我，我带着他们去了孔先生家，现在有一些也成为作家了。我觉得孔孚先生这一生坎坷，是个矛盾型人物，他是个矛盾体的组合，思想感情深沉豪放，自由无羁。豪放到什么程度呢，豪放到像瀑布，却又细腻到像发丝。他的人品和思想感情我觉得都是如此。今天我来向各位学者学习，机会难得，还是把发言时间留给大家吧。

王万森（山东师范大学教授）：

我是孔老师的学生，也获得过优待，就是孔老师生病以后忽然写了一批字，很难求的，当时是袁老师帮忙送到我家的，一路上怕把字念错了，一路上一直念，怕到我家忘记了，然而到了还真就忘了。我现在还把那幅字挂在家中，好多人去了不认识那些字，大概读“流水青山月下明”，我也不敢纠正，因为我也不知道是对是错，因为袁老师也忘了，送的时候忘了（至今另有两个诠释：“绿水青山入六朝”“绿水青山入空明”，莫衷一是。）。

孔老师的书法确实珍贵，我家里书法作品比较多，但是挂起来的就这一幅。我对孔老师是崇拜的。我是 1961 年到山师的，1965 年毕业，是学生，在座的很多都是我的老师辈，袁老师是老师，李老师是老师，还有吕家乡老师，都是老师。我忽然有一个想法，孔孚老师是很自信的，却又是很不得志的。他的内心时常将自己与周围的人做比较，把自己看得很高，恰如今天我们对于他的评价。因此，我们的解读和评价往往可能是不着边际的。这是一个。第二个就是立诗碑，我参加了在五龙潭竖立诗碑的活动，山师还是做了一些工作的，当时的山师党委宣传部王洪禹部长，现在是副校长了，他领着去的。在座的几位老教师都参加了，一共 10 个人，在那合了个影。题词是谁呢？贺敬之。孔老师曾经嘱咐我写关于他作品的论文，我没敢写，真不敢写，当学生对老师得尊敬，不能太离谱了，我就怕写得太离谱才不敢写，所以他嘱咐我写论文我从来没写过，从来都是见了他以后赶快躲，心里很崇敬他，但是见了就躲着他。我认为孔老师拥有资源，《大众日报》的文艺编辑，那些年经历了许多坎坷，但是，这是资源。到山师来那几年，可能有压力吧，但也是一个很好的资源。他的诗歌创作的灵感，到青岛去一下子就迸发出来了，那种才气如果没有资源不能够有这样的成果，这是我的看法，我的感觉，我认为应该感谢《大众日报》，应该感谢我们山师的现代文学中心。

第三个，我觉得应该是要检讨。刚才说了对他的诗歌评价不够，根本的原因是对孔孚老师的诗歌学习不足，感悟和理解不够。现在高校的当代文学史教材，我们参与了几个版本，有高教出版社出版的，还有海大出版社出版的，我是编写者之一，里面有关孔孚老师诗歌创作的内容却一句没提，为什么？我们山师还是有诗歌研究的氛围和传统的。就诗歌研究来说，有冯中一老师带头，包括杨守森老师、房福贤老师都是写诗歌出身的。杨守森老师有一句话是“有了孔孚我再不敢写诗歌了”。当时他在北京私底下跟我说的；陈元峰老师写诗歌，袁老师也写诗歌，后来也不写了；山大耿建华老师也是搞诗歌创作的，诗歌和研究诗歌的论文，都很有成绩。为什么我们的山师诗歌传不下来？这和我们的教材有关系。今天听到一句话叫“诗歌教育”，特别内行，如果中学和小学的教材中都有孔孚老师的诗那就不一样了，完全不一样了。我不知道现在的教材有没有。

如果中学、小学的教学能把诗歌选进去，那么高校教材更要选，对培养学生的文学素养会特别有效，想一想“诗三百”，在教育界流传至今，对于我们的民族、我们的国家来说，诗歌创作源远流长，造就了诗歌的国度。陈夫龙老师，我们是一个当代文学教研室的，为什么有着这么丰饶的诗歌教育资源却用不起来，我觉得好惭愧；以后就劳驾他了，把孔孚老师的诗拿进教学里面去。我们的书记在这里，我提个建议，我们山师文学院在大学生中提倡诗歌创作，诗歌朗诵的活动，把学生们的才华，把他们的诗情都调动起来，在我们山师的文学院、中文系发扬一下。谢谢大家。

李志华（山东省教育厅调研员）：

这些年为了生活基本都在忙工作，不大看书了，离着孔老师已经很远了。但是我觉得，今天孔老师的学术座谈会由山师大的文学院来举办，是对孔老师最大的安慰，对孔老师的家人是个鼓励，尤其是师母。估计师母今天应该记不得人了，但是应该会很快乐。再一个，就是把今天的研讨会主题定义为“孔孚与中华文化艺术精神”，这是对孔老师最好的一个理解。如果我们今天只是将主题定为诗和书法，我觉得都不是诗歌本身，诗歌只是一种表达的方式而已，其实它真正的内涵是对人的高度的一种表达。作为相对年轻的一辈，一看今天这个阵势，说实话，除了孔老师，谁还能把这些前辈大家聚在一块，今天这个阵势，这些年也是很少见的。

我们也在想，这些年文化界不知道去世多少人，为什么孔老师去世这么多年，一直是一个话题。我觉得核心原因是孔老师还在让我们仰望。孔老师当年的那些大话，让人不理解，认为他很狂，说的那些大话内容，他都在用他的作品不断地引领大家去探索。我觉得可能他的这个高度是能够把大家吸引来的原因，因为在座的无论是我的老师还是50来岁的年轻一辈，相较孔老师来说，大家都是平庸之辈，我是最平庸的，但对孔老师大家都还是有一些自己的见解的。为什么我们可以为这个研讨会放下自己的工作，可能还要排除一些其他的因素，有一些老人都80多岁了，可能都很少出门了，还能来，我觉得可能孔老师的艺术和精神达到的高度足以让人来探讨，足以让人来仰望。如果他是个很好的人，但是他没有什么让大家在精神上可以提升的东西，那么大家也只是对他抱以同情和尊重而已。但是孔老师是让人敬重的，事实上他真是个大人物，他对人的那种关心包括对人的拒绝其实都是源于他对世界的看法。因为孔老师也要为了一些原因去做一些让人觉得和他的诗人风度不相干的事。孔老师给自己解释，他说功利有大功利有小功利，他说我追求大功利，这个事即使你现在不理解，那我也不管你理解不理解，我追求大功利不追求小功利，不做蝇头小利的事，追求的是一种大境界。孔老师他就是个“大”，他大到让人觉得他吹，怎么这么大，大得没边。但是他的东西，比方说他的书法，我给他写过一篇文章，自己还挺得意：禅意书法，因为我最早在20世纪80年代初看省文联的作品里就有一个很有禅意，很有想象空间的作品。后来他说：“志华，你要是真想研究禅意的话，你好好地把禅宗系统地研究完了之后再来跟我谈，你不要拿着个禅意书法来跟我谈。”

他真正进入写字状态的时候，我们也老跟他谈书法。其实他对当代不是很关心的，但是孔老师他的习惯就是善于抓住最关键的点来谈问题，比方说他抓住两个人，他就对比地探讨他们的成功、他们的失败在哪里，我觉得这是孔老师超人之处。包括他对诗学、对哲学的那种体悟，都带有一种超理性的东西。理性的东西要经过积累、经过推理达到，他好像可以用本能直接去贯彻，当然这个本能是他几十年的人生——无论是生理的、心理的、生活的、精神上的各种的阅历——造就的。他善于抓住他认为最高的东西来去用力，其他的东西他不管。

在书法上，他追求的是怀素的精神，不是怀素的形迹，这是他追求的一种书法的境界。今天带来的一些作品，真正达到无墨了。“有笔无墨”，就是孔老师晚年达到的境界，他的这个高度是真可以用作品展给你证实的，包括诗，包括书法，他的创作是一个圆润的整体，它不是一个支离的东西。我觉得孔老师的寂寞，实际是他期待知音，他不是想故意寂寞。他经常给人写个词语叫“超大空成寂寞为”，他实际处在一种不被人理解的焦虑之中，包括他的狂放实际是无可奈何，不是真的这样，他实际是个很关爱人的儒者。因为你在跟他交往的时候，除了在艺术上他的这种坚定之外，在生活中，他貌似什么都不在乎，其实非常心细，对人的关爱非常细致，尤其在礼节上，这完全都是儒家的。还有一个，他的书法，早期的书法，实际有很多佛教的元素。

孔老师书法中的这种线，不是中国历史上最长的。永乐宫壁画一个好几米，但是我们现存的永乐宫壁画我不知道有多少是真实的原作，和孔老师的不可同日而语。当然永乐宫的线的功夫是中国绘画史上的一个极高的境界，但也不能说是最顶峰的一个状态。还有是用减法，齐白石也会用减法，但是自觉用减，处处用减，在一个“减”字里头有如此大境界的没有。从我个人对中国书法史的理解上，我也没有见过先例，当然在座的除了明诠教授之外还有浙江大学书法学院的博士，是做书法文献出身的，应该对书法史料的掌握更多一些。包括这种大帖，我觉得“大”不是判断标准，中国现在正在兴起大字书法，拿着飞机拖、拿着毛笔拖去，大到出境界恐怕极少见，你看看有多少人可以把笔提起来写字，要不就是一摊墨，要不就是满纸狼烟。王羲之潇洒，但是他没有颜真卿的那种半无墨状态。我觉得孔老师没有媚的东西，而却有高境界，就是半无墨状态。

从他诗的语言来讲，我觉得孔先生贡献尤其大。他创立了一种文体，有的人叫“孔孚体”，这个我想怎么赞誉都不为过。到现在为止，包括台湾的一些诗人和他比起来，包括写绝句的和孔孚先生比起来都不能超越他，他能把诗写到这么一种境界，是在诗歌史上值得大书特书的。另外，还有很重要的一点，就是他在很简短的语言里面充分地运用了口语化。我最近在读苏轼、辛弃疾和李清照，我发现那个时候的古代词人在诗里面运用的口语化的诗句，将整个诗的结构也好，内容也好，一下就点活了。我在孔孚先生的诗集里面，经常会看到用一些口语化的语言，一下子就把诗动态化了。我想这一点是孔孚先生对诗歌创作的现代化的发展上做的很大的贡献。实际上现在的一些语言应该是西方的舶来品，它和中国古体诗在大的意向上有衔接，但是在写法上应该说和我们的古体诗没有多大的关系。所以说诗歌百年里，实际上就是在探索一个诗歌语言的根本化的问题，若干的诗人一百年以后，我们才敢说现在写的这种现代诗可以用当代汉语的口语化的这种形式来表现。孔孚先生还没有完全做到这一点，但他已经流露出来了，比如说他在诗语言上口语的运用都非常好。

最近有些人说现在的一些口语诗人做口水诗，但是这里面有好有坏，我也不是说完全认为口语诗不好，它里边有一些口语诗直接描写当前社会，类似先例在我们古代诗歌里面也有。李白见了杜甫，碰到他就可以调侃式地写上一段诗。很长时间里，抒情很难表现离我们很近的一种生活，但是现在口语诗可以做到，我想这一定是一个进步，孔孚先生他一定是值得大书特书的一个人。

接下来我想说意象，或者说叫诗歌的审美。从诗歌的审美来看，今天我们很多的专家教授都谈到了，孔夫子也讲东方神秘主义，道的、禅的，他的禅实际上是道家化的佛，也算是中国传统的一部分。但是以我的理解，孔孚先生他的诗分两类，一个叫山水诗，一个叫山水田园诗。这样一种意向，包括今天很多人列举了孔孚先生的一些诗句，其中有意象严格讲是属于古典，属于传统，我不认为它是当代的，这是我的第一个观点。第二点，很多人说孔孚先生的诗风格是东方神秘主义，实际上在孔孚先生的诗中我读到了西方哲学的东西。比如说我举这样一首诗，叫《大漠落日》："圆寂"，这首诗完全不是山水诗，这就是一首哲学诗。今天上午我看到宋先生的信，我觉得还是宋先生眼光毒辣，他一下子就看出来了。再一点，用现在的语言来表述，我更愿意把孔孚先生叫作偏抽象派的表现主义诗人，他里面带有很重的个人的情感，所以他不是简单的山水诗人。这说明什么呢？这说明他有很深的哲学功底，这个哲学功底仅仅用一个"道"或者是"禅"，或者是一个内儒外道是概括不了他的。

我还要总结一下操作层面的事。孔孚先生在操作层面，就是他写作的时候怎么来写呢，有这样两种思维方式的话到了写作的时候就很麻烦，他要做减法，做减法怎么减，长句子压缩成短句子，多的字减掉不用。但是大家要注意，早上我和明诠交流，比如说写的书法，你再精简的书法当它写出来的时候是有形象的，但是你要用文字来表现的时候，我们作为诗人，文字是我们的基本材料，你能减到什么程度呢？因为文字本身就是一种精练，当你把它减到极简的时候它还是什么呢？所以，孔孚先生可以说是成也是他败也是他，他的成功是什么呢，他把这件事情作为一个实验推向了极致；但是对不起，谁再模仿他肯定模仿不了，他已经把这路走死了，走到头了。这是一个西方式的线性思维。但真正的“道”永远是圆的，不可能做这种极端。齐白石的画抽到极简，但是依然是有形象的。中国画家从来不会只点一个点，不会玩这种西方人玩的事，这是两种思维差异决定的。我刚才为什么说孔孚先生的思想不仅仅归结为东方神秘主义，他还有西方的哲学思想。当然，他可能不去研究太多的西方思想，但是他依旧是学马列，马列的抽象思想源于黑格尔的那种抽象，是一种哲学的抽象。形象的东西多了以后他再极简，他这里的极简和刚才说的东方神秘主义的“无”“空”混为一谈了，实际上这不是一回事，看起来终点都到这了，实际上这两个事情原点是不一样的，你指向的结果也不是一样的，所以说孔孚先生的极简主义的写法到他这里是极致，别人不可模仿他。如果他每次都要用这种极简的文字语句去写的话，那太累了，你造不出这种字来，当你没有那种材料的时候你太难写了。到了最后，他没办法，就只能做这种抽象的，比如说《大漠落日》那就是“圆”和“寂”，这就归结到形而上的了，它已经不是诗的画面了，意象没了。

大家知道王维，王维写禅诗，我认为是顶尖的人物，中国历史上没人超过他的。但是王维大长句子一定要写下来，他并没有排斥语言，他的禅是简的，但是他最终落实到文字上并不简。你在文字上追求简最后的结果很麻烦，实际上你减到一定程度，一首诗里边用字是不重复的，但是你这几十首诗、上百首诗出来以后还是重复的，这从美学上讲是一个问题。孔孚先生依然是一个杰出的诗人，而且他达到的这种结果我想值得我们后辈不断地研究不断地肯定。我还要接续对孔孚先生进一步的推介宣传的问题。

韦锦（中国对外文化集团编剧、创作顾问）：

我是作为孔孚先生的私淑弟子前来致敬的，不是什么戏剧家。当年，20 世纪 80 年代末，因为写诗，我曾登堂入室，得见先生。我把手写后复印的一个小册子呈给先生看。孔孚先生对好多首诗都提出了具体的修改意见，对有一首诗大加赞赏。那是一首到今天也没发出来的诗。那时候，我在《诗刊》上发诗比较多，就那首诗，我挺得意的一首，非常想得到认可的一首，却没法发。但孔孚先生看了后，当场表扬我。1990 年 3 月末，在曲阜开孔孚先生的作品研讨会，他当着公刘和刘祖慈的面说，韦锦写的一首诗叫《蛇篮》，比徐志摩的《毒药》还好。先生的这句话，蕴含的鼓励和鞭策，至今让我感动。今天想起来，先生说话的语气和神态犹在眼前。昨天我一大早从佳木斯坐大巴到哈尔滨，下午4点坐飞机，晚上赶到济南来，来参加今天的这个会。不是故意炫耀辛苦，而是想说，向先生致敬的里程有足够的长度。从上午到此刻，听着好多老师谈先生的人、诗、书、画，眼前不断出现幻象、幻境、幻景。我觉得我们大家不是坐在一个房间里，而是坐在冬至过后千佛山下的一个山坡上。虽然春天还在路上，但佛头青了，草也绿了。我们围成圈坐在这说话。圈子外边有道结结实实的栅栏。在山坡那边有一个人正向我们走来，他挥动着有力的左臂，迈着从容的步伐。快到栅栏边时我很为他担心，可他根本不需要我担心。他在栅栏面前既没有抬高脚，也没有放慢脚步。他很轻松地就走到我们身边，就坐在我们中间。我不禁觉得，我们现在和先生的唯一区别就是，对我们可能构成阻拦的栅栏对先生来说再不起作用。

我们在这说话，既是和先生的亲友说话，也是和他本人说话。前两天看一个电影，叫《寻梦环游记》，是动画片，在座的年轻朋友可能都看过，非常好。其中讲一个孩子和他祖先的关系。说人去世后并不是死了，他在另一个世界、另一个次元还活着，只是用另一种方式活着，用另一种和我们有关联的方式活着，甚至可以说是依赖这个世界上我们这些还活着的人活着。只要他的亲人、他的朋友还想着他、念着他，他在那个世界就一直活着。如果哪一天没有人再念诵他的名字，没有人再想起他，他的心脏才真正地停止跳动。从这个意义上来讲，我觉得孔孚先生是多么幸运，他在这个尘世的心脏停止跳动20年后，依然有那么多人在念诵他的名字。他在另一个世界的心跳肯定强健而有力。他多么幸福，多么令人羡慕。

赶紧说说我对先生的诗歌和诗论的几点看法。

第一，孔孚先生是一个具有极强的命名能力的人。他自己的诗歌写作实践牵涉对好多事物的命名，给自己的内心世界、内在情感、精神幻象和自己的生命意志命名。读他的诗，我曾经想，命名能力对一个诗人来说太重要了。他给自己的诗歌主张所做的命名，我不多解释。他命名的东西很多，比如“减法说”“性灵说”“虚宇宙”等诸多概念。这在当年热衷于搬弄外来名词的学术界中不无可贵。我不说他有多强的发明能力、创新能力，我说的是命名的能力。

第二，孔孚先生自身的价值和在文学史上的地位可能还不相匹配。他本身有很高很丰富的价值，而在文学史上的地位可能还远远不够。但是就这一点我想说，文学史上的地位如何，现在真是和孔孚先生本人已没有太大关系，倒是和我们活着的人，和以后将要活着的人有关系。从这个意义上讲，我希望在座的各位长辈、各位老师多谈孔孚，中年的朋友多谈孔孚，年轻的朋友多谈孔孚。首先是多读孔孚。向一个诗人致敬的最好方式就是经常读他。

再一个就是孔孚诗歌“旨”和“趣”的问题。旨是旨意，趣是趣味。我认为，旨就是先生的那种艺术追求，而趣是艺术呈现的状态，是声、光、色、形、味道和弹性的组合，也就是说你把诗要写得有味道、有趣味，有吸引力，能吸引我们去读、去品，能吸引我们去深长思之。先生的作品，我认为他早期的一些诗歌，创作自觉性倒不是很强，上午好像有老师说到这个问题。但是他在那个时候也写出了非常精彩的诗。我读过的先生的第一首诗是写礁岩上一朵小黄花的那首。当时一读，震惊了。我那时 20 岁左右，还是精神的童年期。我认为我精神的童年期是到了 30 岁才结束的。就在那个时候，我读到了这样的句子：礁岩上的一朵小黄花/羞涩地低下了头//大海把它别到衣襟上/小黄花笑了。能把诗、能把文字写得如此美轮美奂，真是棒，太有吸引力了。我就想起了一句话：“诗是文学的最高存在形式。诗也是文字的最高存在形式。”孔孚先生用他的作品证实了这句话，成全了、成就了这句话。我还想谈一下艺术自觉和被动写作的问题。人都该有一段时期的艺术自觉，自觉地去追求一个东西。但在追求的时候未必能达到目标。有时候真是那句话，你追求你得不到的，你得到你不追求的。最后才是被动写作。但这和主动追求是有关系的。你主动追求一段时期后，就不是你写诗，是诗写你了。孔孚先生的好多诗是诗写了他。具体到现代山水诗来说，在少有人及的好多个点上，中国的诗歌、人类的诗歌借孔孚之手获得了最高存在形式。

最后一个，我想谈一下“加法”和“减法”。来前和格式通电话，格式说孔孚的“加法”非常有意思。我们一般都说孔孚的“减法”，他说的是孔孚的“加法”。我不认为这是格式的口误。我这么理解，先生在艺术的表现形式、表现手段上讲的是“减法”，但他内里用的是“加法”。他的作品要和很多更广泛意义上的文化、文明、诗歌、艺术连接起来，这是加法。许多和他的审美需求不吻合的东西，许多阻碍他和他心仪的一切相贴近、相融合的东西，他都要清除，这是减法。他那句听上去不无空洞的“抟虚宇宙”，可是包含了潜藏的勇气和雄心。他的宇宙意识不同于我过去所理解的那种偏西方的宇宙意识。西方有好多作家、诗人对星相，乃至占星术着迷，如《幻象》一书的作者叶芝。他们对宇宙的兴趣我非常敬重，他们借由他们同胞的科学研究成果，在天文学、天体物理学方面的视野非常了不得。他们不断探究，范畴越来越大，领域越来越广，宇宙的奇点，时空的奇点，许多科学问题和终极关怀越来越接近真相，祛除虚妄。但他们的主要意向在于了解宇宙的边界，从地球，到太阳系、银河系、河外星系。一波一波，认知越推越远，边界也越来越清晰。他们的成就让我们敬佩。而孔孚先生不是这样，他有自己的向度，一种和中华文明的演进大体一致的向度。但愿这种向度也会引起那些肤色不同的朋友的敬佩。他意在让自己的生命和艺术追求，与置身其中的这个宇宙，相通、相续、相接引。为此他要用减法。要尽可能地去掉一些东西。不仅是多余的东西，甚至要去掉一些重要的东西。他要尽可能地减轻自身和外在强加的重量，减轻美的负担。他要让羁绊和束缚越来越少，让灵魂和创作越来越轻。他要轻得能飞起来，能飞得越来越快，能赶上鸟的速度，风的速度，声和光的速度。他不是要探寻宇宙的边界。他眼里的宇宙，浑然，有机，没有边界。在他那里，唯一适用的说法也许就是突破限制。诗的最高诉求就该是突破限制。除此之外，囿于虚与实，有与无，空与满，以及围绕诸如此类的说辞进行的论争和斗气，都未必和先生的本意有多少关联。

说到这儿我再絮叨几句，就是关于时间和空间的关系。我们渴望有时间的空间，有空间的时间，没有时间的空间对人类来说没有意义。你有亿万财富，你可以到月亮上、火星上去遨游，但你的生命只有短短几天。这是没有时间的空间，这是牢狱。反之亦然，没有空间的时间也是牢狱。只有诗歌是可以让人类在时间和空间的双重“牢狱”中成功越狱的那种东西。孔孚先生在世时，拥有有时间的空间和有空间的时间，而今天，他已拥有无限的有时间的空间和有空间的时间。

胥弋（北京吉版图书公司法国文化编辑部主任）：

刚才韦锦先生的演讲非常精彩，信息含量很大。在座的都是老前辈，有很多师长。我作为一个晚辈，1990 年有幸认识了孔孚先生，很荣幸的是，我刚刚开始认识诗歌，喜欢诗歌，写诗的时候，就认识了孔孚先生，我们是忘年交，有很多次会面，我都记不清有多少次交谈和见面了，所以我受惠很多。现在我自认为是一个诗歌爱好者。我是个出版人，但是我起步很高，我的境界、我的眼光很高，我一起步就受惠于孔孚先生，我的眼光和境界是很高的，我自以为如此。

刚才听了很多前辈学者的发言，我也感触很深，我个人觉得现在我们国家重视“一带一路”及文化“走出去”，要重新宣扬儒家文化，孔孚先生在儒家文化中可以说是一位代表人物，他有赤子的情怀，是一位东方赤子。我个人认为，关于孔孚的作品以及他的著作，如果能作为山东省“一带一路”的一个重点项目推出的话，会是一张非常好的齐鲁文化的名片，在国际文化传播上有很大的潜力。下面我就孔孚作品的海外传播这个题目，谈一谈我的看法。首先我介绍一下孔孚先生作品目前的海外传播情况。其实现在，仅仅是有日文版的孔孚诗集出版。2008 年年底日本出版了名为《山水谣孔孚诗选》的诗集。来自山东临沂的阎先会先生翻译的书，大概是为纪念日本山口县和我们山东缔结友好关系出版的。

日本山口县出版的这本诗选分 7 个小辑，其中有 64 首诗，加上诗论。译者本人给诗选拟定的一句广告语是“全世界最简洁的诗”。发行人是日本的一位先生，又补充了一句，他说简洁是美德，无论艺术还是生活。这本诗集实际上是我们这位山东老乡，这位齐鲁子弟阎先会先生以一己之力在日本完成的一个出版行为。但是出版以后，像是日本广岛的《中国新闻》，以及《山口新闻》等都发表了一些评论。其中有新闻报道这样写道，日本人亲近中国文化，我们受惠于中国文化一千多年，有不少人说比起现在的中国人更仰慕古代的中国人，但是如果读了孔孚的山水诗你一定会改变看法，他的诗真是中国的一道奇异的风景。日本的一个专栏上也发表了《中国的〈梦物语〉》一文，由衷赞赏了孔孚先生的文化人格。另外，NHK 电视台也对译者阎先会做了一次访谈。NHK 电视台大家知道是日本非常有影响的电视台，能在黄金时间对来自中国的一个年轻的译者、留学生做一个访谈，专门介绍孔孚先生的诗集，这确实是难能可贵的。孔孚的日文诗集出版印量很有限，它除了赠送给日本的国立图书馆以外，还留一些供研讨会备用，其余的在书店里，因为数量不大，很快就销售一空。但是我要说一下，一开始，经过孔孚家属的授权，这本诗集跟日本出版社准备签约时，因为考虑到销售问题，日本人毕竟对这种诗的市场也没有把握，一度陷入困境，最后这位阎先生不得不在一家水产品工厂打了 10 个月的工，用这 10 个月打工的薪水印了这本诗集，因此，这本诗集的出版可以说是他的个人行为。

我很佩服阎先生的勇气和魄力，但是，我觉得即便是孔孚先生的诗在日本有良好的反馈，靠这样的个人行为，以一己之力很难在文化界或者是诗歌界产生持续的影响，因为我觉得他的个人力量还是微不足道的，这就需要我们大家共同的努力。

俄文方面，孔德铮女士说有一位俄文专家，这位先生是南开大学的教授，他翻译了很多俄国的诗歌，俄译中的作品很多，他在20世纪90年代去俄国进修，跟俄国汉学家一块翻译了很多中国古代的诗，还有一些现代的诗，他也获得了俄国文化部的勋章。他翻译了很多中国当代的诗歌，其中也包括一些老诗人的，像曾卓等，估计他翻译的孔孚的诗篇目不是很多，发表在了一本经典的《盛典之门》诗集，还有彼得堡的文学杂志上。

我在90年代通过孔孚先生介绍与青岛的司瑞元先生有过通信联系。他用英文翻译过孔孚先生的几十首诗，主要是以描写青岛为主的。这些信我还留着，前两天我又找到了这些诗，这些诗发表在西南师大一份刊物上，确切地说是一张报纸上。我本人曾经将他翻译的诗寄给过美国诗人以及一些专家，也有一些良好的反馈，毕竟国外对孔孚还是不太了解。

下面我就谈一谈我本人。几年前我跟孙国章老师等几个人聚会，我谈到了有意在法国出版孔孚诗集的想法，当时只是一个想法，孙国章老师说这个事太难了，这个事太复杂了，是的，是很复杂。现在几年过去了，恰好在这个会议召开之前，这个事有了一些眉目。我刚才说了，国家“一带一路”和“走出去”工程对每个出版社其实是有要求的，而我们现在出版单位的负责人，未必了解孔孚这样的诗人。因此，我们在座的专家应该共同促成，让这些领导们认识到孔孚的价值，他有可能成为我们齐鲁文化“走出去”的一个成功的点。我觉得中国这几年一直呼吁文化“走出去”，走出去要自己走出去，当你认为国家有实力、有一定的话语权，特别有文化自信的时候，你不能坐等别人上门来请你走出去，以前说“酒香不怕巷子深”，其实我认为酒香就怕巷子深，我们应当用自己的力量，把孔孚先生的诗歌推向海外，而不能守株待兔，坐等海外的有识之士或者汉学家来找我们。

这些年我一直从事中法文化出版工作积累了一定的资源，最近在法国刚刚成立一家出版社。这样，我们就具备了出版介绍孔孚作品的基础、前提条件。法国是一个文化大国，这个在这里毋庸赘言。至于文学出版在法国的重要性，我想可以举一个例子。像高行健的《灵山》以及莫言的《丰乳肥臀》，这两个作品都是先有了法文，然后才有了英文，最后获得了诺贝尔文学奖。法译本的译者我认识，是一位汉学家，他的贡献非常大。因此，法国的出版业，法语作品的出版在世界文坛上有着重要的作用。

我顺便介绍一下法国，孔孚先生的诗要在法国推出，以及孔孚先生的书写艺术要在法国传播，围绕这个我介绍一下法国是怎么认识中国的书写艺术的。去年我有幸认识了一位巴黎大学的中国教授，他是教中国书画的，他就向我推荐了汉学家毕来德先生研究庄子的著作，他的一部著作在西方不断地再版，已经有五六个版本，书的名字可以译为《中国的书写艺术》。下面这句话，是我翻译的这本书封面上的广告语，也是作者书里的原话，他说中国书法特别关注的是赋予汉字生命，使其充满活力，不受任何束缚，它将感觉应用于书写，继而通过一种巧妙的颠覆，用书写来表达个人的感受。这是作者本人写的。这本书，它讲的不是书法，它介绍的是中国的书写艺术，毕先生他特别强调不是书法，我很好奇，我觉得这跟孔孚老师的见解不谋而合。后来我也结识了这位汉学家，他现在年过八十了，我寄了一些孔孚的诗和他的书法作品给这位汉学家，他礼节性地做了回复。我觉得当务之急，是出版孔孚先生的文集。我觉得国外的专家也许愿意介绍和推荐给其他人。还有一本书是毕先生唯一在中国出版的《庄子四讲》。这是我见过的关于庄子分析得非常透彻的一本小书，推荐给大家看，这本书里写的一些东西对于理解孔孚先生的艺术有用，书法家可以找来这本书看看。

最后，我在法国认识了一位法兰西学院的院士，他是法兰西学院建院400多年来唯一的一位亚裔院士程抱一，是出生于山东济南的一位诗人，前几年山东大学授予了他荣誉博士学位。这位院士除了写诗也做一些书法，我推荐到山东友谊出版社出版了他的第一部长篇小说《天一言》。他除了写诗也写字，他写的这些字，其实也是一种书写艺术，但那些写书法的都觉得他这根本不是字，不是书法。我一认识这位先生，就赠给了他孔孚先生的书，得到了良好的反馈。

逄春阶（《大众日报》高级记者）：

各位老师，各位专家，各位先生，我今天不代表《大众日报》，但我是《大众日报》的记者。“孔孚与中华文化艺术精神学术研讨会”由山师大文学院主办，很好很好。我觉得山东师范大学与《大众日报》合办会更好，因为孔孚先生也是我们《大众日报》的人，他在《大众日报》干了三十多年文学副刊编辑。

孔孚先生在《大众日报》工作期间，因为政治而非个人的原因受到了一些不公正的待遇，让人心痛。孔孚先生一直认为自己的职业身份是报业人，是《大众日报》人，30年心血，献给了报纸，他对报纸、报社有感情。

我有幸步孔孚先生之后，也在《大众日报》文体中心（前身为文艺部）工作，我在这个岗位待了19年了，跟孔孚先生比，我们不停地学都撵不上，他一直是我们《大众日报》的一个文艺标杆，所以说我今天表个态，就是以后如果山东师范大学再举办类似的纪念活动的时候，我会建议我们的领导能一起办就一起办。

《大众日报》曾经办过孔孚先生的书法展、孔孚先生的研讨会，这次我们单位没参与，我个人觉得有遗憾，也很惭愧。明年这个时候是《大众日报》创刊80周年，孔孚先生是《大众日报》历史上少有的大家，将来要搞一系列活动，孔孚先生应该也是报庆活动中的一个闪光点。

第二，作为《大众日报》文体中心的记者，我会一如既往地宣传我们的先辈孔孚先生，宣传他就是宣传我们《大众日报》。刚才徐先生谈到“一带一路”，孔孚先生“走出去”的问题，还有，刚才王万森先生说的孔孚诗歌进教材的问题，都很重要。这都是在弘扬孔孚先生的精神。《大众日报》正在搞媒体转型，将来，与孔孚先生相关的可以报、网、端、微，全方位推送，也就是说，不仅仅是在传统媒体上发，还要在新媒体上发，还可以通过内参的形式往外发，希望引起更多人关注孔孚先生。

第三，用两分钟讲一个我跟孔孚先生的故事。1995年4月，我在《潍坊晚报》干副刊编辑的时候，孔孚先生到潍坊他长子孔德平那里去，孔德平老师也是诗人，诗歌写得非常棒，他当时是《潍坊晚报》文艺部主任。这天，孔孚先生到峡山水库去，孔德平老师说你去陪着老爷子吧，我就有幸与同事一起陪着孔孚先生到了峡山水库边上。那个峡山水库是山东省最大的淡水库，像海一样大，孔孚先生一见水库，连说了两个“好”字，并说要是在这水库边上安家该有多么好。孔孚先生的夫人说：“孔孚见到好地方，就要在那里安家，一派孩子气。”我扶孔孚先生到水库边上，他弯腰去捡了几块颜色不同的鹅卵石，抚摸着光滑的石子，说它们可能年代很久了，要带回去仔细看看。

我们坐船游了一上午。在如海的水库上乘着船，孔孚先生坐在舱内，浪急风大，但他总要站起来，伸头去贴近那些浪花。

中午吃的便饭，就在峡山水库蓄水厂的食堂里，孔孚先生喝了一杯啤酒。蓄水厂岳厂长见大家都不再喝，就端上饭篮，饭篮里盛着烤馒头。烤馒头外皮褐黄，内里雪白。大家都说好吃，味道好。

孔孚先生小口慢嚼，他嚼一口盯一眼馒头，若有所思。我以为馒头烤得太硬，是不是老先生咬不动又不好意思讲，孔孚先生刚刚动了手术，这个馒头还烤得干干巴巴的，我正想跟厂长说换一个软一点的馒头吃，蓄水厂岳厂长说话了："这烤馒头是厂伙房里加工的，前年，著名表演艺术家李默然来峡山水库，他尝着烤馒头好吃，临走，捎回几个去。"孔孚先生立即停止了咀嚼说："李默然是这样子啊，我想说出来，但缺了点儿勇气，李默然说出来了，而且他做了，就差这么一点，我没说出来，他的境界就比我高。我指的是放得开，不怕人家笑话，这很了不起啊。"

"放得开"，这使我记起了孔孚先生的"偏执狂"论，这原是一种境界啊。只有放得开，才能狂起来，要敢于在别人不敢说的时候说出来，并且去做。根据这个故事，我写了一篇稿子叫《孔孚与烤馒头》，发在1996年8月17日的《大众日报》上。

那天吃完饭厂长就请孔孚先生写书法，孔孚先生站在窗前，看着峡山水库自言自语说："写什么呢?"然后回头，笑着对我说："春阶，写什么呢?"我说我想不出来。他想了想，就写了三个字："大造化"，写了之后却让我撕了，我就撕了，写了四次还是五次，我都撕了。后来我非常后悔呀，我留一张该多好呢。最后留了一张给水库管理局了。

20多年过去了，我依然会回忆起孔孚先生来，我不是搞理论的，我是记者，我就今天讲这个小故事，来缅怀孔孚先生。

耿建华（山东大学教授）：

孔孚先生是我非常尊敬的老师和诗人，他虽然后来在山师大任教，但是他和山东大学的77、78级的学生有着非常亲密的关系。山东大学有一群喜欢诗歌的人，像杨增光、吴滨、王川平等一大批，当时我们很年轻，大都20几岁，这些年轻的诗人，经常到孔孚先生家去。孔孚先生对年轻人（包括我）耳提面命，那个时候主要是接触国外的一些诗歌，但在孔孚这里我们吸收到了中国优秀传统文化、东方文化的经典的东西。我们写的诗，有的他要逐字逐句地改。后来，我采访孔先生写的一篇文章叫《孔孚其人》，从他的经历说到他的诗。这篇文章孔孚先生看了以后也是逐字逐句加以修改，最后在《大众日报》上发表了，2000多字，《大众日报》发表2000多字的文章并不容易。后来，在编写《中国作家风貌》一书的时候，我也写了一篇关于孔孚先生的采访记放在了书中。山大的这一批写诗的青年人对孔孚先生都很尊敬，确实从他那里受教受益颇多。再后来我编了一本中学的实验选修课教材《中国现当代诗歌选》，选入了孔先生的诗。孔孚先生在我心中很高大，他是独具个性的诗人和书法家。他的诗拿出来不用看署名就知道是他的诗，他的书法也是。这都表现出他对中国文化那种高度的认识，空灵、简淡、深远都表现在他的诗歌和书法艺术中，这些对当时的我们这些年轻人都有很深的启发。孔孚先生每出一本书，他都送给我。春节去给他拜年，他还送我他的书法作品，我手中保留着的只有一幅了，有几幅让人骗走了，都说我给你裱裱去吧，一裱就裱走了。孔先生的书法是不在市场上流通的，所以他们有钱也买不到。这说明他的书法在相当一部分专业人士当中也是很受推崇的，我对书法是外行，但是我很喜欢。先生对中国古代的诗论研究也很深。他的散文写得也很好，我很喜欢读。他的诗歌、散文、书法、理论，应该说是一座宝库，我们现在对他的研究还很不够，今天这个研讨会我觉得仅仅是一个开始，还需要更深入地去研究它，挖掘它，传承它，别的我不多说，下面我用我写的一首词《踏莎行·忆孔孚》来作为我发言的结语：

观海游湖，披云带露，河山总有销魂处。日高岭峻少行人，时看鹏鸟高飞去。松翠昆仑，峨眉月素，寻诗踏遍迢迢路，开襟畅笑引东风，清音只向人心住。

马启代（诗人）：

今天在座的有好多耄耋之年的先生和前辈，我就不再多说客气话了。大家的发言不时有照亮我精神和思想的闪光，我今天是想来洗耳恭听的。但是既然是缅怀孔孚先生的一个座谈会，又置于孔孚与中华文化艺术精神的背景上来谈论，我觉得在当下的语境里特别有必要。孔孚先生离开我们20年了，我们的文化艺术精神出现了哪些问题，我们为什么将一个人与一个民族的文化艺术精神相联系？这恐怕就是孔孚的意义。因时间所限，我就简单地说三点吧。

第一点，作为一个纪念会，我首先想起的也是与孔孚先生相识的过程。那是1990年的春天，我刚大学毕业不到两年，在莱芜第五中学教书，学校在一个盛产生姜大蒜的乡镇——寨里，空余时间就写诗作评，没有其他应酬。记得曾给孔孚先生的一首诗写过简短的赏析文字，与先生便有了书信往来。那年四月曲阜有个规格很高的孔孚诗歌研讨会，我得到的通知晚，赶写了篇《孔孚山水诗简论》想送到会上。孔孚先生说启代你可以来，直接到会交流。我就骑着自行车，先到了莱芜，找当时唯一的一家四通打字社打印了半天，油印了几十份，和我的一个爱好写诗的学生骑行了100多公里。我的那位学生后来被山大破格录取，也出过诗集，可惜现在不写了。我们深夜骑到磁窑的时候，实在骑不动了，是第二天一早坐火车赶到会场的。大会还安排了我发言——肯定是孔孚先生与大会协商的吧，在会上发言的我是最年轻的一个。我下来以后，记得非常清楚，孔孚先生是满脸流泪地抱着我，人与人相知很多时候无需言语，紧紧一拥，千言万语就都有了，而且这种情感超越时间，岁月越长，味道越醇厚，历久弥新。那篇文章后来收录在我的第一本诗歌评论集《仰看与俯视》中，至今我也没改动过一个字，今年我在自己主编的《山东诗人》夏季号上为孔孚先生做了一个80页的20周年纪念专集，分朋友卷、家人卷和典藏卷，在第一卷里收录了这篇简论，后面的日期我也没改，就是1990年的4月。总的说，孔孚先生有一些卓越的贡献，钱锺书先生说他是开门立户的人，他有自己的诗学，在诗意上他唤醒了我们汉语诗人的灵性，唤醒了汉语本身的诗性，另外他的诗歌在本体论上有很多值得研究的方面，我那篇简论对他诗歌语言的贡献，结合着第三代诗歌的语言主张和实践有一些简单的论述。当时年轻，也是无知无畏，敏锐、直接、单刀直入、敢下断言，虽不无妄言，但有一些认识现在看来也还是对的。

如果说上面是从“人与人”的角度勾起的回想，那么第二点，我想到的是“人与艺术史”的关系。在做《山东诗人》孔孚纪念专辑时，我重新梳理了一下自己对孔孚诗歌包括书法艺术的认识，尽管书法我是外行，但孔孚先生的书法中标新立异的运笔、用墨和构图给我以一种特立独行的精神激励。从艺术史这个角度，也就是从中华文化的艺术精神源流来看，我们每一个人都是置身其间的承继者和创造者，只是有的是急流大浪，有的是涓涓细流，当然也有逆流和浊水。孔孚先生所体现的艺术精神在大潮里面不是显赫的、外在的、激越的那种，而是潜隐的、内在的、低回的一类，但他的倔强、坚韧、自由放到更广阔的时空来考察，显然是另一种主流。孔孚先生唤起我们对自身艺术传统和自由精神的回眸，其以"隐现""灵视""用无"等"象现"艺术所构筑的"远龙诗学"不仅在山水诗的艺术精神流变中属于隔空对接，而且在当代诗坛特别是在二十世纪九十年代的背景下，其为新汉诗的美学转型所提供的关于诗和人、诗和艺术史的有益经验和理念参照都非常珍贵。人们说他属于东方神秘主义，我一直在思考什么是真正的东方神秘主义，它和我们的中华文化艺术精神哪一点本质是相同的。我觉得这是一个常思常新的学术问题，每个艺术家会有不同的理解。孔孚先生与中华文化艺术精神到底是什么关系，恐怕离不开从艺术史的角度进行流变考察。

从 1993 年以后我和诗坛交往很少，沉寂了 17 年，这中间与诗坛的交集非常少。我于 1997 年写过《悼孔孚》的文章，收录在自己至今唯一的散文随笔集《心巢》里面。我写得达观、超脱，许多心结有着真诚的袒露，更多属于记录自己心路变化的文字。但是我把孔孚先生的"减法"诗艺和"远龙诗学"看作构成我艺术谱系的三大源流之一。在做纪念专辑的时候，我曾亲自到孔德铮老师家里，所以说在座的各位与孔孚先生的书信我几乎都看了，孔老师把她几箱子存稿拿出来，包括孔孚先生一些手迹。这让我从精神上重新梳理和认识了一个更真实和更完整的孔孚，我觉得我与先生是能进行心灵对话的，这对于我个人艺术精神的塑造大有裨益。

今天我其实要说的主要还是第三点，即"人与当下"的关系，也就是孔孚先生之于诗坛和文化艺术现状的意义。在谈论山东新诗的几乎所有场合，我都强调孔孚"远龙诗学"和"减法"以及桑恒昌"情感诗学"和"寸法"对于新汉诗创作的贡献。孔孚先生对于我们个人、对于深刻认识我们的文化艺术精神都有值得肯定、不容忽视的地方。但作为一个写诗、编刊物，偶尔也写点评论的我，回过头来看，今天我们纪念孔孚先生还有着重要的现实意义。特别是我们的文学院、我们的师大来纪念，不仅对孔孚先生是一个极大的安慰，也显示了我们师大作为大学的某些清醒。杨存昌院长说得很感人，的的确确是这样，许多尊重可能来得迟了些，但大家心中并非没有一杆秤。因此，无论从哪个方面说，今天纪念孔孚先生，我觉得都是对我们的一次唤醒、提醒，是促使我们反省的一个转折点。为什么这样讲呢？因为我们面临着艺术和精神各个方面的挑战，知识界和社会精英阶层心灵层面都遇到了很大的问题。其实不管今天会场上前辈们对我们现在人文精神失落的批评也好，对知识分子的批评也好，还是对我们当前汉语诗歌的批评也好，我觉得都没有回避问题，大家都在反思，都在思考，所以今天的会议把孔孚先生置于文化艺术精神的背景上来缅怀十分契合当下。我前几天写过一篇文章叫《当代诗歌的三化现象》，说的是当代诗歌充满了庸俗化、僵尸化和体制化。很长的年代里，虽然我们无法仅仅用庸俗来概括那些年所谓的文学作品，但庸俗化是真正的“先锋精神”的失落，是在社会全面功利化的潮流中产生的写作倾向，文学随着权力商品化的侵蚀而筋骨尽失。孔孚先生敏锐地察觉到了“伪现代化”“伪先锋”的软肋，我觉得他是那个年代里把文学从“有用”拉回到“无用”，也即拉回到审美本质上来的人之一。他让我们对沉睡的、被遮蔽的东方美学有了新的认识，开始发现我们自身伟大的传统。在如今多媒体的时代，更加验证了孔孚先生独自发掘和承续光大的可贵。你看我们现在搞分行的那么多，其实好诗非常少，能称为诗人的就更少，写作变成了娱乐，娱乐与精神堕落牵手。人的生理的、恶的欲望被一度地激发了，但是我们大家都忙于点赞和被点赞，批评几乎变成了相互按摩，缺乏精神深度，失去了精神品格，净化、升华的力量从文本中退场。阅读孔孚让我们再一次感受到，一位超越命运的不公、执拗地坚持自己美学发现的诗人，那短短的几行诗句，需要多坚强的意志和精神支撑。现在有几位这样的诗人呢？而孔孚先生体现了一种自由精神、一种独立思考的精神，这是他给我们的警示，也是纪念他的意义所在吧。

再说这个僵尸化，其实和我们的很多伪知识分子是有关的。上午孙国章老师说着说着发了一通感慨，我认为他批评得很好，至少他说出了确确实实的感受，在我们大家一片的顺从表情和人云亦云、官云加倍鼓掌的时下，先不论对错，人人发出自己的真声音才能有艺术的进步和社会的前进。事实上，我们国家的知识分子的声音其实非常的微弱，有真声音，但是好像不是主流，尽管大家内心还有杆秤，还有个底线，但是表面上我们大家实际上都在得过且过，若形成冷漠，作为知识人，我们知道，那会是什么后果。写诗的人、搞艺术的人心灵僵化了，感觉钝化了，一切习以为常了，不知道或不敢说真话、不敢喊疼了，艺术还有希望吗？社会会是什么样啊！在座的大多数都是高校教授，实际上大学精神作为我们重要的人文精神的体现，如今却在快速地坍塌，学术道德、学术伦理非常严峻地考验着每一位教师，这个问题我想大家比我认识得要深刻，感受得更到位。

大家知道“盘峰论战”以来出现了所谓的知识分子写作和民间化写作的划分，实际上双方都走了偏路，所以就诗歌而论这种僵尸化表现在那些过度的口水化写作，网络上充斥着很多这样的垃圾——我在这里声明，我不反对口语化，但坚决抵制没有难度的写作。同样僵尸化更表现在我们诗坛上一些非常有名的诗人身上。譬如一些很著名的大学教授诗人，写出的那些诗知识化很浓，意识空转，基本上离开了鲜活的生命感受，没有那种生命的血性，也没有那种艺术的野性，所以像于明诠老兄，你说他是丑书，但是他体现出来的那种精神我觉得可能很多人是没有的，他不可能给你规定一个方向，但他能提供一面勃发着创造力的镜子。是的，每个人都有每个人的个性，但要超越了技术层面你才可能成家，超越不了技术你永远是个匠人，这个问题实际上非常严重。更严重的是这些大学教授诗人的弟子们，长期生活在特定氛围里读书写作，渐渐形成了一个面积很大、话语权很强的圈子，实质上是画地为牢、自我封闭，比起所谓的民间的、江湖上的那些诗人，更应当引起我们的警惕，因为他们相信了知识，拒绝了生命。当然了，两种写作各有利弊，这里边都会出优秀者，但是大面积地出现这种失去真正写作本质的潮流却是心灵僵化的证明。市文联的刘溪主席也在这里，我们的宣传部、文化局、文联、作协，实际上这些地方承担着目的一样的功能，是培养不出作家和艺术家来的，被养永远出不了真正的艺术家。在这一点上我们参照孔孚先生的人格和精神风骨，我们就该设身处地地反思一下，我们该怎么样，该有什么态度，该秉持什么方向，这是艺术家必须要重新思考的。

第三点是体制化，我不想多说了。体制本身无所谓好坏对错，可以在不同的时间空间获得存在的合法性和合理性，但体制化，特别是思想、精神、艺术的体制化就是僵尸化的固化，就是钢筋水泥化。刚才说了，包括我们成建制的这些个对艺术家的“圈养”组织和团体。然后就是我们的思想、批评，其实都渐渐陷入这种欲望和利益当中了，所以说我们真的声音出不来，真正的感动表达不出来，最后就不会表达甚至不想表达，不能表达了。艺术实际上它不是知识，我一直这么认为，科技文明可以一直往前，但是艺术是要往后看的，寻找我们民族和自然最初的活力，那种最初的感动，那种勃勃的生命力，那样才会有艺术，才会有前途。孔孚先生他把我们拉回到自然，拉回到大地和人心原始的感动，拉回到最初产生艺术精神和文化思想的地方。我们现代人已经不自觉地远离了这一切，今天这个会让我们坐在一起缅怀孔孚，也让我们能够回头看一看自己和现实，缅怀孔孚先生的时候，也在重新思考我们自身、思考我们的文化、思考我们的前途、思考我们应当担负起什么责任。

格式（诗人）：

参加这次会我很荣幸。孔孚先生一直是我敬仰的一个诗人，是个大师，是在中国当代诗歌史上有重要位置的一个诗人。我之所以这样说，理由有两点：一是孔孚先生救活了一个诗体，即大家讨论的山水诗；二是他贡献了一种诗歌的方法论，王维写山水诗是以有写无，他是以无写无。大家刚才也谈到时代好多问题，我想到的一个问题就是诗歌环境。我忽然想到这么一个词，这个词换个说法叫“上下文的关系”，写作的上下文关系，这个词比“语境”更精准一些。孔孚先生写诗，他是想清楚了再写的一个诗人。好多诗人不是想清楚了再写，甚至根本不去想就写。孔先生写诗是有他的理论根据的，是有系统的理论支撑的。当代诗歌的写作，面临最大的一个问题，就是没有根据的写作。所谓的创新都是没爹没娘的创新，找不到根据，没有来源。由此，更加感到孔孚先生的可贵。他一路走来都是从中国文化走来。面对着文化的时候，好多人都在说要接续。际此，我想用“接生”这样一个词。我是做医生出身的，面对传统也好、面对经典也罢，当代写作者能不能“接生”？“接生”是一种能力，经典到我们手里它本来就成熟了，我们能不能把这个生命给接活了，这是一个很重要的问题。好多人让它“胎死腹中”，没有这种能力，而且这种现象还比较常见。

11 月份，我在省作协文学批评与理论委员会有一个简短的发言，杨老师当时也在场。谈到像孔孚先生这么重要的诗人如何经典化的问题，我觉得今天这个研讨会是一个很好的开端。我们山东出了这么一位重要的诗人，我们不去做经典化的工作，指望别人，别人毕竟从内心的动力上和激情上还是不足。我愿意和诸位一起加入做孔孚先生作品经典化工作的行列。

王化学（山东师范大学教授）：

遗憾的是没见过孔老师，我来山师时他已经退休了；再者，我搞的是外国文学，业务上没有交流。但对孔老的诗并不陌生，刚才周均平院长讲到的先生的一套书就在我们办公室，我翻看过，包括书法卷，还是很有印象的。

参加这个纪念孔老的会很有意义，因为我既爱诗又喜欢书法，孔老是大家，在这样的研讨会上必定有收获。为此昨晚还从网上找了些孔老的诗阅读、重温，感觉写得太好了，真不是一般的境界！我有感而发，也写了三首诗，就以诗代言，朗诵一遍，权当向孔老致敬，也算是对读孔孚诗的些微回应：

第一首用传统的七律形式——

惜墨如金孔老诗，
自然造化雨云奇。
空灵玄奥无所处，
具物平实或可机。
一字未着生百象，
三春依次幻九衣。
匡庐陶令若相遇，
两叟把谈有灵犀。

简单说一下大意：我觉得孔诗很难模仿，他是极简主义，惜墨如金，最得中国古典文化之神韵，无中生有，不着一字，尽得风流。其中主观的东西很多，但立根于客观基础。我想把这个意思点出来，空灵玄奥无可处，具物平实或可机。主观的、客观的都有。时空杳缈，虚幻处又仿佛万千气象。

第二首就算是打油诗吧——

大音希声听海啸，

大象无形眺漠皋。
物臻极处不名状，
孔老诗境在缥缈。

漠皋就是广漠的沙漠之丘。这个“大音希声”和“大象无形”，一般的理解是从主观上，但这里还是赋予它一点客观因素。为什么是大音希声听海啸？我有几次观沧海的经历，特别有一次是在青岛，还有一次在大连，海涛滚滚、惊天动地。然而面对欣赏对象，反而没那么过分惊奇了，也许因为海洋太辽阔，感觉上就忽略其声势。或许这就是辩证法，大漠那种壮阔的景象，挑战目力极限，不着边际，反而感觉空空渺渺找不到参照了……我觉得孔老对道家思想心有灵犀，或者说悟得非常透，事物往往指向它的反面，太多、太繁、太巨，也许会让人漠视之，反则亦然；这个可以从读孔老的诗感受到。孔诗之境好像很缥缈可又很具象，似与不似之间，很难把握，尤显奇妙！

第三首——

诗魂似乎在孔老的听觉里，
秋月流光沐银，
虫豸的交响尽收于他老的耳轮；
诗魂仿佛于孚公的视觉中，
夏夜和风微醺，
流萤的飞动逃不脱他老目光明敏……

诗人禀赋非凡的头脑，更有着敏感的听觉和视觉，纤毫之间，一切尽在掌握……

韩品玉（山东师范大学副研究员）：

各位老师和专家都在孔门之内，我是一位企图踏入孔门的人。孔先生的诗歌包括标题、作者、序、小注、正文和写作时间六个构件。这里单单谈一谈孔孚先生小注的价值问题。

我把孔孚先生诗歌小注的价值概括为三个“本”。

第一个叫“蓝本”。指许多诗篇中的小注是我们理解孔孚山水诗的基本依据。关于这一点，我们的感受都很深：凡是带注的，你要是不去关注这个“注”，这一首诗恐怕很难读懂、读到位、读出味道。

第二个叫“范本”。鉴赏古代的山水诗，需要选取优秀的诗歌加以研读；学习当代山水诗，同样需要这样的诗歌来加以效法。我觉得，孔孚先生的山水诗集堪称这方面的范本，是不可多得的资源。它不仅是人们赏读当代山水诗的优选读本，还是研究当代山水诗发生、创作特征以及发展趋势等方面最佳文本库之一。

第三个叫“善本”。这是从教学角度来认识孔孚山水诗小注的价值，指它可以作为教学示例的功用。在文学理论课给学生讲授文学特征时，要是能把孔孚山水诗当中的小注和它的正文比较着讲的话，或许对提升讲课效果、增强学生理解会起到特别明显的作用。因其小注和正文的诗歌文本绝对是代表着两种完全不同的思维类型。一种是纯粹的抽象思维，是一些纯客观的描述，某物的时间、地点、状态等；一种是典型的形象思维，意象鲜明，艺术想象力特别发达。从一首作品中举出这样大对比度的例子来说明文学的特征，我想学生对其的印象会是非常深刻的。

于冬云（山东师范大学教授）：

首先，我说说我为什么来到这里。三十多年前，驻济高校中爱好诗歌的大学生和部分新闻媒体单位的诗人，每周有一个夜晚聚在千佛山下山东广播电台的一个小会议室里，听孔孚老师谈诗论诗。我作为心怀虔敬的听众之一，虽不记得确切的时日和具体的讲课内容了，但是，先生授课时播撒的诗意却一直潜在心底，润润的，暖暖的，永远也不会消逝。这就是孔孚先生诗歌的魅力。岁月可以带走一个又一个时日，诗带给我的美好感觉却永远在那里。

第二，我说一说我特别喜欢的孔老师的一首诗，那就是：

母与子

见到海
眼泪就流出来了

我怕是海的儿子
泪水也咸咸的呀

这首诗从此时此刻“见到海”的感觉写起，然后再写由视觉冲击而来的情绪：“眼泪就流出来了”，接下来是我跟茫茫无际的大海、宇宙的对话，“我怕是海的儿子，泪水也咸咸的呀”。这首诗虽然只有五行，但是从当下的所见，写到人生沧桑，再到个体与大自然的对话，蕴含十分丰厚。我把这首诗译成了英文，与大家分享：

Mother and Her Son

Into sight the sea
My tears came out free
I should be her son
My tears tasted salty

杨守森（山东师范大学教授）：

我的感觉是，孔老师写的什么山、什么水，并不重要；至于写的是不是“山水诗”，追求的什么主义之类，也不重要。重要的是，孔老师写的是“诗”。诗是什么？诗首先得有“诗意”，如果缺乏“诗意”，无论写什么，无论用了什么“主义”，都不叫诗。中国当代诗歌，之所以声誉走低，关键原因之一即是不少诗人缺乏诗意追求，或止于生活现象的铺陈，或不过是流水账式的寻常生活经验的描述，或自得于空泛的自我宣泄。而孔老师的诗，之所以越来越为人所重，越来越显出生命力，重要原因也正在于，他是在写“诗”，他一直重视捕捉诗意、表现诗意。

诗意是何？我想是不是大致可这样概括：它是诗人以虚化现实的主体创作方式，通过特定技巧与意象组合，创造出来的有意味的超验想象空间。在这样的诗中，应有唐人司空图所说的可望而不可置于眉睫之前的“象外之象，景外之景”。以孔老师的《北隍城夏日某晨印象》一诗为例：“东边太阳/西边月亮//冰盘上/两个果子//粘几滴/露。”与自然景观不同，诗人在这儿将夏日清晨的天空虚化为

"冰盘"了，将太阳与月亮虚化为冰盘上的"两个果子"了，这就有了"象外之象，景外之景"。这虚化的宇宙景观，就构成了一个给人以超尘脱俗的情感陶醉的博大、圣洁而又温馨的想象空间，这就有"诗意"了。孔老师之所以力倡写诗要"出虚"、宣称"抟虚宇宙"，目的就是要"虚"出诗意，"抟"出诗意。如果太拘泥于现实了，照搬现实了，就写不出诗意了。

身为孔门后裔的孔老师，之所以反感儒家，曾多次讲过要"刮骨疗毒"，就是因儒家太重现实，不利于超验的诗意追求。孔老师的诗，之所以有点神秘感，如诗中不时出现或"合十"祈祷，或"手拈莲翅"，或在倾听人间秘密的"玄狐"，读无字碑的"青虫"等，也是为了借助虚化物象而创造出富有诗意的超验想象空间。孔老师之所以坚守"减法"的创作原则，就是要尽力将太实的、非诗意的东西减掉，留下有诗意的东西。

据我对孔老师的了解，他在观念上反儒，在现实中又通儒。日常接触中，会时闻他心忧天下，指斥时弊，痛恨邪恶的愤激之语。实际上，这二者不矛盾，且正是一位诗人应有的情怀。此或正合于王国维所说的"诗人对宇宙人生，须入乎其内，又须出乎其外。入乎其内，故能写之；出乎其外，故能观之。入乎其内，故有生气；出乎其外，故有高致"之诗理。

孔老师的诗歌创作正是如此，他根基于对现实人生的体验，但又能以他自己所说的"灵视"之目光，力图以诗意涤化现实，抗拒现实。用他自己的话说，就是要"大入大出"。所以，他的诗，虽空灵却不肤浅，虽出虚却不虚无，才会为越来越多的人所喜爱，才会具有常读常新的生命力，才有了耐人品味的艺术魅力。

魏建（山东师范大学文学院教授）：

孔孚山水诗是一个公认的奇迹，为什么会取得如此成功，我认为一个重要的原因是他挑战主流话语且成功突围的结果。在我看来，孔孚山水诗挑战了两大传统，一是古代文学的诗教传统，二是现代文学的"五四"新传统。作为现代文学的新诗，它却向"五四"新传统发难。先说古代传统，中国古代文化的结构有几种流行的观念，最有影响的是"儒道互补说"，还有"儒释道合流说""儒释道三位一体说"。我的观点是儒家为主，多家为辅，中国文化是"儒主多辅"结构，证据就是因为儒家在汉代以后已经成为古代中国的主流意识形态。道家和佛家和它并不构成一种并列的关系，道家和佛家一直处在相对弱势的地位，儒家处在相对强势的地位。孔孚的选择是出佛出道，还有一个就是反儒。不过，他说过，虽然他坚决反儒，但由于受儒家影响刮骨很难，此外，还有一层意思是不想尽刮。为什么他坚决反儒，为什么他又不想尽刮，在我看来，孔孚坚决反儒是一种策略，他坚决要反的是作为文化强人，把诗引入歧途的儒家。

孔孚挑战的第二个传统，是“五四”新文学的功利主义和激进主义传统。孔孚说，我们的新文学运动是从“反载道”开始的，这确是一大功绩。但是不久我们又回到了“载道”，而且气氛似乎越来越浓。回溯现当代文学的百年历史，载道的文学总是主流话语的体现。孔孚称之为新的载道传统。那么孔孚为什么总是挑战主流话语，我以为主要目的有二，第一是他要把中国诗的精灵从强大的古代诗教传统和现代载道传统中解放出来，让诗的力量在“感”而不在“教”，如果说“教”，那也是寓于美感之中，一种特殊的“教”，潜移默化。过分地强调“教”，诗往往流于概念，难免滞钝。孔孚挑战主流话语的第二个目的是把诗人自我从诗教传统和载道传统中解放出来，孔孚在谈到儒家是文化强人时专门说过，儒家其实并没有想做文化强人，这不能怪它，他说诗人自己也应该自省，谁叫你跟它走来着，你不也可以强一强看？这就是孔孚，这就是不断挑战文化强人的孔孚。

孔孚解放了诗的精灵，解放了诗人自我。他从儒家和道家学术中获得了力量，形成了自己出佛出道的独特思想，例如表现在诗意方面，他悟出了“灵觉”“用无”“减法”等全新的美学理念。在表现和再现之上标举隐现，在“第一自然”和“第二自然”之上追求“第三自然”，这一切使他达到了“大出大入”，独与天地相往来的自由境界，从而彻底摆脱了载道的沉重的翅膀。

综上，孔孚新山水诗的成功就是他挑战主流话语并成功突围的结果。古往今来，敢于挑战主流话语的人很少，从众的人很多。挑战而成功者更是罕见。孔孚是孤独的，但孤独的人总是最强有力的人，因此可以说孔孚是当代中国的一位文化英雄。

张丽军（山东师范大学文学院副院长、教授）：

很高兴有这样的学习机会，我想说我们今天的会议召开得非常成功。一个会议开得成功有很多标志：第一个重要的标志就是大家畅所欲言，到时间没有结束。到现在，我们70多岁、80多岁的老先生还坐在这儿，依然是济济一堂；第二个是我们研究和讨论的热烈程度是空前的；第三，今天参加研讨会人员年龄的跨界也是空前的，从20多岁到80多岁，而且60岁以上的老先生有一半多，这是少有的多。我们把今天的照片发出来之后，很多人看到那么多的老先生，那么多熟悉的面孔坐在一个会场里，朋友们会无比惊讶。是的，这在我们国内的会议上也是非常非常少见的。

我想要说的只有一个词语，就是感谢。首先感谢在座的老先生们一直陪伴着我们，并发表这么好的观点。其次感谢魏建老师、杨院长等对本次会议的大力支持。我们还有很多没有时间赶过来的朋友们，他们也表达了对孔孚的敬意，我们一并表示感谢。第三要感谢忙会务的同学们、朋友们。

今天，老师们提出非常好的建议，我们很多朋友都认为孔孚是山东的，是中国的，更是世界的。孔孚的作品、孔孚的诗歌需要进入当代书法史、诗歌史，孔孚的年谱也要做出来。这些好的计划要实践它。我也表个态，第一，老师们非常好的建议我们要好好地消化吸收，目前在学院领导的支持下我们准备做孔孚作品的搜集编纂工作，这方面我们文学院的师生们都在参与。第二，今天我们也把老师们的发言记录下来，之后会整理出来作为书稿出版。我们想做一个传承者和传世者，把孔孚的东西传给未来、传给世界。

今天各位专家学者谈到的，我也非常受感染，也深深感到孔孚生前是寂寞的，但他的内心是快乐的。有如此多懂孔孚的人，我们需要把孔孚更多的、美好的作品传给世界、传给未来，它们是孔孚精神的所在，这是我们作为学者的责任和担当。最后新年即将来临之际，祝各位老师身康体健，万事胜意！谢谢大家！

图书在版编目(CIP)数据

孔孚诗文书论集. 5, 孔孚研究论文集 / 张丽军编.
— 济南 : 山东友谊出版社, 2020.3
ISBN 978-7-5516-2074-1

Ⅰ.①孔… Ⅱ.①张… Ⅲ.①孔孚(1925-1997)—文集②孔孚(1925-1997)—人物研究—文集 Ⅳ.①I207.25-53②K825.6-53

中国版本图书馆 CIP 数据核字(2020)第 032162 号

孔孚诗文书论集 · 孔孚研究论文集

KONGFU SHIWENSHULUNJI · KONGFU YANJIU LUNWENJI

张丽军 编

策划编辑: 宋 刚 韩刚立
责任编辑: 孙乙茹
装帧设计: 刘洪强

主管单位: 山东出版传媒股份有限公司
出版发行: 山东友谊出版社
地　　址: 济南市英雄山路 189 号　　邮政编码: 250002
电　　话: 出版管理部 (0531) 82098756
市场营销部 (0531) 82098035 (传真)
印　　刷: 山东华立印务有限公司
版　　次: 2020 年 4 月第 1 版
印　　次: 2020 年 4 月第 1 次印刷
开　　本: 720mm×1020mm　1/16
印　　张: 91.75
字　　数: 1275 千字
定　　价: 398.00 元 (全五册)
